最新

最新中华人民共和国法律配套解读与实例系列

7

中华人民共和国

劳动合同法

配套解读与实例

汪敏 编著

法律出版社
LAW PRESS·CHINA

图书在版编目(CIP)数据

最新中华人民共和国劳动合同法配套解读与实例／汪敏编著. --3版. --北京：法律出版社，2019

ISBN 978-7-5197-3786-3

Ⅰ.①最… Ⅱ.①汪… Ⅲ.①劳动合同-合同法-法律解释-中国②劳动合同-合同法-案例-中国 Ⅳ.①D922.525

中国版本图书馆CIP数据核字(2019)第191330号

最新中华人民共和国劳动合同法配套解读与实例
ZUIXIN ZHONGHUA RENMIN GONGHEGUO LAODONG HETONGFA PEITAO JIEDU YU SHILI

汪 敏 编著

责任编辑 董 昱
装帧设计 李 瞻

出版 法律出版社
总发行 中国法律图书有限公司
经销 新华书店
印刷 天津嘉恒印务有限公司
责任印制 吕亚莉

编辑统筹 法规出版分社
开本 710毫米×1000毫米 1/16
印张 26.5
字数 530千
版本 2019年11月第3版
印次 2019年11月第1次印刷

法律出版社／北京市丰台区莲花池西里7号(100073)
网址／www.lawpress.com.cn
投稿邮箱／info@lawpress.com.cn
举报维权邮箱／jbwq@lawpress.com.cn
销售热线／400-660-8393
咨询电话／010-63939796

中国法律图书有限公司／北京市丰台区莲花池西里7号(100073)
全国各地中法图分、子公司销售电话：
统一销售客服／400-660-8393/6393
第一法律书店／010-83938432/8433
西安分公司／029-85330678
重庆分公司／023-67453036
上海分公司／021-62071010/1636
深圳分公司／0755-83072995

书号：ISBN 978-7-5197-3786-3
定价：54.00元

出版说明

"最新中华人民共和国法律配套解读与实例系列"丛书由相关领域法律专家编写,收录法律标准文本,解读法律重点条文,并对与法律条文相配套的法律、法规、司法解释、审判政策和典型案例予以精要分析。丛书自2014年出版以来,得到了广大读者的关注与厚爱,读者对丛书的内容、编排体例给予了高度评价。2017年丛书全面修订,至今已经两年有余。两年来,随着我国立法的完善与发展,国家出台或者修改了与丛书各个领域联系紧密的法律法规、部门规章及司法解释,如《社会保险法》《公司法》《劳动法》《刑事诉讼法》《民事诉讼法》《公安机关办理行政案件程序规定》《最高人民法院关于适用〈中华人民共和国公司法〉若干问题的规定(五)》《最高人民法院关于适用〈中华人民共和国行政诉讼法〉的解释》等,为了进一步适应新的形势需要,编者再次对本丛书进行了较为系统的修改和完善。

丛书此次修订,重点吸纳最新的配套规定,精选近五年来最高人民法院公报案例、最高人民法院和最高人民检察院指导案例及典型案例,旨在提高案例的典型性和代表性,增强案例的针对性。同时,根据读者需求,增加了保险、监察、安全生产等领域的分册。

丛书编写以实用、易用为原则,汇编体例如下:

1. 法律适用提要。分册皆由该领域法律专家撰写适用提要,帮助读者对每一个立法背景、主要内容、注意事项有更全面深入的理解。

2. 重点法条注释。对重点法条进行条文解读,且每个条文都提炼条文主旨,帮助读者准确理解法条内容。

3. 配套法规解读。对与主体法重点条文配套的其他法律、法规、司法解释、审判政策进行解读,使观点更为鲜明、准确,语言更为通俗、精练,更便于读者理解和适用。

4. 关联法规索引。详细列出与主体法条文相关联的法规的名目,方便读者查询使用。

5. 典型案例精选。选取贴近日常生活的典型纠纷,以案说法、以案析法。

6. 附录相关法规。书末收录一些与本领域相关的法律、法规和司法解释,增强了法律法规的相关性和实效性。

需要说明的是，本丛书“适用提要”“条文主旨”“条文解读”“法规解读”等内容皆是编者为方便读者阅读、理解而编写，非国家正式颁布的法律文本，不具有法律效力。

总之，我们所有的付出都旨在提高本书的实用性，以满足广大读者更高的需求。书中不足之处还望读者在使用过程中不吝赐教，提出您的宝贵意见，以便本书继续修订完善。

法律出版社法规中心

2019 年 9 月

目　　录

配套法规

《中华人民共和国劳动合同法》适用提要

我国于20世纪80年代开始推行劳动合同制度,1986年国务院发布《国营企业实行劳动合同制暂行规定》,在国营企业新招收的职工中实行劳动合同制,1994年则通过《劳动法》将劳动合同制度法定化。作为法定的用工制度,劳动合同制度适用于不同所有制的用人单位及其劳动者。尽管《劳动法》中对劳动合同的订立、变更、终止、解除等程序,以及劳动合同的形式、条款、期限等内容作了专章规定,且国务院劳动行政部门也制定了若干件与《劳动法》配套的有关劳动合同的规章,如《企业经济性裁减人员规定》(1994年)、《违反和解除劳动合同的经济补偿办法》(1994年)[1]、《企业职工患病或非因工负伤医疗期规定》(1994年)、《违反〈劳动法〉有关劳动合同规定的赔偿办法》(1995年)、《关于实行劳动合同制度若干问题的通知》(1996年),最高人民法院也先后出台了《关于审理劳动争议案件适用法律若干问题的解释》(2001年)和《关于审理劳动争议案件适用法律若干问题的解释(二)》(2006年),但由于《劳动法》实施以来的十几年正处于我国经济体制转轨、劳动力市场改革的特殊时期,因此,随着我国社会主义市场经济体制的建立,劳动用工形式呈现多样化的趋势,如非全日制用工、劳务派遣用工、外包用工、家庭用工等非典型用工形式。对于日趋多元化、复杂化的劳动关系来说,《劳动法》中关于劳动合同的规定显得有些"力不从心",这一点从《中国劳动统计年鉴》中关于历年劳动争议案件受理数可以得到印证:1994年全国劳动争议案件总数为19098件,2005年则达到了313773件。劳雇双方不签订书面劳动合同,劳动合同短期化,高额违约金阻碍了人才自由流动,利用劳务派遣、外包等用工形式规避雇主责任等恶化劳动关系的情形一方面说明我国的劳动法律执法力度有待加强,另一方面也凸显了《劳动法》在立法技术上的不足。如何在承认劳动关系中合作与博弈并存的前提下,构建和谐稳定的劳动关系,是立法者面临的重要课题,《劳动合同法》也应运而生。

2005年12月24日至29日,第十届全国人大常委会第十九次会议首次审议《劳动合同法(草案)》。自2006年3月20日《劳动合同法(草案)》向社会公开征求意见以来,劳动法学界、劳动行政部门、司法部门、企业(主要是人力资源管理部门),甚至还有

---

〔1〕 已被2017年11月24日人社部发〔2017〕87号文宣布废止。

经济学界关于该法的争论如火如荼，近20万份的意见稿足见全社会对《劳动合同法》的关注。2006年12月24日至29日，第十届全国人大常委会第二十五次会议第二次审议《劳动合同法(草案)》;2007年4月24日至27日，第十届全国人大常委会第二十七次会议第三次审议《劳动合同法(草案)》;2007年6月24日至29日，第十届全国人大常委会第二十八次会议第四次审议《劳动合同法(草案)》，并最终于29日表决通过该法案。这部法律共分八章，总则部分规定了立法宗旨、适用范围、劳动合同订立的基本原则和效力、用人单位的规章制度、劳动关系三方机制、集体协商机制等内容，分则部分规定了劳动合同的订立、履行和变更、解除和终止、集体合同、劳务派遣、非全日制用工、劳动监督检查、法律责任，附则部分规定了事业单位聘用制劳动合同的法律适用、过渡性条款、该法的施行时间。

为了让《劳动合同法》充分发挥保障合同当事人权益、协调劳动关系的作用，《劳动合同法实施条例》(2008年)、《劳动争议调解仲裁法》(2008年)、最高人民法院《关于审理劳动争议案件适用法律若干问题的解释(三)》(2010年)等配套法律法规随之出台、实施。

2012年12月28日，第十一届全国人大常委会第三十次会议通过了《关于修改〈中华人民共和国劳动合同法〉的决定》，对《劳动合同法》第57、63、66、92条进行了修订，主要涉及劳务派遣经营许可、被派遣劳动者同工同酬、严格限制劳务派遣用工的岗位和数量、对违法行为的处罚等问题。2012年12月31日，最高人民法院审判委员会第1566次会议通过的《关于审理劳动争议案件适用法律若干问题的解释(四)》对竞业限制协议的相关法律问题进行了完善。

从这几年《劳动合同法》实施的情况来看，该法的实施对我国劳动关系的良性运行和发展的确起到了积极的推动作用。但由于立法、执法、适法等各个层面的原因，《劳动合同法》施行效果还有待改善:第一，2008年1月1日《劳动合同法》实施以后，关于本法的争论仍未停息。“《劳动合同法》将导致企业和劳动者的双输”，“《劳动合同法》导致成百上千万人失业”，“《劳动合同法》将劳资矛盾推向高峰”，“《劳动合同法》导致中国经济后退”等危言不断袭来，甚至有地方高级人民法院以在经济危机时期“为经济保驾护航”为由出台与《劳动合同法》基本精神相悖的适用意见。企业方面更是采取种种对策，或者大量裁员，或者为了躲避与员工签订无固定期限的劳动合同而将员工的工龄“清零”。第二，由于立法本身不可能没有缺陷，加之适法者对法律条文的理解上存在偏差，导致大量劳动争议进入仲裁或诉讼阶段，而诉求复杂、法律依据不明确的新型疑难案件日益增多。比如，达到法定退休年龄的劳动者和在校学生能否与用人单位建立劳动关系？基于特殊物质待遇约定服务期能否适用《劳动合同法》第22条关于违约金的规定？用人单位能否在劳动合同中约定或者在其规章制度中规定“可以根据企业经营需要调整劳动者工作地点或工作岗位”？第三，我们需要担忧的还有执法力度问题。从《劳动法》十几年的实施情况来看，由于执法力度欠缺，违法成本极低，因此，很多企业对劳动法律毫无敬畏之意。[1]

现行劳动法律制度的确还有许多有待完善之处，但其魅力亦在于此。劳动法的成长一直伴随着经济与社会的发展，以互联网技术为基础的分享经济在带动就业的同时，也给劳动法提出了新的挑战：平台从业者是否适用劳动法？对于这一问题，法律需在业态的发展与从业者的权益之间作出平衡的选择。

---

〔1〕 郑桥：《从〈劳动合同法〉出台看中国劳动关系的演变与发展》，载《当代世界与社会主义》2008年第1期。如果《劳动合同法》再沦为“软法”，不仅提高了立法成本，而且整个国家法治化进程都将受到影响。

中华人民共和国劳动合同法

（2007 年 6 月 29 日第十届全国人民代表大会常务委员会第二十八次会议通过　根据 2012 年 12 月 28 日第十一届全国人民代表大会常务委员会第三十次会议《关于修改〈中华人民共和国劳动合同法〉的决定》修正）

第一章　总　　则

本章介绍

总则部分共涉及六个问题:(1)《劳动合同法》的立法宗旨是“完善劳动合同制度”,“明确劳动合同双方当事人的权利义务”,“保护劳动者合法权益”,最终“构建和发展和谐稳定的劳动关系”。(2)《劳动合同法》的适用范围。(3)订立劳动合同的基本原则以及劳动合同对当事人双方的约束力。(4)用人单位制定规章制度的内容及程序。(5)建立健全协调劳动关系的三方机制。(6)工会介入劳动合同和集体合同的订立、运行。

第一条　【立法宗旨】[1]为了完善劳动合同制度,明确劳动合同双方当事人的权利和义务,保护劳动者的合法权益,构建和发展和谐稳定的劳动关系,制定本法。

适用解读

本条意在指明《劳动合同法》的立法背景和立法目的。

（一）立法背景

始于 20 世纪 80 年代的劳动合同制度,于 1994 年通过《劳动法》正式建立。作为法

〔1〕 条文主旨为编者所加,下同。

定的用工制度，劳动合同制度适用于不同所有制的用人单位及其劳动者。《劳动法》中对劳动合同的订立、变更、终止、解除等程序，以及劳动合同的形式、条款、期限等内容皆作了专章规定。随着我国社会主义市场经济体制的建立，劳动用工形式出现多样化的趋势，如非全日用工、劳务派遣用工、外包用工、家庭用工等非典型用工形式。面对日趋多元、复杂的劳动关系，《劳动法》中关于劳动合同的规定显得有些“力不从心”。因此，自1994年以来，劳动争议案件不断攀升。劳雇双方不签订书面劳动合同，劳动合同短期化，高额违约金阻碍人才自由流动，利用劳务派遣、外包等用工形式规避雇主责任等恶化劳动关系的情形一方面说明我国的劳动法律执法力度有待加强，另一方面也凸显了《劳动法》在立法技术上的不足。

集体协商机制比较完善的国家对劳动合同制度的关注远不如中国，这是因为，集体合同在覆盖面、劳动者的谈判能力等方面比劳动合同更有优势。而我国的集体协商机制发展相对缓慢，短期内还无法通过集体合同来弥补劳动立法以及劳动合同在调整劳动关系方面的不足。因此，如何完善劳动合同制度，构建与社会发展水平相适应的和谐劳动关系是立法者亟待解决的重要课题，《劳动合同法》应运而生。

（二）立法目的

立法目的即立法宗旨，它决定着立法的基本价值取向，从而关系到具体制度的设计，对理解具体条款、解决争议有着重要意义。本法的立法目的有四点：

1. 完善劳动合同制度

在我国劳动力市场改革的背景下，《劳动法》中关于劳动合同制度的规定显得过于笼统，可操作性不强。书面劳动合同签订率低、劳动合同短期化、滥用劳务派遣以规避雇主责任、滥用违约金条款限制人才流动等问题都需要通过完善劳动合同制度加以解决。

2. 明确劳动合同双方当事人的权利和义务

劳动法中设计了由劳动条件基准、集体合同、劳动规章制度、劳动合同组成的劳动合同双方当事人权利义务工具体系，并且对该体系中劳动条件基准、集体合同、劳动规章制度与劳动合同的相互关系作出了明确规定。明确的权利义务则是保障合同当事人权益的前提条件。就劳动合同这一劳动者和用人单位权利义务的重要依据之一，本法中也较为明确地规定了双方当事人在劳动合同运行各环节的权利义务。

劳动合同双方当事人的权利义务包括法定权利义务和约定权利义务。如劳动者享有平等择业权、获取劳动报酬权、享受社会保险和劳动福利权、休息休假权、接受职业培训权、劳动安全卫生权、决定劳动关系存续权等，同时负有向用人单位提供劳动、忠实于用人单位等义务；用人单位则享有自主用人权、合理使用劳动力权、劳动报酬分配权、决定劳动关系存续权等，并同时负有支付劳动报酬、提供符合劳动安全卫生基准的劳动条件、提供培训、建立和完善劳动规章制度等义务。另外，合同双方当事人可以在合同中约定不违反法律规定的权利义务条款。

3. 保护劳动者的合法权益

《劳动合同法(草案)》四易其稿，反映了各利益相关方之间的博弈。讨论过程中，资方对《草案》的抵制尤为明显，如中国企联认为不应将“保护劳动者的合法权益”确立为《劳动合同法》的立法宗旨，在华外国商会更以撤资相要挟。本法的立法宗旨究竟是保护劳动者的合法权益还是保护用人单位和劳动者双方的合法权益，立法机关在审议时也存在争议。一种观点认为，劳动合同法不能背离合同法的基本法理，即法律应平等保护合同双方当事人的合法权益。“单保护”的表述方式可能导致本法中用人单位成为义务主体，劳动者成为权利主体，从而导致劳动关系失衡，最终损害合同双方当事人的合法权益。并且“单保护”与我国吸引投资的政策相悖，可能导致资本外移，对中国的市场以及劳动者就业有一定损害。另一种观点则认为，“单保护”的表述并非意味着否定“双保护”。基于目前我国劳动力市场仍然是资强劳弱的格局，偏重保护劳动者，这种以形式不公平寻求实质公平的手段恰好体现了社会法的立法理念，这一点也是社会法(还包括经济法)与民法最大的区别。再者，保护劳动者实际上就是保护人力资源，而人力资源正是企业可持续发展的基础，因此，保护劳动者最终还是维护了企业的根本利益。立法者最终采取了后一种观点。

4. 构建和发展和谐稳定的劳动关系

和谐稳定的劳动关系是社会的稳定器，劳资关系中具体利益的差异所导致的矛盾和争议不可避免，劳资双方在博弈中产生了许多调整劳动关系的行之有效的机制，如劳动合同、集体合同、企业劳动规章制度等。[1] 因此，《劳动合同法》作为调整劳动关系的重要法律，必然应以减少矛盾、解决争议、促进劳动关系和谐稳定发展为己任。“完善劳动合同制度”，“明确劳动合同双方当事人的权利义务”，“保护劳动者合法权益”最终都是为了构建和发展和谐稳定的劳动关系。

关联法规索引

《劳动法》第1条

---

〔1〕　彭光华:《许你三十年——探索和谐劳动关系的规律之美》,载彭光华、陆占奇主编:《和弈:劳动关系纵与横》,中国法制出版社2010年版,第2页。

第二条 【适用范围】 中华人民共和国境内的企业、个体经济组织、民办非企业单位等组织（以下称用人单位）与劳动者建立劳动关系，订立、履行、变更、解除或者终止劳动合同，适用本法。

国家机关、事业单位、社会团体和与其建立劳动关系的劳动者，订立、履行、变更、解除或者终止劳动合同，依照本法执行。

配套法规

最高人民法院《关于人民法院审理事业单位人事争议案件若干问题的规定》（2003年8月27日）

第一条 事业单位与其工作人员之间因辞职、辞退及履行聘用合同所发生的争议，适用《中华人民共和国劳动法》的规定处理。

《劳动合同法实施条例》（2008年9月18日）

第三条 依法成立的会计师事务所、律师事务所等合伙组织和基金会，属于劳动合同法规定的用人单位。

最高人民法院《关于审理劳动争议案件适用法律若干问题的解释（二）》（2006年8月14日）

第七条 下列纠纷不属于劳动争议：

……

（四）家庭或者个人与家政服务人员之间的纠纷；

（五）个体工匠与帮工、学徒之间的纠纷；

（六）农村承包经营户与受雇人之间的纠纷。

最高人民法院《关于审理劳动争议案件适用法律若干问题的解释（三）》（2010年9月13日）

第四条 劳动者与未办理营业执照、营业执照被吊销或者营业期限届满仍继续经营的用人单位发生争议的，应当将用人单位或者其出资人列为当事人。

第五条 未办理营业执照、营业执照被吊销或者营业期限届满仍继续经营的用人单位，以挂靠等方式借用他人营业执照经营的，应当将用人单位和营业执照出借方列为当事人。

第七条 用人单位与其招用的已经依法享受养老保险待遇或领取退休金的人员发生用工争议，向人民法院提起诉讼的，人民法院应当按劳务关系处理。

第八条 企业停薪留职人员、未达到法定退休年龄的内退人员、下岗待岗人员以及企业经营性停产放长假人员，因与新的用人单位发生用工争议，依法向人民法院提起诉讼的，人民法院应当按劳动关系处理。

适用解读

根据《劳动法》、劳动部《关于〈中华人民共和国劳动法〉若干条文的说明》的规定，《劳动法》的适用范围涵盖了在中华人民共和国境内的企业、个体经济组织和与之形成劳动关系的劳动者，国家机关、事业组织、社会团体的工勤人员，实行企业化管理事业组织的非工勤人员，其他通过劳动合同（包括聘用合同）与国家机关、事业单位、社会团体建立劳动关系的劳动者，排除了公务员和比照实行公务员制度的事业组织和社会团体的工作人员，以及农业劳动者、现役军人和家庭保姆等。较之《劳动法》所确定的适用范围，《劳动合同法》的适用范围有所扩大。根据本条的规定，本法的适用主体是建立了劳动关系的用人单位和劳动者。

（一）用人单位的界定

用人单位是我国劳动法中对“雇主”的特有表述方式，与国外法律中的“雇主”相比，用人单位仅指单位雇主，而不包括自然人雇主。

1. 企业、个体经济组织、民办非企业单位

企业是指从事产品生产、流通或服务性活动等实行独立经济核算的经济单位，包括各种所有制类型的企业、加工厂、农场、公司等。

个体经济组织是指雇工在7人以下的，不具有法人资格但在工商行政部门登记注册的个体工商户。个体经济组织一旦具有法人资格，则属于前面所称的“企业”。在工商行政部门登记注册的个体工商户如果不雇用工人，就不是本法所称用人单位。

民办非企业单位，根据国务院发布的《民办非企业单位登记管理暂行条例》，是指企事业单位、社会团体和其他社会力量以及公民个人利用非国有资产举办的，从事非营利性社会服务活动的社会组织。如民办医院、民办福利院、民办学校、民办职业培训中心、民办司法鉴定所等。《劳动法》第2条并未将民办非企业单位单列出来，而是将其归为“事业组织”一类，在《劳动合同法》中则将其与“事业单位”分开表述。民办非企业单位与事业单位的区别在于其资产属于非国有资产，与企业的区别在于其非营利性。

2. 国家机关、事业单位、社会团体

国家机关包括国家权力机关、国家行政机关、国家司法机关、国家政协机关、国家军事机关等。国家机关只有在招用工勤人员或通过劳动合同雇用劳动者时才适用本法。

事业单位是指为了国家社会公益目的，由国家机关举办或者其他组织利用国有资产举办的，从事教育、科技、文化、卫生等活动的社会服务组织。根据《事业单位登记管

理暂行条例》的规定，事业单位包括教育机构、医疗机构、科研机构、农林牧业服务机构、水利管理机构、社会服务机构、法律服务机构、会计、审计事务所、信息咨询机构、体育事业机构、社会福利机构、文化艺术单位、广播电影电视单位、综合技术服务机构等。目前我国正在推进事业单位人事制度改革，事业单位除按照国家公务员制度进行人事管理的以及转制为企业的以外，还要逐步试行人员聘用制度。从原人事部《关于在事业单位试行人员聘用制度的意见》来看，聘用合同与劳动合同既有相似之处，又有区别。笔者认为，从事业单位改制以及立法的趋势来看，聘用合同的法律性质正在逐渐向劳动合同转化。因此，根据本法第 2 条以及第 96 条的规定，事业单位与其建立劳动关系的劳动者在订立、履行、变更、解除或者终止劳动合同时依照本法执行，而对于其他实行聘用制的工作人员与其订立、履行、变更、解除或者终止劳动合同的，法律、行政法规或者国务院另有规定的，依照其规定，未作规定的，依照本法有关规定执行。

社会团体是指由中国公民自愿组成，为实现会员共同意愿，按照其章程开展活动的、具有法人条件的非营利性社会组织，包括各种行业协会、工商联、工会、共青团、妇联、文艺体育团体、学术研究团体等。从我国的实践来看，社会团体中的工作人员有的比照《公务员法》进行管理，有的则实行劳动合同制度。因此，社会团体与其签订劳动合同的劳动者依照本法执行。

（二）劳动者的界定

劳动法意义上，作为劳动关系一方当事人的劳动者，是指达到法定最低就业年龄以上，具有劳动能力的自然人。而劳动法律关系中的劳动者，是指达到法定最低就业年龄以上，具有劳动能力，为用人单位提供劳动力，并获取劳动报酬的自然人，实践中被称为雇员、员工、职工。

1. 劳动者的法定资格条件

（1）劳动者的年龄条件

我国的法定最低就业年龄为 16 周岁，文艺、体育和特种工艺单位经县级以上劳动行政部门批准可以招用未满 16 周岁的公民。另外，《劳动法》中规定，不得安排已满 16 周岁未满 18 周岁的未成年工从事矿山井下、有毒有害、国家规定的第四级体力劳动强度的劳动或其他禁忌从事的劳动。

我国法律并未规定就业年龄的上限，实践中多将退休年龄当作就业年龄的上限，这是对法律的误读。笔者在“配套法规及解读”部分将做详细解释。

（2）劳动者的健康条件

劳动者的健康条件包括身体健康和精神健康两个方面。部分丧失劳动能力的残疾人可以从事其身体状况所允许的劳动，完全丧失劳动能力的残疾人以及精神病患者则被规定为无劳动行为能力人。此外，劳动者不得患有其所在岗位所禁忌的疾病，如患有传染性疾病或者精神疾病的人不得从事公共服务行业。

(3)劳动者的行为自由

劳动法意义上的劳动是劳动者的劳动力与用人单位的生产资料相结合的过程,这就要求劳动者必须具备能够支配自己劳动力的行为自由。因此,依法被剥夺人身自由的公民,如被依法判处有期徒刑或者劳动教养的公民,会因其服刑期间无行为自由从而丧失劳动关系的主体资格。

2. 适用本法的劳动者范围

根据本条的规定,与企业、个体经济组织、民办非企业单位等建立劳动关系的劳动者适用本法,与国家机关、事业单位、社会团体等建立劳动关系的劳动者依照本法执行相关规定。据此,目前不能适用本法的劳动者包括:

(1)公务员以及参照《公务员法》管理的事业单位和社会团体的工作人员。

(2)农业劳动者。应当注意的是,农民因其职业特殊性,无法纳入劳动法调整范畴。但有人认为,在实行联产承包责任制的农村,受规模化、集约化经营模式的影响,农村承包经营户越来越多,雇工现象也随之产生,承包经营户与雇工之间的关系应当可以纳入劳动法调整范畴。但在司法实践中,多数人认为"个体经济组织"是指雇工在7人以下的个体工商户,这里关于雇工数量的界定是相对稳定的,而农村承包经营户的雇工数量实际上是浮动的。而且,不把从事农业活动的劳动者纳入劳动法调整范畴也是劳动法的一项原则。但是,乡镇企业职工与企业之间、进城务工的农民与具有法定雇主资格用人单位之间的劳动关系仍然属于劳动法调整范畴。[1]

(3)现役军人。

(4)家政服务人员(或称家庭保姆)。家政服务人员与雇主之间的关系在法律上被称为家庭雇佣劳动关系,这种关系是否纳入劳动法的调整范畴,各国规定不一。我国将其纳入民法调整范畴,即家庭雇佣劳动关系的双方当事人之权利义务不以劳动法为依据。因此,家政服务人员与雇主之间因雇佣关系产生的纠纷不属于劳动争议。司法实践中有一种观点认为家政服务人员在工作中遭受意外伤害时应适用过错责任原则归责,即如果雇主没有过错就不承担赔偿责任,最高人民法院的司法解释纠正了这一观点。最高人民法院《关于审理人身损害赔偿案件适用法律若干问题的解释》第11条第1款规定:"雇员在从事雇佣活动中遭受人身损害,雇主应当承担赔偿责任……"也就是说,家庭雇佣劳动关系中的人身损害也适用无过错责任的归责原则。但与劳动关系不同的是,在雇佣关系中可以适用过失相抵的原则,即如果损害事故是由雇员自身

〔1〕 参见最高人民法院研究室编:《劳动司法解释理解与适用》,法律出版社2011年版,第156~157页。

的过失所导致,可以减轻雇主的责任。[1] 美国纽约州于2010年通过的全球首个《家政服务工人法案》对家政服务工人的休息休假权利、最低工资作出了规定,并规定家政服务工人适用劳动法。2011年6月16日,在第100届国际劳工大会上通过了《家政服务工人公约》和《家政服务工人建议书》,目前我国还未批准第189号公约,但学界已有关于将部分类型的家政服务人员纳入劳动法调整范畴的讨论。

(5)以自然人作为雇主雇佣的员工。

(6)外部董事、独立董事、国企中政府委任或任命的董事。

(7)个体工匠与其学徒和帮工之间的关系不属于劳动关系,其关系适用民法的相关规定。

(三)劳动关系的认定

劳动法调整的社会关系包括劳动关系和与劳动关系密切联系的社会关系。劳动关系在法律条文中并无明确界定,学界定义不尽相同,其核心在于:作为劳动关系中的雇主一方是生产资料的所有者和劳动力的使用者,作为劳动关系中的雇员一方是劳动力的所有者。雇员有偿将劳动力使用权转让给雇主,由雇主用于同其生产资料相结合。雇员需服从雇主的安排、指挥和监督。[2]

1. 劳动关系的认定标准

根据原劳动和社会保障部《关于确立劳动关系有关事项的通知》第1条的规定,劳动关系的认定标准包括:(1)用人单位和劳动者符合法律、法规规定的主体资格;(2)用人单位依法制定的各项劳动规章制度适用于劳动者,劳动者受用人单位的劳动管理,从事用人单位安排的有报酬的劳动;(3)劳动者提供的劳动是用人单位业务的组成部分。

认定劳动关系时可以参考的形式标志包括:工资支付凭证或记录(职工工资发放花名册)、缴纳各项社会保险费的记录;用人单位向劳动者发放的“工作证”“服务证”等能够证明身份的证件;劳动者填写的用人单位招工招聘登记表、报名表等招用记录;考勤记录等。

2. 劳动关系与劳务关系的区别

区分劳动关系与劳务关系的意义在于,因劳动关系发生的争议适用劳动法,因劳务关系发生的争议适用民法。从认定劳动关系争议的裁判文书来看,法官对“劳务关系”的称谓可归纳为三类:一是直接称之为“劳务关系”;二是称之为“民事雇佣关系”;三是依据合同称之为“承揽关系”“居间关系”“委托关系”“承包关系”等。有学者将劳

---

〔1〕 参见最高人民法院研究室编:《劳动司法解释理解与适用》,法律出版社2011年版,第156页。

〔2〕 参见王全兴:《劳动法》(第4版),法律出版社2017年版,第33页。

务关系分为雇佣性劳务关系(即民事雇佣关系)和非雇佣性劳务关系(即居间、承揽、出版、委托、承包等合同关系)。[1] 民事雇佣关系以给付劳务本身为目的,只要劳务给付方实施了劳务行为,即使没有发生雇用人所期望的结果,雇用人也需要给付相应的报酬;而承揽等非雇佣性劳务关系仅以劳务给付为手段,即使劳务给付方(如承揽人)以实施了劳务行为,如果工作未能完成,则不得请求报酬支付。[2]

劳动关系与劳务关系的区别在于:(1)劳动关系的雇主一方只能是依法在工商行政管理部门或民政部门登记过的法人或非法人组织,而劳务关系的雇主一方可以是法人或非法人组织,也可以是自然人。(2)劳动关系的劳务给付一方只能是自然人,而劳务关系中的劳务给付方既可以是自然人,也可以是法人或非法人组织。(3)劳动关系中的双方当事人之间具有从属性特征,劳务给付方(劳动者/雇员)要接受劳务接受方(用人单位/雇主)的管理。劳务关系双方当事人之间的地位相对平等,劳务给付方根据劳务接受方的要求提供劳务或最终的劳务成果,并无管理和被管理的关系。(4)劳动关系中的劳务接受方对劳务给付方的义务包括支付劳动报酬、提供安全卫生的劳动条件、缴纳社会保险费等。劳务关系中的劳务接受方对劳务给付方仅有支付劳动报酬的义务。劳务接受方提供工作场所的,还负有保障工作场所安全的义务。

(四)劳动法适用范围的常见争议

1. 被返聘的已达到法定退休年龄的人员是否适用《劳动法》

原劳动部《关于实行劳动合同制度若干问题的通知》第13条规定:"已享受养老保险待遇的离退休人员被再次聘用时,用人单位应与其签订书面协议,明确聘用期内的工作内容、报酬、医疗、劳保待遇等权利和义务。"该条规定没有界定"书面协议"的法律性质,无法判断劳动者与用人单位之间是否为劳动关系。而原劳动部办公厅《对〈关于实行劳动合同制度若干问题的请示〉的复函》第2条规定:"关于离退休人员的再次聘用问题。各地应采取适当的调控措施,优先解决适龄劳动者的就业和再就业问题。对被再次聘用的已享受养老保险待遇的离退休人员,根据劳动部《关于实行劳动合同制度若干问题的通知》第13条的规定,其聘用协议可以明确工作内容、报酬、医疗、劳动保护待遇等权利、义务。离退休人员与用人单位应当按照聘用协议的约定履行义务,聘用协议约定提前解除书面协议的,应当按照双方约定办理,未约定的,应当协商解决。离退休人员聘用协议的解除不能依据《劳动法》第二十八条执行。离退休人员与用人单位发生争议,如果属于劳动争议仲裁委员会受案范围的,劳动争议仲裁委员会应予受理。"前述规定均未明确已享受养老保险待遇的离退休人员与用人单位之间能

---

〔1〕 参见王全兴:《劳动法》(第4版),法律出版社2017年版,第37页。

〔2〕 参见史尚宽:《债法各论》,中国政法大学出版社2000年版,第291页。

否适用劳动法，尤其是《对〈关于实行劳动合同制度若干问题的请示〉的复函》中特别指出，“离退休人员聘用协议的解除不能依据《劳动法》第28条执行”，似乎将离退休人员排除在了劳动法适用范围之外，但随后一句“离退休人员与用人单位发生争议，如果属于劳动争议仲裁委员会受案范围的，劳动争议仲裁委员会应予受理”，又给离退休人员适用劳动法留出了空间。因此，《劳动合同法》出台之前，各地关于达到法定退休年龄劳动者的适法意见有以下三种：

（1）认定为民事雇佣关系。如江苏省高级人民法院《关于审理劳动争议案件若干问题的意见》第4条规定：“劳动者办理退休手续后又被其他用人单位聘用，与实际用人单位发生的争议，不属于劳动争议，应作为雇佣合同纠纷予以受理。”江苏省劳动争议仲裁委员会《关于印发〈江苏省劳动仲裁案件研讨会纪要〉的通知》第4条规定：“……超过法定退休年龄的劳动者，依法不具备建立劳动关系的主体资格。用人单位招用超过法定退休年龄的劳动者，双方的关系不属于劳动法调整范围内的劳动关系，故双方发生的争议，仲裁委员会不予受理……”深圳市中级人民法院《关于审理劳动争议案件相关法律适用问题的座谈纪要》第3条第1款规定：“用人单位招用已达法定退休年龄的人员或者已办理退休手续人员的，双方之间所形成的是雇佣关系。”

（2）认定为劳动关系，但已享受养老保险待遇的劳动者有限适用劳动法。如广东省高级人民法院《关于已退休人员与用人单位之间的用工关系是否应按劳动关系处理及相关问题的批复》第1条规定：“一、《劳动法》及相关行政法规明确禁止用人单位非法招用未满十六周岁的未成年人，但未禁止用人单位在不损害劳动者健康的前提下招用已达法定退休年龄或已办理退休手续的人员。因此，为充分维护退休再聘人员的合法权益，在法律、行政法规未有明确规定之前，宜将该类用工关系按劳动关系处理。但对于劳动关系解除或终止时的经济补偿问题，可参照劳动部办公厅《对〈关于实行劳动合同制度若干问题的请示〉的复函》的规定处理，即对于已享受养老保险待遇的退休人员，除非其与用人单位已就劳动关系解除或终止时的经济补偿问题作出特别规定，否则双方在劳动关系解除或终止时不适用《劳动法》第二十八条有关经济补偿的规定。”

（3）无论是否开始享受养老保险待遇，认定为特殊劳动关系，有限适用劳动法。上海市劳动和社会保障局《关于特殊劳动关系有关问题的通知》创设性地提出了“特殊劳动关系”的概念，即“现行劳动法律调整的标准劳动关系和民事法律调整的民事劳务关系以外的一种用工关系，其劳动者一方在用人单位从事有偿劳动、接受管理，但与另一用人单位存有劳动合同关系或不符合劳动法律规定的主体条件”。该通知将退休人员与用人单位之间的用工关系纳入特殊劳动关系的范畴，并规定参照执行工作时间规定、劳动保护规定、最低工资规定等劳动标准，其他相关劳动权利义务可由双方当事人协商约定。

2010 年 9 月,最高人民法院《关于审理劳动争议案件适用法律若干问题的解释(三)》出台,学界的解读倾向于以是否依法享受养老保险待遇或领取退休金作为区分能否适用劳动法的界分点,但地方司法实践中仍然存在较大分歧:山东省高级人民法院、山东省劳动人事争议仲裁委员会《关于适用〈劳动合同法〉若干问题的意见》第 15 条第 2 项规定:"下列争议,不属于劳动争议:……(2)用人单位招用已超过法定退休年龄或者已享受退休待遇的人员而发生的争议;……"重庆市第五中级人民法院《关于当前审理劳动争议案件若干实务问题座谈纪要》第 8 条规定:"劳动者达到法定退休年龄后,被返聘或者到其他单位工作,劳动者与用人单位的关系按照双方合同约定处理,不适用《劳动法》和《劳动合同法》调整;没有合同约定的,可以按照雇佣关系处理。"黑龙江省《关于审理劳动人事争议案件若干问题的处理意见》第 6 条规定:"用人单位与其招用的已经达到法定退休年龄或依法享受基本养老保险待遇的人员发生用工争议的,不予受理。"广东省高级人民法院、广东省劳动人事争议仲裁委员会《关于审理劳动人事争议案件若干问题的座谈会纪要》第 11 条规定:"用人单位招用已达到法定退休年龄但尚未享受基本养老保险待遇或领取退休金的劳动者,双方形成的用工关系按劳务关系处理。"北京市高级人民法院、北京市劳动争议仲裁委员会《关于劳动争议案件法律适用问题研讨会会议纪要(二)》第 12 条规定:"……依法享受养老保险待遇的人员、领取退休金的人员、达到法定退休年龄的人员,其与原用人单位或者新用人单位之间的用工关系按劳务关系处理。上述人员可依据《最高人民法院关于审理人身损害赔偿案件适用法律若干问题的解释》第十一条,《最高人民法院关于审理劳动争议案件适用法律若干问题的解释(三)》第七条规定主张权利。"

笔者认为,劳动者达到法定退休年龄,但仍未享受养老保险待遇或领取退休金的,其与用人单位之间的用工关系只要符合劳动关系的特征,就可以认定为劳动关系。理由有三:

第一,退休年龄不能推定为劳动者的劳动行为能力完全丧失的年龄,达到退休年龄的公民,仍然能够从事与其健康状况相适应的劳动。换言之,退休年龄的规定并未否定达到法定退休年龄的劳动者建立劳动关系的资格。

第二,根据《劳动法》第 73 条和《劳动合同法》第 44 条的规定,劳动者达到法定退休年龄,开始享受养老保险待遇的,其劳动合同终止。实践中存在达到法定退休年龄但未享受养老保险待遇的情形,如劳动者已达到法定退休年龄,但没有办理退休手续,或者因没有按照法律规定缴纳社会保险费,因此未能享受养老保险待遇。可见,在这种情形下,劳动者与用人单位之间仍应认定为劳动关系。

第三,《劳动合同法实施条例》规定劳动者达到法定退休年龄,其劳动合同终止,这种终止可以视为因法律强制性规定导致劳动合同期限届满,而非合同当事人资格的丧失。因此，劳动者达到法定退休年龄，其劳动合同终止后，只要没有享受养老保险待遇或领取退休金，其与用人单位签订新的劳动合同、建立新的劳动关系并不存在法律障碍。

2. 企业停薪留职人员、未达到法定退休年龄的内退人员、下岗待岗人员以及企业经营性停产放长假人员另行就业的用工关系是否适用劳动法

随着我国经济体制改革的不断深入，很多企业在优胜劣汰的市场竞争中产生冗员现象，有的是因为经营困难，有的则是因为生产率提高导致人力资源相对过剩。尤其是很多国有企业按照建立社会主义市场经济体制的要求，以建立现代企业制度为目标，在推行公司制、股份制改革的过程中，产生了大量冗员，企业往往采取停薪留职、下岗待岗、放长假、未到法定退休年龄就内退等手段来解决冗员问题。实践中，这类人员产生了两种劳动争议：

第一种是自谋生路，到其他用人单位就业的，新用人单位否认与他们之间的用工关系属于劳动关系，理由是他们与原用人单位之间并未解除劳动关系，故不可能与新用人单位之间建立劳动关系。

第二种在审判实践中称之为"长期两不找"的劳动争议：停薪留职、下岗待岗或者放长假的劳动者与用人单位之间几年甚至十几年没有联系，在此期间劳动者未给单位提供过任何劳动，用人单位也没有给劳动者发放过任何工资及福利待遇，但用人单位一直未正式与劳动者解除劳动关系，或者用人单位虽主张已经解除劳动关系但未能证明已将解除劳动关系的书面通知送达给劳动者。若干年后，劳动者因退休等问题诉至法院，要求与原单位继续履行劳动合同或者要求单位为其办理退休手续，补缴社会保险，支付待岗期间的基本工资或生活费等。[1]

对于第一类案件，最高人民法院《关于审理劳动争议案件适用法律若干问题的解释(三)》第8条已明确规定双方之间为劳动关系。而对于第二类案件，人民法院在审理时存在截然相反的两种观点：一种观点认为，劳动者与原用人单位之间并未履行解除劳动关系的程序，因此劳动关系仍然存续，劳动者的诉求应被支持。另一种观点则认为，这类案件中，劳动者长期未向用人单位提供劳动力，用人单位也未向劳动者支付劳动报酬，劳动关系已然解除，如果劳动者的诉求得到支持，则对用人单位显失公平。笔者赞成第二种观点。劳动关系的实质是劳动者的劳动力与用人单位的生产资料相结合，换言之，即劳动者将其劳动力有偿转让给用人单位使用。如果不存在这个过程，则劳动关系就无法存续。地方裁判意见中持此类观点的较多，比如上海市高级人民法院民一庭《关于审理劳动争议案件若干问题的解答》第12条规定："……劳动者长期不

---

〔1〕 参见陈特、邱琳：《劳动者提出辞职是否就意味着劳动关系解除》，载《中国劳动》2008年第7期。

提供正常劳动，用人单位又未解除劳动关系的，可以认定双方劳动关系处于中止履行状态，中止履行期间用人单位和劳动者不存在劳动法上的权利义务关系。”北京市高级人民法院、北京市劳动争议仲裁委员会《关于劳动争议案件法律适用问题研讨会会议纪要》第 14 条规定：“劳动者长期未提供劳动，用人单位又未依法与其解除劳动关系，双方‘长期两不找’，可以认定双方劳动关系处于中止履行状态，中止履行期间用人单位和劳动者不存在劳动法上的权利义务关系……”

3. 在校学生是否具有劳动法主体资格[1]

原劳动部于 1995 年发布的劳动部《关于贯彻执行〈中华人民共和国劳动法〉若干问题的意见》第 12 条规定：“在校生利用业余时间勤工助学，不视为就业，未建立劳动关系，可以不签订劳动合同。”在很多在校学生与用人单位就用工关系发生争议的案件中，这条规定成为否定双方劳动关系的主要依据。用人单位也常用“实习期”“见习期”“试用期”等概念来否定双方建立了劳动关系。最高人民法院公报案例“王俊诉江苏强维橡塑科技有限公司、徐州工业职业技术学院人身损害赔偿纠纷案”的裁判要旨指出：[2]学生基于学校的安排到校外企业实习是学校教学内容的延伸和扩展，学校和企业都负有一定的安全教育和管理义务。学生在校外企业实习期间进行与其所学知识内容相关的实际操作，不应认定学生与企业之间存在劳动关系。学生在实习过程中受到的伤害，应按一般民事侵权纠纷处理，根据有关侵权的法律规定，由学生、学校、企业按过错程度承担相应的责任。

笔者认为，对劳动部《关于贯彻执行〈中华人民共和国劳动法〉若干问题的意见》第 12 条的理解应当结合相关的背景。在《劳动合同法》实施以前，非全日制用工被视为非正规就业形式，未被纳入劳动法的调整范畴，而在校学生利用业余时间勤工助学，只能参与非全日制劳动，因此不视为劳动法所调整的就业。《劳动合同法》将非全日制用工正式纳入法律调整范畴之后，在校学生成为劳动法主体并无法律障碍。尤其是学生在毕业前夕，以就业为目标，在用人单位提供劳动力的，只要符合劳动关系的实质标准，应当视为建立劳动关系。最高人民法院公报案例“郭懿诉江苏益丰大药房连锁有限公司劳动争议案”[3]的裁判要旨指出：即将毕业的大专院校在校学生以就业为目的与用人单位签订劳动合同，且接受用人单位管理，按合同约定付出劳动；用人单位在明知求职者系在校学生的情况下，仍与之订立劳动合同并向其发放劳动报酬的，该劳动合同合法有效，应当认定双方之间形成劳动合同关系。需要注意的是，在校学生毕业前在用人单位的“实习”与作为教学实践环节的“实习”有所区别，前者的性质类似试用期，

---

[1] 这里的“在校学生”主要是指各高等院校以及中专（包括技校）的在校学生。

[2] 参见《最高人民法院公报》2014 年第 7 期。

[3] 参见《最高人民法院公报》2010 年第 6 期。

实习期间学生与用人单位之间可能建立劳动关系，而后者则不可能存在劳动关系。

4. 破产清算组与其聘用的人员之间的关系是否适用劳动法

企业依法实施破产程序的过程中，破产清算组需要聘用工作人员对破产企业的财产进行保管、清理、估价、处理。实践中对于清算组与其雇用的工作人员之间的关系是否适用劳动法存在争议。根据《企业破产法》第22、28条的规定，管理人由人民法院制定，制定管理人和确定管理人报酬的办法，由最高人民法院规定。管理人经人民法院许可，可以聘用必要的工作人员。根据该法第41条的规定，管理人执行职务的费用、报酬以及聘用工作人员的费用都属于破产费用。因此，可以认定管理人聘用的工作人员所获劳动报酬并非劳动法调整的工资，而是劳务费。破产清算组是法院制定的管理人不是劳动法所规定的用人单位，故破产清算组与其聘用的工作人员之间的法律关系不受劳动法调整。

根据最高人民法院2007年4月12日发布的《关于审理企业破产案件指定管理人的规定》的规定，人民法院制定的破产案件管理人分为社会中介机构管理人和个人管理人，如果管理人是依法成立的社会中介机构，其与聘用的工作人员之间应当形成劳动关系。

5. 不具备合法经营资格的用人单位与其招用的劳动者是否构成劳动关系

《劳动合同法》第93条规定了不具备合法经营资格的用人单位对劳动者要承担的法律责任，最高人民法院《关于审理劳动争议案件适用法律若干问题的解释（三）》第4条规定："劳动者与未办理营业执照、营业执照吊销或者营业期限届满仍继续经营的用人单位发生争议的，应当将用人单位或者其出资人列为当事人。"该规定明确了不具备合法经营资格用人单位的诉讼地位，但与《劳动合同法》第93条一样，都没有明确认定不具备合法经营资格的用人单位与其招用的劳动者之间属于劳动关系。在司法实践中，对该问题有两种处理意见：一种意见认为应属民事雇佣关系，另一种意见则认为应属劳动关系。

从最高人民法院民事审判第一庭的意见来看，更倾向于第二种意见，即不具备合法经营资格的用人单位与其招用的劳动者之间应当按照事实劳动关系对待。[1]

事实劳动关系是与劳动法律关系相对应的一个概念。在《劳动合同法》实施以前，事实劳动关系是指没有签订书面劳动合同所引起的劳动关系。事实劳动关系可以通过补签书面劳动合同转化为劳动法律关系，未补签书面合同的应予终止。事实劳动关系中的劳动者权益依然受劳动法保护。而《劳动合同法》第7条规定用人单位自用工

---

〔1〕 参见最高人民法院民事审判第一庭编：《劳动争议案件审判指导》，法律出版社2018年版，第19～21页。

之日起即与劳动者建立劳动关系,劳动合同的书面形式不再作为建立劳动关系的要件,《劳动合同法》第 26 条第 1 款也没有将书面形式缺失作为劳动合同无效的事由。因此,事实劳动关系的法律含义发生了变化。基于《劳动合同法》的制度设计,事实劳动关系关系应当界定为不符合法定模式的劳动关系,其中包括缺少劳动合同有效要件的劳动关系,即主体不合格、内容违法、意思表示不真实或程序违法的劳动合同所引起的劳动关系,但不包括没有书面劳动合同作依据的劳动关系。[1]

6. 建筑工程转包、分包中的实际施工人[2]与其招用劳动者的劳动法适用

根据《建筑法》第 28、29 条的规定,禁止承包单位将其承包的全部建筑工程转包给他人;禁止承包单位将其承包的全部建筑工程肢解以后以分包的名义分别转包给他人;禁止总承包单位将工程分包给不具备相应资质条件的单位;禁止分包单位将其承包的工程再分包。但实践中,建筑工程层层分包以及分包、转包给不具备相应资质条件的单位的做法比比皆是。对于违法分包人对实际施工人所招用劳动者承担什么法律责任的问题,在司法实践中存在不同的裁判意见。

根据《安全生产法》第 41 条和第 86 条的规定,生产经营单位不得将生产经营项目、场所、设备发包或者出租给不具备安全生产条件或者相应资质的单位或者个人。生产经营单位因前述行为导致发生安全生产事故给他人造成损害的,与承包方、承租方承担连带赔偿责任。最高人民法院《关于审理人身损害赔偿案件适用法律若干问题的解释》第 11 条第 2 款规定:"雇员在从事雇佣活动中因安全生产事故遭受人身损害,发包人、分包人知道或者应当知道接受发包或者分包业务的雇主没有相应资质或者安全生产条件的,应当与雇主承担连带赔偿责任。"前述规定仅适用于安全生产事故中发生的人身损害,未及于一般劳动过程中发生的人身损害,而且前述规定显然也否定了违法发包人与实际施工人招用的劳动者之间存在劳动关系。

之后,原劳动和社会保障部《关于确立劳动关系有关事项的通知》第 4 条规定:"建筑施工、矿山企业等用人单位将工程(业务)或经营权发包给不具备用工主体资格的组织或自然人,对该组织或自然人招用的劳动者,由具备用工主体资格的发包方承担用工主体责任。"何谓"用工主体责任"? 承担用工主体责任是否即认可具备用工主体资格的发包方与实际施工人招用的劳动者之间存在劳动关系? 司法实践中仍存争议。

2011 年《全国民事审判工作会议纪要》第 59 条规定:"建设单位将工程发包给承包人,承包人又非法转包或者违法分包给实际施工人,实际施工人招用的劳动者请求确认与具有用工主体资格的发包人之间存在劳动关系的,不予支持。"对此,一种观点认

---

〔1〕 参见王全兴:《劳动法》(第 4 版),法律出版社 2017 年版,第 75 ~ 77 页。

〔2〕 这里的"实际施工人"是指不具备用工主体资格的组织或自然人。

为,法院应当严格按照该规定,告知实际施工人所雇人员另行提起民事赔偿诉讼。[1] 另一种观点则认为,因实际施工人不具备合法的用工资格和经营资格,不宜认定实际施工人与其招用的劳动者形成劳动关系,而应追溯到具有合法用工资格的用人单位,如总承包单位、合法分包单位、劳务作业承包单位等与劳动者形成劳动关系,但不宜认定劳动者与建设单位形成劳动关系。[2] 目前从地方意见来看,以前一种观点为主,即不支持实际施工人招用的劳动者与具有用工主体资格的发包人之间成立劳动关系。

人力资源和社会保障部《关于执行〈工伤保险条例〉若干问题的意见》第7条规定:"具备用工主体资格的承包单位违反法律、法规规定,将承包业务转包、分包给不具备用工主体资格的组织或者自然人,该组织或者自然人招用的劳动者从事承包业务时因工伤亡的,由该具备用工主体资格的承包单位承担用人单位依法应承担的工伤保险责任。"该规定虽未涉及劳动关系的认定,但至少解决了实际施工人招用劳动者发生工伤后的损害赔偿问题。需要指出的是,人社部的34号文规定由具备用工主体资格的承包单位承担用人单位应承担的工伤保险责任,但部分地方审理这类案件的意见是由具备用工主体资格的承包单位(违法发包人)与实际施工人按照《工伤保险条例》规定的工伤保险待遇承担连带赔偿责任。

7. 互联网平台用工是否适用劳动法

得益于互联网技术发展起来的"分享经济"创造了众多新业态,带动了大量就业的同时,也产生了新问题。分享经济就业形态中的核心是基础技术平台,平台及平台代理商与劳动者之间能否认定劳动关系,目前争议较大。

地方意见对于平台与从业者之间是否成立劳动关系较为审慎,多倾向于按照双方约定处理。如广东省高级人民法院、广东省劳动人事争议仲裁委员会《关于劳动人事争议仲裁与诉讼衔接若干意见》第2条规定:"网络平台经营者与相关从业人员之间的用工关系性质,原则上按约定处理。如双方属于自负盈亏的承包关系或已订立经营合同、投资合同等,建立了风险共担、利益共享的分配机制的,不应认定双方存在劳动关系。实际履行与约定不一致或双方未约定的,以实际履行情况认定。"《江苏省劳动人事争议疑难问题研讨会纪要》在涉及互联网平台的劳动关系确认问题上指出,仲裁机构应注意把握保护劳动者权益与促进劳动力市场灵活性的平衡关系,综合考量用人单位网络平台的运营形式、劳动者从业状况、网络平台对劳动者的管理程度、劳动者收入分配方式及劳动者是否独立承担经营分险等因素,依法区分劳动关系和劳务关系。对于发挥联系中介作用的网络平台,劳动者通过网络平台与企业建立工作联系关系,企

---

〔1〕 参见孟高飞:《确认劳动关系纠纷案件的审理情况及思考》,载《人民司法》2013年第23期。

〔2〕 参见山东省高级人民法院《关于印发〈全省民事审判工作会议纪要〉的通知》(鲁高法〔2011〕297号)。

业通过网络平台提供服务信息，并通过网络平台收取管理费或信息费用的，双方不宜作为劳动关系处理。如果劳动者未与互联网平台企业订立劳动合同，而是签订了承包合同、委托协议等，一般应从其约定来认定双方的法律关系。如果双方关系符合原劳动和社会保障部《关于确立劳动关系有关事项的通知》的要求，应认定双方存在劳动关系。

从司法案例的梳理来看，裁判意见倾向于将网络平台认定为信息提供者而非雇主的占多数，考量理由是劳动者接单具有自主性、平台对劳动者没有直接管理、劳动者获取报酬的行为也不构成"用人单位安排的有报酬的劳动"，因而双方之间缺乏劳动法意义上的从属性，但平台公司的代理商或加盟商招用劳动者的，多数能够认定其与劳动者之间成立劳动关系。

(1)代驾

在以"滴滴代驾""e代驾"等为代表的代理驾驶服务提供者与平台公司之间关于认定劳动关系的争议中，可以认定的事实是：代驾司机必须穿平台公司提供的工服，佩戴工牌，按照平台公司确定收费标准，以平台公司的名义向客户提供代驾服务。代驾司机要向平台公司预交一定数额的服务费，接单服务后平台公司从预存款中扣除服务费。代驾司机主张与平台公司之间成立劳动关系，目前法院的裁判意见以否定劳动关系为主。〔1〕

(2)外卖员

外卖行业的用工形式大致分为三类：第一类是平台直接招募外卖员为其提供配送，平台与外卖员签订劳动合同，但这种形式在外卖行业发展初期多见，现在越来越少了。第二类是平台在各区域与代理商签订合作协议，由代理商招募外卖员来运营外卖服务，外卖员通过平台获取订单信息。第三类为"众包"，外卖员可以从一个或多个外卖平台接单送单，接单自愿，报酬可日结。出现劳动争议较多的是第二类和第三类。

在外卖员主张与平台存在劳动关系的争议中，法院的裁判意见多倾向于否定，理由是平台仅提供居间服务，对其注册外卖员（骑手）是否接单没有任何限制，故并无人身上的管理，配送工具也由外卖员自己提供，但是也有相反的裁判意见（参见附后案例）。外卖员主张与平台的代理或加盟企业之间存在劳动关系的，多能获得法院支持。

(3)网络主播

直播平台或平台的合作商（经纪公司）与网络主播之间的争议焦点主要集中在劳

〔1〕 参见北京市第一中级人民法院审理的北京亿心宜行汽车技术开发服务有限公司作为被诉当事人的系列劳动关系确认案件。

动关系的认定和竞业限制协议的履行。平台或经纪公司与主播签订“合作协议”，协议内容主要涉及：①直播时间，有的由平台或经纪公司限定时段，有的只规定每周或每月的总直播时长；②报酬，报酬主要来源于观众打赏，平台或经纪公司与主播约定分成比例，或者采取底薪加奖金的方式，结算周期一般按月居多；③竞业限制，平台或经纪公司大多会跟主播签订“独家合作”协议（条款），约定主播未经同意不得在公司指定平台以外的其他平台上进行直播。

从目前的司法实践来看，在认定劳动关系的争议中，认定劳动关系和否定劳动关系的比例相当。主播的工作时间和自主性、报酬分配的特殊性是认定劳动关系的主要障碍。而在竞业限制争议中，多数裁判意见倾向于竞业限制协议有效，法院在审查违约金的合理性后对数额过高的可进行调整。

笔者认为，尽管协议中鲜有涉及平台对直播内容的管理条款，但根据2016年11月国家互联网信息办公室发布的《互联网直播服务管理规定》和2018年8月全国“扫黄打非”办公室会同工信部、公安部、文旅部、广电总局、国家网信办联合下发的《关于加强网络直播服务管理工作的通知》，互联网直播服务提供者以及互联网直播服务使用者不得利用互联网直播服务从事危害国家安全、破坏社会稳定、扰乱社会秩序、侵犯他人合法权益、传播淫秽色情等法律法规禁止的活动，不得利用互联网直播服务制作、复制、发布、传播法律法规禁止的信息内容。直播平台应当依法对直播内容进行管理和监督，这是平台与主播从属性的体现之一。竞业限制协议是双方之间从属性的体现之二。“竞业限制是劳动关系的经典特征。”[1]有学者认为在合伙协议、合作协议、委托协议中也可以约定竞业限制。[2] 法官在这类案件中的裁判主要依意思自治和公平原则，但因缺乏明确的法律依据，导致类案的裁判结果差异较大。

（五）本法的空间效力范围

本法的空间效力范围涵盖中华人民共和国主权所及的全部领域。无论主体是否具有中国国籍，只要其劳动关系运行于中国境内，双方在订立和履行劳动合同时就由本法调整，受本法约束。根据《外国人在中国就业管理规定》，在中国就业的外国人的工作时间、休息、休假、劳动安全卫生以及社会保险按中国有关规定执行，用人单位支付所聘外国的工资不得低于当地最低工资标准。用人单位与被聘用的外国人发生劳动争议的，按照《劳动法》（包括《劳动合同法》及配套法规）和《劳动争议调解仲裁法》处理。与中国境内用人单位建立劳动关系的劳动者被派驻海外工作的，依据《涉外民

---

〔1〕 王全兴：《关于当前网络直播平台“主播”争议案件的三个问题浅析》，微信公众号“李扬知产”，2018年6月17日。

〔2〕 参见黄武双：《关于游戏直播主的竞业限制与第三方直播平台不正当竞争问题分析》，微信公众号“竞争法与商业战略”，2018年7月17日。

事法律关系适用法》第43条的规定，适用《中华人民共和国劳动法》、《中华人民共和国劳动合同法》及配套法规。

典型案例

蒙玉成与肇庆市端州区睦岗镇五一经济合作社、肇庆市端州区康乐市场劳动争议案[1]

※裁判要点：未办理企业登记，取得营业执照的经济合作社为农村经济组织，不属于劳动合同法中"用人单位"的范畴，其与劳动者之间不存在劳动关系，亦不适用劳动合同法。

※相关法条：《劳动法》第78条、《劳动合同法》第2条

※基本案情：原告蒙玉成于2006年5月入职康乐市场，任职保安员，双方没有签订书面劳动合同。自2009年7月以来，蒙玉成等人向被告肇庆市端州区劳动保障监察大队等部门申诉，要求解决劳动合同、社会养老保险等问题，有关部门以康乐市场、五一经济合作社为农村经济组织，不属于劳动合同法规定的调整范围为由而未能解决。为此，蒙玉成于2013年11月1日以康乐市场、五一经济合作社为被申诉人向肇庆市端州区劳动人事争议仲裁委员会提出申诉，要求：(1)申请人(蒙玉成)自入职至今被申请人(肇庆市端州区睦岗镇五一经济合作社、肇庆市端州区康乐市场)没有依法与申请人签订书面劳动合同，请求依法裁定申请人与被申请人已订立无固定期限劳动合同；(2)被申请人没有与申请人签订书面劳动合同而应支付12个月的双倍工资16800元(2006年5月16日至2007年5月16日)；(3)依法裁定被申请人为申请人补买2006年6月至今的养老保险。同日，该委作出肇劳人仲字(2013)79号"不予受理通知书"，以"被申请人主体不适格"为由对申请人的申诉不予受理。蒙玉成对"不予受理通知书"不服，在法定期限内于2013年11月7日向原审法院提起诉讼，请求：(1)确认双方已订立无固定期限劳动合同；(2)没有签订书面劳动合同而应支付从2006年5月16日起至2007年5月15日止，12个月的双倍工资16800元；(3)补缴2006年5月16日起至今的社会养老保险。又查明：五一经济合作社为农村经济组织，康乐市场由五一经济合作社开办，并于1995年12月1日在工商行政管理局办理了"商品交易市场登记证"(证号:4412021001)。

※裁判结果：一审肇庆市端州区人民法院于2014年5月15日作出(2014)肇端法

---

[1] 参见广东省肇庆市中级人民法院(2014)肇中法民一终字第142号判决书。

民三初字第111号判决:(1)确认蒙玉成与康乐市场于2012年12月1日起存在劳动关系;(2)驳回蒙玉成要求五一经济合作社、康乐市场支付2006年5月16日至2007年5月15日期间双倍工资的诉讼请求;(3)驳回蒙玉成的其他诉讼请求。本案受理费10元,由蒙玉成承担3.3元,康乐市场承担6.7元,该款已由蒙玉成预付,该院不另作退收,康乐市场在履行判决书确定的义务时直接支付6.7元给蒙玉成。判决后,蒙玉成不服提起上诉,二审广东省肇庆市中级人民法院于2014年8月25日作出(2014)肇中法民一终字第142号判决,维持一审判决,一审判决已发生法律效力。

※裁判理由:本案是劳动争议纠纷,争议的焦点是五一经济合作社、康乐市场是否属于劳动合同法中的"用人单位"问题。《劳动合同法》第2条第1款规定:"中华人民共和国境内的企业、个体经济组织、民办非企业单位等组织(以下称用人单位)与劳动者建立劳动关系,订立、履行、变更、解除或者终止劳动合同,适用本法。"2002年施行的《广东省商品交易市场管理条例》第9条规定:"市场开办者应当向所在地的县级以上工商行政管理部门申请市场名称核准登记……"第11条规定:"市场名称核准登记后,对符合有关法律法规规定预售条件的市场,可以进行市场摊位、店铺的招商招租。"本案中,五一经济合作社属农村经济组织,不属于劳动合同法中"用人单位"的范畴,故蒙玉成与五一经济合作社之间不存在劳动关系,亦不适用劳动合同法进行调整。蒙玉成自2006年5月入职由五一经济合作社开办的康乐市场任保安工作,但原审法院调取的《证明》证实:"截止2014年4月22日,肇庆市工商行政管理局端州分局没有登记名称为康乐市场的企业或个体工商户资料。"即康乐市场在未办理企业登记时亦不属于劳动合同法规定的"用人单位",五一经济合作社虽从1995年12月1日起向工商行政管理部门办理了康乐市场"商品交易市场登记证"进行经营,但2012年7月26日,广东省人民代表大会常务委员会通过了关于修改《广东省商品交易市场管理条例》的决定,该决定对该管理条例的第8条和第34条规定进行了修改。《广东省商品交易市场管理条例》第8条规定:"开办市场应当依法向县级以上工商行政管理部门申请办理企业登记注册,取得营业执照后方可进行市场摊位、店铺招商招租和开业。"第34条规定:"……本条例修改前已取得市场登记证的,应当依法办理企业登记注册。"即从2012年7月26日起广东省法规规定开办市场应当办理企业登记,取得营业执照后方可经营,因此,原审法院根据修改《广东省商品交易市场管理条例》的决定的时间酌情认定康乐市场最迟应在2012年12月1日前取得企业营业执照,从此时起康乐市场才符合"用人单位"的主体要求并无不当,此前双方并不构成劳动关系,故蒙玉成主张从其入职时的2006年5月起支付未签订劳动合同的12个月双倍工资理据不足,本院不予采纳。《劳动合同法》第14条第3款规定:"用人单位自用工之日起满一年不与劳动者订立书面劳动合同的,视为用人单位与劳动者已订立无固定期限劳动合同。"因蒙玉成从被确立

劳动关系的2012年12月1日起至2013年11月1日向肇庆市端州区劳动人事争议仲裁委员会申诉时止,尚不足一年时间,故其主张要求确认已订立无固定期限劳动合同的理据不足,本院不予采纳。

张小妹与张孝富劳动争议案[1]

※裁判要点:经工商行政管理部门注册成立的个体工商户属于个体经济组织,其与招用的劳动者之间建立劳动关系。劳动者与起有字号的个体工商户产生的劳动争议诉讼,人民法院应当以营业执照上登记的字号为当事人,但应同时注明该字号业主的自然情况。在本案中,由于个体工商户海口龙华大富隆酒楼已注销,故应以营业执照上登记的经营者张孝富为诉讼当事人。

※相关法条:《劳动合同法》第2条第1款

※基本案情:张孝富于2004年4月7日向海口工商行政管理部门申请个体工商户开业登记,经营海口龙华大富隆酒楼(以下简称酒楼)。2013年7月张小妹应聘至被告处工作,双方未签订劳动合同,但相关的工作登记张孝富在保管。张小妹上班及工资发放情况为,以点名方式确认有无到岗,工资以现金形式发放,张小妹签名领取,至张小妹离职,工资为1897元/月,酒楼自2013年11月开始为张小妹交纳各项社保至2015年8月,2015年8月27日酒楼经海口市龙华区工商行政管理局登记注销。同年8月30日,酒楼召开职工大会,宣布关门停业,通知张小妹不用来上班,2015年10月23日,张小妹向海口市龙华区劳动人事争议仲裁委员会申请劳动仲裁,该仲裁委于2015年10月30日向张小妹送达海龙劳人仲告字(2015)143号《案件逾期告知书》,主要内容为:由于案件量过多,本案尚未受理,根据《劳动争议调解仲裁法》第29条的规定,可就该劳动争议事项向人民法院起诉。张小妹于2015年11月9日以张孝富应当支付赔偿金为由诉至法院。双方争议焦点在于:张孝富及龙华大富隆酒楼是否本案适格主体,张孝富认为双方之间不应当是劳动关系,而是民事雇佣关系。

※裁判结果:张孝富作为海口龙华大富隆酒楼的经营者,经工商行政管理部门注册,属于个体经济组织,是本案劳动争议纠纷的适格主体。海口龙华大富隆酒楼与张小妹之间的劳动关系成立。张小妹主张张孝富支付4000元经济补偿金,予以支持。

※裁判理由:(1)关于张孝富及酒楼是否为本案适格主体。张孝富于2004年4月7日申请设立海口龙华大富隆酒楼作为个体工商户经营,经工商行政管理部门注册成立,属于个体经济组织。其作为该个体经济组织经营者,录用张小妹等劳动者入职工作,张小妹服从酒楼管理,定岗按时工作,符合劳动关系特征。依据《劳动合同法》第2

[1] 参见海口市中级人民法院(2016)琼01民终1642号判决书。

条第1款“中华人民共和国境内的企业、个体经济组织、民办非企业单位等组织(以下称用人单位)与劳动者建立劳动关系,订立、履行、变更、解除或者终止劳动合同,适用本法”之规定,酒楼与张小妹之间成立用人单位与劳动者的劳动关系,受《劳动法》《劳动合同法》等法律制约与调整,原、被告之间不属于雇佣关系。张孝富经营的酒楼已于2015年8月27日注销,酒楼已无诉讼主体资格,依据最高人民法院《关于适用〈中华人民共和国民事诉讼法〉的解释》第59条第1款“在诉讼中,个体工商户以营业执照上登记的经营者为当事人”之规定,张孝富作为酒楼经营者,为本案劳动争议纠纷适格主体。

(2)关于海口龙华大富隆酒楼与张小妹之间是劳动关系还是雇佣关系。海口龙华大富隆酒楼是依法设立的个体工商户,张孝富作为经营者,其录用被上诉人等一定数量的劳动者入职系经营生产的需要,该行为不违反法律规定。海口龙华大富隆酒楼制定的劳动规章制度适用于劳动者,劳动者服从酒楼管理,定岗按时工作,且劳动者提供的劳动是海口龙华大富隆酒楼的组成部分,双方之间的关系符合劳动关系特征。

(3)关于经济补偿金的支付问题。张小妹已证明与酒楼存在劳动关系,则张孝富应举证证明双方劳动关系存续的期间,现张孝富未提供张小妹入职时间的记录,仅凭养老保险缴费清单不足以认定张小妹的入职时间,则张孝富对此应承担举证不能的不利后果。据此,本院认定双方劳动关系存续期间为2013年7月至2015年8月30日,合两年两个月。双方共同认可养老保险缴费清单显示的缴费工资基数是原告实际工资收入,本院予以采纳。双方劳动关系终止前12个月,张小妹月平均工资为1704元。依据《劳动合同法》第47条第1、3款的规定:“经济补偿按劳动者在本单位工作的年限,每满一年支付一个月工资的标准向劳动者支付。六个月以上不满一年的,按一年计算;不满六个月的,向劳动者支付半个月工资的经济补偿……本条所称月工资是指劳动者在劳动合同解除或者终止前十二个月的平均工资。”张小妹的经济补偿金计为:4260元(1704×2.5),故张小妹主张被告支付经济补偿金4000元,本院予以支持。

丁风明与镇江永安器材有限公司劳动争议案[1]

※裁判要点:劳动关系的特征是劳动力与用人单位的生产资料相结合,相互之间具有明显的从属关系,本质上存在一种人身依附关系。而承揽关系的特征是一种典型的完成工作的法律关系,注重的是工作成果,而不是工作本身的过程。用人单位与劳动者之间是否存在管理与被管理关系,是否为劳动者缴纳养老保险金和医疗保险金,是否按时发放工资等是区分劳动关系与加工承揽关系的重要标准。

---

〔1〕 参见镇江市中级人民法院(2013)镇民再终字第0024号再审判决书。

※基本案情：1998年4月，丁风明进入永安公司工作。丁风明的工作流程如下，永安公司对外承接到门窗安装及维修业务后，与丁风明协商一个价格。然后，丁风明受永安公司指派，前往现场施工，工程完毕后，双方于当年年底结算劳动报酬。丁风明工作时应身穿永安公司统一发放的工作服。双方至今未签订书面劳动合同。期间，永安公司曾为丁风明投保过人身意外伤害等商业保险。2010年度，永安公司结算给丁风明劳动报酬为29033元，月平均收入为2419.4元。2011年4月26日，因丁风明与永安公司的业务单位人员发生矛盾，永安公司提出终止与丁风明的合作，丁风明同意解除双方劳动关系。

镇江市京口区人民法院一审认为，用人单位自用工之日起即与劳动者建立劳动关系。丁风明自1998年4月进入永安公司工作，虽双方至今未签订书面劳动合同，但永安公司曾为丁风明办理商业保险并提供劳动条件，故应视为双方之间已订立无固定期限劳动合同。2011年4月26日，永安公司提出终止双方合作，丁风明予以同意，可以认定为双方协商一致解除了劳动合同。本案中，丁风明主张永安公司为其补缴各项社会保险费，根据相关法律规定，该项诉求不属于人民法院受理范围，故不予处理。丁风明主张双倍工资48987元超过了仲裁时效一年的规定，不予支持。丁风明主张永安公司支付双倍经济补偿金104000元的问题，因双方系协商一致解除劳动合同，不适用《劳动合同法》第87条的规定，综合丁风明在永安公司工作年限14年、2010年收入及丁风明的诉讼请求，永安公司应给付丁风明经济补偿金33871.6元。遂判决：永安公司于判决生效之日起十日内支付丁风明经济补偿金33871.6元；驳回丁风明要求永安公司支付双倍工资的诉讼请求。案件受理费10元，由永安公司负担。

判决后，丁风明与永安公司均不服，向镇江市中级人民法院提起上诉。丁风明上诉称：其自1998年4月进入永安公司工作，永安公司依法应当为其办理各项法定社会保险，同时永安公司未依法与其签订书面劳动合同，应当向其支付双倍工资。永安公司上诉称：其与丁风明之间只存在承揽关系不存在劳动合同关系，一审判令其向丁风明支付经济补偿金33871.6元没有法律依据，请求二审法院依法改判。

镇江市中级人民法院二审认为：丁风明自1998年4月进入永安公司工作，虽双方至今未签订书面劳动合同，但永安公司曾为丁风明办理过人身意外伤害等商业保险并提供统一工作服等劳动条件，证明双方存在事实上的劳动关系，应视为双方已订立无固定期限的劳动合同。虽然永安公司在二审中提供了盖有"安装维修工程承揽结算单"条形章的结算单原件，但该原件一直由永安公司保管且与丁风明提供的内容相似但未盖条形章的工程结算单复印件相互矛盾，故不能确定其真实性。至于永安公司要求对结算单上的条形章形成时间进行鉴定的主张，因其不能提供比对样本缺乏可操作性，不予支持。因此，永安公司与丁风明之间只存在承揽关系不存在劳动合同关系且因此不应支付经济补偿金的上诉理由不能成立。

丁风明自1998年4月进入永安公司工作,2008年1月1日后一直未与永安公司订立书面劳动合同,直至2011年5月才向京口区劳动人事争议仲裁委员会申请裁决,已超过了一年的仲裁时效,其要求支付双倍工资的上诉理由不能成立。丁风明要求永安公司为其补缴各项社会保险费的主张,根据相关规定,不属于人民法院受理范围,该上诉请求亦不能予以支持。

综上,二审遂判决:驳回上诉,维持原判。丁风明上诉的二审案件受理费10元,由丁风明负担;永安公司上诉的二审案件受理费10元,由永安公司负担。判决发生法律效力后,永安公司不服,向江苏省高级人民法院提出再审申请。

再审申请人永安公司主要申请再审理由:其与丁风明之间是临时合作的一种承揽关系,不是劳动关系,请求驳回丁风明的诉讼请求。

通过对上述证据的形式和内容进行审查,结合当事人的质证意见,法院认定如下:(1)对丁风明再审中举证的结算单真实性予以确认,但并不能就此确认永安公司在一、二审中所举证的报酬结算单上加盖的"承揽结算单"蓝色印章系永安公司在工人签字结算后加盖。鉴于双方对一、二审中举证的所有报酬结算单的有关结算数额真实性并无异议,双方虽表面只是对结算单印章究竟何时加盖有异议,而实质是对报酬结算单是否具有劳动合同关系性质工资单有异议,故本院对所有报酬结算单中有关结算数额的内容均予以确认,至于该报酬结算单上无论是否有"承揽"二字,也不能直接证明双方就具有承揽关系或是劳动关系,而应结合其他查明相关事实综合予以认定。(2)丁风明所提供照片中的车辆虽确系永安公司所有,但仅凭照片不足以证明永安公司用该车辆接送工人上下班的事实,对该证据的证明目的不予采纳。(3)江苏省人民检察院的不抗诉决定书对本案事实无证明效力。

经再审审理查明:

永安公司于1998年3月成立,系自然人独资的有限公司,公司经营范围为安全防盗门制作、销售、安装等。1998年4月,丁风明开始与永安公司合作,主要从事防盗门的安装、维修。具体合作流程为,永安公司对外承接到门窗安装及维修等业务后,与丁风明协商一个价格,然后由永安公司填写施工单,丁风明按永安公司的指派前往现场施工,双方不定期结算劳务报酬。期间,永安公司曾为丁风明购买过人身意外伤害等商业保险。双方从未签订任何书面合同。2010年度,永安公司结算给丁风明的劳务报酬共计为29033元。2011年4月26日,因丁风明与永安公司的业务单位人员发生矛盾,永安公司提出终止与丁风明的合作,丁风明表示同意。

另查明,丁风明在原一、二审及再审中提供的2007年为期一年具有自由职业者身份的养老保险,系以丁风明个人名义办理。

再查明，丁风明的“工作服”上印有“盼盼防盗门”字样，丁风明的“工作证”，系中国建筑第二工程局镇江万达广场项目经理部所发。

还查明，永安公司的在职职工工资发放名册中并无丁风明及同类安装工人。

上述事实，由经一、二审当庭经双方当事人举证、质证的结算单、保险单、永安公司相关财务账册及双方当事人陈述等证据证明。

※裁判结果：(1)撤销镇江市中级人民法院(2012)镇民终字第508号民事判决和镇江市京口区人民法院(2011)京民初字第2034号民事判决及诉讼费负担部分。(2)驳回被申请人丁风明的诉讼请求。一审案件受理费10元及二审案件受理费20元均由丁风明负担。

※裁判理由：本案争议的焦点是双方当事人之间是否存在劳动合同关系。根据民法相关规定，劳动关系是指用人单位招用劳动者为其成员，劳动者在用人单位的管理下提供有报酬的劳动而产生的权利义务关系，其特征是劳动力与用人单位的生产资料相结合，二者相互之间具有明显的从属关系，本质上存在一种人身依附关系。而承揽关系是承揽人以自己的设备、技术和劳力，按照定作人的要求完成一定的工作，交付工作成果，定作人接受工作成果并给付报酬而在双方当事人之间形成的法律关系，其特征是一种典型的完成工作的法律关系，注重的是工作成果，而不是工作本身的过程。因此，用人单位与劳动者之间是否存在管理与被管理关系，是否为劳动者缴纳养老保险金和医疗保险金，是否按时发放工资等是区分劳动关系与加工承揽关系的重要标准。本案中，再审申请人永安公司与被申请人丁风明之间不存在劳动关系。主要理由如下：

第一，根据永安公司和丁风明提供的报酬结算单内容来看，双方结算报酬的方式主要为“完成一定工作，支付一定报酬”，即根据被申请人丁风明所提供的安装、维修防盗门的工作成果，按照双方事先商定的价格结算报酬，是一种完成工作的法律关系，双方结算报酬依据的是工作成果，而不是工作的过程。虽然丁风明到施工现场施工是根据永安公司填写的施工单，但其在工作现场独立完成工作，并不需要永安公司的监督、指导和指挥，并不具有人身依附性。故永安公司与丁风明之间的关系具有承揽关系的本质特征，而不是劳动关系。

第二，劳动和社会保障部《关于确立劳动关系有关事项的通知》第2条规定：“用人单位未与劳动者签订劳动合同，认定双方存在劳动关系时可参照下列凭证：(一)工资支付凭证或记录(职工工资发放花名册)、缴纳各项社会保险费的记录；(二)用人单位向劳动者发放的‘工作证’、‘服务证’等能够证明身份的证件；(三)劳动者填写的用人单位招工招聘‘登记表’、‘报名表’等招用记录；(四)考勤记录；(五)其他劳动者的证言等。其中，(一)、(三)、(四)项的有关凭证由用人单位负举证责任。”本案中，再审申请人永安公司提供的职工工资发放名册中并无丁风明及同类安装工人，丁风明在2007年办理的养老保险系以其个人名义办理，而非以永安公司名义办理。永安公司虽曾为丁风明等安装工人购买过人身意外伤害等商业保险，但用人单位为降低自身风险而购买商业保险的行为，并不能证明劳动关系的存在。丁风明的工作服上只印有防盗门生产厂商名称，而工作证是由施工单位发放而非永安公司，故也不能直接证明其与永安公司之间存在劳动关系。至于丁风明提出永安公司对其进行考勤有考勤记录，永安公司予以否认，故现并无相关书面证据予以证实。经对上述证据综合考量后，本院认为，根据劳动和社会保障部的上述规定，现有证据不足以证明永安公司与丁风明之间存在劳动关系。

综上所述，再审申请人永安公司与被申请人丁风明之间不存在劳动关系，永安公司申请再审理由成立，本院予以采纳。被申请人丁风明提出的要求再审申请人永安公司办理社会保险、支付双倍工资及经济补偿金的诉讼请求缺乏事实和法律依据，本院不予支持。原一、二审判决认定事实有误，适用法律不当，应予纠正。

庄燕生与北京亿心宜行汽车技术开发服务有限公司劳动争议案〔1〕

※裁判要点：代驾员与用人单位之间是否建立劳动关系应当考虑多方面的因素，如劳动者和用人单位是否形成了人身性的从属关系、劳动者是否可以自由掌握工作时间、劳动者是否有固定的工作场所、劳动者是否从用人单位获取报酬等。代驾司机可以兼职也可以全职，工作时间自己掌握，故不符合劳动关系的认定标准。

※相关法条：《劳动合同法》第2条第1款

※基本案情：被上诉人（原审被告）亿心宜行公司为提供代驾服务的公司，其开发一款手机软件，代驾司机如果有时间，可以打开软件，如果客户需要代驾，可以选择附近的代驾司机与代驾司机联系进行代驾业务。亿心宜行公司按20%收取信息服务费，亿心宜行公司每月预先收取一定数额服务费，代驾司机提供服务成单后亿心宜行公司从预存款中扣除服务费。代驾司机工作时间灵活，是否提供、何时提供代驾服务由其本人决定。代驾司机有专职亦有夜间兼职。

上诉人（原审原告）庄燕生称，自2012年1月起，其在亿心宜行公司提供代驾服务。2013年4月15日，庄燕生签署了e代驾驾驶员合作协议，其中载明了合作内容、合作服务流程、收益分配与结算形式。合作内容：由甲方向乙方提供代理驾驶送车服务的信息，由乙方为客户提供代理驾驶服务（以下简称代驾服务）。乙方按照甲方对社会公布的各项收费标准收取并获取服务收益，甲方收入从乙方的信息费中扣除相应费

〔1〕 参见北京市第一中级人民法院（2014）一中民终字第6355号判决书。

用，作为为甲方提供信息服务的费用。合作服务流程：(1)由甲方接受客户预约后通知乙方服务内容，或客户直接与乙方联系。(2)乙方依据本协议执行“代理驾驶”的合作任务。收益分配与结算形式：(1)甲方向乙方提供代驾服务信息，暂定按每次代驾实际收费的20%收取信息费用，扣除税后其余部分为乙方所得。(2)通过e代驾正规预约渠道进行预约乙方的，视为甲方向乙方提供代驾服务信息，甲方有权收取对应的信息费。(3)随着市场的变化以及竞争的改变，甲方有权调整对乙方收取的信息费，其他特殊情况信息费用的收取甲方另行通知乙方。

另查，2013年4月2日，亿心宜行公司罚款庄燕生500元。2013年8月，亿心宜行公司在其网站发布公告，以庄燕生多次恶意逃单为由与其解除合作关系。

亿心宜行公司称，庄燕生与其他代驾公司亦有合作关系，但未举证予以证明。

本次诉讼前，庄燕生向北京市石景山区劳动争议仲裁委员会（以下简称仲裁委）申请仲裁，要求亿心宜行公司：“1.支付2011年10月6日至2013年8月12日未签书面劳动合同双倍工资补偿114906元；2.确认2013年8月12日辞退违法并支付双倍赔偿20892元；3.补发2013年1月至8月12日的工资41784元；4.退还2013年4月500元的罚款。”2013年11月12日，该仲裁委作出京石劳仲字(2013)第1520号裁决书，裁决“驳回庄燕生的仲裁申请。”庄燕生不服该仲裁裁决，向法院提起诉讼。后庄燕生不服一审法院判决，向二审法院提起上诉。本案二审审理的争议焦点是：庄燕生与亿心宜行公司是否存在劳动关系。

※裁判结果：庄燕生与亿心宜行公司之间并非劳动关系，故庄燕生基于其与亿心宜行公司存在劳动关系而提起的，故判决：(1)判令亿心宜行公司支付庄燕生未签订劳动合同双倍工资114906元；(2)补偿工资41784元；(3)违法辞退赔偿金20892元；(4)退还违法罚款500元四项诉讼请求，缺乏事实和法律依据，本院均不予支持。

※裁判理由：一方面，劳动关系的成立需要劳动者为单位提供有偿劳动，接受用人单位的管理，服从单位的劳动分工及安排，遵守劳动纪律及相关规章制度；另一方面，用人单位必须为劳动者提供工作条件，按照劳动者的劳动数量和质量给付其劳动报酬，保障劳动者享有相关福利待遇。需要明确的是，认定劳动关系的要素应参照劳动和社会保障部《关于确立劳动关系有关事项的通知》第1条的规定：“用人单位招用劳动者未订立书面劳动合同，但同时具备下列情形的，劳动关系成立。（一）用人单位和劳动者符合法律、法规规定的主体资格；（二）用人单位依法制定的各项劳动规章制度适用于劳动者，劳动者受用人单位的劳动管理，从事用人单位安排的有报酬的劳动；（三）劳动者提供的劳动是用人单位业务的组成部分。”劳动关系成立需要劳动者为用人单位提供了有偿劳动，劳动者从用人单位获得劳动报酬和有关福利待遇，劳动者和用人单位形成了以人身自由在劳动范围内归用人单位支配、服从劳动分工和安排、遵

守劳动纪律、接受用人单位管理为主要内容的从属关系。本案庄燕生作为代驾司机，可以兼职也可以全职，工作时间自己掌握，没有固定的工作场所，不符合劳动关系的认定标准。且根据庄燕生与亿心宜行公司签订的e代驾驾驶员合作协议可知，二者是合作关系。总之，庄燕生未能提供充分证据证明其与亿心宜行公司存在劳动关系，故其基于劳动关系的各项诉讼请求，没有事实依据及法律依据，法院不予支持。

汤同洋与淮安市快腿同城网络科技有限公司淮阴区分公司劳动争议案〔1〕

※裁判要点：外卖员从事的劳动是外卖平台的加盟商的业务范围，外卖平台的加盟公司要对外卖员的着装、送餐卫生等进行检查，同时还对外卖员的配送服务质量进行考核，双方之间存在管理与被管理的关系，外卖员从加盟公司处所取得的劳动报酬是其主要生活来源，符合劳动关系的从属性特征。

※相关法条：《关于确立劳动关系有关事项的通知》（劳社部发〔2005〕12号）第1、2条

※基本案情：快腿同城淮阴分公司成立于2016年7月8日，经营范围为：软件项目开发；普通货物运输；通过互联网销售日用品；餐饮配送服务（非集体用餐配送单位，不涉及餐饮服务、食品销售等须审批的项目）；食品销售。该公司与上海三快科技有限公司（以下简称三快公司）签订有《美团外卖配送服务协议》，协议有效期至2017年9月30日，协议约定由乙方（快腿同城淮阴分公司）负责协议约定的配送区域内美团外卖订单配送的运营工作，具体包括：(1)对约定配送区域内提供配送服务；(2)按照甲方（三快公司）要求的标准及配套设施，组建专门配送团队；(3)对因配送原因产生的用户投诉进行处理。甲方依据协议约定向乙方支付配送服务费及乙方垫付的款项，甲方为乙方提供进行配送服务所需的系统，为乙方开通系统账户。协议同时还约定："5.2.5 乙方对其履行本协议过程中涉及的配送人员进行规范管理、保证其人员配置符合甲方要求、并保证其人员按照协议约定标准完成配送服务。乙方配送人员与甲方不存在任何劳动或劳务关系或者劳动派遣关系，乙方配送人员在配送过程中出现的任何用工问题，包括但不限于工伤、意外事故、对第三方造成侵权，均由乙方自行承担。如因乙方或乙方配送人员造成甲方任何损失或受到任何追偿或处罚，甲方均有权要求乙方赔偿。5.2.9乙方应当及时支付配送人员的薪酬，不得因此影响配送质量和正常的配送服务，否则给甲方造成损失的，应赔偿损失。5.2.11 乙方应当始终具备并保持能够充分保证其履行本协议项下的设施、设备和人员。5.2.12 乙方应当合法用工，并通过甲

〔1〕 参见淮安市中级人民法院（2016）苏08民终2970号判决书。

方指定渠道为其配送人员购买保险,并有义务向甲方提供相关证据证明。乙方雇佣的配送人员必须持有健康证,并保证健康证在配送人员与乙方签订劳动合同、劳务合同有效期内持续有效。”

汤同洋于2016年10月17日起至快腿同城淮阴分公司处开始从事配送员工作(俗称“美团骑手”),由美团平台为其派单,接单后从事餐饮配送,每单报酬为5元,其工作所用的电动车为自己所有,工作服、头盔、送餐箱由被告统一代购,均有美团外卖的标识,费用由快腿同城淮阴分公司从其的工资中予以扣除。汤同洋2016年10月出勤16天,快腿同城淮阴分公司向其银行账户发放工资1345元,其中保底工资420元,单量总额213×5=1065元,一二星连接扣款40元(订单评价为一星或二星的罚款)、冬装费扣款100元。原告2016年11月工资总计3705元,为现金发放,其中单量总额745×5=3725元,奖励100元,一二星连接扣款120元。2016年11月27日13时21分许,汤同洋驾驶电动车行驶至淮阴区××街与××路路口时,与一辆轿车相撞,因此受伤。此次交通事故经交警部门处理,认定汤同洋无责任,事故相对方负事故全部责任。汤同洋受伤后先后被送入淮阴医院、淮安市第一人民医院治疗,于2016年12月30日出院,出院后至今未再继续工作。2017年3月3日,汤同洋向淮安市淮阴区劳动人事争议仲裁委员会申请劳动仲裁,该委于2017年3月10日作出《不予受理通知书》,遂诉至法院。

双方当事人对双方之间是否为劳动关系存在争议。汤同洋认为其与快腿同城淮阴分公司之间为劳动关系,快腿同城淮阴分公司则认为双方之间为承包关系。汤同洋陈述:快腿同城淮阴分公司的员工分为全职与兼职两类,全职员工每天早上要到公司开早会、参加考勤,固定工作时间为9:00~14:00、17:00~21:00,工作时间内接单系统必须在线,工作时间隔一天值一次班,值班时间为14:00~17:00,而兼职员工可自行控制上下班时间。快腿同城淮阴分公司则陈述:汤同洋确为全职骑手,但其工作时间由自己安排,公司并不对骑手进行考勤,每天早上集中检查骑手工装是否整齐、卫生,并提示安全注意事项;骑手工资根据其接单量进行计算,刚入职时由公司负责对其培训,培训期间有保底工资;骑手需要轮流值班,值班时间为14:00~17:00。为了证明各自的主张,汤同洋提供了其2016年10月、11月的工资表、工作照、工作视频为证,快腿同城淮阴分公司对上述证据的真实性无异议,但对证明目的不予认可;快腿同城淮阴分公司提供了其与张磊等骑手签订的《合作承运配送美团外卖协议书》为证,汤同洋认为与本案无关联性,快腿同城淮阴分公司并未与其签订任何协议。根据双方的陈述,认定如下:汤同洋为快腿同城淮阴分公司的全职“骑手”,报酬根据每月订单量进行计算,快腿同城淮阴分公司对汤同洋进行入职培训,每天对汤同洋的工装是否整齐、送餐箱是否卫生等进行检查,并提醒安全注意义务,对于其的工作时间是否固定难以认定。

一审法院认为,本案双方之间构成劳动关系。其一,快腿同城淮阴分公司为美团外卖的加盟商,该公司的经营范围中包含有餐饮配送业务,而汤同洋作为"美团骑手",负责快腿同城淮阴分公司与美团外卖所约定的配送区域内的美团外卖订单配送,汤同洋从事的劳动为快腿同城淮阴分公司的业务范围;其二,快腿同城淮阴分公司每天对汤同洋工装是否整齐、送餐箱是否卫生等进行检查,并提醒安全注意义务,同时还通过一二星连接扣款这一措施对其的配送服务质量进行考核,即双方之间存在管理与被管理的关系,而这正好符合劳动关系的人身属性典型特征;其三,快腿同城淮阴分公司根据汤同洋配送的订单数量向其发放报酬,而汤同洋作为全职"骑手",其从快腿同城淮阴分公司处所取得的报酬,应为其生活主要来源。综上所述,参照劳社部发〔2005〕12号《关于确立劳动关系有关事项的通知》精神,一审法院认定双方之间构成劳动关系。依照《劳动合同法》第7条,《民事诉讼法》第142条的规定,判决:汤同洋与淮安市快腿同城网络科技有限公司淮阴区分公司自2016年10月17日起存在劳动关系。案件受理费10元免于收取。

二审中,双方当事人均未提供新的证据。二审另查明,快腿同城淮阴分公司网上招聘被上诉人汤同洋,并确定了一周的试用期;通过一、二星连接配送服务质量考核,汤同洋2016年10月被扣款40元,2016年11月被扣款120元。

※裁判结果:上诉人快腿同城淮阴分公司上诉请求不能成立,应予驳回;一审判决认定事实清楚,适用法律正确,应予维持。

※裁判理由:二审法院认为,快腿同城淮阴分公司依加盟协议的规定,网上招聘被上诉人汤同洋,并确定了一周的试用期,之后按加盟协议的要求,对汤同洋等配送人员每天的工装是否整齐、送餐箱是否卫生等进行规范管理,同时还通过一二星连接扣款这一措施对其的配送服务质量进行考核,汤同洋工资也由快腿同城淮阴分公司每月打卡按时发放,2016年10月保底工资为420元,双方之间存在较为严格的管理与被管理的关系,具有一定的人身从属性;被上诉人汤同洋作为"美团骑手",工作服、头盔,送餐箱均有美团外卖的标识,其从事的美团外卖订单配送业务也为上诉人快腿同城淮阴分公司加盟美团外卖订单配送工作的业务范围,故上诉人与被上诉人之间形成了事实劳动关系。上诉人称其与被上诉人之间不是劳动关系的主张,无事实和法律依据,不予采纳。

刘靖超、威海蜂鸟配送服务有限公司劳动争议案〔1〕

※裁判要点:劳动关系中劳动者的劳动给付行为具有高度的人身属性,不能替代

〔1〕 参见威海市中级人民法院(2017)鲁10民终1858号判决书。

履行,而外卖员通过手机系统软件平台接单、取单和送单,接单之后可以转让给他人进行送单;劳动者在流动过程中,受用人单位的指挥或管理,自主性低,而外卖员对送餐工作的安排具有自主权,实际软件中自带的评价体系进行的考核与外卖员的收入关联性也难以证实。因此,外卖员与平台之间不存在劳动法意义上的从属关系。

※相关法条:《关于确立劳动关系有关事项的通知》(劳社部发〔2015〕12号)第1、2条

※基本案情:原告刘靖超自2016年5月19日加入威海饿了么经区1团队,在威海经区范围内从事骑手即送餐工作,约定每单提成5元,工资为送单提成,没有底薪,自带摩托车送餐。工作中,原告通过手机下载了接收订单的手机APP软件,平时根据该软件接收订单,接单、取单、送单的工作流程也都是通过该软件来操作完成的。2016年6月2日,原告在送餐途中发生交通事故。原告2016年5月工资1635元,由崔程强支付给原告。

在仲裁庭审笔录中崔程强到庭证实:自2015年11月至2016年6月18日,其给被告工作,让被告担任经区团队站长,负责经区配送。原告系其招聘,从事骑手送餐工作,平时送餐均是通过饿了么订单调度系统统一派发。王英伟是被告2015年11月之前的法定代表人,其与崔程志安排崔程强负责经区团队的管理。团队工资先由王英伟转账给崔程强,再由崔程强发放给团队员工。

一审法院认为,本案争议的焦点在于原、被告之间是否存在劳动关系。认定劳动关系是否存在的核心是劳动的地点、内容、方式、过程以及在即使无工作但劳动关系仍然存续的情况下,还需要受到用人单位的约束,约束的方式既包括规章制度,也包括具体的管理行为。本案中,根据原告提供的到庭证人证言以及崔程强在仲裁部门的庭审证言的陈述,可以证明原告确系在被告处从事送餐工作,对此予以确认。虽然原告每天通过手机软件平台点击上下班,并通过该网络平台接单、取单、送单,但原告主要工作于经区商家附近,无须到被告公司办公场所上下班,被告对原告等骑手没有明文的规章制度要求其遵守,对其服务态度等要求并不是严格意义上的规章制度,被告仅是通过网络平台关注原告的工作成果,并不关注其工作过程,亦不会通过原告点击上下班而计量其考勤,仅是用来计算其一天的工作量;原告自带交通工具,被告按单支付提成给原告,原告多送多得,没有底薪,这种做法不同于一般意义上的工资,也不受最低工资标准的限制;从证人证言看,双方也没有签订劳动合同的共同意愿。因此,原、被告之间的新用工形态不符合劳动关系的特征。

综上,原告的诉讼请求,理由不当,不予支持。参照劳动和社会保障部《关于确立劳动关系有关事项的通知》(劳社部发〔2015〕12号)第1条之规定,判决:原告与被告自2016年5月19日至2016年6月2日期间不存在劳动关系。案件受理费5元,由原

告负担。

刘靖超不服威海市环翠区人民法院(2017)鲁1002民初822号民事判决,向威海市中级人民法院提起上诉。

※裁判结果:驳回上诉,维持原判。

※裁判理由:第一,本案首先需要确定上诉人系为被上诉人还是原审第三人从事送餐工作。上诉人仲裁时提供崔程强出庭作证,崔程强的陈述与上诉人一审提供的两名证人的陈述能够相互吻合,结合被上诉人原法定代表人王英伟向崔程强转账的相关记录,一审认定上诉人系在被上诉人处从事送餐工作并无不当,本院予以维持。

第二,关于上诉人与被上诉人之间的关系性质问题。劳动关系的本质属性是"人格从属性",劳动者接受用人单位的管理,劳动者与用人单位之间存在从属关系。劳动者的劳动给付行为具有高度的人身属性,不能替代履行;劳动者在劳动过程中,受用人单位的指挥或管理,自主性低。本案中,上诉人自备交通工具,通过手机系统软件平台接单、取单和送单。从证人证言及上诉人自己的陈述来看,包括上诉人在内的送餐员接单之后,可以转让给他人进行送单。由此可见,外卖送餐员对送餐工作的安排具有自主权,并非如与单位建立劳动关系的员工一样,具有不可替代性。因此,上诉人与被上诉人之间不存在劳动法意义上的从属关系。此外,从上诉人的工作情况看,上诉人并没有固定的办公场所;从上诉人的工资发放情况看,被上诉人向上诉人发放的报酬,以量(件)计酬,与劳务付出具有对价性,不含工龄补贴等相关福利待遇,与一般劳动者领取的工资在性质上并不相同;从保险缴纳情况看,被上诉人亦未为上诉人缴纳社会保险。上诉人主张被上诉人对其进行劳动管理,主要通过手机软件发送派单任务,通过手机系统软件中自带的评价体系进行考核,但是正如以上已查明的事实,上诉人接单后也可转让他人,且上诉人并未提供证据证明所谓的考核与其收入存在关联性。故上诉人所主张的劳动管理并非劳动法意义上的劳动管理,对上诉人的主张,本院不予采信。综上,被上诉人与上诉人之间的关系,不符合构成劳动关系的本质属性和其他特征,一审认定双方之间不存在劳动关系,结果正确,本院予以维持。虽然上诉人与被上诉人之间不存在劳动关系,但上诉人在送餐过程中若合法权益受到损害,可就其损害根据相关法律规定另行主张权利。

李相国与北京同城必应科技有限公司劳动争议案[1]

※裁判要点:配送员与用人单位之间是否建立劳动关系应当考虑劳动者能否自主决定接单,自主决定使用何种交通工具,是否需要需考勤,用人单位是否限制其工作地

〔1〕 参见北京市海淀区人民法院(2017)京0108民初53634号判决书。

点、工作时间、工作量，是否向其提供劳动工具等因素。李相国作为配送员，并无自主接单选择权，其虽然可以决定自己的工作时间，但灵活安排工作时间的特点本身并不排斥劳动关系的存在，且同城必应科技公司恰借助其对相关信息及技术手段的掌控权，在与李相国的用工关系中处于强势支配地位，为此二者之间存在劳动关系。

※相关法条：《劳动合同法》第2条第1款

※基本案情：被告同城必应科技公司为“闪送”平台的运营方；原告李相国于2016年5月27日注册成为闪送员，自2016年5月29日起开始接单。李相国自行购买配送车辆，自置箱子，自行负担油费。

在运营模式上，双方确认闪送APP分为闪送员版和用户版两种版本。闪送员APP软件带有定位功能，闪送员选择“听单”模式时，同城必应科技公司即可知悉闪送员的位置。客户将送货需求发送至闪送平台，闪送平台根据距离和重量评定费用，客户也可以自主上浮费用，以上需求信息汇总至后台服务器，后台以发货人为中心将订单信息发送至周围闪送员；闪送员自行决定是否接单或抢单，闪送员抢单成功后，自行上门取件，配送至收件人处。平台会随机发送验证码至收件人，收件人把验证码给闪送员后，闪送员将其输入平台，一致无误后视为送达成功。每单80%收入分配至闪送员APP账户内，剩余20%平台留存。每周闪送员可以申请提款一次，由同城必应科技公司账户转入闪送员个人银行账户内。另闪送员收益中，每单扣除0.3元作为保险费用。

本案审理过程中，经询问，双方陈述：第一，对于薪资结构。双方确认李相国无底薪，一单一结算，另有接单奖励。同城必应科技公司称接单奖励是为了吸引客户和闪送员。第二，对于工作时间、工作量、在线时长、服务区域。李相国确认无工作量要求、无在线时长要求、无服务区域要求，其可自主安排工作、休息时间；自述如果在线时间超过一定时长，会有奖金。第三，对于送达时间。李相国自述公司对送达时间有要求，确认一般情况下不会超时，在安全驾驶的正常状态下可以按时送到，超时多发生在交通状况不好或天气不好的情况下；称超时会分情况处理，可能会罚款。第四，对于管理情况。李相国称，如果配送超时或者损坏、丢失物品会有惩罚，但本人并未发生过以上情况。第五，对于车辆安全及安全教育问题。结合双方陈述，闪送平台对闪送员的交通工具无强制要求、不审查驾驶员及车辆资质信息。第六，对于能否为其他平台工作。李相国自述在闪送工作期间，没有在其他同类平台工作；同城必应科技公司亦确认曾经提出过此类要求，但表示仅能通过技术手段进行处理，但不同手机号码仍可注册多家互联网平台从事类似配送业务。

李相国2016年7月24日在进行闪送业务时发生交通事故。李相国自述当日下雨，在望京地铁站附近的直路上冲撞到道路护栏发生事故。

本案的争议焦点集中于李相国与同城必应科技公司之间是否为劳动关系。

※裁判结果：北京市海淀区人民法院（2017）京0108民初53634号判决：确认李相国与北京同城必应科技有限公司自2016年5月29日至2017年3月30日止存在劳动关系。

※裁判理由：对于李相国与同城必应科技公司之间是否存在劳动关系，应从以下几个方面分析：

一、同城必应科技公司辩称双方之间为平等主体之间的居间合同关系，该辩称意见能否成立。

依据《合同法》的规定，居间合同是居间人向委托人报告订立合同的机会或提供订立合同的媒介服务，由委托人支付报酬的合同。在居间合同关系中，居间人仅向委托人报告订立合同的机会或者为订约提供媒介服务，具体合同条款及内容系仍系委托人与相对人自行协商确定。而本案中，同城必应科技公司不仅通过闪送平台获取运输货物服务的需求信息，并向众多闪送员发送，而且规定了货物运输合同的权利义务关系，包括服务标准、收费标准等，相关的条款并非由闪送员与客户协商制订。在居间合同关系中，居间人并不参与委托人与相对人之间合同的履行。而本案中，同城必应科技公司通过闪送平台分配闪送业务，监督闪送员货物运输之过程，并通过闪送平台向客户直接收取服务费用。虽然合同履行的收益在同城必应科技公司与闪送员之间分配，但分配比例由同城必应科技公司规定，收益提取方式、提取时间亦由同城必应科技公司规定。因此，事实上货物运输合同关系形成于同城必应科技公司与客户之间，且相关客户也相信是与闪送平台运营方——同城必应科技公司之间形成货物运输合同关系，而非与闪送员之间。闪送员的作用在于提供货物运输服务，使同城必应科技公司得以履行货物运输合同中运输货物之合同义务。

同城必应科技公司认为自己收取的只是信息服务费，类似于中介费，理由不能成立。虽然运送货物的需求信息通过闪送平台发布，但闪送平台的运营公司实际上组织了货物运送的整个过程，平台运营公司收取的费用虽然在每一单合同中比例并不高——只占20%，但平台的整个经营模式是通过大量提供货物运输服务来获取利润。因此本院认为，闪送平台的运营公司——同城必应科技公司并不是一家信息服务公司，而是一家从事货物运输业务经营的公司，其关于收取中介费的意见不能成立。

综上，同城必应科技公司关于与李相国之间属于居间合同关系的辩解不能成立。

二、同城必应科技公司主张与李相国之间是平等民事主体之间的合作关系，该辩称意见能否成立。

同城必应科技公司为此提交了《合作协议》，该《合作协议》明确约定，双方之间是商业合作关系，不存在劳动关系。李相国虽称在注册闪送员过程中未注意到该《合作协议》,但通过庭审质证,其对注册过程中需要操作点击同意该《合作协议》的选项并未提出异议,因此本院认定李相国在注册成为闪送员时见到了该《合作协议》。

同城必应科技公司主张依据该《合作协议》,双方已明确约定属于商业合作关系,不存在劳动关系,不受劳动法调整。对此本院认为,基于劳动法之性质,当事人不可以协议约定的方式排除劳动法之适用。对于双方之间法律关系的性质应从涉案相关法律事实出发,依据相关法律规定进行判断。若双方关系之性质指向劳动关系,则用人单位一方以格式条款形式作出的、排除劳动者主要权利的约定无效。

因此,同城必要科技公司依据该份《合作协议》,主张与李相国之间是平等主体之间的合作关系,依据不足。对于双方之间的法律关系,应依据劳动法律之相关规定及劳动法之相关原理,结合涉案法律事实进行分析判断。

三、李相国与同城必应科技公司之间关系是否具有从属性之特征。

通常认为,从属性是劳动关系之本质特征。劳动者对于用人单位具有人格从属性、经济从属性,用人单位一方具有强势和主导地位。目前,司法实践中认定劳动关系多参照劳动和社会保障部《关于确立劳动关系有关事项的通知》(劳部发〔2005〕12 号)的规定,该通知第 1 条规定:"用人单位招用劳动者未订立书面劳动合同,但同时具备下列情形的,劳动关系成立。(一)用人单位和劳动者符合法律、法规规定的主体资格;(二)用人单位依法制定的各项劳动规章制度适用于劳动者,劳动者受用人单位的劳动管理,从事用人单位安排的有报酬的劳动;(三)劳动者提供的劳动是用人单位业务的组成部分。"该条文体现了劳动关系从属性的判断路径。

本案中,同城必应科技公司与李相国符合法律、法规规定的劳动关系主体资格,同城必应科技公司在招聘闪送员时,对工作方式、工作特点、收入计算、奖励等进行了说明,对担任闪送员的条件作出了要求,该内容具有招聘信息之性质。同城必应科技公司对报名闪送员进行了培训,说明其对提供服务的人员在工作方面有一定的标准和要求。

同城必应科技公司为李相国发放了工牌。该工牌具有身份识别功能,在李相国佩戴工牌进行服务时,其代表同城必应科技公司。在工牌背面详细列明了对闪送员服务流程的具体要求,说明同城必应科技公司对李相国的服务过程进行管理,要求李相国按照公司的规章制度进行服务。

李相国虽然可以自主决定是否接单,但其一旦接单,就需要按照同城必应科技公司规定的工作流程来完成服务。

以上充分说明,李相国担任闪送员期间,与同城必应科技公司之间存在相当的人格从属性。

李相国自 2016 年 5 月 29 日担任闪送员,至同年 7 月 25 日期间,每周有规律地收到报酬，由于李相国工作时间相对稳定，其收取的报酬金额也相对稳定。本院注意到，根据双方当事人均认可的李相国接单详情，李相国每天工作时间约在10小时左右。李相国称仅为闪送平台一家工作，同城必应科技公司也未提交李相国在其他单位工作之证据，并且同城必应科技公司亦在《合作协议》中明确要求闪送员不得同时为其他平台服务。因此，本院有理由相信，在该期间，李相国未从事其他工作，从事闪送员工作获取的报酬是李相国的主要劳动收入。李相国对同城必应科技公司在经济上的从属性亦十分明显。

前面已论述，同城必应科技公司是一家提供货物运输服务的公司，李相国提供的闪送服务是同城必应科技公司业务的组成部分。

因此，李相国与同城必应科技公司之间的关系具有从属性之特征，符合劳部发〔2005〕12号文件之规定。

四、双方的关系具有的灵活性特征，是否影响劳动关系的认定。

本院同时注意到，双方之关系与传统劳动关系有一定的区别，具有相对灵活性的特征。

正如同城必应科技公司所述，李相国自主决定是否接单，自主决定使用何种交通工具，无须考勤，同城必应科技公司不限制其工作地点、工作时间、工作量，不向其提供劳动工具。以上互联网信息技术介入传统劳动供求关系后产生的新工作岗位所呈现之特征，是否能够阻却双方劳动关系之判定，本院认为不能。

其一，李相国可以自主决定是否接单，但只要其注册成为闪送员，并决定以此谋生，则其必须通过完成一定的工作量来挣取维持生活所需之收入，所以尽管从每一单闪送业务来看，李相国有接单或不接单之选择自主权，但从其整体工作来看，其并无更多的选择自主权。

其二，李相国可以决定自己的工作时间，公司无须考勤。但从双方均认可的接单记录来看，李相国在担任闪送员期间，每日基本工作10小时左右（指接单时间起始点），每周平均收入1400元左右。如果李相国要保持这样的收入水平，其对工作时间、工作量并无过宽的选择自主权。并且灵活安排工作时间的特点本身并不排斥劳动关系的存在，因为劳动关系项下本身有多种用工的工时形式，包括相对灵活的用工工时形式。

其三，李相国可以自主决定使用何种交通工具，同城必应科技公司并不向其提供劳动工具。但本院认为，在本案中所体现出来的这种互联网经济下新的用工模式中，所谓的交通工具并不是主要的生产资料，由闪送平台运营方——同城必应科技公司通过互联网技术所掌握的信息才是更为重要的生产资料，这些信息及信息技术手段，是李相国个人无法掌握的，同城必应科技公司恰借助其对相关信息及技术手段的掌控权，而在与李相国的用工关系中处于强势支配地位。

因此，本院认为，同城必应科技公司与李相国之间用工关系的灵活性特点，并不能掩盖其劳动关系之本质。

五、对李相国适用劳动法保护之必要性。

同城必应科技公司认为，其已经为李相国投保了商业保险，并且保险公司已经理赔，故己方已尽到义务。

但本院注意到，李相国通过同城必应科技公司投保的"员工意外医药补充医疗保险"，只获得了第一次手术的相关费用理赔，其后续二次手术费用无法获得赔偿，并且其在治疗期间的工资等相关待遇均未得到保障。在李相国为同城必应科技公司工作中受伤的情况下，同城必应科技公司仅提供商业保险，对李相国的救济显然是不够的。

同城必应科技公司从李相国提供的劳动中获益，则其应当承担相应的法律责任及企业之社会责任。若允许其低成本地用工，则其必然缺乏防范用工风险之主动性，对采取劳动安全保护措施的积极性必然不高，因此带来之社会问题必然增多。本案中同城必应科技公司对李相国使用的交通工具的安全性、驾驶员资质等均未严格审核，即可证明这一点。互联网企业不能因其采用了新的技术手段与新的经营方式而不承担本应由其承担的法律责任与社会责任。

不可否认，李相国在同城必应科技公司工作的时间及完成工作情况具有一定的稳定性，而在闪送平台注册的众多闪送员的工作情况与李相国的情况并不完全相同。因此本院认定李相国与同城必应科技公司之间有劳动关系，并不代表所有注册的闪送员与同城必应科技公司之间均具有劳动关系。闪送员之间情况的不同可能会使同城必应科技公司面临管理上的困难，但作为运用新技术手段进行经营的公司，其完全可以运用信息技术优势实现合法的经营、管理，不能因为闪送员之间情形不同而一概否认劳动关系。

不可否认，目前同城必应科技公司与李相国之间的劳动关系，缺乏完全吻合的法定工时形式与其匹配，亦缺乏完全适应的社会保险制度。但本院认为，不能因为相关配套制度尚不完善而拒绝向劳动者提供基本权利之救济——如李相国要求确定劳动关系从而获得工伤保险待遇之基本权利。

综合以上各方面之分析判断，本院认为，李相国与同城必应科技公司之间自2016年5月29日起存在劳动关系。由于李相国受伤后同城必应科技公司并未支付相关待遇，而李相国一直在主张工伤待遇。因而本院确认，双方劳动关系解除的时间以李相国开始为其他单位工作的时间为准，即2017年3月30日。

黄钰雯、广州吉大文化传播有限公司合同纠纷案[1]

※裁判要点：网络主播与直播平台的合作商（经纪公司）之间是否成立劳动关系，应当从双方签订的合同内容进行分析，参考双方建立劳动关系的合意、用人单位对劳动者的考勤制度、发放报酬的方式等因素认定双方是否构成劳动关系。公司与主播签订的“独家签约协议”仅就主播未经许可不得在其他网站从事相同或类似活动的行为作出限制，而无其他关于主播需要遵守公司相关管理制度或劳动规章制度的约定，且主播获取报酬的方式不同于一般劳动关系中劳动者获取报酬的方式。因此，双方之间不能认定为成立劳动关系。

※相关法条：《劳动合同法》第2条第1款、《劳动和社会保障部关于确立劳动关系有关事项的通知》第1条

※基本案情：2014年8月31日，被上诉人（原审原告）吉大公司（甲方）与上诉人（原审被告）黄钰雯（乙方）签订《网络主播独家签约合同》，约定：“一、合作内容：甲方系YY直播网、酷狗繁星网、KK唱响等直播平台的签约合作商，乙方为甲方的独家签约主播，上述三家直播平台是乙方从事网络在线演艺直播活动的独家网站；二、双方的权利与义务：1. 甲方向乙方提供在线演艺直播活动的技术支持服务；2. 甲方承诺，将乙方作为其在线直播业务的独家签约主播，尽其合理力量，向乙方提供宣传推广服务；3. 甲方承诺给予乙方优先的合作机会、专属的推广资源、技术支持，创造广阔的发展空间；4. 乙方保证在上述三家直播平台的直播符合法律法规及相关政策的规定，无任何不良及非法内容，如因乙方行为导致甲方受损，则乙方须承担赔偿责任，甲方在接收到相关投诉时，可以要求乙方暂停演艺直播活动，并且保留单方解除合同的权利；……6. 乙方承诺，作为甲方在线直播业务的独家签约主播，仅在甲方合作的网站从事在线演艺直播活动，未经甲方书面许可，乙方不得在其他网站从事相同或类似活动；7. 甲方承诺当签约的主播在YY直播平台上的人气达到5000以上，甲方免费为乙方制作原创歌曲单曲，在人气达到3万人以上，甲方免费为乙方制作原创专辑，并召开专辑新闻发布会以艺人的身份进行打造；三、艺人薪酬分配：1. 乙方每月在甲方合作的网站在线直播时长达到60小时以上，有效播出天数在20天以上，在无礼物要求的情况下至少可获得1000元保底收益；2. 甲乙双方合作前三个月甲方提供给乙方每月1000元的底薪加平台结算款的50%收入分成，第四个月以后甲方不再提供底薪，乙方的分成比例提升至60%，甲方为40%；3. 乙方根据每月在线直播时长及收到的虚拟礼物，取得相应的虚拟礼物提成……5. 乙方收益不视为与甲方建立任何劳动关系所得；……四、违约责任

---

[1] 参见广州市中级人民法院（2017）粤01民终24027号判决书。

及合同的解除终止:1. 合作期内,若乙方未经甲方同意,擅自在上述三家平台以外的其他互联网平台上进行演出的,构成乙方根本性违约,甲方有权单方解除本合同,乙方应向甲方支付30万元人民币作为违约金;2. 由于一方的过失,造成本合同不能履行或不能完成履行时,由过失一方承担违约责任,如属双方过失,由双方分担各自应负的违约责任;……六、其他:合同期限五年,自2014年9月1日至2019年9月1日……"

合同签订后,吉大公司在2014年11月13日至2015年10月15日期间共向黄钰雯支付53.4721万元。

2015年11月19日,吉大公司委托广东广信君达律师事务所律师向黄钰雯发出《律师函》,称因黄钰雯未经吉大公司许可,擅自在吉大公司指定平台以外的其他互联网平台上进行演出,且经多次通知仍未停止违约,现要求黄钰雯立即停止违约行为,继续履行《网络主播独家签约合同》。

2016年8月26日,黄钰雯收到吉大公司发出的《关于解除的通知》,写明正式解除双方的《网络主播独家签约合同》,并要求黄钰雯在收到通知后七日内向吉大公司支付违约金30万元,赔偿损失50万元。

一审庭审中,吉大公司提供了两份公证书,内容均是关于黄钰雯在其他网站平台进行直播的截图,公证时间均为2016年5月20日。对此,黄钰雯确认公证书的真实性,自认其自2016年5月开始在其他网络平台进行直播,但辩称是迫不得已而为之,并称与吉大公司是劳动关系,本案不应由法院受理,且合同为格式合同,在签约时,其曾向吉大公司提出违约金过高、年限过长的问题,但吉大公司负责人称这只是形式上的约定。为此,黄钰雯申请了证人黄某、邝佳丽到庭陈述。证人黄某自称与黄钰雯同一批进入吉大公司,签订合同时,吉大公司并未仔细解释条款,说只是形式,签约后,黄某每天工作两小时,上班需要考勤,三个月后就离开了,期间,吉大公司没有为其购买社保。证人邝佳丽称其在吉大公司的下属分公司工作了一年,与分公司签合同时黄钰雯知合同约定的十年年限是娱乐公司的统一做法,签约后,分公司支付了两个月底薪,此后按礼物价值比例提成,工作期间并没有打卡考勤,只是请假要报公司知晓。黄钰雯称证人的陈述可以证明合同在履行的过程中吉大公司要考勤,请假也需公司批准,且吉大公司需支付工资报酬,这些都符合劳动合同的特征。

吉大公司对此则回应称合同内容约定了双方属合作关系,且黄钰雯并不受吉大公司各项劳动规章制度的约束,不受吉大公司的劳动管理,其行为是履行合同义务的履约行为,且吉大公司并无有关违约金和年限的条款只是形式上签订的说法,黄钰雯应属于自由职业者身份。

另,双方均确认吉大公司未为黄钰雯购买社保。黄钰雯自认其在其他公司的月收入为三万到四万元。

黄钰雯不服广东省广州市天河区人民法院(2017)粤0106民初4290号民事判决，向广州市中级人民法院提起上诉。

二审的争议焦点为:(1)涉案双方法律关系的性质;(2)在涉案合同履行过程中，黄钰雯是否构成违约及约定违约金是否过高。

※裁判结果:黄钰雯与广州吉大文化传播有限公司之间并非劳动关系，二审法院维持原判，判决:解除吉大公司与黄钰雯签订的《网络主播独家签约合同》;黄钰雯于判决发生法律效力之日起十日内向吉大公司支付违约金30万元;驳回吉大公司的其他诉讼请求。

※裁判理由:黄钰雯与吉大公司签订《网络主播独家签约合同》是双方当事人的真实意思表示，内容无违反法律、行政法规的强制性规定，合法有效，本院予以确认。

关于涉案双方法律关系的性质问题。经查，第一，综观涉案《网络主播独家签约合同》载明的内容，合同中对双方法律关系的表述均为"合作"，且合同中还明确载明黄钰雯收益不视为与吉大公司建立任何劳动关系所得;合同中对双方权利义务的约定中，仅就黄钰雯未经许可不得在其他网站从事相同或类似活动的行为作出限制，而无其他关于黄钰雯需要遵守公司相关管理制度或劳动规章制度的约定。第二，在合同履行过程中，黄钰雯虽主张工作期间其要接受公司考勤，吉大公司也向其按月发放劳动报酬，但因黄钰雯实际收取的报酬完全与其自认的工作期间吻合，故其自2015年11月停播起再未收到报酬，该报酬获取方式有别于一般劳动关系取得报酬的情形。综上，从现有证据反映，在双方订立《网络主播独家签约合同》的过程中，双方并无建立劳动关系的合意，且在合同的实际履行过程中，黄钰雯的报酬获取方式又与一般劳动关系获取报酬方式不同，一审法院结合吉大公司在合同履行期间未为黄钰雯购买社保等情况，认定吉大公司与黄钰雯之间不构成劳动关系，并无不当，本院予以维持。黄钰雯上诉主张其与吉大公司之间形成劳动关系，缺乏事实和法律依据，本院不予采纳。

关于在涉案合同履行过程中，黄钰雯是否构成违约及约定违约金是否过高的问题。本院认为，涉案合同约定，如黄钰雯未经吉大公司同意擅自在其他互联网平台演出，则构成根本违约。现吉大公司已提供证据证实黄钰雯在涉案合同约定的平台以外的平台演出，已构成违约。至于涉案合同约定的违约金是否过高的问题。因涉案合同中关于违约金的约定是双方当事人的真实意思表示，黄钰雯在涉案合同上签名，表示其已对违约风险作出评估，并愿意受前述约定的约束。而约定违约金是否过高，亦应当由主张违约金过高的一方，即黄钰雯提交证据证实。黄钰雯并未举证证实违约金过高，因此，对违约金标准不应调处。综上，一审法院适用双方约定的违约金标准，并判令黄钰雯向吉大公司支付违约金30万元，于法有据，本院予以维持。

徐州星梦文化传媒有限公司与杜新宇劳动争议案[1]

※裁判要点:《主播独家合作协议》虽名为合作协议,但根据该协议约定的内容,具备用人单位的名称、住所和法定代表人,劳动者的姓名、地址和居民身份证,以及劳动合同期限、工作内容和工作地点、工作时间、劳动报酬、社会保险等劳动合同应当具备的主要条款,故该协议应当认定为劳动合同,故因履行该协议发生的争议应为劳动争议。

※相关法条:《劳动法》第79条、最高人民法院《关于审理劳动争议案件适用法律若干问题的解释》第1条

※基本案情:2017年4月14日,原告(甲方)与被告(乙方)签订《主播独家合作协议》一份,协议中约定如下内容:本协议生效之日起乙方即成为甲方独家签约的网络主播,甲方为乙方作为甲方独家签约的网络主播提供物质条件支持;乙方同意根据甲方的要求,在YY平台上进行直播活动,乙方了解并遵守YY平台以及甲方对主播活动的相关要求及准则;本协议合作期限为三年,自2017年4月14日起至2020年4月14日止;乙方待遇由底薪和提成构成,具体根据乙方每月表现进行确定:底薪3000元+提成表现;甲方不负责为乙方交纳任何社会保险;甲方仅须按本协议约定向乙方支付待遇外,无须向乙方支付其他任何费用和福利;乙方每日直播时间不得少于5小时,如有特殊情况,可提前向甲方请假,经双方确认的直播时间,非因甲方原因不得缺席,否则视为乙方违约;乙方必须服从甲方管理及安排,不得主播甲方指定范围以外的内容,不得以非甲方认可的名义进行网络主播,并有义务为甲方提供的平台发展出谋划策,维护声誉与利益,乙方承诺不作任何有损甲方利益及名誉的行为,否则甲方有权终止协议,并要求乙方承担一切损失;乙方若在本协议期限内与第三方公司签订类似此合作合同的协议或者违背合同协议到第三方平台进行直播,乙方应当根据甲方的损失承担不少于人民币20万元的赔偿责任;除本协议另有约定外,乙方违反本协议下其他规定的,每违反一次,均应按甲方要求按以下一种或几种方式承担违约责任:(1)向甲方支付至少人民币50万元作为违约金;(2)向甲方返还甲方已支付的全部或部分费用;(3)向甲方支付全部乙方违约所得收益;(4)造成甲方与第三方发生争议或被相关部门处罚的,还应赔偿甲方为处理该争议支出的全部费用(包括但不限于甲方向第三方支付的赔偿金、和解金、律师费等)和政府罚款;(5)甲方还有其他损失的,乙方还应赔偿损失。如乙方擅自终止、解除本协议,或以实际行为不履行本协议的,视为乙方违约,需赔偿甲方为培养乙方支出的相关费用以及该费用的50%作为违约金;甲乙双方仅为本协议下

[1] 参见徐州市泉山区人民法院(2017)苏0211民初4221号判决书。

合作事项签订本协议，双方之间并不因协议的签订而产生任何劳动、雇佣等关系，乙方不受甲方公司制度的约束，甲方除向乙方支付本协议约定的费用外，不向乙方支付其他任何费用。

上述协议签订后，被告在原告处工作了一个多月，期间领取了一个月的工资，其后即自行离开。原告星梦传媒公司向法院提起诉讼，请求判决被告支付原告损失及违约金共计200000元。

※**裁判结果：**驳回原告徐州星梦文化传媒有限公司的起诉。

※**裁判理由：**原、被告双方签订的《主播独家合作协议》虽名为合作协议，但根据该协议约定的内容，具备用人单位的名称、住所和法定代表人，劳动者的姓名、地址和居民身份证，以及劳动合同期限、工作内容和工作地点、工作时间、劳动报酬、社会保险等劳动合同应当具备的主要条款，故本院认为双方签订的协议应当认定为劳动合同，因履行该协议发生的争议应为劳动争议。

劳动争议发生后，当事人应当先向劳动争议仲裁委员会申请仲裁，对仲裁裁决不服的，可以向法院提起诉讼，即对劳动争议先行申请仲裁是向法院起诉的前置程序。由于本案原告未就涉案纠纷先行进行劳动争议仲裁这一前置程序，其径行起诉至法院不符合法律规定，依法应驳回其起诉。

第三条　【基本原则】订立劳动合同，应当遵循合法、公平、平等自愿、协商一致、诚实信用的原则。

依法订立的劳动合同具有约束力，用人单位与劳动者应当履行劳动合同约定的义务。

适用解读

本条是关于劳动合同订立的原则和劳动合同的效力的规定。由于劳动关系不同于民事法律关系，故《劳动合同法》的基本原则与合同法的基本原则既有相通之处，又存在一定差异。因此，在理解《劳动合同法》及其适用的过程中，不可直接套用合同法的原理。

（一）劳动合同订立的原则

1. 合法原则

合法原则包括三个方面的内容：

（1）主体合法。劳动者必须是具备劳动行为能力的年满16周岁的自然人，文艺、体育和特种工艺单位经县级以上劳动行政部门批准可以除外。用人单位必须是具备用工主体资格的企业、个体经济组织、民办非企业单位或者是需要通过劳动合同建立劳动关系的国家机关、事业单位、社会团体。

劳动合同应当由用人单位与劳动者本人签订，劳动者本人签名，并加盖用人单位印章。实践中有劳动者委托他人代签或者用人单位替劳动者签字的情形，关于代签行为是否有效存在不同观点。原劳动和社会保障部、原建设部、中华全国总工会联合下发的《关于加强建设等行业农民工劳动合同管理的通知》第 2 条第 2 款规定：“劳动合同必须由具备用工主体资格的用人单位与农民工本人直接签订，不得由他人代签。建筑领域工程项目部、项目经理、施工作业班组、包工头等不具备用工主体资格，不能作为用工主体与农民工签订劳动合同。”虽然该文件仅适用于建设等行业的农民工，但从规则制定者的本意来看，这一条可以类推至劳动法覆盖范围内的所有劳动者。因此，如果代签经劳动者事先授权或事后追认，则签订劳动合同的行为是有效的；如果代签非经劳动者授权，则可认定是违背劳动者真实意思的劳动合同，应属无效。

（2）形式合法。劳动合同必须采取法律规定的形式，《劳动法》和《劳动合同法》都将书面形式作为劳动合同的法定形式。

（3）内容合法。劳动合同的各项条款如劳动合同期限、工作内容、工作地点、工作时间、休息休假、劳动报酬、社会保险、劳动保护、劳动条件以及双方约定的其他内容等都必须符合国家法律、法规的规定，违反法律法规强制性规定的条款无效。

2. 公平原则

劳动合同内容的确定必须遵循公平原则，即要力求当事人双方的利益平衡。法律对于劳动合同双方当事人的权利义务只规定最低标准，在此基础之上的协议不仅要合法，还应以公平作为价值取向。比如，用人单位与劳动者在服务期条款中约定的违约金不可过高，应与其用于劳动者专项培训的费用以及劳动者已实际履行的服务期限相适应。

值得注意的是，有人将这里的“公平”理解为劳动合同双方当事人之间权利义务的“对等”，这是对劳动法的误解。劳动法上的公平是实质公平，而非民法意义上的形式公平。因此，劳动合同双方当事人之间的权利义务不可能绝对对等，从某种程度上说，法律对劳动者赋予了更多的权利，而对用人单位赋予了更多的义务，这是基于资强劳弱的格局所作出的制度设计，是追求实质公平的表现。

3. 平等自愿原则

平等原则是指劳动者和用人单位在选择劳动合同当事人以及缔结劳动合同时，双方法律地位平等。比如，用人单位不得利用其优势地位以格式合同替代协商、不得附加不平等条款、不得扣押劳动者证件或者要求劳动者提供担保等。

自愿原则是指劳动者和用人单位有权自主选择建立或者不建立劳动关系，双方订立劳动合同以及劳动合同内容的确定都必须基于真实的意思表示，任何一方不得将自己的意志强加给另一方。

4. 协商一致原则

协商一致原则是指劳动合同双方当事人就劳动合同的内容、条款在法律允许的范围内进行协商，达成合意后，合同才能成立、生效。实践中，我国的劳动合同文本多由用人单位提供，因此，尤其要强调协商一致原则。根据我国《合同法》的有关规定，采用格式条款订立合同的，提供格式条款的一方应当遵循公平原则确定当事人之间的权利和义务，并采取合理的方式提请对方注意免除或者限制其责任的条款，按照对方的要求，对该条款予以说明。格式条款具有以下情形之一者无效：(1)一方以欺诈、胁迫的手段订立合同，损害国家利益；(2)恶意串通，损害国家、集体或者第三人利益；(3)以合法形式掩盖非法目的；(4)损害社会公共利益；(5)违反法律、行政法规的强制性规定；(6)造成对方人身伤害或者因故意或者重大过失造成对方财产损失的；(7)提供格式条款一方免除其责任、加重对方责任、排除对方主要权利的。

5. 诚实信用原则

诚实信用作为市场经济中的道德准则，要求当事人讲究信用、恪守诺言、诚实无欺，在追求自己的利益时不得损害他人利益和社会公共利益。诚信原则是民法中的重要原则，又被称为"帝王条款"。在法律规定不完善或不明确的情况下，诚信原则是法官自由裁量时常用的准则。《劳动法》和《劳动合同法》中都规定采取欺诈手段订立的劳动合同无效，《劳动合同法》中还规定，用人单位在招用劳动者时，应当如实告知劳动者工作内容、工作条件、工作地点、职业危害、安全生产状况、劳动报酬，以及劳动者要求了解的其他情况；用人单位有权了解劳动者与劳动合同直接相关的基本情况，劳动者应当如实说明。

（二）劳动合同的效力

劳动合同的效力即劳动合同对当事人的约束力。劳动合同依法订立即具有法律效力，用人单位与劳动者应当履行劳动合同规定的义务，任何第三方不得非法干预劳动合同的履行。所谓依法订立，如前所述，即主体合法、形式合法、内容合法。

一般而言，依法成立的合同，成立即生效。但如果是附条件或附期限的合同，则在所附条件具备或所附期限届至时才生效。《劳动合同法》第16条第1款规定："劳动合同由用人单位与劳动者协商一致，并经用人单位与劳动者在劳动合同文本上签字或者盖章生效。"这是劳动合同成立即生效的情形。如果劳动合同中约定了生效时间，则在生效时间届至时才生效。

关联法规索引

《劳动法》第 17 条，劳动部《关于〈中华人民共和国劳动法〉若干条文的说明》第 17 条

第四条　【规章制度】用人单位应当依法建立和完善劳动规章制度，保障劳动者享有劳动权利、履行劳动义务。

用人单位在制定、修改或者决定有关劳动报酬、工作时间、休息休假、劳动安全卫生、保险福利、职工培训、劳动纪律以及劳动定额管理等直接涉及劳动者切身利益的规章制度或者重大事项时，应当经职工代表大会或者全体职工讨论，提出方案和意见，与工会或者职工代表平等协商确定。

在规章制度和重大事项决定实施过程中，工会或者职工认为不适当的，有权向用人单位提出，通过协商予以修改完善。

用人单位应当将直接涉及劳动者切身利益的规章制度和重大事项决定公示，或者告知劳动者。

适用解读

（一）劳动规章制度的界定

劳动规章制度在《劳动法》颁布之前被称为"企业内部劳动规则"，是指用人单位依法制定的，明确劳动条件、规范劳动关系当事人行为的各种规章、制度的总称。规章制度的内容主要包括劳动合同管理、工资管理、社会保险福利待遇、工时休假、职工奖惩以及其他劳动管理规定。劳动规章制度与劳动条件基准、集体合同、劳动合同一起构成劳动者和用人单位权利义务的依据体系，是调整劳动关系的重要手段。劳动规章制度的效力低于集体合同，高于劳动合同。

（二）依法建立和完善劳动规章制度是用人单位的法定义务

《劳动法》第 4 条和《劳动合同法》第 4 条都规定了依法建立和完善规章制度是用人单位的法定义务。之所以如此，原因有三：（1）对用人单位而言，劳动规章制度是用人单位进行劳动管理的重要依据。《劳动法》第 25 条第 2 项将劳动者严重违反劳动纪律或用人单位的规章制度规定为用人单位可以即时解除劳动合同的法定情形之一；原劳动部制定的《关于贯彻执行〈中华人民共和国劳动法〉若干问题的意见》第 87 条明确了《劳动法》第 25 条第 3 项中的"重大损害"由企业内部规章规定。如果用人单位不履行此项义务，则不能依据《劳动合同法》第 39 条第 2 项的规定，以劳动者严重违反用人单位的规章制度为由解雇劳动者。（2）对劳动者而言，劳动者在劳动过程中处于从属

地位，通过劳动规章制度明确劳动条件，从而保障劳动者的权利和义务，可以避免用人单位滥用管理权。(3)劳动规章制度是审理劳动争议案件的重要依据。最高人民法院《关于审理劳动争议案件适用法律若干问题的解释》第19条规定："用人单位根据《劳动法》第四条之规定，通过民主程序制定的规章制度，不违反国家法律、行政法规及政策规定，并已向劳动者公示的，可以作为人民法院审理劳动争议案件的依据。"如此便可以降低争议处理成本。全面、具体的劳动规章制度本身也可以预防和减少劳动争议的发生。

用人单位制定的劳动规章制度必须合法才能发生效力。首先是制定主体合法，劳动规章制度只能由单位行政制定，但并非单位行政中的任何一个管理机构都有权制定劳动规章制度。有权代表用人单位制定劳动规章制度的，应当是单位行政系统中处于最高层次、对于用人单位的各个组成部分和全体职工有权实行全面和统一管理的机构。至于单位行政中的其他管理机构，虽然可以参与劳动规章制度的制定活动，但无权以用人单位名义颁布劳动规章制度。[1] 其次是内容合法，劳动规章制度的内容不能违反法律法规的规定，其中涉及劳动者利益的相关内容不得低于法律法规和集体合同规定的标准。根据《劳动合同法》第38条第1款第4项的规定，用人单位的规章制度违反法律、法规的规定，损害劳动者权益时，劳动者可以即时辞职(无须提前30日)；根据该法第80条的规定，用人单位的劳动规章制度违反法律、法规规定的，由劳动行政部门责令改正，给予警告，给劳动者造成损害的应当承担赔偿责任。最后是程序必须合法。

(三)劳动规章制度的制定程序

劳动规章制度的制定既是用人单位的法定义务，同时也属于用人单位的管理权利。因此，法律对于其制定程序只规定法定环节，非法定环节则由用人单位自主规定。本条规定了劳动规章制度制定的两个法定环节：

1. 职工参与的民主程序

根据《劳动合同法》第4条第2、3款的规定，制定、修改或决定有关劳动报酬、工作时间、休息休假、劳动安全卫生、保险福利、职工培训、劳动纪律以及劳动定额管理等直接涉及劳动者切身利益的规章制度或重大事项时，由职工代表大会或者全体职工相关建议展开讨论，提出方案和意见，企业建立了工会的，与工会协商确定，没有建立工会的，与职工代表平等协商确定。在制定涉及劳动者切身利益的规章制度或重大事项时，必须有职工参与才能发生效力。工会或职工认为不适当的，有权向用人单位提出，通过协商予以修改。根据《劳动合同法》第80条的规定，"用人单位直接涉及劳动者切

---

〔1〕 王全兴：《劳动法》(第3版)，法律出版社2008年版，第238～239页。

身利益的规章制度违反法律、法规规定的，由劳动行政部门责令改正，给予警告；给劳动者造成损害的，应当承担赔偿责任”。

2. 公示

劳动规章制度以全体职工和单位行政各个部分为约束对象，就应当为这些主体所了解。因此，用人单位应当将直接涉及劳动者切身利益的劳动规章制度和重大事项决定公示，或者告知劳动者。公示应当采用正规的、公开的、可以永久或较长时间持续的方法。为便于日后履行举证责任，用人单位对公示和告知劳动者应当作书面记载。

（四）规章制度的生效要件

根据最高人民法院《关于审理劳动争议案件适用法律若干问题的解释》第 19 条的规定，具有法律效力的规章制度可以在劳动争议案件审理中作为裁判依据，《劳动合同法》第 39 条则将劳动者“严重违反用人单位的规章制度”作为用人单位单方解除劳动合同的许可性条件，但前提也是该规章制度具有法律效力。

规章制度的生效要件包括两个：

1. 规章制度的内容合法。用人单位的规章制度是对劳动过程中劳资双方行为进行管理的规则，且主要是管理劳动者的规则，不能与法律相抵触，更不能损害劳动者的合法权益。

2. 规章制度的制定程序合法。如前所述，有权代表用人单位制定规章制度的主体，经过法定的职工参与民主程序，并向所有劳动者公示。实践中，对于未经民主程序或未向劳动者公示的规章制度是否有效尚存争议：一种观点认为，未经法定民主程序制定的规章制度应当认定无效；另一种观点认为，未经法定民主程序制定的规章制度，如果内容合法并已向劳动者公示的，应属有效，但未向劳动者公示的，则属无效。广东省高级人民法院、广东省劳动争议仲裁委员会《关于适用〈劳动争议调解仲裁法〉、〈劳动合同法〉若干问题的指导意见》第 20 条规定：“用人单位在《劳动合同法》实施前制定的规章制度，虽未经过《劳动合同法》第四条第二款规定的民主程序，但内容未违反法律、行政法规及政策规定，并已向劳动者公示或告知的，可以作为用人单位用工管理的依据。”《劳动合同法》实施后，用人单位制定、修改直接涉及劳动者切身利益的规章制度或者重大事项时，未经过《劳动合同法》第 4 条第 2 款规定的民主程序的，原则上不能作为用人单位用工管理的依据。但规章制度或者重大事项的内容未违反法律、行政法规及政策规定，不存在明显不合理的情形，并已向劳动者公示或告知，劳动者没有异议的，可以作为劳动仲裁和人民法院裁判的依据。浙江省高级人民法院《关于审理劳动争议案件若干问题的意见（试行）》第 34 条规定：“用人单位在《劳动合同法》实施前制定的规章制度，虽未经过该法第四条第二款规定的民主程序，但内容不违反法律、行政法规、政策及集体合同规定,不存在明显不合理的情形,并已向劳动者公示或告知的,可以作为人民法院审理劳动争议案件的依据。《劳动合同法》实施后,用人单位制定、修改或者决定直接涉及劳动者切身利益的规章制度或者重大事项时,未经过该法第四条第二款规定的民主程序的,一般不能作为人民法院审理劳动争议案件的依据。但规章制度或者重大事项决定的内容不违反法律、行政法规、政策及集体合同规定,不存在明显不合理的情形,并已向劳动者公示或告知,且劳动者没有异议的,可以作为人民法院审理劳动争议案件的依据。"2009 年 8 月 17 日北京市高级人民法院、北京市劳动争议仲裁委员会印发的《关于劳动争议案件法律适用问题研讨会会议纪要》第 36 条规定:"用人单位在《劳动合同法》实施前制定的规章制度,虽未经过《劳动合同法》第四条第二款规定的民主程序,但内容未违反法律、行政法规及政策规定,并已向劳动者公示或告知的,可以作为用人单位用工管理的依据。"江苏省高级人民法院、江苏省劳动争议仲裁委员会《关于审理劳动争议案件的指导意见》第 18 条规定:"用人单位在《劳动合同法》实施前制定的规章制度,虽未经过《劳动合同法》第四条规定的民主程序,但其内容不违反法律、行政法规及政策规定,且不存在明显不合理的情形,并已向劳动者公示或者告知的,可以作为处理劳动争议的依据。用人单位在《劳动合同法》实施后制定、修改规章制度,经法定民主程序与工会或职工代表协商,但未达成一致意见,若该规章制度的内容不违反法律、行政法规的规定、不存在明显不合理的情形,且已向劳动者公示或者告知的,可以作为处理劳动争议的依据。有独立法人资格的子公司执行母公司的规章制度,如子公司履行了《劳动合同法》第四条规定的民主程序,或母公司履行了《劳动合同法》第四条规定的民主程序且在子公司内向劳动者公示或告知的,母公司的规章制度可以作为处理子公司劳动争议的依据。"江苏省南京市中级人民法院《关于积极应对和妥善审理宏观经济形势变化时期劳动争议案件的实施意见》中则规定:"对企业以工会组织、职代会等形式通过的应对金融危机的临时性规章制度,人民法院不宜简单以其程序上的轻微瑕疵而否定其效力。如用人单位在仲裁或诉讼阶段的合理时间内,经过合法程序对相关规章制度的程序瑕疵进行弥补的,人民法院可视情形综合认定该规章制度的效力。"

典型案例

幸星数字娱乐科技(北京)有限公司与王礴劳动争议案[1]

※**裁判要点:**用人单位规章制度是在本企业内部实施的、关于组织劳动过程和进

[1] 参见北京市第三中级人民法院(2015)三中民终字第 06624 号判决书。

行劳动管理的制度。用人单位以劳动者严重违反单位的规章制度为由解除劳动合同,劳动者提起相关诉讼的,法院应当依法审查该规章制度的合法性与合理性。用人单位在制定、修改或者决定有关劳动报酬、工作时间、休息休假、劳动安全卫生、保险福利、职工培训、劳动纪律以及劳动定额管理等直接涉及劳动者切身利益的规章制度或者重大事项时,应当经职工代表大会或者全体职工讨论,提出方案和意见,与工会或者职工代表平等协商确定。未经法定程序制定的用人单位规章制度,不能作为其决策的依据。若用人单位规章制度中含有《劳动合同法》第26条规定之情形,该部分将直接无效。

※相关法条:《劳动合同法》第4、30、38、46、47条

※基本案情:原告幸星数字娱乐科技(北京)有限公司因与被告王礴发生劳动争议,故向北京市朝阳区人民法院提起诉讼。被告王礴于2005年9月入职原告幸星数字公司担任制作管理部门动画师。双方于2014年3月13日签订了无固定期限劳动合同,约定王礴的劳动报酬为基本工资5500元和绩效奖金5500元,幸星数字公司根据企业经营效益及王礴同意按照绩效考核制度中绩效奖金的计算方式,根据当月绩效结果对绩效奖金进行分配。

幸星数字公司于2011年9月25日向王礴发出了《致幸星公司核心员工》的通知,告知王礴入选了公司的核心团队,自2011年10月1日起将享受公司为其提供的特殊核心员工福利套餐:补充医疗保险、忠诚服务基金、父母健康体检及优先考虑北京市工作居住证的办理;忠诚服务基金具体规定为:即日起,公司一次性奖励3万元存入王礴在公司特设账户中,服务满三年后王礴将有资格支取,2014年9月30日支取账户余额75%,剩余25%留存在账户中,累计转入下一支取周期。给王礴的《幸星公司忠诚服务基金支取证明》中显示,账户金额为3万元,支取时间为2014年9月30日,本次可支取金额为22500元;另附"支取证明使用说明"中规定:本证明作为基金支取的唯一凭证,在规定的支取时间内,员工应向公司人力资源部提交支取证明原件及身份证原件;忠诚服务基金不能提前支取;所支取金额应按国家相应税收政策,进行合理缴税,账户剩余金额留存在员工账户中,累计进入下一支取周期;本基金鼓励员工长期服务为目的。因此,若员工与公司在2014年10月30日前因任何原因解除或终止劳动合同,则本支取证明自动作废,且双方解除或终止劳动合同时,员工承诺将无条件返还本支取证明。

2014年8月22日,幸星数字公司向全体员工发出主题为"制作管理中心组织结构变革及绩效管理制度改革"的电子邮件,称下个月开始公司将对制作管理中心进行改革,由目前的项目环节负责制改为制片人负责制,同时在中心内部对制作人员引入人才市场化流动机制,制片人对制作人员自由挑选,项目上表现优秀的得到奖励,没被任何项目选中的在空闲时间将只能拿到基本工资;8月25日,幸星数字公司向制作管理

中心全体员工发出《关于制作管理中心组织架构变革及整体规划会议通知》;8月27日,幸星数字公司组织召开了"制作管理中心组织架构变革及绩效体系改革沟通宣导会";9月1日,幸星数字公司向制作管理中心员工发出电子邮件,通知《制作管理中心绩效管理制度》已经在前台公示,文件也同时可在内外网的制度文件平台查询,制度公示时间是2014年9月1日至9月30日,2014年9月试运行;9月30日,幸星数字公司再次向制作管理中心员工发出电子邮件,通知该天为《制作管理中心绩效管理制度》公示最后一天,公示期间未收到任何异议的反馈,此制度将在2014年10月1日正式运行。幸星数字公司制订的《制作管理中心绩效管理制度》在"无项目人员绩效考核"中规定:"1. 考核周期:以周为考核周期;2. 考核指标:是否在项目上;3. 考核办法:以当周空闲为准;4. 考核惩罚额度 = 被惩罚人员绩效工资/4 ×100% ×N周;5. 备注:N为空闲周数。"王礴确认知悉幸星数字公司发布的上述制度,但表示在幸星数字公司召开员工会议时,上述制度即遭到激烈反对,为此原幸星数字公司员工梁长海出庭作证。幸星数字公司以王礴2014年9月未被制片人选择在项目中为由,扣发了王礴当月绩效奖金5500元,支付了当月基本工资。

2014年10月12日,王礴向幸星数字公司邮寄送达了《被迫辞职通知》,主要内容为:因幸星数字公司存在违反劳动法相关规定在先(不支付全额工资、未按照协议支付核心员工忠诚服务基金、未按照全额工资上社保和公积金),其被迫提出辞职。幸星数字公司称,已于2014年10月11日通过电子邮件告知各位核心员工,因近期公司资金紧张,忠诚服务基金将推迟6个月发放。

2014年10月,王礴向北京市劳动争议仲裁委员会(以下简称仲裁委)申请仲裁,要求幸星数字公司支付:"1. 2014年8月25日至9月25日欠发的工资5000元;2. 解除劳动关系经济补偿金99000元;3. 应该于2014年9月30日支付的核心员工忠诚服务基金22500元;4. 没有按照全额工资缴纳社保的经济补偿金50000元。"2014年12月3日,仲裁委裁决幸星数字公司支付王礴:"1. 解除劳动合同经济补偿99000元;2. 忠诚服务基金22500元;3. 2014年9月绩效工资5000元。"幸星数字公司不服,诉至法院。

※裁判结果:一审北京市朝阳区人民法院于2015年3月11日作出(2015)朝民初字第05063号判决,判决如下:"一、幸星数字娱乐科技(北京)有限公司于判决生效之日起7日内支付王礴解除劳动合同经济补偿金九万九千元;二、幸星数字娱乐科技(北京)有限公司于判决生效之日起7日内支付王礴忠诚服务基金二万二千五百元;三、幸星数字娱乐科技(北京)有限公司于判决生效之日起7日内支付王礴二〇一四年九月份的绩效工资五千元;四、驳回幸星数字娱乐科技(北京)有限公司的诉讼请求。"判决作出后,幸星数字公司不服提起上诉,二审北京市第三中级人民法院于2015年5月20日作出(2015)三中民终字第06624号判决,维持一审判决,一审判决已发生法律效力。

※**裁判理由**：用人单位在制定、修改或者决定有关劳动报酬、工作时间、休息休假、劳动安全卫生、保险福利、职工培训、劳动纪律以及劳动定额管理等直接涉及劳动者切身利益的规章制度或者重大事项时，应当经职工代表大会或者全体职工讨论，提出方案和意见，与工会或者职工代表平等协商确定。幸星数字公司未能提供有效证据证明在制定《制作管理中心绩效管理制度》的过程中已经过民主程序与职工进行了协商讨论，且并未充分听取职工或代表的意见及方案，故该制度的制定程序不符合法律规定。一审法院认定幸星数字公司扣发王礴2014年9月的绩效工资缺乏依据，应予补发，并无不当，故应王礴要求补发5000元，本院予以确认。根据幸星数字公司发给王礴的《致幸星公司核心员工》及《幸星公司忠诚服务基金支取证明》显示，幸星数字公司一次性奖励3万元存入王礴在幸星数字公司的特设账户中，服务满3年后将有资格支取账户余额75%的金额即22500元，支取时间为2014年9月30日，王礴于2014年10月12日向幸星数字公司提出辞职，符合支取忠诚服务基金的条件。幸星数字公司又约定若员工与公司在2014年10月30日前因任何原因解除或终止劳动合同，则本支取证明自动作废，该约定与2014年9月30日的支取时间存在矛盾之处，且限制了员工解除劳动合同的权利，故本院认为该约定无效，就一审法院认定幸星数字公司应向王礴支付22500元的忠诚服务基金，本院予以支持。王礴以幸星数字公司未及时足额发放劳动报酬为由提出辞职，属合法解除劳动关系，一审法院认定幸星数字公司应支付王礴解除劳动合同的经济补偿金并无不当，本院予以支持。

关联法规索引

《劳动法》第4、8条，劳动部《关于〈中华人民共和国劳动法〉若干条文的说明》第4、8条，最高人民法院《关于审理劳动争议案件适用法律若干问题的解释》第19条，最高人民法院《关于审理劳动争议案件适用法律若干问题的解释（二）》第16条，《工会法》第6、38条，《公司法》第18条，《全民所有制工业企业职工代表大会条例》

第五条 【协调劳动关系三方机制】县级以上人民政府劳动行政部门会同工会和企业方面代表，建立健全协调劳动关系三方机制，共同研究解决有关劳动关系的重大问题。

适用解读

根据国际劳工组织1976年第144号《三方协商促进实施国际劳工标准公约》的规

定,三方机制是指政府、雇主组织和工会通过一定的组织机构和运作机制共同处理劳动关系的问题的机制。如劳动立法、就业与劳动条件、工资水平、劳动标准、职业培训、社会保障、职业安全与卫生、劳动争议处理以及对产业行为的规范与防范等。

我国于2001年全面启动劳动关系三方协调机制,目前省级和市级三方机制已基本建立。根据本条的规定,县级以上的区域必须建立健全劳动关系协调的三方机制。"三方"即劳、资、政三方。劳方由全国总工会和地方各级总工会代表;资方由中国企业联合会和各地企业联合会或民间商会代表;政府一方由政府劳动行政部门代表。

关联法规索引

《劳动法》第9条,劳动部《关于〈中华人民共和国劳动法〉若干条文的说明》第9条,《工会法》第34条,《三方协商促进实施国际劳工标准公约》

第六条 【集体协商机制】工会应当帮助、指导劳动者与用人单位依法订立和履行劳动合同,并与用人单位建立集体协商机制,维护劳动者的合法权益。

适用解读

根据《劳动法》和《工会法》的规定,工会作为劳动者自愿结合的团体,维护劳动者的合法权益是其基本职责。在劳资关系中处于相对弱势一方的劳动者,无论是在经济地位还是在谈判能力上都无法保证利益的平衡。因此,以工会为代表的劳动者团体在劳动关系协调机制中的作用举足轻重。工会依法参与民主管理、集体协商,并依法干预劳动合同的运行,监督劳动安全卫生法律法规的实施,帮助劳动者解决劳动争议。

(一)帮助、指导劳动者与用人单位依法订立和履行劳动合同

依据《劳动法》《工会法》和本法等法律法规的规定,工会的维权职能及于劳动合同订立、履行、变更、解除和终止的各个环节。

1. 帮助、指导劳动者签订和履行劳动合同

根据《劳动合同法》第6条的规定,工会应当帮助、指导劳动者与用人单位依法订立和履行劳动合同;《工会法》第20条第1款规定:"工会帮助、指导职工与企业以及实行企业化管理的事业单位签订劳动合同。"

2. 参与制定、修改或者决定直接涉及劳动者切身利益规章制度和重大事项

《劳动合同法》第4条第2、3款规定:"用人单位在制定、修改或者决定有关劳动报酬、工作时间、休息休假、劳动安全卫生、保险福利、职工培训、劳动纪律以及劳动定额

管理等直接涉及劳动者切身利益的规章制度或者重大事项时,应当经职工代表大会或者全体职工讨论,提出方案和意见,与工会或者职工代表平等协商确定。在规章制度和重大事项决定实施过程中,工会或者职工认为不适当的,有权向用人单位提出,通过协商予以修改完善。”

3. 监督用人单位解除劳动合同

根据《劳动合同法》第41条的规定,用人单位在法定条件下裁减人员20人以上或者裁减不足20人但占企业职工总数10%以上的,应当提前30日向工会或者全体职工说明情况,听取工会或者职工的意见后,裁减人员方案经向劳动行政部门报告,可以裁减人员。根据《劳动合同法》第43条的规定,用人单位单方解除劳动合同,应当事先将理由通知工会。用人单位违反法律、行政法规规定或者劳动合同约定的,工会有权要求用人单位纠正。用人单位应当研究工会的意见,并将处理结果书面通知工会。《工会法》第21条第1、2款规定:“企业、事业单位处分职工,工会认为不适当的,有权提出意见。企业单方面解除劳动合同时,应当事先将理由通知工会,工会认为企业违反法律、法规和有关合同,要求重新研究处理时,企业应当研究工会的意见,并将处理结果书面通知工会。”

4. 对劳动合同制度的实施进行监督检查

根据《劳动合同法》第73条第3款的规定,县级以上各级人民政府劳动行政部门在劳动合同制度实施的监督管理工作中,应当听取工会、企业方面代表以及有关行业主管部门的意见。根据该法第78条的规定,工会依法维护劳动者的合法权益,对用人单位履行劳动合同、集体合同的情况进行监督。用人单位违反劳动法律、法规和劳动合同、集体合同的,工会有权提出意见或者要求纠正;劳动者申请仲裁、提起诉讼的,工会依法给予支持和帮助。

5. 介入劳动争议处理

工会主持劳动争议调解委员会,对劳动争议进行调解。劳动者认为企业侵犯其劳动权益而申请劳动争议仲裁或者向人民法院提起诉讼的,工会应当给予支持和帮助。

(二)与用人单位建立集体协商机制

集体合同在劳动关系调整机制中的地位举足轻重,因为集体合同在调整劳动关系、维护劳动者权益方面,较之劳动合同,更有优势。根据《劳动法》第33条的规定,工会可以代表企业职工一方与企业就劳动报酬、工作时间、休息休假、劳动安全卫生、保险福利等事项,签订集体合同。集体合同草案应当提交职工代表大会或者全体职工讨论通过。集体合同由工会代表职工与企业签订。没有建立工会的企业,由职工推举的代表与企业签订。

关联法规索引

《劳动法》第7条，劳动部《关于〈中华人民共和国劳动法〉若干条文的说明》第7条，《工会法》第6、20条，《集体合同规定》

第二章　劳动合同的订立

本章介绍

劳动合同的订立部分主要涉及：劳动关系建立的标志、建立劳动关系与订立劳动合同的关系、订立劳动合同时用人单位和劳动者的告知义务、禁止用人单位扣押劳动者证件、禁止用人单位收取劳动者财物、自用工之日起1个月内应当订立书面劳动合同、未订立书面劳动合同时劳动报酬不明确的解决办法、固定期限劳动合同与无固定期限劳动合同以及以完成一定任务为期限的劳动合同的订立条件、劳动合同的生效条件、劳动合同文本的必备条款、劳动合同对劳动报酬和劳动条件等标准约定不明确引发争议的解决办法、试用期的期限、试用期工资标准、试用期内解除劳动合同的条件及程序、服务期条款的界定、劳动者违反服务期约定的法律后果、保密和竞业限制条款的适用范围和期限、劳动者违反保密和竞业限制义务的法律后果、违约金条款的适用范围、劳动合同无效的事由及有权认定机构、劳动合同无效后劳动报酬的支付等内容。

第七条　【劳动关系的建立】用人单位自用工之日起即与劳动者建立劳动关系。用人单位应当建立职工名册备查。

配套法规

《劳动合同法实施条例》(2008年9月18日)

第八条　劳动合同法第七条规定的职工名册，应当包括劳动者姓名、性别、公民身份号码、户籍地址及现住址、联系方式、用工形式、用工起始时间、劳动合同期限等内容。

第三十三条　用人单位违反劳动合同法有关建立职工名册规定的，由劳动行政部门责令限期改正；逾期不改正的，由劳动行政部门处2000元以上2万元以下的罚款。

适用解读

劳动关系可谓劳动法的“密钥”，只有劳动关系存在，才能打开劳动法的“大门”。

如第2条解读所述，建立了劳动关系的用人单位和劳动者才能适用《劳动法》。因此，劳动关系何时建立、如何建立是关键。

劳动关系的实质是劳动者将其劳动力有偿转让给用人单位使用。因此，所谓“用工”，即用人单位已实际使用劳动者的劳动力。只要用工行为成立，则无论劳动者与用人单位之间是否签订了书面劳动合同，劳动关系都已建立。

根据本条的规定，“开始用工”是劳动关系建立的标志。实践中，建立劳动关系与订立书面劳动合同可能同步，也可能不同步，因此存在以下几种典型争议：

（一）用人单位与劳动者在用工之前先签订了书面劳动合同或者口头合同，约定劳动者在之后的某一日到用人单位开始上班

在这种前提下，可能出现两种争议情形：(1)劳动者按照合同中约定日期上班途中发生交通事故，是否能认定为工伤？认定工伤的前提是承认劳动关系。《劳动合同法》第10条第3款规定：“用人单位与劳动者在用工前订立劳动合同的，劳动关系自用工之日起建立。”实践中有的用人单位据此以劳动者还未实际履行劳动义务为由主张劳动关系还未建立，因此拒绝承担雇主责任。事实上，根据法律的规定，书面劳动合同自双方签字或盖章开始生效，即依法订立的合同对双方当事人产生约束力，口头合同则在约定当时已然生效，劳动者出门去用人单位的行为即实际履行合同所规定的义务的行为。因此，可以认为双方已经建立了劳动关系。(2)双方签订了书面劳动合同之后，在开始用工之前，如果用人单位提出解除劳动合同，劳动者能否要求其支付经济补偿？《劳动合同法实施条例（草案）》（征求意见稿）中就此给出的意见是：自劳动合同订立之日至用工之日期间，用人单位与劳动者尚未建立劳动关系，双方可以依法解除劳动合同并承担双方约定的违约责任，用人单位无须承担劳动者的医疗费用等责任，也无须向劳动者支付经济补偿。同理，如果劳动者提出解除劳动合同，则须满足解除劳动合同的程序性条件，否则即视为违法解除劳动合同，给用人单位造成损失的，应承担赔偿责任。

（二）用人单位已实际用工，但用工一段时间之后才订立书面劳动合同，用人单位只承认订立书面劳动合同之后的劳动关系

《劳动法》第16条和《劳动合同法》第10条都有建立劳动关系，应当订立书面劳动合同的规定。这是对劳动关系建立与劳动合同订立之间关系的误解。法律对劳动合同的书面形式作出强制性的规定并非否定口头劳动合同的效力。先用工后订立书面劳动合同的，开始用工就意味着口头劳动合同已经生效，书面合同是对口头合同的明确、补充或变更。书面合同中可以就其中劳动报酬等条款有无溯及力进行约定，如果约定不具有溯及力的，对书面合同订立之前的劳动报酬争议，可以依据《劳动合同法》第11条的规定进行处理。

（三）劳动者先参加用人单位举办的岗前培训再正式报到的，用人单位不认定培训期间与劳动者建立了劳动关系[1]

另外，根据本条的规定，用人单位与劳动者建立劳动关系，应当建立职工名册备查。职工名册应当包括劳动者姓名、性别、身份证号码、户籍地址及现住址、联系方式、用工形式、用工起始时间、劳动合同期限等项内容。如果用人单位建立的职工名册不符合上述规定，由劳动行政部门责令限期改正，逾期不改正的，由劳动行政部门处以2000元以上2万元以下的罚款。职工名册在人力资源管理中被用来作为用人单位规范员工管理、对员工进行素质测评、绩效评估以及薪酬设计的基本依据。是否建立职工名册属于用人单位的自主管理权限，法律并未作强制性规定，而《劳动合同法》和《劳动合同法实施条例》首次将建立职工名册作为用人单位的义务纳入法律调整范畴，主要基于两个方面的考虑：（1）实践中有用人单位与劳动者建立劳动关系但不签订书面劳动合同，于是可能引起多种争议情形，如劳动者主张与用人单位之间存在劳动关系但无法举证，劳动者主张在用人单位的工作起始时间不被用人单位认同等。在此情形下，职工名册可以作为解决争议的一项重要的证据。（2）实践中有些用人单位为逃避缴纳社会保险费的法定义务，不如实向社会保险经办机构申报员工人数，如有员工100人，却按30人办理社会保险登记、缴纳社会保险费。职工名册可以成为社会保险经办机构核定用人单位应当缴纳社会保险费的重要依据。

所谓"用人单位违反劳动合同法有关建立职工名册规定的"，是指用人单位未依法建立职工名册，或者用人单位建立的职工名册中未载明劳动者姓名、性别、公民身份号码、户籍地址及现住址、联系方式、用工形式、用工起始时间、劳动合同期限等任何一项内容。

典型案例

郑亮与淮安九创装饰工程有限公司确认劳动关系纠纷案[2]

※**裁判要点**：判断是否存在劳动关系，应当综合下列因素进行分析：（1）劳动者是否接受用人单位的管理、指挥和监督；（2）用人单位有无向劳动者支付过工资性劳动报酬的记录，劳动者在经济上依赖于用人单位；（3）劳动者被纳入用人单位的生产组织体系中从事劳动，而不是从事独立的业务或经营活动；（4）劳动者无权将工作分包给他人完成；（5）劳动工具、原材料一般由用人单位提供；（6）工作时间、场所一般由用人单位

[1] 参见王全兴：《劳动法》（第3版），法律出版社2008年版，第156～158页。

[2] 参见江苏省淮安市清江浦区人民法院（2018）苏0812民初2548号判决书。

决定或受其控制;(7)劳动者只为一个用人单位提供劳务;(8)劳动者提供的劳务是继续性的而不是一次性的;(9)劳动者向用人单位提供较为长期、固定的劳务。

※相关法条:《劳动法》第2条、《劳动争议调解仲裁法》第2条第1款第1项

※基本案情:被告九创公司是依法成立的有限责任公司,从事室内外装饰工程设计、施工;建材批发、零售。2017年年初,被告公司承接金吉华冠苑装饰工程,其中水电工程的造价为4825元,水电工程施工前支付一半承包费用2412元,工程结束后支付尾款2400元。案外人马彪原为被告九创公司监理,现已离职。经被告公司允许,马彪将水电工程进行转包。2月10日,原告郑亮经案外人吕飞介绍,到金吉华冠苑工地做工,从事水电改造,报酬与吕飞口头约定200元/天。2月16日,原告在工地受伤,受伤后原告遂前往医院进行治疗。在原告受伤期间,被告补助其500元。原告受伤后,剩余的水电工程由吕飞完成。工程结束后,吕飞和原告分别到被告公司结算了自己的报酬,原告拿到其报酬1200元。

2018年2月23日,原告就确认劳动关系问题向淮安市清江浦区劳动争议仲裁委员会申请仲裁,仲裁委以原告未提供存在劳动关系的初始证据,作出不予受理通知书。原告不服,向本院提起诉讼,形成本案诉争。

※裁判结果:原告郑亮与被告淮安九创装饰工程有限公司之间不存在劳动关系。

※裁判理由:原、被告之间是否存在劳动关系,应当综合下列因素进行分析:(1)劳动者是否接受用人单位的管理、指挥和监督;(2)用人单位有无向劳动者支付过工资性劳动报酬的记录,劳动者在经济上依赖于用人单位;(3)劳动者被纳入用人单位的生产组织体系中从事劳动,而不是从事独立的业务或经营活动;(4)劳动者无权将工作分包给他人完成;(5)劳动工具、原材料一般由用人单位提供;(6)工作时间、场所一般由用人单位决定或受其控制;(7)劳动者只为一个用人单位提供劳务;(8)劳动者提供的劳务是继续性的而不是一次性的;(9)劳动者向用人单位提供较为长期、固定的劳务。本案中,原告经吕飞介绍至金吉华冠苑工地,从事水电改造工作,原告在金吉华冠苑从事水电改造期间,被告九创公司未对原告进行考勤、考核管理。被告九创公司发放给原告的劳务费标准也系吕飞与原告之间的约定,被告九创公司与原告并未约定劳动报酬的计算方式。综上,原、被告之间不存在管理监督关系,经济上、组织上也不具备从属性,双方之间没有形成长期、稳定的劳动合意。

关联法规索引

《劳动合同法实施条例》第8、33条,劳动和社会保障部《关于确立劳动关系有关事项的通知》

第八条　【用人单位的告知义务和劳动者的说明义务】 用人单位招用劳动者时，应当如实告知劳动者工作内容、工作条件、工作地点、职业危害、安全生产状况、劳动报酬，以及劳动者要求了解的其他情况；用人单位有权了解劳动者与劳动合同直接相关的基本情况，劳动者应当如实说明。

适用解读

在劳动合同订立之前，即用人单位与劳动者相互选择阶段，一方当事人告知义务的履行就意味着对方当事人知情权的实现。法律对知情权的规定是为了当事人在充分了解相关信息的情况下作出真实意思表示。劳动力市场资强劳弱的格局导致劳动者与用人单位之间信息不对称，因此，立法对劳动者在缔约之前的知情权上给予了倾斜性保护——从本条的规定可以看出，用人单位的告知义务较之劳动者更多。

有的用人单位在招聘时存在虚报劳动报酬、工作条件，隐瞒职业危害、安全生产隐患，或者招聘时所称工作内容或工作地点与签订劳动合同时所写工作内容、工作地点不一致等情形。发生争议时，劳动者可以依据《劳动合同法》第 26 条第 1 款第 1 项的规定，要求确认劳动合同是用人单位以欺诈手段致使劳动者在违背真实意思的情况下订立的因而无效，给劳动者造成损害的，还可要求用人单位承担赔偿责任。值得注意的是，这类争议需要劳动者举证，证明用人单位在招聘时违反了本条所规定的告知义务，存在欺诈行为。因此，劳动者在招聘阶段应注意保留证据。

用人单位对劳动者的知情权仅限于“与劳动合同直接相关的情况”范围之内，如劳动者的职业技能、健康状况、学历、工作经历等。与劳动者应聘职位无关的信息属于劳动者个人隐私，如劳动者的婚姻状况、家庭成员情况等与劳动者履行劳动合同无直接关联。劳动者的隐私权受法律保护。订立劳动合同时，劳动者对用人单位要求提供的与劳动合同直接相关的信息须如实提供，未尽如实告知义务的，根据《劳动合同法》第 26 条的规定，该劳动合同应认定无效。根据《劳动合同法》第 28 条的规定，劳动合同被确认无效，劳动者已付出劳动的，用人单位应当向劳动者支付劳动报酬。

典型案例

昶联金属材料应用制品（广州）有限公司、王新高劳动合同纠纷〔1〕

※**裁判要点：**劳动者在入职时有义务向用人单位告知与劳动合同履行直接相关的

〔1〕　参见广州市中级人民法院（2017）粤 01 民终 10659 号判决书。

个人情况，未告知的情况不直接导致劳动合同目的无法履行，或不影响劳动合同实际履行的，不属于违反告知义务的行为。

※相关法条：《劳动合同法》第3、8、26条

※基本案情：袘联公司属于有限责任公司（台港澳法人独资），经营期限自2004年8月23日起至2019年8月23日，经营范围为金属制品业。

王新高于2014年8月26日入职袘联公司，岗位为工程师，双方有签订劳动合同，其中载有约定固定期限为2014年8月26日起至2017年8月25日止，约定试用期为2014年8月26日起至2014年11月25日止，工作地点在番禺××大岗镇，标准工时制，每日工作8小时，每周工作5天，每月正常工作时间工资为3000元。劳动合同中载有："甲方（袘联公司）保证乙方（王新高）每月应发工资（包括加班加点工资，奖金，津贴等项目）不低于5800元。"袘联公司有为王新高购买社会保险。袘联公司于2016年12月20日向王新高发出《解除劳动合同通知书》，其中载有："你的最后工作日为2016年12月27日上午，年假休假日期：2016年12月21日上午至2016年12月27日上午，共4.5天。请你在2016年12月27日16:00之前到人力资源部结算工资。"王新高确认收到袘联公司发出的《解除劳动合同通知书》。

王新高认为袘联公司解除劳动关系的决定不合理、不合法，以袘联公司为被申请人，向广州市南沙区劳动人事争议仲裁委员会申请劳动仲裁。该仲裁委员会于2017年2月21日以袘联公司违法解除劳动合同关系为由，作出穗南劳人仲案（2017）162号仲裁裁决书，裁定："一、被申请人在本裁决生效之日起五日内向申请人一次性支付违法解除劳动合同赔偿金26080元；二、驳回申请人本案其他仲裁请求。本仲裁裁决为非终局裁决。"仲裁中，经仲裁委员依法审理查明：王新高离职前12个月的平均月应发工资为5216元。袘联公司不服裁决结果，于法定期限内向原审法院提起诉讼。

原审诉讼中，袘联公司主张不存在违法解除与王新高的劳动关系，原因是王新高履历造假，故向原审法院提交了劳动合同、职位申请表、个人简历、佛山市建准电子有限公司人事部的回函、广州市番禺区旧水坑牛尾电机厂人事部的邮件回函、社保缴费历史明细表、解除劳动合同通知工会函及关于解除劳动合同通知工会函的复函等予以证明。其中《职位申请表》的工作经历上有三栏，王新高填写了：2008年1月至2009年6月任职佛山和阳精密金属有限公司，2009年6月至2012年3月任职建准电子有限公司，2012年3月至2014年8月任职牛尾电机厂；该表格同时载有："声明：本人明白倘若虚报资料或隐瞒重要事实，即使已获公司录用，亦可能遭即时无偿解除劳动合同。"佛山市建准电子有限公司人事部的回函显示，王新高任职时间为2010年7月14日至2011年3月15日；广州市番禺区旧水坑牛尾电机厂人事部的邮件回函显示王新高任职时间为2013年4月17日至2014年3月28日；社保缴费历史明细表显示，泽鸿（广

州）电子科技有限公司为王新高购买社保的日期为：2011 年 4 月至 2013 年 3 月。王新高回应称《职位申请表》上记载的工作经历只是时间不符，其确实有在该表记载的有关岗位工作过，不存在虚假，因为昶联公司提供的表格上，工作经历一栏只有三个格，所以工作经历只写了三个单位。

原审诉讼中，昶联公司为证明王新高在解除劳动合同前一年的出勤状况和工资发放情况，向原审法院提交了 2015 年 12 月至 2016 年 11 月考勤资料和工资明细表。王新高对员工打卡表和工资明细表中有王新高签名的文件的真实性予以确认，但认为与本案没有关联性，认为平均工资应按合同约定的 5800 元计算。昶联公司回应称合同约定是 5800 元，因王新高休假造成实发工资为 4500 元左右。

原审诉讼中，昶联公司认为王新高隐瞒工作经历，延长工作时间，美化工作经历，跳槽频繁，如果王新高如实填写工作经历，则可能不予招聘。王新高认为表格上只有三个格，所以工作经历只写了三个单位。昶联公司认为，《职位申请表》中的"隐瞒重要事实"包括：教育程度、工作经历、职业资格证书、个人基本情况，如是否有犯罪记录、是否与上一家公司签过竞业禁止协议等，其不诚信的品质会影响到昶联公司对王新高诚信的判断，其行为已构成一定程度的欺骗。

原审法院认为：王新高入职昶联公司处工作，双方建立劳动关系，双方劳动权益应受到法律保护。

本案争议的焦点是王新高在入职时是否对昶联公司存在欺诈行为，以及该欺诈行为是否达到解除劳动合同的程度。王新高的《职位申请表》中记载的在佛山市建准电子有限公司与广州市番禺区旧水坑牛尾电机厂的任职时间比实际工作时间延长了约两年和一年半，并把其曾就职于泽鸿（广州）电子科技有限公司的工作经历合并到上述两家公司的工作经历里，确实存在隐瞒行为。《劳动合同法》第 8 条规定："……用人单位有权了解劳动者与劳动合同直接相关的基本情况，劳动者应当如实说明。"作为劳动者的王新高在入职时应当有义务真实、客观地向用人单位披露与劳动合同履行有直接相关的个人情况，遵守诚实信用原则。另《劳动合同法》第 26 条规定："下列劳动合同无效或者部分无效：（一）以欺诈、胁迫的手段或者乘人之危，使对方在违背真实意思的情况下订立或者变更劳动合同的；……对劳动合同的无效或者部分无效有争议的，由劳动争议仲裁机构或者人民法院确认。"对于王新高的行为是否达到应解除劳动合同的程度，应以隐瞒或欺骗的行为是否足以对劳动合同的正常履行产生负面影响，甚至可能导致劳动合同目的无法实现的标准作判断。王新高虽然存在隐瞒工作经历的行为，但王新高确实有就职于其在履历表中填写的公司，只是少写了在另一间公司的工作经历，合并工作时间到其所填写的公司。昶联公司没有证据证明王新高欠缺其所在岗位必需的工作技能或资质资格，也没有证据证明王新高因违反公司规章制度或不胜任工作岗位的情形,同时王新高已在昶联公司工作了两年多,昶联公司以王新高对履历存在虚假行为为由解除与王新高的劳动合同关系,显然对王新高有失公允,王新高填写的履历中存在瑕疵的情况,没有直接导致劳动合同目的无法实现,或影响到劳动合同的实际履行。王新高漏写少写在个别单位的工作经历,虽不能排除其故意隐瞒的可能性,但是在昶联公司提供给入职人员填写的表格上,工作经历栏只有三个横格也是事实,如果不书写到表格之外,确实无法填写四个以上的工作单位。鉴于此,王新高在工作经历栏只写了三个单位,与虚构学历、隐瞒犯罪记录、隐瞒重大××、隐瞒竞业禁止协议等严重隐瞒个人情况的情形,在性质上不能相提并论,任何一个态度客观、公允的人都不会认为漏写少写个别工作经历是不能容忍的、关乎诚信或人格的问题。昶联公司认为,王新高少写个别工作经历是试图掩盖其频繁跳槽的事实,也属牵强,该院并不认可。故昶联公司以王新高入职时向昶联公司提供虚假工作经历为由,主张与王新高的劳动合同无效,解除与王新高的劳动关系,证据及理由不充分,不予支持。王新高在庭审中认可仲裁裁决结果,因此,根据《劳动合同法》第47、87条的规定,昶联公司应向王新高支付违法解除劳动合同的赔偿金26080元[5216元/月×2.5个月×2]。综上所述,根据《劳动合同法》第8、26、47、87条,《民事诉讼法》第64条第1款的规定,判决:"一、驳回昶联公司全部诉讼请求;二、昶联公司应在本判决生效之日起五日内向王新高一次性支付违法解除劳动合同赔偿金26080元。"如果未按本判决指定的期间履行上述给付金钱义务,应当根据《民事诉讼法》第253条的规定,加倍支付迟延履行期间的债务利息。一审案件受理费10元,由昶联公司负担。

判后,上诉人昶联公司不服,向本院提起上诉,上诉请求:判令昶联公司无须支付违法解除劳动关系赔偿金26080元及本案诉讼费由王新高负担。上诉主要理由与其在原审的诉称一致,补充如下意见:王新高违反昶联公司《员工纪律管理规定》之5.5.14的规定,该规定经民主程序讨论通过、经过公示已经组织王新高进行学习,公司有权据此无偿解除劳动关系。

被上诉人王新高答辩称不同意昶联公司的上诉请求,具体答辩意见与原审意见一致。

本院经审理查明的事实与原审查明的事实一致。

※裁判结果:驳回上诉,维持原判。

※裁判理由:对昶联公司是否违法解除劳动关系的焦点问题,原审法院根据双方当事人的诉辩、提交的证据对本案事实进行了认定,并在此基础上依法作出原审判决,合法合理,且理由阐述充分,本院予以确认,不再赘述。昶联公司系以王新高以欺诈手段致使该公司违背真实意思签订劳动合同,故劳动合同无效为由解除双方劳动关系,其在本院审理期间另主张王新高违反昶联公司《员工纪律管理规定》,该公司有权根据

该规章制度解除劳动合同，系在二审提出的新诉由，也未在举证期限内提交证据证明其主张，本院不予支持。本院认可原审法院对事实的分析认定，即对昶联公司的上诉请求，不予支持。

第九条　【用人单位不得扣押劳动者证件和要求提供担保】用人单位招用劳动者，不得扣押劳动者的居民身份证和其他证件，不得要求劳动者提供担保或者以其他名义向劳动者收取财物。

适用解读

市场经济体制改革以及劳动力市场改革推进过程中诞生了农民工这个特殊群体，社会分层中，他们较之一般劳动者处于更为弱势的地位。《劳动合同法》实施以前，用人单位招用农民工时，扣押劳动者的居民身份证、暂住证以及其他证明个人身份的证件，收取"入厂押金"或者以劳动者前几个月劳动报酬作为担保金的现象多有发生，尤以劳务输入较集中地区的企业为典型。对于这种侵犯劳动者合法权益的违法行为，根据劳动部《关于贯彻执行〈中华人民共和国劳动法〉若干问题的意见》的规定，应由公安部门和劳动行政部门责令用人单位立即退还劳动者本人。但由于劳动监察力度不强，且缺乏用人单位违法行为所承担的法律责任的相关规定，因此实践中令行不止，用人单位这种违法现象依然存在。鉴于此，《劳动合同法》不仅再次强调禁止用人单位扣押劳动者证件及要求提供担保，而且在第 84 条第 1、2 款中明确规定了用人单位违反该项规定的法律责任："用人单位违反本法规定，扣押劳动者居民身份证等证件的，由劳动行政部门责令限期退还劳动者本人，并依照有关法律规定给予处罚。用人单位违反本法规定，以担保或者其他名义向劳动者收取财物的，由劳动行政部门责令限期退还劳动者本人，并以每人五百元以上二千元以下的标准处以罚款；给劳动者造成损害的，应当承担赔偿责任。"

关联法规索引

最高人民法院《关于审理劳动争议案件适用法律若干问题的解释（二）》第 5 条，劳动部《关于贯彻执行〈中华人民共和国劳动法〉若干问题的意见》第 24 条

第十条 【订立书面劳动合同】 建立劳动关系，应当订立书面劳动合同。

已建立劳动关系，未同时订立书面劳动合同的，应当自用工之日起一个月内订立书面劳动合同。

用人单位与劳动者在用工前订立劳动合同的，劳动关系自用工之日起建立。

配套法规

《劳动合同法实施条例》(2008 年 9 月 18 日)

第五条 自用工之日起一个月内，经用人单位书面通知后，劳动者不与用人单位订立书面劳动合同的，用人单位应当书面通知劳动者终止劳动关系，无需向劳动者支付经济补偿，但是应当依法向劳动者支付其实际工作时间的劳动报酬。

第六条 用人单位自用工之日起超过一个月不满一年未与劳动者订立书面劳动合同的，应当依照劳动合同法第八十二条的规定向劳动者每月支付两倍的工资，并与劳动者补订书面劳动合同；劳动者不与用人单位订立书面劳动合同的，用人单位应当书面通知劳动者终止劳动关系，并依照劳动合同法第四十七条的规定支付经济补偿。

前款规定的用人单位向劳动者每月支付两倍工资的起算时间为用工之日起满一个月的次日，截止时间为补订书面劳动合同的前一日。

第七条 用人单位自用工之日起满一年未与劳动者订立书面劳动合同的，自用工之日起满一个月的次日至满一年的前一日应当依照劳动合同法第八十二条的规定向劳动者每月支付两倍的工资，并视为自用工之日起满一年的当日已经与劳动者订立无固定期限劳动合同，应当立即与劳动者补订书面劳动合同。

适用解读

(一)将书面形式作为劳动合同法定形式的原因

合同形式有书面和口头之分。很多国家的劳动法并未将书面形式作为劳动合同的法定形式，而是由当事人自由选择采用书面形式还是口头形式。《劳动法》和《劳动合同法》之所以强调将书面形式作为劳动合同的法定形式，原因在于：(1)与一些市场信用度较高、信用管理体系完备的国家相比，我国的市场信用体系建设处于初级阶段，在信用管理相关立法方面也是几近空白，因此，很难保障口头合同的履行。发生争议时，如果没有书面合同，当事人举证就相当困难。(2)在劳资关系协调机制体系中，劳动基准法协调全部劳动关系，集体合同协调集体劳动关系，单个劳动合同协调单个劳动关系。在劳资关系协调机制相对成熟的国家，比起单个劳动合同，他们更为重视集体合同。劳资双方的权利义务在多半集体合同中均有明确规定，只有较特殊的情况才需要在单个劳动合同中予以特别约定。发生劳动争议时，劳动基准法和集体合同也足以作为解决争议的依据。而我国目前集体合同制度还未成熟，大多数情况下，当事人双方的权利义务仍需要由劳动合同约定。因此，书面形式对我国的劳动合同而言尤为必要。

（二）未订立书面劳动合同的后果

在《劳动合同法》实施以前，书面劳动合同的签订率并不高，尤其是劳动密集型产业，用人单位多半不愿意与劳动者签订书面劳动合同。从《劳动合同法》和《劳动合同法实施条例》的规定来看，法律将签订书面劳动合同的主要责任赋予了用人单位。实践中，劳动合同的文本都是由用人单位提供的，因此，用人单位应当自用工之日起1个月内，通知劳动者签订书面劳动合同，并且通知要采取书面形式。书面形式的通知可以作为解决争议的依据。

1. 用人单位不履行该项义务的后果。(1)用人单位自用工之日起超过1个月不满1年未与劳动者订立书面劳动合同的，应当向劳动者每月支付2倍的工资，直到双方补订书面劳动合同的前一日为止。(2)如果用人单位自用工之日起满1年未与劳动者订立书面劳动合同的，则自用工之日起满1个月的次日至满1年的前一日向劳动者每月支付2倍的工资，并视为自用工之日起满1年的当日已与劳动者订立了无固定期限劳动合同。用人单位应立即与劳动者补订一份书面的无固定期限劳动合同。

2. 劳动者不履行该项义务的后果。劳动者自用工之日起也应履行订立书面劳动合同的义务。(1)自用工之日起1个月内，用人单位书面通知劳动者订立书面劳动合同；如果劳动者不愿意订立的，用人单位应书面通知劳动者终止劳动关系，且无须向劳动者支付经济补偿，只需按照劳动者在本单位实际工作的时间支付劳动报酬。(2)因法律规定用人单位自用工之日起超过1个月不满1年未与劳动者订立书面劳动合同的，要向劳动者每月支付2倍的工资。为了避免实践中有些劳动者可能利用这条规定不订立书面劳动合同从而获得双倍工资，根据《劳动合同法实施条例》的规定，自用工之日起超过1个月不满1年，劳动者不订立书面劳动合同的，用人单位应当书面通知劳动者终止劳动关系，并按照劳动者在本单位工作的年限，以每满1年支付1个月的工资标准向劳动者支付经济补偿。

3. 因劳动者原因未订立书面劳动合同的后果。实践中存在因劳动者不愿意订立书面劳动合同或者劳动者故意拖延订立劳动合同的时间而后诉求二倍工资的案例，地方裁判意见对此类案件存在争议：一种意见认为，用人单位能够证明自己已经履行主动订立书面劳动合同的义务的，无须向劳动者支付二倍工资；另一种意见认为，用人单位在劳动者拒绝订立书面劳动合同的情形下，应当选择终止劳动关系，如果用人单位选择劳动关系继续存续的,则应当承担支付二倍工资的法律责任。笔者赞同第二种观点。

(三)书面劳动合同的形式

大多数用人单位与劳动者签订劳动合同使用的是所在地劳动行政部门制作的劳动合同文本,含用人单位名称、住所和法定代表人、劳动者姓名、住址和居民身份证或其他有效身份证件号码、劳动合同期限、工作内容和工作地点、工作时间和休息休假、劳动报酬、社会保险、劳动保护、劳动条件和职业危害防护,以及法律、法规规定的应当纳入劳动合同的事项等条款。《最高人民法院公报》2013 年第 12 期登载的"北京泛太物流有限公司诉单晶晶劳动争议案"的裁判理由部分指出:"《员工录用审批表》已基本实现了书面劳动合同的功能。表中明确约定了工作部门、工作地点、聘用期限、试用期、工资待遇等,并附有泛太物流公司法定代表人苏树平的签字,该审批表内容已经具备劳动合同的要件,能够既明确双方的劳动关系又固定了双方的权利义务,实现了书面劳动合同的功能。"实践中,具备劳动合同基本条款、能够确立双方存在劳动关系、明确双方权利义务的入职登记表或录用审批表,可以视为书面劳动合同,劳动者不能据此主张未订立书面劳动合同的二倍工资。

关联法规索引

《劳动法》第 16 条,劳动部《关于〈中华人民共和国劳动法〉若干条文的说明》第 16 条

第十一条 【未订立书面劳动合同时劳动报酬不明确的解决】 用人单位未在用工的同时订立书面劳动合同,与劳动者约定的劳动报酬不明确的,新招用的劳动者的劳动报酬按照集体合同规定的标准执行;没有集体合同或者集体合同未规定的,实行同工同酬。

适用解读

在劳动关系协调机制体系中,劳动基准法、集体合同、劳动规章制度和劳动合同之间的效力层级关系到这四种机制如何适用的问题。劳动基准法的效力层级最高,其次是集体合同,再次是劳动规章制度,最后是劳动合同。劳动合同中约定劳动报酬、劳动条件等标准不得低于劳动规章制度的规定,劳动规章制度中规定的标准不得低于集体合同,劳动基准法中则规定了最低标准。

关联法规索引

《劳动法》第46条，劳动部《关于〈中华人民共和国劳动法〉若干条文的说明》第46条

第十二条　【劳动合同的种类】劳动合同分为固定期限劳动合同、无固定期限劳动合同和以完成一定工作任务为期限的劳动合同。

第十三条　【固定期限劳动合同】固定期限劳动合同，是指用人单位与劳动者约定合同终止时间的劳动合同。

用人单位与劳动者协商一致，可以订立固定期限劳动合同。

第十四条　【无固定期限劳动合同】无固定期限劳动合同，是指用人单位与劳动者约定无确定终止时间的劳动合同。

用人单位与劳动者协商一致，可以订立无固定期限劳动合同。有下列情形之一，劳动者提出或者同意续订、订立劳动合同的，除劳动者提出订立固定期限劳动合同外，应当订立无固定期限劳动合同：

（一）劳动者在该用人单位连续工作满十年的；

（二）用人单位初次实行劳动合同制度或者国有企业改制重新订立劳动合同时，劳动者在该用人单位连续工作满十年且距法定退休年龄不足十年的；

（三）连续订立二次固定期限劳动合同，且劳动者没有本法第三十九条和第四十条第一项、第二项规定的情形，续订劳动合同的。

用人单位自用工之日起满一年不与劳动者订立书面劳动合同的，视为用人单位与劳动者已订立无固定期限劳动合同。

第十五条　【以完成一定工作任务为期限的劳动合同】以完成一定工作任务为期限的劳动合同，是指用人单位与劳动者约定以某项工作的完成为合同期限的劳动合同。

用人单位与劳动者协商一致，可以订立以完成一定工作任务为期限的劳动合同。

配套法规

《劳动合同法实施条例》（2008年9月18日）

第九条　劳动合同法第十四条第二款规定的连续工作满10年的起始时间，应当自用人单位用工之日起计算，包括劳动合同法施行前的工作年限。

第十一条　除劳动者与用人单位协商一致的情形外，劳动者依照劳动合同法第十四条第二款的规定，提出订立无固定期限劳动合同的，用人单位应当与其订立无固定

期限劳动合同。对劳动合同的内容，双方应当按照合法、公平、平等自愿、协商一致、诚实信用的原则协商确定；对协商不一致的内容，依照劳动合同法第十八条的规定执行。

最高人民法院《关于审理劳动争议案件适用法律若干问题的解释》(2008年12月16日修正)

第十六条第二款 根据《劳动法》第二十条之规定，用人单位应当与劳动者签订无固定期限劳动合同而未签订的，人民法院可以视为双方之间存在无固定期限劳动合同关系，并以原劳动合同确定双方的权利义务关系。

适用解读

(一)以合同期限为标准的劳动合同分类

劳动合同的期限即劳动合同的有效时间，是劳动关系双方当事人依据合同约定享有权利和履行义务的时间。劳动合同的期限是体现劳动关系稳定程度的重要标志。劳动法中依据劳动合同期限将劳动合同分为三种：固定期限劳动合同、无固定期限劳动合同和以完成一定工作任务为期限的劳动合同。

固定期限劳动合同是指用人单位与劳动者约定合同终止时间的劳动合同。

无固定期限劳动合同是指用人单位与劳动者约定无确定终止时间的劳动合同。如果没有发生可以解除劳动合同的法定事由，一般用人单位不能单方解除劳动合同，但劳动者可以依法单方解除或与用人单位协商解除劳动合同。无固定期限劳动合同容易让人误解为计划经济体制下的“铁饭碗”，事实上，二者完全不同。无固定期限劳动合同是劳动力市场化改革的产物，作为合同，只要符合法定的或者约定的解除事由就可以解除，而被称为“铁饭碗”的固定工一般情况下不能解雇。

以完成一定工作任务为期限的劳动合同，是指用人单位与劳动者约定以某项工作的完成为合同期限的劳动合同。

(二)劳动合同期限的选择

劳动合同期限是劳动合同的法定必备条款，用人单位和劳动者在约定合同内容时必须明确合同期限。劳动合同期限由合同当事人双方协商确定，但在满足法定条件时，劳动者对订立无固定期限劳动合同享有选择权，而用人单位则负有与有意订立无固定期限劳动合同的劳动者订立无固定期限劳动合同的义务。

(三)法定订立无固定期限劳动合同的条件

1. 用人单位与劳动者协商一致

用人单位与劳动者在劳动合同期限的选择上协商达成合意时即可订立无固定期限劳动合同，无须满足任何实体条件。

2. 劳动者有权要求订立无固定期限劳动合同的实体条件

满足以下实体条件时，如果劳动者提出要订立无固定期限劳动合同，则用人单位必须与之订立无固定期限劳动合同：

（1）劳动者在同一用人单位连续工作满10年的。根据《劳动法》第20条第2款和《劳动合同法》第14条第2款的规定，“劳动者在同一用人单位连续工作满十年”构成劳动者有权要求签订无固定期限劳动合同的法定条件。根据劳动部《关于贯彻执行〈中华人民共和国劳动法〉若干问题的意见》第22条的规定，“在同一用人单位连续工作满10年以上”，是指劳动者与同一用人单位签订的劳动合同的期限不间断达到10年，劳动合同期满双方同意续订劳动合同时，只要劳动者提出签订无固定期限劳动合同的，用人单位应当与其签订无固定期限劳动合同。根据《劳动合同法实施条例》第9条的规定，“连续工作满10年”的起始时间，应当自用人单位用工之日起计算，包括《劳动合同法》实施之前的工作年限。在劳动者满足了该条件时，用人单位应当与劳动者签订无固定期限劳动合同而未签订的，人民法院可以视为双方之间存在无固定期限劳动合同关系，并以原劳动合同确定双方的权利义务关系。《劳动合同法》第82条第2款则更进一步明确了用人单位不订立无固定期限劳动合同要承担的法律责任：用人单位违反本法规定不与劳动者订立无固定期限劳动合同的，自应当订立无固定期限劳动合同之日起向劳动者每月支付2倍的工资。

另外，根据《劳动合同法实施条例》第10条的规定，2008年9月18日以后，不是由劳动者本人提出，而是由用人单位以组织调动、委派等方式从原用人单位被安排到新用人单位工作的，劳动者在原用人单位的工作年限合并计算为新用人单位的工作年限。原用人单位已经向劳动者支付经济补偿的，新用人单位在依法解除、终止劳动合同计算支付经济补偿的工作年限时，不再计算劳动者在原用人单位的工作年限。2008年9月18日以前产生类似问题的，则按照当时的规定处理。

《劳动合同法》实施以后，有些企业为了规避本项规定，采取让劳动者先辞职，之后再重新签订劳动合同的做法，迫使劳动者工龄“归零”。对此，有的地方出台相关规定以规范这种行为，如根据广东省《关于适用〈劳动争议调解仲裁法〉、〈劳动合同法〉若干问题的指导意见》的规定，用人单位恶意规避《劳动合同法》第14条的下列行为，应认定为无效行为，劳动者的工作年限和订立固定期限劳动合同的次数仍应连续计算：为使劳动者工龄“归零”，迫使劳动者辞职后重新与其签订劳动合同的；通过设立关联企业，在与劳动者签订合同时交替变换用人单位名称的；通过非法劳务派遣的；其他明显违反诚信和公平原则的规避行为。

（2）用人单位初次实行劳动合同制度或者国有企业改制重新签订劳动合同时，劳动者在该用人单位连续工作满10年或者距法定退休年龄不足10年的。初次实行劳动合同制度的用人单位,其与员工之前可能从未签订劳动合同,但双方已建立劳动关系;进行重组、兼并、股份合作等形式改制的国有企业,无论之前其与员工之间是否签订过劳动合同,改制之后,员工都要与新企业重新签订劳动合同。在这两种情形下,如果劳动者在该用人单位连续工作满 10 年,则有权要求订立无固定期限劳动合同。但有的劳动者,尤其是年满 50 岁以上的劳动者,其在该用人单位的工作年限可能不满 10 年,但其距离退休年龄已不足 10 年,基于他们在劳动力市场竞争力较弱,再就业很困难,法律也赋予了他们订立无固定期限劳动合同的权利。

(3)连续订立两次固定期限劳动合同,且劳动者没有《劳动合同法》第 39 条和第 40 条第 1、2 项规定的情形,双方决定再次续订劳动合同的。本项规定主要是为了避免劳动合同短期化的问题。实践中,有很多企业,甚至包括一些大型国有企业,为了规避订立长期劳动合同的成本,与劳动者不断订立短期劳动合同,有的一年一签,有的半年一签。如此,既规避了工资调整义务,也可以规避因解雇而产生的经济补偿金的支付义务。因此,《劳动合同法》规定,如果劳动者不存在因在试用期被证明不符合录用条件或者因有过错被用人单位解雇的情形,也不存在因健康或工作能力原因不能从事或胜任特定工作而被用人单位解雇的情形,则当其与用人单位已连续两次订立了固定期限劳动合同,双方准备再次续订劳动合同时,劳动者就有权要求订立无固定期限劳动合同。

3. 劳动者有权要求订立无固定期限劳动合同的程序条件

《劳动合同法》对于劳动者有权要求订立无固定期限劳动合同的程序条件的规定与《劳动法》有所不同。《劳动法》第 20 条第 2 款规定:"劳动者在同一用人单位连续工作满十年以上,当事人双方同意续延劳动合同的,如果劳动者提出订立无固定期限的劳动合同,应当订立无固定期限的劳动合同。"根据劳动部《关于〈中华人民共和国劳动法〉若干条文的说明》第 20 条第 3 款的规定,"当事人双方同意续延劳动合同的,"是指已有劳动合同到期,双方同意续延的,并非指原固定工同意而一律订立无固定期限的劳动合同。即需要用人单位与劳动者协商一致同意续延劳动合同,如果一方不同意续延,则连劳动合同都无法订立,就更不用说订立无固定期限劳动合同了。而根据《劳动合同法》的规定,只要满足第 14 条第 2 款所规定的实体条件,劳动者提出或者同意续订或订立劳动合同的,用人单位就应当与其订立无固定期限劳动合同。当然,劳动者自己提出订立固定期限劳动合同的除外。

连续两次订立无固定期限劳动合同之后,订立无固定期限劳动合同的选择权在用人单位还是劳动者?地方立法意见不一。2012 年 7 月 23 日广东省高级人民法院、广东省劳动人事争议仲裁委员会印发的《关于审理劳动人事争议案件若干问题的座谈会纪要》第 19 条规定:"用人单位与劳动者已连续订立二次固定期限劳动合同,第二次固定期限劳动合同期满后……劳动者提出续订劳动合同并要求订立无固定期限劳动合同的,用人单位应当与劳动者订立无固定期限劳动合同。"2011 年 10 月 25 日广东省广州市劳动争议仲裁委员会、广州市中级人民法院印发的《关于劳动争议案件研讨会会议纪要》第 15 条规定:"连续订立二次固定期限劳动合同,且双方当事人同意续订劳动合同,劳动者提出订立无固定期限劳动合同的,应当订立无固定期限劳动合同。"上海市高级人民法院《关于适用〈劳动合同法〉若干问题的意见》第 4 条规定:"……《劳动合同法》第十四条第二款第(三)项的规定,应当是指劳动者已经与用人单位连续订立二次固定期限劳动合同后,与劳动者第三次续订合同时,劳动者提出签订无固定期限劳动合同的情形。"

4. 视为无固定期限劳动合同的情形

按照《劳动法》的规定,建立劳动关系,应当订立书面劳动合同。因此,根据《劳动合同法》的规定,用人单位自用工之日起满 1 年不与劳动者订立书面劳动合同的,视为自用工之日起满 1 年的当日已与劳动者订立了无固定期限劳动合同。当然,用人单位还得立即与劳动者补订书面劳动合同。

典型案例

重庆药友制药有限责任公司与蒋波劳动合同纠纷案[1]

※裁判要点:若劳动者满足第 14 条所规定之条件,除用人单位与劳动者协商一致订立无固定期限劳动合同之外,劳动者一旦选择签订无固定期限劳动合同,则用人单位必须与劳动者签订,劳动者拥有是否签订无固定期限劳动合同的决定权。

※相关法条:《劳动合同法》第 14 条,《民事诉讼法》第 207 条第 1 款、第 170 条第 1 款第 2 项

※基本案情:被告蒋波于 1996 年 7 月进入药友公司工作。2006 年 1 月 25 日,在重庆高新技术产业开发区劳动和社会保障局的见证下,被告蒋波与原告药友公司签订了书面劳动合同,合同期限从 2006 年 1 月 1 日起至 2010 年 12 月 31 日止。2010 年 12 月 27 日,药友公司向蒋波送达终止劳动合同通知书,该通知书载明:"因劳动合同期限于 2010 年 12 月 31 日届满,本公司决定劳动合同期限届满后不再与你续订劳动合同,请于劳动合同到期当日即 2010 年 12 月 31 日到公司办理结算和交接手续,公司将依法支付相应的经济补偿金……如果不与公司办理结算和交接,不影响劳动合同关系到期终

〔1〕 参见重庆市高级人民法院(2014)渝高法民提字第 00012 号判决书。

止。"蒋波对该通知书不予接受,于同日向重庆北部新区劳动争议仲裁委员会申请仲裁裁决:"1. 双方 2011 年 1 月 1 日起的劳动关系继续存在;2. 药友公司支付 2006 年 11 月至 2010 年 12 月 31 日的基本工资 88200 元,2010 年 1 月至 2010 年 11 月的双倍工资 19800 元。"重庆北部新区劳动争议仲裁委员会于 2011 年 3 月 2 日作出渝新劳仲案字(2011)第 51 号仲裁裁决,驳回蒋波的全部仲裁请求。蒋波不服该裁决,起诉至重庆市渝北区人民法院,请求判决从 2011 年 1 月 1 日起双方的劳动关系继续存在。2011 年 5 月 16 日,该院作出(2011)渝北法民初字第 3812 号民事判决,驳回蒋波的诉讼请求。蒋波不服,上诉至重庆市第一中级人民法院,请求撤销(2011)渝北法民初字第 3812 号民事判决,并依法判决药友公司与蒋波签订自 2011 年 1 月 1 日起的无固定期限劳动合同,确认双方的劳动关系继续存在。重庆市第一中级人民法院于 2011 年 7 月 5 日作出(2011)渝一中法民终字第 4942 号民事判决,认定蒋波在二审中增加签订无固定期限劳动合同的诉请,超过了本案一审的审理范围,药友公司明确表示不同意,二审不予处理,遂判决驳回上诉,维持原判。蒋波不服(2011)渝一中法民终字第 4942 号民事判决,向本院申请再审。2011 年 11 月 15 日,蒋波撤回再审申请,同日,本院作出(2011)渝高法民申字第 01488 号民事裁定,准许蒋波撤回再审申请。

2011 年 12 月 5 日,蒋波向重庆北部新区劳动争议仲裁委员会提出仲裁申请,申请裁决药友公司与蒋波续签自 2011 年 1 月 1 日起的无固定期限劳动合同。2012 年 2 月 16 日,该委作出渝新劳仲案字(2012)第 34 号仲裁裁决,由药友公司于裁决书生效之日起 15 日内与蒋波订立无固定期限劳动合同。药友公司不服该裁决,诉至重庆市渝北区人民法院。一审重庆市渝北区人民法院另查明,2010 年 12 月 31 日合同到期后,蒋波未再到药友公司上班。蒋波与药友公司解除劳动合同后到格林期货有限公司重庆营业部工作,格林期货有限公司重庆营业部为蒋波办理了相关社会保险(时间为 2011 年 10 月至 2012 年 1 月)。一审期间,蒋波以其患有精神疾病,关于宣告其属于限制民事行为能力人的特别程序已经立案受理为由,申请本案中止审理。一审法院于 2012 年 5 月 9 日裁定中止审理。2012 年 7 月 5 日,重庆市渝北区人民法院作出(2012)渝北法民特字第 00017 号民事判决,以蒋波其母胡光群申请宣告蒋波为限制民事行为能力人缺乏事实根据为由,驳回胡光群的申请。药友公司于 2010 年 12 月 27 日向蒋波送达终止劳动合同通知书时,蒋波不接受终止劳动合同通知书并当场撕毁,在药友公司向其释明对此可提起劳动仲裁后,蒋波接收了终止劳动合同通知书并于当日持该通知书向重庆北部新区劳动争议仲裁委员会申请仲裁。另查明,蒋波于 2010 年 12 月 31 日合同到期后,未再到药友公司上班。重庆市基本养老保险有关蒋波的个人账户信息显示,格林期货有限公司重庆营业部为蒋波办理了从 2011 年 10 月至 2012 年 1 月的基本养老保险,但蒋波未与格林期货有限公司重庆营业部签订劳动合同。

※裁判结果：一审法院重庆市渝北区人民法院作出(2012)渝北法民初字第03460号民事判决，判决药友公司不与蒋波签订自2011年1月1日起的无固定期限劳动合同。一审判决后，蒋波不服，上诉至重庆市第一中级人民法院。二审重庆市第一中级人民法院作出(2012)渝一中法民终字第04900号判决，法院改判："一、撤销重庆市渝北区人民法院(2012)渝北法民初字第03460号民事判决；二、药友公司在本判决送达后15日内与蒋波订立自2011年1月1日起的无固定期限劳动合同。"二审判决后，药友公司不服，向重庆市高级人民法院申请再审。再审法院重庆市高级人民法院作出(2014)渝高法民提字第00012号判决，判决如下："一、维持重庆市第一中级人民法院(2012)渝一中法民终字第04900号民事判决第一项；二、变更重庆市第一中级人民法院(2012)渝一中法民终字第04900号民事判决第二项为：重庆药友制药有限责任公司在本判决送达后15日内与蒋波订立无固定期限劳动合同。"

※裁判理由：本案的焦点问题是蒋波要求与药友公司签订自2011年1月1日起的无固定期限劳动合同是否符合法律规定，该诉求是否应当得到支持。现根据本案查明的事实作如下评析。

一、蒋波要求与药友公司签订无固定期限劳动合同是否符合法律规定

蒋波是否符合签订无固定期限劳动合同的条件。《劳动合同法》第14条第2款规定："用人单位与劳动者协商一致，可以订立无固定期限劳动合同。有下列情形之一，劳动者提出或者同意续订、订立劳动合同的，除劳动者提出订立固定期限劳动合同外，应当订立无固定期限劳动合同：(一)劳动者在该用人单位连续工作满十年的……"根据上述规定，除用人单位与劳动者协商一致订立无固定期限劳动合同之外，在一定的条件下，劳动者一旦选择签订无固定期限劳动合同，则用人单位必须与劳动者签订，也即我国《劳动合同法》赋予了劳动者在一定的条件下对是否签订无固定期限劳动合同的决定权。从本案查明的事实可知，蒋波从1996年起在药友公司上班，至其劳动合同到期日2010年12月31日，蒋波已连续在药友公司工作达14年以上，故蒋波符合签订无固定期限劳动合同对劳动者工作年限的要求。根据《劳动合同法》第14条第2款的规定，劳动者要与用人单位签订无固定期限劳动合同，还需要劳动者有提出或者同意续订、订立劳动合同的意思表示。由于药友公司未有续订、订立劳动合同的意思表示，蒋波也就无从表示"同意"。本案双方当事人争议的是蒋波是否提出了续订或订立劳动合同的要求？本案查明的事实是，蒋波在接到药友公司向其发出的终止劳动合同通知书后，对该通知书不予接受，同日直接向劳动争议仲裁委员会提出确认自2011年1月1日与药友公司存在劳动关系，该请求被驳回后，又于2011年12月5日向劳动争议仲裁委员会提出要求与药友公司签订自2011年1月1日起的无固定期限劳动合同。本院认为，劳动者要求与用人单位签订无固定期限劳动合同，应当明示，蒋波拒绝接受

终止劳动合同通知书的行为不能得出蒋波要求签订无固定期限劳动合同的意思表示，但根据《重庆市职工权益保障条例》第11条的规定，用人单位应当向符合《劳动合同法》第14条第2款规定情形的劳动者告知其有订立无固定期限劳动合同的权利，药友公司在与蒋波的劳动合同到期终止前未告知蒋波有权利续订或签订无固定续签劳动合同，故在药友公司与蒋波的劳动合同纠纷中，药友公司存在过错在先。蒋波于2011年12月5日向劳动争议仲裁委员会提出要求与药友公司签订自2011年1月1日起的无固定期限劳动合同的仲裁申请，是其明确的意思表示，且在申请劳动争议仲裁的一年时效期间内，应视为蒋波根据《劳动合同法》第14条第2款的规定，明确提出了与药友公司签订无固定期限劳动合同。综上，蒋波要求与药友公司签订无固定期限劳动合同，符合法律规定。

二、蒋波提出与药友公司签订自2011年1月1日起的无固定期限劳动合同的诉求是否应当得到支持

前已述明，蒋波符合签订无固定期限劳动合同的条件，并且在劳动争议仲裁时效期内作出了要求签订无固定期限劳动合同的明确表示，故根据《劳动合同法》第14条第2款规定，药友公司应当与其签订无固定期限劳动合同。关于药友公司再审称判决药友公司与蒋波订立无固定期限劳动合同将与重庆市第一中级人民法院(2011)渝一中法民终字第4942号民事判决结果存在冲突的问题，本院认为，劳动合同与劳动关系系两个不同的法律概念，劳动合同是确认用人单位与劳动者之间存在劳动关系的主要证据，劳动关系一般以劳动合同为外在形式要件。重庆市第一中级人民法院(2011)渝一中法民终字第4942号民事判决驳回蒋波关于确认其与药友公司之间劳动关系继续存在的诉讼请求，是确认蒋波与药友公司基于2006年双方签订的固定期限劳动合同到期而双方劳动关系不继续存在，与蒋波根据《劳动合同法》第14条第2款的规定与药友公司续订或签订劳动合同而建立新的劳动关系并不冲突，重庆市第一中级人民法院(2011)渝一中法民终字第4942号民事判决也并未判决药友公司不与蒋波签订劳动合同，故本案原审判决药友公司与蒋波签订无固定期限劳动合同与重庆市第一中级人民法院(2011)渝一中法民终字第4942号民事判决并不相矛盾。关于药友公司与蒋波之间无固定期限劳动合同的起始日期问题，首先，根据《劳动合同法》第17条的规定，劳动合同期限属于劳动合同的具体内容，应由劳动者和用人单位协商确定；其次，《劳动合同法》规定的无固定期限劳动合同，是指用人单位与劳动者约定无确定终止时间的劳动合同，对劳动合同的起始日期并无要求。此外，由于蒋波于2011年10月至2012年1月期间在外打工，与其他用人单位存在事实上的劳动关系，故本案原审判决药友公司与蒋波订立自2011年1月1日起的无固定期限劳动合同，客观上将导致蒋波在2011年10月至2012年1月期间存在两份劳动关系，故原审判决药友公司与蒋波订立

自2011年1月1日起的无固定期限劳动合同不当,应予纠正。

三、如何认定蒋波在与药友公司劳动纠纷期间与外单位的劳动关系。

蒋波于2011年10月至2012年1月在格林期货有限公司重庆营业部参加个人养老保险的缴纳,是否可以理解为蒋波以新的劳动关系存在而放弃与药友公司签订无固定期限劳动合同。本院认为,蒋波因与药友公司的劳动争议一直持续至今,蒋波从未明示放弃与药友公司签订无固定期限劳动合同,在与药友公司发生劳动纠纷及诉讼过程中,蒋波因经济原因临时性的短期打工以获得一定的收入,也符合情理,该短期打工及社会保险参保行为不影响蒋波要求与药友公司签订无固定期限劳动合同的权利。

宋哲武与温州医科大学附属口腔医院劳动争议案[1]

※裁判要点:劳动者在满足《劳动合同法》第14条第2款第3项的规定,即用人单位与劳动者连续订立二次固定期限劳动合同,且劳动者没有本法第39条和第40条第1项、第2项规定的情形,续订劳动合同的,用人单位应当与之订立无固定期限劳动合同。在劳动合同期限届满前用人单位未经协商单方终止劳动合同,侵犯了用人单位在两次固定期限届满后的协商和请求续订的权利。

※相关法条:《劳动合同法》第14条第2款第3项

※基本案情:原告宋哲武于2010年7月5日入职被告温州口腔医院处工作,岗位为行政后勤,负责水电等维修。双方先后订立三份书面劳动合同,期限分别为2010年7月5日至2011年2月28日、2011年3月1日至2013年2月28日、2013年3月1日至2015年2月28日。2013年年初,温州口腔医院另行聘请了一个水电维修员。之后,两人各负责一个院区,双休日两人轮休。2012年12月起,宋哲武每周上班6天,加班工资按60元/天计算,2013年3月至2015年2月间,温州口腔医院共向宋哲武支付加班工资7830元。温州口腔医院于2015年2月2日作出《不再续签劳动合同通知》,该通知载明:双方劳动合同将于2015年2月28日到期,经双方协商一致,解除劳动关系,不再续签下一轮劳动合同。宋哲武在签收该通知时备注"还没有协商,属温州口腔医院单方行为"。宋哲武在温州口腔医院处上班至2015年2月28日。2015年9月10日,宋哲武向市仲裁委申请仲裁,该委于同年11月26日作出温劳人仲案字(2015)第417号仲裁委裁决书,宋哲武不服,遂引起本案诉讼。另查明,2014年3月至2015年2月,宋哲武月平均工资为2468元(扣除加班费)。宋哲武2015年2月工资及2014年年休假工资共计7138.97元。

※裁判结果:一审温州市鹿城区人民法院作出(2015)温鹿民初字第2437号民事

[1] 参见浙江省温州市中级人民法院(2016)浙03民终3269号判决书。

判决，判决如下："一、确认原告宋哲武与被告温州口腔医院的劳动关系于2015年3月1日终止；二、被告温州口腔医院于本判决生效之日起十日内向原告宋哲武支付2015年2月份工资及2014年年休假工资7138.97元、加班工资13278元，合计20416.97元；三、驳回原告宋哲武的其他诉讼请求。"判决后，宋哲武不服提起上诉，二审浙江省温州市中级人民法院作出（2016）浙03民终3269号判决，判决如下："一、撤销温州市鹿城区人民法院（2015）温鹿民初字第2437号民事判决；二、上诉人温州医科大学附属口腔医院应于本判决生效之日起十日内与上诉人宋哲武签订无固定期限劳动合同；三、上诉人温州医科大学附属口腔医院于本判决生效之日其十日内向上诉人宋哲武支付2015年2月份工资及2014年年休假工资7138.97元、加班工资13755元，合计20893.97元；四、上诉人温州医科大学附属口腔医院于本判决生效之日其十日内向上诉人宋哲武一次性支付2015年9月10日至判决生效期间每月工资1860元；五、上诉人温州医科大学附属口腔医院于本判决生效之日起十日内为上诉人宋哲武办理2015年9月10日至判决生效期间的社会保险手续并补缴社会保险费，上诉人宋哲武自行承担个人应交部分的保险费，具体补缴金额以社会保险经办机构核定的金额为准；六、驳回上诉人宋哲武其他诉讼请求。"

※裁判理由：双方当事人依法建立劳动合同关系，应按照劳动法律法规享有各自的权利和承担各自的义务。根据《劳动合同法》第14条第2款第3项的规定："用人单位与劳动者协商一致，可以订立无固定期限劳动合同。有下列情形之一，劳动者提出或者同意续订、订立劳动合同的，除劳动者提出订立固定期限劳动合同外，应当订立无固定期限劳动合同：……（三）连续订立二次固定期限劳动合同，且劳动者没有本法第三十九条和第四十条第一项、第二项规定的情形，续订劳动合同的。"温州口腔医院与宋哲武签订的期限为2012年3月1日至2015年2月28日的劳动合同系双方连续签订的第三次固定期限劳动合同，期限届满后，用人单位应当与劳动者协商是否续订、续订固定期限或无固定期限劳动合同，除非劳动者明确表示不再续订劳动合同，用人单位不得单方终止劳动合同。本案中，温州口腔医院在期限届满前未经协商单方作出到期终止的通知，侵犯宋哲武在三次固定期限届满后的协商和请求续订的权利，宋哲武请求撤销《不再续签劳动合同通知》，于法有据，原判未予支持不当，本院予以纠正。宋哲武于2015年9月10日申请仲裁，并请求续订无固定期限劳动合同，该仲裁请求未超过法定仲裁时效，宋哲武亦不存在《劳动合同法》第39条和第40条第1、2项规定的情形，故宋哲武请求续订劳动合同并要求订立无固定期限劳动合同的，应予支持。原判以宋哲武未及时提出续订劳动合同及温州口腔医院已招用新的员工为由，驳回宋哲武的该项诉请不当，本院予以纠正。对劳动合同的内容，双方应当按照合法、公平、平等自愿、协商一致、诚实信用的原则协商确定；协商不一致的，可以双方之间的原劳动合

同确定双方的权利和义务。

关于2015年3月1日起的每月工资及2015年3月以来中断的社会保险费问题。宋哲武并未提供证据证明2015年3月1日至申请仲裁前已向温州口腔医院提出续订劳动合同的请求，应视为该期间双方中止履行劳动合同，双方互不负担劳动合同中的权利和义务，故对2015年3月1日至2015年9月10日的工资及补缴社会保险，本院不予支持。2015年9月10日宋哲武申请仲裁并请求补订无固定期限劳动合同，该项请求于法有据，温州口腔医院应与宋哲武续订无固定期限劳动合同，但鉴于仲裁和诉讼期间双方权利义务未明，且宋哲武并未实际提供劳动，故温州口腔医院应为宋哲武补缴2015年9月10日至本案判决生效之日起的社会保险费，但劳动报酬按2015年温州市鹿城区最低工资标准1860元/月予以支付。

关于未签订书面劳动合同的二倍工资问题。因双方在固定期限劳动合同期限届满后发生争议，本案判决生效前权利义务尚未确定，确系不可归责于温州口腔医院的原因导致未签订书面劳动合同，故宋哲武请求支付二倍工资，本院不予支持。

关于按照同工同酬标准补足工资的问题。双方签订的书面劳动合同虽未明确约定劳动报酬，但双方自2010年7月以来已签订三份书面劳动合同，温州口腔医院均按照明确的标准向宋哲武支付劳动报酬，宋哲武亦未提出异议，应视为双方均认可该劳动报酬标准，故本案双方之间不存在劳动报酬不明确的情形，宋哲武请求按照同工同酬聘用制员工工资标准向其支付工资，有悖《劳动合同法》第11条规定的原意，原判不予支持正确，本院予以维持。

关于拖欠的2015年2月工资及2014年年休假工资共计7138.97元，双方均无异议，原判予以支持正确，本院予以确认。

关于宋哲武主张的各项加班工资。本院认为，劳动者主张加班工资的，应对加班事实负举证责任。劳动者证明加班事实的相关证据由用人单位持有的，人民法院应责令用人单位提供，用人单位不提供的，应由其承担不利的法律后果。关于工作日加班的事实，宋哲武并未提供证据，亦无证据证明温州口腔医院持有证据而拒不提交，故对宋哲武主张工作日延长工作时间的加班工资原判不予支持正确。关于周六加班工资，由于温州口腔医院员工工作日仅需一次考勤，双方均无证据证明工作日工作时间，应按照标准工时制推定工作日工作八小时，温州口腔医院已安排每周日休息，故原判将周六加班时间视为延长工作时间，符合法律规定，周六加班工资按照宋哲武本人工资标准的150%计发并无不当。温州口腔医院主张每日工作七小时，周六工作不应支付加班工资，本院不予支持。宋哲武主张周六加班工资按休息日加班标准的200%计发，本院亦不予支持。关于法定节假日加班，温州口腔医院提供的2014年3月至2015年2月考勤记录可以证实该期间法定节假日加班事实，温州口腔医院作为持有考勤记录的一方,未能提供2013年3月至2014年2月的考勤记录,应由其承担不利的法律后果,原判对法定节假日加班工资的计算正确,本院予以确认。温州口腔医院尚需支付的加班工资应扣除已经支付加班工资,经庭审双方确认,已支付的加班工资以2013年3月至2015年1月薪资明细为准,即7350元,故温州口腔医院尚需向宋哲武支付加班工资13755元(3404+17701-7350),原审计算错误,本院予以纠正。

关于2014年70%年终奖。宋哲武提供了《宋哲武离职工资结算》,但该书面凭证没有相关人员或单位的签字、盖章确认,温州口腔医院对此亦不认可,故宋哲武仅凭该缺乏形式要件的证据主张70%年终奖,依据不足,原判不予支持并无不当,本院予以维持。

关于25%经济补偿金。宋哲武依据《违反和解除劳动合同的经济补偿办法》第3条的规定主张25%的经济补偿金,但关于拖欠工资的经济补偿金,《劳动合同法》第85条已就相同情况的处理作出新的规定,根据上位法高于下位法、新法优于旧法的原则,劳动者主张拖欠工资的经济补偿金,应适用《劳动合同法》第85条的规定,即拖欠劳动报酬的情形已经劳动行政部门处理,宋哲武未能提供相关证据的,对其经济补偿金的主张不予支持。

此外,上诉人宋哲武主张一审审理期限超过简易程序法定期限,经审查,一审审理期限未超过两个月,一审程序合法,宋哲武的该项理由缺乏依据,本院不予采信。

张振祥与恒安卫士公司劳动争议案[1]

※裁判要点:用人单位自用工之日起满一年不与劳动者订立书面劳动合同的,视为用人单位与劳动者已订立无固定期限劳动合同。

※相关法条:《劳动法》第45条

※基本案情:原告张振祥于2011年11月28日入职恒安卫士公司,担任司机一职,其月工资为3350元。张振祥在岗工作至2015年11月30日,被告北京恒安卫士公司向张振祥支付工资至当日。恒安卫士公司于2015年12月4日向张振祥送达解除劳动合同通知函,双方劳动关系于当日解除。张振祥主张其每年应休年假15天,其在职期间,恒安卫士公司未安排其休年假,亦未向其支付未休年假工资。为此,张振祥向法院提交舞阳县人才交流中心出具的证明。该证明载明,张振祥于1980年10月参加工作,系舞阳县人民商场下岗职工,张振祥的档案于2010年7月转入其中心。恒安卫士公司对张振祥的上述主张及证据均不予认可,并主张其公司已安排张振祥休完年假。为此,恒安卫士公司向法院提交休假条予以证明。休假条"填表人"处有张振祥签名字

[1] 参见北京市第一中级人民法院(2016)京01民终5423号判决书。

样，其上载明张振祥于2015年2月11日起开始休年假，休假天数为7天。张振祥认可休假条的真实性。张振祥于2015年11月27日以要求恒安卫士公司、国网北京公司向其支付未休年假工资、未签订劳动合同二倍工资差额、加班工资等为由向北京市海淀区劳动人事争议仲裁委员会提出申诉，该委裁决恒安卫士公司向张振祥支付2013年11月28日至2014年12月31日期间未休年假工资4928.74元，驳回张振祥的其他申请请求。

※裁判结果：一审北京市海淀区人民法院作出（2016）京0108民初6822号民事判决，判决如下："一、北京恒安卫士保安服务有限公司于本判决生效后7日内向张振祥支付未休年假工资一万六千三百二十六元四角四分；二、驳回张振祥的其他诉讼请求。"判决后，张振祥不服提起上诉，二审北京市第一中级人民法院作出（2016）京01民终5423号判决，判决维持一审判决，一审判决已发生法律效力。

※裁判理由：依据舞阳县人才交流中心出具的证明，张振祥自入职恒安卫士公司时起即可享受未休年假，且每年应休年假15天。经法院核算，2011年11月28日至2015年11月29日期间，张振祥共计应休年假60天。恒安卫士公司提交的证据显示，张振祥在职期间仅休年假7天，故恒安卫士公司应向张振祥支付53天的未休年假工资，具体数额以法院核定为准。恒安卫士公司作为用人单位，应就劳动合同丢失事宜承担管理不利之责任，故法院应采信张振祥就劳动合同签订情况所持主张。而张振祥就双方劳动合同签订之情况，前后陈述矛盾，且未举证证明推翻其在仲裁庭审时的陈述，故法院依据禁止反言之原则，确认恒安卫士公司曾与张振祥签订期限自2011年11月27日至2013年11月26日的劳动合同。张振祥提交的舞阳县人才交流中心出具的证明载明张振祥于1980年10月参加工作，故张振祥2011年11月入职恒安卫士公司后，每年应休年假的天数为15天，现双方均认可张振祥的月工资标准为3500元，经本院核算，一审法院判决恒安卫士公司向张振祥支付未休年假工资数额并无不当，予以确认。恒安卫士公司作为负有管理责任的用人单位，应就与张振祥签订书面劳动合同的情况进行举证。其在一审审理期间陈述已签订书面劳动合同但丢失，本院审理期间又以人力资源部没有张振祥的档案，但如果签订即为3年的理由进行抗辩，前后矛盾，本院均不予采信。但张振祥就签订书面劳动合同的期限已存在前后矛盾之处，并未有合理解释。

中全人才服务中心与北京石油机械有限公司等劳动争议案[1]

※裁判要点：劳务派遣单位在劳务派遣法律关系中应当承担劳动法上用人单位的

〔1〕 参见北京市第二中级人民法院（2018）京02民终7080号判决书。

法律责任。《劳动合同法》第 14 条没有明确将劳务派遣单位列为可不签订无固定期限劳动合同的主体，因此，劳务派遣单位应当与符合条件的劳动者签订无固定期限劳动合同。用工单位无须对未签订劳动合同承担连带赔偿责任。

※相关法条：《劳动合同法》第 2 条、第 14 条第 2 款、第 58 条

※基本案情：白振博于 2008 年 8 月 19 日入职中全人才中心，并于当日被派遣至北京石油机械公司担任机床操作工。2008 年 8 月 19 日至 2017 年 8 月 18 日期间，双方先后签订五次固定期限劳动合同。2017 年 8 月 18 日，双方订立的最后一份劳动合同到期。白振博要求签订无固定期限劳动合同，中全人才中心不同意签订无固定期限劳动合同，同意签订一年期固定期限劳动合同，2017 年 12 月 22 日北京石油机械公司将白振博退回中全人才中心，2018 年 1 月中全人才中心同意和白振博续签无固定期限劳动合同，但双方就劳动合同条款有争议，没有续订成功。白振博于 2018 年 3 月 19 日离职。

关于工资标准，中全人才中心为白振博发放 2017 年 8 月至 12 月期间工资为 6230 元、6850 元、5522 元、3950 元、3887 元。中全人才中心认可仲裁裁决的未签订劳动合同二倍工资差额数额，但是不同意支付。

2017 年 12 月 4 日，白振博以本案诉求向北京市东城区劳动人事争议仲裁委员会申请仲裁，要求支付 2017 年 8 月 19 日至 2017 年 12 月 4 日期间未签订劳动合同二倍工资差额 51500 元。2018 年 2 月 11 日，该委作出京东 × × ×（2018）第 667 号裁决书，裁决："一、中全人才中心支付白振博 2017 年 8 月 19 日至 2017 年 12 月 4 日期间未签订劳动合同二倍工资差额 19257.4 元；二、北京石油机械公司对第一项裁决结果承担连带赔偿责任；三、驳回白振博的其他申请请求。"该裁决对于中全人才中心和北京石油机械公司为终局裁决。后中全人才中心不服裁决结果，于 2018 年 4 月 2 日向北京市第二中级人民法院申请撤销裁决，北京市第二中级人民法院作出（2018）京 02 民特 96 号民事裁决书，认定北京石油机械公司无须对仲裁裁决第一项承担连带责任，撤销了京东 × × ×（2018）第 667 号裁决书。后白振博于裁决书送达之日起 15 日内向一审法院提起诉讼，诉如所请。

一审法院认为，《劳动合同法》第 2 条在适用范围中明确我国境内的企业、个体经济组织、民办非企业单位等组织与劳动者建立劳动关系，适用本法。理论上讲我国境内的企业、个体经济组织、民办非企业单位等组织即是对用人单位的界定。而《劳动合同法》第 58 条明确规定了劳务派遣单位是本法所称用人单位，应当履行用人单位对劳动者的义务。因此劳动派遣单位在劳务派遣法律关系中被确定为用人单位。既然劳务派遣企业被界定为用人单位，那么就应该承担用人单位的法律责任。

根据《劳动合同法》第 14 条的规定，用人单位与劳动者连续订立二次固定期限劳

动合同,且劳动者没有本法第39条和第40条第1、2项规定的情形,续订劳动合同的,应该签订无固定期限劳动合同。该条法律规定并没有明确将劳务派遣单位列为可不签订无固定期限劳动合同的主体。本案中,中全人才中心作为劳务派遣单位,属于劳动法意义上的用人单位,应承担用人单位的法律责任。另外,中全人才中心与白振博已经签订过二次以上无固定期限劳动合同,因此在劳动者提出签订无固定期限劳动合同时,中全人才中心应与劳动者签订无固定期限劳动合同。此外,根据《劳动合同法》第58条的规定,订立二年以上固定期限劳动合同是为劳务派遣企业设置了签订劳动合同的最低期限,防止劳务派遣用工短期化,保护劳动者权益,并未限定劳动合同的最长时限,因此,中全人才中心的辩称法院不予采信。然而,在2017年8月18日,双方固定期限劳动合同到期后,中全人才中心没有与白振博签订无固定期限劳动合同,根据《劳动合同法》第82条第2款的规定,中全人才中心应承担未签订无固定期限劳动合同的法律责任,依法支付白振博未签订劳动合同二倍工资差额,具体数额双方对仲裁裁决数额认可,法院予以确认。

中全人才中心系用人单位,签订劳动合同是其法律责任,北京石油机械公司仅是用工单位,无须承担签订劳动合同的责任,因此也无须承担连带赔偿责任。

综上,一审法院于2018年5月判决:"一、自判决生效之日起7日内,中全人才服务中心支付白振博2017年8月19日至2017年12月4日期间未签订劳动合同二倍工资差额19257.4元;二、北京石油机械公司无需对第一项判决结果承担连带赔偿责任。"如果未按判决指定的期间履行给付金钱义务,应当根据《民事诉讼法》第253条的规定,加倍支付迟延履行期间的债务利息。

二审中,双方均未提交新证据。本院对一审查明的相关事实予以确认。

※裁判结果:中全人才中心不同意向白振博支付未签订劳动合同二倍差额,不符合法律规定,本院不予支持。

北京石油机械公司系用工单位,无与白振博签订劳动合同的法律责任,故无须承担连带赔偿责任。

※裁判理由:中全人才中心与白振博先后签订五次固定期限劳动合同,在最后一份固定期限劳动合同到期后,白振博要求签订无固定期限劳动合同,符合《劳动合同法》第14条的规定,中全人才中心应与白振博签订无固定期限劳动合同。中全人才中心没有与白振博签订无固定期限劳动合同,应根据《劳动合同法》第82条第2款的规定向白振博支付未签订劳动合同二倍工资差额。中全人才中心不同意向白振博支付未签订劳动合同二倍差额,不符合法律规定,本院不予支持。

中全人才中心系用人单位,负有与白振博签订劳动合同的法律责任;北京石油机械公司系用工单位,无与白振博签订劳动合同的法律责任,故无须承担连带赔偿责任。

百威英博大富豪(江苏)啤酒有限公司与施建华劳动争议案[1]

※裁判要点:用人单位在劳动者符合签订无固定期限劳动合同并要求签订无固定期限劳动合同的情况下,未经协商,单方终止劳动合同属于违法行为。

※基本案情:施建华于1981年2月入职地方国营南通县酒厂。1996年1月至2012年12月,江苏大富豪啤酒有限公司为施建华交纳养老保险。2013年1月至2016年6月,百威英博公司为施建华交纳养老保险。2014年6月28日,江苏大富豪酿酒科技发展有限公司因股权转让的需要,与施建华签署《关于与江苏大富豪酿酒科技发展有限公司终止现劳动合同并改签新劳动合同确认书》,该确认书的主要内容为:"本人自愿与公司终止双方于2014年1月1日签署的劳动合同,该劳动合同于2014年6月30日终止;同时同意与公司签署新的劳动合同,新劳动合同于2014年7月1日起生效。本人自愿接受公司买断本人至2014年6月30日前在公司及公司关联企业连续服务的有效工龄合并,买断工龄按本确认书所述经济补偿标准计算。本人在公司及关联公司的服务自2001年1月1日起,至2014年6月30日的有效工龄合并为14年。实际买断标准为3300元,本人同意按该买断标准结算工龄经济补偿。确认补偿金额为46200元。本人确认接受本确认书项下的一次性经济补偿,确认与公司及关联企业在2014年6月30日前的劳动关系存续期间内无任何争议。"补偿金额46200元,百威英博公司已支付给施建华。2014年6月28日,施建华与江苏大富豪酿酒科技发展有限公司签订劳动合同一份,合同期限自2014年7月1日起至2016年6月30日止。

2014年7月30日,南通市通州区人力资源和社会保障局向江苏大富豪酿酒科技发展有限公司出具《关于股权转让员工安置方案情况报告的复函》(通人社函〔2014〕1号)一份,内容为:"《劳动合同法》第七十四条规定,县级以上劳动人民政府劳动行政部门依法对用人单位与劳动者订立和解除劳动合同的情况进行监督检查。用人单位按照《劳动合同法》第四十一条规定裁员的裁减人员方案应向劳动行政部门报告,法律法规未授权人力资源和社会保障行政部门对企业股权转让员工安置方案审批的职权。另据《劳动法》、《劳动合同法》及相关法律法规的规定,用人单位变更名称、法定代表人、主要负责人或投资人等事项,不影响劳动合同的履行;用人单位与职工协商一致可以订立、变更、解除或者终止劳动合同。你公司根据职代会决议,经与在职职工协商一致解除原劳动合同、发放经济补偿金、续签新的劳动合同符合相关法律法规的规定。"2016年5月18日,百威英博公司人事行政部向施建华发出《劳动合同期满通知》,载明:"施建华先生:您与公司签订的合同意向将于2016年6月30日期满,现向您征求意

〔1〕 参见南通市中级人民法院(2017)苏06民终3391号判决书。

见，是否续签劳动合同。请您在《劳动合同续签表》内填写相应内容并签署个人意向后，将此二表反馈给部门。"2016年5月20日，施建华在百威英博公司提供的《合同续签表》上签字后提交给百威英博公司，《合同续签表》第2条"续签"，"如果续签，请选择合同期"以及"3年"已勾选。第2条项下附有《劳动合同法》第14条条文。施建华在备注栏注明："本人自1978年10月进本单位工作至今，本人要求与单位签订无期限合同，同时要求确保工作岗位与劳动薪水，并对本人工作场所进行改造。"后施建华至百威英博公司人事部门将《合同续签表》拿走。2016年5月25日，百威英博公司人事行政部向施建华发出《终止劳动合同告知书》，载明："施建华先生：经公司研究决定，在您与公司当前履行的劳动合同到期后，不再与您续签。鉴于您与本公司当前履行的劳动合同有效期截止至2016年6月30日，请您于2016年6月30日前至人事行政部办理离职手续。"2016年6月30日，百威英博公司员工十余人到南通市通州区信访局信访，反映百威英博公司要求与他们签订三年期劳动合同，他们认为应该签订无固定期限劳动合同并据实连续计算工龄。2017年4月27日，通州区仲裁委作出通劳人仲案字(2017)第67号仲裁裁决书，裁决百威英博公司一次性支付施建华赔偿金105600元，扣除已支付的经济补偿46200元，百威英博公司实际一次性支付施建华赔偿金59400元。

另查明，江苏大富豪酿酒科技发展有限公司成立于2011年8月24日，设立时的股东为易昕、胡金成、杨力、张栋华、范锋、顾卫国、曹又新、南通富豪酒业有限公司。2012年4月9日，江苏大富豪酿酒科技发展有限公司股东变更为易昕、胡金成、杨力、张栋华、范锋、顾卫国、曹又新。2014年8月1日，江苏大富豪酿酒科技发展有限公司股东由易昕、胡金成、杨力、张栋华、范锋、顾卫国、曹又新变更为百威英博（佛山）啤酒有限公司。2014年10月23日，江苏大富豪酿酒科技发展有限公司变更名称为百威英博大富豪（江苏）啤酒有限公司。

一审审理过程中，双方对施建华终止劳动合同前月工资标准3300元无异议。

一审法院认为，本案的争议焦点为：(1)百威英博公司终止与施建华的劳动合同是否违法；(2)如果百威英博公司终止劳动合同违法，施建华主张赔偿金的工作年限。

关于争议焦点一。《劳动合同法》第3条第1款规定："订立劳动合同，应当遵循合法、公平、平等自愿、协商一致、诚实信用的原则。"《劳动合同法》第14条第1款规定："无固定期限劳动合同，是指用人单位与劳动者约定无确定终止时间的劳动合同。"第2款规定："用人单位与劳动者协商一致，可以订立无固定期限劳动合同。有下列情形之一，劳动者提出或者同意续订、订立劳动合同的，除劳动者提出订立固定期限劳动合同外，应当订立无固定期限劳动合同：（一）劳动者在该用人单位连续工作满十年的；……"《劳动合同法实施条例》第9条规定："劳动合同法第十四条第二款规定的连续工作满10年的起始时间，应当自用人单位用工之日起计算，包括劳动合同法施行前的工作年限。”第10条规定:“劳动者非因本人原因从原用人单位被安排到新用人单位工作的,劳动者在原用人单位的工作年限合并计算为新用人单位的工作年限。原用人单位已经向劳动者支付经济补偿的,新用人单位在依法解除、终止劳动合同计算支付经济补偿的工作年限时,不再计算劳动者在原用人单位的工作年限。”本案中,施建华非本人原因被安排到江苏大富豪酿酒科技发展有限公司工作,劳动合同主体变更为江苏大富豪酿酒科技发展有限公司,双方确认在该公司及关联企业工作时间自2001年1月1日起至2014年6月30日止,有效工龄合并为14年。施建华在原用人单位与新用人单位江苏大富豪酿酒科技发展有限公司的工作具有连续性,劳动权利与义务没有终止,施建华工作的工龄应自2001年起开始计算。江苏大富豪酿酒科技发展有限公司股权与企业名称的变更,没有改变劳动合同的主体,至2016年6月30日,施建华在百威英博公司及关联企业已经连续、不间断工作满10年以上。根据法律规定,除施建华提出签订固定期限劳动合同外,双方应当签订无固定期限劳动合同。百威英博公司在合同期限届满前向施建华发出《劳动合同期满通知》,就合同期满后,签订新的合同征询施建华的意见。施建华在向百威英博公司提交其签字的《合同续签表》后又取回,表明双方就续签新的劳动合同未能达成一致意见,百威英博公司在审理过程中亦认为双方未就续签新的劳动合同达成一致意见。百威英博公司在施建华符合签订无固定期限劳动合同并提出要求签订无固定期限劳动合同的情况下,未与施建华协商,而径行向施建华发出《终止劳动合同告知书》,百威英博公司单方面终止与施建华劳动合同的行为违反相关劳动法律、法规的规定,属于违法终止劳动合同。

关于争议焦点二。百威英博公司成立于2011年8月24日,江苏大富豪酿酒科技发展有限公司与百威英博公司之间仅是股权与企业名称的变更,未改变与施建华的劳动合同主体。施建华与江苏大富豪酿酒科技发展有限公司签署的确认书中载明,施建华在江苏大富豪酿酒科技发展有限公司及公司关联企业合并工龄为14年,支付施建华经济补偿46200元,该款已由百威英博公司支付完毕。根据《劳动合同法实施条例》第10条的规定,百威英博公司不需向施建华支付原用人单位已经支付的经济补偿,百威英博公司应支付施建华经济补偿的时间应自百威英博公司成立之时即2011年8月24日开始。《劳动合同法》规定的赔偿金是对用人单位违法终止劳动合同的惩罚性措施,百威英博公司违法终止与施建华的劳动合同,应由百威英博公司支付施建华赔偿金的工作年限起算时间与支付经济补偿的时间相同。在2016年6月30日劳动合同期满后,百威英博公司已向施建华发出《终止劳动合同告知书》,施建华在劳动合同期满后亦未到百威英博公司工作,双方的劳动关系在2016年6月30日期满后终止。因此,计算施建华赔偿金的工作年限时间为自2011年8月24日起至2016年6月30日止。《劳动合同法》第47条第1款规定:“经济补偿按劳动者在本单位工作的年限,每满一年支付一个月工资的标准向劳动者支付。六个月以上不满一年的，按一年计算；不满六个月的，向劳动者支付半个月工资的经济补偿。”第87条规定：“用人单位违反本法规定解除或者终止劳动合同的，应当依照本法第四十七条规定的经济补偿标准的二倍向劳动者支付赔偿金。”双方对劳动合同终止前施建华月工资标准3300元无异议，因此，百威英博公司应支付施建华赔偿金33000元（3300元/月×5×2）。关于江苏大富豪酿酒科技发展有限公司已经支付的2001年1月1日至2014年6月30日期间的经济补偿46200元，一审认为，同上所述，百威英博公司已经支付给施建华的自2011年8月24日至2014年6月30日的经济补偿9900元（3300元/月×3），应在本案中扣除，扣除后百威英博公司应再支付施建华赔偿金23100元。

综上，一审根据《劳动合同法》第3条，第14条第1、2款，第47条，第87条，《劳动合同法实施条例》第9、10条的规定，判决：“一、百威英博公司于判决生效后十日内支付施建华赔偿金23100元；二、驳回百威英博公司的其他诉讼请求。案件受理费减半收取5元，由百威英博公司负担。”

百威英博大富豪（江苏）啤酒有限公司（以下简称百威英博公司）、施建华因劳动争议纠纷一案，不服南通市通州区人民法院（2017）苏0612民初3627号民事判决，向南通市中级人民法院提起上诉。

二审中，施建华提供如下证据：(1)2014年6月27日下午易昕在公司大会上的录音片段，证明其领取46200元前，江苏大富豪酿酒科技发展有限公司原负责人表示该款是鼓励员工签订新合同，不是买断工龄。(2)2016年6月30日易昕和公司其他员工在通州信访局的部分录音，证明该日其已将要求签订无固定期限劳动合同的要求通过其他代表一并向公司负责人表达。百威英博公司经质证认为：对该两份录音的真实性无法认可，信访局亦非正常交涉环境。关联性方面，不应断章取义，不能就片言只语作出有利于己方的单方判断。而从职代会决议、通州人社局复函以及施建华签字认可的确认书、最后一期劳动合同等，均足以否认施建华关于领取46200元非经济补偿金的观点。二审法院经审查认为，该两份录音不属于新证据，二审中不予审查认定。

百威英博公司提供施建华劳动合同终止前12个月的工资表，证明一审据以计算赔偿金的施建华月工资标准3300元中包含了加班工资720元，应予扣除。施建华经质证认为，对真实性不认可，该工资表系百威英博公司自行制作，其所在岗位不存在加班情形，工资组成应当没有加班费。其工资是单位直接发至银行卡，百威英博公司提供的该工资表上并无其签字确认。本院经审查认为，上述工资表亦非新证据，且不能达到百威英博公司的举证目的，本院不予审查认定。

二审中，施建华对一审查明其“1981年2月入职地方国营南通县酒厂”持异议，认为其系1981年1月入职该厂。本院经审查，一审复印自仲裁卷宗材料《南通县工业局职工转正、定级审批表》记载,“该同志于79.12入伍,80.12年退伍。81.2.23由县工业局介绍分配我厂工作”,故一审查明“施建华于1981年2月入职地方国营南通县酒厂”正确。

一审查明的事实基本属实,本院予以确认。

本院认为,本案的争议焦点为:(1)百威英博公司终止与施建华的劳动合同是否违法;(2)若属违法终止,计算赔偿金的年限及标准应当如何确定。

※裁判结果:百威英博公司、施建华的上诉请求均不能成立,均应予以驳回;一审关于百威英博公司应当支付施建华赔偿金的工作年限认定不当,应予纠正。根据《民事诉讼法》第170条第1款第2项的规定,判决如下:

“一、撤销南通市通州区人民法院(2017)苏0612民初3627号民事判决;

二、百威英博大富豪(江苏)啤酒有限公司于本判决生效后十日内支付施建华赔偿金59400元;

三、驳回百威英博大富豪(江苏)啤酒有限公司的诉讼请求。”

※裁判理由:关于争议焦点一。劳动者在用人单位连续工作满十年的,符合订立无固定期限劳动合同条件,除劳动者提出订立固定期限劳动合同,应当订立无固定期限劳动合同。劳动者非因本人原因从原用人单位被安排到新用人单位工作的,劳动者在原用人单位的工作年限合并计算为新用人单位的工作年限。本案中,施建华非本人原因被安排到江苏大富豪酿酒科技发展有限公司工作,其在原用人单位与新用人单位江苏大富豪酿酒科技发展有限公司的工作具有连续性,在江苏大富豪酿酒科技发展有限公司于2014年6月28日与施建华签署的《关于与江苏大富豪酿酒科技发展有限公司终止现劳动合同并改签新劳动合同确认书》中,双方亦确认施建华在“公司及关联公司”的服务自2001年1月1日起,至2014年6月30日有效工龄合并为14年,其后双方又签订并履行2014年7月1日至2016年6月30日的劳动合同,施建华连续、不间断工作已达10年以上,已经具备签订无固定期限劳动合同条件。根据《江苏省劳动合同条例》第18条的规定,劳动者在用人单位连续工作满十年的,用人单位应当在劳动合同期满三十日前,书面告知劳动者可以订立无固定期限劳动合同。但百威英博公司仅于2016年5月18日发给施建华劳动合同期满通知及《合同续签表》,该续签表设有“续签”,“不续签”以及“3年,2年,1年,无固定期限”选项,该选填形式的续签通知,不能达到法律规定的足以让施建华知晓其已符合签订无固定期限劳动合同的“书面告知”程度。2016年5月20日,施建华在《合同续签表》选择“续签”“3年”,同时备注“……本人要求与单位签订无期限合同……”后签字提交,其后施建华又至百威英博公司人事部门将该表拿走。在双方就再次签订劳动合同尚未达成一致意见的情况下,百威英博公司作为用人单位未进一步与施建华协商,以确认施建华的真实意思表示,而是在

施建华符合签订无固定期限劳动合同条件的情况下，于2016年5月25日径行向施建华发出《终止劳动合同告知书》终止与施建华的劳动合同，违反法律规定。一审法院因此认定，百威英博公司违法终止与施建华的劳动合同并无不当。

关于争议焦点二。《劳动合同法》第87条规定："用人单位违反本法规定解除或者终止劳动合同的，应当依照本法第四十七条规定的经济补偿标准的二倍向劳动者支付赔偿金。"百威英博公司违法终止与施建华的劳动合同应当向施建华支付赔偿金。施建华1981年2月入职地方国营南通县酒厂，仲裁庭审中，施建华确认其原所在市属企业2001年进行改制，由国有企业改制成民营企业，并且施建华与江苏大富豪酿酒科技发展有限公司于2014年签署《关于与江苏大富豪酿酒科技发展有限公司终止现劳动合同并改签新劳动合同确认书》，双方确认施建华在公司及关联公司的服务自2001年1月1日起开始计算工作年限，故本院确定计算施建华赔偿金的年限自2001年1月1日起至施建华被百威英博公司违法终止劳动合同的2016年6月30日止。基于上述理由，施建华要求自1981年其进厂工作时开始计算工作年限，本院不予采纳。百威英博公司认为，双方在2014年确认书中已协商一致终止原劳动合同重新签订新劳动合同，施建华亦领取了相应经济补偿，施建华2014年6月前的工龄已被买断，即便认定其公司违法终止劳动合同，相应赔偿金年限也应当从2014年7月1日双方签订新劳动合同起算。对此本院认为，"确认书"系双方协商重新订立劳动合同、单位给予劳动者补偿的协议，并不能否定劳动者之前在单位实际工作年限的客观事实以及相应合法权利。此外，《劳动合同法实施条例》第10条规定："劳动者非因本人原因从原用人单位被安排到新用人单位工作的，劳动者在原用人单位的工作年限合并计算为新用人单位的工作年限。原用人单位已经向劳动者支付经济补偿的，新用人单位在依法解除、终止劳动合同计算支付经济补偿的工作年限时，不再计算劳动者在原用人单位的工作年限。"该规定所设前提为新用人单位"依法解除、终止劳动合同"，已经支付经济补偿的年限不再重复支付。本案百威英博公司违法终止与施建华劳动合同，其不能依据上述规定规避违法终止劳动合同所应依法承担赔偿金的法律责任。至于施建华的工资标准，仲裁及一审中双方对施建华月工资标准3300元均无异议，二审中百威英博公司认为3300元中包含了720元加班费，应当扣除。本院认为，百威英博公司二审中的举证不足以证明其主张，且劳动合同解除、终止计算经济补偿或赔偿金的月工资基数应按照劳动者应发工资计算，包括计时工资或者计件工资以及奖金、津贴、补贴和加班工资等货币性收入，百威英博公司主张扣除加班费并无依据，故一审以月工资3300元标准计算赔偿金并无不当。据此，百威英博公司应当支付施建华赔偿金105600元（3300×16×2）。《劳动合同法实施条例》第25条规定："用人单位违反劳动合同法规定解除或终止劳动合同，依照劳动合同法第八十七条的规定支付了赔偿金的，不再支付经济补偿。赔偿金的计算年限自用工之日起计算。”故百威英博公司于2014年已支付施建华的经济补偿46200元，应予扣除。综上，百威英博公司还应支付施建华赔偿金59400元。

关联法规索引

《劳动法》第20条，劳动部《关于〈中华人民共和国劳动法〉若干条文的说明》第20条，劳动部《关于贯彻执行〈中华人民共和国劳动法〉若干问题的意见》第20～22条，劳动部《关于实行劳动合同制度若干问题的通知》第1、2条

第十六条 【劳动合同的生效】劳动合同由用人单位与劳动者协商一致，并经用人单位与劳动者在劳动合同文本上签字或者盖章生效。

劳动合同文本由用人单位和劳动者各执一份。

适用解读

“劳动合同的生效”其实是针对书面劳动合同的生效。有以下三个问题值得注意：

（一）劳动合同的成立与生效

大多数情况下，劳动合同成立即生效。但如果合同中约定了合同生效的时间或条件，即附期限的合同和附条件的合同，则在所附期限届至或所附条件具备时，劳动合同才生效。

（二）劳动合同的生效与劳动关系的建立

劳动关系的建立以实际用工为标志，如果劳动合同生效，但未实际用工，则劳动关系并未建立。劳动合同生效的意义在于约束劳动者和用人单位按照合同的约定建立劳动关系，即用人单位有为劳动者提供约定的工作岗位的义务，劳动者有按照约定向用人单位提供劳动的义务。如果有一方不履行义务，则构成违约，需承担违约责任；如果因此给对方造成损失的，还应承担相应的赔偿责任。

（三）用人单位和劳动者双方签字或盖章后的劳动合同文本应双方各执一份

实践中，由于用人单位在劳动合同的签订中往往居于主导地位，有些劳动者并未拿到劳动合同文本，也不敢向用人单位提出请求，这样对于争议发生后的举证非常不利。因此，根据法律的规定，用人单位有义务将劳动合同文本提供给劳动者。根据《劳动合同法》第81条的规定，用人单位未将劳动合同文本交付劳动者的，由劳动行政部门责令改正；给劳动者造成损害的，应当承担赔偿责任。

关联法规索引

劳动部《关于贯彻执行〈中华人民共和国劳动法〉若干问题的意见》第16条，劳动部《关于实行劳动合同制度若干问题的通知》第5条

第十七条　【劳动合同的内容】劳动合同应当具备以下条款：

（一）用人单位的名称、住所和法定代表人或者主要负责人；

（二）劳动者的姓名、住址和居民身份证或者其他有效身份证件号码；

（三）劳动合同期限；

（四）工作内容和工作地点；

（五）工作时间和休息休假；

（六）劳动报酬；

（七）社会保险；

（八）劳动保护、劳动条件和职业危害防护；

（九）法律、法规规定应当纳入劳动合同的其他事项。

劳动合同除前款规定的必备条款外，用人单位与劳动者可以约定试用期、培训、保守秘密、补充保险和福利待遇等其他事项。

适用解读

实践中，劳动合同文本多由用人单位提供，很多劳动者不知道合同中应当有哪些内容。发生争议时，往往因为双方权利义务约定不明确，使争议的解决缺乏直接依据。本条第1款明确规定了劳动合同的法定必备条款，对于规范劳动合同的签订、明确双方权利义务有着重要意义。《劳动法》第19条也规定了劳动合同的必备条款，《劳动合同法》第17条在其基础上，删除了劳动纪律、劳动合同终止条件、违反劳动合同的责任等内容，增加了工作时间、工作地点、职业危害防护等内容。

在法定必备条款中，有几项条款需要特别说明：

（一）工作内容和工作地点

工作内容，也称工作岗位，是劳动合同履行中的核心。实践中，有的用人单位在招聘时已明确工作岗位，因此在劳动合同中可以确定工作内容，如学校与教师签订的劳动合同中约定工作岗位为“教师岗位”，与行政工作人员签订的劳动合同中约定工作岗位为“行政岗位”。而有的用人单位则很难约定具体工作岗位，如劳动者初进用人单位可能需要熟悉各个部门的工作，用人单位会根据需要安排劳动者按照一定时间安排轮

岗。在这种情况下，如果劳动合同签订时约定具体工作岗位，则在轮岗过程中，会涉及劳动合同变更，如果违反法定的变更程序，用人单位可能面临违法变更的法律责任。

工作地点是指劳动者履行劳动合同义务的所在地。工作地点的约定也应当明确。实践中存在工作地点很难固定，劳动者在用人单位的非住所地履行劳动合同的情况，如销售人员、售后服务人员、存在分支机构的用人单位的员工，其所在用人单位住所地可能在北京，但劳动合同实际履行地可能在上海或其他地方。这种情况在发生劳动争议时存在确定管辖地的问题。《劳动争议调解仲裁法》第 21 条第 2 款规定："劳动争议由劳动合同履行地或者用人单位所在地的劳动争议仲裁委员会管辖。双方当事人分别向劳动合同履行地和用人单位所在地的劳动争议仲裁委员会申请仲裁的，由劳动合同履行地的劳动争议仲裁委员会管辖。"

（二）工作时间和休息休假

关于工作时间的约定会涉及用人单位适用何种工时制度，是标准工时制度还是非标准工时制度（如综合计算工时制度和不定时工时制度）。如果实行标准工时制度，还应当约定加班的相关事宜。当然劳动合同中关于加班的约定只是原则性的，具体的规定应当在用人单位的劳动规章制度中体现。

休息休假是劳动者的法定权利，劳动合同中关于休息休假的约定必须符合法律法规、集体合同以及用人单位劳动规章制度的规定。

（三）劳动报酬

劳动报酬是劳动者基于劳动关系中向用人单位提供劳动力所获取由用人单位提供的工资报酬。根据《工资支付暂行规定》的规定，工资应当以法定货币支付，不得以实物及有价证券替代货币支付。因此，劳动合同中关于劳动报酬的约定一般应确定具体数额及支付方式。实践中，有些用人单位只是笼统地作出约定，如"与本单位其他员工同工同酬"，这样的约定在发生劳动争议时很难确定经济补偿金或者加班工资基数。因此，有必要在劳动合同中明确工资结构，如基本工资、奖金、津贴、补贴、福利等。

（四）社会保险

根据《劳动法》和《社会保险法》的规定，中华人民共和国境内的用人单位和劳动者有缴纳社会保险费的义务。法定参加的险种包括基本养老保险、基本医疗保险、工伤保险、生育保险、失业保险，劳动合同中还可以约定企业年金等补充社会保险。用人单位在劳动合同中与劳动者约定的由劳动者自己负担社会保险费的条款属于无效条款。

（五）劳动保护、劳动条件和职业危害防护

劳动过程中的职业危害对劳动者的安全与健康存在潜在威胁或者现实伤害，劳动工具、劳动环境、劳动对象等因素以及劳动者或企业管理者的违章操作行为，都可能对劳动者的人身造成有害后果。根据劳动法律的规定，用人单位对劳动者在劳动过程中的安全和健康负有保障义务。因此，劳动合同中应载明用人单位所提供的符合劳动安全卫生标准的劳动条件、劳动保护措施、劳动过程中可能产生的职业危害及后果、职业病防护措施和待遇等内容。

关联法规索引

《劳动法》第19、58～65条，劳动部《关于〈中华人民共和国劳动法〉若干条文的说明》第19、52～54、59、60、64条，劳动部《关于实行劳动合同制度若干问题的通知》第6条，《国务院关于职工探亲待遇的规定》，《国务院关于职工工作时间的规定》，《〈国务院关于职工工作时间的规定〉的实施办法》，《〈国务院关于职工工作时间的规定〉问题解答》，《全国年节及纪念日放假办法》，劳动部《关于企业实行不定时工作制和综合计算工时工作制的审批办法》，劳动部《关于职工工作时间有关问题的复函》，劳动部《关于贯彻执行〈中华人民共和国劳动法〉若干问题的意见》第53～64条，《关于工资总额组成的规定》，《工资支付暂行规定》，《最低工资规定》，劳动部《对〈工资支付暂行规定〉有关问题的补充规定》，《国有企业工资内外收入监督检查实施办法》，劳动部、国家计委《关于对部分行业、企业实行工资控制线办法的通知》，《矿山安全法》第20～32条，《矿山安全法实施条例》第28～42条，《职业病防治法》第1～38条，《安全生产法》第49～58条，《使用有毒物品作业场所劳动保护条例》第37～46条，《女职工劳动保护特别规定》，《未成年工特殊保护规定》

第十八条　【劳动合同对劳动报酬和劳动条件约定不明确的解决】劳动合同对劳动报酬和劳动条件等标准约定不明确，引发争议的，用人单位与劳动者可以重新协商；协商不成的，适用集体合同规定；没有集体合同或者集体合同未规定劳动报酬的，实行同工同酬；没有集体合同或者集体合同未规定劳动条件等标准的，适用国家有关规定。

适用解读

（一）劳动报酬约定不明确的处理

如前文所述，劳动合同中关于劳动报酬约定可能笼统、模糊，甚至有的劳动合同中没有约定劳动报酬，只有口头约定。实践中关于劳动报酬的争议包括劳动报酬的数额、支付方式、支付时间以及拖欠劳动报酬的法律后果等。本条规定了劳动报酬约定不明确的处理方式及处理顺序：

1. 由用人单位与劳动者重新协商。

2. 协商不成的，适用集体合同规定。在劳动关系协调机制中，劳动基准法只规定保护劳动者的最低标准，劳动合同则因功能有限无法涵盖劳动关系的全部内容，集体合同可以弥补劳动基准法和劳动合同的不足。《劳动合同法》第 51 条第 1 款规定："企业职工一方与用人单位通过平等协商，可以就劳动报酬、工作时间、休息休假、劳动安全卫生、保险福利等事项订立集体合同……"依法订立的集体合同对用人单位和劳动者具有约束力。

3. 没有集体合同或者集体合同未规定劳动报酬的，实行同工同酬。我国的集体合同制度尚在起步阶段，很多企业、行业、区域都没有集体合同，或者集体合同本身也不完备。因此，当劳动合同中劳动报酬约定不明确时，可能也难以找到相应的集体合同作为依据。此时，应当遵循劳动法关于劳动报酬的基本原则——同工同酬原则。同工同酬是指用人单位对于从事相同工作，付出等量劳动且取得相同劳绩的劳动者，应当支付同等的劳动报酬。

（二）劳动条件标准等约定不明确的处理

与劳动报酬约定不明确的处理方式和顺序一样，当劳动条件等标准约定不明确时，由用人单位和劳动者协商；协商不成的，则适用集体合同；仍然无法解决的，则适用国家关于劳动条件的相关规定。

关联法规索引

《劳动法》第 46 条，劳动部《关于〈中华人民共和国劳动法〉若干条文的说明》第 46 条

第十九条　【试用期】 劳动合同期限三个月以上不满一年的，试用期不得超过一个月；劳动合同期限一年以上不满三年的，试用期不得超过二个月；三年以上固定期限和无固定期限的劳动合同，试用期不得超过六个月。

同一用人单位与同一劳动者只能约定一次试用期。

以完成一定工作任务为期限的劳动合同或者劳动合同期限不满三个月的，不得约定试用期。

试用期包含在劳动合同期限内。劳动合同仅约定试用期的，试用期不成立，该期限为劳动合同期限。

第二十条　【试用期工资】 劳动者在试用期的工资不得低于本单位相同岗位最低档工资或者劳动合同约定工资的百分之八十，并不得低于用人单位所在地的最低工资标准。

配套法规

《劳动合同法实施条例》(2008 年 9 月 18 日)

第十五条　劳动者在试用期的工资不得低于本单位相同岗位最低档工资的 80% 或者不得低于劳动合同约定工资的 80%，并不得低于用人单位所在地的最低工资标准。

第二十一条　【试用期内解除劳动合同】 在试用期中，除劳动者有本法第三十九条和第四十条第一项、第二项规定的情形外，用人单位不得解除劳动合同。用人单位在试用期解除劳动合同的，应当向劳动者说明理由。

适用解读

试用期，是指包括在劳动合同期限内的，用人单位与劳动者相互了解、相互考察的期限。在此期间，用人单位可以考察劳动者是否符合录用条件，劳动者也可以考察用人单位是否符合自己的要求。试用期条款都只是约定条款，而非法定必备条款。关于试用期，有以下几个问题值得注意：

(一)试用期的约定必须合法

1. 不能没有劳动合同而只约定试用期。有些用人单位为规避用工风险采取先“试用”再签订劳动合同的办法，即与新进员工只签订试用期协议而不签订劳动合同。根据《劳动合同法》第 19 条的规定，试用期应包含在劳动合同期限内，仅约定试用期的，试用期不成立,该期限为劳动合同期限。也就是说,如果只约定试用期的,不仅不能达到用人单位对劳动者进行考察的目的,反而会让劳动者直接"晋级"到正式用工阶段。

2. 试用期的期限必须合法。根据《劳动合同法》第 19 条的规定,劳动合同期限 3 个月以上不满 1 年的,试用期不得超过 1 个月;劳动合同期限 1 年以上不满 3 年的,试用期不得超过 2 个月;3 年以上固定期限和无固定期限的劳动合同,试用期不得超过 6 个月。

(二)试用期与见习期、学徒期和实习期的区别

1. 与见习期的区别。见习期,是指用人单位针对应届大中专(包括技校)毕业生,进行业务适应及考核的期限,一般为 1 年。见习制度可见于 1981 年教育部、原国家计委、国家人事局发布的《高等学校毕业生调配派遣办法》,该办法第 26 条规定:"毕业生分配到达工作岗位后,实行一年见习期的制度。见习期满后,经所在单位考核合格的转正定级。考核不合格的,可延长见习期半年到一年。延长见习期考核仍不合格的,按定级工资标准低一级待遇。"1996 年原劳动部办公厅《对〈关于劳动用工管理有关问题的请示〉的复函》也规定,大中专(包括技校)毕业生新分配到用人单位工作的,仍应按原规定执行为期 1 年的见习期制度,见习期内可以约定不超过半年的试用期。

此外,根据国家规定,原为教龄在 1 年以上的民办教师、考取高等学校或中等专业学校,毕业后仍从事教师工作的,可不实行见习期;原为工龄在 1 年以上的全民或城镇集体所有制企事业单位正式职工(不含未转正的学徒工、练习生、试用人员以及临时工、合同工等),考取高等学校或中等专业学校,毕业后可不实行见习期;取得博士、硕士学位的毕业研究生到企事业单位工作,不实行见习期。

1997 年 3 月 24 日国家教委发布了新的《普通高等学校毕业生就业工作暂行规定》,毕业生就业实行"供需见面及双向选择"。至此,我国不再实行高校毕业生分配工作的制度,但见习期制度仍未废止。因此有些用人单位要求毕业生实行 1 年的见习期,有些用人单位则既规定见习期,同时又规定试用期,按照劳动法的规定,这种做法是对劳动者合法权益的侵犯。2009 年教育部、国家发展改革委和人力资源社会保障部联合发布了《关于废止〈高等学校毕业生调配派遣办法〉的通知》,见习期制度应当自此废止。一些地方立法已经废除了见习期制度,比如 2003 年颁布的《江苏省劳动合同条例》第 14 条第 4 款规定:"用人单位按照国家规定在劳动合同中对劳动者实行见习期用工管理的,不得再约定试用期。"而在 2013 年修订的《江苏省劳动合同条例》中已将该条款删除。

2. 与学徒期的区别。根据劳动部《对〈关于劳动用工管理有关问题的请示〉的复函》的规定,学徒期,是指用人单位对某些岗位(一般是技术操作较为复杂的岗位)的新招工人熟悉业务、提高工作技能的培训方式的期限,一般规定 2 ~ 3 年。学徒期满,经

考核合格，即转正定级。根据《劳动部办公厅对〈关于劳动用工管理有关问题的请示〉的复函》的规定，在实行劳动合同制度后，学徒期应继续采用，并按照技术等级标准规定的期限执行；试用期和学徒期包含在劳动合同期限内，试用期和学徒期可以同时约定，但试用期不得超过半年。

3. 与实习期的区别。实习期，是指在实践中有大中专(包括技校)学生毕业前实习期和毕业后实习期之区分。毕业前实习期，是教学过程中的一种社会实践活动，实习者还是在校学生，与实习单位不存在劳动关系。故实习生毕业后被原实习单位录用的，还可适用试用期。毕业后实习期，实质上是试用期，应当适用本法关于试用期的规定。

(三)试用期内劳动者的工资待遇

有些用人单位在试用期实行“零工资”待遇，而在就业压力之下，一些劳动者尤其是应届大学毕业生只能接受。试用期内劳动者的工资待遇可以低于试用期满后，但如果低于法定最低标准则属于侵犯劳动者合法权益的违法行为。《劳动合同法》第 20 条规定：“劳动者在试用期的工资不得低于本单位相同岗位最低档工资或者劳动合同约定工资的百分之八十，并不得低于用人单位所在地的最低工资标准。”其中，“本单位相同岗位最低档工资”，是指在同一用人单位内部与试用期内劳动者所在岗位相同的岗位上，正式工的最低档工资标准；“劳动合同约定工资”，是指劳动合同约定的劳动者在试用期满后的月工资标准；用人单位所在地的最低工资标准是试用期内劳动者所得工资的底线，本单位相同岗位最低档工资或者劳动合同约定工资的 80%，可以高于但不得低于用人单位所在地的最低工资标准。

(四)试用期内解除劳动合同

试用期解除劳动合同与转正后解除劳动合同在实体要件和程序要件上有些区别。

劳动者在试用期内解除劳动合同的，如果用人单位不存在《劳动合同法》第 38 条列举的过错行为，则需提前 3 日通知用人单位。如果因劳动者未履行提前 3 日的通知义务给用人单位带来经济损失的，劳动者应当承担赔偿责任。但如果用人单位存在《劳动合同法》第 38 条列举的过错行为，则劳动者无须履行提前 3 日的通知义务即可辞职。

用人单位在试用期内只有当劳动者有《劳动合同法》第 39 条和第 40 条第 1、2 项规定的情形时，才可以解除劳动合同，并且要履行向劳动者说明理由的程序条件。

(五)不能适用试用期的情形

根据《劳动合同法》第 19 条和第 70 条的规定可知：(1)同一用人单位与同一劳动者只能约定一次试用期。根据劳动部《关于〈中华人民共和国劳动法〉若干条文的说明》第 21 条的规定，试用期适用于“初次就业或再次就业时改变工作岗位或工种的劳动者”。劳动部《关于实行劳动合同制度若干问题的通知》中有“用人单位对工作岗位没有发生变化的同一劳动者只能试用一次”的规定。而《劳动合同法》则在此基础上，将“只能约定一次试用期的”条件放宽了。根据该法第 19 条的规定，同一劳动者在同一用人单位已实行过试用期后，再次订立劳动合同的，无论岗位变化与否，也无论与前一次已实行过试用期的就业有无时间间隔或间隔时间多长，都不适用试用期。(2)以完成一定工作任务为期限的劳动合同不能约定试用期。(3)不足 3 个月的定期劳动合同不能约定试用期。(4)非全日制用工不能约定试用期。

典型案例

烟台远扬建筑机械设备有限公司与李岩庆劳动合同纠纷案〔1〕

※裁判要点:劳动合同期限 3 个月以上不满 1 年的，试用期不得超过 1 个月；劳动合同期限 1 年以上不满 3 年的，试用期不得超过 2 个月；3 年以上固定期限和无固定期限的劳动合同，试用期不得超过 6 个月。用人单位违反《劳动合同法》规定与劳动者约定试用期的，由劳动行政部门责令改正；违法解除的试用期已经履行的，由用人单位以劳动者试用期满月工资为标准，按已经履行的超过法定试用期的期间向劳动者支付赔偿金。

※相关法条:《劳动合同法》第 19、36、46 条、第 50 条第 1 款、第 83 条

※基本案情:2015 年 3 月 20 日，被告李岩庆通过应聘到原告烟台远扬建筑机械设备有限公司处工作。2015 年 3 月 20 日，原、被告双方签订劳动合同，合同约定:“合同期限自 2015 年 3 月 20 日至 2016 年 3 月 19 日止，试用期为 3 个月，工作岗位为区域经理，从事销售工作，工作地点或工作区域为济南区域，每周至少要向原告的销售总监汇报一次工作，劳动报酬约定试用期工资标准为 3200 元/月，试用期满月工资为 4000 元/月。”原告未为被告办理社会保险缴纳手续，未为其缴纳社会保险费。工作期间，2015 年 5 月 19 日，原告向被告发放 2015 年 4 月工资 3000 元，其余工资未发放。被告 2015 年 10 月 9 日诉至烟台开发区劳动仲裁委员会，要求原告支付 2015 年 3 月 20 日至 3 月 31 日工资 1280 元，支付 2015 年 4 月 1 日至 4 月 30 日工资差额 320 元，及 2015 年 5 月 1 日至 9 月 19 日工资 18000 元，支付经济补偿金 2000 元并办理解除劳动合同手续及档案、社会保险转移手续、失业手续，支付违法约定试用期的赔偿金，烟台开发区劳动仲裁委员会于 2016 年 3 月 25 日作出烟开劳人仲案字(2015)第 656 号裁决书，裁决原告:

〔1〕 参见山东省烟台经济技术开发区人民法院(2016)鲁 0691 民初 1450 号判决书。

"1. 支付被告2015年3月20日至2015年3月31日工资1177.01元,2015年5月1日至6月12日工资4671.26元;2. 支付被告解除劳动合同经济补偿金1600元;3. 支付被告违法约定试用期的赔偿金3310.34元;4. 为被告出具解除劳动合同证明并办理档案和社会保险关系转移手续;5. 驳回申请人其他申诉请求。"原告不服诉至本院,审理期间,原告认可2015年5月19日发放被告2015年4月工资3000元、欠发200元工资,其余工资未发放。被告认可对4月工资发放情况的陈述,双方未能达成调解协议。

※裁判结果:山东省烟台经济技术开发区人民法院于2016年6月29日作出(2016)鲁0691民初1450号判决,判决如下:"一、原告烟台远扬建筑机械设备有限公司支付被告李岩庆2015年3月20日至2015年3月31日工资1177.01元。二、原告烟台远扬建筑机械设备有限公司支付被告李岩庆2015年5月1日至6月12日工资3935.63元、欠发200元工资,合计4135.63元。三、原告烟台远扬建筑机械设备有限公司支付被告李岩庆解除劳动合同经济补偿金1600元。四、原告烟台远扬建筑机械设备有限公司支付被告李岩庆违法约定试用期的赔偿金1287.36元。五、原告烟台远扬建筑机械设备有限公司为被告李岩庆出具解除劳动合同证明,并办理档案和社会保险关系转移手续。六、驳回被告李岩庆的其他申诉请求。"

※裁判理由:被告主张要求原告支付2015年3月20日至2015年3月31日工资及欠发4月200元工资,在审理过程中原告认可该期间未支付工资,对被告的上述主张本院予以支持,由于原告试用期月工资为3200元/月,所以原告应支付被告2015年3月20日至2015年3月31日的工资约为1177.01元($3200 \div 21.75 \times 8$),支付欠发原告4月200元工资。

关于被告主张的支付2015年5月1日至2015年9月19日工资。原告于2015年6月12日在QQ群里发公告通知被告停发工资并将配备被告的电话卡销号,应视为原告发出解除劳动合同的邀约,被告于2015年6月退出单位QQ群,被告汇报工作至2015年5月底,之后不再汇报工作,应视为停止工作,同意解除合同,因此双方解除合同的时间应以被告退群时间为准。被告虽没有提供其2015年5月30日以后的工作证据,但原告停发工资的通知时间是2015年6月12日,因此原告应当支付被告2015年5月1日至6月12日期间的工资。其中2015年6月1日至12日工资因被告没有提供工作内容原告应按最低工资支付约为735.63元($1600 \div 21.75 \times 10$),2015年5月1日至6月12日工资为3935.63元($3200 + 735.63$)。

关于被告要求的支付经济补偿金。本案中原告停发工资和电话销号等提出与被告解除劳动合同,被告未提出异议并以退出单位工作群为回应,应视为被告同意解除劳动合同,符合《劳动合同法》第36条的规定,原告应支付被告经济补偿金。根据《劳动合同法》第47条的规定,鉴于被告在原告处工作年限不足半年,其月工资为3200元,原告应支付被告的经济补偿金为1600元。

关于被告要求的办理解除劳动合同手续及档案和社会保险关系转移、失业手续。《劳动合同法》第50条第1款规定:“用人单位应当在解除或者终止劳动合同时出具解除或者终止劳动合同的证明,并在十五日内为劳动者办理档案和社会保险关系转移手续。”本案中,双方签订了劳动合同,原告应当向被告出具解除劳动合同证明,并办理档案和社会保险关系转移手续。至于办理失业手续不属本院受理范围,本院不予审理。

关于被告要求的违法约定试用期赔偿金。《劳动合同法》第19条第1款规定:“劳动合同期限三个月以上不满一年的,试用期不得超过一个月;劳动合同期限一年以上不满三年的,试用期不得超过二个月;三年以上固定期限和无固定期限的劳动合同,试用期不得超过六个月。”本案中,被告与原告劳动合同期限为1年,试用期约定为3个月,依照上述规定试用期不得超过2个月,被告工作履行至2015年5月31日前,超过法定期限工作日7天应予纠正。《劳动合同法》第83条规定:“用人单位违反本法规定与劳动者约定试用期的,由劳动行政部门责令改正;违法约定的试用期已经履行的,由用人单位以劳动者试用期满月工资为标准,按已经履行的超过法定试用期的期间向劳动者支付赔偿金。”依照上述规定,2015年5月21日至5月31日为双方已经履行的超过法定试用期的期间共7个工作日,被告试用期满月工资标准为4000元,故原告应支付被告赔偿金约为1287.36元(4000元÷21.75×7)。

智慧海派科技有限公司与杨国文劳动争议案[1]

※裁判要点:同一用人单位与同一劳动者只能约定一次试用期。用人单位违法延长劳动者的试用期无效。

※相关法条:《劳动合同法》第39条第1项、第47条第1款、第87条,《劳动争议调解仲裁法》第6条,最高人民法院《关于审理劳动争议案件适用法律若干问题的解释(三)》第1条

※基本案情:2014年9月18日,原告杨国文与被告智慧海派科技有限公司签订书面劳动合同,合同约定原告杨国文在被告江西海派通讯技术有限公司任电工一职,合同期限为2014年9月9日至2017年9月8日,其中试用期为2014年9月9日至2014年12月8日。原告在试用期间月工资为3000元。2014年12月5日,被告向原告下发了试用期不合格通知书,通知原告试用期考核结果不合格,并要求原告于2014年12月5日到人事行政部办理离职手续,申请人签收该通知书。2014年9月9日至2014年11月30日期间,原告加班8天。2014年12月4日至2014年12月5日,2014年12月9

---

〔1〕 参见江西省南昌市中级人民法院(2015)洪民一终字第688号判决书。

日至2014年12月16日，原告填写了请假单，共计请假8天，请假类别为调休，被告签字同意。2014年12月15日，被告向原告下发了试用期延长通知书，原告签收该通知书。被告从2014年10月开始为原告缴纳养老和医疗保险。原告杨国文向南昌市劳动人事争议仲裁委员会申请仲裁，仲裁请求为：请求依法判决被告向原告支付无理由解除2014年9月9日至2014年12月8日的劳动关系赔偿金3000元；请求依法判决被告向原告支付于2014年9月9日至2014年11月30日的加班8天，按双倍工资赔偿2181.8元；请求判决被告向原告支付补交2014年9月份的五险（养老、医疗、工伤、生育、失业保险）；请求判决被告向原告支付2014年12月9日至2014年12月16日6天上班工资818.2元。该仲裁委员会裁决驳回原告仲裁请求。原告不服该裁决，遂诉至法院，请求判如所请。庭审中，经过庭审质证，原告表示已经收到了2014年12月9日至2014年12月16日6天工资，当庭表示放弃第四项诉请。另，被告单位名称已经由江西海派通讯技术有限公司变更为智慧海派科技有限公司。

※裁判结果：一审江西省南昌经济技术开发区人民法院作出（2015）洪经民初字第256民事判决，判决如下："一、被告智慧海派科技有限公司于本判决生效之日起10日内支付原告杨国文经济赔偿金3000元；二、驳回原告杨国文的其他诉讼请求。"智慧海派科技有限公司不服一审判决提出上诉，二审江西省南昌市中级人民法院作出（2015）洪民一终字第688号判决，维持一审判决。

※裁判理由：因原告当庭放弃第四项诉请，现双方争议的焦点是：(1)原、被告之间解除劳动合同，被告是否需要向原告支付经济赔偿金；(2)原告于2014年9月9日至2014年11月30日这8天的加班是否进行了调休；(3)被告是否需要向原告补缴9月的五险一金。

关于原、被告之间解除劳动合同，被告是否需要向原告支付经济赔偿金。原告主张系被告以试用期提前3日可无理由辞退原告为由辞退原告，结合被告向原告发出试用期不合格通知书，原审法院认定系被告在试用期内辞退原告。原审法院认为，试用期是双方互相了解的考察期，既能保护劳动者的就业选择权，同时又能避免用人单位利用试用期随意解聘劳动者，逃避应尽的义务。根据《劳动合同法》的规定，劳动者在试用期内提前3日可以通知用人单位解除劳动合同，但用人单位在试用期内与劳动者解除劳动关系必须证明该劳动者不符合录用条件。本案中，被告主张原告试用期不合格，并提供被告单位员工彭建群出具的关于杨国文试用期存在问题的证明予以佐证，原审法院认为，该证明系被告单位员工单方制作，且无其他证据予以佐证，不足以证明原告试用期不符合录用条件，原审法院对被告该主张不予支持。因此，被告辞退原告系违反劳动合同法规定解除劳动合同，应按照经济补偿标准的二倍向原告支付赔偿金。在被告处工作不满6个月，经济补偿系原告半个月工资，故经济赔偿金系原告1个月工资，即3000元，故对原告要求被告支付原告违法解除劳动合同经济赔偿金3000元的诉请，原审法院予以支持。

关于原告诉请的加班8天工资，原告于2014年9月9日至2014年11月30日加班8天，后于2014年12月4日至2014年12月5日，2014年12月9日至2014年12月16日，请假调休8天。原告称2014年12月9日至2014年12月16日虽请假但一直在上班，但未提交其上班的证据，原审法院对原告该诉请不予支持。

关于被告的养老、医疗保险费问题。原审法院认为，原告虽然未为被告办理2014年9月的社会保险手续，但并非属于社会保险经办机构不能补办导致无法享受社会保险待遇的情形，被告杨国文的养老、医疗保险费问题并不属于法院受案范围，故原审法院不予处理。

二审法院认为，上诉人与被上诉人签订的《劳动合同》约定："杨国文的试用期从2014年9月9日至2014年12月8日。"上诉人虽在杨国文的试用期内(2014年12月5日)向其送达了"试用期不合格通知书"，并由杨国文签字确认，但根据上诉人一审时提供的试用期延长通知书员工签收联、请假单和2014年12月的考勤表所反映的内容，双方并未实际按照"试用期不合格通知书"的约定解除劳动关系并办理离职手续。根据上诉人二审开庭审理时的陈述，公司是在杨国文试用期不合格的情况下，经领导同意为其调换了工作岗位并延长了试用期，而杨国文在延长的试用期内仍不能胜任工作，还无端提出加薪要求，所以被公司辞退了，杨国文递交了离职清单。《劳动合同法》第19条第2款规定："同一用人单位与同一劳动者只能约定一次试用期。"上诉人延长杨国文试用期条款违反法律规定，应当认定无效。另据请假单和考勤表显示，杨国文在试用期满后即2014年12月9日至12月16日均为请假，没有实际上班。公司以杨国文这段时间不能胜任工作为由将其辞退，明显没有事实依据。上诉人二审提供的2014年12月17日离职清算单系复印件，无法核实其真实性并进行认定。综上，公司没有提供证据证明其辞退杨国文符合法律规定，一审法院认定上诉人违法解除劳动合同并无不当。对上诉人所提出的杨国文系因试用期被证明不符合录用条件而被公司依法解除了劳动合同，无须支付经济补偿或经济赔偿，本院不予支持。

上海双臣生物科技有限公司与邓红丹劳动合同纠纷案〔1〕

※裁判要点：试用期包含在劳动合同期限内。劳动合同仅约定试用期的，试用期不成立，该期限为劳动合同期限。

※相关法条：《劳动合同法》第19条第4款

〔1〕参见上海市杨浦区人民法院(2016)沪0110民初7599号判决书。

※基本案情：被告邓红丹于2014年11月6日入职原告上海双臣生物科技有限公司处，当日双方签订《试用期合同》，约定：试用期自该日至2015年2月5日，被告岗位为销售，月基本工资3000元、绩效工资1000元、补贴500元等。审理中，原告提供《上海市劳动合同》一份，该合同落款被告姓名系由原告现法定代表人汪雪峰代为签署，时间具2015年2月6日，合同载明：期限自2015年2月6日至2016年2月5日，被告担任销售经理，工作地点在浙江省，月工资3000元，每月10日发放等内容。2015年12月8日，原、被告签署《干股分红协议》，约定：原告授予被告虚拟股300股，年终根据原告税后利润计算每股利润，以虚拟股数乘以每股利润作为被告可得分红，原告以人民币形式支付，同时被告仍可根据双方签订的劳动合同享受原告给予的其他待遇，本合同期限自2016年1月1日至2016年12月31日，劳动合同终止本合同也随之终止等内容。被告自入职开始一直在浙江从事销售工作，基本上每月一次回原告位于上海的办公处。原告采用转账形式发放工资，无签收，2016年2月被告工资未予发放。被告后于2016年2月29日离职。此外，被告为原告缴纳了2015年2月至2016年2月期间的社保金，于2016年3月10日办理原告社保转出手续。2016年3月14日，被告向上海市杨浦区劳动人事争议仲裁委员会申请仲裁，要求原告支付2016年2月工资7078元、2015年2月5日至2016年1月4日未签劳动合同二倍工资差额77861.86元、违法解除劳动合同赔偿金21234元。2016年4月29日，上述仲裁委出具杨劳人仲(2016)办字第228号裁决书，裁决原告支付被告2015年3月15日至2016年1月4日未签劳动合同二倍工资差额28775.86元、2016年2月工资3301.33元，不支持其余请求。原、被告均不服裁决，分别起诉来院，上海双臣生物科技有限公司要求确认不支付被告："1. 2015年3月15日至2016年1月4日未签劳动合同二倍工资差额28775.86元；2. 2016年2月工资3301.33元。"因被告起诉于后，故其请求归入本案一并审理。审理中，原告列举证人陈某某到庭作证。陈某某述，自己原系原告法定代表人，因被告在浙江工作，故在2015年2月初左右，时任被告主管的汪雪峰当自己的面与被告通电话，汪雪峰告知被告应签合同，以便办理社保等事宜，被告同意，挂断电话后汪雪峰即代被告签署了劳动合同。对此，原告没有异议，被告则认为从未接到上述电话。原告提供的考勤单记录：2016年2月1日至6日被告未上班，其中1日至2日事先经原告同意调休，7日至13日春节休假，14日至19日被告未上班，20日至21日系双休日，22日被告上班，23日病假，24日至25日上班，26日未上班，27日至28日系双休日，29日上午被告上班。原告并认为3日至19日(除春节休假)被告系旷工，被告则认为19日之前均系调休，其中15日开始的调休单系22日补交，其余调休单均系事先递交并经原告同意。审理中，被告提供了其在职期间的工资转账明细及部分工资条，并主张每月工资组成为"基本工资3600元＋补贴500元＋绩效工资(浮动)＋销售提成"，其中2015年

11月工资条上有财务人员谢传香的签字。原告则认为转账中的部分钱款系差旅等费用报销,被告工资组成是“基本工资3000元+补贴1100元(2015年3月升职后增加,原为500元)+绩效工资(浮动)+销售提成+差旅费+报销招待费”,并就此提供了其自行制作的工资明细表。

※裁判结果:上海市杨浦区人民法院于2016年8月1日作出(2016)沪0110民初7599号判决:“一、原告上海双臣生物科技有限公司应于本判决生效之日起10日内支付被告邓红丹2015年3月15日至2016年1月4日期间未签劳动合同二倍工资差额人民币39327元;二、原告上海双臣生物科技有限公司应于本判决生效之日起10日内支付被告邓红丹2016年2月工资人民币1979.31元;三、被告邓红丹要求原告上海双臣生物科技有限公司支付违法解除劳动合同赔偿金人民币21234元的诉讼请求,不予支持。”宣判后双方均未提起上诉,判决已发生法律效力。

※裁判理由:法院生效裁判认为:劳动合同涉及工资、岗位等事关劳动者重大权利义务等事项,应以劳动者充分知晓、亲自签署为原则,特殊情形下他人代签的,应以劳动者明确的授权为前提。原告出示的《上海市劳动合同》落款被告姓名系由汪雪峰代签,故原告须举证证明该代签系受被告委托。原告就此提供了原法定代表人陈某某的证人证言,然所称的通过电话口头委托汪雪峰签字,在没有其他书证、音像等证据佐证的情况下,上述证言仅系孤证,不足以印证代签系得事先授权。《干股分红协议》虽有劳动合同相关内容,但协议未见“双方已签劳动合同”等明确的意思表示,并且明知代签、再签分红协议,尚可认定追认效力,否则仅以分红协议的签订推定系对代签劳动合同的事后追认,缺乏依据。更何况,被告每月均回上海,原告完全具备事后确认的时机,却始终未作补强。关于原、被告提及的曾在仲裁期间出现的录音资料,因双方均未在本案审理中作为证据提供,且就内容陈述不一,故原、被告相关所述本院均不采信。综上,没有证据证明未签劳动合同系因被告之故,因此原告作为用人单位,应负原、被告未签劳动合同之责。原、被告签有《试用期合同》,然该合同仅约定了试用期至2015年2月5日,没有劳动合同期限的相关约定,故试用期不成立,该期限为劳动合同期限,上述合同系名为试用合同实系劳动合同。用工之日起1个月内应签劳动合同,期满续签劳动合同的,亦应给予1个月宽限期,故原告应负2015年3月5日开始每月二倍工资差额支付之责。劳动争议申请仲裁的时效为1年,被告于2016年3月14日申请仲裁,故二倍工资差额的主张应自此前1年即2015年3月15日起算。被告关于二倍工资差额主张至2016年1月4日,未逾法定范围,应予准许。综上,原告应付被告2015年3月15日至2016年1月4日期间未签劳动合同二倍工资差额。至于数额,本院参考被告提供的银行明细,结合原、被告关于工资组成的陈述与举证,并考虑到本案具体案情,认为以4100元作为计算基数更为适宜。经核算,原告应付被告二倍工资差额

39327元。被告2016年2月29日离职，当月工资原告未予支付并主张不应支付，作为用人单位，原告应就减少劳动者劳动报酬承担举证之责，现虽以考勤表为证主张被告当月出勤6.5天，但该考勤表缺失当事人的签字确认，尚不足为据，被告关于春节前（当月3日至6日）调休已交调休单并得原告同意一节，可予采纳，但其节后（当月14日至19日）未事先递交调休申请即未上班，不具合理理由，故2016年2月应视被告出勤10.5天。结合原、被告关于工资组成的诉、辩意见，确认当月工资基数4100元，原告应付被告2016年2月工资计1979.31元。原告称被告系自动离职，被告称系受原告辞退，就此双方均有义务列举证据证明各自主张，尤其是被告，首先应就所称的原告辞退被告，及原告所称的辞退理由承担举证之责，而后由原告就理由的成立举证。现被告未有证据证明，故其所称本院不采信，被告关于违法解除劳动合同赔偿金的请求，不予支持。

关联法规索引

《劳动法》第21、48、49条，劳动部《关于〈中华人民共和国劳动法〉若干条文的说明》第21、48、49条，劳动部《关于贯彻执行〈中华人民共和国劳动法〉若干问题的意见》第18、19条，劳动部《关于实行劳动合同制度若干问题的通知》第3、4条

第二十二条 【服务期】用人单位为劳动者提供专项培训费用，对其进行专业技术培训的，可以与该劳动者订立协议，约定服务期。

劳动者违反服务期约定的，应当按照约定向用人单位支付违约金。违约金的数额不得超过用人单位提供的培训费用。用人单位要求劳动者支付的违约金不得超过服务期尚未履行部分所应分摊的培训费用。

用人单位与劳动者约定服务期的，不影响按照正常的工资调整机制提高劳动者在服务期期间的劳动报酬。

配套法规

《劳动合同法实施条例》（2008年9月18日）

第十六条 劳动合同法第二十二条第二款规定的培训费用，包括用人单位为了对劳动者进行专业技术培训而支付的有凭证的培训费用、培训期间的差旅费用以及因培训产生的用于该劳动者的其他直接费用。

第十七条 劳动合同期满，但是用人单位与劳动者依照劳动合同法第二十二条的规定约定的服务期尚未到期的，劳动合同应当续延至服务期满；双方另有约定的，从其

约定。

第二十六条 用人单位与劳动者约定了服务期,劳动者依照劳动合同法第三十八条的规定解除劳动合同的,不属于违反服务期的约定,用人单位不得要求劳动者支付违约金。

有下列情形之一,用人单位与劳动者解除约定服务期的劳动合同的,劳动者应当按照劳动合同的约定向用人单位支付违约金:

(一)劳动者严重违反用人单位的规章制度的;

(二)劳动者严重失职,营私舞弊,给用人单位造成重大损害的;

(三)劳动者同时与其他用人单位建立劳动关系,对完成本单位的工作任务造成严重影响,或者经用人单位提出,拒不改正的;

(四)劳动者以欺诈、胁迫的手段或者乘人之危,使用人单位在违背真实意思的情况下订立或者变更劳动合同的;

(五)劳动者被依法追究刑事责任的。

适用解读

在《劳动合同法》实施之前,法律允许用人单位和劳动者在劳动合同中约定违约金,即一方提前解除劳动合同时,另一方应当按照合同约定赔偿违约金。实践中,违约金的适用多数情况下限制了劳动者的自由流动,但《劳动合同法》对违约金的适用作了严格限制——只能在服务期条款或竞业限制条款中约定违约金,除此之外,其他任何情况下用人单位都不得与劳动者约定由劳动者支付违约金。从服务期相关的劳动争议情况来看,劳资双方对可以约定服务期的条件以及违约金的额度分歧较大。

(一)服务期的界定

《劳动合同法》实施之前,服务期是指用人单位和劳动者约定的,劳动者因获得了特殊待遇从而必须与用人单位持续劳动关系的期限。"特殊待遇"分为三类:(1)一些用人单位为招揽人才或留住人才,向劳动者提供特殊的物质待遇,如提供住房、劳动报酬之外的高额补贴;(2)用人单位出资培训;(3)其他特殊待遇,如解决户口、解决配偶工作或子女入学。这些都可以成为用人单位与劳动者约定服务期,从而约定违约金的条件。在《劳动合同法》实施之后,服务期被界定为"当事人双方约定的,对劳动者有特殊约束力的,劳动者因获得用人单位出资培训而应当与用人单位持续劳动关系的期限"[1]。实践中,关于用人单位基于特殊物质待遇的服务期能否约定违约金的争议较

[1] 《劳动与社会保障法学》编写组:《马克思主义理论研究和建设工程重点教材:〈劳动与社会保障法学〉》,高等教育出版社2017年版,第111页。

大。一些地方立法在《劳动合同法》实施之后修订了服务期的界定，如《江苏省劳动合同条例》第15条第1款规定："用人单位与其出资招用、培训或者提供其他特殊待遇的劳动者，可以在劳动合同中约定或者事先另行协商约定服务期。"《江苏省劳动合同条例》则删除了该条，在第26条中规定："依法约定的服务期长于劳动合同期限的，劳动合同续延至服务期满；双方另有约定的，从其约定。"《上海市劳动合同条例》第14条规定："劳动合同当事人可以对由用人单位出资招用、培训或者提供其他特殊待遇的劳动者的服务期作出约定。"上海市高级人民法院《关于适用〈中华人民共和国劳动合同法〉若干问题的意见》第6条也将服务期界定为"用人单位给付一定培训费用为代价，要求接受代价的劳动者为用人单位相应提供服务的约定"。但是，该意见第7条对劳动者违反合同约定期限解除合同，用人单位要求劳动者返还特殊待遇的处理意见则是："用人单位给予劳动者价值较高的财物，如汽车、房屋或住房补贴等特殊待遇的，属于预付性质。劳动者未按照约定期限付出劳动的，属于不完全履行合同。根据合同履行的对等原则，对劳动者未履行的部分，用人单位可以拒绝给付；已经给付的，也可以要求相应返还。因此，用人单位以劳动者未完全履行劳动合同为由，要求劳动者按照相应比例返还的，可以支持。"

（二）约定服务期的前提条件

劳动部《关于贯彻执行〈中华人民共和国劳动法〉若干问题的意见》第23条规定："用人单位用于劳动者职业技能培训费用的支付和劳动者违约时培训费的赔偿可以在劳动合同中约定……"劳动部《违反〈劳动法〉有关劳动合同规定的赔偿办法》第4条规定："劳动者违反规定或劳动合同的约定解除劳动合同，对用人单位造成损失的，劳动者应赔偿用人单位下列损失：（一）用人单位招收录用其所支付的费用；（二）用人单位为其支付的培训费用，双方另有约定的按约定办理；（三）对生产、经营和工作造成的直接经济损失；（四）劳动合同约定的其他赔偿费用。"从原劳动部的这两个文件来看，用人单位出资招录劳动者或为劳动者提供了职业技能培训的，就可以与劳动者约定服务期及违约金。《劳动合同法》则规定，只有用人单位为劳动者提供专项培训费用，对其进行专业技术培训的，才可以与劳动者约定服务期。这里的"专业技术培训"不同于"职业技能培训"。"职业技能培训"是依据《劳动法》《职业教育法》等规定，企业对职工在上岗前、转岗、晋升等时候进行的技术业务、操作技能、安全卫生等方面的入门性、通用性的培训，而"专业技术培训"则不包括这类入门性、通用性的培训。依据照国家的规定，用人单位必须按照本单位工资总额的1.5%提取职工培训费用，这部分培训费用的使用不能作为与劳动者约定服务期的条件。比如，根据前述江苏省高级人民法院、江苏省劳动争议仲裁委员会《关于审理劳动争议案件的指导意见》第12条第2款的规定，用人单位对劳动者进行的上岗前培训和日常业务培训，不应认定为专业技术培训。劳动者接受专项培训期间的基本工资,不应认定为专项培训费用。也就是说,只有当用人单位在国家规定的职工培训费用以外,专门花费数额较高的费用[1]送劳动者进行专业培训的,才可以与被培训劳动者约定服务期。比如,用人单位为解决技术革新问题需要攻坚人才,因此出钱将劳动者送去国外培训、学习,这种培训就是"专业技术培训"。

(三)服务期的约定

服务期的外部效应表现为鼓励企业对员工进行专业培训,提供员工技能,从而对整个社会人力资源的开发有着积极意义,而其负外部效应表现为限制了劳动者自由流动,影响了劳动力资源的市场配置。因此,服务期期限的约定应当合理平衡双方当事人的利益。法律并未规定服务期的上限,实践中,用人单位应根据其为劳动者提供专业培训所投入的费用合理约定服务期。同时,用人单位与劳动者约定服务期的,不影响通过正常工资调整机制提高劳动者在服务期期间的劳动报酬。

服务期条款是劳动合同的一部分,效力与劳动合同一样。如果是单独签订的服务期协议,该协议的实质就是劳动合同。一般服务期期限长于固定期限的劳动合同期限,如果劳动合同期满,但服务期尚未到期,劳动合同应延续至服务期满,如果双方约定其他选择的,则从其约定。

(四)违约金的约定与履行

服务期条款中违约金的约定必须符合以下几个要件方才有效:(1)服务期条款合法成立,即用人单位为劳动者提供了专项培训费用,且双方在平等、自愿的基础上达成合意。(2)在服务期条款中明确约定由用人单位全部或部分支付培训费用,包括有支付凭证的培训费用、培训期间的差旅费以及因培训产生的其他直接费用。这里的"培训费用"包括:用人单位用于支付培训的有税务发票或其他符合财务制度的凭证的费用,劳动者培训期间的差旅费(包括城市间交通费、住宿费、餐费或伙食补助费等),因培训产生的用于该劳动者的其他直接费用(如培训教材费用、配发给劳动者用于培训的计算机设备费用等),但不包括劳动者培训期间的工资、奖金、福利待遇等。实践中,有些用人单位在发生争议后主张劳动者赔偿违约金的,却无法拿出用于支付培训费用的凭证,因此,如果用人单位将培训外包的,第三方培训机构应当开具税务部门监制的发票,如果用人单位自己培训的,也应当开具符合财务制度的凭证。前述费用皆应有相关凭证。(3)约定违约金的数额不得超过用人单位提供的培训费用。(4)用人单位

---

〔1〕《劳动合同法实施条例(草案)》(征求意见稿)第19条规定:"用人单位一次性或者12个月内累计为1名劳动者支出超过本单位上年度平均工资30%的费用进行培训的,视为提供了《劳动合同法》第二十二条第一款规定的专项培训费用……"这句话最终没有出现在《劳动合同法实施条例》中,显然,究竟如何界定"专项培训费用"还需斟酌。

要求劳动者支付的违约金不得超过服务期尚未履行部分所应分摊的培训费用。

劳动者违反服务期约定的，应当按照约定向用人单位支付违约金，但如果用人单位存在以下违法行为的，劳动者可以解除劳动合同，并且不属于违反服务期的约定，用人单位不得要求劳动者支付违约金：（1）未按照劳动合同约定提供劳动保护或者劳动条件的；（2）未及时足额支付劳动报酬的；（3）未依法为劳动者缴纳社会保险费的；（4）用人单位的规章制度违反法律、法规的规定，损害劳动者权益的；（5）因《劳动合同法》第26条第1款规定的情形致使劳动合同无效的；（6）用人单位以暴力、威胁或者非法限制人身自由的手段强迫劳动者劳动的，或者用人单位违章指挥、强令冒险作业危及劳动者人身安全的；（7）法律、行政法规规定劳动者可以解除劳动合同的其他情形。

但是如果劳动者存在以下行为，导致用人单位与劳动者解除约定服务期的劳动合同的，劳动者应当按照劳动合同的约定向用人单位支付违约金：（1）劳动者严重违反用人单位的规章制度的；（2）劳动者严重失职、营私舞弊，给用人单位造成重大损害的；（3）劳动者同时与其他用人单位建立劳动关系，对完成本单位的工作任务造成严重影响，或者经用人单位提出，拒不改正的；（4）劳动者以欺诈、胁迫的手段或者乘人之危，使用人单位在违背真实意思的情况下订立或者变更劳动合同的；（5）劳动者被依法追究刑事责任的。

此外，劳动部办公厅《关于试用期内解除劳动合同处理依据问题的复函》第3条规定："用人单位出资（指有支付货币凭证的情况）对职工进行各类技术培训，职工提出与单位解除劳动关系的，如果在试用期内，则用人单位不得要求劳动者支付该项培训费用。如果试用期满，在合同期内，则用人单位可以要求劳动者支付该项培训费用，具体支付方法是：约定服务期的，按服务期等分出资金额，以职工已履行的服务期限递减支付；没约定服务期的，按劳动合同期等分出资金额，以职工已履行的合同期限递减支付；没有约定合同期的，按5年服务期等分出资金额，以职工已履行的服务期限递减支付；双方对递减计算方式已有约定的，从其约定。如果合同期满，职工要求终止合同，则用人单位不得要求劳动者支付该项培训费用。如果是由用人单位出资招用的职工，职工在合同期内（包括试用期）解除与用人单位的劳动合同，则该用人单位可按照《违反〈劳动法〉有关劳动合同规定的赔偿办法》第四条第（一）项规定向职工索赔。"这里的"用人单位出资招用"是指用人单位招收录用劳动者时所支付的费用。2016年4月13日人力资源和社会保障部宣布该文件废止，[1]也就意味着与用人单位约定了服务期的劳动者违反服务期约定时，不能以在试用期内为由，主张用人单位不得要求劳动者支付培训费用。

---

〔1〕 人力资源和社会保障部《关于第二批宣布失效和废止文件的通知》（人社部发〔2016〕34号）。

典型案例

罗弄潮与青山汽车紧固件(苏州)有限公司劳动合同纠纷[1]

※裁判要点: 根据《劳动法》的规定,接受职业技能培训是劳动者的一项基本劳动权利,有计划地对劳动者进行职业培训也是用人单位的法定义务,该类培训不属于《劳动合同法》中规定的专项技术培训。与是否符合录用条件、能否胜任工作等考核指标挂钩的培训并非属于专业技术培训,亦难以界定为技能提升性培训,应当理解为一般职业技能培训。

※相关法条:《劳动合同法》第22、25条

※基本案情: 罗弄潮于2012年1月3日入职青山紧固件公司从事"营业担当"(销售)工作,双方签订了期限为2012年1月3日起至2015年1月2日止的劳动合同。后双方签订了培训协议,约定青山紧固件公司选派罗弄潮以员工身份赴日本爱知县接受业务培训,为期12个月(自2012年10月9日至2013年9月29日),培训内容为营业相关知识的学习。协议还约定,青山紧固件公司在罗弄潮培训结束后有权对罗弄潮进行考核,经考核,青山紧固件公司未达到培训目标的,视同罗弄潮违约或不符合录用条件或不胜任工作,青山紧固件公司有权决定是否继续聘用罗弄潮。协议关于培训费用的条款规定,青山紧固件公司为罗弄潮支付学费、差旅费、生活费、医疗保险费等培训费用。协议还约定了服务期,服务期条款约定,罗弄潮完成或结束培训后,如青山紧固件公司继续聘用罗弄潮,则罗弄潮应当在青山紧固件公司处至少服务三年,未经青山紧固件公司同意,不得缩短,否则青山紧固件公司有权追究其违约责任,工作年限不满协议规定的服务期的,应当按比例向青山紧固件公司偿还培训费用。协议签订后,罗弄潮在前述期限内被派往青山紧固件公司的关联企业日本株式会社青山制造所进行销售报价业务的学习培训。青山紧固件公司为罗弄潮承担了往返日本的签证、飞机票费用。罗弄潮在日培训期间,日本株式会社青山制造所为罗弄潮提供住宿并按月支付津贴,同时青山紧固件公司正常发放罗弄潮工资。2014年6月12日,罗弄潮签署《辞职书》,以"回老家"为由向青山紧固件公司提出辞职,并最后工作至2014年6月13日。后青山紧固件公司向苏州工业园区劳动争议仲裁委员会提起本案前置仲裁,要求罗弄潮:"1.支付培训违约金147681.2元;2.赔偿因其违反规定解除劳动合同给罗弄潮造成的经济损失14965.32元,包括人才中介费7540元和未提前30天通知离职的一个月工资赔偿7425.32元。"该仲裁委员会审理后于2014年11月24日裁决罗弄潮支付

---

[1] 参见苏州市中级人民法院(2015)苏中民终字第05577号判决书。

青山紧固件公司违约金98897元,对青山紧固件公司其他请求不予支持。罗弄潮不服该裁决,遂诉至原审法院。

原审原告罗弄潮的诉讼请求为:请求判决罗弄潮无须承担违约金98897元。

原审法院认为:根据《劳动合同法》的规定,用人单位为劳动者提供专项培训费用,对其进行专业技术培训的,可以与该劳动者订立协议,约定服务期。除法律规定的情形外,用人单位不得与劳动者约定由劳动者承担违约金。本案的主要争议焦点在于双方对于服务期的约定是否有效。从双方签订的培训协议内容及实际履行情况来看,青山紧固件公司为罗弄潮安排的培训内容是销售工作中的报价等相关职业知识技能的学习,性质上属于针对其岗位工作的基本职业技能的培训。根据《劳动法》的规定,接受职业技能培训是劳动者的一项基本劳动权利,有计划地对劳动者进行职业培训也是用人单位的法定义务,该类培训不属于《劳动合同法》中规定的专项技术培训。青山紧固件公司与罗弄潮在培训协议中就一般的职业技能培训约定了服务期及违约金,违反了《劳动合同法》的规定,该条款应属无效。青山紧固件公司要求罗弄潮支付违约金,缺乏法律依据,原审法院不予支持。青山紧固件公司要求罗弄潮赔偿因未提前通知解除劳动合同的损失,但未就损失的客观存在举证证明,原审法院对此亦不予支持。

综上,根据《劳动法》第3、68条,《劳动合同法》第22、25条,《民事诉讼法》第64条第1款的规定,判决:原告罗弄潮无须支付被告青山汽车紧固件(苏州)有限公司违约金98897元。案件受理费10元,由被告青山汽车紧固件(苏州)有限公司负担。

上诉人青山紧固件公司不服原审法院上述民事判决,向本院提起上诉称:"1.根据《中华人民共和国劳动法》第六十八条及1995年劳动部颁布的《关于贯彻执行〈中华人民共和国劳动法〉若干问题的意见》的通知第二十三条看,职业培训属用人单位自主决定权,并非法律强制的基本义务,用人单位出资为劳动者提供职业技能培训的,可以与劳动者约定违约金。2.从《中华人民共和国劳动法》以及《中华人民共和国劳动合同法》出台的背景和历次修改意见看,判断是否为专业技术培训,主要是看培训是否针对特定人、特定项目、实际支付培训费用以及想要达到的效果是否为提升性,而不是简单地以培训内容进行片面的判断,即专业技术培训可以理解为是对劳动者履行特定岗位职责所需的专门性知识和专业性技能所作的培训,进行的主要是提升性培训,而区别于为胜任工作岗位所进行的基本技能胜任性培训。罗弄潮接受青山紧固件公司安排的岗中培训,目的在于提升罗弄潮现有营业岗位的专业技能。罗弄潮接受的培训是以课程与现场相结合的、以提高营业专业技能为目的的长期脱产学习,区别于为胜任工作进行的基本技能培训,应当认定为专业技术培训。3.青山紧固件公司因罗弄潮的专业技术培训支付了签证费、往返机票费、生活费、住宿费、研修费等专项培训费用折合人民币191732.29元。2011年1月1日,青山紧固件公司与日本母公司签订三年的

《技术提供合同》,接受青山紧固件公司员工作为研修生提供技术培训,青山紧固件公司需每年以专利权使用费的方式向母公司提供技术报酬(包含了设备建设和运转的技术指导、研修生指导和生活费支付)。罗弄潮在日期间主要是由母公司的专业人员负责课堂教学和现场指导,罗弄潮接受培训的时间和专业人员的工作时间相吻合,母公司按每月自然日历天数向罗弄潮发放每日4500元日津贴是生活费用并非罗弄潮主张的劳动报酬,其劳动报酬仍由青山紧固件公司发放。4.青山紧固件公司最终决定选派罗弄潮作为培训对象前,与罗弄潮进行了平等协商。罗弄潮作为完全民事行为能力人,对培训内容、培训费用以及承担的服务期等约定内容是明确知晓的。双方经协商一致后,基于诚实信用原则所签订的《培训协议》合法有效,双方均应履行合同约定之义务。罗弄潮违反《培训协议》约定之内容提前解除劳动合同,理应承担相应的违约责任。"综上,请求二审法院撤销原判,依法改判支持青山紧固件公司的诉讼请求。

※**裁判结果:**驳回上诉,维持原判。

※**裁判理由:**《劳动合同法》第22条规定:"用人单位为劳动者提供专项培训费用,对其进行专业技术培训的,可以与该劳动者订立协议,约定服务期。劳动者违反服务期约定的,应当按照约定向用人单位支付违约金……"本案中,虽青山紧固件公司与罗弄潮签订了《培训协议》,且青山紧固件公司将罗弄潮派往日本,并支付了签证费、往返机票费、日津贴等费用,但本院认定该协议所约定的培训不属于上述法律条文所规定的专业技术培训,应认定《培训协议》中有关于服务期及违约金的约定无效,具体理由为:首先,《培训协议》约定罗弄潮培训结束经考核未达到培训目的的,视同罗弄潮违约或不符合录用条件或不胜任工作,青山紧固件公司有权决定是否继续聘用罗弄潮。该约定明确本次培训与罗弄潮是否违约、是否符合录用条件、是否胜任工作等挂钩,说明本次培训并非属于专业技术培训,亦难以界定为技能提升性培训,将本次培训理解为一般职业技能培训更为妥帖。其次,罗弄潮赴日培训所在机构为青山紧固件公司的日本母公司,两公司之间身份关联,经营业务关联,罗弄潮在日期间工作内容与在青山紧固件公司工作内容相关联。虽罗弄潮在日期间工作的过程也系学习的过程,但并非等同于一般人所认知的专门脱产所进行的专业技术培训。最后,法律对劳资双方违约金约定情形及效力作出特别明确限制性规定,就是要防止用人单位利用其优势地位滥用管理权从而损害或变相损害劳动者权利。罗弄潮作为完全民事行为能力人对其与青山紧固件公司签订的《培训协议》内容虽为明知,但在超出劳动合同法规定的服务期及违约金约定限制范围情况下,罗弄潮自愿签订《培训协议》并不能成为青山紧固件公司本案诉请成立的当然理由。

中国南方航空股份有限公司北方分公司与李宇飞劳动争议纠纷案[1]

※裁判要点：用人单位为劳动者提供专项培训费用，对其进行专业技术培训的，可以与该劳动者订立协议，约定服务期。劳动者违反服务期约定的，应当按照约定向用人单位支付违约金。违约金的数额不得超过用人单位提供的培训费用。用人单位要求劳动者支付的违约金不得超过服务期尚未履行部分所应分摊的培训费用。

※相关法条：《劳动合同法》第22条

※基本案情：原告李宇飞系被告南航北方公司飞行员。李宇飞于2002年8月航校毕业后到南航北方公司从事飞行工作。李宇飞于2005年1月1日与南航北方公司签订无固定期限的劳动合同，合同第31条约定，如李宇飞单方提出解除合同即构成违约，应向南航北方公司支付违约金，违约金的计算办法为：（劳动合同期限－合同已履行期限）×赔偿基数。其中，赔偿基数为本人解除劳动合同前12个月的月平均工资，且该违约金最多不超过本人解除劳动合同前12个月的工资总额。南航北方公司于2013年9月29日收到李宇飞提出的辞职申请，南航北方公司于同日对李宇飞辞职的申请作出不同意李宇飞辞职申请的答复。辽宁省劳动人事争议仲裁委员会于2013年11月6日受理了李宇飞要求解除与南航北方公司之间的劳动关系、为李宇飞办理人事、飞行技术档案及社会保险关系的转移手续的仲裁申请，但超过60日并未作出仲裁裁决，辽宁省劳动人事争议仲裁委员会于2014年1月8日受理了李宇飞要求南航北方公司补缴2002年8月起的医疗保险的仲裁申请，但超过60日未作出仲裁裁决。2014年1月14日，辽宁省劳动人事争议仲裁委员会对于李宇飞申请要求给付南航北方公司210万元培训费的主张作出不予受理的通知。在案件的审理过程中，李宇飞自愿申请撤回要求南航北方公司补缴2002年8月至今的医疗保险的主张并且同意一并审理南航北方公司要求李宇飞支付违约金和赔偿损失的主张。

※裁判结果：沈阳市大东区人民法院作出（2014）大东民二初字第143号判决，判决："一、解除李宇飞与中国南方航空股份有限公司北方分公司之间的劳动合同；二、中国南方航空股份有限公司北方分公司于判决生效后15日内为李宇飞办理人事档案和社会保险关系转移手续；三、李宇飞于判决发生法律效力后15日内向中国南方航空股份有限公司北方分公司支付违约金210万元；四、中国南方航空股份有限公司北方分公司于判决发生法律效力后15日内将李宇飞的飞行技术档案等相关手续移交中国民用航空东北地区管理局暂存保管；五、驳回李宇飞、南航北方公司的其他诉讼请求。"一审宣判后，南航北方公司提起了上诉，辽宁省沈阳市中级人民法院2014年8月25日作

[1] 参见辽宁省沈阳市中级人民法院（2014）沈中民五终字第1857号判决书。

出(2014)沈中民五终字第1857号判决,驳回上诉,维持原判。

※裁判理由:法院生效裁判认为:李宇飞、南航北方公司双方签订的劳动合同系双方当事人真实意思的表示,内容不违反国家法律、法规规定,依法有效,双方均应严格履行。根据《劳动合同法》第37条的规定,“劳动者提前三十日以书面形式通知用人单位,可以解除劳动合同……”劳动者享有劳动合同的解除权,其提前30日以书面形式通知用人单位,既是解除劳动合同的程序,也是解除劳动合同的条件。故对于李宇飞要求与南航北方公司解除劳动关系的主张予以支持。《劳动合同法》第50条第1款规定:“用人单位应当在解除或者终止劳动合同时出具解除或者终止劳动合同的证明,并在十五日内为劳动者办理档案和社会保险关系转移手续。”故李宇飞、南航北方公司解除合同后,为李宇飞办理人事档案和社会保险关系转移手续是其应尽的法定义务,对于李宇飞的该项诉讼请求该院予以支持。

关于办理飞行技术档案相关手续的问题。根据民航总局《关于进一步加强民航飞行队伍管理的意见》的规定,飞行人员辞职时,其飞行技术档案交原用人单位所在地的地区管理局暂存保管。故李宇飞、南航北方公司解除劳动关系后,南航北方公司应将李宇飞的飞行技术档案移交到该公司所属的中国民用航空东北地区管理局暂存保管。

关于培训费、违约金和赔偿直接损失的问题。《劳动合同法》第22条第1、2款规定:“用人单位为劳动者提供专项培训费用,对其进行专业技术培训的,可以与该劳动者订立协议,约定服务期。劳动者违反服务期约定的,应当按照约定向用人单位支付违约金。违约金的数额不得超过用人单位提供的培训费用。用人单位要求劳动者支付的违约金不得超过服务期尚未履行部分所应分摊的培训费用。”本案李宇飞从2002年8月到南航北方公司从事飞行员工作起,李宇飞在南航北方公司处工作超过10年,现李宇飞提出辞职,根据合同约定和法律规定,李宇飞应当支付违约金,该违约金的数额不应超过服务期尚未履行的部分所应分摊的培训费用。根据国家民航总局对飞行员流动应当支付的培养费标准的相关规定,李宇飞应向南航北方公司支付培训费为210万元。该210万元的培训费用已远远超过合同约定的违约金数额,因此劳动者不应再向用人单位另行支付合同约定的违约金。关于南航北方公司提出的要求赔偿直接损失的主张,因没有提供证据支持,故该院对南航北方公司的此项主张不予支持。

陶某某与中新苏州工业园区置地有限公司福利待遇纠纷案[1]

※裁判要点:用人单位基于给劳动者提供特殊物质待遇与劳动者约定的服务年限,不属于《劳动合同法》第22条规定的服务期,其约定属于附条件的民事法律行为。

---

〔1〕 参见苏州市中级人民法院(2013)苏中民终字第2492号裁定书。

※基本案情:2009 年 4 月陶某某与中新置地公司签订劳动合同,约定合同期限自 2009 年 4 月 1 日至 2011 年 3 月 31 日止。合同到期后,双方未续签劳动合同,但双方均继续履行劳动合同权利义务。2011 年 3 月 31 日陶某某因个人原因提出辞职,中新置地公司予以批准,陶某某于 2011 年 5 月 5 日正式离职。

2009 年 7 月 1 日双方签订《中新置地购房补贴协议》,约定:"一、乙方(陶某某)满足《中新置地购房补贴政策》中关于享受购房补贴的资格。根据乙方申请,甲方(中新置地公司)同意乙方选购甲方开发或者委托开发的澳韵花园小区 19 幢 603 号住房,并补贴乙方房价的 15%。共计 95545 元(该补贴实际以购房同等金额折扣形式体现,一旦乙方或者乙方配偶与甲方就上述住房签订了购房合同,则视为乙方享受了该住房补贴)。二、从乙方享受购房补贴之日起,乙方必须为甲方服务至少三年(36 个月)。三、乙方无论因任何原因(包括但不限于辞职、解聘、开除等情况),从乙方享受购房补贴之日起在甲方服务未满三年(36 个月)或在三年之内转让上述房产的,乙方均应全额向甲方退还上述购房补贴……"陶某某依照上述协议约定享受了中新置地公司给予的 95545 元购房补贴。

2011 年 5 月 3 日,陶某某出具《承诺书》,载明:"因我个人原因离职后,关于享受公司优惠的房子退款的问题,我理解公司的决定及难处,我也接受公司的决定。但因个人目前资金不足,暂时实在拿不出全额款项人民币玖万伍仟伍佰肆拾伍元(95545.00 元)。恳请公司批准我分两次退还全部费用,第一次在离职前退还人民币伍万元整(50000.00),第二次在 2012 年 4 月 30 前退还余额人民币肆万伍仟伍佰肆拾伍元整(45545.00)。"陶某某离职前,双方签订《关于员工购房补贴的补充协议》,约定:"……三、乙方(陶某某)提出分期付款申请:1. 乙方同意全额退赔并提出分期付款申请。经甲方同意乙方在 2012 年 4 月 30 日前全额归还购房优惠 95545 元(玖万伍仟伍佰肆拾伍元)。购房优惠可分两次归还,分别是正式离职前归还 50000 元和 2012 年 4 月 30 日前归还剩余 45545 元;2. 如乙方有任何一期违约的,则须另行向甲方支付相应应付款金额 10% 的违约金……本协议自签订之日起生效。"中新置地公司确认陶某某已退还 50000 元。

另查明,中新置地公司于劳动争议发生后法定期限内申诉至苏州工业园区劳动争议仲裁委员会,请求裁决陶某某偿还购房优惠款项 45545 元;并支付逾期付款违约金 4554.50 元。该仲裁委员会于 2013 年 5 月 3 日裁决陶某某一次性返还中新置地公司购房补贴余额 45545 元,不予支持中新置地公司的其他仲裁请求。陶某某对仲裁裁决不服,遂于法定期限内诉至原审法院。

原审原告陶某某的诉讼请求为:请求判令陶某某无须返还中新置地公司住房补贴款 45545 元。

原审法院认为:用人单位与其出资招用、培训或者提供其他特殊待遇的劳动者,可以在劳动合同中约定或事先另行协商约定服务期。约定的服务期长于劳动合同期限的,劳动合同期满用人单位要求劳动者继续履行服务期的,劳动者应当履行;劳动者违反服务期约定的,应当承担违约责任。陶某某主张购房补贴协议及补充协议均无效,协议中非法设置服务期,以合法形式掩盖非法目的,且双方的劳动合同到期未续签合同,中新置地公司放弃要求陶某某第三年为其服务的权利。原审法院认为:首先,双方签订的购房补贴协议明确约定中新置地公司为陶某某提供购房补贴,应视为用人单位为劳动者提供了特殊待遇并约定了服务期,该协议并未违反法律规定,同时陶某某在签订购房补贴协议后又签订补充协议及出具承诺书,且其实际履行补充协议已归还50000元,陶某某以其实际行动履行补充协议,应视为认可该协议的效力。其次,双方的劳动合同到期,双方虽未续签劳动合同,但均以实际行动继续履行劳动合同,且陶某某离职时向被告提交书面辞职申请并办理相应手续,此期间应视为双方劳动合同处于继续履行状态,故陶某某的意见,原审法院不予采信。双方签订的购房补贴协议及补充协议系双方真实意思表示,并未违反法律规定,原审法院予以认定。依据购房补贴协议及补充协议的约定,陶某某未按约服务满约定期限,应当承担违约责任,且陶某某亦出具承诺书,并实际履行已归还50000元,故陶某某主张无须返还剩余的住房补贴款45545元,缺乏事实与法律依据,原审法院不予支持。据此,原审法院依照《江苏省劳动合同条例》第15条、《民事诉讼法》第64条的规定,判决:"一、陶某某于判决生效之日起十日内返还被告中新苏州工业园区置地有限公司购房补贴余额45545元。二、驳回陶某某的诉讼请求。"如未按判决指定的期间履行给付金钱义务,应当依照《民事诉讼法》第253条的规定,加倍支付迟延履行期间的债务利息。

上诉人陶某某不服上述民事判决,向本院提起上诉称:《劳动合同法》第22条第1款规定:"用人单位为劳动者提供专项培训费用,对其进行专业技术培训的,可以与该劳动者订立协议,约定服务期。"同时,根据《劳动合同法》第25条的规定,除了提供专项培训设定服务期以及竞业禁止之外,用人单位不得与劳动者约定由劳动者承担违约金。购房补贴协议中所约定的3年服务期自始无效,对上诉人不产生法律约束力。补充协议、承诺书及返还5万元行为均因购房补贴协议中对服务期和违约金的约定无效而自始无效。原审判决对本案相关协议及上诉人支付5万元的行为的法律性质及效力认定错误,适用法律错误。故请求二审法院依法改判上诉人无须支付被上诉人中新置地公司45545元。

※裁判结果:原审判决适用修订前的《江苏省劳动合同条例》第15条欠妥,应予纠正。但原审判决认定事实清楚,实体处理并无不当,应予维持。

※裁判理由:中新置地公司没有为陶某某提供专项培训费用,对其进行专业技术

培训，故双方签订的购房补贴协议中关于自陶某某享受购房补贴之日起，陶某某必须为中新置地公司服务至少三年的约定，并非属于《劳动合同法》第22条所规定的服务期。而从该协议内容分析，符合附条件的民事法律行为的法律特征，附条件的民事法律行为只有在所附条件成就时才生效。

根据购房补贴协议，陶某某享受购房补贴的前提条件是自其享受购房补贴之日起，为中新置地公司服务满三年。双方在该协议中还约定了如果陶某某没有在享受购房补贴后为中新置地公司服务满三年而提出辞职，陶某某应当全额返还购房补贴。陶某某于2011年5月5日因个人原因，正式提出离职，此时距陶某某享受购房补贴未满三年，故其享受购房补贴所附条件并未成就，故陶某某负有返还95545元购房补贴的义务。且在补充协议签订后，陶某某已经按照补充协议返还了50000元购房补贴，该行为应当视为陶某某对双方协议的认可，故对剩余的45545元购房补贴，陶某某理应承担返还责任。陶某某上诉主张无需返还剩余45545元购房补贴，缺乏事实与法律依据，本院不予支持。

孙绍慈与北京合康新能科技股份有限公司劳动争议案[1]

※裁判要点：《劳动合同法》第22条属于授权性规范，即授予用人单位可以自行抉择是否通过对劳动者进行专业技术培训的方式约定服务期，但无法据此推出对劳动者进行专业技术培训是实现约定服务期的唯一方式。从社会效果上看，如果一概认定专项技术培训之外的服务期约定无效，不仅会造成与此相关联的劳动关系的不稳定性，而且会导致劳动者需要承担全额返还特殊待遇的后果，反而不利于劳动者权益的保护，也不符合《劳动合同法》第3条所规定的公平原则。因此，在用人单位为劳动者提供足以与专业技术培训相对等的特殊待遇的情况下，应当参考适用《劳动合同法》第22条的规定，并据此确定用人单位与劳动者的权利义务。

※基本案情：孙绍慈于2012年7月11日入职北京合康亿盛变频科技股份有限公司（以下简称合康变频公司），任研发工程师；合康变频公司与孙绍慈签订了起止期限分别为2012年7月11日至2015年7月10日和2015年7月11日至2018年7月10日的劳动合同。

2012年9月4日，合康变频公司（甲方）与孙绍慈（乙方）签订《劳动合同补充协议》，载明："鉴于乙方与甲方于2012年7月12日签署了劳动合同，甲方对乙方所任职的研发岗位和从事的研发工作已向乙方进行了充分的说明并提供了相关的证明材料，从而使乙方意识到乙方在甲方任职的研发岗位和从事的研发工作必须在甲方处连续

[1] 参见北京市第二中级人民法院(2018)京02民终1285号判决书。

工作五年方可为甲方带来利益，如乙方不能在甲方连续工作五年而提前离职，甲方的实际损失将不低于20万元人民币；鉴于乙方进一步承认，如乙方不能在甲方处连续工作5年，属于乙方违反诚实信用的原则；因此，双方根据《中华人民共和国劳动法》等相关法律法规及规章的规定，经平等、友好协商，达成如下协议：1. 甲方将依据国家及北京市办理进京户口的相关规定，协助乙方办理在北京的落户手续，乙方已充分了解甲方对自己的工作安排和相关待遇，并保证在甲方的服务年限不低于五年。2. 乙方同意，如乙方不能在甲方连续工作五年而提前离职，甲方可以按照国家的相关规定将乙方户口返回原籍或不予协助乙方办理相关的户口转出手续，除非乙方将乙方提前离职给甲方造成的实际损失（不低于20万元人民币）在离职前支付给甲方。3. 保密条款：乙方知道甲方并非为在甲方工作的每一位员工办理进京户口，基于此，乙方同意对签署和履行本协议的情况对甲方的其他员工承担保密义务。"后合康变频公司为孙绍慈办理了北京户口。

2016年11月24日，合康变频公司更名为合康新能公司。

2016年12月12日，孙绍慈向合康新能公司提交辞职申请，以"因为自己一些个人原因，再考虑公司的发展"为由提出离职，双方的劳动合同于2017年1月17日解除。孙绍慈陈述其离职前12个月的平均工资为11040元。

合康新能公司曾申诉至北京经济技术开发区劳动争议仲裁委员会，要求："孙绍慈向合康新能公司赔偿损失20万元。"2017年9月19日，北京经济技术开发区劳动争议仲裁委员会作出京开劳仲字（2017）第601号裁决书，裁决："驳回合康新能公司的申请请求。"合康新能公司不服起诉至一审法院。

一审法院认为，用人单位为其招用的劳动者办理了北京户口，双方据此约定了服务期，确因劳动者违反了诚实信用原则，给用人单位造成损失的，劳动者应当予以赔偿。本案中，孙绍慈于2012年7月11日入职合康变频公司，合康变频公司与孙绍慈签订了劳动合同补充协议，根据该协议的内容，孙绍慈明知进京户口指标为重要的稀缺资源，亦知晓在其服务期满前单方提出辞职违反诚实信用原则，且会给合康变频公司造成不低于20万元的损失。上述情况下，孙绍慈在合康变频公司为其办理北京户口之后，双方约定的五年服务期满前的2017年1月17日的辞职行为，确实会给合康新能公司在人才引进及招录同岗位人员等方面带来隐性损失。综上，法院认定，合康新能公司有权基于违反诚实信用原则要求孙绍慈赔偿其服务期尚未履行部分所对应的损失，并对合康新能公司关于要求孙绍慈赔偿损失的诉讼请求中的合理部分予以支持。综上，判决："一、孙绍慈于判决生效之日起10日内向北京合康新能科技股份有限公司赔偿损失20000元；二、驳回北京合康新能科技股份有限公司的其他诉讼请求。"如果未按判决指定的期间履行金钱给付义务，应当依据《民事诉讼法》第253条的规定加倍支付延迟履行期间的债务利息。

合康新能公司不服一审判决，向北京市第二中级人民法院提起上诉。

※裁判结果：维持一审判决。

※裁判理由：本院认为，合康新能公司为孙绍慈办理了进京落户手续，并基于孙绍慈担任研发工程师的岗位特性与孙绍慈约定了五年的最低工作年限及孙绍慈提前离职所需要承担的损失赔偿责任。现孙绍慈因个人原因提前离职，合康新能公司基于双方约定要求孙绍慈承担损失赔偿责任，孙绍慈则以进京落户指标不能作为违约金和赔偿损失的依据、合康新能公司不能证明其实际损失作为抗辩理由拒绝对合康新能公司予以赔偿。据此，对于用人单位为劳动者所提供的诸如解决进京落户指标等特殊待遇而设定的服务期以及相对应的违约金、赔偿金条款，法院及劳动仲裁部门应当如何审查认定，成为本案审理的关键点。

对此，本院认为需要厘清三个方面的问题：第一，服务期的内涵是什么？第二，《劳动合同法》第22条是否排除了基于专业技术培训之外的特殊待遇而设定服务期的可能？第三，基于特殊待遇服务期而设定的违约金是否受到限制以及如何限制？

首先，对于第一个问题，即服务期的内涵是什么？服务期应当是和劳动自由原则尤其是契约自由相关联的概念。劳动自由原则是法律自由价值在劳动法中的体现，主要体现为劳动者的契约自由、结社自由和团体自治、禁止强迫劳动。在劳动合同法领域，契约自由主要包括劳动者的缔约自由以及辞职自由，也就是劳动者通常可以决定是否与某一用人单位建立劳动关系、签订劳动合同，可以自主决定是否继续履行劳动合同，仅需遵守相关的程序性规则，即可解除劳动合同。服务期则是对劳动者辞职自由的一种限制，但这种限制并非针对劳动者的人身自由，劳动者仍享有遵守程序性规则前提下的辞职自由，但需要以承担一定数额的违约金为代价。基于保护劳动者辞职自由的原则，服务期的约定应当受到严格限制，也就是说，只有当用人单位为劳动者提供了特殊待遇或出资招用、培训的情况下，经双方协商一致才能设定服务期。因此，服务期的内涵是指用人单位和劳动者约定的，对劳动者有特殊约束力的，劳动者因获得特殊的条件而应当与用人单位持续劳动关系的期限。

其次，对于第二个问题，《劳动合同法》第22条第1款规定："用人单位为劳动者提供专项培训费用，对其进行专业技术培训的，可以与该劳动者订立协议，约定服务期。"该条款属于授权性规范，即授予用人单位可以自行抉择是否通过对劳动者进行专业技术培训的方式约定服务期，但无法据此推出对劳动者进行专业技术培训是实现约定服务期的唯一方式。在现实的劳动合同履行过程中，用人单位通过提供住房、汽车、现金补贴等方式与劳动者约定服务期的情况屡见不鲜。虽然《劳动合同法》第25条规定："除本法第二十二条和第二十三条规定的情形外，用人单位不得与劳动者约定由劳动者承担违约金。”但该条并未规定其法律后果。从社会效果上看，如果一概认定专项技术培训之外的服务期约定无效，不仅会造成与此相关联的劳动关系的不稳定性，而且会导致劳动者需要承担全额返还特殊待遇的后果，反而不利于劳动者权益的保护，也不符合《劳动合同法》第3条所规定的公平原则。因此，本院认为，在用人单位为劳动者提供足以与专业技术培训相对等的特殊待遇的情况下，应当参考适用《劳动合同法》第22条的规定，并据此确定用人单位与劳动者的权利义务。

最后，对于第三个问题，基于特殊待遇服务期而设定的违约金是否受到限制以及如何限制？本院认为，《劳动合同法》第22条之所以未将特殊待遇对应的服务期予以明确列举和规定，是基于对开发型人才竞争方式的鼓励，即鼓励用人单位通过对劳动者进行专项技术培训的方式提升人才的数量和质量，从而增加全社会人力资源的总供给，实现人力资源的良性竞争以及人力资源市场秩序的稳定。而特殊待遇服务期对应的争夺型人才竞争方式，属于人才存量的竞争，争夺的是现有的人力资源，对于增加人力资源供给的积极作用小于开发型人才竞争方式，因此争夺型人才竞争方式应当得到有效的规制，以避免对开发型人才竞争方式形成抑制作用。有鉴于此，对于基于特殊待遇服务期而设定的违约金，应当予以严格限制，即原则上该违约金应当低于基于专业技术培训服务期而设定的违约金标准。具体而言，该违约金应当受到《合同法》第114条第2款以及《劳动合同法》第22条第2款的限制。

具体到本案而言，孙绍慈所享有的进京落户指标属于稀缺资源，为孙绍慈办理进京落户手续并非合康新能公司的法定义务，因此，合康新能公司为孙绍慈办理进京落户手续的行为属于用人单位为劳动者提供特殊待遇的范畴，双方基于上述情况并考虑孙绍慈的岗位特性订立《劳动合同补充协议》，其中关于五年最低工作年限及孙绍慈提前离职所需要承担的损失赔偿责任的约定应当参照适用《劳动合同法》第22条的规定。孙绍慈既可以选择工作至五年期限届满，也可以选择将户口迁回原籍，亦可以选择提前离职并向合康新能公司支付相应损失。现孙绍慈在明知双方存在五年服务期之约定的情况下，仍然选择在工作约四年半之时提前离职，且从未表达将户口迁回原籍的意思表示，表明其基于谋求更高待遇等想法自愿选择了最后一种方式，理应向合康新能公司予以赔偿。在损失确定方面，孙绍慈工作满四年不满五年，一审法院基于《合同法》第114条第2款以及《劳动合同法》第22条第2款的规定，酌情确定孙绍慈赔偿合康新能公司损失20000元，并无不当，本院予以维持。合康新能公司上诉主张孙绍慈应当依照约定向其赔偿20万元损失的请求，依据不足，本院不予支持。孙绍慈不同意赔偿合康新能公司20000元损失的上诉请求，亦依据不足，本院不予支持。

关联法规索引

《劳动法》第68条，劳动部《关于贯彻执行〈中华人民共和国劳动法〉若干问题的意见》第23条，劳动部《违反〈劳动法〉有关劳动合同规定的赔偿办法》第4条

第二十三条 【保密义务和竞业限制】 用人单位与劳动者可以在劳动合同中约定保守用人单位的商业秘密和与知识产权相关的保密事项。

对负有保密义务的劳动者，用人单位可以在劳动合同或者保密协议中与劳动者约定竞业限制条款，并约定在解除或者终止劳动合同后，在竞业限制期限内按月给予劳动者经济补偿。劳动者违反竞业限制约定的，应当按照约定向用人单位支付违约金。

第二十四条 【竞业限制的范围和期限】 竞业限制的人员限于用人单位的高级管理人员、高级技术人员和其他负有保密义务的人员。竞业限制的范围、地域、期限由用人单位与劳动者约定，竞业限制的约定不得违反法律、法规的规定。

在解除或者终止劳动合同后，前款规定的人员到与本单位生产或者经营同类产品、从事同类业务的有竞争关系的其他用人单位，或者自己开业生产或者经营同类产品、从事同类业务的竞业限制期限，不得超过二年。

配套法规

最高人民法院《关于审理劳动争议案件适用法律若干问题的解释(四)》(2013年1月18日)

第六条 当事人在劳动合同或者保密协议中约定了竞业限制，但未约定解除或者终止劳动合同后给予劳动者经济补偿，劳动者履行了竞业限制义务，要求用人单位按照劳动者在劳动合同解除或者终止前十二个月平均工资的30%按月支付经济补偿的，人民法院应予支持。

前款规定的月平均工资的30%低于劳动合同履行地最低工资标准的，按照劳动合同履行地最低工资标准支付。

第七条 当事人在劳动合同或者保密协议中约定了竞业限制和经济补偿，当事人解除劳动合同时，除另有约定外，用人单位要求劳动者履行竞业限制义务，或者劳动者履行了竞业限制义务后要求用人单位支付经济补偿的，人民法院应予支持。

第八条 当事人在劳动合同或者保密协议中约定了竞业限制和经济补偿，劳动合同解除或者终止后，因用人单位的原因导致三个月未支付经济补偿，劳动者请求解除竞业限制约定的，人民法院应予支持。

第九条 在竞业限制期限内，用人单位请求解除竞业限制协议时，人民法院应予支持。

在解除竞业限制协议时，劳动者请求用人单位额外支付劳动者三个月的竞业限制经济补偿的，人民法院应予支持。

第十条 劳动者违反竞业限制约定，向用人单位支付违约金后，用人单位要求劳动者按照约定继续履行竞业限制义务的，人民法院应予支持。

适用解读

保密条款和竞业限制条款属于约定条款，而非法定必备条款，这是因为并非所有的劳动者都有必要签订保密条款和竞业限制条款。保密条款与竞业限制条款的目的一样，但所处阶段以及适用手段不同。

（一）保密条款

保密条款即约定劳动者对用人单位的商业秘密和与知识产权相关的保密事项负有保密义务的合同条款，包括保密事项、保密范围、保密期限、保密措施、保密待遇等内容。保密义务人是因工作而知悉用人单位商业秘密和与知识产权相关的保密事项的劳动者。保密条款一般适用于劳动关系存续期间。关于保密条款有两个问题值得注意：

1. 保密事项

劳动合同中可以约定的保密事项包括用人单位的商业秘密和与知识产权相关的保密事项。

根据《反不正当竞争法》、国家工商行政管理局《关于禁止侵犯商业秘密行为的若干规定》以及我国《刑法》第219条对商业秘密的界定，商业秘密是指不为公众所知悉，能为权利人带来经济利益，具有实用性并经权利人采取保密措施的技术信息和经营信息。具体包括非专利技术和经营信息，如生产配方、工艺流程、设计图纸、管理方法、产销策略、客户名单等。商业秘密的特征有：（1）经济性。商业秘密能为持有人带来经济利益，一旦泄露就会给持有人造成经济损失。（2）秘密性。这是商业秘密与其他知识产权的一个最显著的区别，商业秘密一旦公开，其经济价值就会完全或部分丧失。因此，商业秘密强调“不为公众所知悉”，只有商业秘密的权利人、因工作需要知悉商业秘密的员工以及根据有关合同的约定有权使用商业秘密的人等知悉。（3）措施性。权利人应对商业秘密采取合理的保密措施，如签订保密协议、建立保密制度、加强保卫措施等。（4）合法性。商业秘密必须通过合法的方式原始取得或继受取得，如独立开发、从公开渠道合法购买、合法接受许可等。通过不正当手段获得的商业秘密，不仅不能得到法律的保护，反而要承担一定的法律责任。

所谓“与知识产权相关的保密事项”，是指那些尚未纳入知识产权法保护范围，又不构成商业秘密，但对用人单位仍具有一定保密价值的事项（或信息）。比如，尚处于研发阶段的技术，虽然还不能给用人单位带来现实经济利益，但研发成功后一旦成功申请专利，即可为用人单位带来经济效益。因此，在研发阶段需要保密。其主要特征有：尚未纳入知识产权法的保护范围、具有秘密性但不属于商业秘密的范畴、因与知识产权相关而对用人单位具有一定保密价值。[1]

2. 保密待遇

法律并未规定用人单位对签订了保密条款的劳动者应给予相应补偿，保密待遇由用人单位与劳动者自由约定。实践中有两类相关争议：(1)保密条款中没有约定保密待遇的，劳动者是否要遵守保密义务？(2)如果保密条款中约定了保密待遇，但用人单位未按照约定给予劳动者的，劳动者是否要遵守保密义务？

本条所规定的保密条款主要适用于劳动关系存续过程中。从目前保护商业秘密的相关法律来看，《反不正当竞争法》主要针对经营者[2]侵害商业秘密的行为进行规范，涉及劳动关系中劳动者侵害商业秘密的行为则可以在《公司法》和《刑法》中找到相关规定。如根据《公司法》（2013 年修正）第 148 条的规定，董事、高级管理人员不得擅自披露公司秘密。但对于公司董事、高级管理人员以外的一般劳动者，《公司法》未作规定。相比之下，《刑法》对商业秘密的保护在主体范围上要宽很多，《刑法》第 219 条第 1、2 款规定："有下列侵犯商业秘密行为之一，给商业秘密的权利人造成重大损失的，处三年以下有期徒刑或者拘役，并处或者单处罚金；造成特别严重后果的，处三年以上七年以下有期徒刑，并处罚金：（一）以盗窃、利诱、胁迫或者其他不正当手段获取权利人的商业秘密的；（二）披露、使用或者允许他人使用以前项手段获取的权利人的商业秘密的；（三）违反约定或者违反权利人有关保守商业秘密的要求，披露、使用或者允许他人使用其所掌握的商业秘密的。明知或者应知前款所列行为，获取、使用或者披露他人的商业秘密的，以侵犯商业秘密论。"从《刑法》的规定来看，侵犯商业秘密属于违法行为，即使用人单位与劳动者在保密条款中没有约定保密待遇，劳动者也应保守用人单位的商业秘密。如果保密条款中约定了保密待遇，但用人单位未按照约定给予劳动者，劳动者依然要遵守保密义务，但是可以根据合同条款追究用人单位的违约责任。

因此，尽管保密条款属于约定条款，但保密义务是法定义务。

（二）竞业限制条款

根据《劳动合同法》第 23、24 条的规定，竞业限制条款是指约定负有竞业限制义务

〔1〕 参见王全兴：《劳动法》（第 3 版），法律出版社 2008 年版，第 142 页。

〔2〕 《反不正当竞争法》所称的"经营者"，是指从事商品经营或者营利性服务的法人、其他经济组织和个人。

的劳动者不得到与本单位生产或者经营同类产品、从事同类业务的有竞争关系的其他用人单位，或者自己开业生产或经营同类产品、从事同类业务的合同条款。竞业限制是用人单位保护商业秘密的一种措施。

在《劳动合同法》颁布实施之前，就有关于竞业限制的法律规制。劳动部《关于企业职工流动若干问题的通知》第 2 条规定："用人单位与掌握商业秘密的职工在劳动合同中约定保守商业秘密有关事项时，可以约定在劳动合同终止前或该职工提出解除劳动合同后的一定时间内（不超过六个月），调整其工作岗位，变更劳动合同中相关内容；用人单位也可规定掌握商业秘密的职工在终止或解除劳动合同后的一定期限内（不超过三年），不得到生产同类产品或经营同类业务且有竞争关系的其他用人单位任职，也不得自己生产与原单位有竞争关系的同类产品或经营同类业务，但用人单位应当给予该职工一定数额的经济补偿。"国家科学技术委员会《关于加强科技人员流动中技术秘密管理的若干意见》[1]第 7 条规定："单位可以在劳动聘用合同、知识产权权利归属协议或者技术保密协议中，与对本单位技术权益和经济利益有重要影响的有关行政管理人员、科技人员和其他相关人员协商，约定竞业限制条款，约定有关人员在离开单位后一定期限内不得在生产同类产品或经营同类业务且有竞争关系或者其他利害关系的其他单位内任职，或者自己生产、经营与原单位有竞争关系的同类产品或业务。凡有这种约定的，单位应向有关人员支付一定数额的补偿费。竞业限制的期限最长不得超过三年。竞业限制条款一般应当包括竞业限制的具体范围、竞业限制的期限、补偿费的数额及支付方法、违约责任等内容。但与竞业限制内容相关的技术秘密已为公众所知悉，或者已不能为本单位带来经济利益或竞争优势，不具有实用性，或负有竞业限制义务的人员有足够证据证明该单位未执行国家有关科技人员的政策，受到显失公平待遇以及本单位违反竞业限制条款，不支付或者无正当理由拖欠补偿费的，竞业限制条款自行终止。单位与有关人员就竞业限制条款发生争议的，任何一方有权依法向有关仲裁机构申请仲裁或向人民法院起诉。"

另外，《合伙企业法》第 32 条第 1 款规定："合伙人不得自营或者同他人合作经营与本合伙企业相竞争的业务。"第 99 条规定："合伙人违反本法规定或者合伙协议的约定，从事与本合伙企业相竞争的业务或者与本合伙企业进行交易的，该收益归合伙企业所有；给合伙企业或者其他合伙人造成损失的，依法承担赔偿责任。"根据《公司法》第 148 条的规定，董事、高级管理人员未经股东会或者股东大会同意，不得利用职务便利为自己或者他人谋取属于公司的商业机会，自营或者为他人经营所任职公司同类的

---

[1] 根据 2008 年 1 月 25 日科技部公布的《科学技术部关于废止部分规章与规范性文件的决定》，自 2008 年 1 月 25 日起，该文件废止。

业务。

关于上述法律规定所指向的概念,需要说明的是:通常认为《劳动法》上习惯称之为"竞业限制",而《公司法》上则习惯称之为"竞业禁止",尽管有学者指出"竞业限制"和"竞业禁止"在内涵及外延上皆有差别,[1]但无论是学界还是实务部门都存在概念混用的现象。如单海玲指出,《深圳经济特区企业技术秘密保护条例》第14条所规定的"竞业限制协议""仅限于附随雇佣关系的竞业禁止";桂菊平、李永明在其研究中提及劳动法上的规定时都用的是"竞业禁止"。[2] 笔者认为,从字面上区分概念意义不大,重要的是区分不同法律制度下的具体规制内容。

《劳动合同法》第23、24条规定的竞业限制与《合伙企业法》《公司法》规定的竞业禁止的主要区别在于:

1. 竞业限制的主体范围

从前述法律规定来看,竞业限制分为法定竞业限制和约定竞业限制。《合伙企业法》和《公司法》中规定的竞业禁止义务属于法定义务,而劳动法上的竞业限制义务并非法定义务,即劳动者的竞业限制义务以约定为前提,因此竞业限制条款不适用于所有劳动者。《劳动合同法》第24条将竞业限制条款的适用主体范围限于用人单位的高级管理人员、高级技术人员和其他负有保密义务的人员。根据《公司法》第216条的界定,高级管理人员是指公司的经理、副经理、财务负责人,上市公司董事会秘书和公司章程规定的其他人员。

2. 竞业限制的适用期间及期限

考虑到如果合伙企业的合伙人、公司董事和高管利用职务之便经营与本企业同类的业务,势必在市场占有、利益分割上与企业构成竞争,从而损害企业利益,[3]因此,《合伙企业法》和《公司法》对合伙企业的合伙人、公司董事以及高级管理人员所赋予的竞业禁止义务,不以商业秘密存在为前提,而以合伙人、董事以及高管的身份为前提,是合伙人、董事对企业忠实义务的法律体现。[4] 故而这类主体的竞业禁止义务主要存在于其任职期间,竞业禁止期限即其任职期限。[5] 当然,如果公司董事或高管离职之后,仍具有公司股东身份,则其可能按照公司规定仍有竞业限制义务,一般认为此时的竞业限制义务属约定义务。

---

〔1〕 参见石先广:《竞业限制运用中的误区诊断与操作实务》,载《中国劳动》2009年第9期;王林清:《公司法与劳动法语境下竞业禁止之比较》,载《政法论坛》2013年第1期。

〔2〕 参见桂菊平:《竞业禁止若干法律问题研究》,载《法商研究》2001年第1期;李永明:《竞业禁止的若干问题》,载《法学研究》2002年第5期;单海玲:《雇员离职后的竞业禁止》,载《法学研究》2007年第3期。

〔3〕 参见李永明:《竞业禁止的若干问题》,载《法学研究》2002年第5期。

〔4〕 参见王林清:《公司法与劳动法语境下竞业禁止之比较》,载《政法论坛》2013年第1期。

〔5〕 这里的任职期限不等同于工作期限,而是其任合伙人、董事、高级管理人员的期限。

普通劳动者对用人单位的义务在法律条文上体现为“遵守劳动纪律和职业道德”“履行劳动合同规定的义务”“保守用人单位的商业秘密”等，有学者归纳为劳动给付义务和忠实义务。[1] 尽管劳动者在职期间对企业的忠实义务在劳动法上属于法定义务，但该义务并不必然延续至劳动者离职之后。为了保护企业商业秘密以及与知识产权相关的保密事项，用人单位必须通过协议与离职劳动者约定竞业限制，换言之，劳动法上的竞业限制主要适用于劳动者离职以后。[2] 由于竞业限制是对劳动者自由择业权的限制，因此法律必须在用人单位和劳动者的合法权益之间寻找一个平衡点，即对竞业限制期限有所限制，以避免在保护用人单位商业秘密的同时侵犯劳动者的合法权益。竞业限制所保护的技术秘密和经营秘密的时效性在不同的行业有所差别，不同雇员掌握商业秘密的范围以及时间亦有差异，因此，用人单位与劳动者约定竞业限制的期限应当合理。《关于企业职工流动若干问题的通知》《关于加强科技人员流动中技术秘密管理的若干意见》中规定的竞业限制最高期限都是3年，但随着社会发展及科技进步，商业秘密的生命周期不断缩短，[3] 因此，《劳动合同法》将竞业限制最高期限规定为2年，立法者的意图是促使用人单位与劳动者之间的利益平衡更趋合理。

3. 履行竞业限制义务的经济补偿

劳动者的职业通常与其所掌握的专业相关联，从原用人单位离职后，寻找新的工作往往也以其专业为依托，但竞业限制条款约束了劳动者的择业自由，履行竞业限制义务期间，劳动者可能很难找到新的工作，其个人及家庭生活会因此受到影响。因此，根据《劳动合同法》第23条第2款的规定，用人单位可以在竞业限制条款中与劳动者约定在解除或者终止劳动合同后，在竞业限制期限内按月给予劳动者经济补偿。虽《劳动合同法》中没有明确规定竞业限制经济补偿金的具体标准，但有些地方性法规中规定，如果经济补偿数额过低，竞业限制条款对劳动者将不具有法律约束力。由于缺乏确定的标准，司法实践中往往存在同类案件经济补偿金差异较大的情况。

4. 违反竞业限制义务的法律责任

劳动者违反竞业限制约定的情形是指：负有竞业限制义务的劳动者，在竞业限制期限届满之前，到与本单位生产或经营同类产品、从事同类业务的有竞争关系的其他

---

[1] 参见王全兴：《劳动法》（第3版），法律出版社2008年版，第85页。

[2] 关于竞业限制是否适用于在职期间的普通劳动者的问题，其实就是兼业限制的问题，对此法律没有明确规定，但从《劳动合同法》第23条的规定来看，法律支持用人单位与负有保密义务的劳动者通过协议约定竞业限制条款；且根据《劳动合同法》第24条的规定，全日制劳动者能否兼职取决于其本职工作的用人单位，即用人单位有权决定负有保密义务的劳动者是否有竞业限制义务。参见王林清：《竞业限制司法实务问题研究》，载《人民司法》2011年第17期；最高人民法院民事审判第一庭编著：《最高人民法院劳动争议司法解释（四）理解与适用》，人民法院出版社2013年版，第128～131页。

[3] 参见单海玲：《雇员离职后的竞业禁止》，载《法学研究》2007年第3期。

用人单位工作，或者自营同类产品或业务。劳动者违反竞业限制约定，如果竞业限制协议中约定了违约金，则用人单位可以要求劳动者支付违约金，如果竞业限制协议中没有约定违约金，用人单位可以依据《劳动合同法》第90条的规定要求劳动者承担损害赔偿责任。如果劳动者违反竞业限制义务导致用人单位损失远大于违约金，用人单位可以主张违约金并同时引用《合同法》第114条的规定，请求人民法院或者仲裁机构增加违约金。[1]

合伙企业的合伙人以及公司董事违反竞业禁止义务的收入归合伙企业或公司所有。另外，《刑法》第165条规定："国有公司、企业的董事、经理利用职务便利，自己经营或者为他人经营与其所任职公司、企业同类的营业，获取非法利益，数额巨大的[2]，处三年以下有期徒刑或者拘役，并处或者单处罚金；数额特别巨大的，处三年以上七年以下有期徒刑，并处罚金。"

（三）关于竞业限制争议的裁判意见

最高人民法院《关于审理劳动争议案件适用法律若干问题的解释（四）》第6～10条主要解决的是几个在审判实践中与竞业限制协议相关的争议问题：

1. 未约定经济补偿金的离职后竞业限制条款的效力认定

实践中，存在用人单位与劳动者约定竞业限制义务，但未约定竞业限制补偿的情形，关于未约定竞业限制补偿的协议是否有效，各地实务部门有不同的意见。在《最高人民法院公报》2009年11月公布的王云飞诉施耐德电气（中国）投资有限公司上海分公司一案中，法官明确表示：没有约定竞业禁止经济补偿或者补偿数额过低、不符合规定的，竞业禁止协议没有法律约束力。"从各地实务部门审理此类案件的依据来看，意见未能统一。江苏省高级人民法院、江苏省劳动争议仲裁委员会《关于审理劳动争议案件的指导意见》第13条第1款规定："用人单位与劳动者约定了竞业限制条款但未约定经济补偿，或者约定了经济补偿但未按约定支付的，该竞业限制条款对劳动者不具有法律约束力。"根据广东省中山市中级人民法院《关于审理劳动争议案件若干问题的参考意见》第6.1条的规定，用人单位与劳动者约定竞业限制但未同时约定经济补偿，或者约定经济补偿的数额明显过低、不足以维持劳动者在当地的最低生活标准的，属于《劳动合同法》第26条第2项规定的"用人单位免除自己的法定责任、排除劳动者权利的"情形，该竞业限制条款无效。但也有持相反意见的，如广东省佛山市中级人民法院、佛山市劳动争议仲裁委员会《关于审理劳动争议案件若干问题的指导意见》第45

---

〔1〕 参见《最高人民法院劳动争议司法解释（四）理解与适用》，人民法院出版社2013年版，第197页。

〔2〕 最高人民检察院、公安部《关于公安机关管辖的刑事案件立案追诉标准的规定（二）》第12条规定："国有公司、企业的董事、经理利用职务便利，自己经营或者为他人经营与其所任职公司、企业同类的营业，获取非法利益，数额在十万元以上的，应予立案追诉。"

条规定:“用人单位与劳动者约定竞业限制的,应当在竞业限制期限内给予劳动者经济补偿,用人单位未按约定支付经济补偿的,劳动者可要求用人单位履行竞业限制协议。用人单位与劳动者在劳动合同或保密协议中约定了竞业限制条款,但未就补偿费的给付或给付标准进行明确约定,不应据此认定竞业限制条款无效,双方在劳动关系存续期间或在解除、终止劳动合同时,可以通过协商解决。用人单位明确表示不支付补偿费的,竞业限制条款对劳动者不具有约束力。”上海市高级人民法院《关于适用〈劳动合同法〉若干问题的意见》第13条规定:“劳动合同当事人仅约定劳动者应当履行竞业限制义务,但未约定是否向劳动者支付补偿金,或者虽约定向劳动者支付补偿金但未明确约定具体支付标准的,基于当事人就竞业限制有一致的意思表示,可以认为竞业限制条款对双方仍有约束力……”有学者筛选了从1998年到2010年全国各级法院受理的43宗相关案件发现,认定为无效的有28宗,认定为有效的有15宗。[1]

最高人民法院民事审判一庭的意见是:对未约定经济补偿金的竞业限制条款,不宜认定为无效。最高人民法院《关于审理劳动争议案件适用法律若干问题的解释(四)》第6条从合同解释的规则、合同的效力制度等角度考虑,在承认未约定经济补偿金的离职竞业限制条款有效的前提下,区分不同情况来处理:(1)如果劳动者履行了竞业限制义务,可以要求用人单位支付经济补偿;(2)如果用人单位实际上已按照劳动者劳动合同解除或终止前12个月平均工资的30%或以上标准按月支付了经济补偿金,则用人单位有权请求劳动者履行竞业限制义务,或请求违反竞业限制义务的劳动者承担违约责任;(3)用人单位未约定经济补偿金,也未实际支付补偿金,劳动者在没有解除竞业限制协议的情况下违反了竞业限制义务,用人单位可以请求劳动者承担违约责任并继续履行竞业限制义务。[2]

2. 竞业限制经济补偿金的计算标准

《劳动合同法》中并未规定竞业限制经济补偿金的具体标准。但地方立法中有所涉及,如《深圳经济特区企业技术秘密保护条例》第24条规定:“竞业限制协议约定的补偿费,按月计算不得少于该员工离开企业前最后十二个月月平均工资的二分之一。约定补偿费少于上述标准或者没有约定补偿费的,补偿费按照该员工离开企业前最后十二个月月平均工资的二分之一计算。”《宁波市企业技术秘密保护条例》第17条规定:“在竞业限制期间,企业应当按照竞业限制协议中的约定,向被竞业限制人员支付一定的补偿费。年补偿费不得低于该员工离职前一年从该企业获得的年报酬总额的

---

〔1〕 参见朱军:《未约定经济补偿对离职竞业禁止协议效力的影响——基于离职竞业禁止案例的整理与研究》,载《华东政法大学学报》2012年第1期。

〔2〕《最高人民法院劳动争议司法解释(四)理解与适用》,人民法院出版社2013年版,第133~137页。

二分之一……”最高人民法院《关于审理劳动争议案件适用法律若干问题的解释(四)》则将经济补偿金的标准确定为:劳动合同解除或终止前 12 个月平均工资的 30%,且不低于劳动合同履行地的最低工资标准。

3. 劳动合同解除对竞业限制条款效力的影响

劳动合同的解除分为单方解除和协议解除、合法解除和违法解除。在劳动合同协议解除或者单方合法解除的情况下,竞业限制协议依然有效,对此,学界和实务部门多能达成共识。实践中有异议的是:当用人单位违法解除劳动合同时,竞业限制协议是否有效?有些地方立法对此持否定态度,如《深圳市经济特区企业技术秘密保护条例》第 27 条规定:“企业违反法律或者劳动合同单方解除劳动合同的,该员工可以解除竞业限制协议。”但最高人民法院《关于审理劳动争议案件适用法律若干问题的解释(四)》第 7 条所表明的态度是:即便用人单位违法解除劳动合同,也不影响竞业限制协议的效力,除非用人单位主动解除竞业限制协议,否则劳动者依然要履行竞业限制义务。

根据最高人民法院《关于审理劳动争议案件适用法律若干问题的解释(四)》第 7 条的规定,劳动合同解除后,除另有约定外,劳动者应当履行竞业限制义务,如果劳动者履行了竞业限制义务,可以要求用人单位支付竞业限制经济补偿金;如果劳动者违反了竞业限制义务,用人单位可以要求劳动者承担违约责任并继续履行竞业限制义务。

4. 劳动者请求解除竞业限制协议的情形

如前所述,若用人单位与劳动者签订了竞业限制协议,在劳动合同解除或终止后,劳动者应当履行竞业限制协议,用人单位则应当按月向劳动者支付竞业限制经济补偿金。实践中经常出现用人单位延迟支付或者不支付经济补偿金的情形,部分劳动者据此选择不再遵守竞业限制约定,用人单位则以劳动者违约为由诉至人民法院要求劳动者承担违约责任。是判令竞业限制协议解除,劳动者无须承担违约责任,还是判令双方继续履行竞业限制协议,地方法院的处理意见不一。因此,最高人民法院《关于审理劳动争议案件适用法律若干问题的解释(四)》第 8 条统一了判决规则,即如果在劳动合同解除或者终止之后,因用人单位的原因超过 3 个月未支付竞业限制经济补偿金,则劳动者可以要求解除竞业限制协议。3 个月是指累计 3 个月。将未支付经济补偿金的期限定为 3 个月,是充分考虑到用人单位与劳动者利益平衡的结果。[1] 3 个月从劳动合同解除或终止之日起计算。劳动者在根据最高人民法院《关于审理劳动争议案件

[1] 最高人民法院《关于审理劳动争议案件适用法律若干问题的解释(四)》(征求意见稿,2011 年)第 10 条规定:“用人单位在劳动合同或保密协议中与劳动者约定了竞业限制条款和经济补偿,劳动合同解除或者终止后,用人单位未按约定支付经济补偿超过一个月的,除劳动者同意继续履行的外,用人单位要求劳动者继续履行竞业限制条款约定义务的,人民法院不予支持。”但之后的送审稿把“一个月”改为了“三个月”。

适用法律若干问题的解释(四)》第8条的规定解除竞业限制协议的同时还可以请求用人单位支付拖欠的经济补偿。

所谓“因用人单位的原因未支付经济补偿金”,分为用人单位主观恶意拖欠经济补偿金和用人单位因资金短缺等原因客观不能支付经济补偿金。最高人民法院民事审判第一庭的意见是,第三人原因导致用人单位未按约定支付经济补偿金的情形也应纳入“因用人单位原因”范畴,如受用人单位委托向劳动者按月支付经济补偿金的银行或其他机构,未能按照约定向劳动者支付经济补偿金,属于第8条所说的“因用人单位原因”[1]之情形。劳动者自身原因以及不可抗力或意外事件导致用人单位或第三人不能按照约定向劳动者支付经济补偿金,可以作为用人单位的免责事由。

5. 用人单位请求解除竞业限制协议的情形

竞业限制协议的目的是保护用人单位的商业秘密和与知识产权相关的保密事项,当用人单位的商业秘密和与知识产权相关的保密事项已经公开的情况下,竞业限制协议就无继续履行的必要了。作为竞业限制协议的受益方,用人单位有单方解除竞业限制协议的权利。因此,最高人民法院《关于审理劳动争议案件适用法律若干问题的解释(四)》第9条第1款规定:“在竞业限制期限内,用人单位请求解除竞业限制协议时,人民法院应予支持。”

用人单位解除竞业限制协议意味着劳动者的择业自由不再受限,但对劳动者而言,其在解除竞业限制协议后可能无法立即找到与自己的知识结构和技能相匹配的工作,或者劳动者已经在其他并非自己专业专长的行业就业了,其解除劳动合同尚需时间(根据《劳动合同法》的规定,一般需提前30日书面通知用人单位),因此,最高人民法院《关于审理劳动争议案件适用法律若干问题的解释(四)》第9条充分权衡了劳动者可能的经济损失以及用人单位的承受能力,规定了在解除竞业限制协议后,劳动者可以请求用人单位额外支付其3个月的竞业限制经济补偿。额外支付的3个月经济补偿应当一次性支付。

6. 劳动者违反竞业限制协议的法律责任

如前文所述,如果竞业限制协议中约定了违约金,劳动者违反竞业限制约定的,应当支付违约金。实践中存在劳动者支付了违约金后就不再履行竞业限制义务的情形,由于《劳动合同法》第23条并未明确规定劳动者支付违约金后是否还要继续履行竞业限制协议,因此司法实践中出现了不同的判决结果。竞业限制违约金的目的是督促劳动者积极履行竞业限制义务,劳动者违反竞业限制义务到与用人单位有同业竞争关系的其他单位工作,其支付的违约金与可能给用人单位造成的损失之间不一定对等,如

[1] 《最高人民法院劳动争议司法解释(四)理解与适用》,人民法院出版社2013年版,第164~165页。

果支付违约金可以免除劳动者继续履行竞业限制义务，那么可能会鼓励有竞争关系的单位帮助劳动者支付违约金，从而获取该劳动者原用人单位的商业秘密，这与立法宗旨不符。另外，《合同法》第114条第3款规定："当事人就迟延履行约定违约金的，违约方支付违约金后，还应当履行债务。"

因此，最高人民法院《关于审理劳动争议案件适用法律若干问题的解释（四）》第10条规定："劳动者违反竞业限制约定，向用人单位支付违约金后，用人单位要求劳动者按照约定继续履行竞业限制义务的，人民法院应予支持。"

关于劳动者支付违约金后，用人单位是否还要向其支付经济补偿的问题，应当区分不同情况对待：（1）如果用人单位拖欠经济补偿金在先，劳动者在违反竞业限制约定后，可以要求用人单位向劳动者支付经济补偿。（2）如果劳动者违反竞业限制约定在先，对劳动者违反竞业限制期间的经济补偿，用人单位可以不支付；但在劳动者支付违约金后，继续履行竞业限制约定期间的经济补偿，用人单位仍应当支付。劳动者违反竞业限制协议后所支付的违约金是对用人单位损失的补偿，既有惩罚性，亦有赔偿性。根据最高人民法院《关于审理劳动争议案件适用法律若干问题的解释（四）》第10条的规定，劳动者支付违约金后，如果用人单位要求其继续履行竞业限制协议，则意味着劳动者的收入可能再次受到影响，基于竞业限制的立法目的，在劳动者继续履行竞业限制协议期间，用人单位应当向劳动者支付经济补偿以维护其基本生存权。〔1〕

典型案例

鲁普耐特集团有限公司与姜文娟竞业限制纠纷案〔2〕

※裁判要点：基于劳动关系的人身从属性质，劳动者对用人单位负有忠实义务，而劳动者于在职期间履行竞业限制义务，是其忠实义务的必然要求，即便双方未明确约定，劳动者于在职期间亦应履行竞业限制义务；《劳动合同法》第23条并未将保密协议或竞业限制条款限定于劳动者离职之后，亦未排除劳动者违反在职期间竞业限制义务须支付违约金的情形。

---

〔1〕 最高人民法院民一庭所编著作中举了一个例子：假设劳动者甲在A公司的月工资收入是5000元，其与A公司签订的竞业限制协议中约定的月经济补偿为4000元。甲与A解除劳动合同后，违反竞业限制协议到有竞争关系的B公司工作，B公司给其月薪6000元。作者认为，甲在违反竞业限制协议期间的收入非但没有减少反而增加了，如果支持甲向A公司请求经济补偿，则甲的总收入比其不违反竞业限制约定所得更多，这样不符合立法目的。参见《最高人民法院劳动争议司法解释（四）理解与适用》，人民法院出版社2013年版，第199页。

〔2〕 参见山东省泰安市中级人民法院（2016）鲁09民终941号判决书。

※相关法条：《劳动合同法》第23条

※基本案情：2010年6月1日，双方签订劳动合同，约定姜文娟进入鲁普耐特从事职员岗位工作，期限5年，为自2010年6月1日至2015年5月31日。同日，双方又签订了《保密并竞业限制协议》，约定：姜文娟在鲁普耐特任职期间，必须遵守被告的保密制度，不得在竞争企业兼职甚至任职；在任职期间及离职后3年内，非经鲁普耐特事先书面同意，不得服务于且不在与鲁普耐特生产、经营同类产品或提供同类服务的其他企业、事业单位、社会团体内担任任何职务，包括股东、合伙人、董事、监事、经理、职员、代理人、顾问等形式。姜文娟在职期间与离职后的竞业补偿费鲁普耐特已在姜文娟任职时支付的报酬中作了考虑并已包括在已支付的报酬中，鲁普耐特不再另行支付，姜文娟同意放弃向鲁普耐特另行索取的权利。如姜文娟违反本协议的任一条款，均会导致鲁普耐特巨大商誉及经济损失，姜文娟应当一次性向鲁普耐特支付违约金10万元。上述劳动合同及保密并竞业限制协议签订后，姜文娟进入鲁普耐特工作。鲁普耐特为证明姜文娟违反竞业限制的约定，提供2014年4月18日封存姜文娟的工作用电脑后，从电脑中提取的《货物采购单》截图一份，内容为：采购方为威海波斯顿游艇有限公司，供货方为泰安贝森经贸有限公司(泰安贝森经贸有限公司与原告生产经营同类产品)，供货方联系人为姜文娟，采购货物为细、粗绳合计3300米，金额0元。但该货物采购单既无供需方双方的盖章，也无经办人或联系人的签名，姜文娟对该电脑截图也不予认可。鲁普耐特以此为由，向泰安市岱岳区劳动人事争议仲裁委员会申请仲裁，要求姜文娟支付违约金10万元，并解除劳动合同，泰安市岱岳区劳动人事争议仲裁委员会认为鲁普耐特仲裁请求不属于劳动人事争议受案范围，遂于2014年5月6日向鲁普耐特发出不予受理通知书，鲁普耐特向一审法院提起诉讼，要求姜文娟支付违约金10万元。泰安鲁普耐特塑料有限公司在本案诉讼期间的名称变更为鲁普耐特集团有限公司。

※裁判结果：泰安市岱岳区人民法院作出(2015)岱民重字第14号民事判决驳回鲁普耐特要求姜文娟支付违约金10万元的诉讼请求。一审判决后，鲁普耐特提起上诉，山东省泰安市中级人民法院2016年9月26日作出(2016)鲁09民终941号判决认为："一审法院对涉案《保密并竞业限制协议》在姜文娟在职期间的效力认定不当，应予纠正，但判决结果正确，予以维持。"

※裁判理由：法院生效裁判认为，本案的二审焦点为：(1)鲁普奈特公司与姜文娟签订《保密并竞业限制协议》约定姜文娟在职期间违反竞业限制协议约定应支付违约金，是否有效；(2)鲁普耐特公司是否向姜文娟发放了竞业限制经济补偿，发放与否对姜文娟履行竞业限制义务有何影响；(3)姜文娟是否存在违反竞业限制义务的行为。

关于第一个焦点。基于劳动关系的人身从属性质，劳动者对用人单位负有忠实义务；而劳动者在职期间履行竞业限制义务，是其忠实义务的必然要求，即便双方未明确约定，劳动者于在职期间亦应履行竞业限制义务；《劳动合同法》第23条并未将保密协议或竞业限制条款限定于劳动者离职之后，亦未排除劳动者违反在职期间竞业限制义务须支付违约金的情形。因此，本案双方约定了姜文娟在职期间履行竞业限制义务，且约定姜文娟如违反该约定则须支付违约金，该约定应为有效。

关于第二个焦点。双方《保密并竞业限制协议》约定鲁普耐特公司向姜文娟支付的竞业限制经济补偿随劳动报酬一并发放，并未明确经济补偿的数额，鲁普耐特公司亦不能明确实际履行中支付姜文娟经济补偿的数额，姜文娟亦不认可鲁普耐特公司实际向其支付了经济补偿，因此，鲁普耐特公司主张已向姜文娟发放了竞业限制经济补偿，并无证据证实。关于对姜文娟履行竞业限制义务的影响，因在职期间的竞业限制义务系基于双方劳动关系而产生，如双方未约定竞业限制经济补偿，并不损害劳动者获得报酬的权利，双方的约定应为有效。本案中，双方约定鲁普耐特公司向姜文娟进行补偿，亦是双方真实意思表示，并不违反法律、行政法规强制性规定，应为有效。鲁普耐特公司于姜文娟在职期间是否实际支付竞业限制经济补偿，是双方《保密并竞业限制协议》履行问题，并不影响姜文娟在职期间该协议的效力。

关于第三个焦点。在双方所签《保密并竞业限制协议》有效的基础上，鲁普耐特公司主张姜文娟在职期间存在违反竞业限制义务的行为、要求姜文娟承担支付违约金责任，鲁普耐特公司须对该事实承担举证责任。本案中，鲁普耐特公司一审中提供《货物采购单》一份，主张系其公司从姜文娟工作电脑上所提取，并另于一审中申请其公司两名员工到庭作证，用以证明其公司封存电脑、提取《货物采购单》的过程。姜文娟不认可上述《货物采购单》及提取过程，并主张两证人系鲁普耐特公司员工、存在利害关系。本院审查认为，鲁普耐特公司主张从姜文娟工作电脑上提取《货物采购单》一份，姜文娟不予认可，鲁普耐特公司就其所主张的提取过程未经姜文娟在场确认，亦未以全程视频或公证机关公证等形式进行固定，其证人与鲁普耐特公司存在利害关系，不能证实《货物采购单》证据来源的真实性。本案一审系发回重审案件，鲁普耐特公司于重审期间亦未提供其他证据证实姜文娟存在违反竞业限制义务的行为。综上，鲁普耐特公司要求姜文娟违反竞业限制义务违约金的诉讼请求，证据不足，不予支持。

联茂（无锡）电子科技有限公司与袁燕华竞业限制纠纷案〔1〕

※裁判要点：竞业限制义务是指在劳动合同解除或终止后的一定期限内，劳动者不得到与本单位生产或者经营同类产品、从事同类业务有竞争关系的其他用人单位任职，也不得自己开业生产或者经营同类产品、从事同类业务，以保护用人单位的商业秘

〔1〕 参见江苏省无锡市中级人民法院（2014）锡民终字第1616号判决书。

密、知识产权等无形资产。劳动者通过共同出资但不参与直接经营的方式规避其限制就业的义务,并不影响对违反竞业限制行为的认定。

※相关法条:《劳动合同法》第24条

※基本案情:被告袁燕华于2008年8月20日入职原告联茂(无锡)电子科技有限公司(以下简称联茂公司),任研发部副理一职,双方签订了劳动合同,联茂电子公司为袁燕华缴纳了社会保险费。2008年9月24日,联茂电子公司作为协议甲方、袁燕华作为协议乙方签订竞业限制协议书1份,约定:"1. 乙方不论何种原因离职,离职后2年内,非经甲方事前之书面同意,不得到台耀、台光、宏仁等或生产与甲方任一同类产品(包含但不限于甲方产品线中之胶片、软/硬铜箔基板及印刷电路板代工等事业)或经营同类业务且具有竞争关系(例如争夺相同市场或客户)之公司企业担任相关职务;该竞争公司所在地域,不以大陆、台湾为限,以甲方业务覆盖范围为准。2. 乙方不论何种原因离职,离职后2年内,亦不得自办与甲方具有竞争关系的公司企业或者从事与甲方商业秘密运用有关的产品生产;该自办企业之禁止,不受地域限制,以是否在甲方业务覆盖范围内为标准。3. ……4. 从乙方离职之次日起计算,甲方应当按照竞业限制期限向乙方支付一定数额的竞业限制补偿金。乙方离职时法律、行政法规和地方性法规对竞业限制补偿金有规定的,从其规定;乙方离职时法律、行政法规和地方性法规对竞业限制补偿金没有规定的,竞业限制补偿金由甲方每月按乙方离开甲方前1年月平均工资的1/3支付。上开竞业限制补偿金之发放,最长以2年为限(具体发放时限由甲方按实际情况决定),由乙方按月(每月10日)到甲方处领取(或者由甲方通过银行、邮局支付);如乙方拒绝领取的,甲方可以将补偿金向有关机关提存。甲方会在乙方离职前评估乙方有无限制就业之必要,如甲方决定乙方无须负担限制义务,即无须支付补偿金,乙方亦不受就业限制;另甲方按月所支付之补偿金,甲方认为已无继续支付必要而停止时,则乙方自停发补偿金之次月起,即不再受就业之限制。5. 乙方违反本协议之规定的,应当一次性向甲方支付违约金,金额为甲方预定发给乙方竞业限制补偿金总额之5倍,同时因违约行为所获得的利益,应归甲方所有。如有其他法律责任,亦有乙方负担。6. ……7. 本协议书正本壹式贰份,自双方签章之日起生效,由甲、乙双方各执壹份为凭,本合约之修改,必须采用双方同意之书面形式进行之。"

2012年2月6日,袁燕华申请离职,联茂电子公司于2012年3月1日批准离职,袁燕华遂于2012年3月2日离职。2012年3月27日,联茂电子公司向袁燕华邮寄通知书1份,载明:"1. 袁燕华应遵守2008年9月24日所签署之竞业限制协议书,袁燕华离职后2年内,未经联茂电子公司书面同意,不得直接或间接至台耀、台光、宏仁等,或生产与联茂电子公司任一同类产品之竞业公司任职,违反者应赔偿联茂电子公司预定发给袁燕华竞业限制补偿金之5倍(合计约382560元),作为违约金,同时因违约行为所获得的利益，亦应归属联茂电子公司所有，如有其他法律责任，亦由袁燕华负责。2. 联茂电子公司将于袁燕华离职后每月支付袁燕华离职前 1 年平均月薪的 1/3（即 3188 元）作为竞业限制补偿金，由联茂电子公司按月（每月 5 日）拨款至袁燕华中信银行户头（账号：73 × × ×11），补偿期限至袁燕华离职后 2 年届满为止。上开补偿金额如依法令或判例有不足情事时，经袁燕华书面提出申请，联茂电子公司确认后补足之。”袁燕华于 2012 年 3 月 28 日签收该通知书。

由于袁燕华注销中信银行工资卡账户，联茂电子公司于 2012 年 4 月 13 日向袁燕华二处住所邮寄领取竞业限制补偿金通知，要求袁燕华于离职之次日起每月 10 日去公司领取（或提供个人收款账号），直至 2 年竞业限制期限届满，并向袁燕华申明单方面拒领竞业限制补偿金的行为不能免除竞业限制义务，若袁燕华违反该义务，公司将追究违约责任并要求承担相应的损失。上述邮件由他人代收。袁燕华未按联茂电子公司要求领取竞业限制补偿金。袁燕华离职前 12 个月平均工资为 9563 元。

2012 年 5 月，袁燕华与其他 4 位自然人出资成立明光新材料公司，公司经营范围为云母粉、淋膜纸生产与销售，袁燕华占公司 25% 股份，并就任公司法定代表人。2013 年 3 月，袁燕华占公司 50% 股份，公司经营范围增加自营或代理各类商品、技术的进出口业务（国家禁止和限定进出口的商品和技术除外）。后明光新材料公司向明光瑞智电子科技有限公司（以下简称瑞智电子公司）投资，瑞智电子公司经营范围为铜面基板的生产、销售。联茂电子公司的经营范围为生产元器件专用材料（含多层电路芯板、铜箔基板、半固化片）、新型电子元器件（含片式元器件）等。

2013 年 1 月 23 日，明光市委领导去瑞智电子公司调研时，袁燕华出现在瑞智电子公司介绍企业情况现场。2013 年 1 月 31 日，瑞智电子公司向国家知识产权局就多层印刷电路板的制作方法申请发明专利，发明人为袁燕华、陈某福。

2013 年 11 月 25 日，联茂电子公司就本案讼争向无锡市锡山区劳动人事争议仲裁委员会（以下简称仲裁委）申请仲裁，仲裁委受理后未在法定期限内作出仲裁裁决，联茂电子公司向仲裁委申请停止审理，仲裁委决定于 2014 年 1 月 16 日起终结仲裁活动，诉至法院，要求法院判令袁燕华向其支付竞业限制违约金 382560 元，明光新材料公司承担连带赔偿责任。

※裁判结果：无锡市锡山区人民法院 2014 年 7 月 18 日作出（2014）锡法民初字第 0093 号判决：“袁燕华应于判决生效后 10 日内向联茂电子公司支付违约金 382560 元，并驳回联茂电子公司要求明光新材料公司承担连带赔偿责任的诉讼请求。”一审宣判后，袁燕华提起上诉，江苏省无锡市中级人民法院于 2014 年 11 月 18 日作出（2014）锡民终字第 1616 号判决，认为袁燕华违反竞业限制义务，应当承担向联茂电子公司支付违约金的责任。二审判决后，袁燕华申请再审，江苏省高级人民法院于 2015 年 11 月

16日作出(2015)苏审三民申字第00971号裁定,驳回袁燕华的再审申请。

※裁判理由:法院生效裁判认为,本案争议焦点在于:(1)袁燕华是否受竞业限制协议书的约束;(2)袁燕华是否实施了违反竞业限制义务的行为。

关于袁燕华是否受竞业限制协议书的约束问题。在竞业限制关系中,劳动者应当履行竞业限制义务;用人单位则负有支付经济补偿金的义务。本案中,双方签订的限制协议书明确,袁燕华作为公司从事研发工作的管理人员,在离职后2年遵守竞业限制义务,联茂电子公司则按前1年月平均工资的1/3按月(每月10日)支付竞业限制补偿金。袁燕华离职后,联茂电子公司即通知袁燕华应遵守限制协议书,并明确其公司将依约支付竞业限制补偿金,在获悉袁燕华注销账户后又通知袁燕华补偿金的支付方式,故袁燕华应当履行竞业限制义务。袁燕华上诉称从未收到任何通知,与已查明事实不符,反而是袁燕华注销账户后未能及时告知联茂电子公司;袁燕华又称联茂电子公司至今未支付补偿金,应视为联茂电子公司经评估后认为其没有遵守限制义务的必要,但该意见与联茂电子公司邮寄给其的通知所明确的意思相矛盾;袁燕华认为其享有先履行抗辩权,但经查实并非联茂电子公司之原因而未支付经济补偿金,故本院对袁燕华上述上诉意见均不予采信。

关于袁燕华是否实施了违反竞业限制义务的行为。竞业限制义务是指在劳动合同解除或终止后的一定期限内,劳动者不得到与本单位生产或者经营同类产品、从事同类业务有竞争关系的其他用人单位任职,也不得自己开业生产或者经营同类产品、从事同类业务,以保护用人单位的商业秘密、知识产权等无形资产。本案中,袁燕华虽未自己直接开业生产、经营同类产品,但其与他人共同出资成立了明光新材料公司,该公司投资于瑞智电子公司,而瑞智电子公司与联茂电子公司的经营范围又有交集,袁燕华出现在瑞智电子公司介绍企业情况现场、参与瑞智电子公司铜箔基板生产制作方法的研发,进一步印证了其参与生产经营的事实,袁燕华以这种形式规避其限制就业的义务,违反双方协议约定,应当承担违约责任。

王某与上海佩纳沙士吉打机械有限公司劳动合同纠纷案〔1〕

※裁判要点:当事人在劳动合同或者保密协议中约定了竞业限制,但未约定解除或者终止劳动合同后给予劳动者经济补偿,劳动者履行了竞业限制义务,要求用人单位按照劳动者在劳动合同解除或者终止前12个月平均工资的30%按月支付经济补偿的,人民法院应予支持。前款规定的月平均工资的30%低于劳动合同履行地最低工资标准的,按照劳动合同履行地最低工资标准支付。

---

〔1〕 参见上海市第二中级人民法院(2013)沪二中民三(民)终字第242号判决书。

※**相关法条:**《劳动合同法》第24条、最高人民法院《关于审理劳动争议案件适用法律若干问题的解释(四)》第6条

※**基本案情:**原告王某于1996年6月5日进入被告佩纳沙士吉打公司工作,双方签订过一份期限为1996年12月22日至2020年8月14日的劳动合同,合同第10.1条约定:"王某、佩纳沙士吉打公司双方需签订《保密协议》作为附件(二)与本合同一并执行。"双方于1996年8月6日签订一份保密合同,合同约定王某对佩纳沙士吉打公司所有的技术给予保密,不以任何方式私自向外泄露,并且在调离佩纳沙士吉打公司后八年之内,王某不得加入与佩纳沙士吉打公司利益有冲突的经济组织,不得参与其他经济组织对佩纳沙士吉打公司的商业竞争。王某于2012年3月29日离职,并领取年终奖人民币(以下币种均为人民币)100000元。佩纳沙士吉打公司于2012年4月26日申请仲裁,要求王某履行保密及竞业限制义务。王某于2012年6月2日提出反请求,要求佩纳沙士吉打公司按照36667元/月的标准支付2012年3月30日至裁决之日的竞业限制补偿,并支付年终目标考核奖金470000元。上海市青浦区劳动人事争议仲裁委员会经审理,裁决双方继续履行保密及竞业限制义务,佩纳沙士吉打公司按照8303.33元/月的标准按月支付王某2012年3月30日起2年内的竞业限制补偿,对王某要求佩纳沙士吉打公司支付目标考核奖金470000元的请求不予支持。王某不服该裁决,诉至原审法院,请求判令:"1.佩纳沙士吉打公司按照36667元/月的标准支付王某2012年3月30日至2014年3月29日期间的竞业限制补偿金;2.佩纳沙士吉打公司支付拖欠王某的2011年年终目标奖金470000元。"

原审法院又查明,王某担任职务为佩纳沙士吉打公司抓具事业部总经理,下属部门包括营销部、生产准备部、生产部、质量控制部、技术部及技术研发中心。王某2011年4月至2011年12月期间月基本工资为22000元,2012年1月至2012年3月期间月基本工资为25300元。佩纳沙士吉打公司已支付王某2012年3月30日起5个月的竞业限制补偿金41516.65元。

原审法院另查明,佩纳沙士吉打公司于2005年3月4日经工商行政管理部门核准,上海起帆·凯斯特·佩纳机械有限公司企业名称变更为上海佩纳·凯斯特机械有限公司。2007年7月5日,佩纳沙士吉打公司再次经工商行政管理部门核准企业名称变更为上海佩纳沙士吉打机械有限公司。

原审审理中,王某称其愿意履行竞业限制义务,但佩纳沙士吉打公司支付的竞业限制补偿金不足以维持王某的生活,计算基数和比例均过低,佩纳沙士吉打公司与其他员工约定的竞业限制补偿金按照工资50%计算的比例亦应适用于王某,且竞业限制补偿金的计算基数应包括员工离职前所有收入(包括奖金)。王某的工资包括基本工资、季度考核工资、年底双薪及年底目标绩效奖金。王某离职时领取的100000元性质

为年终奖,不属于上述四项工资构成,双方没有对年终奖作另外约定。佩纳沙士吉打公司设立王某2011年目标额为20074万元,王某已经实际完成,但佩纳沙士吉打公司出于税收考虑,故有约700万元的完工产值没有开具发票,没有计入实际完成的产值,即扣除未开具发票的金额,王某在2011年完成的业绩额为19508万元,已完成总目标的97.2%。王某的副手杨智与王某管理的部门范围相同,全额领取了2011年年终目标奖金,故安全生产事故不在年终目标奖金的考评范围之内。

※**裁判结果:**一审上海市青浦区人民法院作出(2012)青民四(民)初字第2263号民事判决,判决:"一、上海佩纳沙士吉打机械有限公司应于判决生效之日起10日内按照人民币8303.33元/月的标准按月支付王某2012年8月30日起至双方竞业限制协议解除之日止(不得超过两年)的竞业限制补偿金;二、王某的其余诉讼请求不予支持。"判决后,王某不服提起上诉,二审广东省肇庆市中级人民法院于2014年8月25日作出(2014)肇中法民一终字第142号判决,判决:"一、维持上海市青浦区人民法院(2012)青民四(民)初字第2263号民事判决主文第二项。二、撤销上海市青浦区人民法院(2012)青民四(民)初字第2263号民事判决主文第一项。三、上海佩纳沙士吉打机械有限公司应按照税前人民币12455元/月的标准按月支付王某2012年3月30日起至双方竞业限制协议解除之日止(从2012年3月30日起不得超过两年)的竞业限制补偿金。其中,2012年3月30日至2013年4月29日期间的竞业限制补偿金共计人民币161915元,扣除已支付王某的人民币107943.29元,上海佩纳沙士吉打机械有限公司应于本判决生效之日起10日内支付王某竞业限制补偿金差额人民币53971.71元;2013年4月30日之后的竞业限制补偿金,上海佩纳沙士吉打机械有限公司应于本判决生效之日起按照税前人民币12455元/月的标准按月向王某支付。"

※**裁判理由:**二审法院认为,根据当事人的上诉请求,本案主要涉及如下争议:

一是目标绩效奖金之支付。奖金系用人单位支付给劳动者的奖励性报酬。其发放条件不同于劳动者在提供了正常劳动后用人单位就必须根据劳动合同约定或者法律规定支付的其他工资性收入。企业有权根据自身的经济状况以及职工的表现自主决定奖金的发放与否以及发放数额。本案中,470000元奖金的性质为年度完成目标绩效的奖金,王某未能提供充分证据证明其已完成2011年度的销售目标,故在双方对于该奖金的发放标准和条件没有进一步细化约定的基础上,其主张佩纳沙士吉打公司应全额支付该奖金,依据不足。况且,在王某离职时曾签字领取过一笔"年终奖"100000元,佩纳沙士吉打公司称该笔100000元奖金系双方协商达成一致后,佩纳沙士吉打公司酌情支付王某的2011年度目标绩效奖金,王某虽对佩纳沙士吉打公司的陈述不予认可,主张该笔100000元年终奖与年度完成目标绩效奖金的性质不同,但双方并无有关其他年终奖金的约定,据此,佩纳沙士吉打公司的意见更符合常理,法院予以采纳。综上，王某关于2011年度完成目标绩效奖金470000元的诉请，法院难以支持。

二是竞业限制补偿金之标准。王某与佩纳沙士吉打公司签订过保密合同，约定王某在劳动合同解除后负有竞业限制义务。现双方当事人均同意继续履行竞业限制的约定，但因未明确约定竞业限制补偿金的标准，故对此存在分歧。鉴于经济补偿金是为了补偿劳动者由于承担竞业限制义务而使其择业自由权及生存权所受到的部分影响，仅弥补劳动者可得收入之减少，而非全部劳动收入，故王某要求佩纳沙士吉打公司按2011年总收入50%的标准支付竞业限制补偿金，不符合相关规定，法院不予支持。原审中，佩纳沙士吉打公司同意按8303.33元/月的标准按月支付王某竞业限制补偿金，因该标准未低于当时的规定，故原审法院于2012年12月28日作出相关判决，并无不当。然自2013年2月1日起施行的最高人民法院《关于审理劳动争议案件适用法律若干问题的解释（四）》对竞业限制补偿金作出了规定，即当事人在劳动合同或者保密协议中约定了竞业限制，但未约定解除或者终止劳动合同后给予劳动者经济补偿，劳动者履行了竞业限制义务，要求用人单位按照劳动者在劳动合同解除或者终止前12个月平均工资的30%按月支付经济补偿的，人民法院应予支持。二审中，佩纳沙士吉打公司同意按王某离职前12个月平均收入的30%按月支付王某经济补偿金，鉴于该支付标准不低于现行的法定标准，法院予以准许。对于原审法院判决第1项内容，法院予以撤销。

北京美天便利超市有限公司与张某劳动争议案[1]

※裁判要点：当事人约定了竞业限制和经济补偿，在解除劳动合同时，如果劳动者履行了竞业限制义务后要求用人单位支付经济补偿的，人民法院应当支持。

※相关法条：《劳动合同法》第23、24条、第38条第3款

※基本案情：被告张某于2010年9月25日到原告美天便利超市工作，双方于2010年9月26日签订《劳动合同书》，期限为2010年9月25日至2013年9月24日，试用期为1个月，其工作岗位为采购部续订主管，工资标准为试用期每月2400元（含税），转正期为每月3000元（含税）。同日，张某与美天便利超市还签订了《保护商业秘密合同书》《竞业禁止合同书》，其中《竞业禁止合同书》规定，劳动者与用人单位在双方劳动关系解除或终止后24个月内，在全国地域内，不得组建、参与组建与用人单位同类且有竞争关系或其他利害关系的生产或经营的企业/公司，或者受雇于从事与用人单位同类有竞争关系或其他利害关系的第三方，无论该工作是兼职还是专职的，是有偿还是无偿的。上述24个月内，用人单位同意按月给予劳动者经济补偿，劳动者应及时向

[1] 参见北京市第一中级人民法院（2012）一中民终字第5944号判决书。

用人单位报备最新的工作单位情况，且经用人单位调查核实，如果劳动者严格履行了本合同约定的竞业禁止义务，用人单位按照国家有关法律规定向劳动者支付经济补偿金，用人单位按月支付劳动者离职时的当月工资的20%。

2011年3月9日，张某以美天便利超市不给其缴纳社会保险为由，口头向美天便利超市提出解除劳动合同，并要求支付解除劳动合同赔偿金。此后，张某向北京市石景山区劳动争议仲裁委员会(以下简称区仲裁委)提起仲裁，并提出如下申请："1. 2011年3月9日解除劳动合同，要求支付解除劳动合同赔偿金1500元；2. 支付2010年9月26日至2011年3月9日双休日(共9天)、延时(共7小时)加班工资，扣除单位已支付的181.3元，共计2489.09元，及上述25%的经济补偿金622.27元；3. 支付2010年9月26日至2011年3月9日法定节假日(共7天)加班工资2903.46元，及25%的经济补偿金725.87元；4. 要求被申请人自2011年3月10日起，按月(共24个月)支付竞业禁止补偿金，共计14400元。"2011年10月26日，北京市石景山区劳动争议仲裁委员会作出京石劳仲字(2011)第787号裁决书，裁决："一、美天便利公司自本裁决书生效之日起15日内，支付张某解除劳动合同经济补偿金1500元；二、美天便利超市自本裁决书生效之日起15日内，支付张某自2011年3月10日至2011年10月9日的竞业禁止补偿金4200元；三、驳回张某的申请请求。"美天便利超市不服，故向法院提起诉讼。

另查，在区仲裁委仲裁期间，美天便利超市为张某补缴了社会保险。张某主张自2011年3月10日离职后，自己履行了竞业禁止合同书的约定，要求美天便利超市支付竞业禁止补偿金。美天便利超市认为张某应及时向美天便利超市报备最新的工作单位情况，且经美天便利超市调查核实后，再向张某发放补偿金，张某未向美天超市汇报过。张某称已口头向美天便利超市汇报过，美天便利超市对此不予认可。张某在仲裁及法院诉讼中，均说明了自己离职后的就业情况，并未从事违反竞业禁止规定的职业。

※**裁判结果**：一审北京市石景山区人民法院作出(2012)石民初字第138号民事判决，判决："一、驳回北京美天便利超市有限公司的诉讼请求；二、北京美天便利超市有限公司自判决书生效之日起15日内，支付张某解除劳动合同经济补偿金一千五百元；三、北京美天便利超市有限公司自判决书生效之日起15日内，支付张某自2011年3月10日至2011年10月9日的竞业禁止补偿金四千二百元。"判决后，北京美天便利超市有限公司不服提起上诉，二审北京市第一中级人民法院作出(2012)一中民终字第5944号判决，维持一审判决，一审判决已发生法律效力。

※**裁判理由**：用人单位未依法为劳动者缴纳社会保险费的，劳动者可以解除劳动合同。美天便利超市在张某工作期间未按月为张某缴纳社会保险，张某因此提出解除劳动合同，符合法律规定，法院无异议。区仲裁委确定美天便利超市支付张某解除劳动合同经济补偿金，合法有据，法院予以确认，对美天便利超市不予支付解除劳动合同

经济补偿金的请求，法院不予支持。

对负有保密义务的劳动者，用人单位可以在劳动合同或者保密协议中与劳动者约定竞业限制条款，并约定在解除或者终止劳动合同后，在竞业限制期限内按月给予劳动者经济补偿。张某与美天便利超市解除劳动合同后，履行了《竞业禁止合同书》的约定，虽美天便利超市不认可张某已向其报备最新的工作单位情况，但《竞业禁止合同书》未明确必须通过书面形式报备，且张某在劳动仲裁及诉讼期间以口头形式告知了美天便利超市其履行竞业禁止情况，美天便利超市应及时审查，按月支付竞业禁止补偿，美天便利超市未予审查，且未支付竞业禁止补偿，其责任在美天便利超市，故法院对区仲裁委确认自2011年3月10日起，美天便利超市按月（共24个月）支付张某竞业禁止补偿金的仲裁裁决，亦予确认。基于此，对美天便利超市要求不予支付张某竞业禁止补偿金的请求，法院亦不予支持。二审法院认为，张某与美天便利超市签订的《竞业禁止合同书》系双方当事人的真实意思，且不违反法律、行政法规的强制性规定，为有效合同，双方当事人应当按合同约定履行各自义务。张某在劳动合同解除后履行了《竞业禁止合同书》的约定，且在劳动仲裁及诉讼期间以口头形式告知了美天便利超市其履行竞业禁止情况，美天便利超市应当及时审查，并按月支付竞业禁止补偿。现美天便利超市对张某履行竞业禁止义务情况未予审查，亦未支付相应的竞业禁止补偿，其应当承担相应的责任，按月（共24个月）支付张某竞业禁止补偿金。用人单位未依法为劳动者缴纳社会保险费的，劳动者可以解除劳动合同，但在此情形下，用人单位仍应支付劳动者解除劳动合同经济补偿金。本案中，美天便利超市在张某工作期间未按月为其缴纳社会保险，张某为此提出解除劳动合同，美天便利超市应当支付张某解除劳动合同经济补偿金。

关联法规索引

《劳动法》第22条，劳动部《关于〈中华人民共和国劳动法〉若干条文的说明》第22条、《反不正当竞争法》第10条，《公司法》第148、149条

第二十五条　【违约金】除本法第二十二条和第二十三条规定的情形外，用人单位不得与劳动者约定由劳动者承担违约金。

适用解读

本条是《劳动合同法》的最大亮点之一。在此之前，法律对劳动合同中违约金的适

用并无限制,因此违约金条款成为劳动者自由流动的障碍。《劳动合同法》则将违约金的适用限制在约定了服务期以及竞业限制条款两种情形下,除此之外,劳动者只需满足程序性条件,而无须满足任何实体条件即可解除劳动合同,用人单位不得要求劳动者承担违约金。

典型案例

上海路劲物业服务有限公司与何爱连劳动合同纠纷案[1]

※裁判要点:用人单位为劳动者提供专项培训费用,对其进行专业技术培训的,可以与该劳动者订立协议,约定服务期,劳动者违反服务期约定的,应当按照约定向用人单位支付违约金;用人单位与劳动者可以在劳动合同中约定保守用人单位的商业秘密和与知识产权相关的保密事项,对负有保密义务的劳动者,用人单位可以在劳动合同或者保密协议中与劳动者约定竞业限制条款,并约定在解除或终止劳动合同后,在竞业限制期限内按月给予劳动者经济补偿,劳动者违反竞业限制约定的,应当按照约定向用人单位支付违约金。除《劳动合同法》第22条和第23条规定可以约定违约金,其他形式下约定违约金因违反了劳动合同法的强制性规定而无效。

※相关法条:《劳动合同法》第25条

※基本案情:被告何爱连系本市外来从业人员。2014年1月22日,何爱连与案外人上海嘉扬人力资源管理有限公司(以下简称嘉扬公司)签订期限自2014年1月1日至2015年12月31日的劳动合同,其中第9条第2款约定,乙方(何爱连)提前30天以书面形式通知甲方(嘉扬公司),可以解除本合同;如有违则自愿支付甲方一个月基本工资作为违约金并承担相关的损失赔偿。后何爱连被派遣至原告上海路劲物业服务有限公司工作,担任监控一职。2014年8月19日,何爱连向上海路劲物业服务有限公司提出书面离职申请,何爱连实际工作亦到此日。2015年1月19日,上海路劲物业服务有限公司向上海市嘉定区劳动人事争议仲裁委员会申请仲裁,要求何爱连支付违约金的请求。同年3月13日,该会嘉劳人仲(2015)办字第176号裁决书作出对上海路劲物业服务有限公司的请求不予支持的裁决。上海路劲物业服务有限公司不服,诉至原审法院要求何爱连支付违约金人民币1337元。

※裁判结果:上海市嘉定区人民法院2015年6月23日作出(2015)嘉民四(民)初字第226号判决,驳回了上海路劲物业服务有限公司要求何爱连支付违约金1337元的

---

〔1〕 参见上海市第二中级人民法院(2015)沪二中民三(民)终字第1313号判决书。

诉讼请求。一审宣判后,上海路劲物业服务有限公司提起上诉,上海市第二中级人民法院2015年11月25日作出(2015)沪二中民三(民)终字第1313号判决,认为上诉人上海路劲物业服务有限公司与被上诉人何爱连关于违约金的约定无效,上诉人主张违约金没有依据。至于其所述损失也并非被上诉人离职造成的直接损失,上诉人以此为由要求被上诉人支付违约金1337元缺乏法事实与法律依据,维持原判。

※**裁判理由:**法院生效裁判认为:根据我国《劳动合同法》的规定,除本法第22条和第23条规定的情形外,用人单位不得与劳动者约定由劳动者承担违约金;用人单位为劳动者提供专项培训费用,对其进行专业技术培训的,可以与该劳动者订立协议,约定服务期,劳动者违反服务期约定的,应当按照约定向用人单位支付违约金;用人单位与劳动者可以在劳动合同中约定保守用人单位的商业秘密和与知识产权相关的保密事项,对负有保密义务的劳动者,用人单位可以在劳动合同或者保密协议中与劳动者约定竞业限制条款,并约定在解除或终止劳动合同后,在竞业限制期限内按月给予劳动者经济补偿,劳动者违反竞业限制约定的,应当按照约定向用人单位支付违约金。

本案中,第一,何爱连与用人单位嘉扬公司签订的劳动合同约定:"乙方(何爱连)提前30天以书面形式通知甲方(嘉扬公司),可以解除本合同;如有违则自愿支付甲方一个月基本工资作为违约金。"该违约金的约定违反了劳动合同法的强制性规定而无效,故对何爱连无约束力。第二,2014年8月19日,何爱连向上海路劲物业服务有限公司提出书面离职申请,这是劳动法赋予劳动者基本的权利。第三,上海路劲物业服务有限公司作为用工单位,其主张的损失亦非因何爱连的离职所造成的直接经济损失。综上,上海路劲物业服务有限公司要求何爱连支付违约金的请求,缺乏事实和法律依据,故不予支持。

第二十六条 【劳动合同的无效】下列劳动合同无效或者部分无效:

(一)以欺诈、胁迫的手段或者乘人之危,使对方在违背真实意思的情况下订立或者变更劳动合同的;

(二)用人单位免除自己的法定责任、排除劳动者权利的;

(三)违反法律、行政法规强制性规定的。

对劳动合同的无效或者部分无效有争议的,由劳动争议仲裁机构或者人民法院确认。

第二十七条 【劳动合同部分无效】劳动合同部分无效,不影响其他部分效力的,其他部分仍然有效。

第二十八条 【劳动合同无效后劳动报酬的支付】劳动合同被确认无效,劳

动者已付出劳动的，用人单位应当向劳动者支付劳动报酬。劳动报酬的数额，参照本单位相同或者相近岗位劳动者的劳动报酬确定。

配套法规

最高人民法院《关于审理劳动争议案件适用法律若干问题的解释》(2008 年 12 月 16 日修正)

第十四条 劳动合同被确认为无效后，用人单位对劳动者付出的劳动，一般可参照本单位同期、同工种、同岗位的工资标准支付劳动报酬。

根据《劳动法》第九十七条之规定，由于用人单位的原因订立的无效合同，给劳动者造成损害的，应当比照违反和解除劳动合同经济补偿金的支付标准，赔偿劳动者因合同无效所造成的经济损失。

适用解读

劳动合同具有法律效力，必须以完全具备法定有效要件为前提。劳动合同的有效要件一般包括：合同主体适格、意思表示真实、合同内容合法、订立程序合法。劳动合同无效，是指劳动合同不符合法定条件，不能发生当事人预期的法律后果。其中，全部无效的劳动合同，它所确立的劳动关系应予以消灭；部分无效的劳动合同，它所确立的劳动关系可依法存续，只是部分合同条款无效的，如果不影响其余部分的效力，其余部分仍然有效。[1]

(一) 导致劳动合同无效的原因

1. 以欺诈、胁迫或乘人之危等手段订立劳动合同的

所谓欺诈，即一方当事人故意捏造虚假情况或故意隐瞒真实情况，使对方作出错误意思表示从而订立劳动合同的行为。用人单位和劳动者违反《劳动合同法》第 8 条规定的告知义务，即构成欺诈。比如，劳动者一方伪造学历、用人单位一方虚报高工资待遇等。所谓胁迫，即以某种现实或将来的危害为要挟，迫使对方作出违背真实意思表示的行为。所谓乘人之危，即一方当事人趁对方当事人处于危难之机，迫使对方作出不真实意思表示的行为。一方或双方基于不真实意思表示订立的劳动合同无效或部分无效。

---

〔1〕 参见王全兴：《劳动法》(第 4 版)，法律出版社 2017 年版，第 189 页。

2. 用人单位免除自己的法定责任、排除劳动者权利的

劳动基准法中明确规定了在劳动合同运行过程中用人单位对劳动者应承担的义务以及劳动者应当享有的权利。用人单位在订立劳动合同时可能利用其有利地位，在合同中约定免除自己的法定义务或排除劳动者的法定权利的条款，这种条款应当认定无效。

实践中较为常见的类似条款包括：(1)约定劳动者在试用期的劳动报酬低于《劳动合同法》第 20 条规定的标准；(2)约定劳动者自愿放弃参加社会保险；(3)约定不支付加班工资；(4)约定劳动者在劳动合同期限届满之前离职，年终奖自动取消；(5)约定不限次数地签订固定期限的劳动合同等。

尚有争议的是，在劳动合同中约定用人单位有调岗调薪等单方变更劳动合同权利的条款是否有效。对此，司法裁判中出现了两种完全相反的意见。[1] 笔者认为，调岗调薪等变更与劳动者权益密切相关的合同内容，应当经双方协商一致方可，除非用人单位具备法律、法规允许的可行使单方变更权的情形，否则，在劳动合同中约定用人单位具有单方变更劳动合同权利的条款应属无效。

3. 违反法律、行政法规强制性规定的

法律、行政法规中的强制性规定，是指当事人应为一定行为的法律规范。如劳动者和用人单位的法定资格的规定、劳动保护的规定、劳动者基本权利的规定、对妇女和未成年人特殊保护的规定等，在合同中约定违反这些强制性规定的内容应当认定无效。例如，招用童工的劳动合同无效；与女性员工在劳动合同中约定几年内不得生育的条款无效。

（二）劳动合同无效的确认

根据《劳动合同法》第 26 条第 2 款的规定，对劳动合同无效或者部分无效有争议时，有权确认的机构只有人民法院和劳动争议仲裁委员会，其他机构无权认定，也不能由合同双方当事人决定。

中国人民银行曾于 1999 年发布 335 号文件《关于加强和规范农村信用社代办业务管理的意见》，其中规定"农村信用社与代办员之间是委托与被委托代办有关业务的关系，代办员不是农村信用社的职工"。这个规定是对农村信用社用工行为的规范，但在实践中，该规定被用来作为认定 335 号文件出台之前订立的劳动合同无效的依据。中国人民银行并非劳动合同无效的有权认定机构，因此，对 335 号文件出台之前订立的劳动合同的有效性问题，只有人民法院和劳动争议仲裁委员会才有权依法认定。

劳动合同的无效，在仲裁阶段由劳动争议仲裁委员会认定；经仲裁引起诉讼的，由人民法院认定。

---

〔1〕 参见本条典型案例部分两个裁判结果相反的案例。

(三)劳动合同无效的后果

无效劳动合同自订立起就没有法律约束力。但它仍然有法律后果。《劳动法》对于劳动合同被认定无效后劳动者的劳动报酬以及造成劳动合同无效的过错方如何承担法律责任没有明确规定,2001 年最高人民法院《关于审理劳动争议案件适用法律若干问题的解释》针对司法实践中出现的争议统一了处理意见,《劳动合同法》第 28、86、93 条则在此基础上将对这类问题的处理意见上升为法律,使之更为明确,更具权威性。

1. 劳动合同被确认部分无效或全部无效后,只要劳动者为用人单位提供了劳动,无论其对劳动合同的无效是否存在过错,用人单位都必须对其已付出的劳动部分给予劳动报酬。如果劳动合同中关于劳动报酬的条款是有效的,则按照合同约定向劳动者支付报酬;如果劳动合同中没有约定劳动报酬条款,或者劳动报酬条款无效或者劳动合同整体无效的,则按照用人单位的同期、同工种、同岗位的工资标准支付劳动报酬;如果用人单位没有可以直接参照的标准,可以参照其他单位同期、相类似工种、相类似岗位的工资标准支付劳动报酬。

2.《劳动法》第 97 条以及劳动部《违反〈劳动法〉有关劳动合同规定的赔偿办法》第 2 条第 2 项规定了由于用人单位的原因导致劳动合同无效或部分无效的,对劳动者造成损害的,用人单位除了要向劳动者支付其所应得的劳动报酬外,还应赔偿劳动者的损失。关于计算经济损失的标准,可以参照劳动部《违反〈劳动法〉有关劳动合同规定的赔偿办法》中的相关标准来确定:造成劳动者工资收入损失的,按劳动者本人应得工资收入支付给劳动者,并加付应得工资收入 25% 的赔偿费用;造成劳动者劳动保护待遇损失的,应按国家规定补足劳动者的劳动保护津贴和用品;造成劳动者工伤、医疗待遇损失的,除按国家规定为劳动者提供工伤、医疗待遇外,还应支付劳动者相当于医疗费用 25% 的赔偿费用;造成女职工和未成年工身体健康损害的,除按国家规定提供治疗期间的医疗待遇外,还应支付相当于其医疗费用 25% 的赔偿费用。

3.《劳动法》未规定当因劳动者过错致劳动合同无效,给用人单位造成损害时,劳动者是否承担赔偿责任的问题。《劳动合同法》第 86 条填补了这一立法空白,即如果因劳动者过错致使劳动合同无效,给用人单位造成损害时,劳动者应承担赔偿责任。

4.《劳动合同法》第 93 条单独规定了不具备合法经营资格的用人单位因其违法犯罪行为导致劳动合同无效的后果:招用劳动者的用人单位若不具备合法经营资格,则其与劳动者订立的劳动合同无效。除了对其违法犯罪行为依法追究法律责任之外,对于劳动者已付出劳动的,该单位或者其出资人应当参照用人单位相同或相近岗位劳动者的劳动报酬向劳动者支付劳动报酬,并依法向劳动者支付经济补偿、赔偿金,给劳动者造成损害的,还应承担赔偿责任。

5. 劳动合同部分无效并不影响劳动合同其余部分的效力,但全部无效的劳动合同被确认无效后，其所确立的劳动关系即为事实劳动关系。根据《劳动合同法》第 38 条第 1 款第 5 项的规定，因用人单位以欺诈、胁迫的手段或乘人之危，使劳动者在违背真实意思表示的情况下订立或变更劳动合同，致使劳动合同无效的，劳动者可以解除劳动合同（可以即时通知用人单位，而无须提前 30 日通知），但是如果劳动者愿意让劳动关系继续存续的，可以重新订立或者变更劳动合同。同样，根据《劳动合同法》第 39 条第 5 项的规定，如果是因劳动者以欺诈、胁迫的手段或乘人之危，使用人单位在违背真实意思表示的情况下订立或变更劳动合同，致使劳动合同无效的，用人单位可以解除劳动合同，也可以选择重新订立或变更劳动合同。

典型案例

北京中弘商业运营管理有限公司与丛岩劳动争议案[1]

※裁判要点：以欺诈、胁迫的手段或者乘人之危，使对方在违背真实意思的情况下订立或者变更劳动合同的，劳动合同无效。劳动合同无效需同时符合两个条件：一是劳动者具有欺诈的行为和主观故意，二是劳动者的行为使用人单位在违背真实意思的情况下订立了劳动合同。

※相关法条：《劳动合同法》第 26 条

※基本案情：2015 年 1 月 5 日，中弘公司与丛岩签订了期限自 2015 年 1 月 5 日至 2018 年 1 月 4 日止的《劳动合同书》，约定：2015 年 1 月 5 日至 2015 年 7 月 4 日为试用期，丛岩担任营运总监；同时，第 26 条约定："丛岩应积极、主动地参加中弘公司组织的入职培训。如丛岩在试用期参加入职培训且考试成绩≥80 分的，按中弘公司内部规章制度予以转正；如丛岩在试用期无故不参加入职培训或没有在规定的时间内通过相关考试的，视为不符合录用条件，不予转正，中弘公司有权与丛岩解除劳动合同。"

2015 年 6 月 23 日，中弘公司向丛岩发出《解除劳动合同通知》，该通知显示："因您在试用期间被证明不符合录用条件，现通知您将于 2015 年 6 月 24 日与本公司解除劳动关系，请于次日前办理离职手续、做好工作交接。公司将支付您个人应得工资及各类补贴。特此通知。"丛岩对解除不予认可，否认其不符合录用条件。

为证明丛岩试用期内被证明不符合录用条件或没有在规定的时间内通过相关考试视为不符合录用条件，中弘公司提交了《试用期工作总结》、《工作胜任力调查问卷》、《关于工作胜任力的调查结果》、考卷网页打印件（未显示丛岩的信息）、公司另两名员

[1] 参见北京市第三中级人民法院（2016）京 03 民终 7157 号判决书。

工在线聊天记录打印件(显示:“从岩的考试成绩为68分,由于转正时间将到,比较急,所以麻烦您本周帮他开通下补考链接。”显示时间为2015年6月22日)等资料为证,但因上述证据均未显示从岩签字,从岩对上述证据的真实性均不予认可。中弘公司另提交《入职培训签到表》为证,从岩认可了该证据的真实性。

中弘公司主张双方劳动合同客观上无法继续履行,并提交了举报材料打印件、《员工离职/调岗移交清单》为证。从岩对举报材料的真实性不予认可,认可了《员工离职/调岗移交清单》的真实性,但不认可上述证据的证明目的。

中弘公司另主张从岩欺诈该公司,该公司有权与其解除劳动合同,并提交毕业证书及显示有“齐齐哈尔大学档案证明专用章”的《公函》为证,该证据显示:“经查我校2002年相关毕业文件,查无从岩相关信息。2015年12月24日。”从岩不认可上述证据的关联性。

从岩曾将中弘公司申诉至北京市朝阳区劳动人事争议仲裁委员会(以下简称仲裁委),要求继续履行劳动合同,撤销2015年6月23日作出的《解除劳动合同通知》等。2015年10月8日,仲裁委裁决:“撤销《解除劳动合同通知》,中弘公司继续履行与从岩的《劳动合同》。”中弘公司不服,诉至法院,请求判令中弘公司与从岩签订的劳动合同于2015年6月23日解除,双方的劳动合同不再继续履行。

中弘公司在二审中主张从岩学历造假,构成欺诈,劳动合同应属无效,并向本院提交了《员工招聘申请表》打印件、应聘登记表、学历证书复印件、学位证书复印件为证。在应聘登记表中,从岩称其系齐齐哈尔大学本科学历;学历证书复印件、学位证书复印件上均有从岩签字,其上显示从岩系齐齐哈尔大学本科学历。从岩对《员工招聘申请表》打印件的真实性不予认可,认为中弘公司在招聘时并无关于学历的要求;对应聘登记表、学历证书复印件、学位证书复印件的真实性予以认可,但认为与本案无关。庭审中,从岩认可其系齐齐哈尔电视大学大专学历。

另查,在双方签订的《劳动合同书》中,从岩向中弘公司作出承诺及保证:“……3.从岩向中弘公司提供的各类资料,包括但不限于身份证件、学历证明、工作经历、职业技能、入职体检报告、劳动合同解除证明等均为真实、有效……如因上述从岩承诺及保证不实导致双方签订的劳动合同无效,或发生任何违约、赔偿责任,其无效之不利后果及责任全部由从岩承担。”

※裁判结果:北京市朝阳区人民法院作出(2015)朝民初字第61952号判决,撤销北京中弘商业运营管理有限公司于2015年6月23日对从岩作出的《解除劳动合同通知》,并要求北京中弘商业运营管理有限公司继续履行与从岩的劳动合同,驳回北京中弘商业运营管理有限公司的诉讼请求。一审宣判后,中弘公司提起上诉,北京市第三中级人民法院于2016年7月5日作出(2016)京03民终7157号判决,判决:“一、撤销

北京市朝阳区人民法院(2015)朝民初字第61952号民事判决;二、北京中弘商业运营管理有限公司无需撤销《解除劳动合同通知》;三、北京中弘商业运营管理有限公司无需继续履行与丛岩的劳动合同;四、驳回北京中弘商业运营管理有限公司的其他诉讼请求。”二审宣判后,丛岩申请再审,北京市高级人民法院2016年10月28日作出(2016)京民申3385号裁定,驳回丛岩的再审申请。

※裁判理由:法院生效判决认为,本案争议焦点为双方签订的劳动合同是否有效及中弘公司解除双方劳动合同的行为是否合法。

(一)关于双方签订的劳动合同是否有效问题

《劳动合同法》第26条第1款第1项规定:“下列劳动合同无效或者部分无效:(一)以欺诈、胁迫的手段或者乘人之危,使对方在违背真实意思的情况下订立或者变更劳动合同的。”依据该规定,双方签订的劳动合同无效需同时符合两个条件:一是丛岩具有欺诈的行为和主观故意,二是丛岩的行为使中弘公司在违背真实意思的情况下订立了劳动合同。本院将对此分项述之:

1. 丛岩是否具有欺诈的行为和主观故意

最高人民法院《关于贯彻执行〈中华人民共和国民法通则〉若干问题的意见(试行)》第68条规定:“一方当事人故意告知对方虚假情况,或者故意隐瞒真实情况,诱使对方当事人作出错误意思表示的,可以认定为欺诈行为。”根据查明的事实,丛岩填写的应聘登记表及其向中弘公司提供的学历证书和学位证书均显示丛岩系齐齐哈尔大学本科,而依据中弘公司提交的《公函》,齐齐哈尔大学2002年相关毕业文件并无丛岩相关信息,丛岩在庭审中亦认可其系齐齐哈尔电视大学大专学历,故可以认定丛岩向中弘公司提供了虚假的学历信息。根据《劳动合同法》第3条“订立劳动合同,应当遵循合法、公平、平等自愿、协商一致、诚实信用的原则”、第8条“用人单位有权了解劳动者与劳动合同直接相关的基本情况,劳动者应当如实说明”的规定,劳动者在应聘时负有向用人单位提供与劳动合同直接相关的基本情况的义务。按照日常生活经验,劳动者学历的高低对于用人单位是否对劳动者进行录用及劳动者待遇之高低具有重要的影响,属于与劳动合同直接相关的基本情况,丛岩在订立劳动合同时负有如实向中弘公司进行说明的义务,丛岩在《劳动合同书》中也明确承诺其向中弘公司提供的各类资料(包括学历证明)为真实,在此情况下其仍向中弘公司提供虚假学历信息,明显具有主观故意。故本院认定丛岩具有欺诈的行为和主观故意。

2. 丛岩的行为是否使中弘公司在违背真实意思的情况下订立了劳动合同

用人单位在与劳动者订立劳动合同之前,通常都会根据劳动者教育背景、工作经历及笔试、面试表现等,对劳动者的能力、资格、信用、道德操守等作一个初步判断,以决定是否对劳动者进行录用,但是仅凭这种初步的审查,并不能判断出该劳动者究竟是不是符合该用人单位对劳动者的全部录用条件，因此在建立劳动关系的同时，法律允许用人单位与劳动者约定试用期，利用试用期让双方有一个相互进一步考察的机会，一旦劳动者的实际工作能力等不符合用人单位的录用条件，允许用人单位在试用期内与劳动者解除劳动合同。劳动者的学历虽不能直接等同于劳动者的劳动能力，但应当看到，劳动者的学历能够在一定程度上反映劳动者的劳动能力，在双方正式建立劳动关系前，对于用人单位是否录用劳动者具有重要的影响。本院认为，首先，丛岩向中弘公司提供学历证书和学位证书的行为及丛岩在《劳动合同书》中作出保证学历证书为真实否则承担劳动合同无效等法律后果的承诺，可以得出中弘公司在招聘时对于劳动者的学历是具有要求的；其次，中弘公司是在试用期内提出与丛岩解除劳动关系，中弘公司在试用期内解除双方劳动关系的行为表明，中弘公司通过试用期的进一步考察，对丛岩的劳动能力等作出了否定性的评价，此情节能进一步证明中弘公司基于丛岩提供的虚假学历对丛岩的工作能力作出了错误判断从而与丛岩订立了劳动合同。故本院认定丛岩的行为确实使中弘公司在违背真实意思的情况下与丛岩订立了劳动合同。

综合上述分析，本院认为丛岩提供虚假学历的行为构成欺诈，使中弘公司在违背真实意思的情况下与丛岩签订了劳动合同，双方签订的劳动合同应属无效。

（二）关于中弘公司解除双方劳动合同是否合法问题

中弘公司解除双方劳动合同是以双方签订的劳动合同有效为前提。因双方签订的劳动合同已被认定为无效，按照民法的一般原理，劳动合同自始不发生法律效力，故不存在中弘公司解除双方劳动合同是否合法的问题，中弘公司发出《解除劳动合同通知》的行为并不具有法律意义，不存在应予撤销的问题，双方签订的劳动合同亦无继续履行的基础。中弘公司请求判令双方的劳动合同不再继续履行，于法有据，予以支持。

福建华泰电力实业有限公司与林芝劳动争议案[1]

※裁判要点：用人单位与劳动者协商一致，可以变更劳动合同约定的内容，即劳动合同的变更主要环节包括：一方当事人提出变更需求；另一方在得知变更合同的要求后应及时作出答复；如果双方同意变更，应达成书面变更协议。在劳动合同书中关于用人单位可以单方调岗调薪条款的约定是无效的。

※相关法条：《劳动法》第79条，《劳动合同法》第10、30、38、46、47条，《劳动合同法实施条例》第27条

※基本案情：2014年4月28日，林芝入职华泰电力实业有限公司，华泰电力实业有限公司（甲方）与林芝（乙方）于2015年1月1日签订《劳动合同》，合同第1条约定

---

〔1〕 参见福州市中级人民法院（2017）闽01民终914号判决书。

了合同期限为3年，自2015年1月1日起至2018年12月31日终止。第2条约定乙方担任人资行政部经理岗位工作；工作地点是福建省或者福州市（含下属各区县）；合同履行期间甲方有权根据工作需要、生产经营的变化及乙方的表现调整乙方的工作岗位及工作地点，同时乙方的工资等待遇也可做相应调整，乙方同意并服从甲方的工作安排及待遇调整，否则视为乙方严重违反本合同及规章制度，甲方有权单方解除本合同；乙方不适应岗位工作或对本岗位工作不能胜任时，甲方有权决定对其培训或调整的工作岗位。经过培训或调整工作岗位后，乙方仍不能胜任工作的，甲方有权解除合同。第4条约定甲方遵循按劳分配原则，根据国家和本省劳动工资的有关规定，结合本单位薪酬结构和薪酬定位，按月向乙方支付劳动报酬，试用期满，评估合格予以转正后，月工资为8000元/月+考核浮动工资（根据公司绩效考评规定执行），其他各类津贴、福利等发放按公司规定及经营状况确定；甲方应根据企业薪酬制度结合对乙方的工作年限、奖罚记录、岗位变化等综合考核情况，对乙方的薪酬标准进行适当的调整；甲方以人民币的形式每月15日通过现金、银行转账、汇款等方式发放乙方上月度工资。第8条约定经甲乙双方协商一致，本合同可以解除。由甲方提出解除的，应依法支付经济补偿金。由乙方提出的，需提前一个月告知，并办好相关工作的交接手续，方可离岗；乙方严重违反劳动纪律或甲方规章制度的，甲方可以即时解除本合同。2015年12月21日，华泰电力实业有限公司向林芝作出《关于林芝同志岗位及薪资调整的通知》，该通知的主要内容是："由于行业极度不景气，公司经营长期亏损，业务开发困难重重，沉重的债务让公司举步维艰，为缓解企业运营压力，对企业高薪员工进行薪资劝降和岗位工作调整；林芝同志岗位和薪资调整方案是，原岗位人资行政部经理调整后岗位品质控制部主管，考虑来往公司路途较远，每月给予300元的交通补贴，工作部门和岗位调整的实施时间视林芝工作的移交情况，最迟不超过2月1日。原薪资为8000元/月，调整为基本工资3500元/月+岗位工资1000元/月十浮动绩效考核工资500元/月，该项自2016年1月起实施。"2016年3月16日，华泰电力实业有限公司向林芝作出《报到告知函》，该函的主要内容是："根据《关于林芝同志岗位及薪资调整的通知》，林芝的岗位调整实施时间因为林芝的原因，已经严重逾期，现公司再次函告林芝，请务必于2016年3月21日8时30分到公司经营地：福州市闽侯县铁岭东路7号，生产技术部报到。此函发出后如再出现未及时到岗或不服从公司工作安排的情况，公司将视之为林芝严重违反公司规章制度及《劳动合同》的有关约定，公司有权单方解除《劳动合同》。"2016年3月16日，林芝通过EMS快递向华泰电力实业有限公司寄送《解除劳动关系通知书》，EMS快递被退回。2016年3月21日，林芝办理了材料移交登记，之后就没有到华泰电力实业有限公司处上班。2016年3月28日，华泰电力实业有限公司向林芝作出《开除公告》，该公告的主要内容是："根据关于林芝同志岗位及薪资调整的通知和《报到告知函》的约定及文件通知要求，鉴于林芝未按照规定的时间到公司所在地生产技术部上班，林芝已经严重违反公司规章制度及《劳动合同》有关规定，即时解除与林芝劳动合同，要求林芝于2016年4月9日到公司的总经办做详细的离职交接，在办理交接手续审批后发放2016年2月、3月的工资结余。”华泰电力实业有限公司将该公告于2016年3月28日通过EMS快递送达林芝，林芝于2016年3月29日收到该公告。2016年1月1日起华泰电力实业有限公司按照调整后的薪资待遇发放林芝工资至2016年2月29日，其中2016年1月份发放工资为4568.85元；2016年2月份发放工资为4276.8元。

※裁判结果：(1)原告林芝与被告华泰电力实业有限公司于2016年3月29日解除劳动合同关系；(2)被告华泰电力实业有限公司应于本判决生效之日起十日内支付原告林芝2016年1月至3月份日期间未足额支付的工资12754.3元、解除劳动合同关系经济补偿金16000元，合计28754.3元；(3)驳回原告林芝的其他诉讼请求。如果未按本判决指定的期间履行金钱给付义务，应当根据《民事诉讼法》第253条的规定，加倍支付迟延履行期间的债务利息。案件受理费10元，由华泰电力实业有限公司负担。

※裁判理由：关于劳动合同解除问题。林芝主张确认双方劳动关系于2016年3月28日解除，2016年3月28日，华泰电力实业有限公司向林芝作出《开除公告》，林芝于2016年3月29日收到该公告，虽然庭审中林芝主张其于2016年3月16日向华泰电力实业有限公司邮寄了《解除劳动合同的通知书》，但快递被退回并未送达华泰电力实业有限公司，故一审法院确认双方的劳动关系于2016年3月29日解除。

关于支付工资问题。根据《劳动合同法》的规定，劳动合同中用人单位免除自己的法定责任、排除劳动者权利的内容无效。用人单位与劳动者协商一致，可以变更劳动合同约定的内容，即劳动合同的变更主要环节包括：一方当事人提出变更需求；另一方在得知变更合同的要求后应及时作出答复；如果双方同意变更，应达成书面变更协议。本案中《劳动合同》第2条第3项第1点约定：合同履行期间华泰电力实业有限公司有权根据工作需要，生产经营的变化及林芝的表现调整林芝的工作岗位及工作地点，同时林芝的工资待遇也可作相应调整，林芝同意并服从华泰电力实业有限公司的工作安排及待遇调整，否则视为林芝严重违反本合同及规章制度，被申请人有权单方解除本合同。该劳动合同书中关于调岗调薪条款的约定，违反了上述法律的规定，因此该条款的约定是无效的，即华泰电力实业有限公司依据上述条款的约定，向林芝单方作出调岗调薪的行为违反法律的规定，是无效的，所以2016年1月1日起华泰电力实业公司仍应按照林芝原薪资待遇(调整前的薪资待遇)发放工资。根据《劳动合同法》的规定，用人单位应当按照劳动合同约定和国家规定，向劳动者及时足额支付劳动报酬。林芝入职上班至2016年3月21日，所以华泰电力实业有限公司应根据《劳动合同》约定的工资向林芝发放2016年1月份未足额发放的工资为3431.15元;华泰电力实业有限公司应向林芝发放2016年2月份未足额发放的工资为3723.2元。庭审中华泰电力实业有限公司主张林芝在2016年3月份出勤不到10天,但是没有提供充足证据予以证明,因此一审法院对其答辩意见不予采纳,所以华泰电力实业有限公司应向林芝支付2016年3月1日至2016年3月21日的工资为5600元。

关于年度绩效工资问题。本案中,林芝主张要求华泰电力实业有限公司向其支付2015年年度绩效工资8000元及2016年1~3月的绩效工资1667元,根据林芝与华泰电力实业有限公司签订的《劳动合同》,双方未约定年度绩效工资,虽然林芝提供了《劳动合同补充协议》,但该补充协议中约定年度奖金视全年考核分定,实际上华泰电力实业有限公司未对林芝工作进行考核,林芝作为人资行政部经理对人事考核负有责任,同时根据华泰电力实业有限公司提供的工资表可以看出林芝每个月领取的工资组成中包含绩效工资且林芝对该份工资表的真实性无异议,综上,林芝的该项主张缺乏事实和法律依据,一审法院不予支持。

关于支付解除劳动关系经济补偿金问题。根据《劳动合同法》第38、46条的规定,劳动者因用人单位未及时足额支付劳动报酬的,用人单位应当依法支付经济补偿金。根据本法第47条第1款的规定,"经济补偿按劳动者在本单位工作的年限,每满一年支付一个月工资的标准向劳动者支付。六个月以上不满一年的,按一年计算;不满六个月的,向劳动者支付半个月工资的经济补偿"。林芝从2014年4月28日至2016年3月21日在华泰电力实业有限公司工作,华泰电力实业有限公司应支付其经济补偿金的数额为16000元(8000元/月×2)。

刘可欣与北京电通广告有限公司劳动争议案[1]

※裁判要点:专职律师只能在一个律师事务所执业,且在从业期间应当专职执业。专职律师若与所在律师事务所之外的其他单位签订劳动合同,其劳动合同因违反法律、行政法规强制性规定而无效。

※相关法条:《劳动合同法》第26条

※基本案情:2009年5月20日,原告刘可欣入职被告北京电通广告有限公司(以下简称电通公司),担任法务工作,双方签订劳动合同。合同到期后,双方续签劳动合同。2015年5月20日,双方续签为无固定期限劳动合同。2015年11月10日,电通公司作出《惩戒决定通知书》,载明:因刘可欣"1.除本公司工作之外,长期在北京市合川律师事务所兼任专职律师;2.向其他公司人员出借社会保障卡,帮助他人进行医疗费

〔1〕 参见北京市第二中级人民法院(2016)京02民终6620号判决书。

报销,侵占公司利益;3. 不服从公司9月25日发出的把办公座位搬至行政本部的业务命令;4. 工作时间内,不执行上司的工作安排,涉嫌扰乱公司正常工作秩序”,违反了“《员工守则》第七章第43条第3项、第十三章第86条第29、14、42项、第十三章第87条第31项的规定”,应当给予“辞退处罚”。刘可欣在该通知书的送达记录处手写“该解除劳动合同决定系对我举报投诉的打击报复,本人不接受,并会依法维权。刘可欣 2015.11.10”。

庭审中,电通公司提交了在北京市司法局网站“律师查询”页面显示的刘可欣执业信息,网页显示为“姓名:刘可欣;首次执业日期:2008年3月17日;人员类型:专职;执业状态:正常;所属律所:北京市合川律师事务所”。刘可欣认可该证据的真实性,但认为电通公司法务部招人的时候就要求必须要有律师资格。同时提供《证明》,该证明显示,2016年3月30日其与北京市合川律师事务所解除聘用关系。电通公司认为该《证明》反而证明了双方之间的劳动关系,解除聘用关系有可能是转所;且按照司法局的要求,律师转所要在30日之内向司法局提交信息。经核实,刘可欣于2016年3月30日提出律师调出申请,正在等待市局审核。

刘可欣向北京市东城区劳动人事争议仲裁委员会申请仲裁,要求电通公司支付2015年11月1日至2016年1月19日的工资53876元,双方继续履行劳动合同。2016年3月,仲裁裁决驳回了刘可欣的仲裁请求。刘可欣不服起诉至法院,要求支付拖欠工资。

※裁判结果: 北京市东城区人民法院作出(2016)京0101民初5809号判决驳回刘可欣基于劳动关系要求支付拖欠工资的诉讼请求。一审宣判后,刘可欣提起上诉,北京市第二中级人民法院2016年8月31日作出(2016)京02民终6620号判决,维持原判。

※裁判理由: 法院生效判决认为:《律师法》和《律师执业管理办法》规定专职律师只能在一个律师事务所执业,且在从业期间应当专职执业。专职律师与所在律师事务所之外的其他单位签订劳动合同,属于《劳动合同法》第26条第1款第3项规定的情形,劳动合同中涉及劳动关系项下的权利义务部分应为无效。本案中,刘可欣作为北京市合川律师事务所的专职律师,其执业期间与电通公司劳动合同中涉及劳动关系项下的权利义务部分应为无效,故刘可欣基于劳动关系要求继续履行劳动合同及电通公司支付2015年11月1日至2016年3月23日工资的上诉请求,缺乏依据,不予支持。

关联法规索引

《劳动法》第18条,劳动部《关于〈中华人民共和国劳动法〉若干条文的说明》第18条,劳动部《关于贯彻执行〈中华人民共和国劳动法〉若干问题的意见》第27条,劳动部《违反〈劳动法〉有关劳动合同规定的赔偿办法》第2条,劳动部《违反和解除劳动合同的经济补偿办法》第2、10、11条

第三章　劳动合同的履行和变更

本章介绍

劳动合同的履行和变更部分主要涉及：劳动合同的履行原则，劳动报酬的支付规则，加班的原则及加班费的支付，劳动者有权拒绝用人单位违章指挥、强令冒险作业，用人单位实体变更与非实体变更对履行劳动合同的影响，劳动合同变更的条件及程序等内容。

第二十九条　【劳动合同的履行】用人单位与劳动者应当按照劳动合同的约定，全面履行各自的义务。

第三十条　【劳动报酬】用人单位应当按照劳动合同约定和国家规定，向劳动者及时足额支付劳动报酬。

用人单位拖欠或者未足额支付劳动报酬的，劳动者可以依法向当地人民法院申请支付令，人民法院应当依法发出支付令。

配套法规

最高人民法院《关于审理劳动争议案件适用法律若干问题的解释（三）》（2010年9月13日）

第十七条　劳动者依据劳动合同法第三十条第二款和调解仲裁法第十六条规定向人民法院申请支付令，符合民事诉讼法第十七章督促程序规定的，人民法院应予受理。

依据劳动合同法第三十条第二款规定申请支付令被人民法院裁定终结督促程序后，劳动者就劳动争议事项直接向人民法院起诉的，人民法院应当告知其先向劳动人事争议仲裁委员会申请仲裁。

依据调解仲裁法第十六条规定申请支付令被人民法院裁定终结督促程序后，劳动者依据调解协议直接向人民法院提起诉讼的，人民法院应予受理。

适用解读

（一）工资的构成

用人单位应向劳动者“足额”支付劳动报酬，首先必须了解劳动报酬的构成。

工资由标准工资和非标准工资两部分构成。标准工资即我们通常所说的基本工资，是指按规定工资标准计算的工资（包括实行结构工资制的基础工资、职务工资和工龄津贴）。非标准工资是指标准工资以外的各种工资，包括奖金、津贴、补贴、加班加点工资以及特殊情况下支付的工资。奖金是指支付给职工的超额劳动报酬和增收节支的劳动报酬。津贴和补贴是指为了补偿职工特殊或额外的劳动消耗和因其他特殊原因支付给职工的津贴，以及为了保证职工工资水平不受物价影响支付给职工的物价补贴。加班加点工资是指对劳动者在法定标准工作时间以外劳动所支付的加班工资和加点工资。特殊情况下支付的工资包括根据国家法律、法规和政策规定，因病、工伤、产假、计划生育假、婚丧假、事假、探亲假、定期休假等原因按计时工资标准或计时工资标准的一定比例支付的工资，以及附加工资、保留工资。

不列入工资范围的包括[1]：(1)劳动保险和职工福利费用，具体有职工死亡丧葬费及抚恤费、医疗卫生费或公费医疗费用、职工生活困难补助费、集体福利事业补贴、工会文教费、集体福利费、探亲路费、冬季取暖补贴、上下班交通补贴以及洗理费等；(2)劳动保护的各项支出，具体有工作服、手套等劳保用品，解毒剂、清凉饮料，以及按照 1963 年 7 月 19 日原劳动部等七单位规定的范围对接触有毒物质、矽尘作业、放射线作业和潜水、沉箱作业、高温作业等五类工种所享受的由劳动保护费开支的保健食品待遇；[2] (3)出差伙食补助费、误餐补助、调动工作的旅费和安家费；(4)离退休、退职人员待遇的各项支出；(5)稿费、讲课费以及其他专门工作报酬等；(6)根据国务院发布的有关规定颁发的发明创造奖、自然科学奖、科学技术进步奖和支付的合理化建议和技术改进奖以及支付给运动员、教练员的奖金；(7)对自带工具、牲畜来企业工作职工所支付的工具、牲畜等的补偿费用；(8)实行租赁经营单位的承租人的风险性补偿收入；(9)对购买本企业股票和债券的职工所支付的股息（包括股金分红）和利息；(10)劳动合同制职工解除劳动合同时由企业支付的医疗补助费、生活补助费等；(11)因录用临时工而在工资以外向提供劳动力单位支付的手续费或管理费；(12)支付给家庭工人的加工费和按加工订货办法支付给承包单位的发包费用；(13)支付给参加企业劳动的在校学生的补贴；(14)计划生育独生子女补贴。

用人单位无故克扣劳动者工资的，由劳动行政部门责令其支付所欠工资和经济补

---

〔1〕 参见国家统计局《关于工资总额组成的规定》第 11 条。

〔2〕 参见《〈关于工资总额组成的规定〉若干具体范围的解释》，载《中国统计》1990 年第 1 期。

偿,并可责令其支付赔偿金。

（二）支付方式

工资应以法定货币支付,不得以实物及有价证券替代货币支付。用人单位应将工资支付给劳动者本人,同时,应向劳动者提供个人工资清单。用人单位必须书面记录支付劳动者工资的数额、时间等,如果是直接以现金支付给劳动者的,还应有劳动者领取签字的记录,并保存2年以上备查。由于现在很多用人单位采取委托银行代发工资的方式,所以工资存折和银行相关记录可以替代劳动者领取签字的记录。

（三）支付时间

劳动报酬是劳动合同的法定必备条款,劳动合同中要约定劳动报酬的支付时间,至少每月支付一次,实行周、日、小时工资制的可以按周、日、小时支付。劳动报酬必须在用人单位与劳动者约定的日期支付。如果约定的支付日期是节假日或休息日,则应提前在最近工作日支付。

用人单位超过与劳动者约定的工资支付时间还未支付工资的,即构成拖欠劳动者劳动报酬的行为,由劳动行政部门责令其支付所欠工资和经济补偿,并可责令其支付赔偿金。

（四）最低工资制度

用人单位支付劳动者的工资不得低于当地的最低工资标准。最低工资标准是指劳动者在法定工作时间或依法签订的劳动合同约定的工作时间内提供了正常劳动的前提下,用人单位依法应支付的最低劳动报酬。最低工资标准不包括加班加点工资、中班、夜班、高温、低温、井下、有毒有害等特殊工作环境、条件下的津贴,法律法规和国家规定的劳动者福利待遇等。全日制劳动者适用月最低工资标准,非全日制劳动者适用小时最低工资标准。

用人单位低于最低工资标准支付劳动者工资的,由劳动行政部门责令其限期补发所欠劳动者工资和经济补偿,并可责令其按所拖欠工资的1~5倍支付劳动者赔偿金。

（五）支付令

根据《劳动合同法》第30条以及《劳动争议调解仲裁法》第16条的规定,用人单位拖欠或者未能足额发放劳动报酬的,劳动者可以向人民法院申请支付令;因支付拖欠劳动报酬达成调解协议,用人单位在协议约定期限内不履行的,劳动者可以持调解协议书向人民法院申请支付令。所谓支付令,是人民法院依据债权人的申请,向债务人发出的责令债务人在规定期限内履行债务的法律文书,是依照《民事诉讼法》规定的督促程序。债务人在收到支付令之日起15日内既不提出异议又不履行支付令的,债权人可直接申请人民法院强制执行。工资支付令是保障劳动者劳动报酬权的重要程序法措施。

申请支付令必须符合下列条件:(1)用人单位存在拖欠或未足额向劳动者支付劳

动报酬的行为;(2)劳动者请求给付的劳动报酬已到约定支付期限且数额确定;(3)用人单位与劳动者之间没有其他债务纠纷;(4)支付令能够送达用人单位。

劳动者应当向有管辖权的基层人民法院申请支付令。劳动者在申请书中应当写明请求给付劳动报酬的具体数额,以及所依据的事实、证据,如劳动合同文本等。劳动者提出申请后,法院应当在5日内通知其是否受理。法院受理申请后,经审查劳动者提供的事实、证据,对工资债权债务关系明确、合法的,应当在受理之日起15日内向用人单位发出支付令;人民法院认为申请不成立的,裁定驳回申请,该裁定不得上诉。用人单位应当自收到支付令之日起15日内向劳动者支付拖欠工资,或者向人民法院提出书面异议。用人单位在收到支付令起15日内不提出异议又不履行支付令的,劳动者可以向人民法院申请强制执行。人民法院收到用人单位提出的书面异议后,应当裁定终结督促程序,支付令自行失效。如果是劳动者因用人单位拖欠或未足额支付劳动者工资而申请支付令的,在人民法院终结督促程序后,劳动者应先向劳动争议仲裁委员会申请仲裁;如果是因支付拖欠劳动报酬达成调解协议,用人单位在协议约定期限内不履行,劳动者因此申请的支付令,在人民法院终结督促程序后,劳动者可以持调解协议书直接向人民法院提起诉讼。

关联法规索引

《劳动法》第48、50条,劳动部《关于〈中华人民共和国劳动法〉若干条文的说明》第48、50条,劳动部《关于贯彻执行〈中华人民共和国劳动法〉若干问题的意见》第54、56~59条,《民事诉讼法》第214~217条,《工资支付暂行规定》,劳动部《对〈工资支付暂行规定〉有关问题的补充规定》,《关于工资总额组成的规定》,《最低工资规定》,劳动和社会保障部《关于进一步健全最低工资制度的通知》

第三十一条 【加班】用人单位应当严格执行劳动定额标准,不得强迫或者变相强迫劳动者加班。用人单位安排加班的,应当按照国家有关规定向劳动者支付加班费。

配套法规

最高人民法院《关于审理劳动争议案件适用法律若干问题的解释(三)》(2010年9月13日)

第九条 劳动者主张加班费的,应当就加班事实的存在承担举证责任。但劳动者有证据证明用人单位掌握加班事实存在的证据,用人单位不提供的,由用人单位承担不利后果。

适用解读

《宪法》第43条规定:“中华人民共和国劳动者有休息的权利。国家发展劳动者休息和休养的设施,规定职工的工作时间和休假制度。”《劳动法》也规定了劳动者有休息休假的权利,用人单位不得违法延长劳动者的工作时间,如果延长工作时间确实不能补休的,用人单位要支付高于劳动者正常工作时间工资的加班加点工资。而实践中,一些用人单位既希望最大限度地使用劳动者的劳动力,又不愿意支付加班加点工资,于是采取提高劳动定额标准的手段,迫使劳动者“自愿加班”。因此,劳动者有必要了解劳动定额标准以及关于加班和加班费的相关法律规定。

(一)劳动定额标准的含义

劳动定额是指在一定的生产和技术组织条件下,预先规定生产单位产品或完成一定工作量应该消耗的劳动量标准(一般以劳动时间来表示)。劳动定额有工时定额和产量定额两种形式。工时定额,即生产单位产品或完成一定工作量所规定的时间消耗量。产量定额,即在单位时间内(如小时、工作日或班次)规定的应生产产品的数量或应完成的工作量。

劳动定额标准分为国家标准、行业标准、地方标准和企业标准。其中,国家标准、行业标准和地方标准又可以分为强制性标准和推荐性标准。劳动定额标准一经批准发布,即具有法律效力。企业制定劳动定额,应当以劳动定额标准为依据和参考;劳动行政部门、企业主管部门和有关部门审查、核定或审批企业定额,考核企业定额水平,指导企业定额工作,必须以劳动定额标准为依据和尺度。

用人单位有义务提供与劳动定额标准相对应的技术组织条件,并且只有在具备足以突破劳动定额标准所规定定额水平的技术组织条件时,才可以实行高于劳动定额标准的劳动定额。

(二)我国的工时制度

根据相关法律的规定,我国的工时制度分为标准工时制度和特殊工时制度两类。

1. 标准工时制度

根据《劳动法》、国务院《关于职工工作时间的规定》、《国家机关、事业单位贯彻〈国务院关于职工工作时间的规定〉》、《劳动部〈国务院关于职工工作时间的规定〉问题解答》的规定,职工每日工作8小时、每周工作40小时为标准工时制度。[1] 延长工作时间一般每日不得超过1小时,特殊原因每日不得超过3小时,每月不得超过36小

[1] 根据1994年《劳动法》的规定,国家实行劳动者每日工作时间不超过8小时、平均每周工作时间不超过44小时的工时制度;1995年修订后的国务院《关于职工工作时间的规定》则在此基础上,将周平均工作时间不超过44小时改为不超过40小时。

时。有些企业因工作性质和生产特点不能实行标准工时制度的,应保证职工每周工作时间不超过40小时,每周至少可以休息1天。有些企业经劳动行政部门批准还可以实行不定时工作制、综合计算工时工作制等其他工作和休息办法。国家机关和事业单位实行统一的工作时间,星期六和星期日为周休息日。企业和不能实行前款规定的统一工作时间的事业单位,可以根据实际情况灵活安排周休息日。

2. 特殊工时制度

特殊工时制度包括不定时工时制度和综合计算工时制度两种。

不定时工时制度是针对因生产特点、工作特殊需要或职责范围的关系,无法按标准工作时间衡量或需要机动作业的职工所采用的一种工时制度。例如,企业中从事高级管理、推销、货运、装卸、长途运输驾驶、押运、非生产性值班和特殊工作形式的个体工作岗位的职工,出租车驾驶员等,可实行不定时工作制。经批准实行不定时工时制的职工,不受《劳动法》第41条规定的日延长工作时间标准和月延长工作时间标准的限制,但用人单位应采用弹性工作时间等适当的工作和休息方式,确保职工的休息休假权利和生产、工作任务的完成。

综合计算工时工作制是针对因工作性质特殊,需连续作业或受季节及自然条件限制的企业的部分职工,采用的以周、月、季、年等为周期综合计算工作时间的一种工时制度,但其平均日工作时间和平均周工作时间应与法定标准工作时间基本相同。主要是指:交通、铁路、邮电、水运、航运、渔业等行业中因工作性质特殊,需要连续作业的职工;地质、石油及资源勘探、建筑、制盐、制糖、旅游等受季节和自然条件限制的行业的部分职工;亦工亦农或由于受能源、原材料供应等条件限制难以均衡生产的乡镇企业的职工等。

用人单位实行特殊工时制度需要按照工作岗位或工种报劳动行政部门审批。

3. 制度工作时间及工资的计算

在标准工时制度规定的范围内工作的时间就是制度工作时间,制度工作时间是确定加班与否的标准。

根据劳动和社会保障部《关于职工全年月平均工作时间和工资折算问题的通知》的规定,职工全年平均制度工作天数为250天[365天-104天(休息日)-11天(法定节假日)];季平均制度工作天数为62.5天(250天÷4季);月平均制度工作天数为20.83天(250天÷12月);工作小时数的计算以月、季、年的工作日乘以每日的8小时。

根据《劳动法》第51条的规定,劳动者在法定节假日期间,用人单位应当依法支付工资,即折算日工资、小时工资时不剔除国家规定的11天法定节假日。据此,日工资、小时工资的折算公式为:

日工资=月工资收入÷月计薪天数

小时工资 = 月工资收入 ÷ (月计薪天数 × 8 小时)

月计薪天数 = (365 天 − 104 天) ÷ 12 月 = 21.75 天[1]

(三)加班的认定

劳动法律中关于加班有几种不同的称法:加班、延长工作时间、加班加点等。从法律上的界定来看,延长工作时间是指超出法定标准工时的时间,包括加班和加点两种形式。所谓加班,即劳动者在法定节假日或休息日工作,法定节假日包括新年、春节、清明节、劳动节、端午节、中秋节、国庆节以及法律法规规定的其他休假节日;还有一些属于部分人的法定节假日,如妇女节、青年节、儿童节等,非节日适用范围内的劳动者在这些节假日工作,不视为加班。所谓加点,即劳动者在标准工作日以外延长时间工作,如提前上班或推迟下班。《劳动合同法》中使用的是"加班",其含义与"延长工作时间"相同。

1. 从工作时间角度认定加班

在标准工时制下,经用人单位安排,劳动者在法定节假日、休息日工作,以及在制度工作日工作时间以外延长时间工作的,属于加班。

在综合计算工时制度下,综合计算周期内,某一具体日实际工作时间可以超过 8 小时,周实际工作时间可以超过 40 小时,但综合计算周期内的总实际工作时间不应超过总法定标准工作时间,超过部分应视为加班。劳动者在法定节假日工作的,应当认定为加班。实行综合计算工时工作制的职工,综合计算工作时间的计算周期不得超过本人劳动合同尚未履行的时间。如果企业与职工终止、解除劳动合同时,其综合计算工作时间的计算周期尚未结束的,对职工的实际工作时间超过法定标准工作时间的部分,企业应按《劳动法》第 44 条的规定支付劳动报酬。[2]

在不定时工时制度下,关于加班的认定及加班工资支付的问题,尚没有统一或者明确的规定。根据《工资支付暂行规定》第 13 条的规定,实行不定时工时制度的劳动者,不执行标准工时制度和综合计算工时制度下关于加班和加班工资支付的相关规定。从各地的规定来看,有的地方明确规定用人单位安排实行不定时工作制的员工在法定节假日、休息日工作的应支付加班工资。比如,深圳市《关于实行不定时工作制和综合计算工时工作制度审批管理工作试行办法》第 7 条第 2 款规定:"用人单位安排实行不定时工作制的员工在法定节假日、休息日工作的,按《深圳市员工工资支付条例》规定支付工资报酬。"很多地方则对此没有明文规定。对实行不定时工时制度的劳动者在休息日工作是否支付加班工资,各地的规定中亦未见明确规定。笔者认为,实行

[1] 根据 2000 年 3 月 17 日原劳动保障部发布的《关于职工全年月平均工作时间和工资折算问题的通知》,月计薪天数为 20.92。自 2008 年 1 月 3 日起,该文件废止。

[2] 参见《关于印发北京市企业实行综合计算工时工作制和不定时工作制办法的通知》第 8~9 条。

不定时工时制度的劳动者在法定节假日工作的，都应认定为加班，并参照标准工时制度下的加班工资支付加班费，以免用人单位利用不定时工时制度侵犯劳动者的合法权益；对于在休息日工作的，用人单位在制定不定时工时制度时就应参照标准工时制度合理确定劳动定额和其他考核标准，合理安排劳动者的休息时间，以年为时间单位综合考量劳动者实际工作时间是否超过制度工作时间，超过则可认定为加班。

2. 以"用人单位安排"为要件

标准工时制度下加班要特别强调的是"经用人单位安排"。未经用人单位安排，劳动者自己延长工作时间的，用人单位可以不支付加班费。法律规定劳动者主张加班费的，必须就加班事实承担举证责任。而加班的工作记录、加班费明细单等往往存放于用人单位处，劳动者难以举证。

实践中，一些用人单位对加班规定了严格的审批程序。比如，在其劳动规章制度中规定或劳动合同中约定：劳动者加班需填报加班申请单，经相关管理部门批准方可加班，未经批准的，用人单位不支付加班工资。关于这种规定或约定是否有效，实践中存在争议。一种观点认为：这种规定或约定是用人单位经营管理自主权的一种体现，劳动关系中强调劳动者应接受用人单位的管理和安排，因此只要该劳动规章制度和劳动合同从实体到程序都合法，就应当认为该规定或约定是有效的。但如果用人单位存在违法提高劳动定额的情形，则属于变相安排劳动者加班，该规定或约定应当无效。另一种观点则认为：有些用人单位尽管制定了严格的加班审批制度，但仍存在撇开审批制度直接安排劳动者加班的情形，发生争议时，劳动者难以举证。况且，即使是通过审批制度安排劳动者加班的，如果加班审批表被规定保存于管理者处，劳动者拿不到审批表同样难以举证。因此，该规定或约定可能成为用人单位侵犯劳动者合法权益的工具，对其是否有效应当慎重考虑。

笔者认为，用人单位关于加班审批制度中应当明确规定：加班审批单除用人单位保存外，还应有一份由劳动者持有保存。若此，前述规定或约定就应当认定有效。另外，根据最高人民法院《关于审理劳动争议案件适用法律若干问题的解释（三）》第 9 条的规定，劳动者有证据证明用人单位掌握加班事实存在的证据，用人单位不提供的，由用人单位承担不利后果，这也减轻了劳动者关于加班的举证责任。

（四）用人单位安排加班的限制

用人单位不得强迫或变相强迫劳动者加班。根据《劳动法》的规定，用人单位安排加班必须是出于生产经营的需要，确实需要加班的才能安排加班。用人单位要安排加班时，必须先与工会和劳动者协商，在征得工会及劳动者同意后方可延长工作时间。一般情况下，每天延长工作的时间不得超过 1 小时；特殊情况下，每天延长工作的时间不得超过 3 小时，并且每个月累计延长工作的时间不得超过 36 小时。实行综合计算工时制度的用人单位，延长工作时间的小时数平均每月不得超过36小时。

根据《劳动法》和国务院《关于职工工作时间的规定》等法律法规的规定，用人单位安排加班加点不受上述规定限制的特殊情形有：(1)发生自然灾害、事故或者因其他原因，使人民的安全健康和国家资财遭到严重威胁，需要紧急处理的；(2)生产设备、交通运输线路、公共设施发生故障，影响生产和公共利益，必须及时抢修的；(3)必须利用法定节日或公休日的停产期间进行设备检修、保养的；(4)为完成国防紧急任务，或者完成上级在国家计划外安排的其他紧急生产任务的，以及商业、供销企业在旺季完成收购、运输、加工农副产品紧急任务的；(5)法律、行政法规规定的其他特殊情况。

根据《劳动法》和《未成年人保护法》等法律法规的规定，禁止安排未成年工、怀孕7个月以上的女工和哺乳未满周岁婴儿的女工加班加点。

（五）加班费的支付

1. 日法定制度工作时间之外延长工作时间的，按照不低于劳动合同约定的劳动者本人小时工资标准的150%支付劳动者加班工资。

2. 休息日安排劳动者工作的，首先应安排补休，补休时间应与加班时间等同；不能补休的，则应支付不低于劳动者工资的200%的工资报酬。

3. 法定节假日安排劳动者工作的，一般不安排补休，应另外支付不低于劳动者工资的300%的工资报酬。

4. 实行综合计算工时制的，按照上述规定支付加班工资。

5. 实行计件工资的劳动者，在完成计件定额任务后，由用人单位安排延长工作时间的，应根据上述规定的原则，分别按照不低于其本人法定工作时间计件单价的150%、200%、300%支付其工资。

加班工资的支付最易引起争议的就是加班费的计算基数。对于实行计件工资的劳动者而言，劳动者法定工作时间计件单价即为加班费计算基数。根据劳动部《关于〈中华人民共和国劳动法〉若干条文的说明》第44条的规定，作为计算基数的“工资”，对实行计时工资的用人单位而言，指的是用人单位规定的劳动者本人的基本工资，但对于什么是“基本工资”，尚且没有详尽的界定。从各地的规定来看，有的规定得较为清楚，如天津市将其规定为：“用人单位支付给劳动者当月的工资总额，减除价格补贴、书报费、交通补助费、郊区补贴、洗理费、小伙食津贴、房屋补贴后即为月加班工资基数。”〔1〕有的将其规定计算基数为劳动者本人的“标准工资”〔2〕。根据1990年1月1日国家统计局发布的《〈关于工资总额组成的规定〉若干具体范围的解释》第5条的规

〔1〕 天津市劳动局《关于加班工资支付办法暂行规定》。

〔2〕 《深圳市员工工资支付条例》。

定,标准工资也称基本工资,是指按规定的工资标准计算的工资(包括实行结构工资制的基础工资、职务工资和工龄津贴),即劳动者在与用人单位约定的工作时间内(不超过法定工作时间)提供劳动所获得的工资。有的则规定计算基数的确定应当遵循以下原则:劳动合同有约定的,按不低于劳动合同约定的劳动者本人所在岗位(职位)相对应的工资标准确定;集体合同(或专项工资集体协议)确定的标准高于劳动合同约定标准的,按集体合同(工资集体协议)标准确定;用人单位与劳动者无任何约定的,假期工资的计算基数统一按劳动者本人所在岗位(职位)正常出勤的月工资的70%确定。兜底原则是:计算基数及所支付加班工资均不得低于当地规定的最低工资标准。[1]

因此,无论是标准工资,还是劳动合同中双方约定的工资,都涉及工资构成的问题。根据《关于工资总额组成的规定》以及《最低工资规定》的规定,按计时工资标准支付的工资,不包括奖金、津贴和补贴、加班加点工资、福利待遇等项内容。加班工资的计算基数一般以劳动者的月工资为标准。则根据前述日工资和小时工资的计算方式,计算加班工资的小时工资基数应当是:月工资收入 ÷ 月计薪天数(21.75 天) ÷ 8 小时,而且作为计算基数的月工资和计算出来的加班工资都不得低于法定的最低工资标准。

(六)加班争议的举证责任

用人单位安排劳动者加班,无论其是否实行加班审批制度,加班工作记录、加班审批单以及其他证据都可能由用人单位保存,劳动者要证明加班事实的存在非常困难。法律规定劳动者承担举证责任,对劳动者而言似乎不公平。因此,根据最高人民法院《关于审理劳动争议案件适用法律若干问题的解释(三)》第9条的规定,劳动者有证据证明用人单位掌握加班事实存在的证据,用人单位不提供的,由用人单位承担不利后果。

所谓用人单位承担不利后果,即推定劳动者主张的加班事实存在。

司法实践中,对加班费请求权存在仅支持2年以内存在加班事实的情形,这是对法律的误解。根据《工资支付暂行规定》的规定,工资支付凭证的最低保存期限为2年,即用人单位有义务提供至少2年以前的工资支付凭证,并非用人单位应提供加班事实存在的证据仅限于2年以内。如果劳动者提出证据证明用人单位掌握2年以前加班事实存在的证据,而用人单位不提供该证据,则可以推定劳动者主张的加班事实存在,对劳动者的加班费请求权应予以支持。[2]

---

〔1〕 参见《上海市企业工资支付办法》《北京市工资支付规定》。

〔2〕 参见最高人民法院研究室编:《劳动司法解释理解与适用》,法律出版社2011年版,第183页。

典型案例

姚智博与洛阳娃哈哈恒枫饮料有限公司劳动争议案[1]

※裁判要点：用人单位应当严格执行劳动定额标准，不得强迫或者变相强迫劳动者加班。用人单位安排加班的，应当按照国家有关规定向劳动者支付加班费。实行综合计算工时工作制的单位，职工的平均周工作时间、平均月工作时间、平均季工作时间、平均年工作时间应与法定标准工作时间相同，超过标准工作时间部分，用人单位应当向劳动者支付加点加班工资。

※相关法条：《劳动合同法》第31条

※基本案情：2014年3月27日，原告姚智博、被告洛阳娃哈哈恒枫食品饮料有限公司签订劳动合同，约定合同期限为2014年3月18日至2017年3月31日，其中试用期为2014年3月18日至2014年9月17日，原告月劳动报酬不低于1240元，同日，原告签字确认领取了劳动合同，在单位担任经警一职。2015年3月20日，原告以工作时间长，业余时间少为由提出辞职，被告同意了原告的辞职申请。同日，被告向原告出具了解除劳动合同的证明，原告于同日签字确认已收到上述证明。后原告向高新仲裁委申请仲裁，要求被告支付2014年3月至2015年3月工资19200元、加班费30020.6元、经济赔偿金42820.6元并由被告出具解除劳动合同的证明，高新仲裁委作出仲裁裁决：被告支付原告加班工资3872.63元；对原告的其他请求不予支持。原告不服，诉至法院。

2014年3月至2015年3月期间，被告逐月向原告发放工资1335.11元、3194.86元、3512.39元、3253.73元、3452.6元、3401.02元、3226.7元、2279.36元、2997.25元、1998.16元、3381.46元、1999.82元、977.42元，已支付原告加班工资共计16670.8元。

2013年7月31日，洛阳市人力资源和社会保障局发布《关于综合计算工时制和不定时工时制审批取消后有关问题的通知》（以下简称洛人社〔2013〕102号文件），“根据《洛阳市人民政府办公室关于公布全市行政审批事项清理结果的通知》（洛政办〔2011〕153号）精神，综合计算工时制和不定时工时制审批事项作为非行政许可项目被取消”。

二审另查明：2014年3月至2015年3月姚智博每月加班工时分别为－25.14、143.86、155.36、143.86、132.36、120.86、106.86、40.36、132.36、107.86、132.36、37.86、5.86；姚智博不存在法定节假日加班的情况。

---

〔1〕 参见河南省洛阳市中级人民法院（2016）豫03民终3020号判决书。

※**裁判结果**：河南省洛阳高新技术产业开发区人民法院作出(2015)洛开民初字第980号判决，驳回原告要求支付加班费和经济补偿金的请求。一审宣判后，姚智博提起上诉，河南省洛阳市中级人民法院2016年9月17日作出(2016)豫03民终3020号判决，维持原判。

※**裁判理由**：洛阳市人力资源和社会保障局洛人社〔2013〕102号文件已经取消了综合计算工时制的审批，且被上诉人娃哈哈公司关于实行综合计算工时制的决议已经其职工讨论并经其职工代表大会通过，故一审认定姚智博的加班工资应当采用综合工时制计算并无不当。综合计算工时制是指因工作性质特殊或受季节及自然条件限制，需在一段时间内连续作业，采取以周、月、季、年等为周期综合计算工作时间的一种制度。实行综合计算工时工作制的单位，职工的平均周工作时间、平均月工作时间、平均季工作时间、平均年工作时间应与法定标准工作时间相同，超过标准工作时间部分，应视为延长工作时间，用人单位按照不低于劳动者本人小时工资的150%向其支付加点加班工资。实行综合计算工时工作制的，工作周期内的周休息日工作的，没有加班费，工作周期内的法定节假日工作的，须支付加班费。

关联法规索引

《宪法》第43条，《劳动法》第36、38～40、44条，劳动部《关于〈中华人民共和国劳动法〉若干条文的说明》第36、38～40、44条，国务院《关于职工工作时间的规定》，劳动部《关于职工工作时间有关问题的复函》，劳动部《关于贯彻执行〈中华人民共和国劳动法〉若干问题的意见》第60～62条，《工资支付暂行规定》第13条，劳动部《对〈工资支付暂行规定〉有关问题的补充规定》第2条

第三十二条　【劳动者拒绝违章指挥、强令冒险作业】劳动者拒绝用人单位管理人员违章指挥、强令冒险作业的，不视为违反劳动合同。

劳动者对危害生命安全和身体健康的劳动条件，有权对用人单位提出批评、检举和控告。

适用解读

劳动安全卫生规程和标准是指关于消除、限制或预防劳动过程中的危险和有害因素，保护职工安全与健康，保障设备、生产正常运行而制定的统一规定。劳动安全卫生标准分为国家标准、行业标准和地方标准。

劳动者有义务按照劳动合同的约定服从用人单位的指挥和监督，否则即为违反劳动合同，应承担相应的违约责任。但如果是用人单位管理人员违章指挥、强令冒险作业，劳动者拒绝服从的，则不视为违反劳动合同。这里涉及违章指挥和强令冒险作业的界定。

违章指挥，是指用人单位管理人员违反劳动安全卫生制度指挥员工作业。劳动安全卫生制度主要包括安全生产责任制度、安全教育制度、安全检查制度、伤亡事故和职业病调查处理制度。强令冒险作业是指用人单位管理人员采用暴力、威胁或其他手段强迫劳动者违规实施危害劳动安全卫生的作业。用人单位管理人员违章指挥和强令冒险作业的行为可能造成重大事故，给劳动者及他人人身、财产安全造成损失，甚至还可能构成违法行为。因此，劳动者拒绝服从不应视为违反劳动合同。

根据《劳动法》的规定，用人单位有义务建立、健全劳动安全卫生制度，严格执行国家劳动安全卫生规程和标准，为劳动者提供符合国家规定的劳动安全卫生条件和必要的劳动防护用品。所谓国家规定，主要是指《工厂安全卫生规程》《建筑安装工程安全技术规程》《工业企业设计卫生标准》等及一些国家标准。用人单位提供的劳动安全卫生条件主要包括工作场所和生产设备。工作场所的光线应当充足，噪声、有毒有害气体和粉尘浓度不得超过国家规定的标准，建筑施工、易燃易爆和有毒有害等危险作业场所应当设置相应防护设施、报警装置、通信装置、安全标志等。对危险性大的生产设备设施，如锅炉、压力容器、起重机械、电梯等，必须经过安全评价认可，取得劳动行政部门颁发的安全使用许可证后，方可投入运行。提供给劳动者的劳动防护用品必须是经劳动行政部门安全认证合格的劳动防护用品。如果用人单位的安全生产条件即劳动防护用品未达到上述标准，则劳动者有权向用人单位提出批评，或者向卫生部门、安全生产监督管理部门、特种设备安全监督管理部门等相关部门检举和控告。用人单位不得因此对劳动者进行打击报复，如降低工资、福利待遇或解除劳动合同等，否则将依法承担相应法律责任。

关联法规索引

《劳动法》第56条，《矿山安全法》第25条，《矿山安全法实施条例》第32条

第三十三条 【用人单位名称、法定代表人等的变更】 用人单位变更名称、法定代表人、主要负责人或者投资人等事项，不影响劳动合同的履行。

适用解读

实践中,用人单位可能发生变更名称、法定代表人、主要负责人或投资人等情形,这些事项的变更对用人单位实体没有实质影响,即订立劳动合同时的组织实体依然存在,其履行劳动合同的能力没有改变。因此,用人单位与劳动者应继续履行其劳动合同,不需要重新签订劳动合同。如果涉及劳动合同中用人单位相关信息发生改变,如用人单位名称、法人代表等,则用人单位应修订劳动合同当事人条款中的相关信息。

典型案例

梁×与珠海××有限公司劳动合同纠纷案[1]

※裁判要点:企业变更名称、法定代表人、主要负责人或者投资人等事项,法人的所有制性质并没有发生改变,原劳动合同应继续履行。

※相关法条:《劳动合同法》第33条

※基本案情:原告梁×因与被告珠海××有限公司发生劳动争议纠纷,向珠海市香洲区人民法院提起诉讼。珠海××有限公司(以下简称××公司)提供的工商登记资料显示,珠海市公共汽车公司(以下简称市公汽公司)于1979年9月30日注册成立,于2010年9月29日经工商行政管理部门变更名称为珠海××有限公司,注册资本由原来的1789万元增资至5000万元,企业类型由原来的全民所有制变更为有限责任公司(法人独资),股东名称由原来的珠海市国有资产管理局,变更为珠海公共交通运输集团有限公司,珠海公共交通运输集团有限公司的全资股东为珠海市国资委,××公司重组前后全资国有身份没有发生变化。梁×主张于1993年7月入职市公汽公司。梁×与市公汽公司于2008年9月6日签订了无固定期限劳动合同,合同约定梁×的工种(工作岗位)为大客车驾驶员。梁×认为,××公司于2010年9月29日起至2012年9月29日期间没有签订书面劳动合同,提出未签订书面劳动合同二倍工资,与××公司发生纠纷,于2012年9月5日申请劳动仲裁。珠海市劳动争议仲裁委员会针对梁×的仲裁申请,于2012年9月6日作出《不予受理通知书》。此外,市公汽公司没有与梁×解除劳动合同,梁×无须向××公司办理入职手续,梁×的工作岗位、工作内容、职务均无变化。

※裁判结果:珠海市香洲区人民法院作出(2012)珠香法民一初字第3925号判决,驳回原告梁×的诉讼请求。宣判后,原告向广东省珠海市中级人民法院上诉,广东省

〔1〕 参见广东省珠海市中级人民法院(2013)珠中法民一终字第422号判决书。

珠海市中级人民法院审理后,(2013)珠中法民一终字第422号判决:一审判决认定事实清楚,适用法律正确,实体处理恰当,广东省珠海市中级人民法院予以维持。

※裁判理由:广东省珠海市中级人民法院认为,本案中,梁×主张,其在不知道企业改制的情况下被迫从市公汽公司进入××公司工作,××公司应当承担未签订书面劳动合同的二倍工资支付义务;××公司则认为,××公司与市公汽公司是同一主体,只是公司名称、投资人、公司内部治理结构等发生了变化,所以原劳动合同继续有效。纵观双方的诉辩意见,本案双方争议的焦点在于××公司与市公汽公司之间是何关系以及二者是否同一主体的问题。在我国,企业改制是一个特殊的历史概念,是指依法改变企业原有的资本结构、组织形式、经营管理模式或体制等,使其在客观上适应企业发展的新的需要的过程,一般是将原单一所有制的国有、集体企业改为多元投资主体的公司制企业和股份合作制企业或者是内外资企业互转,企业改制的本质是企业所有制的改变。全民所有制企业又称为国有企业,但广义的国有企业还包括国家控股的股份有限公司、有限责任公司和国有独资公司。根据本院查明的事实,市公汽公司于1979年9月30日注册成立,于2010年9月29日经工商行政管理部门变更名称为"珠海××有限公司",注册资本由原来的1789万元增资至5000万元,企业类型由原来的全民所有制变更为有限责任公司(法人独资),股东名称由原来的珠海市国有资产管理局变更为珠海公共交通运输集团有限公司,珠海公共交通运输集团有限公司的全资股东为珠海市国资委,故××公司重组前后全资国有的身份没有发生变化,即企业所有制性质没有发生变化,××公司的重组行为并不属于国有企业的改制行为。此外,从工商登记资料看,××公司的"企业法人营业执照"显示其成立时间为1979年9月30日,与市公汽公司的成立时间一致,这恰恰说明××公司并非新设立的法人,其与市公汽公司具有同一性。综合以上分析,广东省珠海市中级人民法院认定,××公司与市公汽公司是同一主体,二者之间只是企业名称、出资人以及企业治理模式不同,法人的所有制性质并没有发生改变,故原审法院依照《劳动合同法》第33条之规定认定原劳动合同继续履行、××公司无须承担二倍工资支付义务符合法律规定和本案的客观情况,应予维持。梁×主张本案应适用企业改制的相关法律法规及政策规定与事实不符,广东省珠海市中级人民法院不予采纳。至于梁×主张××公司单方降低了社保缴费基数与本案分属不同的法律关系,梁×可另寻途径解决。

关联法规索引

劳动部《关于实行劳动合同制度若干问题的通知》第9条

第三十四条　【用人单位合并或者分立】 用人单位发生合并或者分立等情况，原劳动合同继续有效，劳动合同由承继其权利和义务的用人单位继续履行。

配套法规

最高人民法院《关于审理劳动争议案件适用法律若干问题的解释》(2008年12月16日修正)

第十条　用人单位与其他单位合并的，合并前发生的劳动争议，由合并后的单位为当事人；用人单位分立为若干单位的，其分立前发生的劳动争议，由分立后的实际用人单位为当事人。

用人单位分立为若干单位后，对承受劳动权利义务的单位不明确的，分立后的单位均为当事人。

适用解读

用人单位合并一般有两种形式：一种是两个或两个以上的用人单位依法合并为一个新的用人单位，原用人单位实体不复存在；另一种是一个或一个以上的用人单位被撤销后，其权利义务转入另一个用人单位。用人单位分立也有两种形式：一种是原用人单位分出一部分财产设立一个或一个以上的新用人单位，且原用人单位依然存在；另一种是原用人单位分解为两个或两个以上新用人单位，原用人单位不复存在。

《民法通则》第44条第2款规定："企业法人分立、合并，它的权利和义务由变更后的法人享有和承担。"用人单位发生合并或分立后，其与劳动者之间的劳动合同可能出现以下几种情况：

第一，原则上，变更后的用人单位应继续履行劳动合同。劳动者在原用人单位的工作年限合并计算为变更后用人单位的工作年限。但是，如果原用人单位已经向劳动者支付了经济补偿的，则新用人单位在依法解除、终止劳动合同计算支付经济补偿的工作年限时，不再计算劳动者在原用人单位的工作年限。另外，根据最高人民法院《关于审理劳动争议案件适用法律若干问题的解释（四）》第5条的规定，因用人单位合并、分立等原因导致劳动者工作调动，如果原用人单位未支付经济补偿，劳动者依据《劳动合同法》第38条的规定与新用人单位解除劳动合同的，或者新用人单位要求解除或终止劳动合同的，在计算支付经济补偿金以及赔偿金的工作年限时，劳动者可以要求把原用人单位的工作年限合并计算为新用人单位的工作年限。

第二，变更后的用人单位可以依据实际情况与原用人单位的劳动者遵循平等自愿、协商一致的原则变更、解除或重新签订劳动合同。在此情况下重新签订劳动合同视为原劳动合同的变更，用人单位变更劳动合同，劳动者不能要求经济补偿。如果就劳动合同的变更或解除未能协商一致，则应继续履行原劳动合同。

第三，如果劳动合同订立时所依据的客观情况发生重大变化，致使劳动合同无法履行，则变更后的用人单位可以与劳动者协商变更劳动合同，如果未能达成一致，则用人单位可以提前 30 天以书面形式通知劳动者本人或额外支付劳动者 1 个月工资后，解除劳动合同。

用人单位发生合并或分立后，劳动者与用人单位之间发生的劳动争议案件应当如何确定诉讼主体是人民法院在审判实践中常遇到的问题。因此，最高人民法院在 2001 年的司法解释中规定，用人单位与其他单位合并的，合并前发生的劳动争议，以合并后的单位和劳动者为诉讼当事人；用人单位发生分立的，其分立前发生的劳动争议，以分立后劳动者的实际用人单位与劳动者为诉讼当事人。但如果用人单位分立后，劳动者没有实际用人单位，从而出现应由分立后的哪个单位承担劳动合同权利义务的争议时，应以分立后的各个单位和劳动者为诉讼当事人。

典型案例

李嘉陵与重庆建峰工业集团有限公司劳动合同纠纷案[1]

※裁判要点：在企业合并或分立过程中，除用人单位与劳动者达成一致协议外，用人单位和劳动者对劳动关系的承继均无任意选择权。用人单位发生合并或者分立，原劳动合同继续有效，劳动合同由承继其权利和义务的用人单位继续履行。

※相关法条：《劳动合同法》第 34 条

※基本案情：原告李嘉陵因与重庆建峰工业集团有限公司劳动合同纠纷向重庆市涪陵区人民法院提起诉讼。李嘉陵于 1995 年 10 月由重庆北岸机械厂调入建峰集团公司单位工作，双方于 2009 年签订了无固定期限的劳动合同，岗位为动力分厂市场部电信营业员，工资实行月薪制，由岗位工资、加班工资和绩效工资组成。2014 年 3 月 31 日，建峰集团公司将其所属的动力分厂的资产剥离出来，与重庆天原化工有限公司共同出资成立了重庆惠源水务有限公司，原动力厂的业务由重庆惠源水务有限公司承接，建峰集团公司将原动力分厂的全部员工（248 名）的劳动关系转移给了重庆惠源水务有限公司。除李嘉陵外，其余 247 名员工与重庆惠源水务有限公司另行签订了劳动合同。李嘉陵不同意与重庆惠源水务有限公司签订劳动合同，重庆惠源水务有限公司

[1] 参见重庆市第三中级人民法院（2015）渝三中法民终字第 00949 号判决书。

未向李嘉陵支付工资，但李嘉陵仍到原岗位报到，2014年6月，重庆惠源水务有限公司封了李嘉陵的收费员工号，李嘉陵实际未能工作。在劳动关系转移发生争议期间，由建峰集团公司向李嘉陵支付工资，建峰集团公司以李嘉陵实际未上岗为由，少发了李嘉陵绩效共计工资2282元、高温补贴600元。2014年11月，李嘉陵以建峰集团公司未足额支付劳动报酬为由向重庆市涪陵区劳动争议仲裁委员会申请仲裁，要求解除劳动合同、补发绩效工资和高温补贴、支付经济补偿金。仲裁委员会裁决建峰集团公司补发李嘉陵绩效工资2282元、高温补贴600元、解除劳动合同经济补偿金62006元。建峰集团公司不服该裁决遂诉至一审法院，请求法院判决不支付李嘉陵绩效工资2282元、高温补贴600元、经济补偿金59124元。

※**裁判结果**：重庆市涪陵区人民法院作出(2015)涪法民初字第00809号判决：建峰集团公司与李嘉陵已不存在劳动关系，建峰集团公司对李嘉陵不负有支付劳动报酬的义务。李嘉陵以建峰集团公司未及时足额支付劳动报酬为由，要求解除劳动合同，补发劳动报酬，给付经济补偿金的理由均不成立。法院判决驳回李嘉陵要求与建峰集团公司解除劳动合同、补发劳动报酬、给付解除劳动合同经济补偿金的诉讼请求。李嘉陵对一审判决不服，向重庆市第三中级人民法院提起上诉，请求撤销原判。

重庆市第三中级人民法院(2015)渝三中法民终字第00949号判决内容如下：李嘉陵与建峰集团公司的劳动合同已由重庆惠源水务有限公司承继，李嘉陵不能再向建峰集团公司主张合同权利。一审判决认定事实清楚，适用法律正确，予以维持。

※**裁判理由**：重庆建峰工业集团有限公司将其所属的动力分厂的资产剥离出来，与重庆天原化工有限公司共同出资成立了重庆惠源水务有限公司，原动力厂的业务由重庆惠源水务有限公司承接，该变动属于企业分立。《劳动合同法》第34条规定："用人单位发生合并或者分立等情况，原劳动合同继续有效，劳动合同由承继其权利和义务的用人单位继续履行。"重庆惠源水务有限公司登记成立后，原动力分厂的员工与重庆建峰工业集团有限公司的劳动关系终止，由重庆惠源水务有限公司承接重庆建峰工业集团有限公司与劳动者签订的劳动合同的全部权利义务。在企业合并或分立过程中，除用人单位与劳动者达成一致协议外，用人单位和劳动者对劳动关系的承继均无任意选择权。重庆惠源水务有限公司于2014年3月31日登记成立，应由重庆惠源水务有限公司承接建峰集团公司与李嘉陵签订的劳动合同中的全部权利义务，至此，建峰集团公司与李嘉陵已不存在劳动关系，建峰集团公司对李嘉陵不负有支付劳动报酬的义务。李嘉陵以建峰集团公司未及时足额支付劳动报酬为由，要求解除劳动合同，补发劳动报酬，给付经济补偿金的理由均不成立。

关联法规索引

《民法通则》第44条，劳动部《关于贯彻执行〈中华人民共和国劳动法〉若干问题的意见》第13、37条

第三十五条　【劳动合同的变更】用人单位与劳动者协商一致，可以变更劳动合同约定的内容。变更劳动合同，应当采用书面形式。

变更后的劳动合同文本由用人单位和劳动者各执一份。

配套法规

最高人民法院《关于审理劳动争议案件适用法律若干问题的解释（四）》（2013年1月18日）

第十一条　变更劳动合同未采用书面形式，但已经实际履行了口头变更的劳动合同超过一个月，且变更后的劳动合同内容不违反法律、行政法规、国家政策以及公序良俗，当事人以未采用书面形式为由主张劳动合同变更无效的，人民法院不予支持。

适用解读

劳动合同的变更，是指在劳动合同成立后尚未履行或尚未完全履行完毕之前，经用人单位和劳动者根据平等自愿的原则协商一致，对劳动合同所约定的部分内容进行修改、补充或删减，包括对工作岗位、工作地点、劳动报酬等条款的变更。

劳动合同的变更强调用人单位与劳动者“协商一致”，如果当事人双方没有就变更达成合意，则应继续履行原合同。用人单位不得因变更劳动合同未与劳动者达成一致而解除劳动合同，否则即可能构成非法解雇。之所以说“可能构成”，是因为《劳动法》和《劳动合同法》都赋予了用人单位有限的劳动合同单方变更权。

（一）法定的用人单位单方变更权

1. 依据劳动部《关于企业职工流动若干问题的通知》第2条的规定，用人单位与知悉商业秘密的职工在劳动合同中有不超过6个月的脱密期约定的，在劳动合同终止前或该职工提出解除劳动合同后的一定时间内，用人单位有权单方面调整其工作岗位，变更劳动合同中相关内容。

2. 依据《劳动法》以及《劳动合同法》第40条的规定，在三种情形下，用人单位有权要求调整劳动者的工作岗位，如果和劳动者不能就变更劳动合同达成合意的，用人单位可以提前30天书面通知劳动者本人或额外支付劳动者1个月工资后解除劳动合同，

并依法给予经济补偿:(1)劳动者患病或者非因工负伤,在规定的医疗期满后不能从事原工作的;(2)劳动者不能胜任工作的;(3)劳动合同订立时所依据的客观情况发生重大变化,致使劳动合同无法履行的。

(二)有争议的用人单位单方变更权

根据《劳动合同法》第17条的规定,劳动合同中工作地点和劳动报酬属于法定必备条款,工作岗位则属于约定条款。实践中,用人单位在劳动合同中约定的工作地点可能具体到市,也有可能宽泛到省甚至全国,有的用人单位在劳动合同中约定,或在规章制度中规定"用人单位有权根据生产经营需要,对员工的工作地点、工作岗位进行调整和变更,员工应当服从"。如果员工拒绝变更,用人单位以此为由解除劳动关系是否合法,在类案中有不同裁判意见。一种观点认为,这种约定属于用人单位经营自主权的范围,只要不违反法律法规的规定,劳动者就应当无条件服从,否则用人单位有权依据单位规章制度对劳动者进行惩戒,甚至解除劳动合同。另一种观点认为,法院应当对约定内容的合法性和合理性进行审查,如果工作地点或工作岗位的调整对原劳动合同的履行未产生实际影响,不会造成劳动者履行困难,则该调整不构成劳动合同变更,劳动者有义务配合。还有一种观点认为,该类约定排除了劳动者的合法权利,属于无效约定,用人单位以该约定单方变更劳动合同的,属于违法变更。

根据北京市高级人民法院、北京市劳动人事争议仲裁委员会《关于审理劳动争议案件法律适用问题的解答》第5条的规定,其对用人单位调整工作岗位的意见是:(1)用人单位与劳动者约定可根据生产经营情况调整劳动者工作岗位的,经审查用人单位证明生产经营情况已经发生变化,调岗属于合理范畴,应支持用人单位调整劳动者工作岗位。(2)用人单位与劳动者在劳动合同中未约定工作岗位或约定不明的,用人单位有正当理由,根据生产经营需要,合理地调整劳动者工作岗位属于用人单位自主用工行为。判断合理性应参考以下因素:用人单位经营必要性、目的正当性,调整后的岗位为劳动者所能胜任、工资待遇等劳动条件无不利变更。(3)用人单位与劳动者签订的劳动合同中明确约定工作岗位但未约定如何调岗的,在不符合《劳动合同法》第40条所列情形时,用人单位自行调整劳动者工作岗位的属于违约行为,给劳动者造成损失的,用人单位应予以赔偿,参照原岗位工资标准补发差额。对于劳动者主张恢复原工作岗位的,根据实际情况进行处理。经审查难以恢复原工作岗位的,可释明劳动者另行主张权利,释明后劳动者仍坚持要求恢复原工作岗位,可驳回请求。(4)用人单位在调整岗位的同时调整工资,劳动者接受调整岗位但不接受同时调整工资的,由用人单位说明调整理由。应根据用人单位实际情况、劳动者调整后的工作岗位性质、双方合同约定等内容综合判断是否侵犯劳动者合法权益。根据该解答第6条的规定,对于用人单位与劳动者在劳动合同中宽泛地约定工作地点是"全国""北京"等,用人单位在履行劳动合同过程中能否调整劳动者的工作地点的处理意见是:"用人单位与劳动者在劳动合同中宽泛地约定工作地点是"全国"、"北京"等,如无对用人单位经营模式、劳动者工作岗位特性等特别提示,属于对工作地点约定不明。劳动者在签订劳动合同后,已经在实际履行地点工作的,视为双方确定具体的工作地点。用人单位不得仅以工作地点约定为'全国'、'北京'为由,无正当理由变更劳动者的工作地点。用人单位与劳动者在劳动合同中明确约定用人单位可以单方变更工作地点的,仍应对工作地点的变更进行合理性审查。具体审查时,除考虑对劳动者的生活影响外,还应考虑用人单位是否采取了合理的弥补措施(如提供交通补助、班车)等。"第 7 条对劳动者按变更后的工作地点实际履行合同,又以未采用书面形式为由主张劳动合同变更的处理意见是:"劳动者已经按变更后的工作地点实际履行合同,又以未采用书面形式为由主张劳动合同变更无效的,适用《最高人民法院关于审理劳动争议案件适用法律若干问题的解释(四)》第十一条的规定处理。"

天津市高级人民法院《关于印发〈天津法院劳动争议案件审理指南〉的通知》第 19 条规定:"用人单位对劳动者的工作岗位进行调整,应当同时具备以下条件:(1)符合劳动合同的约定或者用人单位规章制度的规定;(2)符合用人单位生产经营的客观需要;(3)调整后的工作岗位的劳动待遇水平与原岗位基本相当,但根据《中华人民共和国劳动合同法》第四十条第一项,第二项,因劳动者患病或者非因公负伤,在规定的医疗期满后不能从事原工作而被调整岗位,或者因劳动者不能胜任工作而调整岗位的除外;(4)调整工作岗位不具有歧视性、侮辱性;(5)不违反法律法规的规定。用人单位因生产经营状况发生较大变化,经济效益出现下滑等客观情况,对内部经营进行调整,属于用人单位经营自主权的范畴,由此导致劳动者岗位变化、待遇水平降低,劳动者主张用人单位违法调整工作岗位、降低待遇水平的,不予支持。用人单位主张调整劳动者工作岗位合法,应承担举证证明责任。"第 20 条规定:"用人单位有权根据经营需要调整劳动者的工作地点,但有以下情形之一的,劳动者主张用人单位未经协商一致单方调整工作地点违法的,应予支持:(1)工作地点的调整具有歧视性、侮辱性;(2)明显增加劳动者工作成本,但用人单位提供了相应补偿或者替代条件可以基本弥补劳动者增加的工作成本的除外;(3)即使用人单位提供了相应补偿或者替代条件,但劳动者订立劳动合同的目的仍然落空的;(4)违反劳动合同对工作地点约定的。劳动者对用人单位调整工作地点存在上述情形承担举证证明责任。"

(三)劳动合同变更的形式

劳动合同的变更同劳动合同的订立一样,强调应当采用书面形式。因为书面劳动合同是证明劳动关系以及双方权利义务的重要证据,能够保护劳资双方的合法权益,但书面形式并非劳动合同的生效要件。实践中劳动合同变更的形式比较灵活,如工资单等能够证明劳动合同依法变更的,都视为“书面变更”。而且很多地方立法实践支持以实际履行行为来变更劳动合同。最高人民法院《关于审理劳动争议案件适用法律若干问题的解释(四)》第11条肯定了劳动合同口头变更形式的有效性,但同时规定必须通过当事人的实际履行行为来体现双方就劳动合同变更达成的合意。

该条的适用有两个要件:(1)实际履行口头变更的劳动合同超过1个月。之所以规定实际履行期限至少超过1个月才能视为双方已经实际变更的劳动合同,是考虑到我们主要以月作为薪酬支付周期,实际履行超过1个月,如果用人单位按时足额按照变更后的劳动合同支付了劳动报酬,则表明用人单位也在积极履行口头变更的劳动合同。[1] (2)变更后的劳动合同内容不违反法律法规、国家政策以及公序良俗。劳动合同在履行过程中,可能因为用人单位发生实体或非实体变更,或者因为劳动者自身情况发生改变,导致工作地点、工作岗位、薪酬等发生变更的情形不在少数。根据《劳动合同法》第35条的规定,劳动合同变更必须双方协商达成一致,在实践中限制了用人单位的单方调岗、调薪权,人民法院和仲裁机构对用人单位在劳动合同中与劳动者约定“用人单位有权根据生产经营变化及劳动者的工作情况调整其工作岗位”或者用人单位在合法制定的规章制度中规定其可以单方变更劳动合同是否合法有效也持审慎态度。为了避免用人单位滥用单方变更权,司法实践中一般要求劳动合同变更必须以“有利于劳动者”为原则。最高人民法院《关于审理劳动争议案件适用法律若干问题的解释(四)》第11条将审查劳动合同变更合理性的标准确定为:不违反法律、行政法规、国家政策以及公序良俗。

典型案例

中粮五谷道场食品有限公司与顾雪涵劳动争议案[2]

※裁判要点:在劳动合同履行期间,用人单位与劳动者协商一致可以变更劳动合同内容。

※相关法条:《劳动合同法》第35条

※基本案情:2010年4月12日,顾雪涵入职五谷道场公司。2013年4月12日,双方签订《劳动合同书》,约定合同期限为3年,自2013年4月12日至2016年4月11日止,甲方(五谷道场公司)根据工作需要安排乙方(顾雪涵)在仓储部门库管岗位工作,经甲乙双方协商一致,在合同期限内,甲方可以根据业务发展及经营管理需要以及员

---

〔1〕 参见《最高人民法院劳动争议司法解释(四)理解与适用》,人民法院出版社2013年版,第220页。

〔2〕 参见北京市第二中级人民法院(2016)京02民终5383号判决书。

工的专业技能和工作表现，依法调整乙方的工作岗位、职责及工作地点；乙方不适应本岗位工作或对本岗位工作不能胜任时，甲方有权决定对其培训或调整工作岗位，经过培训或调整工作岗位后，乙方仍不能胜任工作的，甲方有权解除劳动合同；乙方同意甲方根据生产经营的需要可以临时调整乙方的工作岗位或者安排乙方临时性工作任务，但时间不超过12个月，乙方完成甲方安排的临时性工作后，继续履行合同约定的工作岗位。

2015年6月28日，五谷道场公司口头通知将顾雪涵由仓储部门的库管调整至制面车间担任员工，顾雪涵不同意该调岗决定。2015年6月29日，五谷道场公司出具书面调岗通知，要求顾雪涵在2015年7月1日到生产部制造岗位报到。五谷道场公司认可通知时未明确说明是时间不超过12个月的临时调整。此后，顾雪涵仍继续在原岗位上班，拒绝到新岗位工作，直至2015年7月14日，五谷道场公司作出《关于生产部员工顾雪涵的严重违纪处理决定》，称顾雪涵拒不服从正常的工作调动，无理取闹、谩骂，影响工作秩序；自7月1日起，未到制面车间报到，且未办理任何请假手续，连续旷工3日以上，其行为严重违反了《中粮五谷道场食品有限公司奖惩管理办法》第3章第3部分解除劳动合同第1项的规定，"一个自然月内累计旷工两次或连续旷工3日"；以及第2项的规定，"不服从正常调动，或工作变动时工作交接不清、抗拒、拖延交接无理取闹、谩骂，影响工作秩序的给付解除劳动合同，故五谷道场公司决定解除与顾雪涵的劳动合同，不支付任何赔偿"。

庭审中，双方一致认可顾雪涵的月平均工资为2287元，五谷道场公司未支付顾雪涵2015年7月1日至14日工资。

2015年7月31日，顾雪涵向北京市房山区劳动人事争议仲裁委员会(以下简称房山仲裁委)申请仲裁，要求五谷道场公司支付："1. 2010年4月12日至2015年7月14日违法解除劳动合同赔偿金25157元；2. 2015年7月1日至14日工资1155元。"2015年11月30日，房山仲裁委作出京房劳人仲字(2015)第2355号裁决书，裁决：五谷道场公司支付顾雪涵2010年4月12日至2015年7月14日违法解除劳动合同赔偿金25157元及2015年7月1日至14日工资1051.5元，驳回顾雪涵的其他申请请求。五谷道场公司不服该裁决，起诉至法院。

※裁判结果：北京市大兴区人民法院于2016年5月作出(2016)京0111民初2593号判决："一、中粮五谷道场食品有限公司于判决生效后10日内支付顾雪涵违法解除劳动合同赔偿金二万五千一百五十七元；二、中粮五谷道场食品有限公司于判决生效后10日内支付顾雪涵二〇一五年七月一日至二〇一五年七月十四日工资一千零五十一元五角。如果未按判决指定的期间履行给付金钱义务，应当依照《中华人民共和国民事诉讼法》第二百五十三条的规定加倍支付迟延履行期间的债务利息。"

判决作出后，五谷道场公司坚持其原审意见，以一审认定事实错误、其属于合法解除为由，上诉至北京市第二中级人民法院，请求二审法院改判其无须支付顾雪涵违法解除劳动合同赔偿金及2015年7月工资。北京市第二中级人民法院作出(2016)京02民终5383号判决：北京市大兴区人民法院判令五谷道场公司支付顾雪涵违法解除劳动合同赔偿金及2015年7月工资正确，予以维持。

※裁判理由：劳动者与用人单位发生劳动争议，应当依据双方所签劳动合同的约定及劳动法律法规之规定来维护权利。本案中，五谷道场公司是否有权不经顾雪涵同意，调整其岗位系争议的焦点。《劳动合同法》第3条及第29条规定了用人单位与劳动者应当按照劳动合同的约定，全面履行各自义务。《劳动合同法》第35条第1款规定："用人单位与劳动者协商一致，可以变更劳动合同约定的内容……"本案中，双方所签劳动合同第3条约定顾雪涵在仓储部门库管岗位工作；第4条约定，经双方协商一致，五谷道场公司可以根据业务发展及经营管理需要以及员工的专业技能和工作表现，依法调整顾雪涵的工作岗位、职责及工作地点；第6条约定，顾雪涵同意五谷道场公司根据生产经营的需要可以临时调整其工作岗位或者安排临时性工作任务，但时间不得超过12个月。由此可知，除在12个月内的临时调整或安排临时性工作任务之外，五谷道场公司调整顾雪涵的工作岗位，须征得顾雪涵的同意。现五谷道场公司将顾雪涵的工作岗位由仓储部库管调整至制面车间制造岗位，五谷道场公司亦认可未明确说明系临时性调整，且顾雪涵明确表示不同意该调岗决定，并坚持在原岗位工作，拒绝到新岗位上班，因此，无论从法律规定，还是从合同约定而言，五谷道场公司未经顾雪涵的同意，单方调动顾雪涵的行为的确侵害了顾雪涵的合法权益。顾雪涵虽未至新岗位上班，但其仍坚持在原岗位工作，五谷道场公司以旷工为由，解除劳动合同关系缺乏依据，故法院对顾雪涵主张五谷道场公司违法解除劳动合同的意见，予以采纳。经核算，仲裁机构裁决五谷道场公司支付顾雪涵违法解除劳动合同赔偿金的数额不高于顾雪涵的应得数额，且顾雪涵亦予以认可，故法院对该项裁决结果予以确认。

2015年7月1日至14日期间，双方之间的劳动关系仍然存续，且该期间顾雪涵仍坚持去原岗位上班，故仲裁机构裁决五谷道场公司支付顾雪涵该期间工资1051.5元，符合法律规定，法院依法予以确认。

天津泰林科技发展有限公司与郭士和劳动纠纷案[1]

※裁判要点：用人单位变更劳动合同约定的工作地点，必须与劳动者协商一致。如果未与劳动者协商一致，用人单位单方变更劳动合同，劳动者不服安排的，用人单位

〔1〕 参见天津市第二中级人民法院(2016)津02民终4670号判决书。

不得以此为由解除劳动合同。

※相关法条:《劳动合同法》第35条

※基本案情:被告郭士和系原告天津泰林科技发展有限公司(以下简称泰林公司)员工,2015年3月24日进入泰林公司处从事产品结构设计工作,双方签订期限为2015年5月25日至2017年5月24日的书面劳动合同。该合同约定工作地点为慧谷大厦,月薪为2500元,工作时间为标准工时。同时约定双方经协商一致,可以变更合同,并办理书面变更手续。郭士和、泰林公司均认可实际履行劳动合同的地点为泰林公司在天津市南开区的办公地点慧谷大厦。2016年2月24日,泰林公司向郭士和下发《工作地点调动通知书》,写明:"因公司业务需要,经公司领导研究决定,工作地点变更为天津泰林科技发展有限公司(滨海总部),现通知你自接到本通知后即日起(2016年2月25日),到新的办公地点就职,如未能按时到场办公,按旷工处理,旷工3日,按照公司规定视为员工自动解除劳动合同。"郭士和因住址距离滨海新区较远,未在规定时间到新工作地点上班,并向泰林公司表示不同意调整工作地点。2016年2月25日,泰林公司向郭士和送达《解除劳动合同通知书》,写明因"不服从公司安排,给公司造成项目损失"为由解除与郭士和的劳动关系。

郭士和在职期间,泰林公司未为其发放防暑降温费、集中供热补助费。根据泰林公司、郭士和双方确认的郭士和2015年3月至2016年2月应发工资明细表,计算郭士和离职前的月平均工资为7350元。

2015年度的防暑降温费标准为每月140.6元,2015~2016年度集中供热补助标准为每季度185元。

就双方的劳动争议,郭士和于2016年3月9日向天津经济技术开发区劳动争议仲裁委员会申请劳动争议仲裁,要求泰林公司:"1.支付违法解除劳动关系经济赔偿金16000元;2.为郭士和办理退工退档手续;3.支付2016年2月工资8000元;4.支付代通知金8000元;5.支付2015年6月至9月防暑降温费420元;6.协助办理失业金申领手续;7.支付2015年取暖费420元。"天津经济技术开发区劳动争议仲裁委员会于2016年5月18日作出开劳仲字(2016)第269号仲裁裁决书,裁决泰林公司:"1.自裁决生效之日起10日内,支付郭士和违法解除劳动合同经济赔偿金16000元;2.自裁决生效之日起10日内为郭士和办理退工退档手续;3.自裁决生效之日起10日内支付郭士和2015年防暑降温费420元;4.自裁决生效之日起10日内协助郭士和办理失业金申领手续;5.自裁决生效之日起10日内支付郭士和2015年取暖费430元;6.驳回郭士和的其他仲裁请求。"泰林公司不服该裁决,呈诉。

※裁判结果:天津市滨海新区人民法院作出(2016)津0116民初81802号判决:"一、原告天津泰林科技发展有限公司与被告郭士和的劳动合同于2016年2月25日解

除,原告天津泰林科技发展有限公司自本判决生效之日起30日内为被告郭士和办理档案及社会保险关系转移手续,并协助被告郭士和办理失业金申领手续;二、驳回原告天津泰林科技发展有限公司不予支付经济赔偿金16000元的诉讼请求;三、原告天津泰林科技发展有限公司自本判决生效之日起10日内给付被告郭士和违法解除劳动合同经济赔偿金14700元;四、原告天津泰林科技发展有限公司于本判决生效之日起10日内给付被告郭士和2015年度至2016年度集中供热补助费185元;五、原告天津泰林科技发展有限公司于本判决生效之日起10日内给付被告郭士和2015年度防暑降温费420元;六、驳回原告的其他诉讼请求。"一审判决后,天津泰林科技发展有限公司提起上诉,天津市第二中级人民法院于2016年9月6日作出(2016)津02民终4670号判决,维持原判。

※裁判理由:《劳动合同法》第35条第1款规定:"用人单位与劳动者协商一致,可以变更劳动合同约定的内容。变更劳动合同,应当采用书面形式。"结合本案,双方在劳动合同中明确约定工作地点为天津市南开区慧谷大厦,亦约定了经双方协商一致可书面变更合同内容。现泰林公司单方通知郭士和变更工作地点,郭士和未表示同意,在双方未协商一致的情形下,泰林公司以郭士和不服从公司安排解除与郭士和的劳动合同的行为不符合法律规定。因此,泰林公司解除与郭士和劳动合同的行为违法,现郭士和不要求继续履行劳动合同,泰林公司应根据《劳动合同法》第48条的规定支付郭士和经济赔偿金,即14700(7350×2)元。

防暑降温费和集中供热补贴系国家规定的法定福利待遇,泰林公司应予发放。泰林公司称其随工资发放了该两项费用,但未就其主张提供相关证据,法院不予采信。因此,泰林公司应补发郭士和防暑降温费562.4元,集中供热补助费185元。裁决泰林公司应给付郭士和2015年度取暖费430元,超出法律规定的范围,一审法院予以调整。冬季取暖补贴按照相关规定为在用人单位工作满1年才可以发放,故泰林公司不应发放2015~2016年度冬季取暖补贴。

广州市凯荣都国际大酒店有限公司与罗某甲劳动合同纠纷案[1]

※裁判要点:劳动合同中约定"因工作情况变化、本人工作能力、身体健康情况或甲方经营需要,甲方可随时调整乙方工作岗位,乙方同意无条件服从"的条款,排除了作为劳动者的合法权利,应属无效条款。

※相关法条:《劳动合同法》第26条

※基本案情:被告罗某甲于2011年1月18日入职原告广州凯荣都国际大酒店有

〔1〕 参见广州市海珠区人民法院(2014)穗海法民一初字第1953号判决书。

限公司处，任职销售部副经理。双方签订的最后一份劳动合同期限为从2014年2月1日至2016年1月31日止，合同第二款约定："……因工作情况变化、本人工作能力、身体健康情况或甲方经营需要，甲方可随时调整乙方工作岗位，乙方同意无条件服从。"

2014年7月17日，原告出具《关于对罗某甲自动离职处理的通知》，主要内容有："酒店于2014年7月1日根据经营需要将其从营销部销售岗位调职至前厅部大堂经理岗位，对此公司已经专门开会通知了其本人以及各个部门。但从7月1日起至7月16日期间，其一直擅离职守，从未到新岗位工作，也不向公司说明理由或者请假，酒店多次通知其至新岗位报到并工作，均未果。根据酒店《员工考勤纪律及处罚规定》，员工擅离岗位30分钟其为旷工，连续旷工三天，累计旷工五天以上者按自动离职处理。鉴于其擅离职守，严重违反公司的纪律，特对其按自动离职处理。"

在诉讼中，原告申请证人戴某出庭作证，证人证言主要如下：证人在原告公司任职副总经理，原告公司在2014年6月对营销政策进行了方案调整，被告对调整方案不能接受，因此被告提出辞职，要求按照之前的方案发放工资给被告。原告公司并没有要解除与被告的合同，原告公司仍希望被告到公司上班。

被告向广州市劳动人事争议仲裁委员会申请仲裁，要求原告支付解除劳动关系的赔偿金以及工资。该委员会于2014年10月13日作出穗劳人仲案(2014)2625号仲裁裁决书，裁决："1.原告支付被告2014年7月1日至7月17日的工资2361元；2.原告支付被告解除劳动关系的赔偿金79000元；3.驳回被告其他申请请求。"原告不服上述裁决，在法定期限内向本院提起诉讼。被告没有对上述裁决提起诉讼。

※裁判结果：裁决："一、驳回原告广州市KRD国际大酒店有限公司的诉讼请求；二、原告广州市KRD国际大酒店有限公司在本判决生效之日起7日内一次性支付2014年7月1日至7月17日的工资2361元给被告罗某甲；三、原告广州市KRD国际大酒店有限公司在本判决生效之日起7日内一次性支付解除劳动关系的赔偿金79000元给被告罗某甲。如果当事人逾期履行给付金钱义务的，按照《中华人民共和国民事诉讼法》第二百五十三条规定，加倍支付迟延履行期间的债务利息。"

※裁判理由：关于2014年7月1日至7月17日的工资。原告主张被告在此期间没有上班，没有提供劳动，因而不需支付工资，但没有提交证据予以证实，故本院不予支持。被告没有对仲裁裁决提起诉讼，视为对裁决内容的同意，故原告应支付2014年7月1日至7月17日的工资2361元给被告。

关于解除劳动关系的赔偿金。首先，关于原、被告所签订的劳动合同，劳动者的工作岗位的确定是劳动者提供劳动，获取劳动报酬的前提，是劳动合同不可或缺的必备条款，劳动者工作岗位的变更事实上是对劳动合同的变更，应由原、被告双方协商一致确定。本案中，原、被告所签订的劳动合同中所约定的"因工作情况变化、本人工作能力、身体健康情况或甲方经营需要，甲方可随时调整乙方工作岗位，乙方同意无条件服从”的条款，排除了作为劳动者的被告的合法权利，应属无效条款。其次，原告是否应支付解除劳动关系的赔偿金，关键在于确定原、被告双方解除劳动关系的原因。根据原告、被告双方的陈述以及原告加盖印章的《关于对罗某甲自动离职处理的通知》，本院可以认定原告因被告没有到新岗位上班而解除与被告的劳动关系，而原告要求被告到新岗位上班缺乏依据，故原告解除与被告的劳动关系属违法解除。原告认为被告系主动辞职，但仅提供证人证言无法证明被告系主动辞职，故本院不予采信。故原告应支付解除劳动关系的赔偿金79000元给被告。

长沙市人人乐商业有限公司与舒展劳动争议案〔1〕

※裁判要点：用人单位预先在劳动合同中约定，“用人单位有权调整工作地点及岗位，员工必须予以服从，否则用人单位有权解除劳动合同”。要评判该约定是否有效，用人单位调整工作地点及岗位的行为是否合法，关键还是要看用人单位调整工作地点及岗位是否会对原劳动合同的履行产生实质影响。若用人单位对于劳动者工作地点及岗位的调整是合理的，在不会给劳动者造成劳动合同履行困难的情况下，则用人单位调整工作地点及岗位不构成劳动合同内容变更，劳动者有义务配合用人单位的经营安排。

※基本案情：被告舒展于2010年5月4日入职到原告长沙市人人乐商业有限公司处工作。2013年4月18日，原告（甲方）与被告（乙方）之间又签订《湖南省劳动合同书》（编号201305），约定：“合同期限自2013年5月5日至2016年5月5月止；还约定根据甲方工作需要，乙方同意从事管理岗位（工种）工作，经双方协商同意，可以变更工作岗位（工种）。”另，该劳动合同附件约定：“鉴于甲方连锁企业的经营特点，乙方同意在劳动合同期限内服从甲方的工作调动安排，此调动包括甲方部门之间的调动和向其他甲方控股的经营单位之间相互调动……甲方调动通知一经发出，乙方需服从甲方调动安排，否则甲方有权解除劳动合同，且不支付任何经济补偿金。”被告在原告处的登记资料显示其所属公司为湖南分公司，部门为日杂采购部，职务为主管，工资为3500元/月。2015年10月12日，原告的人力资源部作出了《员工调动通知书》，将被告由原来的湖南分公司日杂采购部主管调至湖南东玺门店非食品区主管。被告不同意原告对其工作岗位的调动，未到新的工作岗位进行报到上班，其在2015年10月15日至2015年10月22日期间仍至原工作部门进行上班打卡。2015年10月19日，长沙市人人乐商业广场有限公司东玺门广场（为原告下属部门）作出了《返岗通知书》，要求被告

〔1〕 参见长沙市岳麓区人民法院（2016）湘0104民初675号判决书。

在2015年10月20日前返岗上班，被告于2015年10月20日收到上述《返岗通知书》。2015年10月22日，原告下属的东玺门购物广场作出了《解除劳动合同通知函》，以被告无故连续旷工超过两天为由，解除双方的劳动合同。被告对原告单方解除劳动合同的行为，向长沙市岳麓区劳动人事争议仲裁委员会（以下简称仲裁委）申请仲裁，请求依法裁决原告向被告支付拖欠的工资1590元、经济补偿金19250元。仲裁委于2015年12月25日作出岳劳人仲案字（2015）第101号《仲裁裁决书》，原告支付被告经济补偿19250元；原告支付被告拖欠工资1955元。原告不服，诉至本院。

※**裁判结果**：裁决："一、原告长沙市人人乐商业有限公司无须向被告舒展支付经济补偿金；二、原告长沙市人人乐商业有限公司无须再向被告舒展支付工资。本案案件受理费10元减半收取5元，由被告舒展负担。"

※**裁判理由**：原、被告双方签订的《湖南省劳动合同书》及《劳动合同附件》系双方当事人真实意思表示，并不违反法律法规的强制性、效力性规定，依法成立并生效，原、被告双方应当秉持诚信原则，按照该合同的约定享受权利和履行义务。现双方在劳动合同履行过程中产生争议，争议的主要焦点为原告对被告的工作地点及岗位的调整是否合理合法。对此，本院认为，被告预先在《劳动合同附件》约定用人单位有权调整工作地点及岗位，员工必须予以服从，否则用人单位有权解除劳动合同。要评判该约定是否有效，被告调整工作地点及岗位的行为是否合法，关键还是要看用人单位调整工作地点及岗位是否会对原劳动合同的履行产生实质影响。若用人单位对于劳动者工作地点及岗位的调整是合理的，在不会给劳动者造成劳动合同履行困难的情况下，则用人单位调整工作地点及岗位不构成劳动合同内容变更，劳动者有义务配合用人单位的经营安排。而本案中，原告于2015年10月13日将被告的工作岗位从湖南分公司日杂采购部调整为湖南东玺门店非食品区，并及时通知了被告；经调整后被告的职务仍为主管，工作地点仍在长沙市区，原告亦未降低被告的工资水平，且被告亦未提交有效证据证明该项调整给其造成劳动合同履行之困难，故原告的上述岗位调整应当认定为合理合法。被告理应服从安排，到新的工作岗位报到上班，但其以原告调岗未与其协商并经其同意为由拒绝到新岗位工作；经原告向其送达书面《返岗通知书》后，被告仍不前往新岗位工作，其行为显然严重违反了被告的规章制度，原告由此与被告解除劳动合同合理合法并符合双方的合同约定，故原告无须向被告支付经济补偿金。同时，原告对被告作出岗位调整后，被告仍在原岗位打卡上班的行为不应视为其提供了合格有效之劳动，故其要求原告支付此段时间的工资之请求，理据不足，本院不予支持；原告关于无须向被告再支付工资之请求，合理有据，本院予以支持。

第四章　劳动合同的解除和终止

本章介绍

劳动合同的解除和终止是产生劳动争议最多的事由,法律介入劳动合同的解除和终止环节,主要是因为劳动者在劳资关系的弱势地位导致其无法与用人单位平等地决定劳动关系是否存续,以及劳动者在劳动合同解除或终止后可能无法获得合理的补偿或赔偿。法律通过许可性条件和禁止性条件限制用人单位的解雇权,赋予劳动者不附任何实体性条件的辞职权,规定劳动合同解除或终止后用人单位应向劳动者支付的经济补偿标准,以及用人单位违法解除或终止劳动合同的法律后果,包括解除或终止劳动合同后用人单位与劳动者的义务,从而保障劳动者在劳动关系运行过程中的合法权益。

第三十六条　【协商解除劳动合同】用人单位与劳动者协商一致,可以解除劳动合同。

第三十七条　【劳动者提前通知解除劳动合同】劳动者提前三十日以书面形式通知用人单位,可以解除劳动合同。劳动者在试用期内提前三日通知用人单位,可以解除劳动合同。

第三十八条　【劳动者解除劳动合同】用人单位有下列情形之一的,劳动者可以解除劳动合同:

(一)未按照劳动合同约定提供劳动保护或者劳动条件的;

(二)未及时足额支付劳动报酬的;

(三)未依法为劳动者缴纳社会保险费的;

(四)用人单位的规章制度违反法律、法规的规定,损害劳动者权益的;

(五)因本法第二十六条第一款规定的情形致使劳动合同无效的;

(六)法律、行政法规规定劳动者可以解除劳动合同的其他情形。

用人单位以暴力、威胁或者非法限制人身自由的手段强迫劳动者劳动的,或者用人单位违章指挥、强令冒险作业危及劳动者人身安全的,劳动者可以立即解除劳动合同,不需事先告知用人单位。

配套法规

《劳动合同法实施条例》(2008年9月18日)

第十八条　有下列情形之一的,依照劳动合同法规定的条件、程序,劳动者可以与用人单位解除固定期限劳动合同、无固定期限劳动合同或者以完成一定工作任务为期限的劳动合同:

(一)劳动者与用人单位协商一致的;

(二)劳动者提前30日以书面形式通知用人单位的;

(三)劳动者在试用期内提前3日通知用人单位的;

(四)用人单位未按照劳动合同约定提供劳动保护或者劳动条件的;

(五)用人单位未及时足额支付劳动报酬的;

(六)用人单位未依法为劳动者缴纳社会保险费的;

(七)用人单位的规章制度违反法律、法规的规定,损害劳动者权益的;

(八)用人单位以欺诈、胁迫的手段或者乘人之危,使劳动者在违背真实意思的情况下订立或者变更劳动合同的;

(九)用人单位在劳动合同中免除自己的法定责任、排除劳动者权利的;

(十)用人单位违反法律、行政法规强制性规定的;

(十一)用人单位以暴力、威胁或者非法限制人身自由的手段强迫劳动者劳动的;

(十二)用人单位违章指挥、强令冒险作业危及劳动者人身安全的;

(十三)法律、行政法规规定劳动者可以解除劳动合同的其他情形。

适用解读

劳动合同的解除,是指在依法订立且生效的劳动合同尚未履行或尚未全部履行完毕之前,劳动合同当事人提前消灭劳动关系的法律行为。劳动合同的解除,根据解除方式以及条件的不同,可分为协商解除、法定解除和约定解除。协商解除是指当事人双方在平等、自愿的基础上协商一致解除劳动合同。法定解除是指具有单方解除权的一方当事人依据法律规定的条件解除劳动合同。约定解除是指具有单方解除权的一方当事人依据双方约定的条件解除劳动合同。法定解除和约定解除都属于单方解除。

(一)协商解除

协商解除是指劳动者可以通过与用人单位协商解除劳动合同,前提是劳动者与用人单位就解除劳动合同以及解除后的相关事项达成一致,且协商是基于平等、自愿的原则。协商解除没有实体性条件。如果解除劳动合同的动议由劳动者提出,则用人单位无须向劳动者支付经济补偿金;反之,如果解除劳动合同的动议由用人单位提出,则用人单位需依法向劳动者支付经济补偿金。

（二）劳动者单方解除

较之用人单位，法律赋予了劳动者更多的辞职自由。根据《劳动法》和《劳动合同法》的规定，劳动者享有辞职权的情形有：

1. 预告辞职

法律对劳动者行使辞职权不附任何实体性条件，但在用人单位没有过错的情形下，劳动者辞职需履行一定的程序义务。根据《劳动合同法》第 37 条的规定，劳动者辞职需要提前 30 天以书面形式通知用人单位。而试用期内的劳动者则需要提前 3 天通知用人单位，通知以书面形式或口头形式作出皆可。《劳动合同法》关于试用期内劳动者辞职的程序性规定是对《劳动法》第 32 条的修正。

2. 即时辞职

在用人单位存在过错的情形下，劳动者辞职可以不履行提前 30 天通知的程序性义务。法律规定 30 天的预告期，是为了给用人单位寻找新员工补缺的时间。免除劳动者的这项程序性义务，可能会影响用人单位的正常生产秩序，因此，法律对免除该项义务规定了许可性条件，即在具备下列情形之一时，劳动者辞职才可免除提前 30 天通知用人单位的义务：

（1）用人单位未按照劳动合同约定提供劳动保护或者劳动条件的。根据《劳动法》的规定，用人单位有义务严格执行国家劳动安全卫生规程和标准，为劳动者提供符合国家规定的劳动安全卫生条件和必要的劳动防护用品。用人单位提供的劳动安全卫生条件主要包括工作场所和生产设备。工作场所的光线应当充足，噪声、有毒有害气体和粉尘浓度不得超过国家规定的标准，建筑施工、易燃易爆和有毒有害等危险作业场所应当设置相应防护设施、报警装置、通信装置、安全标志等。对危险性大的生产设备设施，如锅炉、压力容器、起重机械、电梯等，必须经过安全评价认可，取得劳动行政部门颁发的安全使用许可证后，方可投入运行。提供给劳动者的劳动防护用品必须是经劳动行政部门安全认证合格的劳动防护用品。根据《劳动合同法》第 17 条的规定，用人单位提供的劳动保护、劳动条件和职业危害防护是劳动合同的法定必备条款，用人单位在劳动合同中约定的劳动保护和劳动条件必须达到国家规定的标准。

（2）用人单位未及时足额支付劳动报酬的。关于"及时足额支付劳动报酬"参见对《劳动合同法》第 30 条的解读。法律的相关规定以及劳动合同的约定是用人单位支付劳动报酬的依据，也是判断是否满足"及时足额"条件的标准。

（3）用人单位未依法为劳动者缴纳社会保险费的。目前，我国建立了基本养老保险、基本医疗保险、工伤保险、失业保险、生育保险等社会保险制度，保障公民在年老、疾病、工伤、失业、生育等情况下依法从国家和社会获得物质帮助的权利。根据《社会保险法》以及《劳动法》的相关规定，劳动者参加社会保险是强制性义务，而用人单位则有义务依法为劳动者缴纳社会保险费。基本养老保险费、基本医疗保险费和失业保险费由用人单位和劳动者按比例分担，工伤保险费和生育保险费则由用人单位全额承担。用人单位只要与劳动者建立了劳动关系，就有义务为劳动者缴纳上述社会保险费。

(4)用人单位的规章制度违反法律、法规的规定，损害劳动者权益的。用人单位的规章制度担负着在劳动基准法的基础上，明确劳动条件和劳动者的权利义务，以尽量避免劳动争议的发生，并在劳动争议处理中作为重要判断依据的重任。如果其本身违法，不仅会损害劳动者的合法权益，更会导致劳动关系的不和谐。用人单位的规章制度的制定程序及内容都不得与劳动法律法规相抵触。

(5)用人单位以欺诈、胁迫的手段或者乘人之危，使劳动者在违背真实意思的情况下订立或者变更劳动合同；或者用人单位在劳动合同中免除自己的法定责任、排除劳动者权利；或者用人单位违反法律、行政法规强制性规定。这些都是构成劳动合同无效的实体要件。只要用人单位存在上述情形之一，劳动者即可解除劳动合同。从法理上而言，劳动合同的解除只适用于有效的劳动合同，无效劳动合同可撤销但不适用解除。笔者认为，对《劳动合同法》的这种规定可以作如下理解：用人单位存在上述情形导致劳动合同无效后，其与劳动者建立的劳动关系应为事实劳动关系。劳动合同是确立劳动关系法律属性的依据，但不影响劳动关系存在的事实，换言之，劳动合同无效并不能让事实劳动关系归于消灭。因此，劳动合同被确认无效后，法律赋予无过错的一方当事人权利解除的是劳动关系而非劳动合同。

(6)法律、行政法规规定劳动者可以解除劳动合同的其他情形。为避免以上列举未尽，法律作了兜底式的规定，以保障其他法律、行政法规中规定的可以解除劳动合同的劳动者的合法辞职权。

用人单位存在以上情形之一时，劳动者可以随时解除劳动合同，但要注意，尽管无须履行提前 30 日书面通知用人单位的程序性义务，但还是要告知用人单位。而在用人单位存在以下情形之一时，劳动者连告知义务都无须履行，即可随时解除劳动合同：

(1)用人单位以暴力、威胁或者非法限制人身自由的手段强迫劳动者劳动的。劳动者与用人单位之间因劳动关系所决定的从属性并不意味着劳动者没有人身自由。根据《宪法》第 37 条第 3 款的规定，“禁止非法拘禁和以其他方法非法剥夺或者限制公民的人身自由，禁止非法搜查公民的身体”。自建立劳动关系起，用人单位在合法范围内可以约束劳动者，但如果以暴力、威胁或非法限制人身自由的手段强迫劳动者劳动，则属于违法行为，劳动者可以立即解除劳动合同，且无须通知用人单位。所谓暴力，即以殴打、捆绑、虐待等行为伤害劳动者的人身，强迫劳动者劳动。所谓威胁，即以损害劳动者的人身、名誉、财产等为要挟手段，迫使劳动者劳动。所谓非法限制人身自由，即以拘留、禁闭或其他强制方法非法剥夺劳动者按照自己的意志支配自己的身体活动。

（2）用人单位违章指挥、强令冒险作业危及劳动者人身安全的。用人单位违章指挥、强令冒险作业（参见对《劳动合同法》第32条的解读），不仅违反了用人单位对劳动者的义务，也违反了用人单位对国家的义务。由于该违法行为危及劳动者人身安全，因此，劳动者无须通知用人单位，即可解除劳动合同。

典型案例

北京航天时代光电科技有限公司与王晓冬劳动争议案[1]

※裁判要点：劳动合同履行期间，劳动者提前30日以书面形式通知用人单位，可以解除劳动合同。

※相关法条：《劳动合同法》第37、50条

※基本案情：原告王晓冬因与被告北京航天时代光电科技有限公司发生劳动纠纷，向北京市海淀区人民法院提起诉讼。

王晓冬于2014年7月9日入职时代光电公司，双方签订了期限自当日起至2017年7月8日止的劳动合同书，其中第23条约定了乙方（王晓冬）应遵守国家和所从事行业的有关安全、保密的法律、法规，自觉维护国家安全、保护甲方（时代光电公司）的知识产权和商业秘密等，履行与甲方签订的《保密责任书》及《保密协议书》。合同书第25条约定，甲乙双方解除、终止、续订劳动合同应当遵照《劳动合同法》和国家及北京市有关规定执行。合同书第26条约定，甲方应当在解除或终止本合同时，为乙方出具解除或终止合同的证明，并在15日内为乙方办理档案和社会保险关系转移手续。如因政府人事、劳动行政部门原因造成转移手续延迟，不计入15日之内。

2014年7月29日，时代光电公司（甲方）与王晓冬（乙方）签订保密责任书一份，其中约定乙方因私出境，与境外人员恋爱、结婚，脱离所在单位，必须根据其岗位涉密程度，按涉密规定，履行报批手续。乙方调离须签订《离职保密承诺书》，并按规定执行1年的脱密期。

王晓冬于2015年12月10日以个人原因为由向时代光电公司提出解除劳动合同，通过EMS快递提交了辞职通知，同时电话通知了时代光电公司人力资源部主任巫某

---

〔1〕 参见北京市第一中级人民法院（2016）京01民终6046号判决书。

某，要求解除劳动合同，并根据北京市人民政府颁布的《北京市工资支付规定》第 9 条的规定，在解除劳动关系时依法支付本人工资，根据《劳动合同法》第 50 条的规定于 15 日内为本人办理了离职手续（包括但不限于户口档案和社保及公积金关系的转移），出具了解除劳动合同证明。而时代光电公司主张并未收到王晓冬的辞职通知，双方劳动关系存续，同时主张王晓冬提前解除劳动合同应遵守 1 年脱密期的约定。

2015 年 12 月 10 日以后，王晓冬档案由时代光电公司保管，社会保险由时代光电公司缴纳。

王晓冬以要求时代光电公司办理档案及社会保险转移手续为由，向北京市海淀区劳动人事争议仲裁委员会提出申请，该委裁决如下："驳回王晓冬的仲裁请求。"王晓冬不服仲裁裁决，于法定期限内向法院提起诉讼。

※裁判结果：北京市海淀区人民法院（2016）京 0108 民初 10735 号判决："北京航天时代光电科技有限公司于本判决生效后 15 日内协助王晓冬办理档案及社会保险关系转移手续。"时代光电公司不服一审判决，向北京市第一中级人民法院提起上诉，北京市第一中级人民法院（2016）京 01 民终 6046 号判决："时代光电公司的上诉请求不能成立，应予驳回；一审判决认定事实清楚，适用法律正确，应予维持。"

※裁判理由：法院认为：就王晓冬是否向时代光电公司提出解除劳动合同这一问题。其一，根据时代光电公司认可的快递单显示，王晓冬于 2015 年 12 月 10 日向其公司邮寄了辞职通知，而未送达的原因为"收件人拒收"。其二，从王晓冬提供的录音中能够确认其已于 2015 年 12 月 10 日向时代光电公司提出辞职。综合以上两点，法院采信了王晓冬于 2015 年 12 月 10 日以个人原因为由向时代光电公司提出解除劳动合同的主张。

就王晓冬与时代光电公司之间劳动合同的解除是否以履行完脱密期为前提这一问题。本案中，时代光电公司作为涉及国家秘密的单位，而王晓冬为该单位涉密岗位的工作人员，故时代光电公司根据相关法律规定对王晓冬进行脱密期的管理并无不当。现时代光电公司主张脱密期未履行完毕，其公司与王晓冬仍存在劳动关系。就此法院认为，时代光电公司提交的承办文件清单为打印件，王晓冬对该证据的真实性不予认可，故法院对承办文件清单的真实性不予采信，进而对时代光电公司提交的管理办法的真实性不予采信。退而言之，即使法院采信时代光电公司提交的管理办法的真实性，但根据《劳动合同法》第 37 条的规定，"劳动者提前三十日以书面形式通知用人单位，可以解除劳动合同。劳动者在试用期内提前三日通知用人单位，可以解除劳动合同"，现王晓冬于 2015 年 12 月 10 日以个人原因为由，书面通知了时代光电公司解除劳动合同，并拟于 2016 年 1 月 8 日离职，履行了法定的通知义务，而时代光电公司主张脱密期仍为双方劳动关系存续期间的主张，缺乏事实及法律依据，法院不予采信，双方劳动关系应于2016年1月10日解除。

《劳动合同法》第50条第1款规定:“用人单位应当在解除或者终止劳动合同时出具解除或者终止劳动合同的证明,并在十五日内为劳动者办理档案和社会保险关系转移手续。”时代光电公司与王晓冬之间的劳动关系于2016年1月10日解除,时代光电公司理应按照上述法律规定为王晓冬办理档案及社会保险关系的转移手续。

山东新鸿基汽车销售服务有限公司与王夺劳动争议案[1]

※裁判要点:用人单位未按照劳动合同约定提供劳动保护和劳动条件的,劳动者可以解除劳动合同。

※相关法条:《劳动合同法》第38条第1款第1项、第46条

※基本案情:原告山东新鸿基汽车销售服务有限公司因与被告王夺劳动纠纷,诉至济南市槐荫区人民法院。

王夺于2013年5月底6月初到新鸿基公司工作,工作岗位系销售经理。2013年6月4日,新鸿基公司与王夺签订《劳动合同》,约定:“一、劳动合同期限。固定期限,从2013年6月3日起至2014年6月2日。二、工作内容。新鸿基公司安排王夺在公司所在地从事销售经理工作。新鸿基公司可以根据工作需要及王夺的工作能力和表现调整王夺的工作岗位,王夺无正当理由应当服从变更。王夺同意按照新鸿基公司确定的岗位责任,按时、按量完成工作任务。三、工作时间和休息休假……”此外,合同还就社会保险、劳动保护、合同变更、合同解除、终止等事项进行了约定。2014年6月2日,新鸿基公司与王夺签订《续订劳动合同协议书》,约定:“合同期限为1年,生效期为2014年6月2日,终止日期为2015年6月1日;续订合同内容与原合同相同。”2015年6月1日,新鸿基公司与王夺签订《续订劳动合同协议书》,约定:“合同期限为1年,生效期为2015年6月2日,终止日期为2016年6月1日;续订合同内容与原合同相同。”2015年9月30日,新鸿基公司作出《关于销售部人员调整的决定》,载明:“公司各部门,根据工作需要,经公司研究决定:王夺同志不再担任销售部经理一职,公司另有安排。”此后,新鸿基公司安排王夺担任司机职务。2014年10月至2015年9月,王夺的月平均工资为4394.50元。根据银行账户明细,新鸿基公司于2015年2月5日发放王夺2014年12月份工资、2015年3月24日发放2015年1月份工资、2015年6月9日发放2015年4月份工资、2015年7月6日发放2015年5月份工资。王夺2015年10月工资为1851元。

后王夺向济南市槐荫区劳动人事争议仲裁委员会(以下简称槐荫仲裁委)提出仲

---

〔1〕 参见山东省济南市中级人民法院(2016)鲁01民终4297号判决书。

裁申请书，要求："1. 新鸿基公司支付解除劳动合同的经济补偿金；2. 新鸿基公司支付法定节假日薪资补偿（2013 年 6 月 3 日至 2015 年 10 月 20 日）；3. 解除劳动合同。"在仲裁过程中，新鸿基公司辩称："1. 鉴于王夺单方主动提出解除劳动合同，新鸿基公司不再挽留，同意解除。2. 王夺要求支付经济补偿金没有事实及法律依据，双方于 2013 年 1 月 4 日签订的劳动合同第二条第一、二、三款对王夺工作内容及工作地点均作出明确约定。其中第一款虽然明确约定了王夺起始的岗位是销售经理，这一约定是建立在对王夺的工作能力不了解不清楚的前提下的约定，但第二款明确约定了新鸿基公司可以根据工作需要及王夺的工作能力和表现调整工作岗位，王夺无正当理由应服从变更，同时第三款也明确约定了王夺同意按照新鸿基公司确定的岗位责任按时按量完成工作任务，同时合同第三条对工作时间和休息时间也作了明确规定。上述条款新鸿基公司均严格予以执行没有违反劳动合同法的相关规定，故王夺的申请不符合合同规定和法律规定，第二款的规定是根据王夺在新鸿基公司工作一段时间后对其自身表现所作出的弹性条款的约定，该约定不违反法律法规的规定，因此即使本案存在新鸿基公司调整王夺工作岗位的变动，那么该变动也是严格按照劳动合同条款约定予以执行，同时王夺离职系其单方自愿提出，并非新鸿基公司提出，因此王夺有关经济补偿金的请求不符合《劳动法》第四十六条的规定，新鸿基公司在王夺主动离职的情况下不应当支付经济补偿金。3. 王夺要求支付所谓的法定节假日薪资补偿请求无事实法律依据，新鸿基公司严格按照劳动合同法的规定对王夺的工作时间进行安排，故该请求不符合规定应当予以驳回。"

2015 年 12 月 21 日，槐荫仲裁委作出济槐劳人仲案（2015）375 号《仲裁裁决书》，查明：王夺于 2013 年 5 月 22 日到新鸿基公司工作，双方签订过劳动合同，劳动合同约定岗位为销售经理。王夺在工作期间，2015 年 9 月 30 日，新鸿基公司调整王夺的工作岗位。对于要求法定节假日薪资加班费无证据可以证明。另查明，王夺月工资 4571 元，是新鸿基公司职工。2015 年 9 月 30 日，新鸿基公司调整王夺的工作岗位，王夺提出与新鸿基公司解除劳动合同本委应予支持，新鸿基公司应向王夺支付经济补偿金。王夺要求支付法定节假日加班费无法律依据，本委不予支持。遂裁决："一、新鸿基公司自本裁决书生效之日起 10 日内向王夺支付经济补偿金 11427.50 元。二、2015 年 10 月 21 日王夺与新鸿基公司解除劳动关系。"

新鸿基公司不服仲裁裁决，于法定期限内向法院提起诉讼。

※裁判结果：济南市槐荫区人民法院作出（2016）鲁 0104 民初 1192 号判决："一、原告山东新鸿基汽车销售服务有限公司于判决生效之日起 10 日内向被告王夺支付经济补偿金 10986.25 元；二、原告山东新鸿基汽车销售服务有限公司与被告王夺于 2015 年 10 月 21 日解除劳动关系。如果未按判决指定的期间履行给付金钱义务，应当

依照《中华人民共和国民事诉讼法》第二百五十三条之规定,加倍支付迟延履行期间的债务利息。"新鸿基公司不服一审判决,提出上诉。济南市中级人民法院作出(2016)鲁01民终4297号判决,判决:"新鸿基公司的上诉请求不能成立,应予驳回。一审判决认定事实清楚,适用法律正确,应予维持。"

※裁判理由:法院认为,《劳动合同法》第38条第1款规定:"用人单位有下列情形之一的,劳动者可以解除劳动合同:(一)未按照劳动合同约定提供劳动保护或者劳动条件的;……"新鸿基公司与王夺签订的书面劳动合同经两次续订后于2016年6月1日到期,在劳动合同中双方明确约定了由王夺"从事销售经理工作(岗位)"。2015年9月30日,新鸿基公司在未征得王夺同意的情况下作出《关于销售部人员调整的决定》,决定王夺不再担任销售部经理一职,公司另有安排(后被安排司机岗位)。双方劳动合同中约定的"销售经理工作(岗位)"已变更,新鸿基公司未按照劳动合同约定提供劳动条件,王夺有权依据《劳动合同法》第38条第1款第1项的规定解除劳动合同。新鸿基公司主张调整工作岗位的决定系依据双方劳动合同第2条第2款的规定,根据工作能力及工作情况,王夺不能按时完成销售业务,但其未能提交证据证实该主张,从王夺调岗前的薪资构成及发放情况来看,可以证明王夺能够胜任"销售经理工作(岗位)",故对新鸿基公司该主张,本院不予支持。《劳动合同法》第46条规定:"有下列情形之一的,用人单位应当向劳动者支付经济补偿:(一)劳动者依照本法第三十八条规定解除劳动合同的;……"故新鸿基公司应当依法向王夺支付经济补偿10986.25元。

宜昌三峡旅游船有限公司与田勇船员劳务合同纠纷案[1]

※裁判要点:用人单位未及时足额支付劳动报酬的或者未依法为劳动者缴纳社会保险费的,劳动者可解除劳动合同。

※相关法条:《劳动合同法》第38条第1款第3项、第46条第1项、第47条

※基本案情:原告田勇与被告宜昌三峡旅游船有限公司(以下简称旅游船公司)因发生船员劳务合同纠纷,向武汉海事法院提起诉讼。

2002年3月,田勇和旅游船公司成立船员劳动合同关系,旅游船公司为田勇办理了船员服务簿。2005年1月,旅游船公司为田勇办理了养老保险。2006年1月,旅游船公司为田勇办理了失业保险。2007年9月,旅游船公司为田勇办理了医疗保险。2011年5月,旅游船公司开始为田勇缴纳社会保险。2012年8月28日,田勇以在旅游船公司没有发展前途为由向公司提出辞职,旅游船公司同意田勇辞职。田勇是旅游船公司录用备案员工,其待遇同于正式工,同工同酬。

---

〔1〕 参见湖北省高级人民法院(2014)鄂民四终字第00073号判决书。

田勇辞职后认为旅游船公司应支付经济补偿金人民币43134元、加班工资264222元、补偿各项社会保险费用51884元。

田勇离职前近1年工资情况如下:2011年8月23日收到工资款4780.96元,9月20日收到工资款4845.45元,10月19日收到工资款4498.38元,11月22日收到工资款5778.68元,12月29日收到工资款3337.46元;2012年1月19日收到工资款3217.20元,3月7日收到工资款2216.20元,3月31日收到工资款3217.20元,4月26日收到工资款3217.20元,5月25日收到工资款3690.57元,6月18日收到工资款5155.18元,7月18日收到工资款5180.18元,8月21日收到工资款4588.24元。此12个月平均工资为4476.91元。

※裁判结果:武汉海事法院作出(2013)武海法商字第00437号判决,判决:"一、宜昌三峡旅游船有限公司当于本判决生效之日起30日内向田勇按照4476.91×10.5的计算标准一次性支付经济补偿金47007.56元;二、宜昌三峡旅游船有限公司当于本判决生效之日起30日内一次性为田勇补办其从2002年3月入职到2012年8月28日离职期间依法应该由用人单位办理而未予办理的各项社会保险;三、驳回田勇其他的诉讼请求。案件受理费10元,简易程序减半收费为5元,由宜昌三峡旅游船有限公司承担。田勇已经预交的诉讼费用,除却多余部分,余下5元原审法院不予退还,由宜昌三峡旅游船有限公司径付田勇。如果未按本判决指定的期间履行给付金钱义务,应当依照《中华人民共和国民事诉讼法》第二百二十九条之规定,加倍支付迟延履行期间的债务利息。"旅游船公司不服一审判决,上诉至湖北省高级人民法院。湖北省高级人民法院作出(2014)鄂民四终字第00073号判决,判决:"原审判决查明事实基本清楚,审判程序合法,但适用法律错误,实体处理不当。本院依照《中华人民共和国民事诉讼法》第一百七十条第一款第(二)项的规定,判决如下:一、撤销武汉海事法院(2013)武海法商字第00437号民事判决主文;二、宜昌三峡旅游船有限公司于本判决生效之日起10日内向田勇支付经济补偿金42824.20元;三、驳回田勇的其他诉讼请求。"

※裁判理由:关于经济补偿金的支付问题。湖北省高级人民法院认为,根据《社会保险费征缴暂行条例》第4条第1款的规定,用人单位应当按时足额缴纳社会保险费。本案中,旅游船公司于2002年3月即与被上诉人田勇成立船员劳动合同关系,但直至2005年1月才开始为后者缴纳社会保险,这说明旅游船公司没有依法按时为田勇缴纳社会保险费,且该违法情形一直持续至田勇提出解除涉案劳动合同之时。在这种情形下,田勇可以根据《劳动合同法》第38条第1款第3项的规定单方解除劳动合同。田勇于2012年8月27日提出与上诉人旅游船公司解除劳动合同关系,虽然其在《离职申请表(游船公司)》申请离职原因一栏填写的是"自己在本公司没有发展可能",但当时旅游船公司违法情形在先且持续未得到解决,其仍应根据《劳动合同法》第46条第1

项的规定向田勇支付经济补偿,旅游船公司关于其不必向田勇支付经济补偿金的理由不能成立。根据《劳动合同法》第 47 条的规定,旅游船公司应以田勇在劳动合同终止前 12 个月平均工资为标准向其支付十个半月工资作为经济补偿;根据《劳动合同法实施条例》第 27 条的规定,经济补偿的月工资按照被上诉人田勇应得工资计算。结合田勇在原审提交的银行流水单及旅游船公司在二审提交的《工资表》记载,2011 年 8 月至 2012 年 7 月,田勇的应得工资分别为:4845.45元、4498.38 元、5778.68 元、3337.46 元、3217.20 元、2216.20 元、3217.20 元、3217.20 元、3690.57 元、5155.18 元、5180.18 元、4588.24 元。经计算,该 12 个月的平均工资为 4078.495 元,故旅游船公司应支付给田勇的经济补偿金为 4078.495 元 ×10.5 = 42824.20 元。由于田勇主张的数额为 43134 元,超过其法定应得数额,因此,对于田勇要求旅游船公司支付经济补偿金 43134 元的诉讼请求,本院依法保护其中 42824.20 元,对超出部分,本院不予支持。

关于补偿社会保险费的问题,田勇以其 2002 年 3 月与被上诉人旅游船公司建立劳动合同关系,后者没有及时为其办理社会保险为由要求后者补偿各项社会保险费用。本院认为,由于旅游船公司已于2005 年 1 月之后陆续为田勇办理基本养老保险、基本失业保险及医疗保险,因此,关于旅游船公司欠缴田勇部分社会保险费的问题,应由社保管理部门解决处理,该项请求不属于人民法院受理范围。

关联法规索引

《劳动法》第 24、31、32、72 条,劳动部《关于〈中华人民共和国劳动法〉若干条文的说明》第 31、32、72 条,劳动部《关于贯彻执行〈中华人民共和国劳动法〉若干问题的意见》第 26 条,劳动部《关于实行劳动合同制度若干问题的通知》第 18 条,《宪法》第 37 条

第三十九条 【即时解雇】 劳动者有下列情形之一的,用人单位可以解除劳动合同:

(一)在试用期间被证明不符合录用条件的;

(二)严重违反用人单位的规章制度的;

(三)严重失职,营私舞弊,给用人单位造成重大损害的;

(四)劳动者同时与其他用人单位建立劳动关系,对完成本单位的工作任务造成严重影响,或者经用人单位提出,拒不改正的;

(五)因本法第二十六条第一款第一项规定的情形致使劳动合同无效的;

(六)被依法追究刑事责任的。

第四十条 【预告解雇】 有下列情形之一的,用人单位提前三十日以书面形

式通知劳动者本人或者额外支付劳动者一个月工资后，可以解除劳动合同：

（一）劳动者患病或者非因工负伤，在规定的医疗期满后不能从事原工作，也不能从事由用人单位另行安排的工作的；

（二）劳动者不能胜任工作，经过培训或者调整工作岗位，仍不能胜任工作的；

（三）劳动合同订立时所依据的客观情况发生重大变化，致使劳动合同无法履行，经用人单位与劳动者协商，未能就变更劳动合同内容达成协议的。

第四十一条 【经济性裁员】 有下列情形之一，需要裁减人员二十人以上或者裁减不足二十人但占企业职工总数百分之十以上的，用人单位提前三十日向工会或者全体职工说明情况，听取工会或者职工的意见后，裁减人员方案经向劳动行政部门报告，可以裁减人员：

（一）依照企业破产法规定进行重整的；

（二）生产经营发生严重困难的；

（三）企业转产、重大技术革新或者经营方式调整，经变更劳动合同后，仍需裁减人员的；

（四）其他因劳动合同订立时所依据的客观经济情况发生重大变化，致使劳动合同无法履行的。

裁减人员时，应当优先留用下列人员：

（一）与本单位订立较长期限的固定期限劳动合同的；

（二）与本单位订立无固定期限劳动合同的；

（三）家庭无其他就业人员，有需要扶养的老人或者未成年人的。

用人单位依照本条第一款规定裁减人员，在六个月内重新招用人员的，应当通知被裁减的人员，并在同等条件下优先招用被裁减的人员。

配套法规

《劳动合同法实施条例》（2008年9月18日）

第十九条 有下列情形之一的，依照劳动合同法规定的条件、程序，用人单位可以与劳动者解除固定期限劳动合同、无固定期限劳动合同或者以完成一定工作任务为期限的劳动合同：

（一）用人单位与劳动者协商一致的；

（二）劳动者在试用期间被证明不符合录用条件的；

（三）劳动者严重违反用人单位的规章制度的；

（四）劳动者严重失职，营私舞弊，给用人单位造成重大损害的；

（五）劳动者同时与其他用人单位建立劳动关系，对完成本单位的工作任务造成严重影响，或者经用人单位提出，拒不改正的；

（六）劳动者以欺诈、胁迫的手段或者乘人之危，使用人单位在违背真实意思的情况下订立或者变更劳动合同的；

（七）劳动者被依法追究刑事责任的；

（八）劳动者患病或者非因工负伤，在规定的医疗期满后不能从事原工作，也不能从事由用人单位另行安排的工作的；

（九）劳动者不能胜任工作，经过培训或者调整工作岗位，仍不能胜任工作的；

（十）劳动合同订立时所依据的客观情况发生重大变化，致使劳动合同无法履行，经用人单位与劳动者协商，未能就变更劳动合同内容达成协议的；

（十一）用人单位依照企业破产法规定进行重整的；

（十二）用人单位生产经营发生严重困难的；

（十三）企业转产、重大技术革新或者经营方式调整，经变更劳动合同后，仍需裁减人员的；

（十四）其他因劳动合同订立时所依据的客观经济情况发生重大变化，致使劳动合同无法履行的。

适用解读

本法第39～41条规定的是用人单位单方解除劳动合同的许可性条件，从法律对用人单位行使单方解雇权的规定来看，解雇的类型大致可以分为三种：一般性解雇、惩戒性解雇、经济性裁员。

（一）一般性解雇

一般性解雇，又称无过错解雇、预告解雇，即在劳动者不存在过错情形下，用人单位经履行法定程序后解雇劳动者。一般性解雇要求用人单位行使单方解雇权必须满足三个要点：(1)劳动者存在《劳动合同法》第40条规定的三种情形之一；(2)变更劳动合同是一般性解雇的前置程序，即在劳动者存在法定情形时，用人单位需先给劳动者调岗或变更劳动合同的其他内容，劳动者仍然无法履行劳动合同时，用人单位才能行使单方解雇权；(3)用人单位需提前30天书面通知劳动者，也可以以额外支付劳动者一个月工资来替代这个预告程序。

根据《劳动合同法》第40条的规定，一般性解雇的许可性条件包括：

1. 劳动者患病或非因工负伤，在规定的医疗期满后不能从事原工作，也不能从事由用人单位另行安排的工作的。

这里“患病”是指非职业病，“负伤”是指非因工负伤，因为对患职业病和因工负伤的劳动者，法律限制了用人单位的单方解雇权。[1] 根据劳动部《企业职工患病或非因工负伤医疗期的规定》和《关于贯彻〈企业职工患病或非因工负伤医疗期的规定〉的通知》的规定，企业职工因患病或非因工负伤，需要停止工作医疗时，根据本人实际参加工作年限和在本单位工作年限，给予3个月到24个月的医疗期。根据劳动部《关于贯彻执行〈中华人民共和国劳动法〉若干问题的意见》第76条的规定，对于某些患特殊疾病（如癌症、精神病、瘫痪等）的职工，在24个月内尚不能痊愈的，经企业和当地劳动部门批准，可以适当延长医疗期。

根据劳动部《关于贯彻执行〈中华人民共和国劳动法〉若干问题的意见》，在规定的医疗期满后，劳动者能从事原工作的，可以继续履行劳动合同；医疗期满后仍不能从事原工作也不能从事由单位另行安排的工作的，由劳动鉴定委员会参照工伤与职业病致残程度鉴定标准进行劳动能力鉴定。被鉴定为一至四级的，应当退出劳动岗位，解除劳动关系，办理因病或非因工负伤退休退职手续，享受相应的退休退职待遇；被鉴定为五至十级的，用人单位可以解除劳动合同，并按规定支付经济补偿金和医疗补助费。

2. 劳动者不能胜任工作，经过培训或者调整工作岗位，仍不能胜任工作的。

劳动者"不能胜任工作"的主要依据是用人单位的劳动规章制度和劳动定额标准，同工种、同岗位劳动者的工作量也是参照量。如果劳动者不能按照用人单位的要求，完成劳动合同中约定的工作任务或同工种、同岗位人员的工作量，用人单位可以认为其"不能胜任工作"。但作为解雇的前置程序，用人单位需先对劳动者进行培训或者调整其工作岗位，且调整工作岗位应当根据劳动者的实际情况，尽可能将其调换到能够胜任的工作岗位。尽到这些义务后，用人单位可以单方解除劳动合同。

3. 劳动合同订立时所依据的客观情况发生重大变化，致使劳动合同无法履行，经用人单位与劳动者协商，未能就变更劳动合同内容达成协议的。

这是劳动法中应情势变更原则的典型。这里的"客观情况"，是指发生履行合同的客观条件，如自然条件、原材料供给条件、生产设备条件、产品销售条件、劳动安全卫生条件等，因不可抗力或出现致使劳动合同全部或部分条款无法履行的情况，如企业迁移、被兼并、企业资产转移等。

---

[1] 《劳动合同法》第42条规定："劳动者有下列情形之一的，用人单位不得依照本法第四十条、第四十一条的规定解除劳动合同：（一）从事接触职业病危害作业的劳动者未进行离岗前职业健康检查，或者疑似职业病病人在诊断或者医学观察期间的；（二）在本单位患职业病或者因工负伤并被确认丧失或者部分丧失劳动能力的；（三）患病或者非因工负伤，在规定的医疗期内的；（四）女职工在孕期、产期、哺乳期的；（五）在本单位连续工作满十五年，且距法定退休年龄不足五年的；（六）法律、行政法规规定的其他情形。"《职业病防治法》第55条规定："医疗卫生机构发现疑似职业病病人时，应当告知劳动者本人并及时通知用人单位。用人单位应当及时安排对疑似职业病病人进行诊断；在疑似职业病病人诊断或者医学观察期间，不得解除或者终止与其订立的劳动合同。疑似职业病病人在诊断、医学观察期间的费用，由用人单位承担。"

（二）惩戒性解雇

惩戒性解雇，又称过错解雇、即时解雇，是指劳动者经试用不合格或存在法定过错情形时，用人单位无须履行提前30天通知的程序就可以行使单方解雇权。根据《劳动合同法》第39条的规定，惩戒性解雇的许可性条件包括：

1. 劳动者在试用期内被证明不符合“录用条件”的。

用人单位在试用期内以“不符合录用条件”为由解雇劳动者，必须有客观且充分的证据证明劳动者“不符合录用条件”。很多用人单位往往无法提供充分的证据证明劳动者“不符合录用条件”，或在试用期届满之后才提出解雇，这是此类劳动争议中用人单位败诉的两个主要原因。因此，作为人力资源管理者，应当注意以下要点：（1）人力资源管理部门应设定明确、完善的录用条件；（2）用人单位通过相关招聘文件、劳动合同附件等书面文件明确界定劳动者的录用条件并履行相关告知义务；（3）用人单位对劳动者的考核结果确系根据本单位已设定的录用条件作出；（4）用人单位与劳动者约定试用期，且解除劳动合同的通知书在试用期届满之前送达劳动者。

2. 劳动者严重违反用人单位的规章制度的。

是否属于“严重违反用人单位的规章制度”的前提是用人单位依照法定程序制定了合法、完善的劳动规章制度；否则，用人单位不得据以本条规定解雇劳动者。至于何为“严重”，则由用人单位的规章制度依照法律来规定具体的界限。

3. 劳动者严重失职，营私舞弊，给用人单位造成重大损害的。

所谓“重大损害”，也由用人单位的规章制度来规定。因为企业类型各有不同，对重大损害的界定也千差万别，故不便对重大损害作统一解释。若由此发生劳动争议，可以通过劳动争议仲裁委员会对其规章规定的重大损害进行认定。[1]

4. 劳动者同时与其他用人单位建立劳动关系，对完成本单位的工作任务造成严重影响，或经用人单位提出，拒不改正的。

《劳动合同法》对双重或多重劳动关系并未持完全否定的态度，尤其是对非全日用工的劳动者，法律明确规定允许其建立双重或多重劳动关系。但无论是非全日制用工的劳动者，还是全日制用工的劳动者，其建立双重或多重劳动关系的前提是不得影响本职工作。[2] 劳动者兼职，如果对完成本职工作造成了严重影响，则用人单位可以行使单方解雇权。即使劳动者兼职并未对完成本职工作造成严重影响，只要用人单位提出要劳动者终止兼职劳动关系，劳动者就必须服从。如果劳动者拒不改正，用人单位有权解雇该劳动者。这里劳动者兼职，是指在本职劳动关系之外，又建立了其他劳动

〔1〕 参见劳动部《关于〈中华人民共和国劳动法〉若干条文的说明》第25条。

〔2〕 所谓“本职工作”，即最先与劳动者建立劳动关系的用人单位的工作。

关系，如果劳动者的兼职是劳务关系或其他，则不构成本条所规定的条件。

5. 劳动者以欺诈、胁迫的手段或者乘人之危，使用人单位在违背真实意思的情况下订立或者变更劳动合同的。

实践中，劳动者以欺诈手段使用人单位在违背真实意思的情况下订立或变更劳动合同，主要是指劳动者违背法定告知义务，隐瞒真实情况，或者故意告知对方虚假情况，诱使用人单位作出错误意思表示。胁迫，则是指劳动者以用人单位的名誉、财产等相要挟，迫使用人单位作出违背真实意愿的意思表示。乘人之危，是指劳动者利用用人单位的危难处境或紧迫需要，迫使用人单位作出违背真实意愿的意思表示。

6. 劳动者被依法追究刑事责任的。

根据劳动部《关于〈中华人民共和国劳动法〉若干条文的说明》第 25 条的解释以及劳动部《关于贯彻执行〈中华人民共和国劳动法〉若干问题的意见》第 29 条的规定，“被依法追究刑法责任”具体是指：(1) 被人民检察院免予起诉的；(2) 被人民法院判处刑罚（刑罚包括主刑、附加刑、罚金、剥夺政治权利、没收财产）的；(3) 被人民法院依据《刑法》第 37 条[1]免予刑事处分的。

（三）经济性裁员

经济性裁员，是指企业因生产经营状况不善等经济性原因，一次性解雇多个劳动者的情形。《劳动合同法》第 41 条关于裁员的规定仅适用于一次性裁减 20 人以上或者裁减不足 20 人但占企业职工总数 10% 以上的裁员。

1. 裁员的许可性条件

企业只有在存在下列情形之一时方可裁员：

(1) 依照《企业破产法》的规定进行重整。企业法人不能清偿到期债务，并且资产不足以清偿全部债务或者明显缺乏清偿能力的，可以依照《企业破产法》的规定向人民法院申请进行重整。企业重整的目的就是让企业能够继续经营并清偿债务，避免进入破产清算阶段。在企业重整过程中，企业可以根据实际情况进行裁员。

(2) 生产经营发生严重困难。企业发生严重亏损、无法开工等情形时，裁员是企业自救的有效手段之一。为了避免企业滥用这种权利，法律规定，企业必须在生产经营发生“严重”困难时方可裁员，“严重”的标准由当地人民政府规定。

(3) 企业转产、重大技术革新或者经营方式调整，经变更劳动合同后，仍需裁减人员。企业转产、进行重大技术革新或调整经营方式，对企业而言，可能会产生冗员；对劳动者而言，可能会不适应新的工作岗位。企业应当首先与劳动者协商变更劳动合

---

[1] 1979 年《刑法》第 32 条规定：“对于犯罪情节轻微不需要判处刑罚的，可以免予刑事处分，但可以根据案件的不同情况，予以训诫或者责令具结悔过、赔礼道歉、赔偿损失，或者由主管部门予以行政处分。”

同,对无法转岗的劳动者可以进行裁减。

(4)其他因劳动合同订立时所依据的客观经济情况发生重大变化,致使劳动合同无法履行的。这是兜底条款,以应对可能出现的未能被前三种情形涵盖进来的情形。

2. 裁员的法定程序

根据劳动部《企业经济性裁减人员规定》第 4 条的规定,用人单位确需裁员时,应当按照下列程序进行:(1)提前 30 日向工会或者全体职工说明情况,并提供有关生产经营状况的资料;(2)提出裁减人员方案,内容包括:被裁减人员名单,裁减时间及实施步骤,符合法律、法规规定和集体合同约定的被裁减人员经济补偿办法;(3)将裁减人员方案征求工会或者全体职工的意见,并对方案进行修改和完善;(4)向当地劳动行政部门报告裁减人员方案以及工会或者全体职工的意见,并听取劳动行政部门的意见;(5)由用人单位正式公布裁减人员方案,与被裁减人员办理解除劳动合同手续,按照有关规定向被裁减人员本人支付经济补偿金,出具裁减人员证明书。

3. 裁员应遵循的原则

根据《劳动合同法》第 41 条第 2 款以及《企业经济性裁减人员规定》第 7 条的规定,裁员应遵循以下几项原则:

(1)优先保护对企业贡献较大的劳动者。裁员时,应当优先留用与本单位订立无固定期限劳动合同以及较长期限的固定期限劳动合同的员工。

(2)优先保护家庭困难的劳动者。裁员时,还应优先留用家庭无其他就业人员,有需要扶养的老人或者未成年人的员工。

4. 裁员后优先录用的原则

企业在 6 个月内重新招用人员时,应当通知被裁减的人员,并在同等条件下优先录用被裁减的人员。

典型案例

张伯民与常州金海塑业有限公司劳动合同纠纷案[1]

※裁判要点:劳动者不能胜任工作的,用人单位根据自身经营需要可合理调整劳动者的工作岗位和薪酬标准,但不能滥用权利损害劳动者利益。用人单位实施合法的调岗调薪应满足两方面要求:(1)双方劳动合同或规章制度有关于调整工作岗位以及薪酬的约定或规定。(2)岗位与薪酬调整应当具有合理性;对于岗位与薪酬调整发生

[1] 参见江苏省常州市中级人民法院(2014)常民终字第 1712 号判决书。

争议的，用人单位应对调整劳动者工作内容和薪酬的合法性和合理性承担举证责任。

※相关法条：《劳动合同法》第35、40、46、87条

※基本案情：张伯民于2004年2月到金海公司工作，2008年1月双方签订了期限为2008年1月至2011年1月的劳动合同。2011年1月双方续签了期限为2011年1月2日至2014年1月1日的劳动合同，约定甲方根据工作需要，按照合理诚信原则，可以依法变动乙方的工作岗位；合同未尽内容及事项见职工守则，职工守则已由甲方向乙方告知并提供等。

金海公司所有职工均通过电子刷卡考勤。

张伯民上班至2013年6月28日，因金海公司资金出现问题，仅有的两条生产线被迫停产，金海公司随即口头通知包括张伯民等全体职工放假。2013年8月中旬起张伯民等要求金海公司支付放假期间工资，但金海公司仅表示正在想办法恢复生产，而未有明确意见。为此，张伯民等人于同年8月下旬向武进区劳动监察大队投诉，要求金海公司支付放假期间的工资。后其中一条生产线于同年8月28日恢复生产，但张伯民等人未能恢复工作。同年9月26日张伯民等收到金海公司的上班通知后回到单位，但因金海公司总经理出差在外，张伯民等职工随即离去。10月初张伯民等又收到金海公司邮寄的领取工资通知，10月3日，张伯民等人回到单位，金海公司按照最低工资标准的80%支付了张伯民等人2013年7月至9月工资。同日，金海公司还要求张伯民恢复上班。由于仅有一条生产线恢复生产，金海公司即向张伯民等职工出具了人事调令单，要求张伯民等人到绿化区里除草，张伯民因不同意而离去，直至被解除劳动合同。因尚未成立工会，10月底金海公司向武进高新区北区工会告知其准备解除张伯民等人劳动合同的情况，该工会称此事与他们无关。金海公司即向武进区总工会当面告知上述情况，但得到了相同答复。同年11月8日金海公司即向武进区总工会邮寄了解除9名员工劳动关系的告知通知书。同日金海公司张贴通告，以张伯民等旷工为由，根据《劳动法》第25条第2项、《劳动合同法》第39条第2项和《员工守则》第15条第2项等规定解除了张伯民等的劳动合同。后张伯民等于2013年11月向高新北区人社部门投诉未果，张伯民遂向仲裁委申请仲裁。仲裁委于2014年2月20日作出裁决，对张伯民的仲裁请求不予支持。张伯民不服裁决，故起诉来院，要求判如所请。

※裁判结果：常州市武进区人民法院作出（2014）武民初字第1017号判决，根据《劳动合同法》第4、29条，《江苏省工资支付条例》第26条，《劳动争议调解仲裁法》第6条，《民事诉讼法》第64、65条的规定，判决驳回张伯民的诉讼请求。

判决作出后，张伯民不服，上诉至江苏省常州市中级人民法院。

江苏省常州市中级人民法院作出（2014）常民终字第1712号判决，根据《劳动合同法》第35、40、46、87条，《江苏省工资支付条例》第31条，《民事诉讼法》第170条第1

款第2项的规定，判决如下：“一、撤销常州市武进区人民法院（2014）武民初字第1017号民事判决；二、被上诉人金海公司于本判决生效之日起10日内支付上诉人张伯民赔偿金50460元和停产生活费1500元；三、驳回上诉人张伯民其他诉讼请求。”

※裁判理由：根据《劳动合同法》的相关规定，用人单位有权在一定条件下合理调动劳动者的工作岗位，如经双方当事人协商一致的，劳动者患病或者非因工负伤，在规定的医疗期满后不能从事原工作的，劳动者不能胜任工作等，同时用人单位根据自身经营需要可合理调整劳动者的工作岗位和薪酬标准，但不能滥用权利损害劳动者利益。用人单位实施合法的调岗调薪应满足两方面要求：(1)双方劳动合同或规章制度有关于调整工作岗位以及薪酬的约定或规定。(2)岗位与薪酬调整应当具有合理性；对于岗位与薪酬调整发生争议的，用人单位应对调整劳动者工作内容和薪酬的合法性和合理性承担举证责任。本案中，常州金海塑业有限公司在生产不足的情况下无法安排张伯民等劳动者正常工作，可采取放假措施，并依法支付非因劳动者原因停工停产期间的生活费；亦可根据《劳动合同法》第40条第3项的规定与张伯民协商变更劳动合同内容，在协商未成的情况下解除劳动合同，但需支付经济补偿金；如符合法定的裁员条件，亦可通过裁员的规定处理富余劳动者问题。但2013年10月3日常州金海塑业有限公司向张伯民发出书面通知，强令调动张伯民到“绿化队负责全厂的绿化清洁工作”，从人事调令单中不能判断出常州金海塑业有限公司认为的该工作仅仅是临时性的工作安排，而且该调令单还明确注明工资待遇为“工资1480元/月，不包食宿”，也看不出该调令单仅仅是临时性的文件，且对于工资标准进行了大幅度的降低。故此，常州金海塑业有限公司调岗调薪的行为违反合理性原则，也不符合法律规定，张伯民未按公司通知到绿化队工作有充分理由，常州金海塑业有限公司以张伯民拒绝到绿化队工作为由解除劳动合同属于违法解除劳动合同，应根据《劳动合同法》第87条的规定承担违法解除劳动合同的法律责任，即按经济补偿金的两倍支付赔偿金。同时，鉴于常州金海塑业有限公司于2013年6月底开始停产，张伯民主张以2012年7月至2013年6月期间月均工资标准计算赔偿金不违反法律规定，应予准许，经计算赔偿金为50460元。另外，在2010年10月和11月8日期间，张伯民未参加工作，可按当地职工最低工资标准的80%享受非因劳动者原因停工停产的工资待遇，即在该期间，常州金海塑业有限公司应向张伯民支付停产生活费1500元。

上海依视路光学有限公司与朱立亚劳动合同纠纷案[1]

※裁判要点：劳动者不能胜任工作，经过培训或者调整工作岗位，仍不能胜任工作

[1] 参见上海市第一中级人民法院（2016）沪01民终9876号判决书。

的,用人单位可以解除劳动合同。

※相关法条:《劳动合同法》第40条第2项

※基本案情:原告上海依视路光学有限公司因与被告朱立亚劳动纠纷,起诉至上海市松江区人民法院。朱立亚于2011年10月10日进入依视路公司工作,担任销售部销售主管,负责向黑龙江、吉林的代理商销售依视路公司生产的产品。双方签订过书面劳动合同,末次签订的合同期限为2014年10月10日至2017年10月9日,约定工作地点为哈尔滨,劳动报酬由工资、奖金组成。2015年2月26日,依视路公司制定了《绩效表现考核计划书》,载明,鉴于近期朱立亚的总体表现与依视路公司对该职位的要求尚有一定的差距,故与朱立亚充分沟通后制定该计划书,并将按照计划书内容对朱立亚进行考核,考核期为2015年2月26日至2015年5月25日,若有任何一项未达到合格,则此次考核不合格,在考核结果为不合格的情况下,由直属上司讨论决定是否再次进行考核,或进行相应的岗位调整或其他人事安排,在考核结果为合格的情况下,此次考核结束,若朱立亚对于考核结果有异议,应在知晓结果之日起5个工作日内提出并与直属上司沟通,考核期结束后直属上司将于2015年5月26日前将考核结果通知人事部。另外,《绩效表现考核计划书》中还载明,此次进行的考核旨在帮助员工在今后的工作中提高工作成绩,使员工的工作表现尽快达到公司对该职位的要求。2015年3月4日,朱立亚签收该计划书,表示对计划书的内容没有任何异议,愿意服从并遵照执行计划书的安排。同日,朱立亚还在载有考核内容、现有问题、预期目标、考核项目和考核方法的《绩效表现考核表》上签字。2015年12月24日,依视路公司作出《解除劳动合同通知书》,载明,因朱立亚的工作表现持续未能达到公司要求,经主管多次提醒及指导培训,其工作表现仍与公司要求有一定差距,故依视路公司决定于2015年12月24日解除与朱立亚之间的劳动合同,公司将于2015年12月发薪日向朱立亚支付2015年12月工资(计发至2015年12月24日),于2016年1月发薪日向朱立亚支付经济补偿金52187元、提前通知金7900元和2015年应休未休11天年假的补偿,另外将于2016年1月发薪日扣除相关税费及朱立亚尚未归还的备用金借款3000元。依视路公司《员工手册》第8章"目标管理和业绩考核"第8-2条列举了3种评估方式:新员工试用期评估、定期/不定期考核、月度/年度业绩评估;第8-3条载明了"对于在定期/不定期考核、月度/年度业绩评估中未通过考核的员工,公司将视为该员工为不能胜任工作,并视需要对其提供进一步的培训或调动岗位以提供机会使员工能达到公司要求……若员工经培训或在新岗位上被证明还是达不到工作表现要求的,公司有权依法解除劳动合同"。2016年1月25日,朱立亚向哈尔滨市劳动人事争议仲裁委员会申请仲裁,请求裁决依视路公司支付:"1. 违法解除劳动合同赔偿金104374元;2. 2015年13薪7900元;3. 2015年全年年终奖7900元。"该仲裁委员会于2016年2月24日出具哈

劳人仲字(2016)第244号裁决书,裁决:"1.依视路公司支付朱立亚违法解除劳动关系赔偿金剩余部分44287元;2.驳回朱立亚的其他仲裁请求。"依视路公司不服该仲裁结果,遂诉至一审法院。

※裁判结果:上海市松江区人民法院根据《劳动合同法》第40条第2项的规定判决如下:"上海依视路光学有限公司于判决生效之日起10日内支付朱立亚违法解除劳动合同的赔偿金剩余部分44287元。如果未按判决指定的期间履行给付金钱义务,应当依照《中华人民共和国民事诉讼法》第二百五十三条之规定,加倍支付迟延履行期间的债务利息。"后原告不服,向上海市第一中级人民法院提起诉讼,经审理查明,一审认定事实正确,上海市第一中级人民法院依法予以确认,维持原判。

※裁判理由:劳动者不能胜任工作,经过培训或者调整工作岗位,仍不能胜任工作的,用人单位提前30日以书面形式通知劳动者本人或者额外支付劳动者1个月工资后,可以解除劳动合同。依视路公司《员工手册》中亦载明,在员工未通过考核的情况下,公司将视需要对其提供进一步的培训或调动岗位以提供机会使员工能达到公司要求,若经过培训或在新岗位上被证明仍达不到公司要求的,公司有权解除劳动合同。另外,《绩效表现考核计划书》中"考核结果"部分也明确载明,在考核结果为"不合格"的情况下,由直属上司讨论决定是否再次进行考核,或进行相应的岗位调整或其他人事安排。然而,从依视路公司提供的证据来看,依视路公司仅对朱立亚安排了一次为期3个月的考核,之后就径自以朱立亚"工作表现持续未能达到公司要求"为由解除了劳动合同,并无证据证实其按照法律规定或者上述约定对朱立亚进行过培训等其他安排,故依视路公司的解除行为难以称之为适当。据此,依视路公司要求不支付朱立亚违法解除劳动合同赔偿金的剩余部分钱款,缺乏依据,不予支持。

罗杰与宁波顺丰速运有限公司劳动争议案[1]

※裁判要点:用人单位以劳动者严重违反规章制度为由作出解除劳动合同的,在判断其违法与否时应考量以下因素:规章制度制定和公示程序的合法性、内容是否违反法律法规强制性规定、劳动者违反规章制度的证据是否确实充分、劳动者违反规章制度的程度是否"严重"到足以解除劳动合同。规章制度中关于"管理者应该做到:(一)不向下属借钱、不与下属发生任何形式的物质买卖关系;(二)不索要、不接受下属的礼品和宴请……遇结婚、生子的喜事,管理者接受下属礼金不得超过50元……"的规定,并未违反现行法律法规的强制性规定,相反地,还有利于营造诚信、廉洁的现代企业管理文化。

---

[1] 参见宁波市中级人民法院(2014)浙甬民一终字第216号判决书。

※**基本案情**：罗杰于2004年8月24日进顺丰公司工作，担任余姚分公司中转场经理，工资根据业绩考核确定，月平均工资7716.50元。2012年5月1日，顺丰公司与罗杰签订了无固定期限劳动合同。工作期间，顺丰公司已为罗杰参加了社会保险。2013年4月8日，罗杰妻子王义君经营的餐馆开业，顺丰公司部分员工前去祝贺，赠送花篮、鞭炮等，同时罗杰收取了胡梦等人礼金各200元。2013年7月11日，顺丰公司口头通知罗杰，因其收取员工礼金，顺丰公司将与其解除劳动合同。之后，顺丰公司通过快递形式向罗杰发出《解除劳动合同通知书》，称"因你借自营餐馆开业收取员工礼金一事，违反了公司制度，依照公司依法制定的《奖励与处罚管理规定》第三章第二十四条第（二）款第（14）项（即管理人员向下属借钱、与下属发生任何形式的物质买卖关系、使用员工自带车辆处理私事及其他变相向下属吃拿卡要的行为）和第三章第二十条第（二）款第（15）项（即在公司内部行贿、受贿的），公司决定与你解除劳动合同，2013年7月11日为你的劳动合同解除之日及你在公司工作的最后一天"。另查明，《顺丰速运集团管理者手册·诚信篇》第二部分第6条第2点规定："不索要、不接受下属的礼品和宴请，如遇结婚、生子的喜事，管理者接受下属礼金不得超过50元。"《劳动合同》第11条第12项约定："顺丰速运有限公司制定的规章制度、《员工手册》和《奖励与处罚管理规定》等劳动合同附件与劳动合同具有同等效力。"后罗杰以追索赔偿金为由提请余姚市劳动人事争议仲裁委员会仲裁，要求顺丰公司支付经济赔偿金138897元。2013年10月28日，余姚市劳动人事争议仲裁委员会作出余劳仲案字（2013）第630号仲裁裁决，裁决顺丰公司向罗杰支付赔偿金138897元。

顺丰公司不服仲裁裁决，于2013年11月26日向原审法院起诉，请求判令其无须向罗杰支付赔偿金138897元。

罗杰在原审中答辩称："顺丰公司以罗杰借餐馆开业收受礼金属受贿及与下属发生物质性买卖为由，擅自解除了劳动合同，没有事实及证据证明。"对仲裁裁决认定的事实不认可，但对裁决结果无异议。

原审法院审理认为：根据顺丰公司《员工手册》和《奖励与处罚管理规定》的内容以及双方劳动合同约定的内容，管理者接受下属礼金不得超过50元，否则视为违反了单位规章制度。罗杰担任顺丰公司余姚分公司中转场经理，其知晓顺丰公司规章制度，但在其妻子餐馆开业时，收取了部分员工的礼金、果篮及鞭炮，金额超过了顺丰公司规定的50元，其行为违反了顺丰公司管理者手册的规定。顺丰公司按照在公司内部行贿、受贿的规定解除与罗杰的劳动合同，并未违反法律、法规的规定，解除依据成立。据此，原审法院根据《劳动合同法》第39条第2项的规定，判决："宁波顺丰速运有限公司无需支付罗杰赔偿金138897元。案件受理费10元，减半收取5元，由罗杰负担。"

宣判后，原审被告罗杰不服，向本院提起上诉，请求撤销原判，改判顺丰公司向罗杰支付赔偿金138897元。理由是："1.上诉人罗杰作为被上诉人顺丰公司职工，多年来工作认真勤奋，得到被上诉人肯定，并在签订了几次固定期限劳动合同后，与被上诉人签订了无固定期限劳动合同。被上诉人以上诉人借餐馆开业收受礼金属受贿及与下属发生物质性买卖关系为由，擅自解除劳动合同，没有事实依据。上诉人妻子餐馆开业，同事自发前来祝贺，确实存在个别同事送礼情况，当下因人多上诉人推脱均被拒绝，故在餐后予以返还。被上诉人提供的所谓胡梦、胡体涛、岳良浩的证人证言，是被上诉人自行制作，不符合证据的法定形式，且证人并未出庭作证，不具有证明力。从证人证言内容看，也是自相矛盾。岳良浩说没去也没给红包，胡体涛在劳动仲裁阶段就向仲裁委出具了礼金归还的证明，且三证人均与举报人（因上诉人开除了他，对举报人心有怨恨）为老乡，证明力明显不足。在向原审法院提交的关于礼金未归还的电话录音也模糊不清，且无法证明电话对象为三证人，无法证明上诉人收受礼金。2.中华民族历来讲究礼尚往来、注重人情，送上诉人红包的几个人都是与上诉人平时有往来的要好朋友，但碍于单位规章制度，上诉人事后还是归还了红包。即便上诉人当时确实收受了红包，也签署了被上诉人提供的劳动合同、规章制度等，但被上诉人所谓的不能收受高于50元的红包礼品的规定不符合现实也违背了公序良俗，违反了我国法律的基本原则，当属无效。且该规定只是倡导性规范，并未明确在解除劳动合同的条款中，故被上诉人不能据此单方解除与上诉人的劳动关系。上诉人罗杰在审理过程中补充：对顺丰公司的企业文化表示认可，但在调查时有失公正，也没有工会在场。谭过的证言不是事实，是为了报复上诉人。顺丰公司在没有确切证据的情况下仅根据证人证言就认定上诉人接受下属礼金，是针对性的处罚。"

被上诉人顺丰公司答辩称："集团总部的调查委员会独立于整个体系，调查结束后被上诉人才知道。被上诉人对涉案事实也要承担责任，也希望没有这个事实。上诉人不仅仅接受下属礼金，还有与下属进行交易的行为，餐馆是上诉人自己开的。培训时被上诉人明确告知不可接受下属的礼金，超过50元就属于受贿，这体现了被上诉人的廉洁文化，也不违背我国法律的基本原则以及公序良俗。请求驳回上诉，维持原判。"

二审期间，双方当事人均未向本院提交新的证据。

本院经审理查明的事实与原审法院认定的事实一致。

※裁判结果：驳回上诉，维持原判。

※裁判理由：本案的争议焦点是，顺丰公司以违反规章制度为由与罗杰解除劳动合同是否违法。用人单位以劳动者严重违反规章制度为由作出解除劳动合同的，在判断其违法与否时应考量以下因素：规章制度制定和公示程序的合法性、内容是否违反法律法规强制性规定、劳动者违反规章制度的证据是否确实充分、劳动者违反规章制度的程度是否"严重"到足以解除劳动合同。本案中，罗杰对顺丰公司《员工手册》《管

理者手册·诚信篇》《奖励与处罚管理规定》的制定和公示、告知程序并未提出异议，并在庭审中表示认可顺丰公司的企业文化。上述规章制度中关于“管理者应该做到：(一)不向下属借钱、不与下属发生任何形式的物质买卖关系；(二)不索要、不接受下属的礼品和宴请……遇结婚、生子的喜事，管理者接受下属礼金不得超过50元……”的规定，并未违反现行法律法规的强制性规定，相反地，还有利于营造诚信、廉洁的现代企业管理文化，罗杰关于上述规定违背公序良俗、违反法律基本原则的主张，缺乏相应依据，本院不予采信。罗杰在“顺丰速运审计监察委员会”的调查笔录及一审庭审中，均认可有下属员工到其妻子经营的餐馆中就餐，则可以认定罗杰与下属之间存在“物质买卖关系”的事实。关于接受礼金问题，顺丰公司主张罗杰借其妻子自营餐馆开业收受下属礼金且并未退还，罗杰则称餐馆开业时确有下属员工前来祝贺并送上礼金，但部分当场拒收部分餐后退还，并未实际收受任何礼金，本院认为，顺丰公司提供了调查笔录、电话录音以证明其主张的事实，罗杰对其收受部分下属员工礼金亦表示认可，则罗杰应对其主张的礼金已在餐后退还的事实承担相应的举证责任。罗杰在一审中提交了送礼金的员工之一胡体涛出具的事情说明一份，以证明其已将胡体涛所送礼金退还，但就其他员工的礼金已退还这一主张却未提供相应证据证明，故应由对此负有举证责任的罗杰承担举证不能的不利后果。因此，可以认定罗杰收受下属礼金、下属员工在罗杰妻子自营餐馆就餐的事实，且均不止一人次，则顺丰公司依据《奖励与处罚管理规定》第3章第24条第2款第14项(即管理人员向下属借钱、与下属发生任何形式的物质买卖关系、使用员工自带车辆处理私事及其他变相向下属吃拿卡要的行为)和第3章第20条第2款第15项(即在公司内部行贿、受贿的)的规定作出的与罗杰解除劳动合同的决定，不违反法律规定。罗杰要求顺丰公司支付违法解除劳动合同赔偿金的请求，于法无据，原审法院未予支持并无不当。

张建明与京隆科技(苏州)公司支付赔偿金纠纷案[1]

※裁判要点：用人单位规章制度是在本企业内部实施的、关于组织劳动过程和进行劳动管理的制度。用人单位以劳动者严重违反单位的规章制度为由解除劳动合同，劳动者提起相关诉讼的，法院应当依法审查该规章制度的合法性与合理性。如果用人单位的规章制度超越了合理权限对劳动者设定义务，并据此要求解除劳动合同，则属于违法解除，损害了劳动者的合法权益，用人单位应当依法支付赔偿金。劳动者在劳动过程以及劳动管理范畴以外的行为，用人单位适宜进行倡导性规定，对遵守规定的员工可给予奖励，但不宜进行禁止性规定，更不能对违反此规定的员工进行惩罚。

---

〔1〕 参见《最高人民法院公报》2014年第7期。

※基本案情:原告张建明于2007年11月5日进入被告京隆公司工作,于2007年12月26日与京隆公司签订劳动合同,期限为自2007年12月26日起至2010年12月6日止,约定张建明从事设备维护工程师工作,月工资为2542元。2009年4月13日上午10点左右,张建明乘坐牌照为苏E8D891的车辆前往京隆公司宿舍区。2009年4月20日,京隆公司向张建明发出离职通知单,以张建明乘坐非法营运车辆为由与张建明解除劳动合同。

被告京隆公司于2008年9月8日召开职工代表大会,通过"不允许乘坐黑车,违者以开除论处"的决议。经双方确认,2009年4月13日原告张建明休息。张建明离职前十二个月月平均工资为2600元。张建明于2009年6月就本案诉讼请求申诉至苏州工业园区劳动争议仲裁委员会。该仲裁委员会于2009年7月27日裁决驳回张建明的全部仲裁请求。

本案一审的争议焦点是:被告京隆公司解除与原告张建明的劳动合同是否有合法依据。

苏州工业园区人民法院一审认为:用人单位的规章制度是用人单位制定的组织劳动过程和进行劳动管理的规则和制度,也称为企业内部劳动规则。规章制度既要符合法律、法规的规定,也要合理。被告京隆公司有权通过制定规章制度进行正常生产经营活动的管理,但劳动者在劳动过程以及劳动管理范畴以外的行为,用人单位适宜进行倡导性规定,对遵守规定的员工可给予奖励,但不宜进行禁止性规定,更不能对违反此规定的员工进行惩罚。京隆公司以乘坐非法营运车辆存在潜在工伤危险为由,规定员工不允许乘坐黑车,违者开除,该规定已超出企业内部劳动规则范畴,且乘坐非法营运车辆行为应由行政机关依据法律或法规进行管理,用人单位无权对该行为进行处理。工伤认定系行政行为,工伤赔偿责任是用人单位应承担的法定责任,京隆公司通过规章制度的设置来排除工伤责任,没有法律依据,因此亦属无效规定。故京隆公司不得依据该规定对员工进行处理,该公司以原告张建明乘坐非法营运车辆为由解除劳动合同违反劳动合同法的规定,损害了劳动者的合法权益,依法应当向张建明支付赔偿金,张建明要求京隆公司支付赔偿金7800元,未超过法律规定的赔偿金范围,法院予以支持。

据此,苏州工业园区人民法院根据《劳动合同法》第48、87条的规定于2009年11月19日作出判决:"被告京隆公司应于本判决生效之日起十日内支付原告张建明赔偿金7800元。"

京隆公司不服一审判决,向苏州市中级人民法院提起上诉称:"公司制定的规章制度并未超出劳动过程及劳动管理范畴,据此对员工被上诉人张建明进行处理并无不当;并非利用'严禁乘坐非法营运车辆,违者予以开除处分'这一规章制度来排除工伤。"

被上诉人张建明答辩称："一审判决认定事实清楚，适用法律正确；张建明乘坐黑车是在休息时间，并非上班时间。"因此，请求维持一审判决，驳回上诉。

苏州市中级人民法院经二审，确认了一审查明的事实。

本案二审的争议焦点是：上诉人京隆公司依据"严禁乘坐非法营运车辆，违者予以开除处分"的单位规章制度解除与被上诉人张建明的劳动合同是否合法。

※裁判结果：驳回上诉，维持原判。

※裁判理由：用人单位规章制度是指用人单位依法制定的、仅在本企业内部实施的、关于如何组织劳动过程和进行劳动管理的规则和制度，是用人单位和劳动者在劳动过程中的行为准则，也称为企业内部劳动规则。其内容主要包括了劳动合同管理、工资管理、社会保险、福利待遇、工时休假、职工奖惩以及其他劳动管理等。规章制度作为用人单位加强内部劳动管理，稳定、协调劳动关系，保证正常劳动生产秩序的一种管理工具，在日常的劳动秩序中确实发挥着重要作用。但是，规章制度既要符合法律、法规的规定，也要合情合理，不能无限放大乃至超越劳动过程和劳动管理的范畴。本案中，被上诉人张建明乘坐黑车行为发生之日正值其休息之日，劳动者有权利支配自己的行为，公司不能以生产经营期间的规章制度来约束员工休息期间的行为。单位职工乘坐何种交通工具上班是职工的私人事务，用人单位无权作出强制规定，如果劳动者确有违法之处，也应由国家行政机关等有权进行处罚。因此，被上诉人京隆公司因张建明乘坐非法营运车辆而作出解除劳动合同系违法解除，损害了劳动者的合法权益，应当根据《劳动合同法》的规定，向张建明支付赔偿金。

中兴通讯（杭州）有限责任公司与王鹏劳动合同纠纷案〔1〕

※裁判要点：劳动者在用人单位等级考核中居于末位等次，不等同于"不能胜任工作"，不符合单方解除劳动合同的法定条件，用人单位不能据此单方解除劳动合同。

※相关法条：《劳动合同法》第39、40条

※基本案情：2005年7月，被告王鹏进入原告中兴通讯（杭州）有限责任公司（以下简称中兴通讯）工作，劳动合同约定王鹏从事销售工作，基本工资每月3840元。该公司的《员工绩效管理办法》规定：员工半年、年度绩效考核分别为S、A、C1、C2四个等级，分别代表优秀、良好、价值观不符、业绩待改进；S、A、C（C1、C2）等级的比例分别为20%、70%、10%；不胜任工作原则上考核为C2。王鹏原在该公司分销科从事销售工作，2009年1月后因分销科解散等原因，转岗至华东区从事销售工作。2008年下半年、2009年上半年及2010年下半年，王鹏的考核结果均为C2。中兴通讯认为，王鹏不能

〔1〕 参见最高人民法院指导案例18号，最高人民法院审判委员会讨论通过2013年11月8日发布。

胜任工作，经转岗后，仍不能胜任工作，故在支付了部分经济补偿金的情况下解除了劳动合同。

2011年7月27日，王鹏提起劳动仲裁。同年10月8日，仲裁委作出裁决："中兴通讯支付王鹏违法解除劳动合同的赔偿金余额36596.28元。"中兴通讯认为其不存在违法解除劳动合同的行为，故于同年11月1日诉至法院，请求判令不予支付解除劳动合同赔偿金余额。

※裁判结果：浙江省杭州市滨江区人民法院于2011年12月6日作出(2011)杭滨民初字第885号民事判决："原告中兴通讯(杭州)有限责任公司于本判决生效之日起15日内一次性支付被告王鹏违法解除劳动合同的赔偿金余额36596.28元。"宣判后，双方均未上诉，判决已发生法律效力。

※裁判理由：法院生效裁判认为：为了保护劳动者的合法权益，构建和发展和谐稳定的劳动关系，《劳动法》《劳动合同法》对用人单位单方解除劳动合同的条件都进行了明确限定。原告中兴通讯以被告王鹏不胜任工作，经转岗后仍不胜任工作为由，解除劳动合同，对此应负举证责任。根据《员工绩效管理办法》的规定，"C(C1、C2)考核等级的比例为10%"，虽然王鹏曾经考核结果为C2，但是C2等级并不完全等同于"不能胜任工作"，中兴通讯仅凭该限定考核等级比例的考核结果，不能证明劳动者不能胜任工作，不符合据此单方解除劳动合同的法定条件。虽然2009年1月王鹏从分销科转岗，但是转岗前后均从事销售工作，并存在分销科解散导致王鹏转岗这一根本原因，故不能证明王鹏系因不能胜任工作而转岗。因此，中兴通讯主张王鹏不胜任工作，经转岗后仍然不胜任工作的依据不足，存在违法解除劳动合同的情形，应当依法向王鹏支付经济补偿标准二倍的赔偿金。

赛门铁克软件(北京)有限公司与董振宇劳动争议案[1]

※裁判要点："劳动合同订立时所依据的客观情况发生重大变化"，是指劳动合同订立后发生了用人单位和劳动者订立合同时无法预见的变化，致使双方订立的劳动合同全部或者主要条款无法履行，或者继续履行将出现成本过高等显失公平的状况，致使劳动合同目的难以实现，其中包括受法律、法规、政策变化导致用人单位迁移、资产转移或者停产、转产、转(改)制等重大变化的。此处的"无法履行"则是指由于"劳动合同订立时所依据的客观情况发生重大变化"，导致双方间劳动合同全部或者主要条款无法履行；或者如继续履行将导致用人单位的企业利益受到巨大损害，严重显失公平并最终影响到劳动者长远利益的情形。

---

[1] 参见北京市第一中级人民法院(2018)京01民终6870号判决书。

※相关法条:《劳动合同法》第40条第3项

※基本案情:2008年8月18日,董振宇与赛门铁克软件北京公司签订《劳动合同》,约定董振宇为助理本地化工程师,试用期六个月,未载明劳动合同终止期限。

2016年2月1日,赛门铁克软件北京公司发出的《解除劳动关系通知》载明:"由于公司进行重组,您在赛门铁克软件北京公司的职位被削减。因此,您劳动合同订立时所依据的客观情况发生重大变化,致使您的劳动合同无法履行。经公司与您协商,未能就变更劳动合同内容达成协议。依据《劳动合同法》第40条,公司规章制度以及您与公司签署的《劳动合同》的规定,公司决定于2016年2月1日解除与您的劳动关系。"

本案中,双方确认董振宇入职时间为2008年8月18日;离职前任通用工程技术部大中华区高级软件工程师,离职前十二个月平均工资17161.72元,赛门铁克软件北京公司曾于2016年2月向董振宇支付税后金额143228.94元,其中包含离职补偿金(税前)129194元及代通知金(税前)16680.69元,但双方就2016年2月1日赛门铁克软件北京公司所作出解除决定是否合法有效各执一词。

赛门铁克软件北京公司主张解除决定合法,称因公司将Veritas业务(存储业务产品)出售,故董振宇所在部门不复存在,双方订立劳动合同时所依据的客观情况发生重大变化。受此影响,董振宇所在部门被削减而涉及的员工有30名,绝大多数员工或转移到了接受业务的新公司,或协商解除了劳动关系,公司的行为不属于裁员。董振宇不同意协商调岗,公司有权依据《劳动合同法》第40条第3项的规定解除双方劳动合同关系。

董振宇称在职期间负责管理类软件开发以及杀毒软件的二次开发,Veritas业务(存储业务产品)出售与本人无关,公司单方解除劳动关系构成违法解除,应支付违法解除赔偿金。

(一)为证明Veritas业务(存储业务产品)出售,公司在北京的研发类岗位都不复存在,董振宇的原有岗位被削减,赛门铁克软件北京公司提交以下材料为证:

1. 2016年1月30日电子邮件打印件及公证书。显示公司首席执行官办公室发送并抄送给"全体员工"的电子邮件《一个令人激动的新篇章开启》,载明:"今天是赛门铁克历史上具有里程碑性的一天,从此我们将全力专注全球网络安全领导者这一角色。我们已经完成将Veritas业务出售给凯雷集团的交易,这标志着剥离过程的终结,为公司开启了新篇章……"

2. 公司网站文章打印件及公证书。显示2016年1月29日题为《赛门铁克完成Veritas业务的出售,现专注网络安全》的公告及报道,载明:"今日宣布完成出售Veritas业务。交易结束时,赛门铁克收到了约53亿美元的税后现金收益。赛门铁克有望在

2017年3月底向其股东回报超过40亿美元的资本……公司总裁兼首席执行官说：‘作为网络安全的权利领导者，赛门铁克现在有明确的前进道路。随着Veritas业务交易的完成，在通过向股东回报大额资本使股东获得最大价值以及考虑加速我们统一安全策略的收购机会方面，赛门铁克的财务灵活性更高……’”

3. 文章打印件及公证书。显示2016年1月29日美国商业新闻社题为《赛门铁克完成Veritas业务的出售，现专注网络安全》的报道，主要内容大致同上。

4. 美国证券交易委员会网站关于赛门铁克完成向以凯雷集团为首的投资者集团出售Veritas业务的交易的公告及公证书。

5.《租赁协议的转让与承继合同》、“华睿泰科技公司”工商登记信息打印件。其中，《租赁协议的转让与承继合同》显示，2015年10月3日赛门铁克软件北京公司将其与“赛尔网络公司”租赁协议（赛尔大厦22、23、25层）项下所有乙方权利义务转让给案外“华睿泰科技公司”。

经庭审质证，董振宇对公证书、工商登记信息真实性认可，对其余证据真实性不予认可；表示知道办公所在地22层已经转让、但不清楚受让方信息，称公司是以装修为由通知员工回家。

（二）为证明解除劳动关系前后的沟通经过，双方均提交了电子邮件等证据，据双方均予以认可真实性的电子邮件，双方劳动关系解除前后存在以下沟通、协商过程：

董振宇正常工作至2015年10月28日，此后公司以办公场所装修为由告知员工在家待岗。

2015年10月15日，另案当事人于某曾向公司发送电子邮件并抄送董振宇，询问：“据说赛尔二十二层的办公区很快就会开始装修，这边的四个同事，Andrew等人和我，希望了解一下公司对我们的办工位接下来是如何安排的。”当日，公司回复于某并抄送董振宇称：“正在制定策略，人力资源部门很快会与你联系的。”

2015年10月22日，另案当事人于某再次向公司发送电子邮件并抄送董振宇，询问：“关于工位的问题，HR的安排是什么？我们想知道：我们下周在哪里办公。除笔记本电脑外的我们的名下的其他设备，如何看管？”2015年10月26日，公司回复称：“如果没人通知你来办公室的话，请待在家里，一旦收到总部的消息，人力资源部门会立刻通知。”

2015年10月27日，董振宇向公司发送电子邮件，载明：“我想确认一下，公司对我的安排跟于某一样吗？”

2015年10月29日，公司向董振宇回复邮件并抄送于某称：“请待在家里等待公司的下一个安排。”

2015年12月2日，赛门铁克软件北京公司向董振定发送《通知》：“由于现在您没有任何工作，公司特安排您自2015年12月22日起休年休假至2016年1月15日共计18天。因您在年假期间不需要处理任何业务，所以请在12月24日结束之前将公司的电脑笔记本电脑，门卡以及任何其他公司财产交还。在年假期间，您的工作电子邮件账户或其他公司内部系统的访问权限将被冻结，并且您不应到公司场所、不应继续代表公司或联系公司的任何客户，除非公司书面另行要求。"

2016年1月4日，公司向董振宇发送电子邮件，载明："由于赛门铁克已经向凯雷集团出售了Veritas业务，您在赛门铁克软件北京公司的职位被削减。因此，您与公司之间的原劳动合同无法履行。现公司特征求您关于变更原劳动合同的意见，以使其可以履行。烦请在2016年1月6日结束前将您的反馈发给我们。如果届时您未能答复将视为未能就变更劳动合同内容达成协议。"

2016年1月5日，董振宇回复邮件，载明："首先，本人供职于SES部门，主要从事软件开发工作。公司出售Veritas业务与本人的职位不存在任何关系。本人不同意公司以Veritas业务被出售为由，削减本人的职位进而变更劳动合同……其次，根据公司安排本人2015年12月22日至2016年1月15日止进行年假休息。在本人休假期间，不对工作及变更合同等相关事宜作出回复……最后，如公司希望与本人协商变更劳动合同，请于本人休假结束2016年1月15日后，以书面形式将变更劳动合同的理由、证据、变更条件、变更内容提交给本人并且由公司主要负责人就变更劳动合同的相关事宜向本人进行当面解释和说明。否则本人不视为公司已经向本人提出了变更劳动合同的要求……"

2016年1月28日，公司向董振宇发送电子邮件，载明："由于本公司的重组及赛门铁克已经向凯雷集团出售了Veritas业务，您在赛门铁克软件北京公司的职位被削减。因此，您与公司之间的原劳动合同无法履行。现公司特征求您关于变更原劳动合同的意见，以使其可以履行。烦请在2016年1月29日中午12时前将您的反馈发给我们。如果届时您未能答复将视为未能就变更劳动合同内容达成协议。"

2016年1月29日，董振宇回复邮件，载明"就公司邮件回复如下：1. 关于Veritas业务的出售。首先请公司提供Veritas业务出售的相关文件……其次，如Veritas业务已经出售，Veritas业务具体包括哪些业务内容，请公司提供书面说明内容……最后，本人供职SES部门，主要从事软件服务工作。按照公司的指示，本人从事的业务内容涉及软件开发、技术支持软件维护及项目管理等全部业务流程，本人了解的情况目前公司仍有相关业务。因此，本人认为Veritas业务出售并不影响本人的职位及本人在公司从事的内容。2. 关于劳动合同变更。本人要求公司提供变更劳动合同的理由、内容以及变更后劳动合同的书面文件……如公司未能在2016年2月1日12时前向本人提供相关文件、安排公司负责人当面向本人说明和解释变更劳动合同的事实、理由、依据、内容等全部内容；此后，本人将不再接受公司以 Veritas 业务出售为由协商变更劳动合同事宜……”

2016 年 2 月 1 日，公司向董振宇发送电子邮件，载明：“根据公司披露规则，关于 Veritas 业务的出售信息，请查询赛门铁克以及美国证监会官方网站上公开信息。公司不会另行出具说明文件。由于出售了 Veritas 业务，本公司所有在北京的研发类岗位都已经不复存在。您明知研发类岗位所在办公室都已随业务出售不再为本公司所有，您自己业已数月未至原办公室上班。公司已经数次与您协商过变更劳动合同（包括协商解除劳动合同），但您现在还不合理地要求公司负责人向您解释。公司已经尽力与您沟通变更劳动合同事宜，但公司实在无法在您邮件中的时间安排公司负责人向您当面说明和解释。因此，根据您的邮件，您本人以后也将不再接受公司协商变更劳动合同事宜。基于以上，公司未能与您就变更劳动合同内容达成协议，根据适用法律，公司特向您发出解除劳动合同通知。”

2016 年 2 月 2 日，董振宇回复邮件，载明：“1. 公司出售 Veritas 业务，并没有通知本人，也没有告诉过本人如何进行相关信息确认。2. 公司的办公室随同业务出售的问题，本人并没有接到公司明确的通知，本人未至公司原办公室上班工作，完全是按照公司的指示和安排。3. 邮件称公司数次与本人协商过变更劳动合同，与事实不符。本次，是公司第一次正式与本人协商解除劳动合同。之前曾与本人发过协商变更劳动合同邮件，但本人正在休年休假，未进行正式回复。4. 现在以 Veritas 业务出售为由，与本人协商变更劳动合同事宜，本人要求公司负责人进行当面解释，本人认为要求合理，并无不妥之处。5. 邮件称，公司已经尽力与本人沟通变更劳动合同事宜，但公司始终没有提供具体的变更劳动合同的内容。本人要求公司提供该内容，均为合理要求。说本人不与公司协商变更劳动合同事宜，这分明就是歪曲事实，颠倒黑白，分明就是想违法与本人解除劳动合同。综上，本人将依法保护自己的合法权益。”

2016 年 2 月 3 日，公司向董振宇发送电子邮件，载明：“根据公司发给您的《解除劳动关系通知》，您的劳动关系于 2016 年 2 月 1 日被解除，您的法定经济补偿为人民币 145874.69 元（税前），公司会于近期支付给您。”

（三）为证明公司曾与董振宇进行协商具有可行性，赛门铁克软件北京公司另提交董振宇原所在部门 Global Targeted Offerings（全球针对性产品供应部门）的员工名单以及相关离职协议（其中与许某等三人的解除协议为原件）。上述材料显示，董振宇所在“全球针对性产品供应部门”全部 40 名研发人员均按“解除”劳动关系处理。赛门铁克软件北京公司据此主张因业务出售，董振宇原工作部门不存在，所有员工均已离职。

经询，董振宇对除许某三人以外的解除协议真实性不予认可，对该组证据证明目的不予认可。

另，在本案审理过程中，赛门铁克软件北京公司曾表示公司主营业务由存储业务（Veritas 业务）和安全产品业务（网络安全产品）两部分组成，董振宇在职期间负责软件本土化工作；公司目前仍有安全类产品业务；公司已将所有 Veritas 业务出售并取消在中国的研发中心及所有研发业务。再经询问，赛门铁克软件北京公司表示就本案相关证据均已提交，证据已穷尽。

再，就本案仲裁情况。董振宇曾以要求赛门铁克软件北京公司支付其违法解除劳动合同赔偿金为由，向北京市海淀区劳动人事争议仲裁委员会提出仲裁申请，该委作出京海劳人仲字(2016)第 6712 号裁决书，裁决驳回董振宇的仲裁请求。董振宇不服仲裁裁决结果于法定期间内向一审法院提起诉讼。赛门铁克软件北京公司未起诉。

一审法院认为：本案的争议焦点在于赛门铁克软件北京公司的解除行为是否具有合法性，根据最高人民法院《关于审理劳动争议案件适用法律若干问题的解释》第 13 条的规定，赛门铁克软件北京公司应就解除决定的合法性承担举证责任。

综观赛门铁克软件北京公司所持主张及证据提举情况。本案中，赛门铁克软件北京公司主张解除双方劳动关系的法律依据为《劳动合同法》第 40 条第 3 项，即"劳动合同订立时所依据的客观情况发生重大变化，致使劳动合同无法履行，经用人单位与劳动者协商，未能就变更劳动合同内容达成协议的"情形下用人单位享有的解除权，但法院认为：

首先，对于《劳动合同法》第 40 条第 3 项的理解与适用。法院认为作为无过失性辞退条款，该条款体现了情势变更原则在劳动合同法中的适用，属于契约严守原则在特定情形下的例外与突破。因此，此处的"重大变化"应是指劳动合同订立后发生了用人单位和劳动者在订立劳动合同时均无法预见的客观情况的变化，如因自然灾害形成的不可抗力、法律或政策变化导致的停产或特许经营权的变化等等。此处的"无法履行"则是指由于"劳动合同订立时所依据的客观情况发生重大变化"，导致双方间劳动合同全部或者主要条款无法履行；或者如继续履行将导致用人单位的企业利益受到巨大损害，严重显失公平并最终影响到劳动者长远利益的情形。

那么，本案中是否存在"劳动合同订立时所依据的客观情况发生重大变化，致使劳动合同无法履行"的法定情形？

据赛门铁克软件北京公司所提交的证据，如公司网站文章、美国证券交易委员会网站关于赛门铁克完成向以凯雷集团为首的投资者集团出售 Veritas 业务的交易的公告等，其上载明 Veritas 业务的出售是"赛门铁克"为"全力专注全球网络安全领导者这一角色"而主动采取的"剥离"行为。因此，从"变化"的发起原因而言，Veritas 业务的出售以及所伴随的办公场地租赁使用权转移、部门裁减等，并非是由企业"无法预见"的外部客观情况所引发的，而是企业为实现商业利益而主动进行、由内而外发起的一项商业活动。

其次，根据赛门铁克软件北京公司所提交的证据，Veritas 业务的出售“在交易结束时为其带来了约53亿美元的税后现金收益”；且“随着 Veritas 业务交易的完成，在通过向股东回报大额资本使股东获得最大价值以及考虑加速我们统一安全策略的收购机会方面，赛门铁克的财务灵活性更高”。因此，从“变化”的效果而言，Veritas 业务的出售，为企业所带来的并非是巨大损失，而是直观的商业对价以及远期的商业发展机会。故基于利益与成本并存的考量，在企业方为了趋利而积极主动开展了 Veritas 业务出售行为之时，即使该行为伴随了员工劳动关系处理等方面的支出，则该部分支出也应纳入企业的经营成本，而不应以显失公平为由将其计算为损失、转移予处于被动管理地位的劳动者并损害劳动者的根本性利益。

最后，在本案审理过程中，赛门铁克软件北京公司确认董振宇所在部门，除为 Veritas业务提供本土化服务外，还为公司所有软件提供本土化服务。换言之，Veritas 业务并非董振宇所在部门的唯一工作内容指向，故逻辑上而言 Veritas 业务的出售并不必然导致董振宇所在部门整体裁撤（其公司提交的证据显示公司与全部研发人员解除劳动关系）、公司与董振宇之间劳动合同无法继续履行。

综上所述，法院认为，本案中，赛门铁克软件北京公司所述 Veritas 业务出售及其伴随的办公地、部门取消等系企业趋利考量下所引发的内部优化调整，而非外因性的不可预见的客观情况重大变化，故而与《劳动合同法》第 40 条第 3 项所述“劳动合同订立时所依据的客观情况发生重大变化，致使劳动合同无法履行”情形并不相符。

此外，虽相关电子邮件往来显示赛门铁克软件北京公司曾与董振宇就岗位调整或者解除劳动关系进行过数次协商，但一方面赛门铁克软件北京公司并未提出明确、具体的调岗方案，如职务、薪资、工作地点等，双方并未就此变更事宜达成一致；另一方面双方并未能最终就劳动关系解除问题达成一致。故法院认为，在双方协商解除劳动关系未果的情况下，赛门铁克软件北京公司以 Veritas 业务出售、原工作岗位不存在为由，援引《劳动合同法》第 40 条第 3 项的规定单方作出解除决定，有违法律规定，构成违法解除。因此，法院对董振宇要求赛门铁克软件北京公司支付违法解除劳动合同赔偿金的诉讼请求予以支持。

至于具体金额，双方确认董振宇 2008 年 8 月 1 日入职，双方确认劳动关系于 2016 年 2 月 1 日解除，董振宇离职前十二个月平均工资 17161.72 元。故经核算，在扣减业已支付的解除劳动关系赔补款后，赛门铁克软件北京公司应再行向董振宇支付违法解除赔偿金 111551.11 元。

一审法院依照《劳动合同法》第 40、47、87 条，最高人民法院《关于审理劳动争议案件适用法律若干问题的解释》第 13 条的规定，判决：“一、赛门铁克软件（北京）有限公司于判决生效之日起七日内向董振宇支付违法解除劳动合同赔偿金十一万一千五百五十一元一角一分；二、驳回董振宇的其余诉讼请求。”

※裁判结果：赛门铁克软件北京公司的上诉请求不能成立，应予驳回；一审判决认定事实清楚，适用法律正确，应予维持。

※裁判理由：本案二审争议焦点系赛门铁克软件北京公司与董振宇解除劳动合同是否合法。就解除原因，赛门铁克软件北京公司上诉主张系因其 Veritas 业务出售、公司发生重大重组导致董振宇所在部门被取消及董振宇所在岗位被裁撤，属于“劳动合同订立时所依据的客观情况发生重大变化，致使劳动合同无法履行，经用人单位与劳动者协商，未能就变更劳动合同内容达成协议”的情形。对此，本院认为：

首先，根据相关规定，“劳动合同订立时所依据的客观情况发生重大变化”是指劳动合同订立后发生了用人单位和劳动者订立合同时无法预见的变化，致使双方订立的劳动合同全部或者主要条款无法履行，或者继续履行将出现成本过高等显失公平的状况，致使劳动合同目的难以实现，其中包括受法律、法规、政策变化导致用人单位迁移、资产转移或者停产、转产、转(改)制等重大变化的。通过赛门铁克软件北京公司所提交的证据可见，赛门铁克软件北京公司的业务出售以及所伴随的办公场地租赁使用权转移、部门裁减等，并非是受“法律、法规、政策变化”引起的，而是赛门铁克软件北京公司为实现其商业利益最大化主动发起的，且赛门铁克软件北京公司从中获得了收益及远期的商业发展机会。因此，赛门铁克软件北京公司的内部优化调整并非外因性的、不可预见的“客观情况发生重大变化”。

其次，关于是否达到“致使劳动合同无法继续履行”的程度。赛门铁克软件北京公司认可其公司业务主要由 Veritas 存储业务和安全软件产品两部分组成，董振宇所在部门系为公司所有产品提供本土化服务的部门。由此可见，董振宇所在部门并非只为 Veritas 存储业务进行本土化服务。故赛门铁克软件北京公司以 Veritas 存储业务出售为由主张董振宇所在部门已整体裁撤，其与董振宇劳动合同无法继续履行，证据不足。

最后，从赛门铁克软件北京公司与董振宇的电子邮件往来、录音证据等内容上看，双方就董振宇的或调岗或解除劳动合同问题进行过协商，但赛门铁克软件北京公司既未明确提出明确、具体的调岗方案，双方亦未就劳动关系解除事宜达成一致。赛门铁克软件北京公司在双方协商未果的情况下，单方作出解除劳动关系的决定，属于违法解除。故一审法院根据董振宇离职前十二个月平均工资及赛门铁克软件北京公司业已支付的解除劳动关系赔补款，核算赛门铁克软件北京公司应向董振宇支付违法解除劳动合同赔偿金的做法并无不当。对赛门铁克软件北京公司上诉请求不予支付董振宇违法解除劳动合同赔偿金，本院不予支持。

抚顺大伙房水泥有限责任公司与王永强劳动争议案[1]

※裁判要点：劳动合同法允许用人单位在生产经营发生困难时采取经济性裁员措施，但同时要求用人单位要慎用该手段，在“困难”两字前加了“严重”二字。企业正常生产、账面盈利、裁员之前及裁员之后均能正常支付工人工资，不能认定为生产经营发生了严重的困难，不符合劳动合同法规定的经济性裁员的实体性条件。

※相关法条：《劳动合同法》第41、42条

※基本案情：王永强1983年10月到原抚顺大伙房水泥厂工作，2004年原抚顺大伙房水泥厂工作改制为现大伙房水泥公司（即原告），被告王永强在原告单位从事水泥制品工作至今（属于该企业在岗合同制员工）。2015年11月19日，原告召开了第二届五次职工代表大会，审议通过了《关于公司定编裁员的实施方案意见》（以下简称裁员方案），后被告王永强在其所在班小组以“末位淘汰”方式投票中，确定为企业被裁减人员。被告王永强没有履行相关离职手续、也没有领取经济补偿费用等。原告大伙房水泥公司于2016年1月1日始，停发了被告王永强相关工资待遇。2016年3月9日，被告王永强向抚顺市劳动人事争议仲裁委员会申请仲裁，请求：“1.恢复与大伙房水泥公司的劳动关系。2.补发违法解除劳动关系期间的工资。”仲裁期间，被告王永强变更仲裁请求为：“1.企业内部退养。2.如大伙房水泥公司不同意企业内部退养，应支付赔偿金。3.办理社会保险转移手续。”后抚顺市劳动人事争议仲裁委员会做出抚劳人裁决字（2016）第318号仲裁裁决书，主要内容为：“1.撤销双方解除劳动关系的决定，恢复与大伙房水泥公司的劳动关系。2.其他仲裁请求不予支持。后大伙房水泥公司不服裁决内容，诉至我院。”另，裁员方案第2条“公司定编裁员的原则和实施办法”第3款规定：“公司定编裁员的计划规定，2015年10月底前公司临时工全部辞退，在岗合同制工人裁员总计100人。”第3条“在岗合同制工人裁员办法”第1款规定：“首先，实行基层单位民主测评方法采取背靠背形式搞好民主推荐工作。再由班长、基层单位择优选聘留用人员；其次，实行竞争（聘）上岗。推行末位淘汰制度。凡未被聘用或末位淘汰者，公司将与其解除劳动合同关系。”该条第4款规定：“距离法定退休年龄不满五年者（含5年），不应予以解除劳动合同（男职工55周岁、女职工45周岁）。”一审法院认为，本案的争议焦点在于：原告大伙房水泥公司在2015年末进行的企业经济性裁员中，相关程序内容和实体内容是否符合法律规定。而“经济性裁员”，简单地讲，就是指企业由于经营不善等经济性原因，一次性解雇多个劳动者的情形。本案中，大伙房水泥公司主张因经济原因，一次性裁减人员超过20人，应属于企业经济性裁员。而《劳动合

---

〔1〕 参见抚顺市中级人民法院（2017）辽04民终1193号判决书。

同法》第41条专门针对企业的经济性裁员的实体性条件和程序性条件等作出了规定，并强调了企业需兼顾特殊人群的权益维护，故而企业经济性裁员只有同时具备了实体性条件之一和全部的程序性条件，并切实兼顾了特殊人群合法权益，才能对该经济性裁员予以肯定。依前论，结合本案实际，考察原告大伙房水泥公司进行经济性裁员是否符合法律规定，应主要从以下三个方面进行辨析：一是企业启动经济性裁员的条件是否具备（实体性条件）；二是程序是否合法（程序性条件）；三是是否注意保护了特定人群的权益。具体分述有：一是企业启动经济性裁员的条件是否具备（实体性条件）。《劳动合同法》第41条就企业启动经济性裁员规定了四个实体性条件。依原告大伙房水泥公司的主张，该企业开展本次经济性裁员主要以“生产经营发生严重困难”为由，启动裁员程序。但庭审期间，原告单位围绕企业生产经营严重困难的主张，仅提供了一份企业自己所写的《情况说明》。应该说，该份证据并不能充分说明企业生产经营状况且被告对这份证据亦不予以认可，故围绕原告企业“生产经营发生严重困难”的论述，原告方所示证据尚未达到证明该部分案件事实的证明标准，因此，对于原告方此节的主张，法院不予采信。二是程序是否合法（程序性条件）。《劳动合同法》第41条围绕企业经济性裁员，主要有两项程序性规定，先是用人单位提前30日向工会或全体职工说明情况，并听取工会或职工意见，再是向劳动行政部门报告裁减人员方案。本案中，原告单位通过职工代表大会的形式履行了相应程序要求，并向劳动行政部门进行了报告，故原告单位于本次经济性裁员中程序安排尚无明显瑕疵。三是是否注意保护了特定人群的权益。《劳动合同法》第41条规定了企业在经济性裁员中需优先留用的三类人员（与本单位订立较长期限的固定期限劳动合同；与本单位订立无固定期限劳动合同的；家庭无其他就业人员，有需要扶养的老人或者未成年人的），同时赋予了被裁减人员具有优先就业权，规定了用人单位六个月内重新招工，对被裁减人员有通知的义务。而从《裁员方案》的内容和庭审调查情况看，本案中的经济性裁员，主要以职工投票、得票较少的“末位淘汰”方式进行，并没有将三类需优先留用人员在本次经济性裁员予以优先保留，而是一并“投票并末位淘汰”。本案被告王永强从1983年即在原抚顺大伙房水泥厂工作，直至到现在改制后的原告单位工作，至少应属于订立较长期限的固定期限劳动合同的职工，属于企业在经济性裁员中应优先保留的对象。综上，原告大伙房水泥公司启动本次经济性裁员的证据不足，其裁员方案中，没有对需优先留用的人员进行甄别，致与企业有较长期限的固定期限劳动合同的职工（如本案被告王永强）离开工作岗位，与《劳动合同法》第41条的规定相违背，对此应给予否定性的评价，故对于原告单位于本案中的诉求不应支持，双方间劳动关系应予恢复。应该指出的是，《裁员方案》第4款虽然也有“距离法定退休年龄不满五年者（含5年），不应予以解除劳动合同”的内容，但该条款规定仅符合《劳动合同法》第42条的要求，并不能涵盖《劳动合同法》第41条关于优先留用人员的规定。综上所述，根据《劳动合同法》第41、42条，《劳动法》第79条的规定，判决："一、原告抚顺大伙房水泥有限责任公司应于2016年1月1日始，恢复与被告王永强的劳动关系；二、驳回双方其他诉讼请求。案件受理费10元（原告已预交），由原告抚顺大伙房水泥有限责任公司负担。"

二审中，当事人没有提交新证据。对当事人二审争议的事实，二审法院认定如下："本院经审理查明的事实与一审法院查明的事实基本相同。另查明，上诉人与被上诉人订立了无固定期限的劳动合同。本院确认的上述事实，有双方当事人的陈述在卷为凭，以上证据已经开庭质证，经本院审查，予以采信。"

※裁判结果：大伙房水泥公司的上诉请求不能成立，应予驳回；一审判决认定事实清楚，适用法律正确，应予维持。

※裁判理由：根据双方当事人的诉辩主张，本案的争议焦点可以归纳为上诉人解除与被上诉人订立的劳动合同是否符合法律规定。上诉人主张企业生产经营发生严重困难，根据《劳动合同法》第41条第1款第2项的规定进行经济性裁员，解除与被上诉人订立的劳动合同。《劳动合同法》第41条规定："有下列情形之一，需要裁减人员二十人以上或者裁减不足二十人但占企业职工总数百分之十以上的，用人单位提前三十日向工会或者全体职工说明情况，听取工会或者职工的意见后，裁减人员方案经向劳动行政部门报告，可以裁减人员：（一）依照企业破产法规定进行重整的；（二）生产经营发生严重困难的；（三）企业转产、重大技术革新或者经营方式调整，经变更劳动合同后，仍需裁减人员的；（四）其他因劳动合同订立时所依据的客观经济情况发生重大变化，致使劳动合同无法履行的。裁减人员时，应当优先留用下列人员：（一）与本单位订立较长期限的固定期限劳动合同的；（二）与本单位订立无固定期限劳动合同的；（三）家庭无其他就业人员，有需要扶养的老人或者未成年人的。用人单位依照本条第一款规定裁减人员，在六个月内重新招用人员的，应当通知被裁减的人员，并在同等条件下优先招用被裁减的人员。"该条款是关于经济性裁员的规定。经济性裁员是用人单位行使解除劳动合同权的主要方式之一，是指企业由于经营不善等经济性原因，解雇多个劳动者的情形，其实质是用人单位单方解除劳动合同的一种方式。在经济性裁员中，由于是用人单位单方解除劳动合同，且劳动者并没有过错，因此进行经济性裁员必须满足法定条件，这些法定条件包括实体性条件和程序性条件，只有同时具备了实体性条件之一和全部的程序性条件，才是合法有效的经济性裁员。

本案中，上诉人主张其生产经营发生严重困难，企业进行经济性裁员，解除与被上诉人订立的劳动合同。本院认为，市场经济中的企业无时不面临着激烈竞争，一旦对市场需求判断失误或者决策偏差，企业的生产经营可能就会发生困难。在用人单位的生产经营发生严重困难时，应允许用人单位通过各种方式进行自救，而不是放任其进一步陷入破产、关闭的绝境。在用人单位的生产经营发生严重困难时，裁减人员、缩减员工规模是一项较有效的缓减措施，从全局看，对用人单位的劳动者群体是有利的，但涉及特定劳动者的权益，应慎重处理。因此，《劳动合同法》允许用人单位在生产经营发生困难时采取经济性裁员措施，但同时要求用人单位要慎用该手段，在“困难”两字前加了“严重”二字。上诉人主张其生产经营发生严重困难，需要进行经济性裁员，上诉人对其该项主张应当提供充分的证据予以证明，但上诉人二审庭审中陈述整个水泥行业不景气，对其自身生产经营发生严重困难的事实，不需要举证证明。经本院询问，上诉人陈述企业正常生产、账面盈利、裁员之前及裁员之后均能正常支付工人工资，依据上诉人的陈述的情况，本院认为不能认定上诉人的生产经营发生了严重的困难，上诉人主张解除与被上诉人订立的劳动合同，不符合劳动合同法规定的经济性裁员的实体性条件。

《劳动合同法》规定了经济性裁员中优先留用与本单位订立无固定期限劳动合同的人员，主要是考虑劳动者对劳动合同的有较长期限的预期，法律应对这种预期予以相应保护。由于上诉人此次裁员采取了首先确定裁减人员的比例，然后以班组为单位民主评议、投票、以末位淘汰的方式确定被裁减人员的方式，被上诉人等与本单位订立无固定期限劳动合同的人员与其他人员均被统一划入民主评议及投票的范围，故上诉人的裁员方案与劳动合同法中关于经济性裁员中优先留用与本单位订立无固定期限劳动合同的人员的规定亦不相符。

关联法规索引

《劳动法》第25～27条，劳动部《关于〈中华人民共和国劳动法〉若干条文的说明》第25～27条，劳动部《关于贯彻执行〈中华人民共和国劳动法〉若干问题的意见》第29～31条

第四十二条　【用人单位不得解除劳动合同的情形】 劳动者有下列情形之一的，用人单位不得依照本法第四十条、第四十一条的规定解除劳动合同：

（一）从事接触职业病危害作业的劳动者未进行离岗前职业健康检查，或者疑似职业病病人在诊断或者医学观察期间的；

（二）在本单位患职业病或者因工负伤并被确认丧失或者部分丧失劳动能力的；

（三）患病或者非因工负伤，在规定的医疗期内的；

（四）女职工在孕期、产期、哺乳期的；

（五）在本单位连续工作满十五年，且距法定退休年龄不足五年的；

（六）法律、行政法规规定的其他情形。

适用解读

本条是用人单位行使单方解雇权的限制性条件，即存在下列情形之一时，禁止用人单位解雇劳动者：

1. 从事接触职业病危害作业的劳动者未进行离岗前职业健康检查，或者疑似职业病病人在诊断或者医学观察期间的。职业病，是指劳动者在职业活动中，因接触粉尘、放射性物质和其他有毒、有害物质等因素而引起的疾病。根据《职业病防治法》第35条及第55条的规定，对从事接触职业病危害的作业的劳动者，用人单位应当按照国务院卫生行政部门的规定组织上岗前、在岗期间和离岗时的职业健康检查，并将检查结果如实告知劳动者。对未进行离岗前职业健康检查的劳动者不得解除或者终止与其订立的劳动合同。用人单位应当及时安排对疑似职业病病人进行诊断，在疑似职业病病人诊断或者医学观察期间，不得解除或者终止与其订立的劳动合同。

2. 在本单位患职业病或者因工负伤并被确认丧失或者部分丧失劳动能力的。劳动者在用人单位患职业病或因工负伤，都是在为用人单位提供劳动的过程中所致，且患病或负伤的原因与用人单位所提供的劳动条件及劳动安全保护措施有关。因此，用人单位作为劳动的组织者以及劳动者提供劳动的受益者，对因患职业病或因工负伤而丧失或部分丧失劳动能力的劳动者，负有保障其劳动权利和基本生活的义务。

3. 患病或者非因工负伤，在规定的医疗期内的。这里"患病"是指非职业病，"负伤"是指非因工负伤。根据劳动部《企业职工患病或非因工负伤医疗期的规定》和《关于贯彻〈企业职工患病或非因工负伤医疗期的规定〉的通知》的规定，企业职工因患病或非因工负伤，需要停止工作医疗时，根据本人实际参加工作年限和在本单位工作年限，给予3个月到24个月的医疗期。对于某些患特殊疾病（如癌症、精神病、瘫痪等）的职工，在24个月内尚不能痊愈的，经企业和当地劳动部门批准，可以适当延长医疗期。具体而言，劳动者实际工作年限10年以下的，在本单位工作年限5年以下的为3个月，5年以上的为6个月；实际工作年限10年以上的，在本单位工作年限5年以下的为6个月，5年以上10年以下的为9个月，10年以上15年以下的为12个月，15年以上20年以下的为18个月，20年以上的为24个月。在最高人民法院的公报案例"[1]梁介树诉南京乐府餐饮管理有限公司劳动争议案"中，法官就指出：患有癌症、精神病等难以治疗的特殊疾病的劳动者，应当享受24个月的医疗期。医疗期内劳动合同期满，劳动合同应当延续至医疗期满时终止。用人单位在医疗期内违法解除或者终止劳动合同，劳动者起诉要求继续履行劳动合同的，人民法院应当判决撤销用人单位的解除

---

〔1〕 参见《最高人民法院公报》2013年第6期。

或者终止通知书。

4. 女职工在孕期、产期、哺乳期的。这体现了劳动法对妇女权益的特殊保护。从孕期到哺乳期是一个连续的过程，根据《女职工劳动保护特别规定》第 7 条的规定，女职工生育可享受产假 98 天，产前可以休假 15 天，难产的增加产假 15 天，生育多胞胎的，每多生育一个婴儿，可增加产假 15 天。女职工怀孕未满 4 个月流产的，可享受 15 天产假；怀孕满 4 个月流产的，享受 42 天产假。在上述期间内，用人单位不得解除劳动合同。

5. 在本单位连续工作满 15 年，且距法定退休年龄不足 5 年的。法律保护这类劳动者基于两个原因：(1)这部分老职工对用人单位贡献较大，用人单位应当给予其一定的回报；(2)老职工再就业相对困难，用人单位有义务给予其特殊保护。

6. 法律、行政法规规定的其他情形。这是兜底条款，以避免遗漏现行法律、法规规定的其他情况，并便于与以后颁布的法律相衔接。

如果前述劳动者存在《劳动合同法》第 40、41 条规定的情形之一，用人单位不得单方解除劳动合同；但如果前述劳动者存在《劳动合同法》第 39 条规定的情形之一，则仍然可以单方解除劳动合同。

典型案例

何立露与雪花啤酒有限公司劳动争议纠纷案〔1〕

※裁判要点：从事接触职业病危害作业的劳动者未进行离岗前职业健康检查，或者疑似职业病病人在诊断或者医学观察期间，用人单位依照《劳动合同法》第 40、41 条的规定解除劳动合同的，其行为违背法律规定，属违法解除劳动合同。

※相关法条：《劳动合同法》第 40、42 条

※基本案情：被告雪花啤酒公司原名称为金威啤酒集团(成都)有限公司。原告何立露于 2007 年 4 月 26 日入职该公司工作。2007 年 4 月 27 日，原、被告签订期限自当日起至 2008 年 4 月 26 日止的劳动合同；2008 年 4 月 30 日，双方签订期限自 2008 年 4 月 26 日起至 2011 年 4 月 25 日止的劳动合同；2011 年 3 月 11 日，原、被告签订期限自 2011 年 4 月 27 日起至 2016 年 4 月 26 日止的劳动合同。2013 年 9 月 6 日，原、被告签订《劳动合同补充协议》约定，因被告股权结构发生变化，对原告在被告任职期间的工龄，按照 1 年工龄补 1 个月工资的标准，由被告向原告提前支付解约补偿金 33823 元，

〔1〕 参见四川省成都高新技术产业开发区人民法院(2016)川 0191 民初 1797 号判决书。

之后原、被告任何一方提出解除、终止劳动合同时,如被告需支付原告经济补偿金或赔偿金时,该款应予以扣减。2014年2月13日,金威啤酒集团(成都)有限公司更名为雪花啤酒公司。

2013年4月8日,被告组织员工进行职业健康检查,同年4月16日,医院出具何立露的体检报告记载:"建议脱离噪声环境一周后复查电测听检查;职业健康检查结果:复查电测听检查后,再做职业检查结论。"在被告安排下,原告脱离噪声休息后分别于2013年6月18日、7月16日到医院复查电测听,之后医生建议申请职业诊断。2013年9月9日原告领取体检报告。自2014年1月起,原告向被告反映头部有轻微头痛,不能忍受包装车间噪音,要求将其调离包装维修岗位,同时断断续续在医院就诊。2014年6月12日,原告同意调岗至公司仓储部从事验收工岗位工作,到岗后原告认为新岗位仍有噪音,再次要求被告重新安排岗位。自2014年6月13日起,原告未到被告安排的岗位上班,而去了人事部旁边的办公室。2014年6月19日,被告作出《关于与何立露解除劳动关系的通知》并送达公司工会,以原告消极怠工为由要求与原告解除劳动关系,并请公司工会委员会予以审查,同日公司工会委员会复函同意了上述处理意见。2014年6月25日,被告向原告送达了《解除劳动合同通知书》,并向原告支付了经济补偿金及一个月的代通知金共计7785元。

原告于2014年8月25日申请仲裁,要求裁决被告提供2012年6月至2014年6月的工资表,补足了原告在2013年职业健康检查期间被扣除的工资4500元,支付了2014年6月25日解除劳动合同之日至2016年4月26日期间的二倍工资228100元,并要求被告协助其进行劳动能力鉴定。仲裁裁决被告安排原告进行职业诊断。2014年12月16日,依仲裁裁决之要求,被告安排原告进行了职业健康检查,四川大学华西第四医院出具了职业健康检查报告,载明:"本次体检未发现疑似职业病,可以离岗。"

原告不服仲裁裁决,向本院提起诉讼,要求判令被告补足原告在2013年职业健康检查期间被扣除的工资4500元、支付2014年6月25日解除劳动合同之日至2016年4月26日期间的二倍工资228100元。本院经审理驳回原告诉讼请求。

2015年6月15日原告再次申请仲裁,要求裁决被告支付违法解除劳动合同的赔偿金75000元、支付延时加班工资4500元、支付原告医疗期内的工资90000元、承担原告的医疗费5000元、赔偿原告2014年6月至2015年6月期间的社会保险损失7200元,仲裁裁决驳回了原告的全部仲裁请求。原告不服,提起诉讼。

※裁判结果:四川省成都高新技术产业开发区人民法院作出(2016)川0191民初1797号判决:根据《劳动合同法》第47、87条,《劳动法》第50条,《民事诉讼法》第64条第1款、第142条的规定,判决如下:"一、被告雪花啤酒(成都)有限公司于本判决生效之日起5日内向原告何立露支付赔偿金18722元、加班工资2262元,共计20984元;

二、驳回原告何立露的其他诉讼请求。”

※裁判理由：四川省成都高新技术产业开发区人民法院认为：被告以原告消极怠工为由解除与原告的劳动合同，在《关于与何立露解除劳动关系的通知》《解除劳动合同通知书》中未载明其解除的法律依据，但从本案查明的事实及被告向原告支付经济补偿金及代通知金看，被告解除劳动合同的依据应当为《劳动合同法》第40条的规定，而该法第42条规定：“劳动者有下列情形之一的，用人单位不得依照本法第四十条、第四十一条的规定解除劳动合同：（一）从事接触职业病危害作业的劳动者未进行离岗前职业健康检查，或者疑似职业病病人在诊断或者医学观察期间的；……”本案中，原告在被告组织的职业健康检查中，从医生建议复查电测听检查到建议申请职业诊断，以及原告向被告反映头痛及其就诊情况，表明原告存在疑似职业病；在解除劳动合同前，被告未对原告进行职业病诊断，对疑似职业病未予排除，且在原告诊断期间解除与原告的劳动合同，其行为违背法律规定，属违法解除劳动合同，应当向被告支付违法解除劳动合同的赔偿金。原告应获的赔偿金60330元（4022元/月×7.5年×2）应当扣除已领取的经济补偿金及待通知金，为18722元（60330元－33823元－7785元），故原告要求被告支付赔偿金75000元的诉讼请求，部分予以支持；原告要求被告支付延时加班工资，应以被告扣除的2262元为限，其请求被告支付加班工资4500元的诉讼请求，部分予以支持。被告辩称，原告以“相同的事实理由申请仲裁并提起诉讼，违背一事不再理原则”的辩解意见与查明的事实不符，不予采纳。关于原告要求被告支付医疗期工资的问题，双方在劳动关系存续期间，被告均正常支付了原告工资，原告未提供证据证明其存在医疗期未能依法享受的事实，故原告该项诉讼请求，不予支持；原告要求被告支付医药费的问题，因在劳动关系存续期间被告为原告购买了社会保险，原告应按相关规定在医疗保险范围内予以报销，其要求被告支付医药费的诉讼请求，不予支持。2014年6月25日，原、被告已解除劳动关系，原告要求被告支付其解除劳动关系之后的社会保险损失费，于法无据，不予支持。

高志鹏与青岛蓝海物业管理有限公司劳动合同纠纷案[1]

※裁判要点：劳动者患病或者非因工负伤，在规定的医疗期内的，不得根据《劳动合同法》第40、41条的规定解除劳动合同。

※相关法条：《劳动合同法》第42条

※基本案情：原告高志鹏因与被告青岛蓝海物业管理有限公司劳动纠纷，起诉至青岛市崂山区人民法院。双方签订了期限为2011年10月1日至2012年9月30日、

〔1〕 参见山东省青岛市中级人民法院（2016）鲁02民终4059号判决书。

2012年10月1日至2015年1月31日的两份劳动合同,高志鹏月工资为1500元。高志鹏自2014年9月份开始休病假,蓝海物业公司每月发放工资970.93元。蓝海物业公司称高志鹏的请假条开到2015年1月底,合同到期后没有再开请假条也未上班,蓝海物业公司按高志鹏旷工处理,于2015年2月6日解除劳动合同。蓝海物业公司提交高志鹏签字的证明一份,内容为:"我病假于2015年1月31日结束,之后不再申请病假,自2015年2月1日至2015年2月7日无故旷工7天,严重违反了单位规定的旷工3天即可过失性解除劳动合同的规章制度,故本人自愿请求公司辞退我,并以旷工为由为我办理解除劳动合同的解聘手续,离职前已结清了所有工资。由于本人不同意续签劳动合同并旷工所产生的后果均由本人承担。"高志鹏质证称其是在威逼利诱的情况下签的字,签字的时候其看不清内容,不签字蓝海物业公司就不给扣发的工资和高温补贴,签了字之后才补发扣发的工资和高温补贴。

高志鹏向青岛市崂山区劳动人事争议仲裁委员会申请仲裁,因高志鹏无故不到庭,仲裁委于2015年8月13日作出青崂劳人仲案字(2015)第454号仲裁决定书,对高志鹏按撤诉处理。后高志鹏于2015年8月24日再次申请仲裁,请求裁决蓝海物业公司支付解除劳动合同经济补偿金5600元,仲裁委当日作出青崂劳人仲不字(2015)第14号不予受理决定书,对高志鹏的仲裁申请,不予受理。高志鹏诉至法院。

※裁判结果:青岛市崂山区人民法院根据《劳动合同法》第46、47条的规定,作出(2015)崂民一初字第832号判决,内容如下:"蓝海物业公司自判决生效之日起10日内支付高志鹏解除劳动合同经济补偿金5250元。如果未按判决指定的期间履行给付金钱义务,则应当依据《中华人民共和国民事诉讼法》第二百五十三条之规定,加倍支付迟延履行期间的债务利息。案件受理费10元,由高志鹏承担4.75元,由蓝海物业公司承担5.25元,蓝海物业公司将其承担部分自判决生效之日起10日内直接支付高志鹏。"

判决后,蓝海物业公司不服,上诉至青岛市中级人民法院。

青岛市中级人民法院作出(2016)鲁02民终4059号判决:"上诉人蓝海物业公司的上诉请求不成立,本院不予支持。"原审法院认定事实清楚,适用法律正确,本院依法予以维持。

※裁判理由:双方当事人争议的焦点问题是蓝海物业公司是否应当支付经济补偿金。虽然蓝海物业公司与高志鹏之间的劳动合同于2015年1月31日期满,但蓝海物业公司确认高志鹏自2014年9月19日至2015年1月31日期间,一直请病假,并根据《劳动者患病或者非因工负伤医疗期管理规定》的相关规定,高志鹏享有6个月的医疗期,故确认双方之间的劳动合同期限自动顺延至2015年3月18日结束。根据《劳动合同法》第42条的规定,劳动者患病或者非因工负伤,在规定的医疗期内的,不得解除劳

动合同。虽然高志鹏签字证明其自2015年2月1日至7日无故旷工，但从实际情况看，高志鹏一直在医疗期，且一直请病假，其在2015年2月1日至7日也是因病治疗，而非无故旷工，其只是认为劳动合同于2015年1月31日期满后不再需要请病假而已，并非其是无故旷工，可见，高志鹏签字证明并非其真实意思表示。因双方劳动合同期满后，双方未续签劳动合同，蓝海物业公司作为用人单位应当向高志鹏支付相应的经济补偿金。

智行时代国际传媒（北京）有限公司与王晓芬劳动争议案[1]

※裁判要点：女职工在孕期、产期、哺乳期的，用人单位不得根据《劳动合同法》第40、41条的规定解除劳动合同。

※相关法条：《劳动合同法》第42条

※基本案情：原告王晓芬于2013年11月18日入职被告智行时代国际传媒（北京）有限公司，任招商经理，王晓芬与智行时代公司分别签订过期限为2013年11月18日至2014年1月7日培训期协议书、2014年1月18日至2014年2月17日的劳动合同、2014年2月18日至2015年2月17日劳动合同。王晓芬于2014年10月4日生产，应休产假天数为128天，产假截止时间为2015年2月9日；智行时代公司已经按3476元标准为王晓芬缴纳生育保险费，生育保险基金已向王晓芬支付生育津贴13780.89元。智行时代公司于2015年4月22日以王晓芬自2015年4月15日至2015年4月21日期间旷工，违反员工手册为由，作出解除劳动关系决定，并于2015年5月16日将此决定告知王晓芬。在职期间，智行时代公司未安排王晓芬休带薪年假。王晓芬主张，智行时代公司在2014年2月18日至2015年2月17日期限的劳动合同期满后，未与其续订劳动合同，同时，其就上述主张出具了劳动合同书加以佐证，该劳动合同书显示：劳动合同的截止时间为2015年2月17日，王晓芬的月工资标准为5500元（税前）。智行时代公司对王晓芬的上述主张持有异议，对劳动合同书的真实性不持异议，但主张双方已签订了劳动合同期限为自2014年2月18日起至2016年2月17日止的劳动合同，并就其单位上述主张出具劳动合同书（复印件）加以佐证，智行时代国际传媒（北京）有限公司劳动合同书（复印件）的期限栏显示为“自2014年2月18日起，至2016年2月17日止”，王晓芬对劳动合同书（复印件）的真实性持有异议。王晓芬主张其不存在2015年4月15日至2015年4月21日的旷工情形，其在上述期间系在休病假，但智行时代公司拒收病假证明，其在2015年5月8日返岗上班时交病假证明，但智行时代公司的法定代表人不在，2015年5月16日，智行时代公司告知其解除劳动关系的同时，

---

〔1〕 参见北京市第二中级人民法院（2016）京02民终6261号判决书。

其就上述主张出具了天坛医院诊断证明书(2张)加以佐证,天坛医院诊断证明书(2张)显示王晓芬因盆腔炎,被建议自2015年4月15日起休息2周、自2015年4月27日起休息2周。智行时代公司对王晓芬的上述主张持有异议,对天坛医院诊断证明书(2张)的真实性不持异议,并主张王晓芬未按员工手册的规定履行请假手续,其自2015年4月15日起就未再上班,且单位就王晓芬未正常上班进行过询问,同时,单位就其上述主张出具了员工手册加以佐证,员工手册载有"凡请病假,应当在病假当天亲自(或直系亲属)或电话通知部门负责人,并在病假结束返岗当天出具二级甲等以上医院(急诊除外)的病假证明,由公司人力资源部予以审核归档"的表述,王晓芬对员工手册的真实性不持异议。王晓芬主张智行时代公司未支付其11天产前检查工资,智行时代公司对王晓芬的上述主张持有异议,主张其单位虽未支付王晓芬产前检查工资,但王晓芬产前检查天数应为10天。王晓芬主张智行时代公司未支付其2014年2月17日至2015年5月7日期间的63天病假工资,其中,其在2014年5月7日至2015年3月30日期间依医院开具休假建议共休病假31天,智行时代公司对王晓芬的上述主张持有异议,主张其单位规定无须支付病假工资,且不认可王晓芬主张的病假天数,但对王晓芬的病假天数表示不清楚,并就其上述主张出具了考勤表(复印件)加以佐证,王晓芬对考勤表的真实性持有异议。王晓芬主张智行时代公司未支付其自2015年5月1日至2015年5月16日工资,智行时代公司对王晓芬的上述主张不持异议,但主张双方于2015年4月22日已解除劳动关系。王晓芬主张智行时代公司应支付其产前检查费,智行时代公司对王晓芬的上述主张持有异议。王晓芬主张其入职智行时代公司前有4年工龄,且从原用人单位离职到入职智行时代公司的间隔有1个月,并就其上述主张出具参保人员缴费信息加以佐证,参保人员缴费信息显示,王晓芬入职智行时代公司前的最后缴费时间为2013年9月,并有48个月的缴费记录,智行时代公司对参保人员缴费信息的真实性不持异议。

2014年5月至2015年3月,北京市月最低工资标准为1560元。

2015年7月23日,王晓芬向北京市丰台区劳动争议仲裁委员会申请劳动争议仲裁,要求裁决:"1. 确认与智行时代公司自2013年11月18日起至2015年5月16日止存在劳动关系;2. 智行时代公司支付自2015年2月17日至2015年5月16日未签订劳动合同二倍工资16500元;3. 智行时代公司支付违法解除劳动合同赔偿金22000元;4. 智行时代公司支付生育津贴差额9885.87元;5. 智行时代公司支付产前检查和自2014年2月7日至2015年5月7日病假工资12744.83元;6. 智行时代公司支付产前检查费用1400元;7. 智行时代公司支付自2015年5月1日至2015年5月16日拖欠工资2750元;8. 智行时代公司支付自2014年2月17日至2015年5月16日未休带薪年假工资7586元;9. 智行时代公司支付未提前30日通知解除劳动合同的1个月工资

5500元。"2016年4月18日,北京市丰台区劳动争议仲裁委员会作出京丰劳人仲字(2015)第2916号裁决书,裁决:"一、王晓芬与智行时代国际传媒(北京)有限公司自2013年11月18日起至2015年5月16日止存在劳动关系;二、智行时代国际传媒(北京)有限公司于裁决生效之日起5日内,支付王晓芬产前检查工资2528.74元,自2014年5月7日至2015年3月30日病假工资1778.76元;三、智行时代国际传媒(北京)有限公司于裁决生效之日起5日内,支付王晓芬自2014年2月17日至2014年12月31日未休带薪年假工资2022.99元;四、智行时代国际传媒(北京)有限公司于裁决生效之日起5日内,支付王晓芬生育津贴差额8635.73元;五、驳回王晓芬的其他仲裁请求。"

王晓芬不服仲裁裁决,起诉至法院,请求法院判决:"1.确认与智行时代公司自2013年11月18日起至2015年5月16日止存在劳动关系;2.智行时代公司支付自2015年2月17日至2015年5月16日未签订劳动合同二倍工资16500元;3.智行时代公司支付违法解除劳动合同赔偿金22000元;4.智行时代公司支付生育津贴差额9885.87元;5.智行时代公司支付产前检查和自2014年2月7日至2015年5月7日病假工资12744.83元;6.智行时代公司支付产前检查费用1400元;7.智行时代公司支付自2015年5月1日至2015年5月16日拖欠工资2750元;8.智行时代公司支付自2014年2月17日至2015年5月16日未休带薪年假工资7586元;9.智行时代公司支付未提前30日通知解除劳动合同的1个月工资5500元,智行时代公司承担诉讼费。"

※裁判结果:北京市丰台区人民法院作出(2016)京0106民初8821号判决,判决:"一、王晓芬与智行时代国际传媒(北京)有限公司自2013年11月18日起至自2015年5月16日止存在劳动关系;二、智行时代国际传媒(北京)有限公司于判决生效之日起5日内支付王晓芬产前检查工资2528.64元;三、智行时代国际传媒(北京)有限公司于判决生效之日起5日内支付王晓芬2014年5月7日至2015年3月30日病假工资1778.76元;四、智行时代国际传媒(北京)有限公司于判决生效之日起5日内支付王晓芬自2014年2月17日至2014年12月31日未休带薪年假工资2022.99元;五、智行时代国际传媒(北京)有限公司于判决生效之日起5日内支付王晓芬生育津贴差额8635.73元;六、智行时代国际传媒(北京)有限公司于判决生效之日起5日内支付王晓芬2015年2月18日至2015年5月16日未签订劳动合同二倍工资13500元;七、智行时代国际传媒(北京)有限公司于判决生效之日起5日内支付王晓芬违法解除劳动关系赔偿金22000元;八、驳回王晓芬的其他诉讼请求。"一审宣判后,智行时代国际传媒(北京)有限公司提起上诉,北京市第二中级人民法院作出(2016)京02民终6261号判决:维持北京市丰台区人民法院(2016)京0106民初8821号民事判决第一、二、三、四、五、七项;撤销北京市丰台区人民法院(2016)京0106民初8821号民事判决第六、八项;驳回王晓

芬的其他诉讼请求。

※裁判理由：法院生效判决认为，智行时代公司以王晓芬在2015年4月15日至4月21日期间旷工为由要求解除双方之间的劳动关系，但王晓芬提交的诊断证明书证明其在2015年4月15日至5月10日期间系因病休息，虽王晓芬在2015年4月8日提交过一次假条，但其病休并未结束，病休诊断证明书的日期是连续无间断的，且王晓芬在2015年3月23日请假短信中说明了具体时间要看身体情况而定，故王晓芬在病休结束之后上班提交病休诊断证明书，并不违反智行时代公司的规章制度。综上，智行时代公司以旷工为由解除与王晓芬的劳动关系，缺乏事实依据，违反法律规定，故应向王晓芬支付违法解除劳动关系赔偿金。

根据《劳动合同法》第42条第4项的规定，女职工在孕期、产期、哺乳期的，用人单位不得依照本法第40、41条的规定解除劳动合同。根据该法第45条的规定，劳动合同期满，有本法第42条规定情形之一的，劳动合同应当续延至相应的情形消失时终止。王晓芬于2014年10月4日生产，哺乳期为1年。王晓芬与智行时代公司签订的劳动合同虽于2015年2月17日到期，但按照上述法律规定，应当续延至王晓芬哺乳期满，即2015年10月4日。综上，王晓芬主张2015年2月17日至5月16日未签订劳动合同的二倍工资，不符合法律规定。

第四十三条　【工会在劳动合同解除中的监督作用】用人单位单方解除劳动合同，应当事先将理由通知工会。用人单位违反法律、行政法规规定或者劳动合同约定的，工会有权要求用人单位纠正。用人单位应当研究工会的意见，并将处理结果书面通知工会。

配套法规

最高人民法院《关于审理劳动争议案件适用法律若干问题的解释（四）》（2013年1月18日）

第十二条　建立了工会组织的用人单位解除劳动合同符合劳动合同法第三十九条、第四十条规定，但未按照劳动合同法第四十三条规定事先通知工会，劳动者以用人单位违法解除劳动合同为由请求用人单位支付赔偿金的，人民法院应予支持，但起诉前用人单位已经补正有关程序的除外。

适用解读

工会作为劳动者团体，其最基本的职能就是维护职工的合法权益。法律赋予工会干预用人单位单方解除劳动合同的权利，就是保障其实现维权职能的手段之一。劳动者被用人单位解雇就意味着其生活可能会失去保障，而单个劳动者由于势弱力孤，无法与用人单位相抗衡，对用人单位在解雇过程中可能存在的违法或违反劳动合同约定的行为，劳动者只能被动接受。因此，法律赋予工会干预解雇的权利，并将工会的干预作为用人单位解雇的程序要件，以保障劳动者的合法权益不受用人单位侵犯。

"用人单位违反法律、行政法规规定"是指违反劳动法律法规的规定。工会认为用人单位单方解除劳动合同存在违反劳动法律法规的规定或劳动合同的约定的情形，有权向用人单位提出，并要求用人单位纠正。需要注意的是，在这种情形下，用人单位应当研究工会的意见，而并非一定要听取工会的意见但用人单位必须将处理结果以书面形式通知工会。如果劳动者认为用人单位侵犯了其合法权益，可以申请劳动争议仲裁或者向人民法院提起诉讼，工会应当给予支持和帮助。

《工会法》和《劳动合同法》中都强调了工会在用人单位单方解除劳动合同过程中的作用及重要地位，最高人民法院《关于审理劳动争议案件适用法律若干问题的解释(四)》更是将"事先通知工会"作为用人单位单方解除劳动合同的法定程序性义务，要求用人单位事先将理由通知工会。这是为了充分发挥工会的作用，工会对劳动合同解除的审查，有利于减少劳动争议的发生。用人单位单方解除劳动合同未能履行事先通知工会义务的行为属于"违法解除劳动合同"。根据《劳动合同法》第 48 条的规定，用人单位违法解除或终止劳动合同的，如果劳动者要求继续履行，用人单位应当继续履行原合同，如果劳动者不愿意继续履行或者劳动合同已经无法继续履行的，用人单位应当按照法定经济补偿金标准的 2 倍向劳动者支付赔偿金。

相对普通法系国家而言，中国法律制度有着重实体、轻程序的传统，最高人民法院《关于审理劳动争议案件适用法律若干问题的解释(四)》或多或少也体现了这个特点：给用人单位一次补救程序瑕疵的机会，但必须是在劳动者起诉前。如果在起诉前用人单位履行了通知工会的程序义务，则劳动者不能以用人单位违法解除为由要求用人单位支付赔偿金；如果用人单位在起诉之后才补救程序瑕疵，则劳动者仍然可以依法请求用人单位支付违法解除劳动合同的赔偿金。

典型案例

上海怡飞柯公司与华某劳动争议案[1]

※裁判要点：建立了工会组织的用人单位解除劳动合同符合《劳动合同法》第34、40条的规定，但未按照《劳动合同法》第43条的规定事先通知工会，劳动者以用人单位违法解除劳动合同为由请求用人单位支付赔偿金的，人民法院应予支持，但起诉前用人单位已经补正有关程序的除外。

※相关法条：《劳动法》第3、50条，《劳动合同法》第47条第1款、第48、87条

※基本案情：华某于2004年3月22日至怡飞柯公司从事采购工作。双方订立的最后一份劳动合同期限为2011年4月1日至2019年3月31日，该合同第45条约定："怡飞柯公司在该合同或者岗位协议等有效的补充协议书之有效期内，对该合同或者协议等所约定的华某的工作岗位、工作地点、工作内容及其报酬等内容进行调整变更时，在双方协议的基础上，以书面形式进行变更；此时，除变更协议书外，怡飞柯公司单方面发出的岗位变更通知、工作内容变更通知、工作地点变更通知以及工资明细单等也视为书面形式变更；若华某收到怡飞柯公司单方面发出的变更通知等之后，并且按该通知等实行，接受变更，自变更日起30日内未向怡飞柯公司提出书面异议并由怡飞柯公司签收的，则视为双方已经完成书面变更。"

2012年3月31日，双方签订了一份《岗位协议》，该协议第5条规定："本协议期内，怡飞柯公司因其经营业务需要及华某的实际工作技能、特长、表现、成果以及华某与其担当业务的匹配性，需调整华某的工作岗位、工作地点、工作内容及其报酬等内容时，在双方协议的基础上，以书面形式进行变更。"此时，除变更协议书之外，怡飞柯公司单方面发出的岗位变更通知、工作内容变更通知、工作地点变更通知以及工资明细单等也视为书面形式变更。若华某收到怡飞柯公司单方面发出的变更通知等之后，并且按该等通知实行，接受变更，自变更日起30日内未向怡飞柯公司提出书面异议的，则视为双方已经完成书面变更。但当下列情况之一出现时，无须双方协商合意，华某应接受怡飞柯公司提出的变更要求："（1）怡飞柯公司因经营业务需要，产业、行业、市场、客户、产品和服务结构调整及工艺规程、服务流程、产品设计、政策、法规、制度、组织机构、人事配置等各种情况发生变化需调动华某工作岗位时；……（3）怡飞柯公司因华某由于其技能、身体或其他因素不能达到业务质量、产量等要求指标和成果，不能胜任工作而需调动华某工作岗位时。"

---

〔1〕 参见上海市第二中级人民法院（2013）沪二中民三（民）终字第910号判决书。

怡飞柯公司《就业规章制度》第66条规定:"工资由定额工资、等级工资及岗位津贴构成,定额工资在劳动合同中约定。"第119条是有关中等违纪行为的规定,第一个方面就是"员工有以下中等违纪行为之一的,处以严重警告处分,严重警告处分一次扣除工资100元"的24项行为,其中第9项为"不按规定程序及时办理业务移交等手续或者报告的(包括但不限于:例行或临时交接班时、出差或者休假或者其他离岗离职前的交接手续及报告等)";第二个方面是"员工有以下中等违纪行为之一的,处以记小过处分,记小过处分一次扣除工资200元"的35项行为,其中第11项为"工作时间内睡觉的";第三个方面是"员工有以下中等违纪行为之一的,处以记大过处分,记大过处分一次扣除工资300元"的27项行为,其中第4项为"不服从公司或上级主管的工作分配、调动或者指挥的,经批评仍不改正,且态度恶劣的",第12项为"员工在公司内互相殴打或故意妨害他人工作的,影响干扰他人正常工作,且情节恶劣的"。第120条规定:"员工有以下严重违纪行为之一的,处以辞退处分……"其中第1项为"1年(年历)内第2次发生本规章制度所述中等违纪行为,处以记大过处分的",第3项为"连续旷工3天以上(包括3天)或者1年(年历)内累计旷工(旷课)5次以上(包括5次)或值班缺勤的"。

2011年12月20日,怡飞柯公司召开管理层和员工代表会议,基于2011年5月新任的总经理认为公司采购成本一直居高不下,采购风险越来越大及金属加工业形势严峻等原因,公司决定将原采购部门制造部门剥离,新设采购课,采购课课长从现有职工内部竞聘选拔,不向外部招聘,如无合适人选,暂归营业部兼管采购工作,并决定在2012年4月新设立采购课长一职,直接归属总经理管辖。

2012年4月5日前,怡飞柯公司生产服务课下设工务班、采购班和设备班,华某任采购班班长。2012年4月5日以后,怡飞柯公司新设采购课并下设采购一班、采购二班,采购课课长直接对总经理汇报工作。在与采购课平级的制造部下设工务课、制造一部、制造二部,在工务课下又设设备系和工务系,在工务系下设工务班。

2012年5月,华某在制造部门试用生产二课使用的工业刷。同年6月6日,怡飞柯公司以华某"在未获得制造部门同意的前提下,擅自更换去毛刺产品,不按规定程序办理业务,未向相关部门及上司报告"为由,给予华某严重警告处分、罚款100元。同年6月7日,华某写了一份就上述试用工业刷以及被处分之事的《情况说明》(华某在该说明中也曾表示"我之前做法不对,也答应重新再拿样品试"),并应总经理要求让公司人事及生产厂长在此情况说明上签了字,而且为找总经理华某上下来回了好几次。当日,华某在总经理办公室与总经理因工作发生争吵,总经理对华某表示没有时间来处理华某的事情,华某因"华某说话总经理不理、还让华某等"的原因情绪激动,当时拍了总经理的办公桌。另外,在华某与总经理上述争吵过程中,华某还因身体不适等原因叫来了朋友，后当事人报警并叫了救护车，华某因病花费医疗费842元，该款由怡飞柯公司垫付，相应的医疗费收据原件在怡飞柯公司。

2012年6月8日，怡飞柯公司又以华某"在公司内妨碍他人工作，影响干扰他人正常工作，且情节恶劣"为由，给予华某记大过处分、罚款300元。录像内容显示了7月14日华某存在趴在办公桌上睡觉的情况。7月31日，怡飞柯公司以华某"7/14下午一点半，工作时间内睡觉"为由，给予华某记小过处分、罚款200元。

2012年6月29日，怡飞柯公司内部填写了一份《岗位/职位变更申请表》，将华某岗位/职位由采购班调至工务班，变更起始日期为2012年7月1日。该申请表由怡飞柯公司其他人员填写，其中的"本人确认"一栏内为空白。怡飞柯公司没有将上述变更合同内容的调岗情况制作成书面通知书给予华某，也没有正式的调岗通知。从2012年7月1日起至同年8月21日，华某仍在原岗位正常上班，但怡飞柯公司未给华某安排具体工作。

2012年8月17日，怡飞柯公司制作了一份内部的处分申请表，以华某"因工作需要，于6/29通知受处分者自7/1起调动岗位，至今未到新岗位报到。不服从公司工作分配、调动，经多次劝说、批评仍不改正，且态度恶劣。符合《就业规则》第一百一十九条中等违纪行为，处以记大过处分的第(4)项情节。加上连续35个工作日未提供劳动(视为旷工)，同时符合第一百二十条严重违纪的第(1)、(3)项行为"为由，对华某处以辞退处分。

怡飞柯公司于2012年8月18日作出的《解除劳动合同通知书》将华某严重违反公司相关规定的具体情况列明如下：(1)2012年5月25日，在未获得上司及制造部二课许可的情况下，擅自调换二课现场车间正在使用中的去毛刺工业刷，公司于2012年6月6日处以严重警告处分。(2)2012年6月7日下午2时许，擅自闯入总经理办公室，拍打总经理办公桌，出言不逊。未经公司许可，擅自将非公司人员带入公司，并对总经理恶意谩骂，严重干扰了他人正常工作，情节恶劣。公司当日向公司所在地派出所报警，于2012年6月8日处以记大过处分。(3)2012年7月14日下午1时许，经同事举报并有录像证明在办公室睡觉，公司于2012年7月31日处以记小过处分。(4)在过去负责采购工作期间，一直无法准确提供相关采购数据，对公司及其他岗位的正常经营已造成一定影响。由此，公司在决定自2012年4月1日起将采购班归并至销售部门一并管理后，通知华某交接了相关工作。之后，在公司提前书面通知华某自2012年7月1日起从采购班调至工务班的事宜之后，经多次沟通，华某拒不服从工作分配、调动，一直未到新的工作岗位报到，经批评仍不改正，且态度恶劣，造成公司管理制度的混乱。

怡飞柯公司有工会组织。至原审法院庭审时，怡飞柯公司仍未将与华某解除劳动合同之事通知工会。

原审法院依照《劳动法》第3、50条,《劳动合同法》第47条第1款、第48、87条的规定,判决上海怡飞柯精密机械有限公司于判决生效之日起十日内支付华某赔偿金67873.69元;支付华某2012年7月工资差额3265.94元;支付华某2012年8月1日至2012年8月20日的工资2739.13元;上海怡飞柯精密机械有限公司要求不返还华某罚款300元以及华某从工资中扣除的医疗费842元的诉讼请求予以支持。判决后,上诉人怡飞柯公司不服,向上海市第二中级人民法院提起上诉。

※裁判结果:原审法院判决怡飞柯公司应支付华某解除劳动合同赔偿金67873.89元、2012年7月工资差额3265.94元、2012年8月1日至8月20日的工资2739.13元,符合法律规定,上海市第二中级人民法院予以维持。对于原审判决主文的第4、5项,双方均予以认可,上海市第二中级人民法院予以维持。据此,依照《民事诉讼法》第170条第1款第1项的规定,判决驳回上诉,维持原判。

※裁判理由:公民法人的合法权益受法律保护。《劳动合同法》第43条明确规定:"用人单位单方解除劳动合同,应当事先将理由通知工会……"最高人民法院《关于审理劳动争议案件适用法律若干问题的解释(四)》第12条规定,建立了工会组织的用人单位解除劳动合同符合《劳动合司法》第39、40条规定,但未按照《劳动合同法》第43条规定事先通知工会,劳动者以用人单位违法解除劳动合同为由请求用人单位支付赔偿金的,人民法院应予支持,但起诉前用人单位已经补正有关程序的除外。原审法院在第一次开庭审理时询问了怡飞柯公司是否将单方解除华某劳动合同的理由通知了工会,并告知其应在下次庭审前提交相关证据及不提供证据的法律后果,但怡飞柯公司在原审法院之后的两次庭审中均未提供将单方解除华某劳动合同的理由通知工会的相关证据。故原审法院鉴于怡飞柯公司未通知工会的事实,认定怡飞柯公司单方解除华某劳动合同的行为构成违法解除,应支付华某赔偿金,并无不当。虽然怡飞柯公司在上海市第二中级人民法院审理时提交了落款日期为2012年8月16日的《关于与华某解除劳动合同的通知》及怡飞柯公司工会确认于2012年8月16日收到上述通知的函,但华某对于上述证据的真实性不予确认,且在《劳动合同法》及相关司法解释对用人单位依据《劳动合同法》第39、40条均规定了单方解除劳动合同必须通知工会并对不通知的法律后果都作出了明确规定的情况下,怡飞柯公司在原审法院三次开庭审理时均未向原审法院提供上述证据,显然极不符合常情,在上海市第二中级人民法院审理时,怡飞柯公司对此亦未作出合理解释并提供相应证据证明其未及时向原审法院提供上述证据的原因,故上海市第二中级人民法院对上述证据难以采信。

对于怡飞柯公司于2012年8月18日作出的《解除劳动合同通知书》中列明的华某严重违反公司相关规定的4项行为,上海市第二中级人民法院分析如下:

对于怡飞柯公司在《解除劳动合同通知书》中列明的华某违反公司规定的第4项

行为。因工作岗位关系到劳动者的职业发展和规划，故对于劳动者而言，工作岗位是劳动合同履行过程中最核心的因素，因此即便用人单位与劳动者对于工作岗位的调整有书面的约定，但如果劳动者对用人单位的工作岗位调整持有异议，用人单位仍应举证证明岗位调整的合理性和必要性。本案中，怡飞柯公司作出将华某调岗至工务班的决定时，华某在怡飞柯公司采购岗位工作已达8年之久并担任生产服务课下属的采购班班长一职，怡飞柯公司对其所称华某在过去负责采购工作期间，一直无法准确提供相关采购数据，对公司及其他岗位的正常经营已造成一定影响的主张，并未提供有效证据证明，故上海市第二中级人民法院对怡飞柯公司该主张不予以采信。另，2012年4月5日之后，怡飞柯公司将原生产服务课下属的采购班取消后新设立与生产服务课平级的独立的采购课并下设采购一班和采购二班，华某的原工作岗位不仅仍存在而且得到公司的进一步加强和重视，华某并未因公司的机构调整而成为采购岗位的富余人员。故即便华某确实存在怡飞柯公司所述的不适合采购岗位的情况，怡飞柯公司亦应先对其进行培训，然后再根据培训考核情况决定是否对其进行调岗。怡飞柯公司直接调整华某工作岗位的做法，对于一名已在公司采购岗位工作8年之久的员工而言，显然缺乏合理性，华某对怡飞柯公司该调整持有异议，未按公司规定至新岗位报到继续在原工作岗位上班并无不当，亦不构成法律意义上的旷工。怡飞柯公司于2012年8月17日以华某不服从公司工作分配、调动为由给予华某记大过处分并将华某未按公司规定至新岗位报到视为旷工，均不符合相关规定，上海市第二中级人民法院不予确认。

结合双方当事人的举证及本案查明的事实，华某确实存在怡飞柯公司在《解除劳动合同通知书》中所列明的第1、2、3项行为，华某的上述行为显然存在不当之处，怡飞柯公司依据公司的规章制度对华某所作的相应处罚，有事实依据且力度适当，上海市第二中级人民法院予以确认，但华某上述三项行为并不符合怡飞柯公司《员工手册》第120条第1项规定的公司可以单方辞退华某的条件，且华某与上述三项行为有关的情节亦未达到公司可以单方解除华某劳动合同的程度。

关联法规索引

《劳动法》第30条，劳动部《关于〈中华人民共和国劳动法〉若干条文的说明》第30条，《工会法》第21条，最高人民法院《关于在民事审判工作中适用〈中华人民共和国工会法〉若干问题的解释》第6条

第四十四条 【劳动合同的终止】 有下列情形之一的，劳动合同终止：

（一）劳动合同期满的；

（二）劳动者开始依法享受基本养老保险待遇的；

（三）劳动者死亡，或者被人民法院宣告死亡或者宣告失踪的；

（四）用人单位被依法宣告破产的；

（五）用人单位被吊销营业执照、责令关闭、撤销或者用人单位决定提前解散的；

（六）法律、行政法规规定的其他情形。

配套法规

《劳动合同法实施条例》（2008年9月18日）

第十三条 用人单位与劳动者不得在劳动合同法第四十四条规定的劳动合同终止情形之外约定其他的劳动合同终止条件。

第二十一条 劳动者达到法定退休年龄的，劳动合同终止。

适用解读

（一）劳动合同的终止与解除的关系

在《劳动法》的适用过程中，特别值得注意的一点是：尽管从法源上看，《劳动法》是从民法中分离而来的，但不能简单套用民法的原理来理解和适用劳动法。关于合同的终止，《合同法》与《劳动合同法》的规定有所不同。根据《合同法》第91条的规定，合同终止包括合同解除，即将合同解除作为合同终止的一种情形。而《劳动合同法》以及《劳动法》中则将劳动合同的解除和终止作为并列的两种情形。笔者认为，劳动合同与一般合同相比既有共性，亦有个性。比如，根据《合同法》第97条的规定，合同解除后，尚未履行的，终止履行；已经履行的，根据履行情况和合同性质，当事人可以要求恢复原状、采取其他补救措施，并有权要求赔偿损失。而劳动合同解除后，对于已经履行的部分不可能恢复原状。因此，不能简单套用《合同法》的原理来解释劳动合同的解除与终止。

根据《劳动法》《劳动合同法》的相关规定，劳动合同的终止，是指劳动合同所确立的劳动关系因合同解除以外的法律事实而消灭。劳动合同的解除与终止区别在于：[1]

---

〔1〕 参见杨景宇、信春鹰：《中华人民共和国劳动合同法解读》，中国法制出版社2007年版，第145～146页。

(1)阶段不同。劳动合同的终止是劳动合同关系自然消灭,而劳动合同的解除是劳动合同关系提前消灭。(2)条件不同。劳动合同终止的法定条件与劳动合同解除的法定条件完全不同。并且,劳动合同终止的条件不能由当事人在法定条件之外约定,法定条件成就时,劳动合同必须终止;而劳动合同解除可以由当事人双方在法定条件之外协商达成合意,即使出现了解除的许可性条件,劳动合同也不必然解除,只要享有单方解除权的一方当事人同意,劳动合同就可以继续履行。

(二)劳动合同终止的条件

劳动合同的终止条件与解除条件最大的区别就是:劳动合同的解除条件分为法定解除条件和约定解除条件,即在法定许可性解除条件之外,劳动者和用人单位可以约定解除条件,只要该约定建立在平等自愿协商的基础之上,就应视为合法。即使存在《劳动合同法》第42条规定的禁止解除劳动合同的情形,只要双方协商一致,仍可以解除劳动合同,而劳动合同的终止条件属于法定条件,用人单位和劳动者在法定条件之外,不得约定终止条件。劳动合同终止的情形包括:

1. 固定期限劳动合同所约定的期限届满,以及以完成一定工作任务为期限的劳动合同所约定的工作任务完成。根据劳动部《关于实行劳动合同制度若干问题的通知》第5条和第14条的规定,劳动合同的终止时间,应当以劳动合同期限最后一日的24小时为准。劳动合同终止后,因用人单位的原因未办理终止或续订手续而形成事实劳动关系的,视为续订劳动合同。用人单位应及时与劳动者协商续订的劳动合同期限,办理续订手续。若因用人单位的原因未办理终止或续订手续,由此给劳动者造成损失的,该用人单位应当依法承担赔偿责任。劳动和社会保障部办公厅在《关于对事实劳动关系解除是否应当支付经济补偿金问题的复函》中提出,劳动合同期满后,劳动者仍在原用人单位工作,用人单位未表示异议的,视为劳动者和原用人单位之间存在事实劳动关系,而不等于双方按照原劳动合同约定的期限续签了一个新的劳动合同。一方提出终止劳动关系的,应认定为终止事实劳动关系,人民法院应当支持。

2. 劳动者开始依法享受养老保险待遇。在《劳动合同法实施条例》出台之前,有观点认为,劳动者达到法定退休年龄,如果开始依法享受养老保险待遇,则劳动合同终止;如果未开始享受养老保险待遇,则劳动合同可以终止,也可以存续,终止与否取决于劳动者与用人单位的合意。《劳动合同法实施条例》第21条则否定了这种观点,劳动者达到法定退休年龄的,无论其是否开始依法享受养老保险待遇,劳动合同都要终止。但从最高人民法院《关于审理劳动争议案件适用法律若干问题的解释(三)》第7条的规定来看,应当作如下理解:如果该达到法定退休年龄的劳动者在达到退休年龄之前就在该用人单位工作,则当其达到法定退休年龄时,用人单位和劳动者可以行使劳动合同的终止权,但该终止权的行使,并不意味着双方的劳动关系在劳动者达到法定退休年龄时自动终止。[1]

3. 劳动者死亡，或者被人民法院宣告死亡或者宣告失踪。公民下落不明满2年的，其利害关系人可以向人民法院申请宣告其为失踪人。公民下落不明满4年，或因意外事故下落不明满2年的，其利害关系人可以向人民法院申请宣告其死亡。劳动者死亡，或者被人民法院宣告死亡或失踪的，劳动合同无法继续履行，因此只能终止。

4. 用人单位被依法宣告破产。破产制度一般针对的是企业。企业法人不能清偿到期债务，并且资产不足以清偿全部债务或者明显缺乏清偿能力的，经债权人或债务人申请，由人民法院依法宣告其破产。破产财产在优先清偿破产费用和共益债务后，还要清偿职工工资、欠缴的社保费用、税款等债务，破产企业已经没有能力再履行劳动合同，因此劳动合同只能终止。

5. 用人单位被吊销营业执照、责令关闭、撤销或者用人单位决定提前解散。这几种情形都意味着用人单位经营主体资格的消灭，用人单位的劳动法主体资格以经营主体资格为基础，因此，经营主体资格被消灭，劳动合同只能终止。

6. 法律、行政法规规定的其他情形。这是兜底条款。

典型案例

袁开芳与宁波滕头东方恬园农庄有限公司劳动合同纠纷案[2]

※**裁判要点**：用人单位与其招用的已经依法享受养老保险待遇或领取退休金的人员发生用工争议，向人民法院提起诉讼的，人民法院应当按劳务关系处理。

※**相关法条**：《劳动合同法》第44条第6项、《劳动合同法实施条例》第21条

※**基本案情**：原告袁开芳因与被告宁波滕头东方恬园农庄有限公司（以下简称东方恬园公司）因劳动合同纠纷，向提起诉讼。袁开芳于1960年4月26日出生，2015年11月30日下午入职东方恬园公司，任前厅保洁。双方签订了劳动合同，约定合同期限2015年11月30日至2016年11月29日。2016年2月15日，袁开芳以工资不平衡为由辞职。袁开芳在东方恬园公司实际工作至2016年2月25日，当月剩余4天作为双休日调休。2016年3月15日，东方恬园公司通知袁开芳领取报酬，袁开芳认为东方恬园公司未发放加班工资拒绝领取。东方恬园公司认为袁开芳尚有报酬3040元（含2016年2月工资2700元、2016年1月未能调休的2天双休日工资340元）未领取，愿意支付给袁开芳。

---

〔1〕 参见沈德咏：《劳动司法解释理解与适用》，法律出版社2011年版，第179页。

〔2〕 参见浙江省宁波市中级人民法院（2016）浙02民终2223号判决书。

※裁判结果：宁波市北仑区人民法院于2016年6月13日作出(2016)浙0206民初2562号民事判决："一、宁波滕头东方恬园农庄有限公司应于判决生效之日起3日内支付袁开芳劳务报酬3040元；二、驳回袁开芳其他诉讼请求。如果未按判决指定的期间履行给付金钱义务，应当按照《中华人民共和国民事诉讼法》第二百五十三条及相关司法解释之规定，加倍支付迟延履行期间的债务利息（加倍部分债务利息=债务人尚未清偿的生效法律文书确定的除一般债务利息之外的金钱债务×日万分之一点七五×迟延履行期间）。"判决后，原告袁开芳不服，上诉至浙江省宁波市中级人民法院，经审理查明，事实与原审法院认定的事实一致，维持原判。

※裁判理由：袁开芳于2010年4月26日到达退休年龄，其于2015年入职东方恬园公司，双方建立劳务关系。本案中袁开芳以劳动关系为由起诉，应予驳回。但东方恬园公司自愿支付劳务报酬3040元，予以准许。根据《劳动合同法》第44条第6项的规定，有"法律、行政法规规定的其他情形"，劳动合同终止。《劳动合同法实施条例》第21条规定："劳动者达到法定退休年龄的，劳动合同终止。"本案中，袁开芳于2010年4月26日已达到法定退休年龄，其于2015年入职东方恬园公司，双方之间的法律关系性质应为劳务关系。袁开芳以劳动关系为基础主张加班费、社会保险费等，于法无据，应予驳回。

关联法规索引

《劳动法》第23条，劳动部《关于实行劳动合同制度若干问题的通知》第5、14～16条

第四十五条　【劳动合同的逾期终止】劳动合同期满，有本法第四十二条规定情形之一的，劳动合同应当续延至相应的情形消失时终止。但是，本法第四十二条第二项规定丧失或者部分丧失劳动能力劳动者的劳动合同的终止，按照国家有关工伤保险的规定执行。

适用解读

《劳动合同法》第42条规定了禁止用人单位单方解除劳动合同的六种情形。根据该条的规定，存在第42条规定的情形之一时，如果劳动合同期满，劳动合同并不当即终止，而是续延至相应的情形消失时终止。具体而言，包括：(1)从事接触职业病危害作为的劳动者未进行离岗前职业健康检查，劳动合同续延至劳动者离岗前职业健康检查完毕，排除了职业病后终止；疑似职业病病人在诊断或者医学观察期间的，劳动合同

续延至诊断或医学观察期结束，排除了职业病后终止。(2)患病或非因工负伤，在规定的医疗期内的，劳动合同续延至医疗期限届满时终止。(3)女职工在孕期、产期、哺乳期的，劳动合同续延至孕期、产期、哺乳期届满时终止。(4)在本单位连续工作满15年，且距离法定退休年龄不足5年的，劳动合同续延至劳动者达到法定退休年龄时终止。(5)存在法律、行政法规规定的其他情形时，劳动者合同续延至该情形消失时终止。

在本单位患职业病或者因工负伤并被确认丧失或者部分丧失劳动能力的，其劳动合同并不简单地遵循前述规则延期终止，而是根据《工伤保险条例》的规定执行。具体而言，包括：(1)劳动者因工致残被鉴定为1级至4级伤残的，保留劳动关系，退出工作岗位，无论其劳动能力是否恢复，用人单位都不得终止劳动合同，直至劳动者达到法定退休年龄。(2)劳动者因工致残被鉴定为5级、6级伤残的，经工伤劳动者提出，其可以与用人单位解除或终止劳动关系，但如果工伤劳动者并未提出终止劳动合同，则劳动合同直到劳动者达到法定退休年龄时终止。(3)劳动者因工致残被鉴定为7级至10级伤残的，劳动合同期满即可终止，当然，工伤劳动者也可提出解除劳动合同。

关联法规索引

《工伤保险条例》第35～37条，《职业病防治法》第35、55条

第四十六条 【经济补偿】 有下列情形之一的，用人单位应当向劳动者支付经济补偿：

（一）劳动者依照本法第三十八条规定解除劳动合同的；

（二）用人单位依照本法第三十六条规定向劳动者提出解除劳动合同并与劳动者协商一致解除劳动合同的；

（三）用人单位依照本法第四十条规定解除劳动合同的；

（四）用人单位依照本法第四十一条第一款规定解除劳动合同的；

（五）除用人单位维持或者提高劳动合同约定条件续订劳动合同，劳动者不同意续订的情形外，依照本法第四十四条第一项规定终止固定期限劳动合同的；

（六）依照本法第四十四条第四项、第五项规定终止劳动合同的；

（七）法律、行政法规规定的其他情形。

配套法规

最高人民法院《关于审理劳动争议案件适用法律若干问题的解释(四)》(2013年1月18日)

第十三条 劳动合同法施行后,因用人单位经营期限届满不再继续经营导致劳动合同不能继续履行,劳动者请求用人单位支付经济补偿的,人民法院应予支持。

适用解读

本条规定的是解除及终止劳动合同时用人单位应向劳动者支付经济补偿的情形。值得注意的是,《劳动合同法》较之《劳动法》增加了用人单位支付经济补偿的范围,最明显的就是,《劳动法》并未规定劳动合同终止时,用人单位是否支付经济补偿;但劳动部《关于贯彻执行〈中华人民共和国劳动法〉若干问题的意见》规定,劳动合同期满或者当事人约定的劳动合同终止条件出现,劳动合同即行终止,用人单位可以不支付劳动者经济补偿金;而《劳动合同法》则增加规定了劳动合同终止时用人单位应当支付经济补偿的几种情形。根据《劳动合同法》第46条的规定,出现下列情形之一时,用人单位应向劳动者支付经济补偿:

第一,用人单位有违反劳动合同约定或违法行为,导致劳动者根据《劳动合同法》第38条的规定解除劳动合同的,应当向劳动者支付经济补偿金。用人单位的违约或违法情形包括:(1)未按照劳动合同约定提供劳动保护或劳动条件;(2)未及时足额支付劳动报酬;(3)未依法为劳动者缴纳社会保险费;(4)规章制度违法,损害劳动者权益;(5)以欺诈、胁迫的手段或乘人之危,使劳动者在违背真实意思的情况下订立或变更劳动合同,导致劳动合同无效;(6)用人单位以暴力、威胁或非法限制人身自由的手段强迫劳动者劳动的;(7)用人单位违章指挥、强令冒险作业危及劳动者人身安全的。

第二,用人单位与劳动者协商解除劳动合同,但如果解除的动议是用人单位提出的,应当向劳动者支付经济补偿金;反之,如果解除的动议是劳动者提出的,则用人单位无须支付经济补偿金。

第三,劳动者存在《劳动合同法》第40条规定的几种情形之一,用人单位解除劳动合同的,应当支付经济补偿金。具体情形包括:(1)劳动者患病或非因工负伤,在规定的医疗期满后不能从事原工作,也不能从事由用人单位另行安排的工作的;(2)劳动者不能胜任工作,经过培训或调整工作岗位,仍不能胜任工作的;(3)劳动合同订立时所依据的客观情况发生重大变化,致使劳动合同无法履行,经用人单位与劳动者协商,未能就变更劳动合同内容达成协议的。

第四,企业因依照企业破产法规定进行重整,或生产经营发生严重困难,故而裁员的，或者企业因转产、重大技术革新或经营方式调整，变更劳动合同后依法裁员的，用人单位应当支付经济补偿金。

第五，固定期限的劳动合同期满，如果用人单位以降低劳动合同约定条件为前提提出续订劳动合同的，如果劳动者不愿意续订，劳动合同终止，用人单位应当支付经济补偿金；但如果用人单位以维持或提高劳动合同约定条件（如劳动报酬等）为前提提出续订劳动合同的，如果劳动者不同意续订，则劳动合同终止，用人单位无须支付经济补偿金。

第六，用人单位被依法宣告破产，或被吊销营业执照、责令关闭、撤销或者用人单位决定提前解散，导致劳动合同终止的，用人单位应当支付经济补偿金。

第七，因用人单位经营期限届满不再继续经营导致劳动合同不能继续履行的，司法实践中对于此种情形下是否应当向劳动者支付经济补偿存有争议。最高人民法院《关于审理劳动争议案件适用法律若干问题的解释（四）》第13条规定："劳动合同法施行后，因用人单位经营期限届满不再继续经营导致劳动合同不能继续履行，劳动者请求用人单位支付经济补偿金的，人民法院应予支持。"这是因为用人单位与劳动者约定劳动合同期限的时候应当考虑到经营期限的问题，劳动合同期限不能超过经营期限。由于经营期限由公司章程规定，故用人单位比劳动者更清楚劳动合同的合理期限。因此如果因用人单位经营期限届满而导致劳动合同无法继续履行，其应当向劳动者支付经济补偿。

根据《公司登记管理条例》第9、68条，《企业法人登记管理条例施行细则》第60条第1、3项的规定，公司、外商投资企业、联营企业，应按照工商行政管理机关在其营业执照上核定的经营期限（营业期限）内从事经营活动，超出核定的经营期限（营业期限）从事经营活动，其中属于公司的，应认定为未按照规定办理变更登记或注销登记，未按照规定办理有关变更登记的，由公司登记机关责令限期办理；逾期未办理的，处以1万元以上10万元以下的罚款，公司破产、解散清算结束后，不申请办理注销登记的，由公司登记机关吊销营业执照；属于非公司企业的，视为无照经营，责令终止经营活动，没收违法所得，处以2万元以下罚款。上述企业以外的企业，登记机关核准登记注册时，一般不核定经营期限，依照国家法律、行政法规核定经营期限的，也应按上述原则处理。从上述规定来看，企业经营期限届满，如果依法变更登记，则可以继续经营，如果不再继续经营，才导致用人单位与劳动者的劳动合同无法履行，从而用人单位应当向劳动者支付经济补偿。

但前述规定适用于《劳动合同法》实施以后的相关争议，即在《劳动合同法》实施以后，发生因用人单位经营期限届满，导致劳动合同无法履行，劳动者要求经济补偿的才能支持。且经济补偿仅计算《劳动合同法》实施以后的工作年限，即对于《劳动合同法》

实施之前的工作年限不支持相应的经济补偿。

另外，根据劳动部《关于实行劳动合同制度若干问题的通知》第21条的规定，“劳动者在劳动合同期限内，由于主管部门调动或转移工作单位而被解除劳动合同，未造成失业的，用人单位可以不支付经济补偿金”。

关联法规索引

《劳动法》第28条，劳动部《关于〈中华人民共和国劳动法〉若干条文的说明》第28条，《企业破产法》第113条，劳动部《关于实行劳动合同制度若干问题的通知》第21条

第四十七条 【经济补偿的计算】经济补偿按劳动者在本单位工作的年限，每满一年支付一个月工资的标准向劳动者支付。六个月以上不满一年的，按一年计算；不满六个月的，向劳动者支付半个月工资的经济补偿。

劳动者月工资高于用人单位所在直辖市、设区的市级人民政府公布的本地区上年度职工月平均工资三倍的，向其支付经济补偿的标准按职工月平均工资三倍的数额支付，向其支付经济补偿的年限最高不超过十二年。

本条所称月工资是指劳动者在劳动合同解除或者终止前十二个月的平均工资。

配套法规

《劳动合同法实施条例》（2008年9月18日）

第十条 劳动者非因本人原因从原用人单位被安排到新用人单位工作的，劳动者在原用人单位的工作年限合并计算为新用人单位的工作年限。原用人单位已经向劳动者支付经济补偿的，新用人单位在依法解除、终止劳动合同计算支付经济补偿的工作年限时，不再计算劳动者在原用人单位的工作年限。

最高人民法院《关于审理劳动争议案件适用法律若干问题的解释（四）》（2013年1月18日）

第五条 劳动者非因本人原因从原用人单位被安排到新用人单位工作，原用人单位未支付经济补偿，劳动者依照劳动合同法第三十八条规定与新用人单位解除劳动合同，或者新用人单位向劳动者提出解除、终止劳动合同，在计算支付经济补偿或赔偿金的工作年限时，劳动者请求把在原用人单位的工作年限合并计算为新用人单位工作年限的，人民法院应予支持。

用人单位符合下列情形之一的，应当认定属于“劳动者非因本人原因从原用人单

位被安排到新用人单位工作”：

（一）劳动者仍在原工作场所、工作岗位工作，劳动合同主体由原用人单位变更为新用人单位；

（二）用人单位以组织委派或任命形式对劳动者进行工作调动；

（三）因用人单位合并、分立等原因导致劳动者工作调动；

（四）用人单位及其关联企业与劳动者轮流订立劳动合同；

（五）其他合理情形。

适用解读

一般情况下，用人单位支付经济补偿的计算标准，是按照劳动者在用人单位工作的年限，以每满1年支付1个月工资的标准向劳动者支付的；6个月以上不满1年的，按1年计算；不满6个月的，向劳动者支付半个月工资的经济补偿金。《劳动合同法》实施以前，经济补偿金的计算和支付主要依据《违反和解除劳动合同的经济补偿办法》（1995年）的规定，《劳动合同法》实施以后，在经济补偿金的计算中，主要涉及以下几个问题：

（一）计算经济补偿金的工作年限

在劳动法中，工作年限是一个与经济补偿及赔偿金密切相关的概念。关于工作年限的规定最早出现在《劳动保险条例实施细则修正草案》、国务院《关于处理国家机关工作人员退休退职时计算工作年限的暂行规定》、国务院《关于国家机关工作人员退休和工作年限计算的补充通知》、国务院人事局《关于受处分人员的工作年限计算问题的复函》等4个文件中。与劳动法相关的有“工作年限”“连续工作年限”和“本单位工作年限”是三个交叉但不完全相同的概念。工作年限与劳动者患病或非因公负伤所能享受的医疗期长短、养老保险待遇、劳动合同解除或终止后的经济补偿相关；连续工作年限和本单位工作年限与劳动合同的期限选择以及劳动合同解除或终止的经济补偿相关。

劳动者在用人单位的工作年限，自劳动者与用人单位建立劳动关系之日起计算，即用人单位“用工”之日起计算。如果劳动者与同一用人单位连续订立数个固定期限劳动合同，或者先后订立数个固定期限劳动合同（中间有间隔），只要用人单位从未支付过经济补偿，劳动者“在本单位的工作年限”都应从其第一次给该用人单位提供劳动之日起计算。根据《劳动合同法实施条例》第10条的规定，劳动者非因本人原因从原用人单位被安排到新用人单位工作，在新用人单位计算因解除或终止劳动合同支付经济补偿时，其在新用人单位工作年限的计算取决于原用人单位是否在解除劳动合同时支付了经济补偿，如果已经支付了经济补偿，则其在原用人单位的年限不与新用人单位的工作年限合并计算，反之，则可合并。最高人民法院《关于审理劳动争议案件适用法律若干问题的解释（四）》第5条则明确了“劳动者非因本人原因从原用人单位被安排到新用人单位工作”的具体情形：（1）劳动合同主体由原用人单位变更为新用人单位，但劳动者的工作场所、工作岗位没有发生改变。比如，原用人单位被注销，出资人重新依法设立一个公司，公司场所和公司经营业务都没改变，劳动者的工作场所和工作内容也未改变，则劳动者的工作年限可以连续计算。（2）用人单位以组织委派或任命形式调动劳动者去其他用人单位工作。比如，用人单位是母公司，调劳动者去子公司工作，或者把劳动者从子公司调到母公司，则劳动者在母子公司的工作年限可以合并计算。（3）用人单位发生合并或分立，导致劳动者与合并或分立后的用人单位重新签订劳动合同。这种情形按照《劳动合同法》第34条的规定，应当由合并或分立后的用人单位继承原用人单位的权利义务并继续履行合同，劳动者在原用人单位的工作年限计算入承继权利义务的新用人单位。（4）用人单位及其关联企业轮流与劳动者订立劳动合同。在已废止的国务院《外商投资企业和外国企业所得税法实施细则》（1991年）中对关联企业的界定是：关联企业是指与企业在资金、经营、购销等方面，存在直接或者间接的拥有或者控制关系；或者直接或者间接地同为第三者所拥有或者控制；或者其他在利益上相关联的关系的公司、企业和其他经济组织。如果能够确定与劳动者订立劳动合同的几个企业之间属于关联企业，则依据最高人民法院《关于审理劳动争议案件适用法律若干问题的解释（四）》第5条将劳动者在关联企业之间的工作年限合并计算。（5）其他合理情形。

劳动和社会保障部办公厅《关于复转军人军龄及有关人员工龄是否作为计算职工经济补偿金年限的答复意见》对于退伍、复员、转业军人的军龄是否作为计发经济补偿年限问题的意见是，按照《兵役法》和中共中央、国务院、中央军委《军队转业干部安置暂行办法》第37条以及国务院、中央军委《关于退伍义务兵安置工作随用人单位改革实行劳动合同制度的意见》第5条规定，军队退伍、复员、转业军人的军龄，计算为接收安置单位的连续工龄。因此，在计算经济补偿时，退伍、转业军人的军龄应当计算为“本单位工作年限”。

（二）经济补偿金的计算基数

一般而言，经济补偿金是按照劳动者的工作年限，每满1年支付1个月工资。所谓“1个月工资”，应当如何理解，是劳动者本人离职前1个月工资，还是本企业职工月平均工资，或者是当地月平均工资？《劳动合同法》第47条第3款给出了明确的界定：“本条所称月工资是指劳动者在劳动合同解除或终止前十二个月的平均工资。”关于工资的构成，根据《劳动合同法实施条例》第27条的规定，月工资包括计时工资或者计件工资以及奖金、津贴和补贴等货币性收入。

根据《违反和解除劳动合同的经济补偿办法》[1]第11条第2款的规定，“用人单位根据该办法第六条、第八条和第九条解除劳动合同时，[2]劳动者的月平均工资低于企业月平均工资的，按企业月平均工资的标准支付”。因《劳动合同法实施条例》与《违反和解除劳动合同的经济补偿办法》规定有所不同，如果劳动关系跨越2008年1月1日前后，则应分段计算：2007年12月31日前，劳动者的月平均工资低于企业月平均工资的，按照企业月平均工资的标准支付。2008年1月1日以后的，根据《劳动合同法实施条例》第27条的规定，劳动者在劳动合同解除或终止前12个月的平均工资低于当地最低工资标准的，按当地最低工资标准计算；如果劳动者的月平均工资低于企业月平均工资，但高于当地最低工资标准的，则应当按照劳动者本人前12个月平均工资计算。

劳动者月工资高于用人单位所在直辖市、设区的市级人民政府公布的本地区上年度职工月平均工资3倍的，经济补偿金的计算也涉及分段：2007年12月31日前，以劳动者在劳动合同解除或终止前12个月平均工资作为计算基数；2008年1月1日后，以劳动者所在地区职工上年度月平均工资的3倍作为计算基数，且支付年限不超过12年。

（三）经济补偿金的计算年限

用人单位依法应当向劳动者支付经济补偿的，经济补偿金按劳动者在本单位工作的年限，每满一年支付一个月工资的标准向劳动者支付；不满6个月的，向劳动者支付半个月工资的经济补偿金；6个月以上不满1年的，按1年计算。

从1995年1月1日起实施的《劳动法》及配套的《违反和解除劳动合同的经济补偿办法》，到2001年4月30日起实施的最高人民法院《关于审理劳动争议案件适用法律若干问题的解释》，再到2008年1月1日开始实施的《劳动合同法》以及2008年9月18日起施行的《劳动合同法实施条例》，用人单位需支付经济补偿金的范围在不断扩大。因此，经济补偿金需要分段计算年限的情形如下：

劳动关系存续于1995年1月1日至2001年4月29日之间，用人单位存在以下情形导致劳动合同解除的，可以计算支付经济补偿金的年限：（1）用人单位提出，与劳动者协商一致解除劳动合同的；（2）劳动者患病或者非因工负伤，医疗期满后，不能从事原工作也不能从事由用人单位另行安排的工作的；（3）劳动者不能胜任工作，经过培训

---

〔1〕 根据2017年11月24日发布的《人力资源社会保障部关于第五批宣布失效和废止文件的通知》废止。

〔2〕 （1）劳动者患病或非因工负伤，经劳动鉴定委员会确认不能从事原工作、也不能从事用人单位另行安排的工作而解除劳动合同的；（2）劳动合同订立时所依据的客观情况发生重大变化，致使原劳动合同无法履行，经当事人协商不能就变更劳动合同达成协议，由用人单位解除劳动合同的；（3）用人单位濒临破产进行法定整顿期间或者生产经营状况发生严重困难，必须裁减人员的。

或者调整工作岗位，仍不能胜任工作的；(4)劳动合同订立时所依据的客观情况发生重大变化，致使原劳动合同无法履行，经当事人协商不能就变更劳动合同达成协议的；(5)用人单位濒临破产进行法定整顿期间或者生产经营状况发生严重困难，进行经济性裁员的。

劳动关系存续于2001年4月30日至2007年12月31日之间，用人单位存在前述五种情形及以下情形导致劳动合同解除的，可以计算支付经济补偿金的年限：(6)以暴力、威胁或者非法限制人身自由的手段强迫劳动的；(7)未按照劳动合同约定支付劳动报酬或者提供劳动条件的；(8)克扣或者无故拖欠劳动者工资的；(9)拒不支付劳动者延长工作时间工资报酬的；(10)低于当地最低工资标准支付劳动者工资的。

2008年1月1日起，用人单位存在前述十种情形以及以下情形，导致劳动合同解除或终止的，都可以计算支付经济补偿金的年限：(11)未依法为劳动者缴纳社会保险费的；(12)用人单位的规章制度违反法律、法规的规定，损害劳动者权益的；(13)用人单位以欺诈、胁迫的手段或乘人之危，使劳动者在违背真实意思的情况下订立或变更劳动合同，导致劳动合同无效的；(14)用人单位违章指挥、强令冒险作业危及劳动者人身安全的；(15)企业转产、重大技术革新或者经营方式调整，经变更劳动合同后，仍需裁减人员的；(16)其他因劳动合同订立时所依据的客观经济情况发生重大变化，致使劳动合同无法履行的；(17)除用人单位维持或者提高劳动合同约定条件续订劳动合同，劳动者不同意续订的情形外，劳动合同期满未续签的；(18)用人单位被依法宣告破产，劳动合同终止的；(19)用人单位被吊销营业执照、责令关闭、撤销或者用人单位决定提前解散，劳动合同终止的。

当劳动关系跨越上述区间时，根据劳动合同解除或终止的具体情形分区间计算支付经济补偿金的年限。如某段劳动关系从1996年3月30日存续至2006年3月30日，存在(1)～(5)五种情形之一时，可以计算支付经济补偿金的年限为10年；仅存在(6)～(10)五种情形之一时，则其支付经济补偿金的年限应从2001年4月30日计算至2006年3月30日，即为4年11个月。其他情形据此类推即可。

关于经济补偿金年限的封顶计算也需分段：(1)2008年1月1日以前，由用人单位提出、双方协商一直解除劳动合同的，以及因劳动者不能胜任工作，经培训或调岗仍不能胜任工作，导致用人单位解除劳动合同的，经济补偿金不得超过12个月，即计算年限以12年封顶。(2)2008年1月1日以后，对所有应当支付经济补偿金的情形一般都没有封顶限制，只有当劳动者月工资高于用人单位所在直辖市、设区的市级人民政府公布的当地上年度职工月平均工资3倍的，经济补偿金的计算年限以12年封顶，即最多补偿12个月。

（四）关于经济补偿金分段计算的地方性规定

各地关于经济补偿金的计算基数和计算年限分段规定不尽相同，几个有代表性的地方意见如下：

根据北京市高级人民法院、北京市劳动争议仲裁委员会《关于劳动争议案件法律适用问题研讨会会议纪要》第25条的规定，2007年12月31日之前存续的劳动合同，在2008年1月1日后解除或者终止的，2007年12月31日前的经济补偿依照《劳动法》及其配套规定计算，2008年1月1日后的经济补偿依照《劳动合同法》的规定计算。经济补偿金的基数为劳动者在劳动合同解除或者终止前十二个月的平均工资，不再分段计算。

根据上海市高级人民法院《关于适用〈劳动合同法〉若干问题的意见》第21条的规定，2008年1月1日前后均应当支付经济补偿金的情况，且劳动者的平均工资不高于上年度本市职工月平均工资三倍的，经济补偿金的计算基数按劳动者在劳动合同解除或终止前十二个月的月平均工资确定。2008年1月1日后应当支付经济补偿金的情形，且不属于以前规定中“经济补偿金总额不超过劳动者十二个月的工资收入”情形的，经济补偿年限自用工之日起计算；但属于以前规定中“经济补偿金总额不超过劳动者十二个月的工资收入”情形的，2008年1月1日前经济补偿年限按照以前规定计算，2008年1月1日后的工作年限在计算经济补偿年限时并入计算。2008年1月1日之后规定三倍封顶的情形，实施封顶计算经济补偿年限自2008年1月1日起计算，之前的工作年限仍按以前规定的标准计算经济补偿金，即无封顶限制。

根据广东省高级人民法院、广东省劳动人事争议仲裁委员会《关于审理劳动人事争议案件若干问题的座谈会纪要》第32条的规定，劳动关系跨越2008年1月1日的，若按照2007年12月31日以前的有关规定，用人单位无须支付经济补偿的，劳动者工作年限自2008年1月1日起计算；若2008年1月1日前后用人单位均需支付经济补偿的，劳动者的工作年限自用工之日起计算。协商一致解除劳动合同或因劳动者不能胜任工作而解除劳动合同的，2007年12月31日前计发经济补偿的工作年限最多不超过12年。劳动者月工资高于用人单位所在地上年度职工月平均工资的三倍，非因协商一致或劳动者不能胜任工作为由解除劳动合同的，2007年12月31日前计发经济补偿的工作年限自用工之日起计算，不受最多不超过12年的限制。

根据安徽省高级人民法院《关于审理劳动争议案件若干问题的指导意见》第12条的规定，劳动关系跨越2008年1月1日前后的，若2008年1月1日前后相关法律法规均规定应支付经济补偿金，且劳动者解除或终止劳动合同前12个月的月平均工资不高于上年度本市职工月平均工资三倍，经济补偿金的计算基数为劳动合同解除或终止前12个月的月平均工资；若高于上年度本市职工月平均工资三倍，2007年12月31日前的年限按该劳动者解除或终止劳动合同前12个月的月平均工资确定经济补偿金的计算基数,2008年1月1日后的年限按照三倍封顶数额确定经济补偿金的计算基数。2008年1月1日后规定应当支付经济补偿金的,若既不属于以前规定中“经济补偿金总额不超过劳动者12个月的工资收入”情形的,也不属于《劳动合同法》规定的封顶情形的,经济补偿年限自用工之日起计算;若属于以前规定中“经济补偿金总额不超过劳动者12个月的工资收入”情形的,2007年12月31日前经济补偿年限按照以前的规定计算,2008年1月1日后的工作年限在计算经济补偿年限时并入计算。2008年1月1日后规定的封顶情形,实施封顶计算经济补偿的年限2008年1月1日起计算,2007年12月31日前的工作年限仍按以前规定的标准计算经济补偿金。

根据湖北省人力资源和社会保障厅《关于审理劳动争议案件若干问题处理意见》第17、18条的规定,劳动关系跨越2008年1月1日的,除用人单位维持或者提高劳动合同约定条件续订劳动合同,劳动者不同意续订的情形外,属用人单位终止劳动合同,且应当支付终止劳动合同的经济补偿金的,经济补偿金应分段计算:(1)2008年1月1日后的工作年限,按照劳动者终止劳动合同前12个月平均工资计算经济补偿金;(2)国有企业职工2001年10月6日至2007年12月31日期间,用人单位可以不支付经济补偿金;2001年10月之前的本单位工作年限,无论劳动者提出还是用人单位提出终止劳动合同,用人单位均应按照每满一年支付一个月标准工资的生活补助费,最多不超过12个月,工作年限不满一年的按一年计算;(3)非国有企业的劳动者在《劳动合同法》施行之前的本单位工作年限,不计发经济补偿金。

典型案例

艺强(清新)人造首饰制品有限公司与赖韶红劳动合同纠纷案[1]

※裁判要点:《劳动合同法》施行前劳动关系已经成立并存续至施行后,按照当时有关规定,用人单位应当向劳动者支付经济补偿的,按照当时有关规定执行。

※相关法条:《劳动合同法》第47、97条

※基本案情:2001年11月1日赖韶红入职艺强公司,任职办公室,赖韶红、艺强公司之间没有签订《劳动合同》,艺强公司为赖韶红购买的社会保险到2016年6月止,到赖韶红提出解除劳动合同时止,赖韶红已在艺强公司工作了14年8个月。

赖韶红2016年6月至2015年7月的工资为:984.1元、1681.4元、1392.7元、1397

〔1〕 参见清远市中级人民法院(2017)粤18民终1179号判决书。

元、943.67元、943.67元、2314元、2314元、1704.4元、1826.4元、2189.6元、2428.5元，以上12个月的平均工资为1677元(四舍五入取整数)。

庭审中，赖韶红认为其于2016年7月8日向艺强公司递交一份《解除劳动关系通知书》，但艺强公司拒绝签收，之后，赖韶红通过快递将该通知书邮寄给艺强公司，该通知书的主要内容为："因艺强公司未及时足额支付劳动报酬，要求于2016年7月8日解除双方的劳动关系。"赖韶红没提供回执证明艺强公司何时签收通知书。

2016年7月12日，艺强公司向所有在职员工发出通知，因生产经营状况，公司决定给予每位解除劳动关系的员工予以补偿，补偿金以2015年7月至2016年6月本人每月实发工资的一年平均工资作为计算基数，工作每满1年支付1个月工资(10年为最高年限)。

2016年7月12日，申请人(赖韶红)向清远市清新区劳动人事争议仲裁委员会申请仲裁，同年8月30日，该委员会裁决如下："一、双方劳动关系于2016年7月8日解除。二、驳回申请人的其他仲裁申请。"申请人不服，于同年11月9日向一审法院提起诉讼。

对于以上双方当事人都没有争议的事实，一审法院予以确认。

本案的争议事实有三点。

第一，艺强公司是否存在未及时足额支付劳动报酬的行为。赖韶红为证明艺强公司有未及时足额支付劳动报酬的行为，向一审法院提供了证据4银行流水予以证实，艺强公司对该证据的真实性没有异议，但对其要证明的内容有异议，认为没有克扣、拖欠赖韶红的工资，艺强公司对其主张没有向一审法院提供证据予以证明。从赖韶红提供的证据4银行流水来看，赖韶红工资确是存在延迟发放的情况，因此，对该证据所证明的内容，一审法院予以确认。

第二，艺强公司有否拖欠赖韶红1530.2元的工资。赖韶红对主张艺强公司拖欠其工资1530.2元的事实，没有向法院提交相应的证据。

第三，艺强公司应否支付加班工资及未签订劳动合同的双倍工资。赖韶红对主张艺强公司应支付加班工资及未签订劳动合同的双倍工资的事实，也没有向法院提交证据予以证实。艺强公司否认欠赖韶红加班费，并认为赖韶红提供的证据4刷卡记录，已证明赖韶红没有加班。

一审法院认为：本案是劳动合同纠纷，本案的争议焦点有两个。

一是艺强公司应否支付赖韶红经济补偿金。根据《劳动合同法》第46条第2项"有下列情形之一的，用人单位应当向劳动者支付经济补偿：(二)用人单位依照本法第三十六条规定向劳动者提出解除劳动合同并与劳动者协商一致解除劳动合同的"及第36条"用人单位与劳动者协商一致，可以解除劳动合同"的规定，由用人单位提出并与劳动者协商一致,可以解除劳动合同,但用人单位应当向劳动者支付经济补偿。本案赖韶红在2016年7月8日向艺强公司递交了解除劳动关系通知书,但艺强公司拒收,之后赖韶红通过快递将通知书寄给艺强公司,庭审中艺强公司承认收到了该通知书。虽然艺强公司对赖韶红提交的证据7的真实性不予认定,但原图片中确有艺强公司的盖章,而且艺强公司对其真实性没有否认,因此,对其真实性,一审法院予以确认。关于艺强公司于2016年7月12日贴出与所有在职员工协商解除劳动关系的通知书。由于艺强公司还没处理赖韶红提出的解除劳动关系的问题,故其贴出的通知书可视为向所有在职员工提出解除劳动关系,并与赖韶红协商一致解除劳动合同。根据以上规定,赖韶红、艺强公司的劳动关系于2016年7月8日解除,艺强公司应支付赖韶红经济补偿金。

根据《劳动合同法》第47条的规定,"经济补偿按劳动者在本单位工作的年限,每满一年支付一个月工资的标准向劳动者支付。六个月以上不满一年的,按一年计算;不满六个月的,向劳动者支付半个月工资的经济补偿……本条所称月工资是指劳动者在劳动合同解除或者终止前十二个月的平均工资"。赖韶红在艺强公司工作了14年8个月,其经济补偿金为1677元/年×15个月=25155元,对赖韶红该请求超出的部分金额,一审法院不予支持。

二是艺强公司应否支付赖韶红拖欠的工资、加班工资及双倍工资。

《劳动合同法》第14条第3款规定:"用人单位自用工之日起满一年不与劳动者订立书面劳动合同的,视为用人单位与劳动者已订立无固定期限劳动合同。"广东省高级人民法院、广东省劳动人事争议仲裁委员会《关于审理劳动人事争议案件若干问题的座谈会纪要》第14条第3款规定:"用人单位自用工之日起满一年不与劳动者订立书面劳动合同,视为已订立无固定期限劳动合同,用人单位无需再支付用工之日起满一年后未订立书面劳动合同的二倍工资。"赖韶红在艺强公司工作了14年,在其工作满一年之日起,赖韶红、艺强公司之间视为已订立了无固定期限的劳动合同,因此,赖韶红要求支付因未签订书面劳动合同而应支付双倍工资34870元的请求,不符合法律规定,一审法院不予支持。

最高人民法院《关于适用〈中华人民共和国民事诉讼法〉的解释》第90条第2款规定:"在作出判决前,当事人未能提供证据或者证据不足以证明其事实主张的,由负有举证证明责任的当事人承担不利的后果。"当事人对其主张的事实负有举证证明的责任,否则承担举证不能的法律后果。本案赖韶红要求艺强公司支付拖欠的工资和加班工资,由于赖韶红并没有提供证据证明存在拖欠工资和拖欠加班工资的情况,而且其提供的刷卡记录也没显示有加班,因此,应由赖韶红承担举证不能的法律后果,对其要求艺强公司支付拖欠工资1530.2元和拖欠加班工资147638元的请求,一审法院不予支持。

综上所述,依照《劳动合同法》第14条第3款、第26条、第46条第1款第2项、第47条,《民事诉讼法》第64条第1款,最高人民法院《关于适用〈中华人民共和国民事诉讼法〉的解释》第90条的规定,一审法院于2017年2月8日作出如下判决:"一、艺强(清新)人造首饰制品有限公司应于判决发生法律效力之日起十日内支付赖韶红经济补偿金25155元。如果未按判决指定的期间履行给付金钱义务,应当依照《中华人民共和国民事诉讼法》第二百五十三条规定,加倍支付迟延履行期间的债务利息。二、驳回赖韶红的其他诉讼请求。案件受理费5元,由赖韶红负担。"一审法院查明的事实基本属实,本院予以确认。

本院二审期间,双方均未提交新证据。

※裁判结果:驳回上诉,维持一审判决。

※裁判理由:本院认为,本案系劳动合同纠纷,结合上诉人艺强公司、赖韶红的上诉请求与相应答辩意见,归纳本案争议焦点为:(1)艺强公司有否拖欠赖韶红工资、是否按时支付工资;(2)对赖韶红主张的加班费、双倍工资、经济补偿金应否予以支持以及经济补偿金应如何计算。

关于第一个争议焦点。根据《工资支付暂行规定》第12条的规定,"非因劳动者原因造成单位停工、停产在一个工资支付周期内的,用人单位应按劳动合同规定的标准支付劳动者工资。超过一个工资支付周期的,若劳动者提供了正常劳动,则支付给劳动者的劳动报酬不得低于当地的最低工资标准;若劳动者没有提供正常劳动,应按国家有关规定办理"。结合赖韶红的工作、出勤情况以及工资发放情况,艺强公司虽然确实存在延迟发放赖韶红工资的情况,但并没有拖欠其工资,故一审法院驳回赖韶红要求艺强公司向其支付拖欠工资的诉请,符合法律规定,本院依法予以维持。

关于第二个争议焦点。根据最高人民法院《关于审理劳动争议案件适用法律若干问题的解释(三)》第9条"劳动者主张加班费的,应当就加班的事实存在承担举证责任"及最高人民法院《关于适用〈中华人民共和国民事诉讼法〉的解释》第90条第2款"在作出判决前,当事人未能提供证据或者证据不足以证明其事实主张的,由负有举证证明责任的当事人承担不利的后果"的规定,在本案中,赖韶红没有提供充足证据证明其存在加班的事实,应当承担举证不能的后果。故一审法院驳回赖韶红要求艺强公司向其支付加班工资的诉请,符合法律规定,本院依法予以维持。

关于双倍工资问题,赖韶红认为艺强公司因未与其签订书面劳动合同而要求支付11个月的双倍工资。本院经审查认为,赖韶红自2001年11月1日入职艺强公司至其提出解除劳动关系止,双方一直未签订书面劳动合同。根据《劳动合同法》第82条第1款的规定,赖韶红可以以未签订书面劳动合同为由请求艺强公司支付2001年12月至

2002年10月期间共11个月的双倍工资。但赖韶红于2016年7月12日才提出仲裁申请，根据《劳动争议调解仲裁法》第27条第1款“劳动争议申请仲裁的时效期间为一年”的规定，赖韶红以未签订书面劳动合同为由请求艺强公司支付上述期间的双倍工资，已超过一年的仲裁时效。另外，赖韶红在入职满一年后，双方仍未签订书面劳动合同，根据《劳动合同法》第14条第3款“用人单位自用工之日起满一年不与劳动者订立书面劳动合同的，视为用人单位与劳动者已订立无固定期限劳动合同”的规定，从2002年12月起，应视为双方已订立无固定期限的劳动合同，艺强公司无须再支付赖韶红用工之日起满一年之后未订立书面劳动合同的双倍工资。综上，对赖韶红的该项上诉请求，本院不予支持。

关于经济补偿金问题。本案中，赖韶红主张在2016年7月8日向艺强公司递交了解除劳动关系通知书，但艺强公司拒收，之后其通过快递将通知书寄给艺强公司，一审庭审中艺强公司承认收到了该通知书。2016年7月12日，艺强公司贴出与所有在职员工协商解除劳动关系的通知书，由于艺强公司还未处理赖韶红提出的解除劳动关系的问题，故其贴出的通知书可视为向所有在职员工提出解除劳动关系，并与赖韶红协商一致解除劳动合同。《劳动合同法》第36条规定：“用人单位与劳动者协商一致，可以解除劳动合同。”第46条第2项规定：“有下列情形之一的，用人单位应当向劳动者支付经济补偿：(二)用人单位依照本法第三十六条规定向劳动者提出解除劳动合同并与劳动者协商一致解除劳动合同的；”艺强公司应向赖韶红支付经济补偿金，对艺强公司主张其不应支付经济补偿金的意见，于法无据，本院不予采纳。

关于经济补偿金如何计算问题，艺强公司主张经济补偿金的计算年限应从劳动合同法施行之日即2008年1月1日起算。本院经审查认为，赖韶红于2001年入职，《劳动合同法》自2008年1月1日起施行，但《劳动合同法》第97条第3款规定：“……本法施行前按照当时有关规定，用人单位应当向劳动者支付经济补偿的，按照当时有关规定执行。”而《劳动法》第24条规定：“经劳动合同当事人协商一致，劳动合同可以解除。”第28条规定“用人单位依据本法第二十四条、第二十六条、第二十七条的规定解除劳动合同的，应当依照国家有关规定给予经济补偿。”因此，在《劳动合同法》施行之前，艺强公司亦应依照《劳动法》的规定向赖韶红支付经济补偿金，因此，对艺强公司认为经济补偿金从2008年1月1日起计算的主张，属对法律理解有误，本院不予采纳。

关联法规索引

《劳动合同法实施条例》第27条，劳动和社会保障部办公厅《关于对事实劳动关系解除是否应当支付经济补偿金问题的复函》，《关于复转军人军龄及有关人员工龄是否作为计算职工经济补偿金年限的答复意见》，《劳动部办公厅对〈关于终止或解除劳动

合同计发经济补偿金有关问题的请示〉的复函》

第四十八条　【违法解除或者终止劳动合同的法律后果】用人单位违反本法规定解除或者终止劳动合同，劳动者要求继续履行劳动合同的，用人单位应当继续履行；劳动者不要求继续履行劳动合同或者劳动合同已经不能继续履行的，用人单位应当依照本法第八十七条规定支付赔偿金。

适用解读

《劳动合同法》就用人单位解除及终止劳动合同规定了许可性条件及禁止性条件，用人单位违反本法规定解除或终止劳动合同的情形主要是指：用人单位违反本法第36、39～42、44、45条规定解除或终止劳动合同，具体包括用人单位解除或终止劳动合同不符合法定条件、解除或终止劳动合同时用人单位没有履行法定义务等情形。

用人单位违反本法规定解除或终止劳动合同的法律后果分为两种情形：(1)如果劳动者要求继续履行劳动合同的，而用人单位也具备继续履行条件的应当继续履行；(2)如果劳动者不要求继续履行劳动合同，或者劳动者要求继续履行劳动合同但劳动合同已经不能继续履行的，用人单位应当按照本法第87条的规定支付赔偿金，即依照本法第47条规定的经济补偿标准的2倍向劳动者支付赔偿金。根据原劳动部发布的《违反〈劳动法〉有关劳动合同规定的赔偿办法》第2、3条的规定，用人单位违反规定或劳动合同的约定解除劳动合同的，造成劳动者工资收入损失的，按劳动者本人应得工资收入支付给劳动者，并加付应得工资收入25%的赔偿费用；造成劳动者劳动保护待遇损失的，应按国家规定补足劳动者的劳动保护津贴和用品；造成劳动者工伤、医疗待遇损失的，除按国家规定为劳动者提供工伤、医疗待遇外，还应支付劳动者相当于医疗费用25%的赔偿费用；造成女职工和未成年工身体健康损害的，除按国家规定提供治疗期间的医疗待遇外，还应支付相当于其医疗费用25%的赔偿费用。该规定与本法规定相异，根据新法优于旧法的原则，2008年1月1日以后发生的相关劳动争议，应当适用本法的规定。

第四十九条　【社会保险关系跨地区转移接续】国家采取措施，建立健全劳动者社会保险关系跨地区转移接续制度。

适用解读

《社会保险法》出台之前,我国社会保险各险种基金的统筹层次多为市县一级,[1]其他省份仍以县级统筹为主。这种低层次的统筹不仅影响了统筹效果,也限制了劳动力的跨地区流动。正因如此,社会保险关系的转移接续涉及统筹地区的利益,国家实行社会保险制度的近20年间,一直未能就社会保险关系的转移接续问题提出有效措施。很多农民工甚至因为社会保险关系无法转移接续,因此不愿意参保。随着我国劳动力市场的逐步发展,人力资源异地流动越来越频繁,如果不解决劳动者社会保险关系的转移接续问题,势必损害劳动者的切身利益。

2009年,人力资源和社会保障部协同相关部门先后下发了《城镇企业职工基本养老保险关系转移接续暂行办法》《流动就业人员基本医疗保障关系转移接续暂行办法》。2010年通过的《社会保险法》以法律的形式确定:劳动者跨统筹地区就业的,其基本养老保险关系、基本医疗保险关系、失业保险关系随本人转移,缴费年限累计计算。

根据《城镇企业职工基本养老保险关系转移接续暂行办法》的规定,参保人员跨省流动就业的,由原参保所在地社会保险经办机构开具参保缴费凭证,其基本养老保险关系应随同转移到新参保地。参保人员达到基本养老保险待遇领取条件的,其在各地的参保缴费年限合并计算,个人账户储存额(含本息)累计计算。

《流动就业人员基本医疗保障关系转移接续暂行办法》规定了城镇职工基本医疗保险、城镇居民基本医疗保险和新型农村合作医疗参保人员流动就业时的转移接续办法:城镇基本医疗保险参保人员跨统筹地区流动就业的,就业地有接收单位的,由单位依法办理登记手续,参加新就业地城镇职工基本医疗保险,无接收单位的,个人应在中止原基本医疗保险关系后的3个月内到新就业地社保经办机构办理登记手续,按当地规定参加城镇职工基本医疗保险或城镇居民基本医疗保险;农村户籍人员流动就业的,可以自愿选择参加户籍所在地新型农村合作医疗或就业地城镇基本医疗保险,新型农村合作医疗参保人员参加城镇基本医疗保险后,由就业地社保经办机构通知户籍所在地新型农村合作医疗经办机构办理转移手续,按规定退出新型农村合作医疗;农村户籍人员由于劳动关系终止或其他原因中止城镇基本医疗保险的,可凭就业地社保经办机构出具的参保凭证,向户籍所在地新型农村合作医疗经办机构申请参保。

---

〔1〕 截至2006年年底,全国只有北京、吉林、新疆等13个省份实现了养老保险基金的省级统筹,辽宁、广西等7个省份和新疆生产建设兵团以市级统筹为主。

关联法规索引

《社会保险法》第19、32、52、64条,《城镇企业职工基本养老保险关系转移接续暂行办法》,《关于贯彻落实国务院办公厅转发城镇企业职工基本养老保险关系转移接续暂行办法的通知》

第五十条　【劳动合同解除或者终止后双方的义务】 用人单位应当在解除或者终止劳动合同时出具解除或者终止劳动合同的证明,并在十五日内为劳动者办理档案和社会保险关系转移手续。

劳动者应当按照双方约定,办理工作交接。用人单位依照本法有关规定应当向劳动者支付经济补偿的,在办结工作交接时支付。

用人单位对已经解除或者终止的劳动合同的文本,至少保存二年备查。

第五章　特别规定

本章介绍

本章主要涉及集体合同、劳务派遣和非全日制用工的相关规定。

集体合同是调整中观层面劳动关系的一种机制，其在主体、内容、效力等方面都与劳动合同有所不同，在功能上是对劳动合同的有益补充。本章第一节对集体合同的订立程序和内容、专项集体合同、行业性及区域性集体合同、集体合同的生效、集体合同中的劳动报酬和劳动条件等标准、集体合同纠纷及法律救济等问题作出了相应的规定。

劳务派遣和非全日制用工是两种非典型用工形式，这两种用工形式下建立的劳动关系与一般劳动关系有所区别。《劳动合同法》首次以法律的形式对这两种用工形式予以肯定，同时，也对这两类特殊劳动关系进行了规范。劳务派遣，是指劳务派遣机构根据与用工单位（又称要派机构）订立的劳务派遣协议，将劳动者派到用工单位，接受用工单位的管理和监督，为用工单位提供劳动的用工形式。非全日制用工是指以小时计酬为主，劳动者在同一用人单位平均每日工作时间不超过4小时，每周工作时间累计不超过24小时的用工形式。非全日制用工的劳动关系运行规则与全日制用工有所不同。

第一节　集体合同

第五十一条　【集体合同的订立和内容】企业职工一方与用人单位通过平等协商，可以就劳动报酬、工作时间、休息休假、劳动安全卫生、保险福利等事项订立集体合同。集体合同草案应当提交职工代表大会或者全体职工讨论通过。

集体合同由工会代表企业职工一方与用人单位订立；尚未建立工会的用人单位，由上级工会指导劳动者推举的代表与用人单位订立。

适用解读

集体合同，又称集体协议、团体协约。国际劳工组织《集体合同建议书》中将其定义为:“以一个雇主或一群雇主,或者一个或几个雇主组织为一方,一个或几个有代表性的工人组织为另一方,如果没有这样的工人组织,则根据国家法律和法规由工人正式选举并授权的代表为另一方,上述各方之间缔结的关于劳动条件和就业条件的一切书面协议。”集体合同的内容可能涉及劳动报酬、工作时间、休息休假、劳动安全与卫生、补充保险和福利、女职工和未成年工特殊保护、职业技能培训、劳动合同管理、裁员、奖惩、集体合同期限、变更、解除集体合同的程序、集体合同争议处理、违反集体合同的责任等多个方面。

劳动基准法、集体合同和劳动合同是劳动关系和劳动条件的三个重要决定机制。劳动基准法的内容涉及工时、工资、保险、福利、安全卫生等多个方面,其中涉及劳动条件所规定的标准是最低标准,劳动合同和集体合同的相关内容都不得低于此标准。当然,劳动基准法的立法意图并非将劳动条件维持在这个最低标准,理想状态是劳动者能够通过与雇主协商,约定获得较高标准的劳动条件,但在单个劳动合同的缔结过程中,囿于劳动者的弱势地位及谈判能力,劳动条件多由雇主提出,劳动者则被动接受。并且,限于篇幅和承载能力,单个劳动合同无法涵盖全部。集体合同可以弥补单个劳动合同这些功能上的缺漏,通过工会与雇主谈判,对劳动条件作出高于法定最低标准的约定,既可以克服单个劳动关系的失衡状态,又因其效力范围较广而能惠及一定范围内的劳动者,降低了谈判成本,提高了谈判效率。因此,从某种程度而言,集体合同比劳动合同更为重要。

关于集体合同,要注意以下几个关键的法律要素:

(一)订立主体

集体合同与劳动合同在订立主体上的区别就在于:劳动合同的订立主体是用人单位与劳动者,而集体合同的订立主体是用人单位与工会或职工代表。我国工会组织分为基层工会、地方各级总工会、地方产业工会以及中华全国总工会等几个层级,而根据《集体合同规定》第3条的规定,本规定所称集体合同,是指用人单位与本单位职工根据法律、法规、规章的规定,就劳动报酬、工作时间、休息休假、劳动安全卫生、职业培训、保险福利等事项,通过集体协商签订的书面协议,由此可知,目前我国集体合同的订立主体只能是基层工会与用人单位。未建立工会的,由本单位职工民主推荐,并经本单位半数以上职工同意,推选协商代表。

(二)订立原则

集体合同的订立必须遵循下列原则:(1)合法原则。进行集体协商,签订集体合同要遵守法律、法规、规章及国家有关规定。(2)平等协商原则。集体协商要在相互尊重、平等合作的基础上进行,集体合同的内容必须通过协商达成一致。(3)诚信公平原则。集体合同的双方当事人必须诚实守信,公平合作。(4)兼顾国家、企业和职工三方利益原则。(5)维护公共秩序原则。集体协商过程中不得采取过激行为。

(三)订立程序

集体合同的订立必须遵照下列程序:(1)集体协商。基层工会或企业职工方代表与用人单位就劳动报酬、工作时间、休息休假、劳动安全卫生、保险福利等事项进行平等协商,形成集体合同草案。(2)讨论。集体合同草案应提交职工代表大会或全体职工讨论,职工代表大会或全体职工讨论集体合同草案,应有2/3以上的职工代表或职工出席,且必须经全体职工代表半数以上或者全体职工半数以上同意,该草案方获通过。(3)签字。集体合同草案获通过后,由集体协商双方首席代表签字。

关联法规索引

《劳动法》第33条,劳动部《关于〈中华人民共和国劳动法〉若干条文的说明》第33条,劳动部《关于贯彻执行〈中华人民共和国劳动法〉若干问题的意见》第51、52条,《工会法》第6、20条

第五十二条 【专项集体合同】 企业职工一方与用人单位可以订立劳动安全卫生、女职工权益保护、工资调整机制等专项集体合同。

适用解读

专项集体合同,是指用人单位与本单位职工根据法律、法规、规章的规定,就集体协商的某项内容签订的专项书面协议。专项集体合同一般作为综合性集体合同的附件,与集体合同具有同等效力。

劳动安全卫生专项集体合同主要涉及劳动安全卫生责任制、劳动条件和安全技术措施、安全操作规程、劳保用品发放标准、定期健康检查和职业健康体检等内容。

女职工和未成年工权益保护专项集体合同主要涉及女职工和未成年工禁忌从事的劳动,女职工的经期、孕期、产期和哺乳期的劳动保护,女职工和未成年工定期健康检查,未成年工的使用和登记制度等内容。一般来说,这类专项集体合同订立的主要依据除了《劳动法》和《工会法》之外,还包括《妇女权益保障法》、《未成年人保护法》、《未成年工特殊保护规定》等。

工资专项集体合同主要涉及用人单位工资水平,工资分配制度,工资标准和工资分配形式,工资支付办法,加班加点工资及津贴、补贴标准和奖金分配办法,工资调整办法,试用期及病、事假等期间的工资待遇,特殊情况下职工工资(生活费)支付办法以

及其他劳动报酬分配办法等内容。

自 2000 年 11 月 8 日原劳动和社会保障部颁布《工资集体协商试行办法》以来，很多地方都有了工资集体协商的实践，但其他专项集体合同依然鲜见。

关联法规索引

《集体合同规定》第 3、8 条

第五十三条 【行业性集体合同、区域性集体合同】在县级以下区域内，建筑业、采矿业、餐饮服务业等行业可以由工会与企业方面代表订立行业性集体合同，或者订立区域性集体合同。

适用解读

区域性、行业性集体合同主要针对非公有制企业，这类企业具有规模较小、员工流动性大、工会力量薄弱、劳资矛盾相对突出的特点。2004 年 5 月 14 日，原劳动和社会保障部与中华全国总工会、中国企业联合会/中国企业家协会联合发布的《关于贯彻实施〈集体合同规定〉的通知》就提出：在非公有制企业特别是小型企业比较集中的地区，要在总结经验的基础上，积极探索区域性、行业性集体协商，由一定区域内或行业用人单位代表或企业代表组织与相应的职工代表或工会组织，根据法律、法规、规章的规定就劳动报酬、工作时间、休息休假、劳动安全卫生、职业培训、补充保险和福利等事项或其中的若干项通过集体协商签订综合性集体合同或专项集体合同。

2006 年 8 月 17 日，原劳动和社会保障部再次与中华全国总工会、中国企业联合会/中国企业家协会联合发布《关于开展区域性行业性集体协商工作的意见》，进一步明确了区域性行业性集体协商的范围：区域性行业性集体协商一般在小型企业或同行业企业比较集中的乡镇、街道、社区和工业园区（经济技术开发区、高新技术产业园区）开展。在行业特点明显的区域要重点推行行业性集体协商和集体合同工作，具备条件的地区可以根据实际情况在县（区）一级开展行业性集体协商签订集体合同。

区域性行业性集体协商的代表与企业集体协商的代表有所不同。职工一方的协商代表由区域内的工会组织或行业工会组织选派，首席代表由工会主席担任。企业一方的协商代表由区域内的企业联合会/企业家协会或其他企业组织、行业协会选派，也可以由上级企业联合会/企业家协会组织区域内的企业主经民主推选或授权委托等方式产生，首席代表由企业方代表民主推选产生。根据规定，集体协商双方的代表人数应当对等,一般每方3~10人。双方首席代表可以书面委托专家、学者、律师等专业人员作为本方的协商代表,但委托人数不得超过本方代表的1/3。

根据《关于开展区域性行业性集体协商工作的意见》的规定,开展区域性行业性集体协商一般应按照以下程序进行:(1)一方协商代表应以书面形式向另一方提出协商要求,另一方应以书面形式回应。(2)双方协商代表在分别广泛征求职工和企业方的意见基础上,拟定集体协商议题。(3)召开集体协商会议,在协商一致的基础上形成集体合同草案。(4)集体合同草案要经区域职工代表大会或区域内企业的职工代表大会或职工大会审议通过,并经区域内企业主签字(或盖公章)确认后,由集体协商双方首席代表签字。(5)企业方协商代表将集体合同报送当地劳动保障行政部门审核备案。(6)劳动保障行政部门在收到文本之日起15日内未提出异议的,集体合同即行生效。(7)区域性行业性集体合同生效后,由企业方代表采取适当方式及时向全体职工公布。企业方代表向劳动保障行政部门报送集体合同时,除报送劳动部《关于加强集体合同审核管理工作的通知》规定的材料外,还须报送企业主对集体合同签字确认件以及职工代表大会或职工大会审议通过的文件。

关联法规索引

《关于开展区域性行业性集体协商工作的意见》

第五十四条　【集体合同的报送和生效】集体合同订立后,应当报送劳动行政部门;劳动行政部门自收到集体合同文本之日起十五日内未提出异议的,集体合同即行生效。

依法订立的集体合同对用人单位和劳动者具有约束力。行业性、区域性集体合同对当地本行业、本区域的用人单位和劳动者具有约束力。

适用解读

为保障集体合同的合法性,法律规定集体合同必须经劳动行政部门审查之后方可生效。根据《集体合同规定》的规定,集体合同订立之后,应当自双方首席代表签字之日起10日内,由用人单位一方将文本一式三份报送县级以上劳动行政部门审查。

集体合同审查实行属地管辖,具体管辖范围由省级劳动行政部门规定,中央管辖的企业以及跨省、自治区、直辖市的用人单位的集体合同应当报送人力资源和社会保障部或人保部指定的省级劳动行政部门。

劳动行政部门对报送的集体合同的内容以及集体协商主体资格、集体协商程序等事项是否符合法律、法规、规章规定进行审查。如果劳动行政部门对集体合同有异议的，自收到文本之日起 15 日内将《审查意见书》送达双方协商代表，用人单位与本单位职工就劳动行政部门提出异议的事项经集体协商重新签订集体合同，再依法报送劳动行政部门审查；如果劳动行政部门自收到文本之日起 15 日内没有对集体合同提出异议，则集体合同即行生效。生效的集体合同自生效之日起由协商代表以适当方式向本方全体成员公布。

经审查生效的集体合同意味着主体、内容、形式、订立程序皆合法，此即所规定的"依法订立的集体合同"。在集体合同约定的期限内，集体合同对用人单位和劳动者具有约束力。

典型案例

陶春志与河南发恩德矿业有限公司劳动争议纠纷案[1]

※裁判要点：在县级以下区域内，建筑业、采矿业、餐饮服务业等行业可以由工会与企业方面代表订立行业性或者区域性集体合同，行业性、区域性集体合同对当地本行业、本区域的用人单位和劳动者具有约束力。集体合同具有补充个人劳动合同的功能，但是否能代替个人劳动合同取决于法律的规定和企业所从事的行业性质。

※相关法条：《劳动法》第 82 条第 1 款，《劳动合同法》第 38、40、46、47、53、54 条

※基本案情：原告陶春志因与被告河南发恩德矿业有限公司发生劳动争议纠纷，故向河南省洛宁县人民法院提起诉讼。原告陶春志于 2012 年 1 月 31 日到被告菠菜沟矿区 PD810 坑口从事井下管理工作，并担任队长职务，后于 2014 年 7 月 31 日被辞退。原告工作期间，被告一直没有与其签订书面劳动合同，也没有为其缴纳养老保险金和失业保险金。被辞退后，原告便以被告没有与其签订书面劳动合同、也没有为其缴纳养老保险金和失业保险金为由，向洛宁县劳动人事争议仲裁委员会申请仲裁，要求裁决被告向其支付未订立书面劳动合同 11 个月双倍工资差额 96800 元；未提前通知解除劳动合同 1 个月工资 8800 元；违法解除劳动合同经济补偿 26400 元；同时补缴养老保险金 63360 元和失业保险金 6336 元。2014 年 12 月 15 日，洛宁县劳动人事争议仲裁委员会作出宁劳人仲字(2014)第 61 号裁决书，裁决："1. 被告支付原告 1 个月工资 7956.54 元、经济补偿金 23869.5 元，合计 31826 元；2. 被告为原告补缴 2013 年 6 月至 2014 年 7

[1] 参见河南省洛宁县人民法院(2015)宁民初字第 44 号判决书。

月原告在职期间本人月工资单位应承担部分养老保险金;3.驳回原告提出的支付11个月双倍工资差额96800元和补缴失业保险金6336元的请求;4.终止原、被告双方劳动关系。该裁决书送达后,原告不服仲裁裁决,遂于2015年1月6日向法院提起诉讼。另查明:1.原、被告均对双方存在劳动关系不持异议;2.被告依照法定程序与其企业工会于2011年5月和2014年3月分别签订了为期3年的《集体劳动合同》和《工资集体协商合同》,并经企业职工代表大会讨论通过后,报洛宁县劳动行政部门审查生效;3.原告被辞退前12个月平均工资为7956.5元。"

※裁判结果:河南省洛宁县人民法院于2015年4月15日作出(2015)宁民初字第44号判决,根据《劳动法》第82条第1款和《劳动合同法》第38、40、46、47、53、54条的规定,判决如下:"一、终止原、被告双方劳动关系;二、被告河南法恩德矿业有限公司应于本判决生效后10日内一次性向原告陶春志支付1个月工资7956.5元、经济补偿金23869.5元,合计31826元;三、被告未依法为原告缴纳社会保险费,应于本判决生效后10日内一次性向原告支付经济补偿金23869.5元;四、驳回原告其他诉讼请求。"

※裁判理由:建立劳动关系,应当订立书面劳动合同。本案中,被告虽然没有与原告签订个人书面劳动合同,但依照法定程序与其企业工会签订有《集体劳动合同》和《工资集体协商合同》,并报劳动行政部门审查生效,根据《劳动合同法》第53条的规定,"在县级以下区域内,建筑业、采矿业、餐饮服务业等行业可以由工会与企业方面代表订立行业性集体合同,或者订立区域性集体合同"。该法第54条第2款规定:"依法订立的集体合同对用人单位和劳动者具有约束力。行业性、区域性集体合同对当地本行业、本区域的用人单位和劳动者具有约束力。"被告与其企业工会签订的《集体劳动合同》和《工资集体协商合同》合法有效,对原、被告双方均具有约束力。原告称其从没有与被告签订过集体合同,本院认为,集体合同是企业工会代表职工与企业签订,签订过程有严格的程序要求和人数限制,并非全体职工人人参与,且签订的集体合同需要经过职工代表大会讨论通过,本案中,被告与其工会签订的集体合同符合法定程序,并通过宣传栏和会议形式向全体职工进行公示,故原告的主张不能成立。原告又称,集体合同是个人劳动合同的补充,不能代替个人劳动合同,理由是集体合同与个人劳动合同有明显区别,二者在合同主体、合同内容、法律效力、签订目的、合同期限、生效要件等方面均不相同,所以,即便签订有集体合同,仍需签订个人劳动合同。法院认为,第一,集体合同确实具有补充个人劳动合同的功能,但能不能代替个人劳动合同取决于法律的规定和企业所从事的行业性质,本案中,被告是典型的采矿企业,且在县级以下区域内,按照《劳动合同法》第53条的规定,可以订立集体合同;第二,从合同性质和内容看,本案中,被告与企业工会签订的虽然是集体合同,但内容包括劳动报酬、工作时间、休息休假、保险福利、劳动保护与安全卫生以及职业培训、文化活动等,同时签订

有工资专项集体合同，对工资种类、标准、增长幅度、支付办法均作出了明确规定，内容符合法律规定，且在实际操作中可以执行到每名员工，具备个人劳动合同的功能；第三，从被告用工方式和实际情况看，被告除固定员工外，从事井下管理和采矿的人员几乎全部都是临时人员，流动性大，说来就来，说走就走，少则几天，多则几年，频繁订立个人劳动合同不切合工作实际，为便于管理，被告采取集体合同方式并无不当，所以，原告以被告没有与其签订个人书面劳动合同为由，要求被告向其支付11个月双倍工资差额的请求，本院不予支持。原告称其工资应按每月10000元计算，不能按扣除个人所得税后的实发数额计算。法院认为，纳税是每个公民的法定义务，凡工资收入高于纳税基数的，都必须依法缴纳个人所得税，其实际收入应为税后所得，另外，从原告提交的工资明细可以看出，其每月工资并不固定，应取其平均数较为适宜，原告离职前12个月平均工资为7956.5元。被告称其履行了提前通知义务，不存在违法解除劳动合同问题，但没有向法庭提供相关证据予以证实，并且庭审中，原告也不予认可，所以，被告的该项主张不能成立。《劳动合同法》第40条规定："有下列情形之一的，用人单位提前三十日以书面形式通知劳动者本人或者额外支付劳动者一个月工资后，可以解除劳动合同：（一）劳动者患病或者非因工负伤，在规定的医疗期满后不能从事原工作，也不能从事由用人单位另行安排的工作的；（二）劳动者不能胜任工作，经过培训或者调整工作岗位，仍不能胜任工作的；（三）劳动合同订立时所依据的客观情况发生重大变化，致使劳动合同无法履行，经用人单位与劳动者协商，未能就变更劳动合同内容达成协议的。"所以，被告应当向原告支付1个月工资即7956.5元。另外，《劳动合同法》第46条规定："有下列情形之一的，用人单位应当向劳动者支付经济补偿：……（三）用人单位依据本法第四十条规定解除劳动合同的；……"本案中，因被告没有提前30日以书面形式通知劳动者本人而解除劳动合同，故应当向原告支付经济补偿，经济补偿金应当按照《劳动合同法》第47条"经济补偿按劳动者在本单位工作的年限，每满一年支付一个月工资的标准向劳动者支付。六个月以上不满一年的，按一年计算；不满六个月的，向劳动者支付半个月工资的经济补偿。……本条所称月工资是指劳动者在劳动合同解除或者终止前十二个月的平均工资"之规定计算补偿数额，因原告在被告处工作时间为两年零六个月（2012年1月31日至2014年7月31日），故经济补偿金应为原告3个月工资，即：7956.5元×3＝23869.5元。

关于洛宁县劳动人事争议仲裁委员会裁决被告为原告补缴2013年6月至2014年7月原告在职期间本人月工资单位应承担部分的养老保险金问题，法院认为，补缴养老保险金是劳动者实现社会保险权的一种救济途径，但并非唯一途径，并且补缴需要以用人单位已经为劳动者办理了社会保险手续为前提，且保险金征缴数额需要社会保险经办机构，按照省、自治区、直辖市人民政府关于社会保险费征缴的规定，结合劳动者工作年限、工资标准、社会政策等诸多因素才能够确定，而本案中，原告没有为被告办理社会保险手续，现在双方劳动关系已经终止，洛宁县劳动人事争议仲裁委员会裁决原告为被告补缴养老保险金与实际情况不符，现实中也难以操作执行，因此，该项裁决法院不予支持，而应按照《劳动合同法》第38条规定的救济途径予以救济，即用人单位未依法为劳动者缴纳社会保险费（包括养老保险金、失业保险金等）的，劳动者有权解除劳动合同，并要求用人单位支付经济补偿。本案中，因被告未为原告缴纳养老保险金和失业保险金，所以应向原告支付经济补偿，补偿金数额如前所述，应为被告3个月工资，即23869.5元。

关联法规索引

《劳动法》第34、35条，《集体合同规定》第6条

第五十五条 【集体合同中劳动报酬、劳动条件等标准】 集体合同中劳动报酬和劳动条件等标准不得低于当地人民政府规定的最低标准；用人单位与劳动者订立的劳动合同中劳动报酬和劳动条件等标准不得低于集体合同规定的标准。

适用解读

对于劳动条件的决定机制而言，首先是劳动法律、法规的法律效力最高，其次是集体合同，再次是企业劳动规章，最后是劳动合同。即集体合同中劳动条件和劳动报酬的规定不得违背劳动法律、法规规定的最低标准，否则集体合同中的相关条款无效；单个劳动合同中劳动报酬和劳动条件的约定又不得低于集体合同规定的标准，否则劳动合同中的相关条款无效。实践中，效力层级较高的文件对效力层级较低的文件起补充适用的作用。比如，用人单位向劳动者提供的劳动条件和劳动报酬优先适用劳动合同约定的标准。如果劳动合同中约定不明确或劳动合同中约定的标准低于集体合同中规定的标准，则适用集体合同的标准；如果集体合同中规定不明确或者集体合同中规定的标准低于劳动法律、法规规定的标准，则适用劳动法律、法规规定的标准。

关联法规索引

《劳动法》第35条，《集体合同规定》第6条

第五十六条　【集体合同纠纷和法律救济】 用人单位违反集体合同，侵犯职工劳动权益的，工会可以依法要求用人单位承担责任；因履行集体合同发生争议，经协商解决不成的，工会可以依法申请仲裁、提起诉讼。

适用解读

“用人单位违反集体合同，侵犯职工劳动权益”主要是指：用人单位在用工过程中未履行集体合同规定的义务，如企业劳动规章或单个劳动合同的订立、内容、履行等与集体合同相悖。根据本条及《工会法》第20条第4款的规定，用人单位违反集体合同，侵犯职工劳动权益的，工会可以依法要求企业承担责任；因履行集体合同发生争议，经协商解决不成的，工会可以向劳动争议仲裁机构提请仲裁，仲裁机构不予受理或者对仲裁裁决不服的，可以向人民法院提起诉讼。也就是说，当用人单位存在违反集体合同的行为，或者用人单位与劳动者在履行集体合同过程中产生争议时，可由工会代表劳动者维权。

关联法规索引

《工会法》第20条，《集体合同规定》第55条

第二节　劳务派遣[1]

第五十七条　【劳务派遣单位的设立】 经营劳务派遣业务应当具备下列条件：

（一）注册资本不得少于人民币二百万元；

（二）有与开展业务相适应的固定的经营场所和设施；

（三）有符合法律、行政法规规定的劳务派遣管理制度；

（四）法律、行政法规规定的其他条件。

经营劳务派遣业务，应当向劳动行政部门依法申请行政许可；经许可的，依法办理相应的公司登记。未经许可，任何单位和个人不得经营劳务派遣业务。

第六十七条　【用人单位不得自设劳务派遣单位】 用人单位不得设立劳务派遣单位向本单位或者所属单位派遣劳动者。

〔1〕　为了让读者能更清晰地理解劳务派遣相关规定，本节未按条文顺序进行解读。

配套法规

《劳动合同法实施条例》(2008 年 9 月 18 日)

第二十八条 用人单位或者其所属单位出资或者合伙设立的劳务派遣单位,向本单位或者所属单位派遣劳动者的,属于劳动合同法第六十七条规定的不得设立的劳务派遣单位。

第三十条 劳务派遣单位不得以非全日制用工形式招用被派遣劳动者。

《劳务派遣行政许可实施办法》(2013 年 6 月 20 日)

第六条 经营劳务派遣业务,应当向所在地有许可管辖权的人力资源社会保障行政部门(以下称许可机关)依法申请行政许可。

未经许可,任何单位和个人不得经营劳务派遣业务。

第七条 申请经营劳务派遣业务应当具备下列条件:

(一)注册资本不得少于人民币 200 万元;

(二)有与开展业务相适应的固定的经营场所和设施;

(三)有符合法律、行政法规规定的劳务派遣管理制度;

(四)法律、行政法规规定的其他条件。

《劳务派遣暂行规定》(2014 年 1 月 24 日)

第二十六条 用人单位将本单位劳动者派往境外工作或者派往家庭、自然人处提供劳动的,不属于本规定所称劳务派遣。

第二十七条 用人单位以承揽、外包等名义,按劳务派遣用工形式使用劳动者的,按照本规定处理。

适用解读

《劳动合同法》第 57 条和第 67 条是关于劳务派遣单位设立的规范。

(一)劳务派遣经营许可制度

在《劳动合同法》实施以前,劳务派遣之所以能够成为用人单位降低用工成本、规避雇主责任的主要选择,其中一个重要原因就是劳务派遣单位的门槛较低。2012 年修订的《劳动合同法》针对劳务派遣单位泛滥、经营不规范等问题,提高了劳务派遣单位的门槛,同时开始实行劳务派遣经营许可制度。

1. 劳务派遣单位应当依照《公司法》的有关规定设立,即依法向公司登记机关申请,符合《公司法》规定的设立条件的,设立登记为有限责任公司或者股份有限公司。2013 年修正的《公司法》已经取消了最低注册资本的限制,而《劳动合同法》对劳务派遣单位仍设置了 50 万元的准入标准,2012 年修正的《劳动合同法》则将门槛提高到了

200 万元。笔者认为，这种“高门槛”的设置，是为了防止劳务派遣这种补充用工形式的滥用，同时也提高了劳务派遣单位的雇主责任承担能力。这样更有利于保护派遣劳动者，避免用人单位利用劳务派遣损害劳动者的合法权益。

2. 劳务派遣单位要有与经营劳务派遣业务相适应的经营场所和设施。

3. 劳务派遣单位必须制定符合法律法规的劳务派遣管理制度。

4. 经营劳务派遣业务，应当向所在地有许可管辖权的人力资源社会保障行政部门申请行政许可，经许可的，可领取《劳务派遣经营许可证》，依法办理公司登记，方可经营劳务派遣业务，未经许可的，不得经营劳务派遣业务。未经许可擅自经营劳务派遣业务的，由人力资源社会保障行政部门责令停止违法行为，没收违法所得，并处违法所得 1 倍以上 5 倍以下的罚款；没有违法所得的，可以处 5 万元以下的罚款。根据全国人民代表大会常务委员会《关于修改〈中华人民共和国劳动合同法〉的决定》的规定，2013 年 7 月 1 日前经营劳务派遣业务的单位，应当在自 2013 年 7 月 1 日起 1 年内依法取得行政许可并办理公司变更登记，方可经营新的劳务派遣业务。

（二）禁止用人单位逆向派遣

在劳务派遣作为非正式用工形式未纳入法律规制阶段，很多改制企业为解决下岗职工安置问题，自设劳务派遣公司，下岗职工与原企业解除劳动关系后，与劳务派遣公司建立劳动关系，再由派遣公司送到用人单位工作。这种自设派遣可以满足企业改制的要求，但如果不加规制，可能演变为用人单位侵害劳动者合法权益的手段。尤其是自设派遣机构与用工单位之间关系复杂，不够独立，雇主责任承担能力有限。因此，《劳动合同法》第 67 条禁止逆向派遣，即禁止用人单位自设劳务派遣单位对内派遣。实践中，有些用人单位为规避法律，并不自设劳务派遣机构，而是出资另行设立劳务派遣机构，或者与其他组织或个人合伙设立劳务派遣机构，然后通过该派遣机构向本单位或所属单位派遣劳动者。因为从表面上看，该派遣机构与用人单位毫无关系，从而能使用人单位达到降低用工成本，规避雇主责任的目的。有鉴于此，《劳动合同法实施条例》第 28 条进一步明确了禁止自设劳务派遣机构对内派遣的规定，凡用人单位或者其所属单位出资或者合伙设立的劳务派遣单位，向本单位或者所属单位派遣劳动者的，皆属法律禁止之列。

（三）禁止以非全日制用工形式使用劳务派遣

非全日制用工是指以小时计酬为主，劳动者在同一用人单位日均工作时间不超过 4 小时，每周工作时间累计不超过 24 小时的用工形式。非全日制用工的优点是灵活，缺点则是劳动关系不稳定。劳务派遣与非全日制用工都是特殊用工形式，如果劳务派遣机构以非全日制用工形式招用被派遣劳动者，则至少有以下几个障碍：（1）法律对非全日制用工订立劳动合同并未强制性地规定必须采用书面形式，而劳务派遣因其法律关系的复杂性，决定了派遣机构和劳动者之间必须订立书面劳动合同，如果派遣机构以劳动者为非全日制劳动者为由，不与劳动者订立书面劳动合同，则可能在双方发生劳动争议时无据可循。(2)劳务派遣中派遣机构只是招工主体，实际用工主体是用工单位，派遣机构无法保证被派遣劳动者的劳动时间不超过非全日制用工的上限。(3)如果用工单位使用非全日制用工，与其通过劳务派遣，不如自己直接招用，否则不仅无法体现这两种特殊用工形式的优点，反而会增加用工成本，并造成劳动关系的混乱。

(四)不认定为劳务派遣的三种情形

(1)用人单位将本单位劳动者派往境外工作的，不认定为劳务派遣。这种情况与涉外派遣容易混淆。涉外派遣的派遣单位必须符合法定劳务派遣机构资质，与境外用工单位签订了劳务派遣协议，且与被派遣劳动者签订了劳动合同。用人单位将劳动者派往境外工作，劳动关系和雇主义务都没有发生根本性的改变，只是工作地点、工作岗位等劳动条件发生了改变。(2)用人单位将本单位劳动者派往家庭、自然人处提供劳动的，因为家庭和自然人不能构成劳务派遣中的用工单位一方，故不认定为劳务派遣。(3)随着法律对劳务派遣的规制越来越严格，有的劳务派遣单位和用工单位采取劳务承揽、业务外包的方式逃避法律规制，出现大量"假外包、真派遣"的现象。2013 年 8 月 7 日，人力资源和社会保障部在其发布的《劳务派遣若干规定(征求意见稿)》的说明中明确了劳务派遣的定义：本规定所称劳务派遣，是指用人单位以经营方式将招用的劳动者派遣至其他用人单位使用，由后者直接对劳动者的劳动过程进行管理的一种用工形式。用人单位将业务发包给承包单位，但对从事该业务的承包单位劳动者的劳动过程直接进行管理的，属于劳务派遣用工。根据该定义，只要劳动者的劳动过程直接由承包单位管理，劳动者与发包单位和承包单位之间的法律关系就不是承揽、加工关系，而是劳务派遣。

典型案例

上海珂帝纸品包装有限责任公司与上海市人力资源和社会保障局责令补缴外来从业人员综合保险费案[1]

※裁判要点：从事劳务派遣业务的单位应当依法登记设立。用工单位与未经工商注册登记、不具备劳务派遣经营资质的企业签订劳务派遣协议的，认定该用工单位与

[1] 参见《最高人民法院公报》2013 年第 11 期。

派遣人员形成事实劳动关系，并依法为其缴纳社会保险费；不具备劳务派遣资质的企业也没有社会保险缴费资格，用工单位与不具备缴费资格的主体之间的协议约定，不能免除其法定缴费义务。

※相关法条：《劳动合同法》第57条、劳动部《关于贯彻执行〈中华人民共和国劳动法〉若干问题的意见》第1条、最高人民法院《关于执行〈中华人民共和国行政诉讼法〉若干问题的解释》第56条

※基本案情：原告上海珂帝纸品包装有限责任公司（以下简称珂帝公司）系依法登记成立的有限责任公司。珂帝公司与上海黄氏实业有限公司（以下简称黄氏公司）约定，由黄式公司向珂帝公司派遣35名外来人员，从事原告单位的生产任务，受原告统一管理，并从原告处领取工资报酬。协议第5条规定："工人综合保险有（由）甲方公司（即黄氏公司）来缴。"2005年3月至2008年10月期间，原告未缴纳王国英等72名外来从业人员的综合保险费，合计金额为人民币85759.90元。

另查明，黄氏公司既未经工商登记注册成立，在社保系统中也没有登记开户，没有为任何劳动者缴纳过社会保险费用的记录，涉案的35名外来人员并没有与黄氏公司签订劳动合同。

※裁判结果：上海市黄浦区人民法院作出（2009）黄行初字第98号行政判决，不支持珂帝公司的诉讼请求。一审宣判后，珂帝公司不服提起上诉，但上诉人在收到传票后无正当理由拒不到庭。上海市第二中级人民法院2009年8月26日作出（2009）沪二中行终字第231号裁定，按撤诉处理。一审判决已发生法律效力。

※裁判理由：法院生效判决认为，本案的争议焦点是：(1)王国英等72名外来从业人员中的部分人员是否属于其他公司的劳务派遣人员；(2)原告珂帝公司和案外人关于为这部分外来从业人员缴纳综合保险费的约定可否免除原告的缴费义务。

关于部分外来从业人员是否属于原告珂帝公司员工的争议。原告主张部分外来从业人员系案外人黄氏公司依据双方协议向原告派遣，不属于原告的员工，并出示了原告与黄氏公司之间的协议。从协议内容来看，双方约定由黄氏公司在1年的期限内派遣部分劳动者至原告单位工作，该部分劳动者应享有与原告单位员工同等的待遇，原告单位定期结算该部分劳动者的工资。表面上这份协议符合《劳动合同法》规定的劳务派遣协议应当具备的内容，对被派遣劳动者社会保险费用的缴纳也作出了约定，但经合议庭调查核实，该份协议存在主体不适格的问题。根据《劳动合同法》第57条的规定，劳务派遣单位应当依照公司法的有关规定设立，注册资本不得少于人民币200万元。据此，劳务派遣单位应当是依法登记设立的公司，具备一定的经济实力，且能够独立承担法律责任。而黄氏公司既未经工商登记注册成立，在社保系统中也没有登记开户，没有为任何劳动者缴纳过社会保险费用的记录；原告虽主张查验过黄氏公司的

工商营业执照，但未能在庭审中提供，也没有其他证据能够证明黄氏公司系具有向其合法派遣劳务人员的经营资质的用人单位。故本案中黄氏公司不是合法成立的公司，并不具备合法的劳务派遣资质。此外，劳务派遣单位还应当与被派遣劳动者订立2年以上的劳动合同，向其支付基本的劳动报酬，而本案中涉案的35名外来人员并没有与黄氏公司签订劳动合同，实际上也不在黄氏公司处工作，而是一直在原告公司从事原告的生产任务，故本案中原告所主张的劳务派遣关系并不能成立。

在劳务派遣关系不成立的情况下，本案需对35名外来人员是否属于原告珂帝公司的员工，从而应否由原告为其缴纳综合保险费作出认定。劳动关系是用人单位和劳动者之间的关系，根据《劳动法》第16条的规定："劳动合同是劳动者与用人单位确立劳动关系、明确双方权利和义务的协议。建立劳动关系应当订立劳动合同。"据此，劳动关系的建立以订立劳动合同为主要标志，但实践中存在大量的用人单位用工却不与劳动者订立劳动合同的现象。为此，1995年劳动部《关于贯彻执行〈中华人民共和国劳动法〉若干问题的意见》提出了"事实劳动关系"的概念，根据该意见第1条第2款的规定，中国境内的企业、个体经济组织与劳动者之间，只要形成劳动关系，即劳动者事实上已成为企业、个体经济组织成员，并为其提供了有偿劳动，适用劳动法。这里规定的"事实劳动关系"是相对于劳动法调整的劳动法律关系而言的，劳动者与用人单位虽然没有签订书面的劳动合同，但是履行了实际的劳动关系，包括为用人单位提供劳动，接受用人单位的管理和约束，受到用人单位的保护等，即双方在事实上确立了劳动关系。为保护事实劳动关系中劳动者的权益，《劳动合同法》作出了进一步的明确，该法第7条规定："用人单位自用工之日起即与劳动者建立劳动关系。用人单位应当建立职工名册备查。"第10条规定："建立劳动关系，应当订立书面劳动合同……用人单位与劳动者在用工前订立劳动合同的，劳动关系自用工之日起建立。"据此，引起劳动关系产生的基本法律事实是用工，而不是订立劳动合同；只要存在用工行为，劳动者即享有法律规定的权利。一般情况下，可以从以下四个方面鉴别是否存在事实劳动关系：一是劳动者与用人单位之间是否存在从属关系，接受用人单位的管理、指挥和监督；二是用人单位是否根据某种分配原则，组织工资分配，劳动者按照一定方式领取劳动报酬；三是劳动者提供的劳动是否为用人单位业务的组成部分；四是劳动者是否在用人单位提供的工作场所、使用用人单位提供的生产工具。在存在劳务派遣的情况下，劳务派遣单位与被派遣的劳动者之间形成的是劳动关系。结合到本案的实际情况，由于劳务派遣关系并不成立，故需审查的是原告与35名外来从业人员之间是否存在事实上的劳动关系。从经过庭审质证的一系列证据来看，原告在劳动监察过程中所作笔录可以证明，原告公司共使用了95名外来从业人员，其中即包括争议的35名外来员工；原告提供的出勤考核表、员工出勤记录表、工资发放表等证据材料也反映出，原告单位员工共

95名,包括该部分外来员工均在原告处工作,从事原告单位的生产任务,受原告统一管理,并从原告处领取工资报酬;原告在庭审中也确认了35名外来人员在原告单位务工的事实,据此,该部分外来从业人员与原告之间的关系符合事实劳动关系的基本特征,应当属于原告的员工,原告应履行用人单位的相关法定义务。

关于原告珂帝公司与案外人关于为部分外来从业人员缴纳综合保险费的约定可否免除原告的缴费义务的争议。本案中被告市人保局作出具体行政行为所适用的条文依据是《上海市外来从业人员综合保险暂行办法》(以下简称《暂行办法》)的相关规定。《暂行办法》是上海市政府为切实解决外来农民工的社会保障问题,根据外来从业人员的自身特点和需求制定的,对于维护其合法权益、规范单位的用工行为具有重要作用和积极意义。作为社会保险的外来从业人员综合保险,由政府强制实施,凡本市行政区域内使用外来从业人员的单位及其使用的外来从业人员均须按规定参加。根据该办法的规定,使用外来从业人员的用人单位应当及时、足额地为每一位外来从业人员缴纳综合保险,这既是依法保障外来从业人员合法权益,当外来从业人员发生工伤、疾病等意外时能以统筹基金给予救助的重要途径,也是用工单位合法规避用工风险,避免产生劳资纠纷的重要手段。被告依据《暂行办法》第5、8条的规定认定原告未依法履行缴费义务,并对其作出补缴所欠综合保险费用的行政处理决定。而原告则认为,其与黄氏公司签订的协议第5条规定:“工人综合保险有(由)甲方公司(即黄氏公司)来缴。”因此,应由黄氏公司承担缴纳综合保险费的义务。故本案需要明确的问题是:综合保险费的缴纳主体应当如何认定,以及原告与黄氏公司的约定能否排除其缴费义务。

根据《暂行办法》第3条的规定,“使用外来从业人员”的企业、事业单位、社会团体等统称为用人单位,适用本办法;第5条规定了缴纳综合保险费的主体,即“用人单位和无单位的外来从业人员”;第8条进一步规定:“(缴费期限)用人单位和无单位的外来从业人员应当自办理综合保险登记手续当月起,按月向市外来人员就业管理机构缴纳综合保险费。”据此,使用外来从业人员的用人单位是缴纳其工作期间综合保险费的法定义务主体。在存在劳务派遣法律关系的情况下,劳务派遣单位作为法定用人单位,属于该法规定的用人单位,应当承担缴纳综合保险费的义务。由于本案中劳务派遣关系并不成立,而原告作为经工商注册登记、具备合法用工主体资格的企业法人,在本案中实际使用外来从业人员,并与其建立事实劳动关系,故属于《暂行办法》规定的法定缴费主体,应当为这部分外来从业人员缴纳综合保险费用。至于原告与黄氏公司在协议中的约定,黄氏公司由于不具备合法的劳务派遣资质,并非可承担缴纳综合保险费责任的适格主体,原告以协议方式将其法定缴费义务转让给不具有缴费资格的案外人,不符合《暂行办法》的规定,故不能免除原告的缴费义务。

上海康德莱企业发展集团股份有限公司、上海吉优境物业管理有限公司与程孝宇、刘克北健康权纠纷案〔1〕

※裁判要点：劳务派遣是指由劳务派遣单位与被派遣劳动者签订劳动合同，然后向用工单位派出该员工，使其在用工单位的工作场所内劳动，接受用工单位的指挥、监督，以完成劳动力和生产资料的结合的一种特殊用工方式。而劳务外包是指企业将其部分业务或职能工作发包给相关机构，由该机构自行安排人员按照企业的要求完成相应的业务或工作。劳动者在工作时间、工作岗位，因工作原因与他人发生纠纷致他人损伤，属于在履行职务过程中致人损害，该赔偿责任应由用人单位承担。

※相关法条：《侵权责任法》第16、22、26、34条，最高人民法院《关于审理人身损害赔偿案件适用法律若干问题的解释》第28条，最高人民法院《关于适用〈中华人民共和国侵权责任法〉若干问题的通知》第4条

※基本案情：2012年5月31日16时30分许，上海吉优境物业管理有限公司（以下简称吉优境公司）的员工刘克北在上海市嘉定区江桥镇高潮路×××号上海康德莱企业发展集团股份有限公司（以下简称康德莱公司）门口担任保安值班期间，程孝宇因琐事激惹刘克北并与之发生冲突，后刘克北手持钢管追打已逃跑的程孝宇，击中其头部，造成程孝宇因外伤所致重型颅脑损伤等。随后，程孝宇被送往上海市普陀区中心医院救治，因伤重于当日转入华东医院住院治疗至2012年7月20日，并于同日至上海安泰医院住院治疗至同年9月26日，后再次于2012年11月18日入住华东医院治疗至同年12月28日出院。期间共发生医疗费人民币（以下币种均为人民币）232106.72元（其中吉优境公司垫付199000元）、辅助器具（轮椅）购置费605.40元。经鉴定，程孝宇构成重伤。2013年8月15日，华东政法大学司法鉴定中心就程孝宇伤后的肢体和精神状况分别出具鉴定结论：“1.程孝宇因遭外力作用致重型颅脑外伤、脑疝、右额颞急性硬膜下血肿、多发脑挫裂伤、蛛血、颅骨骨折、头皮挫裂伤，目前遗留有双下肢肌力4级，站立不稳，分别评定×××伤残，酌情给予伤后休息、营养、护理均至本次鉴定结束前一日止；2.程孝宇因患有脑外伤所致精神障碍，构成×××伤残。”程孝宇为此支付鉴定费共计7550元。2013年9月23日，刘克北因犯故意伤害罪被上海市嘉定区人民法院判处有期徒刑6年9个月，剥夺政治权利1年。

另查明，程孝宇曾用名程孝雨，其父程士学，生于1957年11月，其母李学荣，生于1964年9月；程孝宇与其妻子沈勤分别育有一女程如芯（生于2007年1月）、一子程继奇（生于2011年7月）。程孝宇自2009年2月至2012年3月居住于上海市嘉定区高

〔1〕 参见上海市第二中级人民法院（2014）沪二中民一（民）终字第408号判决书。

潮村三队(原八队)443号111室,该村非农人口比例约为99.94%。程孝宇自2010年3月26日起在康德莱公司工作,任生产部门的操作工,事发前一年每月平均收入为2647.16元,事发时并非工作时间,事发后康德莱公司对其停发工资且未申请工伤认定。为诉讼,程孝宇聘请律师提供法律服务,支付律师代理费10000元。

二审法院另查明,2012年4月9日康德莱公司与吉优境公司订立保安服务合同,合同约定,康德莱公司委托吉优境公司对康德莱公司厂区提供保安服务;委托管理期限自2012年4月1日起至2014年3月31日止;委托管理费用为保安费37488元;吉优境公司应负责所派驻人员之操守品德,如因该等人员原因对康德莱公司造成损失的,吉优境公司应负损害赔偿责任。2012年3月13日,吉优境公司与刘克北订立劳动合同。

※裁判结果:上海市嘉定区人民法院作出(2013)嘉民一(民)初字第6899号民事判决,认定刘克北、康德莱公司、吉优境公司间系劳务派遣关系,判决上海康德莱企业发展集团股份有限公司承担主要赔偿责任,准予刘克北承担连带赔偿责任,上海吉优境物业管理有限公司在前述付款义务20%的范围内承担补充责任。一审判决后,康德莱公司、吉优境公司不服,向上海市第二中级人民法院提起上诉。上海市第二中级人民法院审理认为,刘克北与康德莱公司不构成任何直接的法律关系,程孝宇对其损害的发生也有一定的过错,故判决吉优境公司承担本案70%的赔偿责任,准许刘克北自愿承担连带责任。

※裁判理由:生效裁判法院认为,劳务派遣是指由劳务派遣单位与被派遣劳动者签订劳动合同,然后向用工单位派出该员工,使其在用工单位的工作场所内劳动,接受用工单位的指挥、监督,以完成劳动力和生产资料的结合的一种特殊用工方式。而劳务外包是指企业将其部分业务或职能工作发包给相关机构,由该机构自行安排人员按照企业的要求完成相应的业务或工作。本案中,根据康德莱公司与吉优境公司订立保安服务合同以及吉优境公司提供的员工手册、每周会议记录,可以证明康德莱公司委托吉优境公司对康德莱公司厂区提供保安服务,吉优境公司享有对劳动者和劳动生产的管理权,掌握对劳动及生产过程的管理控制,直接对厂区保安进行指挥、监督和管理。而康德莱公司不直接参与厂区保安的管理,不对厂区保安实施指挥、控制,也并不直接向劳动者发放劳动报酬。显然,刘克北、康德莱公司、吉优境公司三者之间不形成劳务派遣关系。刘克北与吉优境公司构成劳动合同关系,康德莱公司、吉优境公司之间形成服务合同关系,而刘克北与康德莱公司不构成任何直接的法律关系。刘克北在工作时间、工作岗位,因工作原因与程孝宇发生纠纷致程孝宇受伤,鉴于刘克北系在履行职务过程中致人损害,该赔偿责任应由用人单位即吉优境公司承担。刘克北自愿承担连带责任,法院予以准许。另根据本案纠纷发生的原因及(2013)嘉刑初字第196号

刑事判决书所确定的事实，程孝宇对其损害的发生也有一定的过错，可以减轻吉优境公司的责任，故吉优境公司应承担本案70%的赔偿责任。

关联法规索引

《公司法》第23～26条、第77～81条

第五十八条　【劳务派遣单位、用工单位及劳动者的权利义务】劳务派遣单位是本法所称用人单位，应当履行用人单位对劳动者的义务。劳务派遣单位与被派遣劳动者订立的劳动合同，除应当载明本法第十七条规定的事项外，还应当载明被派遣劳动者的用工单位以及派遣期限、工作岗位等情况。

劳务派遣单位应当与被派遣劳动者订立二年以上的固定期限劳动合同，按月支付劳动报酬；被派遣劳动者在无工作期间，劳务派遣单位应当按照所在地人民政府规定的最低工资标准，向其按月支付报酬。

第六十条　【劳务派遣单位的告知义务】劳务派遣单位应当将劳务派遣协议的内容告知被派遣劳动者。

劳务派遣单位不得克扣用工单位按照劳务派遣协议支付给被派遣劳动者的劳动报酬。

劳务派遣单位和用工单位不得向被派遣劳动者收取费用。

第六十二条　【用工单位的义务】用工单位应当履行下列义务：

（一）执行国家劳动标准，提供相应的劳动条件和劳动保护；

（二）告知被派遣劳动者的工作要求和劳动报酬；

（三）支付加班费、绩效奖金，提供与工作岗位相关的福利待遇；

（四）对在岗被派遣劳动者进行工作岗位所必需的培训；

（五）连续用工的，实行正常的工资调整机制。

用工单位不得将被派遣劳动者再派遣到其他用人单位。

配套法规

《劳动合同法实施条例》（2008年9月18日）

第二十九条　用工单位应当履行劳动合同法第六十二条规定的义务，维护被派遣劳动者的合法权益。

《劳务派遣暂行规定》（2014年1月24日）

第八条　劳务派遣单位应当对被派遣劳动者履行下列义务：

（一）如实告知被派遣劳动者劳动合同法第八条规定的事项、应遵守的规章制度以及劳务派遣协议的内容；

（二）建立培训制度，对被派遣劳动者进行上岗知识、安全教育培训；

（三）按照国家规定和劳务派遣协议约定，依法支付被派遣劳动者的劳动报酬和相关待遇；

（四）按照国家规定和劳务派遣协议约定，依法为被派遣劳动者缴纳社会保险费，并办理社会保险相关手续；

（五）督促用工单位依法为被派遣劳动者提供劳动保护和劳动安全卫生条件；

（六）依法出具解除或者终止劳动合同的证明；

（七）协助处理被派遣劳动者与用工单位的纠纷；

（八）法律、法规和规章规定的其他事项。

第九条　用工单位应当按照劳动合同法第六十二条规定，向被派遣劳动者提供与工作岗位相关的福利待遇，不得歧视被派遣劳动者。

第十条　被派遣劳动者在用工单位因工作遭受事故伤害的，劳务派遣单位应当依法申请工伤认定，用工单位应当协助工伤认定的调查核实工作。劳务派遣单位承担工伤保险责任，但可以与用工单位约定补偿办法。

被派遣劳动者在申请进行职业病诊断、鉴定时，用工单位应当负责处理职业病诊断、鉴定事宜，并如实提供职业病诊断、鉴定所需的劳动者职业史和职业危害接触史、工作场所职业病危害因素检测结果等资料，劳务派遣单位应当提供被派遣劳动者职业病诊断、鉴定所需的其他材料。

适用解读

《劳动合同法》第 58、60、62 条是关于劳务派遣单位和用工单位责任分配的规定。

（一）劳务派遣中的雇主责任分配理论

劳务派遣中涉及三方关系，即派遣劳动者与劳务派遣单位和用工单位（要派单位）。在《劳动合同法》出台之前，就由谁向派遣劳动者承担雇主义务的问题大致存在三种观点：第一种观点认为，应当由劳务派遣单位承担雇主义务，理由是劳务派遣中只有派遣单位与派遣劳动者之间形成的才是劳动关系；第二种观点认为，应当由用工单位承担雇主义务，理由是劳务派遣中用工单位与派遣劳动者之间形成劳动关系；第三种观点认为，应当由派遣单位和用工单位共同承担雇主义务，理由是派遣单位与派遣劳动者之间、用工单位与派遣劳动者之间都存在劳动关系。[1]

根据《劳动合同法》的规定，劳务派遣中，派遣单位是本法所称用人单位，履行用人单位对劳动者的义务。有学者据此认为，劳动者与用工单位之间不存在劳动关系，而是形成劳务关系。[2] 最高人民法院《关于审理劳动争议案件适用法律若干问题的解释(二)》第10条规定："劳动者因履行劳动力派遣合同产生劳动争议而起诉，以派遣单位为被告；争议内容涉及接受单位的，以派遣单位和接受单位为共同被告。"最高人民法院研究室对此解释为："由于一个劳动者只能同时建立一个劳动关系，劳动者与接受单位不存在劳动关系"，为便于劳动者行使诉权，也便于人民法院审案，因此，将派遣单位和接受单位列为共同被告。[3] 笔者不赞成这类观点，理由有三：(1)基于劳动关系的实质是劳动力的使用关系，这种观点显然不能成立，持此观点的学者对《劳动合同法》的相关规定存在误解。如果认定劳动者与用工单位之间形成劳务关系，则无法解释《劳动合同法》第62条和第64条规定的合理性。第62条对用工单位法定义务的规定，以及第64条对劳动者加入派遣单位的工会或用工单位的工会的自由选择权的规定，都已超出劳务关系的范畴。《侵权责任法》第34条规定："用人单位的工作人员因执行工作任务造成他人损害的，由用人单位承担侵权责任。劳务派遣期间，被派遣的工作人员因执行工作任务造成他人损害的，由接受劳务派遣的用工单位承担侵权责任；劳务派遣单位有过错的，承担相应的补充责任。"这一规定也说明劳动者与用工单位之间不可能是劳务关系。(2)最高人民法院研究室关于"一个劳动者只能同时建立一个劳动关系"的观点已经过时。从《劳动合同法》来看，立法者已经接受双重劳动关系甚至多重劳动关，[4]实践中双重劳动关系的存在也不再鲜见。因此，以"一人一职原则"为由来否定劳动者与用工单位之间的劳动关系有些牵强。(3)由于劳务派遣中实际使用劳动者劳动力的是用工单位，因此，在用工过程中发生的争议，对劳动者而言，很可能以用工单位为被告申请仲裁或诉讼，如果仲裁机构或人民法院以劳动者与用工单位之间不存在劳动关系为由不予受理，则劳动者不得不以派遣单位为被告重新

---

〔1〕 认同"共同雇主"理论的学者又分为两派：持"双重劳动关系说"的代表学者认为，在劳务派遣中，派遣机构与派遣员工之间形成不完整的劳动关系，要派机构与派遣员工之间形成特殊劳动关系。持"一重劳动关系说"的学者又分为几种不同观点：如一种观点认为，劳务派遣中只存在一重劳动关系，即派遣机构和要派机构共同作为派遣劳动者的相对方，与劳动者形成一个完整的劳动关系；另一种观点认为，劳动者与派遣单位是形式上的劳动关系，劳动者与用工单位是实际上的劳动关系，二者结合起来构成一个完整的劳动关系。

〔2〕 参见崔利平：《接受劳务派遣的劳动者不能主张与要派单位之间存在劳动关系》，载《人民法院案例选》(第1辑)，中国法制出版社2009年版，第23页；杨思斌、陈布雷：《劳动法案例教程》，中国法制出版社2009年版，第171页。

〔3〕 参见沈德咏：《劳动司法解释理解与适用》，法律出版社2011年版，第158~159页。

〔4〕 以不影响本职工作或者本职工作的用人单位没有提出异议为前提。

启动法律救济程序。对于本身就处于弱势地位的劳动者而言，增加救济成本会使其处于更加不利的地位。这有悖于最高人民法院《关于审理劳动争议案件适用法律若干问题的解释（二）》第10条的初衷。

笔者认为，无论是“双重劳动关系说”，还是“一重劳动关系说”，只有承认劳动者与用工单位之间的劳动关系，才能准确地理解《劳动合同法》第58、60、62条对派遣单位和用工单位之间雇主义务的划分，也才能准确理解《劳动合同法》第92条关于派遣单位和用工单位承担连带赔偿责任的规定。

（二）劳务派遣单位的义务

根据《劳动合同法》第58、60条和《劳务派遣暂行规定》的相关规定，派遣单位的雇主义务具体包括：

1. 依法订立劳动合同。派遣单位应当与被派遣劳动者订立2年以上的固定期限劳动合同。鉴于劳务派遣的特征，实践中派遣单位与被派遣劳动者之间多为短期劳动合同，甚至很多派遣单位在用工单位结束用工的同时就终止与劳动者的劳动合同，因此本法强制性规定派遣单位与劳动者之间订立不少于2年期限的固定期限劳动合同，是对被派遣劳动者的特殊保护。本法未就双方是否能够订立无固定期限劳动合同作出规定，理论界与实务部门对此存在争议：一种观点认为，只要符合《劳动合同法》第14条关于无固定期限劳动合同的订立条件，劳动者即可要求派遣单位与其订立无固定期限劳动合同；另一种观点则认为，劳务派遣是非典型用工形式，对劳动者的权益保护不如典型用工，故不宜鼓励双方订立无固定期限劳动合同将劳务派遣用工形式长期化。笔者认为，如果双方选择无固定期限劳动合同的话，从《劳动法》的法理而言，应当是受法律认可和保护的。派遣单位与被派遣劳动者签订的劳动合同，除了应当载明《劳动合同法》第17条规定的必备条款之外，还应载明劳动者的用工单位、工作岗位、派遣期限等情况。另外，根据《劳动合同法实施条例》第30条的规定，劳务派遣单位不得以非全日制用工形式招用被派遣劳动者，即派遣单位与被派遣劳动者订立的劳动合同只能是全日制用工的劳动合同。

2. 告知义务。派遣单位与被派遣劳动者订立的劳动合同除了有法律依据之外，还有一个重要依据就是劳务派遣协议，劳动者被派至的用工单位、工作岗位、劳动报酬、派遣期限等内容都载于劳务派遣协议中，因此，派遣单位在订立劳动合同时，应当将劳务派遣协议的内容告知劳动者。如果派遣单位违反告知义务，则可能构成欺诈，导致劳动合同无效。

3. 培训义务。派遣单位应当对被派遣劳动者进行岗前培训和安全生产教育培训。

4. 按时足额支付劳动报酬。派遣单位应当按月向被派遣劳动者支付劳动报酬，不得克扣用工单位按照劳动派遣协议支付给被派遣劳动者的劳动报酬。在劳动者没有被派遣到用工单位工作期间，派遣单位仍然应当按月向被派遣劳动者支付劳动报酬，并且劳动报酬的数额不得低于派遣单位所在地人民政府规定的最低工资标准。这样规定既是为了保障劳动者的合法权益，也是为了限制劳动派遣这种用工形式的使用。

5. 缴纳社会保险费。派遣单位作为用人单位，应当依法参加社会保险，为劳动者缴纳社会保险费，并办理社会保险相关手续。派遣单位依法应当为劳动者缴纳的险种包括城镇职工基本养老保险、城镇职工基本医疗保险、工伤保险、失业保险和生育保险。

6. 督促用工单位依法用工的义务。派遣单位应当督促用工单位依法为被派遣劳动者提供劳动保护和劳动安全卫生条件，并协助处理被派遣劳动者与用工单位的纠纷。

7. 后合同义务。劳务派遣单位与劳动者解除或终止劳动合同时，应当依法出具解除或终止劳动合同的证明，证明上载明劳动合同期限、终止或解除的日期、工作岗位以及工作年限等。《劳动合同法》第 89 条规定："用人单位违反本法规定未向劳动者出具解除或者终止劳动合同的书面证明，由劳动行政部门责令改正；给劳动者造成损害的，应当承担赔偿责任。"未出具解除或终止劳动合同证明给劳动者造成损失的典型例子就是导致劳动者无法享受失业保险待遇。《失业保险条例》第 16 条第 1 款规定："城镇企业事业单位应当及时为失业人员出具终止或解除劳动关系的证明，告知其按照规定享受失业保险待遇的权利，并将失业人员的名单自终止或者解除劳动关系之日起 7 日内报社会保险经办机构备案。"

8. 不得收费。派遣单位可以依据劳务派遣协议向用工单位收取劳务费，但不得向被派遣劳动者收取任何费用。

9. 工伤认定申请及工伤保险责任。劳务派遣区别于典型用工形式的一个重要特征就是：它将传统的"用人"与"用工"一体的两方法律关系转化为劳务派遣单位、用工单位和劳动者之间的三方法律关系。实践中被派遣劳动者发生工伤或职业病后，劳务派遣单位与用工单位之间责任主体不清，经常相互推诿，导致被派遣劳动者的工伤保险权益得不到有效保障。尽管根据《劳动合同法》第 58 条的规定，劳务派遣单位是本法所称用人单位，应当履行用人单位对劳动者的义务，但由于产生工伤或职业病的劳动过程多发生于用工单位，劳务派遣单位据此不承担工伤或职业病的相关雇主责任。鉴于此，《劳务派遣暂行规定》第 10 条明确了劳务派遣单位的工伤认定申请和工伤保险责任。如果劳务派遣单位与用工单位有约定的，可依约定向用工单位请求补偿。无论劳务派遣单位与用工单位之间是否约定了补偿办法，劳务派遣单位都必须承担工伤劳动者的工伤认定申请和工伤保险责任。在涉及工伤处理中，用工单位应当协助工伤认定的调查核实工作。根据该条的规定，被派遣劳动者在申请进行职业病诊断、鉴定时，用工单位应当负责处理职业病诊断、鉴定事宜，并如实提供职业病诊断、鉴定所需的劳动者职业史和职业危害接触史、工作场所职业病危害因素检测结果等资料，劳务派遣单位应当提供被派遣劳动者职业病诊断、鉴定所需的其他材料。

（三）用工单位的义务

根据《劳动合同法》第60、62条的规定，用工单位的法定义务具体包括：

1. 劳动安全和卫生义务。由于被派遣劳动者的实际工作地点是在用工单位，因此，用工单位应当执行国家劳动标准，提供相应的劳动条件和劳动保护。

2. 告知义务。用工单位应当告知被派遣劳动者所在岗位的工作要求。另外，用工单位还应告知被派遣劳动者劳动报酬的相关情况，这样的规定是为了防止派遣单位克扣被派遣劳动者的劳动报酬。

3. 支付加班费、绩效奖金，提供与工作岗位相关的福利待遇。劳动报酬是用工单位根据劳务派遣协议支付给派遣单位，再由派遣单位支付给被派遣劳动者的。用工单位在与派遣单位签订劳务派遣协议时无法预计被派遣劳动者加班、绩效等情况，因此，所支付的劳动报酬中不包含加班工资、绩效奖金等，但支付加班费、绩效奖金、提供与工作岗位相关的福利待遇是被派遣劳动者与用工单位其他劳动者同工同酬的重要体现，因此，法律规定用工单位直接向被派遣劳动者支付加班费、绩效奖金以及与工作岗位相关的福利待遇。

4. 培训。一般情况下，派遣单位会根据用工单位的需求派遣符合要求的劳动者，但用工单位仍有义务对被派遣劳动者进行岗前培训、劳动安全卫生培训。

5. 调整工资。如果用工单位连续使用同一个被派遣劳动者，则应当按照本单位正常的工资调整机制，提高被派遣劳动者的劳动报酬。这样规定是为了避免用工单位利用劳务派遣降低劳动力成本，侵犯劳动者的合法权益。法律没有规定用工单位使用劳务派遣工期限的上限，这样的规定也可以从一定程度上限制用工单位长期使用劳务派遣工。

6. 不得再派遣。法律对劳务派遣单位资格有严格限制，对劳务派遣用工行为也有相应规范，因此，用工单位必须按照劳务派遣协议用工，不得将被派遣劳动者再派遣到其他用人单位。

典型案例

张佐贵与四川川化永鑫建设工程有限责任公司、成都川华装卸贸易有限公司劳动争议纠纷案[1]

※**裁判要点**：用人单位应按照劳动合同法规定，与被派遣劳动者签订2年以上的

〔1〕 参见成都市青白江区人民法院（2016）青白民初字第980号判决书。

固定期限劳动合同。被派遣劳动者在劳动者无工作期间,劳动派遣单位应当按照所在地人民政府规定的最低工资标准向其按月支付报酬。若用人单位违反《劳动合同法》此规定,违法解除或者终止劳动合同,应向劳动者支赔偿金。

※相关法条:《劳动合同法》第48、58、66、87条,《劳动争议调解仲裁法》第29条

※基本案情:原告张佐贵与被告四川川化永鑫建设工程有限责任公司(以下简称永鑫公司)、成都川华装卸贸易有限公司(以下简称川华公司)发生劳动争议纠纷,故向成都市青白江区人民法院提起诉讼。2012年4月,川华公司以劳务派遣形式将张佐贵派遣至永鑫公司从事架工工作,并从2012年4月起为张佐贵购买社保。期间,张佐贵与川华公司签订了一份书面劳动合同,签订时间是2014年3月1日,该劳动合同第1条约定:"以完成一定工作任务为期限:从2014年3月1日起,到任务完成时止,并以架工厂内外大修抢修为工作任务完成标志。"2014年6月26日,永鑫公司告知张佐贵等人员用工截止时间为6月30日。后永鑫公司及川华公司未再为张佐贵提供其他相应的工作岗位,从2014年7月起,川华公司未向原告支付工资和购买社保。另查明,川华公司自2008年1月1日起至2015年2月28日止与永鑫公司建立劳务派遣关系,并签订书面派遣协议。在川华公司(甲方)与永鑫公司(乙方)2014年4月3日签订的《劳务派遣服务协议》第3条第1项规定:"劳务费用的构成:(1)乙方向甲方按月支付劳务派遣人员的工资报酬(每月12日前支付上月工资,按甲乙双方约定的标准支付,不低于成都市规定的最低工资标准);(2)乙方向甲方按月支付的劳务派遣人员的相关社会保险费:根据甲方提供的书面依据按实际发生额如实支付;(3)乙方向甲方按月支付的劳务派遣服务管理费:按劳务费总额的15%计算。"第3条第2项规定:"结算时间和方式:乙方应在每月12日前将上月实际发生经双方确认的劳务费用转入甲方指定的银行账户,并提供各项劳务费用结算清单。甲方应在每月15日前向劳务人员发放工资。"依照劳务派遣服务协议,永鑫公司每月按时将劳务费用支付给川华公司,川华公司按月以现金方式支付张佐贵每月工资,并缴纳社保费用。2013年7月至2014年6月,张佐贵的月平均工资为2272.5元。永鑫公司由四川川化集团建筑安装公司改制设立,2005年8月23日,四川省工商行政管理局核准四川川化集团建筑安装公司更名为四川川化永鑫建设工程有限责任公司,永鑫公司第一届第一次股东大会通过决议:原建安公司债权债务由永鑫公司继承。张佐贵所从事的架子工属高处作业,应获取国家安全生产监督管理总局监制的特种作业操作证方能从事该工作,张佐贵在被清退前已获取该证。

2014年11月28日,张佐贵向成都市青白江区劳动人事争议仲裁委员会提起劳动仲裁申请,成都市青白江区劳动人事争议仲裁委员会于2015年3月9日出具了收件证明。张佐贵于2015年3月19日向青白江区人民法院提起诉讼。

※裁判结果:成都市青白江区人民法院于2016年7月23日作出(2016)青白民初字第980号判决,根据《劳动合同法》第48、58、66、87条,《劳动争议调解仲裁法》第29条,《民事诉讼法》第142条的规定,判决如下:"一、由被告成都川华装卸贸易有限公司向原告张佐贵支付违法解除劳动合同的经济赔偿金共计11362.5元;二、被告四川川化永鑫建设工程有限责任公司在本案中不承担赔偿责任;三、驳回原告张佐贵的其他诉讼请求。"

※裁判理由:2012年4月至2014年6月30日,张佐贵被川华公司以劳务派遣形式派遣至永鑫公司工作,在永鑫公司已连续工作共计2年3个月。虽然张佐贵的用工形式不符合劳务派遣用工的临时性、辅助性或者替代性特征,但其工作期间的工资及社保费用均由川华公司名义发放、缴纳,同时,川华公司与永鑫公司也就劳务派遣的相关事宜及权利、义务签订了有书面的劳务派遣服务协议,应认定张佐贵与川华公司存在劳动关系,劳动关系存续期间为2012年4月起至2014年6月止。根据《劳动合同法》第58条第2款的规定,"劳务派遣单位应当与被派遣劳动者订立二年以上的固定期限劳动合同,按月支付劳动报酬;被派遣劳动者在无工作期间,劳动派遣单位应当按照所在地人民政府规定的最低工资标准,向其按月支付报酬"。而本案中,川华公司未根据《劳动合同法》的规定与张佐贵签订2年以上的固定期限劳动合同,仅签订了一份从2014年3月1日起到以架工厂内外大修抢修为工作任务完成标志时止的以完成一定工作任务为期限的劳动合同。同时,在永鑫公司因架工厂内外大修抢修工作完成对原告等工人清退后,川华公司也未为张佐贵等人安排新的工作岗位,并停止向原告发放工资和购买社保,其行为已属于用人单位违反《劳动合同法》规定违法解除或者终止劳动合同的情形,现原告张佐贵要求被告川华公司支付经济赔偿金的诉讼请求,予以支持,经济赔偿金为11362.5元(2272.5元×2.5月×2)。由于原告张佐贵与被告永鑫公司之间不存在劳动关系,故原告张佐贵要求被告永鑫公司支付赔偿金无法律依据,法院不予支持。

重庆广美企业管理咨询有限公司与重庆侨本有色金属铸造有限公司、周红劳动争议案[1]

※裁判要点:劳务派遣单位是被派遣劳动者的用人单位,应当履行用人单位对劳动者的义务,为劳务派遣人员办理工伤保险,并就劳务派遣人员发生工伤后应享受的除工伤保险基金支付项目外的工伤待遇承担直接给付责任。

※相关法条:《劳动合同法》第88、92条,《民事诉讼法》第64条

[1] 参见重庆市第五中级人民法院(2014)渝五中法民终字第04525号判决书。

※基本案情：原告重庆广美企业管理咨询有限公司与被告重庆侨本有色金属铸造有限公司、周红因发生劳动争议纠纷，向重庆市九龙坡区人民法院提起诉讼。周红与重庆广美企业管理咨询有限公司于2011年10月16日建立劳动关系后被派往重庆侨本有色金属铸造有限公司从事浇铸工作，重庆广美企业管理咨询有限公司为用人单位，重庆侨本有色金属铸造有限公司为用工单位。工作期间重庆广美企业管理咨询有限公司为周红购买了工伤保险。2012年5月9日，周红在工作中受伤。2012年5月26日，重庆市九龙坡区人力资源和社会保障局作出九人社伤险认决字(2012)3264号《工伤认定决定书》，认定周红左眼热烧伤属于工伤，用人单位为重庆广美企业管理咨询有限公司。之后，由周红申请并经九龙坡区劳动能力鉴定委员会出具鉴定结论通知书及重庆市劳动能力鉴定委员会出具再次鉴定通知书，确认周红的伤残等级为七级，无护理依赖。2013年9月12日，周红以重庆广美企业管理咨询有限公司、重庆侨本有色金属铸造有限公司为被申请人，向重庆市九龙坡区劳动人事争议仲裁委员会提起申请，请求裁决：被申请人支付工伤保险待遇及经济补偿金等费用。该委于2013年12月18日作出裁决：(1)周红与重庆广美企业管理咨询有限公司间劳动关系于2013年9月12日解除；(2)由重庆广美企业管理咨询有限公司支付周红工伤保险待遇(包含一次性伤残就业补助金、停工留薪期工资、鉴定期间生活津贴)共计75175.8元，扣除周红在该公司的借支外，还应支付周红66775.8元，并由重庆侨本有色金属铸造有限公司承担连带赔偿责任；(3)驳回周红的其他仲裁请求。后重庆广美企业管理咨询有限公司不服该裁决结果，遂诉至重庆市九龙坡区人民法院。

※裁判结果：重庆市九龙坡区人民法院根据《劳动合同法》第88、92条，《民事诉讼法》第64条的规定，作出(2014)九法民初字第05111号民事判决。判决如下："一、重庆广美企业管理咨询有限公司与周红之间劳动关系于2013年9月12日解除；二、重庆广美企业管理咨询有限公司于判决生效之日起10日内给付周红工伤保险待遇，包含一次性伤残就业补助金、停工留薪期工资、鉴定期间生活津贴共计66775.8元；三、重庆侨本有色金属铸造有限公司对周红的工伤保险待遇承担连带赔偿责任。"判决作出后，重庆广美企业管理咨询有限公司不服，上诉至重庆市第五中级人民法院。请求撤销一审判决并依法改判由被上诉人重庆侨本有色金属铸造有限公司向被上诉人周红承担涉案工伤保险待遇的直接给付责任。经重庆市第五中级人民法院二审查明，其事实与一审查明的事实一致，适用法律正确，维持原判。

※裁判理由：劳动者的合法权益应受法律保护。周红在工作中受伤，经认定属于工伤，依法应当享受相应的工伤保险待遇。针对应由何方对周红的工伤保险待遇承担赔偿责任的问题，应依照《劳动合同法》第88、92条的规定。周红与重庆广美企业管理咨询有限公司建立劳动关系后被派往重庆侨本有色金属铸造有限公司工作，在车间上

班时周红左眼被热烧伤并被认定为工伤，重庆广美企业管理咨询有限公司应当对周红的工伤保险待遇承担赔偿责任；而重庆侨本有色金属铸造有限公司作为周红的用工单位未举证证明其已尽到保障劳动生产安全的义务，应承担连带赔偿责任。此外，因重庆广美企业管理咨询有限公司已为周红购买工伤保险，且庭审中三方当事人均确认扣除应由工伤保险基金支付的部分以及周红在重庆广美企业管理咨询有限公司的借支外，周红应享受的工伤保险待遇（包含一次性伤残就业补助金、停工留薪期工资、鉴定期间生活津贴）为66775.8元，对此意见应予以尊重、确认。关于周红在仲裁中要求支付解除劳动合同经济补偿金的问题，重庆市九龙坡区劳动人事争议仲裁委员会渝九劳仲案字（2013）第1665号仲裁裁决书已裁决驳回了该项申请，且各方当事人均对此无异议，应予以确认。

双方当事人之间的争议焦点为：被上诉人周红因涉案工伤应享受的由用人单位支付部分之工伤待遇依法由哪一个主体承担直接给付责任。针对该争议焦点，重庆市第五中级人民法院作出如下评述："《中华人民共和国劳动合同法》第五十八条第一款规定：'劳务派遣单位是本法所称用人单位，应当履行用人单位对劳动者的义务。劳务派遣单位与被派遣劳动者订立的劳动合同，除应当载明本法第十七条规定的事项外，还应当载明被派遣劳动者的用工单位以及派遣期限、工作岗位等情况。'《工伤保险条例》第62条第2款规定：'依照本条例规定应当参加工伤保险而未参加工伤保险的用人单位职工发生工伤的，由该用人单位按照本条例规定的工伤保险待遇项目和标准支付费用。'依照以上规定，劳务派遣单位作为用人单位应为劳务派遣人员办理工伤保险并就劳务派遣人员发生工伤后应享受的除工伤保险基金支付项目外的工伤待遇承担直接给付责任。此外，即使上诉人与被上诉人重庆侨本有色金属铸造有限公司就被派遣劳动者应享有的工伤待遇之负担达成过约定，该约定对外也不能产生拘束力。故上诉人要求作为用工单位的被上诉人重庆侨本有色金属铸造有限公司对作为被派遣劳动者的被上诉人周红发生工伤后应享受的除工伤保险基金支付项目外的工伤待遇承担直接给付责任之上诉理由没有合法依据，本院不予采纳。"

关联法规索引

《劳动合同法实施条例》第29、30条，最高人民法院《关于审理劳动争议案件适用法律若干问题的解释（二）》第10条

第五十九条 【劳务派遣协议】 劳务派遣单位派遣劳动者应当与接受以劳务派遣形式用工的单位(以下称用工单位)订立劳务派遣协议。劳务派遣协议应当约定派遣岗位和人员数量、派遣期限、劳动报酬和社会保险费的数额与支付方式以及违反协议的责任。

用工单位应当根据工作岗位的实际需要与劳务派遣单位确定派遣期限,不得将连续用工期限分割订立数个短期劳务派遣协议。

配套法规

《劳务派遣暂行规定》(2014年1月24日)

第七条 劳务派遣协议应当载明下列内容:

(一)派遣的工作岗位名称和岗位性质;

(二)工作地点;

(三)派遣人员数量和派遣期限;

(四)按照同工同酬原则确定的劳动报酬数额和支付方式;

(五)社会保险费的数额和支付方式;

(六)工作时间和休息休假事项;

(七)被派遣劳动者工伤、生育或者患病期间的相关待遇;

(八)劳动安全卫生以及培训事项;

(九)经济补偿等费用;

(十)劳务派遣协议期限;

(十一)劳务派遣服务费的支付方式和标准;

(十二)违反劳务派遣协议的责任;

(十三)法律、法规、规章规定应当纳入劳务派遣协议的其他事项。

适用解读

劳务派遣中,派遣单位与用工单位之间形成劳务关系,双方就派遣劳务各自享有权利和履行义务。实践中,劳务派遣单位为规避责任,经常自称“职业中介”,而非劳务派遣,其中一个重要原因就是劳务派遣单位与用工单位之间往往约定不明确,与劳动者之间发生争议后,双方又相互推诿。因此,本条规定,派遣单位应当与用工单位订立劳务派遣协议,协议中应当约定被派遣劳动者的数量、工作岗位、劳动报酬和社会保险费的数额和支付方式、派遣期限以及违反协议的责任。明晰的劳务派遣协议不仅是派遣单位与劳动者订立劳动合同的重要依据,同时也是解决劳动争议的重要依据。

如果用工单位连续使用同一个被派遣劳动者，则依法应当按照本单位正常的工资调整机制，提高被派遣劳动者的劳动报酬。实践中，有些用工单位为降低用工成本，将一个派遣用工期限分割成数个短期的派遣用工，从而达到规避工资调整义务的目的。因此，本法规定，用工单位不得将连续用工期限分割订立数个短期劳务派遣协议。

《劳动合同法》第59条规定了劳务派遣协议中应当约定派遣岗位和人员数量、派遣期限、劳动报酬和社会保险费的数额与支付方式以及违反协议的责任等内容。《劳务派遣暂行规定》进一步明确了劳务派遣协议应当载明的内容。根据《劳动合同法》第58条第1款的规定，劳务派遣单位与被派遣劳动者订立的劳动合同中应当载明工作内容、工作地点、工作时间和休息休假、劳动报酬和社会保险、劳动保护、劳动条件和职业危害防护以及工作岗位和派遣期限等内容，实践中这些内容多取决于用工单位，因此，另有在劳动合同订立之前的劳务派遣协议中载明这些事项，派遣单位才能够在劳动合同中与劳动者约定这些事项并履行约定义务。

典型案例

李能科与广东蓝海海运有限公司船员劳务合同纠纷案[1]

※裁判要点：用工单位有义务按照劳务派遣协议给被派遣的劳动者支付劳动报酬。用人单位不得克扣用工单位按照劳务派遣协议支付给被派遣劳动者的劳动报酬。

※相关法条：《劳动合同法》第60条第2款

※基本案情：原告李能科因与被告广东蓝海海运有限公司发生船员劳务合同纠纷，故向广州海事法院提起诉讼。“蓝海东风”轮为一艘无限航区航行的船舶，由被告所有和经营。原告受广州鑫和泰公司派遣于2013年11月23日在河北山海关船厂登上“蓝海东风”轮担任实习三管轮，2014年4月11日在江苏太仓下船。期间，根据被告安排开展工作。被告未向广州鑫和泰公司支付原告2014年2月1日至4月11日的工资18900元、伙食费2139元，合计21039元。“蓝海东风”轮因另案纠纷于2014年4月22日被本院依法扣押。原告在本院发布拍卖该轮公告期间向本院申请登记包括上述工资和伙食费用在内的债权21039元，并交纳申请费1000元。本院于2014年11月3日作出(2014)广海法登字第173至211号民事裁定，准许原告的债权登记。

※裁判结果：广州海事法院于2014年12月8日作出(2014)广海法终字第128号判决。根据《劳动合同法》第60条第2款的规定，“劳务派遣单位不得克扣用工单位按

[1] 参见广州海事法院(2014)广海法终字第128号判决书。

照劳务派遣协议支付给被派遣劳动者的劳动报酬”。被告是原告的劳动报酬支付主体。原告履行了劳务，被告欠付相应劳动报酬，原告请求确认对被告享有劳动报酬21039元的债权，符合法律规定，应予支持。综上，根据《劳动合同法》第60条第2款，《海商法》第3条第1款、第21条、第22条第1款第1项、第24条，以及《海事诉讼特别程序法》第116条第2款的规定，判决如下：“一、确认原告李能科对被告广东蓝海海运有限公司享有劳动报酬21039元的债权；二、确认原告李能科上述第一项债权对被告广东蓝海海运有限公司所有的‘蓝海东风’轮具有船舶优先权，在‘蓝海东风’轮拍卖价款中优先受偿；三、原告李能科请求的债权登记申请费1000元在‘蓝海东风’轮拍卖价款中先行拨付。”

※**裁判理由**：广州海事法院认为，本案是原告就其与被告船员劳务合同纠纷提起的确权诉讼。原告在被告所有的“蓝海东风”轮工作，双方之间构成船员劳务合同关系，被告是原告的用工单位。根据《劳动合同法》第60条第2款的规定，“劳务派遣单位不得克扣用工单位按照劳务派遣协议支付给被派遣劳动者的劳动报酬”，被告是原告的劳动报酬支付主体。原告履行了劳务，被告欠付相应劳动报酬，原告请求确认对被告享有劳动报酬21039元的债权，符合法律规定，应予支持。“蓝海东风”轮属于《海商法》第3条第1款规定的船舶。原告上述劳动报酬21039元债权产生之日距今不满1年，根据《海商法》第21条、第22条第1款第1项和第29条第1款第1项的规定，具有船舶优先权，在“蓝海东风”轮拍卖价款中优先受偿。原告为办理债权登记交纳的申请费1000元，属于原告因行使船舶优先权产生的诉讼费用。该项费用应根据《海商法》第24条的规定从船舶拍卖所得价款中先行拨付。

河北诺亚人力资源开发有限公司与史宏磊、中国联通网络通信有限公司河北省分公司劳动争议案〔1〕

※**裁判要点**：劳务派遣单位应当将劳务派遣协议的内容告知被派遣劳动者。

※**相关法条**：《劳动合同法》第59条

※**基本案情**：2004年3月15日，原告史宏磊与被告河北诺亚人力资源开发有限公司（以下简称诺亚公司）签订了《劳动合同》，约定被告诺亚公司派遣原告在中国联通网络通信有限公司河北省分公司（以下简称联通公司）客服岗位从话务员工作，工作地点为河北省石家庄市行政区划内，如因用工单位情况发生变化，被告诺亚公司可以就原告工作岗位进行调整，工资待遇作出相应调整，2012年7月1日又签订合同，合同期限为当日至2014年6月30日。

〔1〕 参见河北省石家庄市中级人民法院（2014）石民六终字第01553号判决书。

2013年10月24日，被告诺亚公司与联通公司签订了《劳务派遣相关事项协议书》，约定诺亚公司派遣到联通公司的客服代表等岗位（包括原告在内的）共557人自2013年10月29日解除派遣关系。后，被告诺亚公司通知原告，称："鉴于我公司与联通公司的《劳务派遣协议书》解除，根据我公司与您的《劳动合同》及相关法律规定，我公司决定将您派遣至上海澄美信息服务有限公司石家庄分公司，请您自收到本通知时到新的用工单位报到，并提供服务，如未到新的用工单位报到的，我公司将依据双方的《劳动合同》处理。"2013年10月29日被告诺亚公司又通知原告，称："鉴于我公司与联通公司间的《劳务派遣协议书》解除，我公司不再向联通公司提供派遣服务，现联通公司将您退回我公司，根据我公司与您签订的《劳动合同》及相关法律规定，请您自收到本通知之起2日内到我公司报到，如未按时到我公司报到的，视为旷工，我公司将依据双方签订的《劳动合同》处理。"同年11月7日，被告诺亚公司再次通知原告，称："因您严重违反公司劳动纪律，根据《劳动合同》的约定及相关法律规定，公司决定于2013年11月7日解除与您签订的劳动合同，请您于2013年11月12日前到公司办理离职手续，并办理档案和社会保险的转移手续，逾期不办理，相关法律责任自负。"

原告申请劳动仲裁，要求解除与被告诺亚公司的劳动合同，由被告诺亚公司支付经济补偿金并按照合同约定支付劳动合同正式解除前的工资，同时要求被告联通公司支付连续用工期间实行同工同酬而少支付的工资，并与其签订无固定期限的劳动合同、依法缴纳社会保险费。仲裁裁决被告诺亚公司支付原告2013年11月1日至同月7日期间的报酬303元。原告不服向河北省石家庄市中级人民法院提起诉讼，要求解除与被告诺亚公司的劳动合同，支付经济补偿金、非法解除劳动合同赔偿金；要求被告联通公司向原告支付连续用工期间应当实行正常的工资调整机制而未执行工资调整机制少支付给原告的工资，庭审中称该项请求因没有具体的相关的文件，其无法确定数额；原告要求与被告联通公司依法签订劳动合同、并按同工同酬支付工资及各项社会保险待遇，该项请求自用工之日起始，数额也不清楚；另要求被告向原告按原合同约定正常支付劳动合同正式解除前的工资，自2013年11月1日至11月7日，7天的工资共计303元。

另查明，原告2012年11月份到2013年10月份的月平均工资为2587.56元。

※裁判结果：河北省石家庄市长安区人民法院作出（2014）长民初字第348号民事判决："一、被告河北诺亚人力资源开发有限公司于本判决生效后10日内支付原告史宏磊经济补偿金24581.82元、工资303元。二、驳回原告的其他诉讼请求。"判决作出后，河北诺亚人力资源开发有限公司不服，上诉至河北省石家庄市中级人民法院。河北省石家庄市中级人民法院审理认为，一审判决认定事实清楚，适用法律正确，故判决驳回上诉，维持原判。

※裁判理由：法院生效判决认为，在史宏磊被诺亚公司派遣到联通公司工作至被联通公司退回诺亚公司期间，诺亚公司与联通公司签订了数个1年期劳务派遣协议，违反了《劳动合同法》第59条第2款的规定。诺亚公司没有证据显示其与史宏磊签订合同时，将派遣协议的内容向史宏磊进行了充分告知。诺亚公司与联通公司签订的《劳务派遣相关事项协议书》的内容，史宏磊不知情。在劳动合同没有到期的情况下，联通公司强行将史宏磊退回，诺亚公司强行将史宏磊派遣到其他单位工作，一审判决诺亚公司支付史宏磊的经济补偿金并无不妥。史宏磊被退回诺亚公司后，其与诺亚公司、联通公司发生争议，并非史宏磊有意旷工，因此诺亚公司理应支付正式解除劳动合同前7天的工资303元，一审判决符合法律规定。

第六十一条　【跨地区派遣劳动者的劳动报酬、劳动条件】劳务派遣单位跨地区派遣劳动者的，被派遣劳动者享有的劳动报酬和劳动条件，按照用工单位所在地的标准执行。

配套法规

《劳务派遣暂行规定》（2014年1月24日）

第十八条　劳务派遣单位跨地区派遣劳动者的，应当在用工单位所在地为被派遣劳动者参加社会保险，按照用工单位所在地的规定缴纳社会保险费，被派遣劳动者按照国家规定享受社会保险待遇。

第十九条　劳务派遣单位在用工单位所在地设立分支机构的，由分支机构为被派遣劳动者办理参保手续，缴纳社会保险费。

劳务派遣单位未在用工单位所在地设立分支机构的，由用工单位代劳务派遣单位为被派遣劳动者办理参保手续，缴纳社会保险费。

适用解读

我国的跨地区劳务派遣具有很明显的区域经济特征，即用工单位所在地多属于经济较发达地区，如长三角、珠三角等劳动力输入地区，而派遣单位所在地多属于经济相对不发达地区，如中西部等传统的劳动力输出地区。跨地区劳务派遣往往成为经济发达地区利用地缘差异降低用工成本的手段，因此，这类劳务派遣所引发的劳动争议多集中在劳动报酬和劳动条件的标准上。即使是同地区内的劳务派遣，也存在用工单位降低被派遣劳动者劳动报酬的现象。根据《劳动合同法》第61条和第63条的规定，被派遣劳动者享有与用工单位的劳动者同工同酬的权利。在跨地区的劳务派遣中，被派遣劳动者享有的劳动报酬和劳动条件，按照用工单位所在地的标准执行，这是对劳动者合法权益的保护，也是同工同酬原则的重要体现。

《劳务派遣暂行规定》第 18 条和第 19 条解决的是跨地区劳务派遣以及在分支机构工作的被派遣劳动者的社会保险问题。为防止劳务派遣单位侵害被派遣劳动者的合法权益，实现跨地区被派遣劳动者与用工单位劳动者的“同工同保”，第 18、19 条明确了跨地区派遣劳动者的参保地区、缴费标准和缴费主体。（1）缴费主体是劳务派遣单位。劳务派遣单位与用工单位不在同一个地区的情况下，如果劳务派遣单位在用工单位有分支机构的，由分支机构为被派遣劳动者办理参保手续并缴纳社会保险费；如果劳务派遣单位在用工单位没有分支机构的，则由用工单位代为办理参保手续并缴费。（2）参保地区是用工单位所在地，缴费标准按照用工单位所在地的规定，依法为被派遣劳动者缴纳社会保险费。根据人力资源和社会保障部、财政部《城镇企业职工基本养老保险关系转移接续暂行办法》以及人力资源和社会保障部、卫生部、财政部《流动就业人员基本医疗保障关系转移接续暂行办法》的规定，被派遣劳动者跨不同地区就业，其基本养老保险和基本医疗保险可办理转移接续手续。[1]

第六十三条 【被派遣劳动者同工同酬】被派遣劳动者享有与用工单位的劳动者同工同酬的权利。用工单位应当按照同工同酬原则，对被派遣劳动者与本单位同类岗位的劳动者实行相同的劳动报酬分配办法。用工单位无同类岗位

〔1〕《城镇企业职工基本养老保险关系转移接续暂行办法》第 8 条规定：“参保人员跨省流动就业的，按下列程序办理基本养老保险关系转移接续手续：（一）参保人员在新就业地按规定建立基本养老保险关系和缴费后，由用人单位或参保人员向新参保地社保经办机构提出基本养老保险关系转移接续的书面申请。（二）新参保地社保经办机构在 15 个工作日内，审核转移接续申请，对符合本办法规定条件的，向参保人员原基本养老保险关系所在地的社保经办机构发出同意接收函，并提供相关信息；对不符合转移接续条件的，向申请单位或参保人员作出书面说明。（三）原基本养老保险关系所在地社保经办机构在接到同意接收函的 15 个工作日内，办理好转移接续的各项手续。（四）新参保地社保经办机构在收到参保人员原基本养老保险关系所在地社保经办机构转移的基本养老保险关系和资金后，应在 15 个工作日内办结有关手续，并将确认情况及时通知用人单位或参保人员。”《流动就业人员基本医疗保障关系转移接续暂行办法》第 6 条规定：“城镇基本医疗保险参保人员跨统筹地区流动就业，新就业地有接收单位的，由单位按照《社会保险登记管理暂行办法》的规定办理登记手续，参加新就业地城镇职工基本医疗保险；无接收单位的，个人应在中止原基本医疗保险关系后的 3 个月内到新就业地社会（医疗）保险经办机构办理登记手续，按当地规定参加城镇职工基本医疗保险或城镇居民基本医疗保险。”第 7 条规定：“城镇基本医疗保险参保人员跨统筹地区流动就业并参加新就业地城镇基本医疗保险的，由新就业地社会（医疗）保险经办机构通知原就业地社会（医疗）保险经办机构办理转移手续，不再享受原就业地城镇基本医疗保险待遇。建立个人账户的，个人账户原则上随其医疗保险关系转移划转，个人账户余额（包括个人缴费部分和单位缴费划入部分）通过社会（医疗）保险经办机构转移。”

劳动者的，参照用工单位所在地相同或者相近岗位劳动者的劳动报酬确定。

劳务派遣单位与被派遣劳动者订立的劳动合同和与用工单位订立的劳务派遣协议，载明或者约定的向被派遣劳动者支付的劳动报酬应当符合前款规定。

配套法规

《劳务派遣暂行规定》(2014 年 1 月 24 日)

第九条 用工单位应当按照劳动合同法第六十二条规定，向被派遣劳动者提供与工作岗位相关的福利待遇，不得歧视被派遣劳动者。

适用解读

同工同酬原则是劳动法上关于劳动报酬分配的基本原则。1994 年劳动部《关于〈中华人民共和国劳动法〉若干条文的说明》第 46 条对“同工同酬”的解释是“用人单位对于从事相同工作，付出等量劳动且取得相同劳动业绩的劳动者，应支付同等的劳动报酬”。但由于立法缺乏具体的、可操作性的界定，司法实践中，对同工同酬的不同理解导致了不同的裁判结果。

很多用工单位对被派遣劳动者实行低于同类岗位劳动报酬的分配办法。2012 年修订的《劳动合同法》第 63 条相较于 2008 年《劳动合同法》第 63 条而言，在强调被派遣劳动者享有同工同酬权利的基础上，提出了更明确的要求，即对被派遣劳动者的劳动报酬分配办法与本单位同类岗位的劳动者相同，且劳务派遣单位与被派遣劳动者订立的劳动合同以及劳务派遣单位与用工单位订立的劳务派遣协议中所涉劳动报酬的约定都必须符合同工同酬原则。

根据全国人民代表大会常务委员会《关于修改〈中华人民共和国劳动合同法〉的决定》的规定，在该决定公布前(即 2012 年 12 月 28 日前)已依法订立的劳动合同和劳务派遣协议继续履行至期限届满，但是劳动合同和劳务派遣协议的内容不符合本决定关于按照同工同酬原则实行相同的劳动报酬分配办法的规定的，应当依照该决定进行调整。

典型案例

于志龙与锦州市金桥劳务派遣有限公司、锦州开元石化有限责任公司、锦州石化集体企业管理中心劳动争议纠纷案〔1〕

※相关法条：《劳动合同法》第63条

※基本案情：原告于志龙（乙方）与被告锦州市金桥劳务派遣有限公司（甲方）自2007年12月26日至2012年12月25日订立了劳动合同。合同约定：甲方按照计时工资形式支付乙方工资。被告锦州市金桥劳务派遣有限公司于2007年12月26日与锦州石化实业公司签订劳务派遣协议书，协议约定：锦州石化实业公司根据工作需要向派遣公司提出派遣计划及劳务人员的用工标准、条件，派遣公司按照锦州石化实业公司的计划、标准、条件派遣劳务人员。劳务人员的工资依据石化公司的工资标准规定，制定劳务人员的岗位工资。锦州石化实业公司每月向锦州市金桥劳务派遣有限公司提供劳务人员的考勤和工资表，锦州市金桥劳务派遣有限公司为劳务人员发放工资，并代缴代扣五险。由于锦州石化实业公司名称的变更，锦州市金桥劳务派遣有限公司和原告续订（变更）劳动合同书。2007年12月27日至2012年12月25日，被告锦州市金桥劳务派遣有限公司将原告分别派遣至锦州石化实业公司、锦州石化长虹实业集团公司、锦州飞龙石化油品经销公司工作（锦州石化长虹实业集团公司、锦州飞龙石化油品经销公司执行原锦州市金桥劳务派遣有限公司与锦州石化实业公司签订的派遣协议内容）。原告接受上述用工单位的日常管理，用工单位向锦州市金桥劳务派遣有限公司提供了原告的考勤及工资表，锦州市金桥劳务派遣有限公司按月支付原告及其他劳务人员的工资。原告于志龙曾作为申请人向锦州市劳动争议仲裁院提起仲裁，要求被申请人锦州市金桥劳务派遣有限公司支付其2007年12月26日至2012年12月25日期间与用工单位同岗位职工同工同酬差额部分61595.26元。2014年10月15日，锦州市劳动争议仲裁院作出锦劳仲不字（2014）第99号不予受理案件通知书。原告于志龙收到该通知书后，向法院提起诉讼。另查，原告于志龙与同岗位的用工单位集体职工在岗位工资及奖金的收入上存在差异。其中，原告的工资中不包含同岗位用工单位集体职工的工资中"工龄津贴、保健津贴、能源补贴、儿童保健、公积金、误餐费"等项。锦州炼油化工实业公司于1994年12月14日下发了锦炼实人保字（1994）第016号文件《实业公司一九九四年集体职工效益工资分配方案》，该分配方案规定："基础工资标准为50元，但同时应冲减现在发放的各种价格性补贴。冲减补贴项目为副食补贴、生

〔1〕 参见辽宁省锦州市中级人民法院（2015）锦民终字第00779号判决书。

活补贴、煤水补贴、物价补贴、燃粮补贴。”锦州石化实业公司(出资人为锦州石化集体企业管理中心)、锦州飞龙石化油品经销公司陆续注销,锦州石化长虹实业集团公司未进行工商登记,现被锦州开元石化有限责任公司兼并。

※裁判结果:辽宁省锦州市太和区人民法院作出(2014)太松民初字第00684号民事判决,驳回原告要求各被告支付原告在上述用工单位工作期间与用工单位同岗位职工同工同酬的差额部分的诉讼请求。宣判后,于志龙不服,向辽宁省锦州市中级人民法院提起上诉。辽宁省锦州市中级人民法院审理后认为,原审认定事实清楚,适用法律正确,故判决驳回上诉,维持原判。

※裁判理由:生效裁判法院认为,被上诉人锦州市金桥劳务派遣有限公司系依法注册的劳务派遣单位,其与上诉人于志龙签订了劳动合同,双方依法形成了劳动关系;被上诉人锦州市金桥劳务派遣有限公司与被上诉人锦州开元石化有限责任公司签订了劳务派遣协议,双方履行了协议约定的权利和义务,上诉人于志龙依据其与劳务派遣单位的劳动合同、劳务派遣单位与用工单位的劳务派遣合同在用工单位锦州开元石化有限责任公司工作。关于上诉人于志龙上诉称,应分清上诉人与同岗位职工工资是否存在差异,如果存在差异是否应该适用于上诉人,劳动法规定的同工同酬是不是与用人单位的在岗职工相对比问题。根据《劳动合同法》第63条第1款的规定,“被派遣劳动者享有与用工单位的劳动者同工同酬的权利……用工单位无同类岗位劳动者的,参照用工单位所在地相同或者相近岗位劳动者的劳动报酬确定”。故上诉人于志龙与用工单位同岗位的职工依法享有同工同酬的权利。本案中,用工单位集体职工岗位工资中实际包含“肉食补贴、生活补贴、煤水补贴、物价补贴、燃粮补贴”,这些补贴以及用工单位集体职工工资中“工龄津贴、保健津贴、能源补贴、儿童保健、误餐费”以及取暖费等项,均属于用人单位对其集体内部职工的福利待遇,不属于法律意义上的与工作岗位相关的福利待遇即劳动报酬范畴。原审法院依据上诉人的诉讼请求对此节事实认定清楚,适用法律正确,对上诉人此项上诉请求不予支持。同时,原审法院将上诉人与用工单位职工在奖金、加班费、单项奖、业绩奖、季度安全奖、其他奖等项进行对照,认定存在差异的原因和性质,系与个人的劳动成果、工作时间相关联,属于正常的工作报酬差异。被上诉人锦州开元石化有限责任公司作为上诉人的用工单位履行了支付加班费、绩效奖金,提供了与工作岗位相关的福利待遇。

第六十四条 【被派遣劳动者参加或者组织工会】被派遣劳动者有权在劳务派遣单位或者用工单位依法参加或者组织工会,维护自身的合法权益。

适用解读

由于劳务派遣这种用工形式的特殊性，被派遣劳动者与派遣单位和用工单位之间的劳动关系都属于非标准劳动关系，因此，劳动者在组织和参加工会方面容易陷入困境。一方面，派遣单位的劳动者多数时间都在用工单位，暂时没有被派遣的也比较分散，因此几乎没有组建工会和开展工会工作的条件。另一方面，用工单位一般将被派遣劳动者与自己的员工区别对待，被派遣劳动者也无法参加用工单位的工会。这种状况导致劳动者在维权时只能依靠自己，不能寻求工会帮助。因此，《劳动合同法》规定了被派遣劳动者有权选择在派遣单位或用工单位依法参加或组织工会，但就派遣单位的工会与用工单位的工会具体如何分工合作等问题，仍有待全国总工会作出进一步的详尽规定。

第六十五条　【劳务派遣中解除劳动合同】被派遣劳动者可以依照本法第三十六条、第三十八条的规定与劳务派遣单位解除劳动合同。

被派遣劳动者有本法第三十九条和第四十条第一项、第二项规定情形的，用工单位可以将劳动者退回劳务派遣单位，劳务派遣单位依照本法有关规定，可以与劳动者解除劳动合同。

配套法规

《劳动合同法实施条例》(2008 年 9 月 18 日)

第三十一条　劳务派遣单位或者被派遣劳动者依法解除、终止劳动合同的经济补偿，依照劳动合同法第四十六条、第四十七条的规定执行。

第三十二条　劳务派遣单位违法解除或者终止被派遣劳动者的劳动合同的，依照劳动合同法第四十八条的规定执行。

《劳务派遣暂行规定》(2014 年 1 月 24 日)

第十四条　被派遣劳动者提前 30 日以书面形式通知劳务派遣单位，可以解除劳动合同。被派遣劳动者在试用期内提前 3 日通知劳务派遣单位，可以解除劳动合同。劳务派遣单位应当将被派遣劳动者通知解除劳动合同的情况及时告知用工单位。

第十五条　被派遣劳动者因本规定第十二条规定被用工单位退回，劳务派遣单位重新派遣时维持或者提高劳动合同约定条件，被派遣劳动者不同意的，劳务派遣单位可以解除劳动合同。

被派遣劳动者因本规定第十二条规定被用工单位退回，劳务派遣单位重新派遣时降低劳动合同约定条件，被派遣劳动者不同意的，劳务派遣单位不得解除劳动合同。

但被派遣劳动者提出解除劳动合同的除外。

第十六条 劳务派遣单位被依法宣告破产、吊销营业执照、责令关闭、撤销、决定提前解散或者经营期限届满不再继续经营的，劳动合同终止。用工单位应当与劳务派遣单位协商妥善安置被派遣劳动者。

第十七条 劳务派遣单位因劳动合同法第四十六条或者本规定第十五条、第十六条规定的情形，与被派遣劳动者解除或者终止劳动合同的，应当依法向被派遣劳动者支付经济补偿。

适用解读

劳务派遣虽然涉及被派遣劳动者、派遣单位和用工单位三方主体，但解除劳动合同的双方主体是被派遣劳动者与派遣单位。劳务派遣中辞职与解雇的条件及程序虽遵循了《劳动合同法》所规定的辞职与解雇的一般性规定，但又有其特殊性。

一、被派遣劳动者解除劳动合同的条件

（一）被派遣劳动者解除劳动合同的实体条件

根据《劳动合同法》第65条的规定，被派遣劳动者可以依据本法第36、38条的规定解除劳动合同。具体而言，包括：（1）被派遣劳动者可以与派遣单位协商一致解除劳动合同。（2）派遣单位存在未按照劳动合同约定提供劳动保护和劳动条件，或者未及时足额支付劳动报酬，或者未依法为被派遣劳动者缴纳社会保险费，或者其规章制度违反法律、法规的规定，损害被派遣劳动者合法权益，或者以欺诈、胁迫、乘人之危的手段，使被派遣劳动者在违背真实意思的情况下订立或变更劳动合同等情形时，被派遣劳动者可以随时通知派遣单位解除劳动合同，而无须遵守提前30天书面通知派遣单位的法定程序。（3）派遣单位或用工单位以暴力、威胁或者非法限制人身自由的手段强迫被派遣劳动者劳动，或者用工单位违章指挥、强令冒险作业危及被派遣劳动者人身安全的，被派遣劳动者可以立即解除劳动合同，无须通知派遣单位。

（二）被派遣劳动者解除劳动合同的程序要件

《劳动合同法》第65条未就被派遣劳动者是否能够依据该法第37条解除劳动合同作出规定，即派遣单位和用工单位没有过错时，被派遣劳动者能否提前30天书面通知派遣单位解除劳动合同。《劳务派遣暂行规定》第14条则明确规定，被派遣劳动者提前30天以书面形式通知劳务派遣单位，即可解除劳动合同。其在试用期内提前3天通知劳务派遣单位，亦可解除劳动合同。

二、派遣单位可以解除劳动合同的条件

根据《劳动合同法》第65条的规定，派遣单位可以依据该法第39条、第40条第1项和第2项解除劳动合同，具体而言，包括：

第一，被派遣劳动者在试用期间被证明不符合录用条件；严重违反派遣单位或用工单位规章制度；严重失职，营私舞弊，给派遣单位或用工单位造成重大损失；同时与其他用人单位建立劳动关系，对完成本单位的工作任务造成严重影响，或经用工单位提出，拒不改正；以欺诈、胁迫、乘人之危的手段，使用人单位在违背真实意思的情况下订立或变更劳动合同导致劳动合同无效；被依法追究刑事责任。有以上情形之一的，用工单位可以将被派遣劳动者退回派遣单位，派遣单位可以依法与被派遣劳动者解除劳动合同。

第二，被派遣劳动者患病或非因工负伤，在规定的医疗期满后不能从事原工作，也不能从事由用人单位另行安排的工作；或者不能胜任工作，经过培训或调整工作岗位，仍不能胜任工作。派遣单位提前 30 天以书面形式通知被派遣劳动者本人，或额外支付被派遣劳动者 1 个月工资后，可以解除劳动合同。

第三，根据《劳务派遣暂行规定》第 11 条的规定，劳务派遣单位行政许可有效期未延续或者《劳务派遣经营许可证》被撤销、吊销的，已经与被派遣劳动者依法订立的劳动合同应当履行至期限届满，但如果双方达成合意的，也可以解除劳动合同。

三、劳动者被用工单位退回派遣单位的情形

根据《劳动合同法》第 65 条和《劳务派遣暂行规定》第 12 条的规定，有下列情形之一的，用工单位可以将劳动者退回劳务派遣单位：(1)劳动者在试用期被证明不符合录用条件的；(2)劳动者严重违反用工单位的规章制度的；(3)劳动者严重失职，营私舞弊，给用工单位造成重大损害的；(4)劳动者同时与其他用人单位建立劳动关系，对完成用工单位的工作任务造成严重影响，或者经用工单位(或劳务派遣单位)提出，拒不改正的；(5)用工单位在客观情况发生重大变化，导致劳务派遣协议和劳动合同无法履行的；(6)用工单位依照《企业破产法》规定进行重整、或生产经营发生困难、或企业转产、重大技术革新或经营方式调整等需要裁员的；(7)用工单位被依法宣告破产、吊销营业执照、责令关闭、撤销、决定提前解散或者经营期限届满不再继续经营的；(8)劳务派遣协议期满终止的。

在被派遣劳动者被用工单位退回时，如果劳务派遣单位重新派遣维持或提高劳动合同约定条件，而被派遣劳动者不同意的，劳务派遣单位可以解除劳动合同。但如果派遣单位在重新派遣时降低了劳动合同约定条件，被派遣劳动者不同意解除劳动合同的，劳务派遣单位不得解除劳动合同，如果被派遣劳动者提出要解除劳动合同的，方可解除。劳务派遣单位应当依法向被派遣劳动者支付经济补偿。派遣单位不得以劳动合同订立时所依据的客观情况发生重大变化致使劳动合同无法履行，经与被派遣劳动者协商未能就变更劳动合同内容达成协议为由，解除劳动合同。被派遣劳动者在退回派遣单位后没有重新被派遣期间，劳务派遣单位应当按照不低于所在地人民政府规定

的最低工资标准，按月向其支付工资。

四、劳务派遣中劳动合同的终止

《劳动合同法》没有涉及劳务派遣中劳动合同终止的情形。《劳务派遣暂行规定》对此进行了补充：劳务派遣单位依法宣告破产、吊销营业执照、责令关闭、撤销、决定提前解散或者经营期限届满不再继续经营时，劳动合同终止。劳动合同终止时，可能劳务派遣协议还未终止，如果被派遣劳动者仍在用工单位继续劳动的，用工单位应当与劳务派遣单位协商妥善安置被派遣劳动者。根据《劳动合同法》第44条和第46条的规定，派遣单位应当依法向被派遣劳动者支付经济补偿。

五、解除、终止劳动合同的经济补偿

根据《劳动合同法》第46条的规定，有下列情形之一的，派遣单位应当向被派遣劳动者支付经济补偿：(1)因派遣单位及用工单位存在本法第38条所规定的过错情形，被派遣劳动者解除劳动合同的；(2)派遣单位提出解除劳动合同的动议，并与被派遣劳动者协商一致解除劳动合同的；(3)派遣单位依据本法第40条第1项和第2项解除劳动合同的；(4)派遣单位依据《企业破产法》规定进行重整，因此裁员的；(5)劳动合同期满，派遣单位以降低劳动合同约定条件为前提续订劳动合同，导致劳动者不同意续订的；(6)派遣单位依法被宣告破产或被吊销营业执照、责令关闭、撤销或决定提前解散，导致劳动合同终止的；(7)法律、法规规定的其他劳动合同解除或终止的情形。

解除或终止劳动合同的经济补偿办法及补偿标准按照本法第47条的规定执行。

派遣单位违法解除或终止劳动合同，被派遣劳动者要求继续履行劳动合同的，派遣单位应当继续履行；劳动者不要求继续履行劳动合同或劳动合同已经不能继续履行的，派遣单位应当按照本法第47条规定的经济补偿标准的2倍向被派遣劳动者支付赔偿金。

典型案例

某(上海)机房设备有限公司与孙某劳动合同纠纷案[1]

※裁判要点：被派遣劳动者在工作期间严重违反派遣单位或用工单位规章制度的，用工单位可以将劳动者退回派遣单位，派遣单位可以通知被派遣劳动者解除劳动合同，且不需要支付赔偿金。

※相关法条：《劳动合同法》第48、58条、第65条第2款，《劳动争议调解仲裁法》

---

〔1〕 参见上海市松江区人民法院(2011)松民一(民)初字第1248号判决书。

第5条

※基本案情:2007年12月18日,原告某(上海)机房设备有限公司与上海某人才有限公司签订《人才派遣服务协议》,约定由上海某人才有限公司向原告派遣员工。2008年12月18日,原告与第三人签订人才派遣服务协议,约定由第三人向原告派遣员工,协议有效期自2008年12月18日起2010年12月17日止。2009年1月6日,被告孙某与第三人签订了有效期自2008年12月18日起至2010年12月17日止的派遣员工劳动合同,约定第三人派遣被告到原告处担任电工工作。被告的工资为每月2000元。2010年12月8日,被告与原告处的另一工作人员裴杰瑞在公司车间内,因琐事发生口角,后发生扭扯,裴杰瑞打了被告,导致被告头外伤,后报警处理,双方经公安机关调解,达成和解协议,裴杰瑞向被告赔礼道歉并赔偿医药费等所有费用1100元,当场履行完毕。2010年12月17日,原告通知被告因其与员工裴杰瑞发生争吵斗殴事件,已违反《员工手册》第4章4.10.4之(3)之5)和6)的规定,故与被告结束劳动关系。同日,原告向第三人发出退回派遣人员通知书,言明原告与被告双方的用工关系于2010年12月17日到期,原告决定不再继续使用该人员,并将被告退回第三人。2010年12月31日,第三人替被告办理了外来从业人员综合保险退保手续。

原告的《员工手册》第4章中第4.10.4条规定了处罚条件。其中,第(3)项为辞退的情形:5)规定了打架斗殴、教唆他人或对同仁以暴力威胁、恫吓,危及员工人身安全者;6)规定了造谣惑众,破坏团结、聚众闹事,煽动他人妨碍正常生产秩序、怠工、损料者或恶意攻击或诬告他人,任意制造事端或挑起纠纷者。2007年12月18日,被告在原告2008年1月1日版《员工手册》签阅单上签字确认。

2006年9月至2006年12月,原告为被告缴纳了上海市外来从业人员综合保险。2008年1月至2008年8月期间,上海某人才有限公司为被告缴纳了上海市外来从业人员综合保险。2008年9月至2010年12月,第三人为被告缴纳了上海市外来从业人员综合保险。上述期间,被告实际在原告处工作。

2008年5月30日,上海某人才有限公司的企业名称经上海市工商行政管理局青浦分局核准变更登记为上海经才投资管理有限公司。2008年7月29日,第三人经工商行政管理部门核准登记成立,其公司类型为一人有限责任公司(法人独资),投资者为上海经才投资管理有限公司。2010年12月20日,被告向上海市松江区劳动争议仲裁委员会申请仲裁,要求原告支付解除劳动合同经济补偿金12500元。2011年1月4日,被告增加请求要求原告支付2008年4月、2008年10月、2009年4月、2009年10月、2010年10月奖金10000元。2011年1月12日,被告变更第一项请求为原告支付解除劳动合同赔偿金25000元。2011年1月20日,该仲裁委员会以松劳仲(2010)办字第5290号裁决书作出裁决:"一、原告于本裁决书生效后7日内支付被告解除劳动合同赔偿金25000元；二、被告其余请求，不予支持。"裁决作出后，原告对裁决内容不服，诉至上海市松江区人民法院。

※裁判结果：上海市松江区人民法院作出(2011)松民一(民)初字第1248号民事判决，支持原告某(上海)机房设备有限公司要求不支付被告孙某解除劳动合同赔偿金25000元的诉讼请求。宣判后当事人未上诉，判决已发生法律效力。

※裁判理由：法院生效裁判认为，本案系因履行劳务派遣合同产生的劳动争议纠纷，被告系第三人派遣至原告处工作的劳动者，被告与第三人之间存在劳动合同关系，第三人系劳务派遣单位，即用人单位，原告系用工单位。《劳动合同法》第65条第2款规定："被派遣劳动者有本法第三十九条和第四十条第一项、第二项规定情形的，用工单位可以将劳动者退回劳务派遣单位，劳务派遣单位依照本法有关规定，可以与劳动者解除劳动合同。"本案中由于被告在工作期间与其他员工发生打架事件，原告认为被告的行为违反了公司《员工手册》的规定，故将被告退回第三人，该行为并非用人单位违法解除与被告劳动合同的行为，因此，原告要求不支付被告违法解除劳动合同赔偿金的诉讼请求，于法有据，法院予以支持。至于被告在庭审中认为第三人亦应承担违法解除劳动合同赔偿金的意见，因法院为查明案件有关事实依职权追加了第三人参加诉讼，被告对仲裁裁决并未提起诉讼，视为接受仲裁裁决，而该裁决内容并未涉及第三人，被告要求第三人承担责任的请求未经劳动争议仲裁前置程序，因此，法院对被告的该项请求不予处理。

邓青松与宜昌宜人人力资源服务有限责任公司劳动争议案[1]

※裁判要点：劳务派遣期间，用工单位与被派遣劳动者仅有派遣用工关系，并无劳动关系。若劳动者违反用工单位的相关规定，用工单位只能将被派遣劳动者退回至派遣单位，而不能因此解除劳动关系。

※相关法条：《劳动合同法》第39、40、48、65条

※基本案情：原告邓青松于1992年10月起分别在原宜都县化肥厂、湖北楚星化工股份有限公司、湖北宜化楚星公司、宜昌市森寅人力资源服务有限公司、宜昌市森远人力资源服务有限公司和被告宜昌宜人人力资源服务有限公司上班工作，2010年由宜昌森远人力资源服务有限公司派遣到湖北楚星化工有限公司上班。2010年10月31日，原告在上班装车过程中从高处坠落受伤，2010年12月6日，宜都市人力资源作出的都人社工认字(2010)第186号工伤认定决定书，认定原告为工伤；2013年9月27日，宜昌市劳动能力鉴定委员会作出的宜劳鉴字(2013)A62号工伤(职业病)职工劳动能力

[1] 参见湖北省宜都市人民法院(2014)鄂宜都民初字第01309号判决书。

鉴定结论通知书，经劳动能力部门鉴定伤残程度为10级伤残。

原、被告于2013年5月27日签订了劳动合同。原告因病于2014年1月21日至28日在枝江市顾家店卫生院、2月10日至20日、3月24日至26日、4月10日至6月2日在宜都市第一人民医院、3月14日至20日在宜昌市三峡大学第一临床医学院、3月31日至4月28日在华中科技大学同济医院附属医院等地多次住院治疗，各医院分别出具诊断证明、出院记录及医药费单据。2014年4月22日，被告宜昌宜人人力资源服务有限责任公司以原告的医疗期已满，以书面形式通知原告到岗工作，原告未能到岗，被告于2014年5月8日以"原告旷工严重违反劳动纪律和用人单位规章制度"为由，解除与原告劳动合同。原告不服遂申请宜都市劳动人事仲裁委员会裁决，请求裁决撤销被告2014年5月8日作出的解除劳动合同通知书及报销医药费、为原告缴纳办理1992年10月至今的基本养老保险、医疗保险、失业保险，并发放自2013年6月30日起的工资每月2189.10元，计15323.70元。后宜都市劳动人事仲裁委员会于2014年9月9日作出(2014)都劳仲裁字第99号裁决书，驳回了原告的仲裁申请。

被告于2014年4月22日用邮寄快递方式给原告发出通知书，要求原告到岗上班。

※裁判结果：湖北省宜都市人民法院作出(2014)鄂宜都民初字第01309号民事判决，撤销被告宜昌宜人人力资源服务有限公司2014年5月8日作出的解除劳动合同通知书；原告邓青松与被告宜昌宜人人力资源有限公司继续履行劳动合同。宣判后当事人未上诉，判决已发生法律效力。

※裁判理由：法院生效裁判认为，本案双方当事人争议的焦点为：是否应该解除劳动关系和撤销解除劳动合同通知书。

《劳动合同法》第65条第2款规定："被派遣劳动者有本法第三十九条和第四十条第一项、第二项规定情形的，用工单位可以将劳动者退回劳务派遣单位，劳务派遣单位依照本法有关规定，可以与劳动者解除劳动合同。"《劳动合同法》第39条规定："劳动者有下列情形之一的，用人单位可以解除劳动合同：……(二)严重违反用人单位的规章制度的；……"《劳动合同法》第40条规定："有下列情形之一的，用人单位提前三十日以书面形式通知劳动者本人或者额外支付劳动者一个月工资后，可以解除劳动合同：(一)劳动者患病或者非因工负伤，在规定的医疗期满后不能从事原工作，也不能从事由用人单位另行安排的工作的；……"本案中，原告邓青松系因工受伤，用工单位湖北楚星化工有限公司与原告仅有派遣用工关系，并无劳动关系，对原告的长期不能到岗的行为，依法只能做出退回派遣单位的决定，而不宜通过职代会作出"建议解除邓青松与宜人公司劳动关系"的决议。2014年4月22日，被告书面通知原告到岗工作，原告未能到岗，原告提供的住院证据足以证明治疗期未满，被告根据派遣用工单位的建议，以原告旷工"严重违反劳动纪律和用人单位规章制度"为由决定解除原告的劳动关系与法律规定不符。劳动合同法旨在明确劳动合同双方当事人的权利和义务，保护劳动者的合法权益，原告要求撤销被告宜昌宜人人力资源服务有限公司2014年5月8日作出的解除劳动合同通知书；继续履行劳动合同。湖北省宜都市人民法院对此均予以支持。

第六十六条 【劳务派遣的适用岗位】 劳动合同用工是我国的企业基本用工形式。劳务派遣用工是补充形式，只能在临时性、辅助性或者替代性的工作岗位上实施。

前款规定的临时性工作岗位是指存续时间不超过六个月的岗位；辅助性工作岗位是指为主营业务岗位提供服务的非主营业务岗位；替代性工作岗位是指用工单位的劳动者因脱产学习、休假等原因无法工作的一定期间内，可以由其他劳动者替代工作的岗位。

用工单位应当严格控制劳务派遣用工数量，不得超过其用工总量的一定比例，具体比例由国务院劳动行政部门规定。

配套法规

《劳务派遣暂行规定》(2014年1月24日)

第三条 用工单位只能在临时性、辅助性或者替代性的工作岗位上使用被派遣劳动者。

前款规定的临时性工作岗位是指存续时间不超过6个月的岗位；辅助性工作岗位是指为主营业务岗位提供服务的非主营业务岗位；替代性工作岗位是指用工单位的劳动者因脱产学习、休假等原因无法工作的一定期间内，可以由其他劳动者替代工作的岗位。

用工单位决定使用被派遣劳动者的辅助性岗位，应当经职工代表大会或者全体职工讨论，提出方案和意见，与工会或者职工代表平等协商确定，并在用工单位内公示。

第四条 用工单位应当严格控制劳务派遣用工数量，使用的被派遣劳动者数量不得超过其用工总量的10%。

前款所称用工总量是指用工单位订立劳动合同人数与使用的被派遣劳动者人数之和。

计算劳务派遣用工比例的用工单位是指依照《劳动合同法》和《劳动合同法实施条例》可以与劳动者订立劳动合同的用人单位。

适用解读

与2008年《劳动合同法》相比，修正案明确了三个重要问题：（1）我国企业用工的基本形式还是典型的劳动合同用工，劳务派遣用工只能作为我国企业用工的补充形式，只能在临时性、辅助性或替代性岗位上适用。（2）对临时性岗位、辅助性岗位、替代性岗位进行了界定。鉴于实践中企业对"非主营业务岗位"的确定有很大自主权，为增强修正案关于辅助性岗位规定的可操作性，防止用工单位在辅助性岗位上滥用劳务派遣，人力资源和社会保障部在其颁布的《劳务派遣暂行规定》中进一步明确了用工单位拟使用被派遣劳动者的辅助性岗位要履行的法定程序，即应当经职工代表大会或者全体职工讨论，提出方案，与工会或者职工代表平等协商确定，并在用工单位内公示。（3）《劳动合同法》自2008年1月1日实施以来，尽管对劳务派遣用工行为进行了规制，但从企业使用劳务派遣工的数量来看，效果有限。因此，修正案要求用工单位从比例上严格控制劳务派遣用工数量。《劳务派遣暂行规定》第4条明确规定，被派遣劳动者数量不得超过其用工总量（指用工单位签订劳动合同的人数与使用的被派遣劳动者人数之和）的10%。为加强对用工单位执行比例要求的监督管理，确定用工比例的责任主体是依照《劳动合同法》和《劳动合同法实施条例》可以与劳动者订立劳动合同的用人单位。为使劳务派遣用工数量较多的用工单位能够平稳地将用工比例降至规定比例，最大限度地减少对企业生产经营、劳动者就业和劳动关系的影响，《劳务派遣暂行规定》给予了用工单位2年的过渡期，即用工单位在《劳务派遣暂行规定》实施前使用被派遣劳动者数量超过其用工总量10%的，可以在《劳务派遣暂行规定》施行之日起2年内逐步降至规定比例。但同时要求，在未达到规定比例之前，不得新用被派遣劳动者。超过比例的用工单位应当制定调整用工方案，采取有效措施积极调整用工方式，逐步达到规定要求。

典型案例

广州市新邦物流服务有限公司与广州仕丰人力资源有限公司、广州仕丰人力资源有限公司从化分公司、何再强劳动争议案[1]

※裁判要点：劳务派遣单位派遣的职工在用工单位工作期间因工受伤的，派遣单位为承担工伤保险责任的单位。若劳务派遣的工作岗位性质不符合《劳动合同法》第66条所规定的内容，派遣单位与用工单位应承担连带责任。

---

〔1〕 参见广东省广州市从化区人民法院（2016）粤0184民初386号判决书。

※相关法条：《劳动合同法》第59、66条

※基本案情：原告广州市新邦物流服务有限公司因与被告何再强、广州仕丰人力资源有限公司、广州仕丰人力资源有限公司从化分公司劳动争议，起诉至广东省广州市从化区人民法院。何再强主张其于2007年1月1日入职广州市新邦物流服务有限公司，并于入职时与公司签订有劳动合同；广州市新邦物流服务有限公司主张何再强是自2008年1月1日入职的。2012年12月1日，何再强与广州仕丰人力资源有限公司从化分公司订立书面劳动合同并被派遣至广州市新邦物流服务有限公司工作，合同期限从2012年12月1日至2015年12月31日，工作岗位是司机，每月基本工资1550元，每月工资由基本工资及提成构成，每月工资由广州仕丰人力资源有限公司从化分公司在次月23日左右通过银行转账的形式发放。2014年7月24日01时28分左右，何再强工作中出现交通事故受伤，先后住院176天、61天，住院的医疗费用已由广州仕丰人力资源有限公司从化分公司支付，但没有支付陪护费及住院伙食补助费。2014年12月2日，从化区人力资源和社会保障局作出工伤认定决定书，认定何再强受伤属于工伤。2015年7月1日，广州市劳动能力鉴定委员会作出劳动能力鉴定结论书，鉴定何再强的伤残等级是七级，医疗期是2014年7月24日至11月23日；后经复查，2015年9月1日，广州市劳动能力鉴定委员会再次进行鉴定，鉴定伤残等级是七级，医疗期从2014年7月24日至2015年3月23日共计8个月；工伤康复期是2个月；广州仕丰人力资源有限公司从化分公司支付了何再强2014年8月至2015年6月的工资16190元；另广州市劳动能力鉴定委员会出具鉴定结论同意何再强配置××辅助器具半足假肢，何再强已第一次安装辅助器具，费用已由何再强支付。广州仕丰人力资源有限公司从化分公司已为何再强申报工伤待遇，社保基金已支付一次性伤残补助金45302.4元，该费用由社保部门支付至广州仕丰人力资源有限公司从化分公司相关账户上至今没有转交给何再强。

何再强向广州市从化区劳动人事争议仲裁委员会申请仲裁：要求解除何再强与广州仕丰人力资源有限公司从化分公司于2012年12月1日签订的劳动合同；要求被申请人支付停工留薪期工资53400元、一次性工伤医疗补助金和一次性伤残就业补助金137950元、解除劳动合同经济补偿金13350元、一次性伤残就业补助57850元、住院期间生活补助16590元、住院期间护理费17600元、后续安装假肢的费用26400元；并要求新邦公司支付解除劳动合同补偿金26700元，合计349840元。

广州市从化区劳动人事争议仲裁委员会于2016年1月4日以穗从劳人仲案(2015)535号仲裁裁决书裁决结果为：在本裁决书发生法律效力5日内，第二被申请人（广州仕丰人力资源有限公司从化分公司），一次性向何再强支付住院期间伙食费8295元、住院期间陪护人员的工资8800元、伤残补助金57850元、伤残就业补助金111250

元、工伤医疗补助金26700元、医疗期及康复期工资差额26578.27元、辅助器具费21120元，以上合计260693.27元，由广州仕丰人力资源有限公司、广州市新邦物流服务有限公司承担连带责任，并驳回了何再强的其他仲裁请求。

仲裁裁决书送达后，广州市新邦物流服务有限公司不服仲裁裁决提起诉讼，主张其不应该承担连带赔偿责任。

※裁判结果：广东省广州市从化区人民法院判决如下："一、驳回原告广州市新邦物流服务有限公司的诉讼请求；二、广州市新邦物流服务有限公司、广州仕丰人力资源有限公司于本判决发生法律效力之日起10日内连带向被告何再强赔偿260693.27元。"

※裁判理由：根据最高人民法院《关于审理工伤保险行政案件若干问题的规定》，劳务派遣单位派遣的职工在用工单位工作期间因工伤亡的，派遣单位为承担工伤保险责任的单位。该规定适用的前提是，劳务派遣属于合法的劳务派遣。而本案中，何再强的"劳务派遣"，并不符合《劳动合同法》的规定。根据《劳动合同法》第59、66条的规定，劳务派遣单位派遣劳动者应当与接受以劳务派遣形式用工的单位（即用工单位）订立劳务派遣协议；劳务派遣协议应当约定派遣岗位和人员数量、派遣期限、劳动报酬和社会保险费的数额与支付方式以及违反协议的责任。劳动合同用工是我国的企业基本用工形式。劳务派遣用工是补充形式，只能适用于临时性、辅助性或者替代性的工作岗位。

第三节　非全日制用工

第六十八条　【非全日制用工的概念】非全日制用工，是指以小时计酬为主，劳动者在同一用人单位一般平均每日工作时间不超过四小时，每周工作时间累计不超过二十四小时的用工形式。

第六十九条　【非全日制用工的劳动合同】非全日制用工双方当事人可以订立口头协议。

从事非全日制用工的劳动者可以与一个或者一个以上用人单位订立劳动合同；但是，后订立的劳动合同不得影响先订立的劳动合同的履行。

第七十条　【非全日制用工不得约定试用期】非全日制用工双方当事人不得约定试用期。

第七十一条　【非全日制用工的终止用工】非全日制用工双方当事人任何一方都可以随时通知对方终止用工。终止用工，用人单位不向劳动者支付经济补偿。

第七十二条 【非全日制用工的劳动报酬】 非全日制用工小时计酬标准不得低于用人单位所在地人民政府规定的最低小时工资标准。

非全日制用工劳动报酬结算支付周期最长不得超过十五日。

适用解读

根据《劳动合同法》第68条的规定，非全日制用工是指以小时计酬为主，劳动者在同一用人单位平均每日工作时间不超过4小时，每周工作时间累计不超过24小时的用工形式。与全日制用工相比较而言，非全日制用工具有以下特征：

(一)对劳动合同形式的要求不同

法律要求全日制用工的劳动合同必须采用书面形式，而非全日制用工的劳动合同既可以是书面形式的，也可以是口头形式的。

(二)对是否可以兼职的要求不同

全日制用工的情况下，传统劳动法坚持"一人一职"原则，即一个劳动者在同一时间只能与一个用人单位建立劳动关系。但随着经济、社会的发展，劳动力市场日趋多元化，兼职劳动关系也不再被绝对禁止。在《劳动合同法》中体现在第39条第4项："劳动者同时与其他用人单位建立劳动关系，对完成本单位的工作任务造成严重影响，或者经用人单位提出，拒不改正的。"用人单位可以据此解除劳动合同。也就是说，劳动者在不影响本职工作的前提下，只要用人单位不提出异议，则可以同时与其他用人单位建立劳动关系，但如果本职工作的用人单位不允许兼职，则劳动者不能建立双重或多重劳动关系。而在非全日制用工的情况下，劳动者可以与一个或多个用人单位建立劳动关系，前提是后建立的劳动关系不影响先建立的劳动关系的正常运行。

(三)对试用期的规定不同

全日制用工可以约定试用期，但非全日制用工不得约定试用期。

(四)工作时间的上限不同

法律要求全日制用工的劳动者每天工作不超过8小时，每周不超过40小时；而非全日制用工的劳动者每天工作不超过4小时，每周不超过24小时。因此，用人单位在安排非全日制用工的劳动者加班时，需特别谨慎。

(五)劳动合同解除方面的规定不同

全日制用工的劳动合同解除和终止必须满足法律规定的许可性条件，尤其是对用人单位而言，存在法律规定的禁止解除和终止的情形时，用人单位不得解除劳动合同。并且，解除劳动合同要遵守法定程序，出现法定情形时，用人单位还需向劳动者支付经济补偿。而非全日制用工的双方当事人任何一方可以随时通知对方终止用工，即使是用人单位单方解除劳动合同,也无须向劳动者支付经济补偿。

(六)计酬方式及支付周期不同

全日制用工一般是按月计酬,支付周期一般不超过1个月;而非全日用工采取计时工资制,支付周期最长不得超过15天。

(七)缴纳社会保险不同

根据原劳动和社会保障部于2003年5月30日发布的《关于非全日制用工若干问题的意见》,[1]非全日制用工的劳动者参加社会保险与全日制用工的劳动者有所不同:(1)从事非全日制工作的劳动者应当参加基本养老保险,原则上参照个体工商户的参保办法执行。对于已参加过基本养老保险和建立个人账户的人员,前后缴费年限合并计算,跨统筹地区转移的,应办理基本养老保险关系和个人账户的转移、接续手续。符合退休条件时,按国家规定计发基本养老金。(2)从事非全日制工作的劳动者可以以个人身份参加基本医疗保险,并按照待遇水平与缴费水平相挂钩的原则,享受相应的基本医疗保险待遇。参加基本医疗保险的具体办法由各地劳动行政部门研究制定。(3)用人单位应当按照国家有关规定为建立劳动关系的非全日制劳动者缴纳工伤保险费。从事非全日制工作的劳动者发生工伤,依法享受工伤保险待遇;被鉴定为伤残5~10级的,经劳动者与用人单位协商一致,可以一次性结算伤残待遇及有关费用。

典型案例

程燕与江西省建筑工业学校劳动争议纠纷案[2]

※裁判要点:全日制用工与非全日制用工作为被法律认可的两种用工形式,在工作时间、劳动报酬、劳动合同解除以及经济补偿等方面存在显著差异。非全日制用工双方当时人可以订立口头协议,用人单位不得约定试用期,任何一方都可以随时统治对方终止用工,并且不需要向劳动者支付经济补偿金,除工伤保险外,用人单位没有为劳动者缴纳社会保险的义务。

※相关法条:《劳动合同法》第71条

※基本案情:原告程燕于2002年2月作为外聘老师受聘于被告江西省建筑工业学

---

[1] 尽管《关于非全日制用工若干问题的意见》与《劳动合同法》中关于非全日制用工的规定有很多相悖之处,如关于非全日制用工的界定、劳动合同的形式要求、劳动合同的解除及终止等,但《关于非全日制用工若干问题的意见》至今仍未废止,即其与《劳动合同法》不相悖的规定仍然可以适用,如非全日制用工的社会保险部分。

[2] 参见江西省南昌市中级人民法院(2015)洪民再指字第2号判决书。

校，一直未签订合同。被告于2008年1月至2013年1月为原告缴纳了养老保险，于2008年11月至2013年1月为原告缴纳了基本医疗保险。原告受聘期间，制作了学期授课进度计划，学科课时计划，接受了被告的教师业务考核，原告于2012年12月8日生育一女孩，花费住院费6676元、产前检查费2018.78元。原告于2009年11月30日至2012年4月1日期间每月均在外聘教师课时发放表上签名。2011年5月1日至31日，被告员工考勤记录表中无原告出勤，被告所提供的职工大会无原告到会签名。双方因生育津贴、工资等劳动争议，原告向江西省劳动人事争议仲裁委员会申请仲裁，该仲裁委于2013年6月25日以双方为非全日制用工关系为由驳回了原告的全部仲裁请求。

※裁判结果：江西省南昌市南昌县人民法院作出（2013）南民初字第687号民事判决，驳回原告的诉讼请求。一审判决后，程燕向南昌市中级人民法院提起上诉。南昌市中级人民法院认为，上诉人的各项上诉请求，于法无据，故驳回上诉，维持原判。二审判决后，程燕不服江西省南昌市中级人民法院（2014）洪民一终字第39号民事判决，向江西省高级人民法院申请再审。江西省高级人民法院于2014年12月22日作出（2014）赣民申字第368号民事裁定书，指令江西省南昌市中级人民法院再审。经江西省南昌市中级人民法院审判委员会讨论决定，维持（2014）洪民一终字第39号民事判决。

※裁判理由：法院生效判决认为，本案再审的争议焦点在于程燕与建筑学校之间是否存在全日制劳动合同关系。

关于程燕与建筑学校之间劳动关系中是否存在试用期的问题。就这一问题，程燕只是提出学校有“经试用期满考核合格才能担任教师”的规章制度，未举证证明其本人与学校约定了试用期，也不能举证证明本人试用期的期限及待遇，因此，不能认定双方约定了试用期。

关于程燕工作时间是否超过非全日制用工工作时间限制的问题。《劳动合同法》第68条规定：“非全日制用工，是指以小时计酬为主，劳动者在同一用人单位一般平均每日工作时间不超过四小时，每周工作时间累计不超过二十四小时的用工形式。”程燕在建筑学校担任授课老师超过10年的时间，平均每日工作时间不超过4小时，每周累计不超过24小时。程燕要求依据2010年9月～2011年1月第一学期的工作时间作为认定双方劳动关系的平均工作时间不符合法律规定，不应予以支持。

关于程燕工资发放是否符合非全日制用工特点的问题。根据程燕提供的本人工资账户存折，程燕在建筑学校的工资发放不具有规律性，其中多个月份有多笔工资进账，也存在整月没有工资进账的情况，且每月工资发放金额不等，发放日期不完全相同，符合非全日制用工劳动报酬发放特点，因此，程燕提出的本人工资按月发放符合全日制用工特点的理由不能成立。同时,建筑学校为保证该校授课教师的稳定性,给付程燕在寒暑假期间的生活费,未上满课时的保底工资及年终奖等福利,不足以成为认定双方形成了全日制劳动合同关系的理由。《劳动合同法》第71条规定:"非全日制用工双方当事人任何一方都可以随时通知对方终止用工。终止用工,用人单位不向劳动者支付经济补偿。"因此,原审认定程燕与建筑学校劳动关系为非全日制劳动合同关系,并驳回再审申请人程燕的全部诉讼请求,原审认定事实清楚,适用法律正确,应予维持。

第六章　监 督 检 查

本章介绍

劳动合同制度的监督检查分为劳动行政部门的监督检查、工会的监督和其他组织或个人的监督。本章主要涉及：劳动行政部门的监督管理体制、劳动行政部门的监督检查事项、劳动行政部门的监督检查权限以及执法规则、其他有关主管部门的监督管理权限、劳动者的权利救济途径、工会的监督权限、其他组织或个人的监督权限。

第七十三条　【劳动合同制度的监督管理体制】 国务院劳动行政部门负责全国劳动合同制度实施的监督管理。

县级以上地方人民政府劳动行政部门负责本行政区域内劳动合同制度实施的监督管理。

县级以上各级人民政府劳动行政部门在劳动合同制度实施的监督管理工作中，应当听取工会、企业方面代表以及有关行业主管部门的意见。

第七十四条　【劳动行政部门监督检查事项】 县级以上地方人民政府劳动行政部门依法对下列实施劳动合同制度的情况进行监督检查：

（一）用人单位制定直接涉及劳动者切身利益的规章制度及其执行的情况；

（二）用人单位与劳动者订立和解除劳动合同的情况；

（三）劳务派遣单位和用工单位遵守劳务派遣有关规定的情况；

（四）用人单位遵守国家关于劳动者工作时间和休息休假规定的情况；

（五）用人单位支付劳动合同约定的劳动报酬和执行最低工资标准的情况；

（六）用人单位参加各项社会保险和缴纳社会保险费的情况；

（七）法律、法规规定的其他劳动监察事项。

第七十五条　【监督检查措施和依法行政、文明执法】 县级以上地方人民政府劳动行政部门实施监督检查时，有权查阅与劳动合同、集体合同有关的材料，有权对劳动场所进行实地检查，用人单位和劳动者都应当如实提供有关情况和材料。

劳动行政部门的工作人员进行监督检查，应当出示证件，依法行使职权，文明执法。

适用解读

依法对用人单位实施劳动合同的情况进行监督检查，是为了促进《劳动合同法》及相关法律的实施，从而更好地保护劳动者的合法权益。根据我国法律的规定，有权实施劳动监督检查的主体包括劳动行政部门、政府其他相关行政部门、工会、劳动者个人。《劳动合同法》第 73 ~ 75 条规定了劳动行政部门的监督管理体制及监督检查权限。

（一）劳动行政部门的监督管理体制

劳动行政部门是代表国家统一和综合管理劳动工作的机构，我国在县级以上都设有劳动行政部门。国务院组成部门之一人力资源和社会保障部，是统一主管全国劳动工作的机构，其主要职责中就包括：起草人力资源和社会保障法律法规草案，制定部门规章，并组织实施和监督检查；统筹拟订劳动、人事争议调解仲裁制度和劳动关系政策，完善劳动关系协调机制，制定消除非法使用童工政策和女工、未成年工的特殊劳动保护政策，组织实施劳动监察，协调劳动者维权工作，依法查处重大案件等。人力资源和社会保障部对劳动合同制度实施的监督管理是普遍管辖。

县级以上地方人民政府劳动行政部门对劳动合同制度实施的监督管理是地域管辖，即县级以上地方人民政府劳动行政部门负责本行政区域内劳动合同制度实施的监督管理。

（二）劳动行政部门的监管内容

根据《劳动合同法》第 74 条以及《劳动保障监察条例》的规定，劳动行政部门对劳动合同制度实施的监督监察，主要涉及以下内容：（1）用人单位制定的内部规章制度及执行是否合法；（2）用人单位与劳动者订立和解除劳动合同是否合法；（3）劳务派遣单位和用工单位是否遵守劳务派遣相关规定；（4）用人单位是否遵守国家关于劳动者工作时间和休息休假的规定；（5）用人单位是否按照劳动合同约定及时足额向劳动者支付劳动报酬，以及用人单位支付的劳动报酬是否不低于法定的最低工资标准；（6）用人单位是否依法参加各项社会保险，是否依法为劳动者缴纳社会保险费；（7）用人单位是否遵守女职工和未成年工特殊劳动保护规定；（8）法律、法规规定的其他劳动监察事项。

（三）劳动行政部门监管的权限

根据《劳动合同法》第 75 条以及《劳动保障监察条例》的规定，劳动行政部门实施监督检查时，有权采取下列措施：（1）进入用人单位的劳动场所进行实地检查；（2）要求用人单位和劳动者提供与劳动合同、集体合同相关的文件资料，并作出解释和说明；（3）就劳动合同和集体合同的实施情况询问有关人员；（4）采取记录、录音、录像、照相或者复制等方式收集有关情况和资料；（5）委托会计师事务所对用人单位工资支付、缴纳社会保险费的情况进行审计;(6)法律、法规规定可以由劳动行政部门采取的其他调查、检查措施。

(四)劳动行政部门监督检查的原则

根据《劳动合同法》第73、75条以及《劳动保障监察条例》的规定,劳动行政部门进行监督检查需遵循以下几项原则:(1)依法监察。劳动行政部门的工作人员进行监督检查,不得少于2人,并应当佩戴劳动监察标志、出示证件,依法行使职权,文明执法。(2)充分听取意见。劳动行政部门在劳动合同制度实施的监督检查工作中,应当充分听取工会、企业代表以及有关行业主管部门的意见,不能简单教条。

关联法规索引

《劳动法》第85~87条,劳动部《关于〈中华人民共和国劳动法〉若干条文的说明》第85条,《劳动保障监察条例》第1~22条,劳动和社会保障部《关于实施〈劳动保障监察条例〉若干规定》第2条、第5~9条、第20~30条

第七十六条 【其他有关主管部门的监督管理】县级以上人民政府建设、卫生、安全生产监督管理等有关主管部门在各自职责范围内,对用人单位执行劳动合同制度的情况进行监督管理。

第七十七条 【劳动者权利救济途径】劳动者合法权益受到侵害的,有权要求有关部门依法处理,或者依法申请仲裁、提起诉讼。

适用解读

《劳动合同法》第77条规定了劳动者权利救济途径。劳动者认为用人单位侵害了自己合法权益时,一般有四种权利救济途径:(1)向县级以上劳动行政部门或建设、卫生、安全生产监督管理等有关主管部门举报或投诉。(2)向劳动争议调解机构申请调解。一般在劳动争议发生后,当事人应当协商解决,如果不愿协商或者协商不成的,可以向本单位劳动争议调解委员会申请调解。(3)向劳动争议仲裁委员会申请仲裁。自调解委员会收到调解申请之日起15日内未达成调解协议的,当事人可以依法申请仲裁;或者经调解达成调解协议后,一方当事人在约定期限内不履行调解协议的,另一方当事人可以依法申请仲裁。但调解并非仲裁的前置程序,即劳动者(或用人单位)可以直接申请劳动争议仲裁。劳动争议由劳动合同履行地或用人单位所在地的劳动争议仲裁委员会管辖,如果双方当事人分别向劳动合同履行地和用人单位所在地的劳动争

议仲裁委员会申请仲裁的，由劳动合同履行地的劳动争议仲裁委员会管辖。(4)向人民法院提起诉讼。仲裁是诉讼的前置程序，即未经仲裁，劳动争议当事人不得直接向人民法院起诉，只有经过仲裁，对仲裁裁决不服的，在收到裁决书之日起15日内，可以向人民法院起诉。

关联法规索引

《劳动保障监察条例》第9条，劳动和社会保障部《关于实施〈劳动保障监察条例〉若干规定》第3章，《劳动争议调解仲裁法》第10、14、15、21、48、50条

第七十八条　【工会监督检查的权利】工会依法维护劳动者的合法权益，对用人单位履行劳动合同、集体合同的情况进行监督。用人单位违反劳动法律、法规和劳动合同、集体合同的，工会有权提出意见或者要求纠正；劳动者申请仲裁、提起诉讼的，工会依法给予支持和帮助。

第七十九条　【对违法行为的举报】任何组织或者个人对违反本法的行为都有权举报，县级以上人民政府劳动行政部门应当及时核实、处理，并对举报有功人员给予奖励。

适用解读

《劳动合同法》第76、78、79条分别是关于政府其他相关部门、工会以及其他组织和个人对劳动合同制度实施的监督。

根据《劳动保障监察条例》的规定，县级以上各级人民政府有关部门有义务根据各自职责，支持、协助劳动行政部门的监察工作。比如，《建设领域农民工工资支付管理暂行办法》要求，各级建设行政主管部门会同劳动和社会保障行政部门积极探索建立解决建筑业企业拖欠或克扣农民工工资问题的长效机制，县级以上劳动和社会保障行政部门负责企业工资支付的监督管理，建设行政主管部门则协助劳动和社会保障行政部门对企业执行该办法的情况进行监督检查。根据《安全生产法》的规定，县级以上地方各级人民政府负责安全生产监督管理的部门，对本行政区域内安全生产工作实施综合监督管理。根据《矿山安全法》的规定，国务院劳动行政主管部门对全国矿山安全工作实施统一监督，县级以上各级地方人民政府劳动行政主管部门对本行政区域内的矿山安全工作实施统一监督，县级以上人民政府管理矿山企业的主管部门对矿山安全工作进行管理。根据《职业病防治法》的规定，国务院卫生行政部门统一负责全国职业病

防治的监督管理工作，国务院有关部门在各自的职责范围内负责职业病防治的有关监督管理工作，县级以上地方人民政府卫生行政部门负责本行政区域内职业病防治的监督管理工作，县级以上地方人民政府有关部门在各自的职责范围内负责职业病防治的有关监督管理工作。

《劳动法》和《工会法》赋予了工会监督用人单位遵守法律及劳动合同、集体合同，保障劳动者劳动权益的权利。由于法律规定用人单位有建立工会的义务，因此，工会对用人单位履行劳动合同、集体合同情况的监督，是社会监督中最广泛也是最有效的。根据《工会法》的规定，工会的监督权及于劳动合同和集体合同的订立、用人单位履行劳动合同和集体合同、用人单位解除劳动合同等各个环节。用人单位违反劳动法律、法规或者劳动合同的，工会有权提出意见或者要求纠正，用人单位应当研究工会的意见，并将处理结果书面通知工会；用人单位违反集体合同，侵犯劳动者合法权益的，工会可以依法要求用人单位承担责任。职工认为用人单位侵犯其劳动权益而申请劳动争议仲裁或者向人民法院提起诉讼的，工会应当给予支持和帮助。

任何组织和个人都有权对用人单位在用工过程中存在的违反劳动法律、法规的行为进行举报。劳动行政部门应当设立举报、投诉信箱，公开举报、投诉电话，并尽快依法立案查处举报和投诉反映的违法行为。劳动行政部门对违法行为的调查，应当自立案之日起 60 个工作日内完成，情况复杂的，经劳动行政部门负责人批准，可以延长 30 个工作日。

第七章　法律责任

本章介绍

对用人单位法律责任的规定相对劳动者而言更多，这是在“强资本、弱劳工”的格局下偏重保护劳动者的又一体现。用人单位承担法律责任的事项主要涉及：用人单位规章制度违法的法律责任，劳动合同缺乏法定必备条款以及用人单位未将劳动合同文本交付劳动者的法律责任，不订立书面劳动合同的法律责任，违法约定试用期的法律责任，违法扣押劳动者证件及违法收取劳动者财物的法律责任，未依法支付劳动报酬、加班费、经济补偿金的法律责任，订立无效劳动合同的法律责任，违法解除或终止劳动合同的法律责任，侵害劳动者人身权益的法律责任，不出具解除或终止劳动合同书面证明的法律责任，招用与其他用人单位尚未终止劳动关系的劳动者给其他用人单位造成损失的法律责任，劳务派遣单位与用工单位的连带责任，不具备合法经营资格用人单位的法律责任，个人承包经营者与发包人的连带责任。劳动者承担法律责任的事项主要涉及：订立无效劳动合同的法律责任，违法解除劳动合同或违反保密及竞业限制约定、给用人单位造成损失的法律责任。另外，本章还规定了劳动行政部门和其他有关主管部门及其工作人员不履行法定职责的法律责任。

第八十条　【规章制度违法的法律责任】用人单位直接涉及劳动者切身利益的规章制度违反法律、法规规定的，由劳动行政部门责令改正，给予警告；给劳动者造成损害的，应当承担赔偿责任。

适用解读

在用人单位的规章制度中，有关劳动报酬、工作时间、休息休假、劳动安全卫生、保险福利、职工培训、劳动纪律以及劳动定额管理等事项是直接涉及劳动者切身利益的。根据《劳动合同法》第4条的规定，用人单位在制定上述事项的规章制度时，实体及程序必须都合法。

实体合法，主要是指用人单位制定的规章制度必须遵守劳动法律、法规以及其他相关法律、法规的规定。比如，用人单位在规章制度中规定的工作时间不得高于《劳动法》规定的每天工作时间不超过8小时,每周工作不超过40小时的标准。

程序合法。(1)用人单位制定直接涉及劳动者切身利益的规章制度或重大事项时,应当经职工代表大会或者全体职工讨论,提出方案和意见,与工会或者职工代表平等协商确定。(2)在规章制度和重大事项决定实施过程中,工会或者职工认为不适当的,有权向用人单位提出,用人单位应当与工会或职工代表通过协商予以修改完善。(3)用人单位应当将直接涉及劳动者切身利益的规章制度和重大事项决定公示,或者告知劳动者。

用人单位制定直接涉及劳动者切身利益的规章制度无论是实体不合法还是程序不合法,劳动者都可以不予遵守,并且可以向劳动行政部门举报或投诉。用人单位因此所需承担的法律责任是:(1)由劳动行政部门责令改正,并给予用人单位警告的行政处罚;(2)如果用人单位的规章制度给劳动者造成人身伤害或财产损失,用人单位应当承担民事赔偿责任,赔偿范围包括物质赔偿及精神损害赔偿。

关联法规索引

《劳动法》第89条,劳动部《关于〈中华人民共和国劳动法〉若干条文的说明》第89条

第八十一条 【缺乏必备条款、不提供劳动合同文本的法律责任】用人单位提供的劳动合同文本未载明本法规定的劳动合同必备条款或者用人单位未将劳动合同文本交付劳动者的,由劳动行政部门责令改正;给劳动者造成损害的,应当承担赔偿责任。

适用解读

实践中,劳动合同的文本都是由用人单位提供的。根据《劳动合同法》第17条的规定,用人单位的名称、住所和法定代表人或者主要负责人、劳动者的姓名、住址和居民身份证或者其他有效身份证件号码、劳动合同期限、工作内容和工作地点、工作时间和休息休假、劳动报酬、社会保险、劳动保护、劳动条件和职业危害防护等项属于劳动合同的必备条款,如果用人单位提供的劳动合同文本中缺少关于上述条款中任何一项的,则用人单位需承担的法律责任是:(1)由劳动行政部门责令改正,即依法补充劳动合同条款;(2)如果因劳动合同文本缺乏必备条款,导致劳动合同部分无效的,给劳动者造成损害的,用人单位应当承担赔偿责任。至于具体赔偿标准,《劳动合同法》未作明确规定。根据劳动部于1995年5月10日发布的《违反〈劳动法〉有关劳动合同规定

的赔偿办法》的规定，由于用人单位的原因订立无效或部分无效劳动合同的，如果造成劳动者工资收入损失的，按劳动者本人应得工资收入支付给劳动者，并加付应得工资收入25%的赔偿费用；造成劳动者劳动保护待遇损失的，应按国家规定补足劳动者的劳动保护津贴和用品；造成劳动者工伤、医疗待遇损失的，除按国家规定为劳动者提供工伤、医疗待遇外，还应支付劳动者相当于医疗费用的25%的赔偿费用；造成女职工和未成年工身体健康损害的，除按国家规定提供治疗期间的医疗待遇外，还应支付相当于医疗费用25%的赔偿费用。〔1〕

典型案例

北京新航标文化发展有限公司与左文平劳动争议案〔2〕

※裁判要点：劳动合同的认定，不应局限于双方签订合同文本的形式或名目，而应侧重于是否包含劳动关系权利义务内容的相关要件；内容已经具备劳动合同相关要件但合同条款不完备的试岗书具有劳动合同的性质，应视为有瑕疵的劳动合同而非无劳动合同，故用人单位无须支付未签订书面劳动合同的2倍工资差额。

※相关法条：《劳动合同法》第18、81条

※基本案情：被告左文平2013年10月28日入职原告北京新航标文化发展有限公司（以下简称新航标公司），月工资标准为4000元加不固定提成，新航标公司每月15日以银行转账方式发放上一自然月工资，左文平工资发放至2014年6月7日，左文平正常工作至2014年6月7日，双方劳动关系当日解除。

关于劳动合同的签订情况：新航标公司主张双方签订了期限为2013年10月28日至2014年10月27日劳动合同，即为试岗书，并提交了试岗书原件为证。试岗书显示为单页文件，其中载有："新员工左文平自2013年10月28日入职新航标教育，参加为期7天的岗前培训。培训期间，学校免费为员工提供业务培训知识的讲解与应用。员工应遵守学校的各项规章制度，认真学习业务知识，尽快掌握沟通技巧，准备参加7天小试考核。考试结束后，考核通过的员工将从入职第一天起计算工资，分配校区，未通过考核的员工不计薪酬，公司不再额外收取任何培训费和材料费。若有其他适合岗

〔1〕 参见杨景宇、信春鹰：《中华人民共和国劳动合同法解读》，中国法制出版社2007年版，第246页。该书指出：《劳动合同法》开始施行后，有关劳动者工资收入损失的赔偿应当按照《劳动合同法》第85条的规定予以执行。笔者认为，《劳动合同法》第85条规定的是用人单位承担违约赔偿责任，而因劳动合同文本缺少必备条款导致劳动合同部分无效，用人单位应当承担的是缔约过失责任，故而无法适用《劳动合同法》第85条。

〔2〕 参见北京市海淀区人民法院（2015）海民初字第00312号判决书。

位，可安排调岗。劳动合同期限为2013年10月28日至2014年10月27日。”试岗书下方左侧显示有“左文平”签字，日期显示为“2013年10月28日”，右侧显示有新航标公司公章。左文平对试岗书真实性持有异议，对落款签字的真实性不予认可。经本院当庭释明相关诉讼权利及不利后果，左文平在本案第一次庭审阶段表示申请对试岗书落款“左文平”签字申请司法笔迹鉴定。后法院依法组织双方开展司法鉴定申请工作并移送鉴定机构北京华夏物证鉴定中心。2015年2月，北京华夏物证鉴定中心做出终止鉴定函，终止理由为样本不足。后法院组织第二次庭审，经释明并询问，左文平表示不再申请补充样本另行申请鉴定。

左文平曾以要求新航标公司支付未签订劳动合同的2倍工资差额等为由向北京市海淀区劳动人事争议仲裁委员会（以下简称海淀区仲裁委）提出申请，海淀区仲裁委经审理，裁决新航标公司向左文平支付2013年11月28日至2014年6月7日期间未签订书面劳动合同的2倍工资差额24000元，驳回左文平的其他申请请求。新航标公司不服该仲裁结果诉至本院。

※裁判结果：北京市海淀区人民法院作出（2015）海民初字第00312号民事判决，确认北京新航标文化发展有限公司无须向左文平支付2013年11月28日至2014年6月7日期间未签订劳动合同双倍工资差额24000元。宣判后当事人未上诉，判决已发生法律效力。

※裁判理由：法院生效裁判认为，新航标公司提交的试岗书落款显示有“左文平”签字，左文平虽对试岗书签字持有异议，但在首次鉴定样本不足被终止后，放弃补充样本继续申请鉴定，应依法承担相应的不利后果，故本院对试岗书落款“左文平”签字的真实性予以采信，并在左文平未提交充分反驳证据的情况下，进而认定试岗书的真实性。

关于试岗书性质的认定，即试岗书能否视为双方业已订立劳动合同。法院认为，首先，劳动合同的订立系为明确劳动关系双方当事人的权利义务内容，故劳动合同的认定，不应局限于双方签订合同文本的形式或名目，而应侧重于是否包含劳动关系权利义务内容的相关要件；其次，双方订立的劳动合同条款不完备、内容有欠缺，均应属于瑕疵劳动合同而非无劳动合同，未签订劳动合同与瑕疵劳动合同存在显著区别，瑕疵劳动合同对劳动者权益造成损害的，根据《劳动合同法》第81条的规定，用人单位应承担赔偿责任，而非未签订劳动合同的2倍罚金之责。本案中，新航标公司与左文平签署了试岗书。试岗书明确约定了入职时间、培训内容、起薪日期及劳动合同期限等，其内容已经具备劳动合同的相关要件，具有劳动合同的性质，虽合同条款不完备，但仅属于瑕疵劳动合同。此外，从当庭询问情况来看，双方在后续的劳动关系实际履行过程中，就工资构成、金额及发放期间等内容并无异议。鉴于此，新航标公司所应承担的法律责任并非未签订劳动合同的2倍罚金之责，故新航标公司无须支付左文平2013年11月28日至2014年6月7日期间未签订书面劳动合同的2倍工资差额24000元。

关联法规索引

《违反〈劳动法〉有关劳动合同规定的赔偿办法》第2～3条

第八十二条 【不订立书面劳动合同的法律责任】用人单位自用工之日起超过一个月不满一年未与劳动者订立书面劳动合同的，应当向劳动者每月支付二倍的工资。

用人单位违反本法规定不与劳动者订立无固定期限劳动合同的，自应当订立无固定期限劳动合同之日起向劳动者每月支付二倍的工资。

适用解读

《劳动法》要求劳动合同必须采用书面形式，并将订立书面劳动合同规定为用人单位和劳动者的义务。《劳动合同法》要求自用工之日起1个月内，双方应当签订书面劳动合同，如果不签订的，则各自按照以下规定承担法律责任：

劳动者不订立书面劳动合同的法律责任包括：(1)如果劳动者自用工之日起1个月内拒不签订书面劳动合同的，用人单位可以提前3日书面通知劳动者终止劳动关系，并且无须向劳动者支付经济补偿。(2)自用工之日起超过1个月未满1年，用人单位找劳动者补订书面劳动合同，而劳动者拒不补订的，则用人单位可以终止劳动关系并依照《劳动合同法》第47条规定的经济补偿标准向劳动者支付经济补偿。

用人单位不订立书面劳动合同的法律责任包括：(1)用人单位应当自用工之日起1个月内与劳动者订立书面劳动合同，如果超过1个月不满1年未与劳动者订立书面劳动合同的，则应当自用工之日起满1个月的次日，向劳动者每月支付2倍的工资，并与劳动者补订书面劳动合同，从补订书面劳动合同当日起，用人单位即无须再向劳动者每月支付2倍工资。(2)用人单位自用工之日起满1年未与劳动者订立书面劳动合同的，自用工之日起满1个月的次日至满1年的前一日应当向劳动者每月支付2倍的工资，并视为自用工之日起满1年的当日已经与劳动者订立无固定期限劳动合同，并立即与劳动者补订书面劳动合同。

《劳动合同法》第14条规定了用人单位应当与劳动者订立无固定期限劳动合同的情形，如果用人单位违反本法规定不与劳动者订立无固定期限劳动合同，应自应当订立无固定期限劳动合同之日起向劳动者每月支付2倍的工资。

典型案例

金禧物业管理有限公司与胡爱军劳动争议案[1]

※裁判要点：用人单位自用工之日起超过1个月不满1年未与劳动者订立书面劳动合同的，应当向劳动者支付2倍工资；在合同到期后，用人单位不能因前一劳动合同约定双方在劳动合同期满后“未签订新合同，参照执行原合同”而免除其与劳动者签订书面劳动合同的法定义务，双方仍应依法及时签订书面劳动合同，否则依法应支付签订书面劳动合同的2倍工资。

※相关法条：《劳动合同法》第38、82条

※基本案情：被告胡爱军于2005年1月3日进入原告金禧物业管理有限公司（以下简称金禧公司）工作任保洁员，双方于同年签订劳动合同，约定：试用期1个月；劳动期7年（自2005年1月3日至2012年1月3日止），2005年5月13日金禧公司收取制服押金300元，双方劳动关系存续期间，从2008年10月起为胡爱军缴纳多项社会保险。合同签订后，双方均按劳动合同履行，胡爱军在金禧公司工作，金禧公司亦依约发放工资及购买多项社会保险，2012年1月3日合同期限届满后，双方未续签，胡爱军继续在金禧公司工作，金禧公司按月以现金的形式向胡爱军发放基本工资，工龄工资、资历、职务补贴及加班费等构成的工资。2011年11月至2012年10月，胡爱军离职前12个月平均工资额为1044.5元，2012年2月4日至同年10月29日胡爱军的工资收入为11270元，后胡爱军以金禧公司未缴纳2005年1月至2008年9月期间的社会保险为由，通过EMS邮寄的方式向金禧公司提交辞职书，终止劳动关系，胡爱军离职后，未领取2012年10月份的工资额为1660元（包括金禧公司应退还的制服押金300元），胡爱军于2012年11月16日向海口市劳动仲裁委申请劳动仲裁，海口市劳动仲裁委于2013年5月20日作出海劳仲裁（2013）79号仲裁裁决书，金禧公司不服，向原审法院起诉。

※裁判结果：海南省海口市龙华区人民法院作出（2013）龙民一初字第1445号民事判决：“一、认定金禧公司与胡爱军自2005年1月3日至2012年10月29日存在劳动关系；二、金禧公司应向胡爱军支付2012年2月至2012年10月间未签订书面劳动合同的双倍工资11270元；三、金禧公司应向胡爱军支付经济补偿金8356元；四、金禧

---

[1] 参见海南省海口市中级人民法院（2014）海中法民一终字第172号判决书。

公司应支付2012年10月工资1660元给胡爱军；五、驳回金禧公司的其他诉讼请求。”一审宣判后，金禧公司不服判决，向海南省海口市中级人民法院上诉。海南省海口市中级人民法院审理查明，原审法院认定事实清楚，适用法律正确，故判决驳回上诉，维持原判。

※**裁判理由**：法院生效裁判认为：

关于金禧公司是否应支付未签订劳动合同2倍工资的问题。《劳动合同法》第82条第1款规定："用人单位自用工之日起超过一个月不满一年未与劳动者订立书面劳动合同的，应当向劳动者每月支付二倍的工资。"在合同到期后，用人单位不能因前一劳动合同约定的双方在劳动合同期满后"未签订新合同，参照执行原合同"而免除其与劳动者签订书面劳动合同的法定义务，双方仍应依法及时签订书面劳动合同，否则依法应支付签订书面劳动合同的2倍工资。原审判决判令金禧公司应支付未签劳动合同的2倍工资符合法律规定，法院予以维持。

关于经济补偿金的问题。根据《劳动合同法》第38条第1款第3项的规定，用人单位未依法为劳动者缴纳社会保险费的，劳动者可以解除劳动合同。根据《劳动合同法》第46条第1项的规定，劳动者依照本法第38条规定解除劳动合同的，用人单位应当向劳动者支付经济补偿。在本案中，双方于2005年1月3日签订劳动合同，金禧公司于2008年10月起为胡爱军缴纳各项社会保险，金禧公司存在未为胡爱军缴纳社会保险的情形，原审法院依照上述规定判令金禧公司向胡爱军支付经济补偿符合法律规定，法院予以维持。

关于未支付的工资问题。用人单位应在解除或终止劳动关系时一次付清劳动者工资，金禧公司以其已多次催促胡爱军领取，但胡爱军均未领取为已自动放弃工资的上诉理由没有事实和法律依据，法院不予支持。

关于金禧公司请求胡爱军退还已支付社会保险费4700元及因无故旷工造成的损失30000元的问题。根据《民事诉讼法》第64条第1款的规定，当事人对自己的主张，有责任提供证据，而金禧公司就其该项请求未能提供充足证据予以佐证，故对其诉请法院不予支持。

关联法规索引

《劳动法》第98条，《劳动合同法》第10、14条，《劳动合同法实施条例》第7条

第八十三条　【违法约定试用期的法律责任】用人单位违反本法规定与劳动者约定试用期的，由劳动行政部门责令改正；违法约定的试用期已经履行的，由用人单位以劳动者试用期满月工资为标准，按已经履行的超过法定试用期的期间向劳动者支付赔偿金。

适用解读

按照《劳动合同法》的规定，约定试用期应当遵循的规则包括：（1）用人单位不得与非全日制用工的劳动者约定试用期。（2）用人单位与全日制用工的劳动者约定试用期不得超过法定期限，即劳动合同期限 3 个月以上不满 1 年的，试用期不得超过 1 个月；劳动合同期限 1 年以上不满 3 年的，试用期不得超过 2 个月；3 年以上固定期限和无固定期限的劳动合同，试用期不得超过 6 个月。（3）以完成一定工作任务为期限的劳动合同或者劳动合同期限不满 3 个月的，不得约定试用期。（4）同一用人单位与同一劳动者只能约定一次试用期。（5）没有约定劳动合同期限，只约定试用期的，试用期即为劳动合同期限。

用人单位违反上述规定所需承担的法律责任包括：（1）由劳动行政部门责令改正；（2）违法约定的试用期已经履行的，由用人单位以劳动者试用期满月工资为标准，按已经履行的超过法定试用期的期间向劳动者支付赔偿金。这里的“月工资”应当包括计时工资或计件工资以及奖金、津贴和补贴等全部货币性收入。

关联法规索引

《劳动合同法》第 19 条

第八十四条　【扣押劳动者身份证等证件的法律责任】用人单位违反本法规定，扣押劳动者居民身份证等证件的，由劳动行政部门责令限期退还劳动者本人，并依照有关法律规定给予处罚。

用人单位违反本法规定，以担保或者其他名义向劳动者收取财物的，由劳动行政部门责令限期退还劳动者本人，并以每人五百元以上二千元以下的标准处以罚款；给劳动者造成损害的，应当承担赔偿责任。

劳动者依法解除或者终止劳动合同，用人单位扣押劳动者档案或者其他物品的，依照前款规定处罚。

适用解读

《劳动合同法》第 9 条规定："用人单位招用劳动者，不得扣押劳动者的居民身份证和其他证件，不得要求劳动者提供担保或者以其他名义向劳动者收取财物。"

用人单位违法扣押劳动者居民身份证以及其他证件的，由劳动行政部门责令限期退还劳动者本人。如果用人单位扣押的是劳动者的居民身份证，则根据《居民身份证法》的规定，应由公安机关给予警告，并处 200 元以下罚款，有违法所得的，没收违法所得。

用人单位以担保或者其他名义向劳动者收取财物的，应由劳动行政部门责令限期退还劳动者本人，并以每人 500 元以上 2000 元以下的标准处以罚款；给劳动者造成损害的，应当赔偿受害劳动者的全部损失。

劳动者依法解除或终止劳动合同时，用人单位在 15 日内为劳动者办理档案和社会保险关系的转移手续，是用人单位的法定义务。如果用人单位扣押劳动者档案或其他物品，由劳动行政部门责令限期归还劳动者本人，并以每人 500 元以上 2000 元以下的标准处以罚款；如果给劳动者造成损害的，应当赔偿劳动者的损失。

关联法规索引

《劳动合同法》第 50 条

第八十五条　【未依法支付劳动报酬、经济补偿等的法律责任】 **用人单位有下列情形之一的，由劳动行政部门责令限期支付劳动报酬、加班费或者经济补偿；劳动报酬低于当地最低工资标准的，应当支付其差额部分；逾期不支付的，责令用人单位按应付金额百分之五十以上百分之一百以下的标准向劳动者加付赔偿金：**

（一）未按照劳动合同的约定或者国家规定及时足额支付劳动者劳动报酬的；

（二）低于当地最低工资标准支付劳动者工资的；

（三）安排加班不支付加班费的；

（四）解除或者终止劳动合同，未依照本法规定向劳动者支付经济补偿的。

适用解读

	《违反和解除劳动合同的经济补偿办法》	《劳动合同法》
用人单位未及时足额支付劳动报酬以及加班工资	全额支付拖欠的劳动报酬及加班费 + 应付金额 25% 的经济补偿金	全额支付劳动报酬及加班费
劳动报酬低于当地最低工资标准	补足差额 + 差额部分 25% 的经济补偿金	补足差额
解除劳动合同未按规定给予劳动者经济补偿	全额支付经济补偿金 + 应付金额 50% 的经济补偿金	全额支付经济补偿金
终止劳动合同未按规定给予劳动者经济补偿	无规定	全额支付经济补偿金
逾期不支付	无规定	按应付金额 50% ~100% 的标准向劳动者加付赔偿金

在司法实践中，关于未依法支付劳动报酬或经济补偿的处理适用法律问题存在两种意见：一种意见是援引《违反和解除劳动合同的经济补偿办法》第 10 条："用人单位解除劳动合同后，未按规定给予劳动者经济补偿的，除全额发给经济补偿金外，还须按该经济补偿金数额的百分之五十支付额外经济补偿金。"另一种意见则是援引《劳动合同法》第 85 条第 4 项的规定："（四）解除或终止劳动合同，未依照本法向劳动者支付经济补偿的"，由劳动行政部门责令限期支付，逾期不支付的，责令用人单位按应付金额 50% ~100% 的标准向劳动者加付赔偿金。对此各地审判意见不一。[1] 笔者认为，在《违反和解除劳动合同的经济补偿办法》废止或修订之前，该规定与《劳动合同法》的规定应当可以并用。即如果用人单位解除或终止劳动合同后，未依法给予劳动者经济补偿，劳动者可以请求全额发放经济补偿金外，另外可以要求用人单位按照该经济补偿金数额的 50% 支付额外经济补偿金；劳动行政部门责令用人单位限期支付经济补偿而

---

〔1〕 如北京市高级人民法院、北京市劳动争议仲裁委员会《关于劳动争议案件法律适用问题研讨会会议纪要》第 27 条规定："由于原劳动部制定的《违反和解除劳动合同的经济补偿办法》（劳部发〔1994〕481 号）尚未被修改或废止，因此劳动者因追索劳动报酬要求用人单位支付 25% 的经济补偿金，或因解除劳动合同要求用人单位支付 50% 的额外经济补偿金，劳动仲裁委或人民法院仍可参照上述规定执行。"广州市中级人民法院《关于审理劳动争议案件的参考意见》第 13 条规定："对于劳动者依照《违反和解除劳动合同的经济补偿办法》主张的未支付解除劳动合同经济补偿金的 50% 额外经济补偿金和克扣或无故拖欠劳动工资的 25% 额外经济补偿金，一般不予支持；对于劳动者依照《劳动合同法》第 85 条之规定主张用人单位未按劳动行政部门要求支付劳动报酬、加班工资和经济补偿金而加付的 50% ~100% 赔偿金，不属于劳动争议的处理范围。"

用人单位逾期未支付的，劳动者还可请求用人单位按应付金额 50% 以上 100% 以下的标准向其加付赔偿金。

典型案例

胡克金拒不支付劳动报酬案[1]

※裁判要点：（1）不具备用工主体资格的单位或者个人（包工头），违法用工且拒不支付劳动者报酬，数额较大，经政府有关部门责令支付仍不支付的，应当以拒不支付劳动报酬罪追究刑事责任。（2）不具备用工主体资格的单位或者个人（包工头）拒不支付劳动报酬，即使其他单位或者个人在刑事立案前为其垫付了劳动报酬的，也不影响追究该用工单位或者个人（包工头）拒不支付劳动报酬罪的刑事责任。

※相关法条：《刑法》第 276 条之一第 1 款

※基本案情：被告人胡克金于 2010 年 12 月分包了位于四川省双流县黄水镇的三盛翡俪山一期景观工程的部分施工工程，之后聘用多名民工入场施工。施工期间，胡克金累计收到发包人支付的工程款 51 万余元，已超过结算时确认的实际工程款。2011 年 6 月 5 日工程完工后，胡克金以工程亏损为由拖欠李朝文等 20 余名民工工资 12 万余元。6 月 9 日，双流县人力资源和社会保障局责令胡克金支付拖欠的民工工资，胡却于当晚订购机票并在次日早上乘飞机逃匿。6 月 30 日，四川锦天下园林工程有限公司作为工程总承包商代胡克金垫付民工工资 12 万余元。7 月 4 日，公安机关对胡克金拒不支付劳动报酬案立案侦查。7 月 12 日，胡克金在浙江省慈溪市被抓获。

※裁判结果：四川省双流县人民法院于 2011 年 12 月 29 日作出（2011）双流刑初字第 544 号刑事判决，认定被告人胡克金犯拒不支付劳动报酬罪，判处有期徒刑 1 年，并处罚金人民币 2 万元。宣判后被告人未上诉，判决已发生法律效力。

※裁判理由：法院生效裁判认为：被告人胡克金拒不支付 20 余名民工的劳动报酬达 12 万余元，数额较大，且在政府有关部门责令其支付后逃匿，其行为构成拒不支付劳动报酬罪。被告人胡克金虽然不具有合法的用工资格，又属没有相应建筑工程施工资质而承包建筑工程施工项目，且违法招用民工进行施工，上述情况不影响以拒不支付劳动报酬罪追究其刑事责任。本案中，胡克金逃匿后，工程总承包企业按照有关规定清偿了胡克金拖欠的民工工资，其清偿拖欠民工工资的行为属于为胡克金垫付，这一行为虽然消减了拖欠行为的社会危害性，但并不能免除胡克金应当支付劳动报酬的

---

〔1〕 参见最高人民法院指导案例第 28 号。

责任，因此，对胡克金仍应当以拒不支付劳动报酬罪追究刑事责任。鉴于胡克金系初犯、认罪态度好，依法作出如上判决。

关联法规索引

《劳动法》第44、48、50、51条，《劳动合同法》第30、31、46、47条，《工资支付暂行规定》，《最低工资规定》，最高人民法院《关于审理劳动争议案件适用法律若干问题的解释》第15条

第八十六条 【订立无效劳动合同的法律责任】劳动合同依照本法第二十六条规定被确认无效，给对方造成损害的，有过错的一方应当承担赔偿责任。

适用解读

根据《劳动合同法》第26条的规定，用人单位或劳动者以欺诈、胁迫的手段或者乘人之危，使对方在违背真实意思的情况下订立或者变更劳动合同的，违反法律、行政法规强制性规定的，以及用人单位免除自己的法定责任、排除劳动者权利的，是导致劳动合同无效或部分无效的几种情形。经劳动争议仲裁机构或者人民法院确认无效或部分无效，给对方造成损害的，有过错一方应当承担赔偿责任。

若用人单位有过错，根据原劳动部于1995年5月10日发布的《违反〈劳动法〉有关劳动合同规定的赔偿办法》的规定进行赔偿：如果造成劳动者工资收入损失的，按劳动者本人应得工资收入支付给劳动者，并加付应得工资收入25%的赔偿费用；造成劳动者劳动保护待遇损失的，应按国家规定补足劳动者的劳动保护津贴和用品；造成劳动者工伤、医疗待遇损失的，除按国家规定为劳动者提供工伤、医疗待遇外，还应支付劳动者相当于医疗费用25%的赔偿费用；造成女职工和未成年工身体健康损害的，除按国家规定提供治疗期间的医疗待遇外，还应支付相当于医疗费用25%的赔偿费用。

若劳动者有过错，则依据《民法通则》及《侵权责任法》等法律、法规的规定，赔偿给用人单位的生产、经营和工作造成的直接经济损失。

关联法规索引

《劳动合同法》第26条，《劳动法》第102条，《民法通则》，《侵权责任法》

第八十七条　【违法解除或者终止劳动合同的法律责任】用人单位违反本法规定解除或者终止劳动合同的，应当依照本法第四十七条规定的经济补偿标准的二倍向劳动者支付赔偿金。

适用解读

用人单位解除或终止劳动合同，必须遵守《劳动合同法》第36、39～45条的相关规定。如果用人单位解除或终止劳动合同存在违反本法行为的，法律规定了两种救济途径：(1)如果劳动者要求继续履行劳动合同，而用人单位具备继续履行的条件也同意继续履行的，则可以不向劳动者支付赔偿金；(2)如果劳动者不要求继续履行劳动合同，或者用人单位不具备继续履行的条件，则应当依照《劳动合同法》第47条规定的经济补偿标准的2倍向劳动者支付赔偿金。

在《劳动合同法实施条例》出台以前，存在赔偿金与经济补偿金能否并用的争议，即用人单位违法解除或终止劳动合同，依法向劳动者支付了赔偿金的，是否还需要支付经济补偿金。实践中存在两种意见：一种意见认为，赔偿金与补偿金并用是对用人单位的双重处罚，不符合民法公平原则和民事赔偿责任以救济损失为目的的基本原理；另一种意见认为，用人单位支付赔偿金是基于违法解除或终止劳动合同的过错赔偿责任，是对用人单位违法行为的处罚，而经济补偿金是社会保障性质的救济金，与双方当事人的过错无关，因此，两者可以同时适用。最高人民法院《关于在民事审判工作中适用〈中华人民共和国工会法〉若干问题的解释》第6条的规定显然是采纳了后一种意见。[1] 但《劳动合同法实施条例》第25条则表现出了完全相反的立法主张，即用人单位违反《劳动合同法》的规定解除或者终止劳动合同，依照《劳动合同法》第87条的规定支付了赔偿金的，不再支付经济补偿。赔偿金的计算年限自用工之日起计算。

典型案例

张继翔与耐克森(阳谷)新日辉电缆有限公司劳动争议案[2]

※裁判要点：经济补偿金与赔偿金的区别在于：经济补偿金是用人单位依照法定条件解除或终止劳动合同，以及劳动者依法解除或终止劳动合同时，用人单位向劳动者支付的具有社会保障性质的补偿金；赔偿金是用人单位违法解除或终止劳动合同

[1] 参见沈德咏：《劳动司法解释理解与适用》，法律出版社2011年版，第114～117页。

[2] 参见山东省聊城市中级人民法院(2016)鲁15民终1040号判决书。

时，向劳动者支付的具有惩罚性质的赔偿。用人单位违法解除或终止劳动合同，应当依照《劳动合同法》第87条的规定，向劳动者支付赔偿金，已经支付了赔偿金的，不再支付经济补偿。

※相关法条：《劳动合同法》第35、36、47、87条，最高人民法院《关于审理劳动争议案件适用法律若干问题的解释（四）》第5条，《劳动合同法实施条例》第25条，《职工带薪年休假条例》第3条

※基本案情：原告张继翔自1985年8月到山东阳谷电缆集团有限公司工作，后进入山东阳谷电缆集团有限公司设立的子公司山东阳谷新日辉电缆有限公司。2012年，山东阳谷新日辉电缆有限公司变更为中外合资企业，更名为被告耐克森（阳谷）新日辉电缆有限公司[以下简称耐克森（阳谷）电缆公司]。2012年9月1日，原、被告签订了无固定期限的劳动合同，劳动合同约定：原告的职位为高压业务总经理，工作时间为不定时工时，在合同期限内，公司有权根据工作的需要及雇员的表现和能力，重新分配雇员工作及变更雇员的工作岗位；若雇员的岗位在合同期限内发生变化，雇员的工作时间应根据雇员新的工作内容予以调整；目标年终奖为年薪（13薪）的50%，实际发放根据公司业绩及雇员全年工作表现或销售业绩而定；年休假根据国家及公司相关制度执行；雇员享有本月基本工资10%作为补充住房基金，服务每满2年时可以支取。2014年6月，被告将原告的工作岗位单方面变更为业务发展部经理。2015年5月28日，被告单方面将原告的工作时间变更为标准工时，通过电话、邮寄书面工时变更通知的方式告知原告，原告拒绝变更工作时间。2015年7月1日，被告发布新日辉HR（2015）05号通报，因原告张继翔"多次旷工、迟到、早退"，决定自2015年7月1日起与原告解除劳动合同，并向原告邮寄了《解除劳动合同通知书》；7月2日，原告上班时被被告阻止进入厂区；7月3日，原告收到被告邮寄的新日辉HR（2015）05号通报和解除劳动合同通知书。原告向阳谷县仲裁委申请仲裁，2015年9月2日，阳谷县仲裁委出具阳劳某案字（2015）第79号仲裁裁决书，裁决被告向原告支付赔偿金253440元，支付年休假工资、补充住房基金、年终奖共153041.1元。原、被告对该裁决不服，分别提起诉讼。

另查明，原告的补充住房基金领取至2014年8月31日，2014年7月至2015年6月的平均工资为35827.28元，2014年聊城地区职工月平均工资为3520元。

※裁判结果：山东省阳谷县人民法院作出（2015）阳民初字第2007号民事判决，判决："一、被告耐克森（阳谷）新日辉电缆有限公司于判决生效之日起10日内一次性支付原告张继翔赔偿金633600元。二、被告耐克森（阳谷）新日辉电缆有限公司于判决生效之日起10日内一次性支付原告张继翔年休假工资48758.6元、补充住房基金35350元、年终奖137865元，总计221973.6元。三、驳回原告的其他诉讼请求。"宣判后原被告均不服，向山东省聊城市中级人民法院提起上诉。山东省聊城市中级人民

法院审理后认为,原审判决认定事实清楚,适用法律正确,故判决驳回上诉,维持原判。

※**裁判理由**:生效裁判法院认为,本案争议的焦点问题是:(1)被告耐克森(阳谷)电缆公司与原告张继翔解除劳动合同的行为是否违法;(2)一审法院计算的赔偿金数额是否正确;(3)被告耐克森(阳谷)电缆公司是否需向原告张继翔支付年休假工资、补充住房基金、年终奖,如需支付数额应为多少。

关于焦点一。《劳动合同法》第35条规定:“用人单位与劳动者协商一致,可以变更劳动合同约定的内容。变更劳动合同,应当采用书面形式。变更后的劳动合同文本由用人单位和劳动者各执一份。”第36条规定:“用人单位与劳动者协商一致,可以解除劳动合同。”平等自愿、协商一致是劳动合同变更的原则,被告耐克森(阳谷)电缆公司单方面变更原告张继翔的工作时间是对劳动合同所作的重大变更,在没有与张继翔协商一致的情况下,耐克森(阳谷)电缆公司变更劳动合同无效,耐克森(阳谷)电缆公司未就其自主变更劳动合同的用工自主权提供充分合理的理由,故耐克森(阳谷)电缆公司因张继翔“多次旷工、迟到、早退”解除与张继翔的劳动合同的行为违法。

关于焦点二。《劳动合同法》第87条规定:“用人单位违反本法规定解除或者终止劳动合同的,应当依照本法第四十七条规定的经济补偿标准的二倍向劳动者支付赔偿金。”《劳动合同法》第47条规定:“经济补偿按劳动者在本单位工作的年限,每满一年支付一个月工资的标准向劳动者支付。六个月以上不满一年的,按一年计算;不满六个月的,向劳动者支付半个月工资的经济补偿。劳动者月工资高于用人单位所在直辖市、设区的市级人民政府公布的本地区上年度职工月平均工资三倍的,向其支付经济补偿的标准按职工月平均工资三倍的数额支付,向其支付经济补偿的年限最高不超过十二年。本条所称月工资是指劳动者在劳动合同解除或者终止前十二个月的平均工资。”最高人民法院《关于审理劳动争议案件适用法律若干问题的解释(四)》第5条第1款规定:“劳动者非因本人原因从原用人单位被安排到新用人单位工作,原用人单位未支付经济补偿,劳动者依照劳动合同法第三十八条规定与新用人单位解除劳动合同,或者新用人单位向劳动者提出解除、终止劳动合同,在计算支付经济补偿或赔偿金的工作年限时,劳动者请求把在原用人单位的工作年限合并计算为新用人单位工作年限的,人民法院应予支持。”《劳动合同法实施条例》第25条规定:“用人单位违反劳动合同法的规定解除或者终止劳动合同,依照劳动合同法第八十七条的规定支付了赔偿金的,不再支付经济补偿。赔偿金的计算年限自用工之日起计算。”本案中,被告耐克森(阳谷)电缆公司解除与张继翔的劳动合同的行为违法,应当支付上诉人张继翔赔偿金。因张继翔的工资高于聊城市上年度职工月平均工资的300%,故张继翔的赔偿金应以聊城市上年度职工月平均工资的300%(10560元)作为赔偿金计算基数。张继翔自1985年进入山东阳谷电缆集团有限公司工作，后被安排至耐克森(阳谷)电缆公司工作，张继翔请求把在原用人单位的工作年限合并计算为新用人单位工作年限，应予以支持。耐克森(阳谷)电缆公司应当支付张继翔违反解除劳动合同赔偿金数额为633600元(10560元×2×30年)。耐克森(阳谷)电缆公司主张支付张继翔的赔偿金的赔偿年限最高不超过12年。就本案张继翔的经济补偿年限是否受《劳动合同法》第47条第2款规定的“经济补偿的年限最高不超过十二年”的限制，法院认为，《劳动合同法》实施后，用人单位违法解除或终止劳动合同，劳动者不要求继续履行劳动合同或劳动合同已经不能继续履行的，用人单位应按《劳动合同法》的规定向劳动者支付赔偿金，但无须另行支付经济补偿金，该赔偿金的计算年限自2008年1月1日起计算，以前的工作年限按《劳动法》的规定计算赔偿金。本案中，张继翔的赔偿金的计算年限不受最高年限12年的限制。

关于焦点三。《职工带薪年休假条例》第3条第1款规定：“职工累计工作已满1年不满10年的，年休假5天；已满10年不满20年的，年休假10天；已满20年的，年休假15天。”第5条第3款规定：“……对职工应休未休的年休假天数，单位应当按照该职工日工资收入的300%支付年休假工资报酬。”本案中，原告张继翔自1985年参加工作已满20年，2014年应享受年休假的天数为15天，张继翔2014年没有休年休假，被告耐克森(阳谷)电缆公司应支付张继翔应休未休年休假工资为35350元÷21.75天×15天×200%(正常工资中已支付100%，需再另行支付200%)=48758.6元。

耐克森(阳谷)电缆公司与张继翔在劳动合同附件中约定雇员享有本月基本工资10%作为补充住房基金，服务每满2年时可以支取。张继翔领取住房基金领取至2014年8月31日，耐克森(阳谷)电缆公司决定自2015年7月1日起与张继翔解除劳动合同，张继翔有10个月的补充住房基金未领取。耐克森(阳谷)电缆公司应支付张继翔补充住房基金35350元(35350元×10%×10个月)。耐克森(阳谷)电缆公司以距张继翔提取上次补充住房基金的年限不足2年且只为公司服务6个月为由认为不应支付，本院不予支持。

耐克森(阳谷)电缆公司与张继翔在劳动合同附件中约定年终目标奖金为年薪(13薪)的50%，实际发放根据公司业绩及雇员全年工作表现或销售业绩而定。一审法院根据张继翔庭审陈述的往年的年终奖发放情况，得知张继翔的年终奖约为年工资的20%，进而确认张继翔2014年年终奖为91910元(35350元×13×20%)，2015年的年终奖为45955元(35350元×13×20%×0.5)，共计137865元并无不当。耐克森(阳谷)电缆公司未提交有效的证据证明张继翔不应获得年终奖金，对其认为张继翔不应获得2014年、2015年年终奖金的主张，法院不予支持。

关联法规索引

《劳动合同法实施条例》第25条

第八十八条 【侵害劳动者人身权益的法律责任】 用人单位有下列情形之一的，依法给予行政处罚；构成犯罪的，依法追究刑事责任；给劳动者造成损害的，应当承担赔偿责任：

（一）以暴力、威胁或者非法限制人身自由的手段强迫劳动的；

（二）违章指挥或者强令冒险作业危及劳动者人身安全的；

（三）侮辱、体罚、殴打、非法搜查或者拘禁劳动者的；

（四）劳动条件恶劣、环境污染严重，给劳动者身心健康造成严重损害的。

适用解读

用人单位存在以暴力、威胁或者非法限制人身自由的手段强迫劳动、违章指挥或者强令冒险作业危及劳动者人身安全、侮辱、体罚、殴打、非法搜查或者拘禁劳动者、劳动条件恶劣、环境污染严重，给劳动者身心健康造成严重损害这几种情形中任何一种情形的，需要承担三种法律责任：

（一）行政责任

根据《治安管理处罚法》第40条第2款的规定，以暴力、威胁或者其他手段强迫他人劳动的，非法限制他人人身自由、非法侵入他人住宅或者非法搜查他人身体的，处十日以上十五日以下拘留，并处五百元以上一千元以下罚款；情节较轻的，处五日以上十日以下拘留，并处二百元以上五百元以下罚款。该法第42条规定："有下列行为之一的，处五日以下拘留或者五百元以下罚款；情节较重的，处五日以上十日以下拘留，可以并处五百元以下罚款：（一）写恐吓信或者以其他方法威胁他人人身安全的；（二）公然侮辱他人或者捏造事实诽谤他人的；（三）捏造事实诬告陷害他人，企图使他人受到刑事追究或者受到治安管理处罚的；（四）对证人及其近亲属进行威胁、侮辱、殴打或者打击报复的；（五）多次发送淫秽、侮辱、恐吓或者其他信息，干扰他人正常生活的；（六）偷窥、偷拍、窃听、散布他人隐私的。"第43条规定："殴打他人的，或者故意伤害他人身体的，处五日以上十日以下拘留，并处二百元以上五百元以下罚款；情节较轻的，处五日以下拘留或者五百元以下罚款。有下列情形之一的，处十日以上十五日以下拘留，并处五百元以上一千元以下罚款：（一）结伙殴打、伤害他人的；（二）殴打、伤害残疾人、孕妇、不满十四周岁的人或者六十周岁以上的人的；（三）多次殴打、伤害他人或者一次殴打、伤害多人的。"

（二）刑事责任

《刑法》第 134 条规定："在生产、作业中违反有关安全管理的规定，因而发生重大伤亡事故或者造成其他严重后果的，处三年以下有期徒刑或者拘役；情节特别恶劣的，处三年以上七年以下有期徒刑。强令他人违章冒险作业，因而发生重大伤亡事故或者造成其他严重后果的，处五年以下有期徒刑或者拘役；情节特别恶劣的，处五年以上有期徒刑。"第 135 条第 1 款规定："安全生产设施或者安全生产条件不符合国家规定，因而发生重大伤亡事故或者造成其他严重后果的，对直接负责的主管人员和其他直接责任人员，处三年以下有期徒刑或者拘役；情节特别恶劣的，处三年以上七年以下有期徒刑。"第 232 条规定："故意杀人的，处死刑、无期徒刑或者十年以上有期徒刑；情节较轻的，处三年以上十年以下有期徒刑。"第 233 条规定："过失致人死亡的，处三年以上七年以下有期徒刑；情节较轻的，处三年以下有期徒刑。本法另有规定的，依照规定。"第 234 条规定："故意伤害他人身体的，处三年以下有期徒刑、拘役或者管制。犯前款罪，致人重伤的，处三年以上十年以下有期徒刑；致人死亡或者以特别残忍手段致人重伤造成严重残疾的，处十年以上有期徒刑、无期徒刑或者死刑。本法另有规定的，依照规定。"第 235 条规定："过失伤害他人致人重伤的，处三年以下有期徒刑或者拘役。本法另有规定的，依照规定。"第 238 条第 1、2 款规定："非法拘禁他人或者以其他方法非法剥夺他人人身自由的，处三年以下有期徒刑、拘役、管制或者剥夺政治权利。具有殴打、侮辱情节的，从重处罚。犯前款罪，致人重伤的，处三年以上十年以下有期徒刑；致人死亡的，处十年以上有期徒刑。使用暴力致人伤残、死亡的，依照本法第二百三十四条、第二百三十二条的规定定罪处罚。"第 244 条第 1 款规定："以暴力、威胁或者限制人身自由的方法强迫他人劳动的，处三年以下有期徒刑或者拘役，并处罚金；情节严重的，处三年以上十年以下有期徒刑，并处罚金。明知他人实施前款行为，为其招募、运送人员或者有其他协助强迫他人劳动行为的，依照前款的规定处罚。单位犯前两款罪的，对单位判处罚金，并对其直接负责的主管人员和其他直接责任人员，依照第一款的规定处罚。"第 245 条第 1 款规定："非法搜查他人身体、住宅，或者非法侵入他人住宅的，处三年以下有期徒刑或者拘役。"

（三）民事责任

用人单位违法解除或终止劳动合同，给劳动者造成损害的，应当承担民事损害赔偿责任。

关联法规索引

《治安管理处罚法》《刑法》《民法通则》《侵权责任法》

第八十九条 【不出具解除、终止书面证明的法律责任】 用人单位违反本法规定未向劳动者出具解除或者终止劳动合同的书面证明，由劳动行政部门责令改正；给劳动者造成损害的，应当承担赔偿责任。

第九十条 【劳动者的赔偿责任】 劳动者违反本法规定解除劳动合同，或者违反劳动合同中约定的保密义务或者竞业限制，给用人单位造成损失的，应当承担赔偿责任。

适用解读

劳动者违反《劳动合同法》第37、38条的规定解除劳动合同，主要是指用人单位不存在过错情形时，劳动者没有提前30天（试用期内没有提前3天）以书面形式通知用人单位即解除劳动合同。劳动者违法解除劳动合同，给用人单位造成损失的，应当赔偿用人单位下列损失：用人单位招录其所支付的费用，用人单位为其支付的专项培训费用（双方另有约定的从其约定），对生产、经营和工作造成的直接经济损失，劳动合同约定的其他赔偿项目。

劳动者违反劳动合同约定的保密义务或竞业限制，给用人单位造成损失的，应当对用人单位的实际损失承担赔偿责任。根据《反不正当竞争法》第17条的规定，如果用人单位的损失难以计算的，赔偿额为侵权人在侵权期间因侵权所获得的利益，以及被侵害的经营者因调查该经营者侵害其合法权益的不正当竞争行为所支付的合理费用。

关联法规索引

《违反〈劳动法〉有关劳动合同规定的赔偿办法》第4条，《反不正当竞争法》第17条

第九十一条 【用人单位的连带赔偿责任】 用人单位招用与其他用人单位尚未解除或者终止劳动合同的劳动者，给其他用人单位造成损失的，应当承担连带赔偿责任。

配套法规

最高人民法院《关于审理劳动争议案件适用法律若干问题的解释》（2008年12月16日修正）

第十一条 用人单位招用尚未解除劳动合同的劳动者，原用人单位与劳动者发生

的劳动争议,可以列新的用人单位为第三人。

原用人单位以新的用人单位侵权为由向人民法院起诉的,可以列劳动者为第三人。

原用人单位以新的用人单位和劳动者共同侵权为由向人民法院起诉的,新的用人单位和劳动者列为共同被告。

适用解读

满足《劳动合同法》第 91 条的规定需符合以下三个要件:(1)用人单位有招用与其他用人单位尚未解除或终止劳动合同的劳动者的行为;(2)用人单位的该行为给其他用人单位造成了损失;(3)该行为与损失之间存在因果关系。同时具备这三个要件时,其他用人单位可以任意选择该用人单位或者劳动者承担赔偿责任,也可以同时请求该用人单位和劳动者承担连带赔偿责任。

用人单位招用尚未解除劳动合同的劳动者,从而使劳动者所在的原用人单位与劳动者和新用人单位发生争议时,根据《民法通则》和《民事诉讼法》的相关规定,诉讼当事人的确定可以分为三种情况:(1)原用人单位与劳动者之间发生争议的,原用人单位和劳动者应为诉讼当事人,原则上新用人单位不应列为诉讼当事人,但考虑到该争议是因新用人单位招聘劳动者而起,因此,为了便于案件的审理,人民法院可以将新用人单位列为第三人。(2)如果原用人单位是以新用人单位为对象提起侵权之诉的,原用人单位和新用人单位当然是诉讼当事人,而劳动者未与原用人单位解除劳动合同就与新用人单位建立劳动关系,是该侵权之诉的诉因,故人民法院为便于案件的审理,可以列劳动者为诉讼第三人。(3)如果原用人单位以新用人单位和劳动者共同侵权为由提起诉讼的,根据《民法通则》第 130 条的规定,“二人以上共同侵权造成他人损害的,应当承担连带责任”,故应将新用人单位和劳动者列为共同被告。

原用人单位既可以同时请求新用人单位和劳动者承担连带赔偿责任,也可以任意选择新用人单位或劳动者承担赔偿责任,也就是说,原用人单位既可以以新用人单位和劳动者作为共同被告申请劳动争议仲裁,也可以选择新用人单位或者劳动者作为被告申请仲裁,如果新用人单位或劳动者不服仲裁裁决,向人民法院提起诉讼的,人民法院可以根据《劳动合同法》第 91 条的规定,追加劳动者或新用人单位作为诉讼当事人,并判决被追加的当事人承担相应法律责任。

典型案例

南通喜力商贸有限公司与顾新涛劳动关系纠纷案〔1〕

※裁判要点:用人单位招用与其他用人单位尚未解除或者终止劳动合同的劳动者,给其他用人单位造成损失的,应当承担连带赔偿责任。故用人单位在解除劳动合同时应当出具解除劳动合同的证明,用人单位违反规定未向劳动者出具解除劳动合同的书面证明,给劳动者造成损害的,应当赔偿由此产生的损失。

※相关法条:《劳动合同法》第91条

※基本案情:2009年8月,被告顾新涛到原告南通喜力商贸有限公司(以下简称喜力公司)工作,双方签订了劳动合同,期限自2009年8月至2013年12月。2013年2月22日,顾新涛向喜力公司邮寄了辞职、辞工报告,并从2013年2月23日起再未去上班。2013年2月27日,顾新涛向喜力公司寄送了《要求支付函》,要求喜力公司出具解除劳动关系证明。2013年10月8日,经顾新涛申请,崇川区劳动人事争议仲裁委作出崇劳人仲案字(2013)一第8号仲裁裁决书,裁决:喜力公司向顾新涛出具解除劳动合同书面证明,支付损失赔偿6600元。喜力公司不服,起诉至原审法院。2013年7月31日,经劳动监察部门限期改正,喜力公司为顾新涛开具了《退工通知单》。

顾新涛自行缴纳2013年3月至2013年9月的养老保险,其中单位应负担部分为1732.40元,自行缴纳2013年3月至2013年7月的基本医疗保险,其中单位应负担部分为1350元。2013年度南通市职工最低月工资标准为1320元。

※裁判结果:江苏省南通市崇川区人民法院作出(2013)崇民初字第1645号民事判决,判决:"一、喜力公司赔偿顾新涛工资损失6600元;二、驳回喜力公司的诉讼请求;三、驳回顾新涛的其他诉讼请求。"宣判后,喜力公司和顾新涛均不服,向江苏省南通市中级人民法院提起上诉。江苏省南通市中级人民法院审理认为,原审法院认定事实清楚,适用法律正确,故判决驳回上诉,维持原判。

※裁判理由:法院生效裁判认为,本案二审的争议焦点为:喜力公司未及时出具解除劳动合同证明,是否应当赔偿顾新涛的工资损失和社会保险损失。

用人单位应当在解除劳动合同时出具解除劳动合同的证明,用人单位违反规定未向劳动者出具解除劳动合同的书面证明,给劳动者造成损害的,应当承担赔偿责任。关于顾新涛主张的工资损失,《劳动合同法》第91条规定:"用人单位招用与其他用人单位尚未解除或者终止劳动合同的劳动者,给其他用人单位造成损失的,应当承担连

〔1〕 参见江苏省南通市中级人民法院(2014)通中民终字第0306号判决书。

带赔偿责任。”根据这一法律规定，劳动者再次就业时需要提供相应的离职证明。本案中，喜力公司作为用人单位未能依法为顾新涛出具解除劳动合同证明，影响了顾新涛的再次就业，应当赔偿顾新涛由此产生的工资损失。2013 年 3 月至 7 月期间，由于喜力公司未按法律规定出具解除劳动合同证明，致顾新涛未能正常就业，客观上已给顾新涛造成了损失，且原审法院以南通市职工最低月工资标准支持顾新涛的损失并无不当，喜力公司认为不否认解除劳动合同事实就无须出具证明的上诉理由不能成立。顾新涛的失业金是从 2013 年 8 月开始领取的，这与造成的顾新涛 3 月至 7 月间的工资损失并不矛盾，因此，喜力公司关于顾新涛已领取失业金就不存在工资损失的上诉理由不能成立。关于职工社会保险损失，喜力公司已经与顾新涛解除了劳动关系，无需再为其缴纳社会保险费用，而且顾新涛的损失已经以南通市职工最低月工资标准为基数进行了赔偿，对其他主张法院不再予以支持。原审法院此项判决亦无不当。

关联法规索引

《劳动法》第 99 条，劳动部《关于〈中华人民共和国劳动法〉若干条文的说明》第 99 条，劳动部《关于贯彻执行〈中华人民共和国劳动法〉若干问题的意见》第 33 条

第九十二条 【劳务派遣单位的法律责任】违反本法规定，未经许可，擅自经营劳务派遣业务的，由劳动行政部门责令停止违法行为，没收违法所得，并处违法所得一倍以上五倍以下的罚款；没有违法所得的，可以处五万元以下的罚款。

劳务派遣单位、用工单位违反本法有关劳务派遣规定的，由劳动行政部门责令限期改正；逾期不改正的，以每人五千元以上一万元以下的标准处以罚款，对劳务派遣单位，吊销其劳务派遣业务经营许可证。用工单位给被派遣劳动者造成损害的，劳务派遣单位与用工单位承担连带赔偿责任。

配套法规

《劳动合同法实施条例》(2008 年 9 月 18 日)

第三十五条 用工单位违反劳动合同法和本条例有关劳务派遣规定的，由劳动行政部门和其他有关主管部门责令改正；情节严重的，以每位被派遣劳动者 1000 元以上 5000 元以下的标准处以罚款；给被派遣劳动者造成损害的，劳务派遣单位和用工单位承担连带赔偿责任。

适用解读

自2013年7月1日起，设立劳务派遣机构、经营劳务派遣业务实行行政许可制度。任何单位和个人违反《劳动合同法》的规定，未经许可，擅自经营劳务派遣业务的，由人力资源社会保障行政部门责令停止违法行为，没收违法所得，并处违法所得1倍以上5倍以下的罚款；没有违法所得的，可以处5万元以下的罚款。

《劳动合同法》第92条第2款中的“劳务派遣单位、用工单位违反本法有关劳务派遣规定”主要包括：(1)违反《劳动合同法》《劳务派遣暂行规定》以及《劳务派遣行政许可实施办法》等规定设立劳务派遣机构以及经营劳务派遣业务；(2)未与用工单位依法订立书面派遣协议；(3)未与劳动者依法订立书面劳动合同，或与劳动者订立少于2年固定期限的劳动合同；(4)未向被派遣劳动者履行告知义务；(5)未对被派遣劳动者进行岗前培训以及安全教育培训；(6)向被派遣劳动者收取费用；(7)克扣用工单位按照劳务派遣协议支付给被派遣劳动者的劳动报酬；(8)未依法给劳动者办理社会保险、缴纳社会保险费；(9)违法解除或终止劳动合同；(10)未依法建立工会，或阻止劳动者参加工会；(11)解除或终止劳动合同时未依法出具相关证明。

派遣单位存在上述情形之一的，需承担的法律责任包括：(1)行政责任。由劳动行政部门和其他有关主管部门(包括人事部门、工商行政管理部门、社会保险费征缴机构等)责令改正。情节严重的，则按照被派遣劳动者的人数，以每人5000元以上10000元以下的标准处以罚款，并吊销劳务派遣营业许可证。(2)民事责任。派遣单位或用工单位因违法行为给劳动者造成损害的，派遣单位与用工单位承担连带赔偿责任。

用工单位违反法律有关劳务派遣规定的行为主要包括：(1)超出“三性”岗位要求使用劳务派遣；(2)未提供符合国家劳动标准的劳动条件和劳动保护；(3)未告知被派遣劳动者的工作要求和劳动报酬；(4)未按时足额向被派遣劳动者支付加班费、绩效奖金以及与工作岗位相关的福利待遇；(5)未对在岗被派遣劳动者进行岗位所必需的岗位培训及劳动安全卫生培训；(6)对被派遣劳动者连续用工的，未实行正常的工资调整机制；(7)未按照劳务派遣协议约定按时足额向派遣单位支付被派遣劳动者的劳动报酬和社会保险费；(8)未按照同工同酬原则支付被派遣劳动者的劳动报酬；(9)将被派遣劳动者再派遣到其他用人单位工作。

典型案例

中智上海经济技术合作公司与袁洁劳务派遣合同纠纷案[1]

※**裁判要点**：劳务派遣关系中，劳务派遣单位是用人单位，应当履行用人单位及时足额向劳动者支付报酬的法定义务，不能以约定由用工单位支付劳动报酬而免除或减少该项义务的承担范围。用工单位给被派遣劳动者造成损害的，劳务派遣单位与用工单位承担连带赔偿责任。

※**相关法条**：《劳动合同法》第58、92条

※**基本案情**：2010年2月23日，原告中智上海经济技术合作公司（以下简称中智公司）与袁洁签订劳动合同，约定合同期限自2010年2月23日至2012年2月22日，中智公司派遣袁洁至被告北京世通华纳广告传媒有限公司（以下简称世通华纳公司）工作，工作岗位为客户总监，工作地点为上海，月工资为8000元，双方还就其他事项作了约定。合同期满后，双方两次续签劳动合同，最后一份劳动合同约定：合同期限自2014年2月23日至2016年2月22日，袁洁每月工资为14076元，通过世通华纳公司支付。2011年，袁洁担任世通华纳公司上海销售（一）组总经理，每月由世通华纳公司支付袁洁工资。2015年3月30日，袁洁提出辞职，正常工作至2015年3月31日，工资结算至2015年1月。中智公司为袁洁缴纳社会保险费和公积金至2015年3月止，其中个人承担部分合计每月2644.34元。2015年5月19日，袁洁向上海市徐汇区劳动人事争议仲裁委员会申请仲裁，要求："1. 中智公司支付2015年2月至3月工资50000元；2. 世通华纳公司支付2013年度奖金434435元；3. 中智公司与世通华纳公司互相承担连带责任。"2015年7月1日，该仲裁委员会作出裁决："1. 中智公司于裁决生效之日起7日内支付袁洁2015年2月至3月工资50000元，世通华纳公司承担连带责任；2. 对袁洁的其余申诉请求不予支持。"中智公司、袁洁均不服该仲裁裁决，先后向原审法院提起诉讼。中智公司请求判令不支付袁洁2015年2月至3月工资50000元。袁洁请求判令中智公司与世通华纳公司共同支付2013年度奖金差额434435元。

二审庭审中，上海市第一中级人民法院询问中智公司是否申请对袁洁原审时提供的电子邮件有否篡改进行鉴定，中智公司表示当庭无法决定，庭后书面回复法院是否申请鉴定，但之后中智公司并未在指定期限内书面回复上海市第一中级人民法院。袁洁则当庭表示同意鉴定。

※**裁判结果**：上海市徐汇区人民法院作出（2015）徐民五（民）初字第610号民事判

---

〔1〕 参见上海市第一中级人民法院（2016）沪01民终4113号判决书。

决："一、中智上海经济技术合作公司于判决生效之日起7日内支付袁洁2015年2月至3月工资44711.32元，北京世通华纳广告传媒有限公司承担连带赔偿责任；二、北京世通华纳广告传媒有限公司于判决生效之日起7日内支付袁洁2013年度奖金差额434435元，中智上海经济技术合作公司承担连带赔偿责任。"宣判后，中智公司不服，上诉至上海市第一中级人民法院。上海市第一中级人民法院审理后判决，驳回上诉，维持原判。

※裁判理由：法院生效裁判认为，我国《劳动合同法》对于劳务派遣关系中，劳务派遣单位与用工单位分别应承担的义务作了明确规定。根据《劳动合同法》第58条的规定，劳务派遣单位是用人单位，应当履行用人单位对劳动者的义务；劳务派遣单位应当与被派遣劳动者订立2年以上的固定期限劳动合同，按月支付劳动报酬。故在劳务派遣关系中，向劳动者支付劳动报酬系用人单位即劳务派遣单位的法定义务。本案中，虽然中智公司与袁洁在劳动合同中约定袁洁的工资报酬通过用工单位世通华纳公司支付，但并不能以此来免除劳务派遣单位中智公司的该项法定义务，在世通华纳公司未及时足额支付劳动者工资报酬的情况下，中智公司应承担相应的支付义务。

关于该支付义务的范围，如前所述，因支付劳动报酬系劳务派遣单位的法定义务，通常应先由用工单位将劳动者的劳动报酬给付劳务派遣单位，再由劳务派遣单位支付给被派遣劳动者。故劳务派遣单位不能以该义务已转让给用工单位，其对劳动者的实际劳动报酬不知情为由，来主张免除或减少其该项义务的承担范围。中智公司主张对超出劳动合同约定部分的工资不承担直接法律责任的观点，本院难以认同。

关于袁洁2013年度奖金差额。首先，世通华纳公司虽不同意原审判决的该项内容，但因其二审时无正当理由未出庭参加诉讼，依法应按撤回上诉处理，故在二审中世通华纳公司已丧失了就该项原审判决内容请求免除其支付义务的权利。其次，关于中智公司是否应对世通华纳公司的该项支付义务承担连带责任。中智公司虽然对袁洁原审时提供的电子邮件的真实性存疑，认为存在篡改的可能，但在法院释明后，中智公司并未就该些电子邮件有否篡改申请鉴定，故中智公司主张该些电子邮件存在篡改并无依据。袁洁在该些电子邮件中曾明确其2013年度奖金总额为68万元，世通华纳公司在回复邮件中亦未否认该数额，仅是表示将安排人审核，但始终未有审核结果。原审时，袁洁已向原审法院初步说明了该奖金的发放标准及计算方式，而世通华纳公司仅是简单地予以否认，而并未就奖金的发放标准及计算方式进行任何举证，也未提供审核的依据或就袁洁为何在2013年度不应享有奖金作出合理的解释和说明，故世通华纳公司应承担举证不利的法律后果，原审法院认定袁洁主张的奖金成立，并无不当。根据《劳动合同法》第92条的规定，用工单位给被派遣劳动者造成损害的，劳务派遣单位与用工单位承担连带责任。原审判决中智公司应对世通华纳公司应付袁洁的2013

年度奖金差额承担连带责任，符合上述法律规定，并不无当。中智公司认为其不应承担连带责任的上诉主张，本院不予采纳。

第九十三条 【无营业执照经营单位的法律责任】对不具备合法经营资格的用人单位的违法犯罪行为，依法追究法律责任；劳动者已经付出劳动的，该单位或者其出资人应当依照本法有关规定向劳动者支付劳动报酬、经济补偿、赔偿金；给劳动者造成损害的，应当承担赔偿责任。

适用解读

根据《劳动法》第2条、《劳动合同法》第2条以及《劳动合同法实施条例》第3条的规定，劳动法上的用人单位可归为法人和非法人组织两大类，这两类主体的用工资格一般以具备合法的经营资格为前提。

（一）不具备合法经营资格用人单位的法律责任

根据《无照经营查处取缔办法》的规定，无照经营行为主要包括：(1)应当取得而未依法取得许可证或者其他批准文件和营业执照，擅自从事经营活动的无照经营行为；(2)无须取得许可证或其他批准文件即可取得营业执照而未依法取得营业执照，擅自从事经营活动的无照经营行为；(3)已经依法取得许可证或其他批准文件，但未依法取得营业执照，擅自从事经营活动的无照经营行为；(4)已经办理注销登记或被吊销营业执照，以及营业执照有效期届满后未按照规定重新办理登记手续，擅自从事经营活动的无照经营行为；(5)超出核准登记的经营范围、擅自从事应当取得许可证或者其他批准文件方可从事的经营活动的违法经营行为。对于无照经营行为，由工商行政管理部门依法予以取缔，没收违法所得；触犯刑律的，依照《刑法》关于非法经营罪、重大责任事故罪、重大劳动安全事故罪、危险物品肇事罪或者其他罪的规定，依法追究刑事责任；尚不够刑事处罚的，并处2万元以下的罚款；无照经营行为规模较大、社会危害严重的，并处2万元以上20万元以下的罚款；无照经营行为危害人体健康、存在重大安全隐患、威胁公共安全、破坏环境资源的，没收专门用于从事无照经营的工具、设备、原材料、产品（商品）等财物，并处5万元以上50万元以下的罚款。

（二）不具备合法经营资格的用人单位对劳动者的赔偿责任范围

不具备合法经营资格的用人单位对劳动者的赔偿责任范围，原则上以劳动者在劳动法上应当享有的所有权益为依据，[1]包括工资报酬、社会保险待遇、依法应当支付的

〔1〕 最高人民法院民事审判第一庭：《劳动争议案件审判指导》，法律出版社2018年版，第21～22页。

经济补偿金以及赔偿金。

劳动者因不具备合法经营资格的用人单位未为其参加社会保险导致的医疗费、失业待遇及生育待遇等损失属于损害赔偿责任范围，但有些地方意见规定损害赔偿责任范围不包括未签订书面劳动合同的二倍工资差额。[1]

关联法规索引

最高人民法院《关于审理劳动争议案件适用法律若干问题的解释》第14条，《无照经营查处取缔办法》第4、14条，《民办非企业单位登记管理暂行条例》第3、8、12、27条

第九十四条 【个人承包经营者的连带赔偿责任】个人承包经营违反本法规定招用劳动者，给劳动者造成损害的，发包的组织与个人承包经营者承担连带赔偿责任。

适用解读

承包行为可以依据发包人与承包人之间关系的不同分为内部承包和外部承包。[2]

内部承包，是指发包人与承包人订立承包经营合同，将企业的经营管理权全部或部分在一定期限内交给承包者，由承包者对企业进行经营管理，对外以企业名义从事生产经营活动，并在承包权限内承担经营风险及获取企业收益的行为。[3] 在内部承包中，一般发包人与承包人之间构成劳动关系。

外部承包，是指发包人将其生产经营项目或工程项目发给独立于发包人之外的承包人，由承包人自己组织应对外以自己的名义完成承包的项目。发包人与承包人之间属于民法上的承揽关系。

个人承包经营者，是指不具有法人资格的承包主体，如自然人、个体工商户、个人

---

[1] 参见广东省高级人民法院、广东省劳动人事争议仲裁委员会《关于审理劳动人事争议案件若干问题的座谈会纪要》、泸州市中级人民法院《关于审理劳动争议纠纷案件若干疑难问题解答》。

[2] 参见王全兴：《劳动合同法条文精解》，中国法制出版社2008年版，第303～304页。

[3] 这一界定来自相关法规的规定。1988年国务院颁布的《全民所有制工业企业承包经营责任制暂行条例》第2条规定："承包经营责任制，是在坚持企业的社会主义全民所有制基础上，按照所有权与经营权分离的原则，以承包经营合同形式，确定国家与企业的责权利关系，使企业做到自主经营、自负盈亏的经营管理制度。"1990年4月13日农业部发布的《乡镇企业承包经营责任制规定》第3条规定："承包经营责任制，是在坚持社会主义劳动群众集体所有制的前提下，按照所有权与经营权分离的原则，以承包经营合同形式，确定劳动群众集体经济组织与企业的责权利关系；是企业自主经营、自负盈亏、自我约束的经营管理制度。"

合伙企业等。根据劳动部《关于贯彻执行〈中华人民共和国劳动法〉若干问题的意见》第15条的规定,"租赁经营(生产)、承包经营(生产)的企业,所有权并没有发生改变,法人名称未变,在与职工订立劳动合同时,该企业仍为用人单位一方。依据租赁合同或承包合同,租赁人、承包人如果作为该企业的法定代表人或者该法定代表人的授权委托人时,可代表该企业(用人单位)与劳动者订立劳动合同"。1992年10月7日劳动部《关于企业内部个人承包中保险待遇问题的复函》明确指出:"企业与职工个人签订承包合同,是企业内部经营管理的一种方式。企业经营机制的转变,并未改变企业和职工的劳动关系,也未改变承包者的职工身份。"也就是说,内部承包中发包人本来就对其劳动者承担全部雇主责任,因此,需要发包人承担连带责任的个人承包经营仅限于外部承包。[1] "个人承包经营违反本法规定招用劳动者"的情形主要包括:(1)承包人不具备承包所需资格;(2)承包人具备承包经营资格,但其承包行为属于违法行为,如违法分包;(3)承包人具备承包经营资格,承包行为也合法,但其不具备用工主体资格,如个人承包经营者为自然人;(4)承包人存在违法用工行为,如以欺诈方式招用劳动者、拖欠工资等。

典型案例

天水昌兴市政工程有限公司与安某确认劳动关系纠纷案[2]

※裁判要点:个人承包经营者违法招用劳动者,给劳动者造成损害的,尽管发包人、分包人与该劳动者之间不存在劳动关系或民事雇佣关系,但发包人、分包人知道或者应当知道接受发包或者分包业务的个人承包经营者没有相应资质或者安全生产条件的,应当与作为雇主的个人承包经营者承担连带责任。

※相关法条:《劳动合同法》第94条

※基本案情:2010年3月12日原告天水昌兴市政工程有限公司(以下简称昌兴公司)与李某就"元店至虹门子公路改造工程"签订了工程施工劳务分包合同。李某无建筑工程用工主体资格。2010年3月被告安某到李某承包的工地干活,由李某负责并给其发放劳务费,同年10月8日13时许,安某与其同事乘坐工地的三轮车干活时,途中三轮车发生翻车,致其车上人员受伤,被告安某被送到天水市第二人民医院治疗。

※裁判结果:甘肃省天水市麦积区人民法院作出(2011)麦民一初字第11号民事判决,认定原告天水昌兴市政工程有限公司与被告安某存在事实劳动关系,驳回原告

〔1〕 参见王全兴:《劳动合同法条文精解》,中国法制出版社2008年版,第304页。

〔2〕 参见甘肃省天水市中级人民法院(2011)天民三终字第30号判决书。

天水昌兴市政工程有限公司的其他诉讼请求。宣判后，昌兴公司不服一审判决，向甘肃省天水市中级人民法院提出上诉。甘肃省天水市中级人民法院审理认为，原审判决认定事实清楚，但适用法律错误，判处结果欠妥，故判决如下：(1) 撤销麦积区人民法院 (2011) 麦民一初字第 11 号民事判决；(2) 上诉人天水昌兴市政工程有限公司与被上诉人安某之间不存在事实劳动关系。

※**裁判理由**：生效裁判法院认为，本案的争议焦点是昌兴公司与安某之间是否存在劳动关系。原告昌兴公司将工程发包给没有施工资质的自然人李某施工，双方签订了劳务分包合同，其与李某之间系劳务承包合同关系；被告安某是李某招用的，接受李某的管理，由李某给其发放报酬，所以李某与安某之间建立了雇佣关系。就昌兴公司与安某之间是否存在劳动关系这一问题，从《劳动法》规定的实质审查来看，昌兴公司与安某之间未订立劳动合同，昌兴公司既没有管理安某，安某也不接受昌兴公司的考勤等各项规章制度的约束，昌兴公司亦未给安某发放工资，因此，昌兴公司与安某之间不具备劳动关系成立的要件。根据国家劳动和社会保障部发布的《关于确定劳动关系有关事项的通知》第 1 条的规定“用人单位招用劳动者未订立书面劳动合同，但同时具备下列情形的，劳动关系成立……”该条共计有 3 项“应同时具备的情形”，其中第 2 项规定了“用人单位依法制定的各项劳动规章制度适用于劳动者，劳动者受用人单位的劳动管理，从事用人单位安排的有报酬的劳动”，结合上述规定，昌兴公司与安某之间亦不成立事实劳动关系，但是昌兴公司与安某之间没有劳动关系并不能免除其承担用工主体的法律责任。根据《关于确定劳动关系有关事项的通知》第 4 条的规定，“建筑施工、矿山企业等用人单位，将工程（业务）或经营权发包给了不具备用工主体资格的组织或自然人，对该组织或自然人招用的劳动者，由具备用工主体资格的发包方承担用工主体责任”，说明国家对建筑施工、矿山企业等高度危险的行业，有相应的资质要求，只有具备了相应的资质，才具备用工的主体资格。本案中，原告昌兴公司虽然与被告安某不存在劳动关系，但由于其将工程发包给不具备用工主体资格的李某，因此仍应承担用工主体责任，即承担相应的赔偿责任，从而切实保护劳动者的合法权益。最高人民法院《关于审理人身损害赔偿案件适用法律若干问题的解释》第 11 条第 2 款规定：“雇员在从事雇佣活动中因安全生产事故遭受人身损害，发包人、分包人知道或者应当知道接受发包或者分包业务的雇主没有相应资质或者安全生产条件的，应当与雇主承担连带责任。”因此，对于安某受伤后的赔偿问题其应向李某及昌兴公司共同主张。

关联法规索引

最高人民法院《关于审理劳动争议案件适用法律若干问题的解释》第 12 条，最高人民法院《关于审理人身损害赔偿案件适用法律若干问题的解释》第 11 条

第九十五条 【不履行法定职责、违法行使职权的法律责任】 劳动行政部门和其他有关主管部门及其工作人员玩忽职守、不履行法定职责,或者违法行使职权,给劳动者或者用人单位造成损害的,应当承担赔偿责任;对直接负责的主管人员和其他直接责任人员,依法给予行政处分;构成犯罪的,依法追究刑事责任。

适用解读

劳动行政部门和其他有关主管部门及其工作人员,主要是指县级以上劳动行政部门以及卫生、安全生产监管、建设等有关政府主管部门及其工作人员。上述单位及其工作人员,在劳动行政及劳动监督检查过程中,玩忽职守、不履行法定职责、违法行使职权,给劳动者或用人单位造成损失的,依照《国家赔偿法》的规定,有上述过错行为的行政部门为赔偿义务机关,受到侵害的劳动者或用人单位可以根据所受损害,向赔偿义务机关提出赔偿请求,也可以在申请行政复议和提起行政诉讼时一并提出。要求赔偿应当递交申请书,申请书中应载明:受害人的姓名、性别、年龄、工作单位和住所,法人或者其他组织的名称、住所和法定代表人或者主要负责人的姓名、职务;具体的要求、事实根据和理由;申请的年、月、日。赔偿义务机关应当自收到申请之日起 2 个月内依照《国家赔偿法》第四章的规定给予赔偿;逾期不予赔偿或者赔偿请求人对赔偿数额有异议的,赔偿请求人可以自期间届满之日起 3 个月内向人民法院提起诉讼。赔偿义务机关赔偿损失后,应当责令有故意或者重大过失的工作人员或者受委托的组织或者个人承担部分或者全部赔偿费用。对有故意或者重大过失的责任人员,有关机关应当依法给予行政处分;构成犯罪的,应当依法追究刑事责任。

对具有上述违法行政行为的劳动行政部门和其他有关主管部门的直接负责的主管人员及其他直接责任人员,应当依法给予行政处分,构成犯罪的,还应当依法追究刑事责任。

关联法规索引

《公务员法》《国家赔偿法》

第八章　附　　则

本章介绍

附则部分主要涉及：事业单位劳动合同制度的适用、本法的溯及力以及本法的施行时间。

第九十六条　【事业单位聘用制劳动合同的法律适用】 事业单位与实行聘用制的工作人员订立、履行、变更、解除或者终止劳动合同，法律、行政法规或者国务院另有规定的，依照其规定；未作规定的，依照本法有关规定执行。

关联法规索引

最高人民法院《关于人民法院审理事业单位人事争议案件若干问题的规定》，最高人民法院《关于事业单位人事争议案件适用法律等问题的答复》

第九十七条　【过渡性条款】 本法施行前已依法订立且在本法施行之日存续的劳动合同，继续履行；本法第十四条第二款第三项规定连续订立固定期限劳动合同的次数，自本法施行后续订固定期限劳动合同时开始计算。

本法施行前已建立劳动关系，尚未订立书面劳动合同的，应当自本法施行之日起一个月内订立。

本法施行之日存续的劳动合同在本法施行后解除或者终止，依照本法第四十六条规定应当支付经济补偿的，经济补偿年限自本法施行之日起计算；本法施行前按照当时有关规定，用人单位应当向劳动者支付经济补偿的，按照当时有关规定执行。

典型案例

王志与猛发自行车料(深圳)有限公司劳动报酬及合同纠纷案[1]

※裁判要点:《劳动合同法》施行之日存续的劳动合同在《劳动合同法》施行后解除或者终止,依照规定应当支付经济补偿的,经济补偿年限自《劳动合同法》施行之日起计算;《劳动合同法》施行前,在用人单位非过错性解除劳动合同时,向劳动者支付经济补偿金的,工作时间不满1年的按1年的标准发给经济补偿金。

※相关法条:《劳动合同法》第38、46、97条

※基本案情:被告王志于1997年5月1日到原告猛发自行车料(深圳)有限公司(以下简称猛发公司)处工作。双方于2006年3月31日协商解除劳动合同,并支付王志1997年5月1日至2005年11月26日共八年半的经济补偿金23525元。王志于2006年8月10日重新到猛发公司处工作,1997年5月至2009年11月,猛发公司一直为王志缴纳社会保险。

2008年《劳动合同》中约定:合同期限为2008年2月1日至2008年12月31日;王志每月工资为850元,猛发公司每月20日发放工资;双方同意以标准工时制确定王志的工作时间,即每日工作8小时(不超过8小时),每周工作40小时(不超过40小时),每周至少休息一日;《劳动合同》第四部分劳动报酬中"关于双方对工资的其他约定"约定,猛发公司有权根据生产经营的需要,实行计件工时制,王志应服从。猛发公司实施计件工时制,应符合有关法律法规规定。2009年《劳动合同》约定合同期限为2009年1月1日至2009年12月31日,王志每月工资为1000元。其余内容与2008年《劳动合同》相同。

2007年12月至2009年11月期间,王志平时加班共计1140小时,周末加班共计878小时。

2008年10月至2009年9月,猛发公司直接汇给王志1506元、1595元、125元、1120元、1140元、1500元、1655元、1491元、2055元、2353元、1995元及1609元;猛发公司通过个人账户汇给王志1742元、1682元、1610元、1560元、1538元、1466元、1531元、910元、1270元、1196元、1186元及300元。

2009年11月4日,王志向猛发公司发出通知,主要内容如下:王志于1997年5月1日到猛发公司处工作,因猛发公司存在克扣、拖欠工资等行为,要求于2009年11月10日正式解除双方的劳动关系,并要求猛发公司补足各项工资及支付补偿金。

---

[1] 参见广东省高级人民法院(2013)粤高法审监民提字第180号判决书。

经查工资表,2009 年 4 月,王志因“处分”被扣除 100 元;2009 年 5 月,王志因“其他”被扣除 100 元,共计被扣除 200 元。猛发公司对《公告》的真实性认可,主张经济处罚是因为王志的过错,对证据的关联性不予认可。

另查,猛发公司未安排王志 2008 年和 2009 年的年休假。

再查,巫展源系猛发公司的法定代表人。

王志于 2009 年 11 月 27 日就工资等争议向深圳市劳动争议仲裁委员会申请劳动仲裁,申诉请求为:“1. 猛发公司支付王志拖欠的 2009 年 10 月及 11 月标准工资 3444. 83 元及其 25% 经济补偿金 861. 21 元;2. 猛发公司支付王志 2009 年 5 月至 2009 年 9 月克扣的工资 4400 元及其 25% 经济补偿金 1100 元;3. 猛发公司支付王志 2007 年 12 月至 2009 年 11 月的加班工资 30330. 12 元及其 25% 经济补偿金 7582. 53 元;4. 猛发公司支付王志解除劳动关系的经济补偿金 49636 元;5. 猛发公司支付王志 2008 年及 2009 年未安排年休假的工资报酬 2206. 9 元;6. 猛发公司支付王志克扣 2008 年 6 月至 2008 年 10 月的高温津贴 500 元及其 25% 经济补偿金 125 元;7. 猛发公司承担王志为本案支付的律师费 3000 元。”猛发公司的反诉请求:“1. 王志赔偿因工作过错造成的损失 9839 元;2. 王志赔偿违法解除劳动合同造成的损失 100000 元。”深圳市劳动争议仲裁委员会于 2010 年 4 月 8 日作出裁决,裁决:“1. 猛发公司支付王志 2009 年 10 月 1 日至 11 月 10 日的工资 3444. 83 元及其 25% 经济补偿金 861. 21 元;2. 猛发公司支付王志 2007 年 12 月至 2009 年 11 月期间的平日及休息日加班工资 30330. 12 元;3. 猛发公司支付王志解除劳动合同的经济补偿金 48636 元;4. 猛发公司支付王志 2008 年及 2009 年未休年假的工资报酬 2206. 9 元;5. 驳回王志的其他仲裁请求;6. 驳回猛发公司的全部反诉请求。”

2005 年 3 月 13 日,猛发公司与王志签订《解除劳动关系协议书》约定:“1. 双方约定自 2005 年 11 月 26 日起解除双方劳动关系;2. 猛发公司同意在该解除劳动关系之日向王志支付经济补偿金;3. 双方商定经济补偿金的具体数额为 23525 元整;4. 2005 年 11 月的工资在同年 12 月划至王志银行卡;5. 双方确认在签订本协议后不存在任何劳动争议。”同年 11 月 4 日,该协议书末端列有附加条款:原双方约定自 2005 年 11 月 26 日起解除双方劳动关系,现经双方同意延期到 2006 年 3 月 31 日解除双方劳动关系,其他条例不变。王志在该款签名栏内签名。

※裁判结果:深圳市南山区人民法院作出(2010)深南法民一(劳)初字第 749 号民事判决,判决:“一、猛发公司支付王志 2009 年 9 月 26 日至 2009 年 11 月 9 日的工资 3444. 83 元及其 25% 经济补偿金 861. 21 元;二、猛发公司支付王志解除劳动合同经济补偿金 5855. 84 元;三、猛发公司支付王志 2008 年和 2009 年休假工资 2206. 9 元;四、驳回猛发公司的其他诉讼请求。”宣判后,王志与猛发公司均不服一审判决,向广东

省深圳市中级人民法院提起上诉。广东省深圳市中级人民法院审理查明,原审判决认定事实清楚,适用法律正确,故维持原判。广东省人民检察院抗诉认为,二审判决在计算解除劳动合同经济补偿金方面适用法律错误,导致判决错误。后广东省高级人民法院再审认为,检察院抗诉部分有理,原二审判决适用法律有误,应予纠正,判决:"一、撤销深圳市中级人民法院作出的(2011)深中法民六终字第279民事判决。二、维持深圳市南山区人民法院作出(2010)深南法民一(劳)初字第749号民事判决第一、三和四项。三、变更深圳市南山区人民法院作出(2010)深南法民一(劳)初字第749号民事判决第二项为:猛发公司支付王志解除劳动合同经济补偿金11711.68元。四、猛发公司补偿王志2009年4、5月的被扣工资200元,并偿付王志该200元的25%经济赔偿金即50元,合计250元。"

※**裁判理由:**法院生效裁判认为,根据最高人民法院《关于适用〈中华人民共和国民事诉讼法〉审判监督程序若干问题的解释》第33条第1款的规定:"人民法院应当在具体的再审请求范围内或在抗诉支持当事人请求的范围内审理再审案件。当事人超出原审范围增加、变更诉讼请求的,不属于再审审理范围。但涉及国家利益、社会公共利益,或者当事人在原审诉讼中已经依法要求增加、变更诉讼请求,原审未予审理且客观上不能形成其他诉讼的除外。"本院在抗诉支持当事人请求的范围内对本案进行审理。

本案的争议焦点是猛发公司除向王志支付2008年1月1日之后的经济补偿金外,是否还应支付2008年1月1日前的解除劳动合同经济补偿金。

依照《劳动合同法》第46条的规定,有下列七种情形之一的,用人单位应当向劳动者支付经济补偿:(1)劳动者被迫辞职。用人单位有《劳动合同法》第38条规定情形,劳动者提出解除劳动合同的。(2)用人单位提出、双方协商解除劳动合同的。(3)非因用人单位过错解除劳动合同的。有《劳动合同法》第40条规定情形,用人单位解除劳动合同的。(4)用人单位因经济性裁减人员而解除劳动合同的。(5)劳动合同期满,用人单位不同意续订劳动合同的。(6)因用人单位主体资格消灭从而终止劳动合同。(7)法律、行政法律规定的其他情形。根据《劳动合同法》第47条的规定,经济补偿金的计算标准,按劳动者在本单位工作的年限,每满1年支付1个月的工资,6个月以上不满1年的按1年计算,不满6个月的支付半个月的工资。其中,月工资是指劳动者在劳动合同解除或者终止前12个月的平均工资。劳动者工资高于用人单位所在地区上年度职工月平均工资3倍的,按职工月平均工资3倍计算,且支付的年限最高不超过12年。且根据《劳动合同法》第97条第3款的规定,劳动合同法施行以前的经济补偿支付标准按照当时有关规定执行。而根据劳动部《关于违反和解除劳动合同的经济补偿办法》第6~9条规定和劳动部办公厅《关于对解除劳动合同经济补偿金问题的复函》（劳办发〔1997〕98号）的答复，在用人单位非过错性解除劳动合同时，向劳动者支付经济补偿金的，工作时间不满1年的按1年的标准发给经济补偿金。因此，根据原劳动部规定，在2008年1月1日以前的，经济补偿计算年限不满6个月的也按1年计算，且计算基数不受上年度职工月平均工资3倍的限制。根据《劳动合同法》第38条第1款第2项和第46条的规定，用人单位未足额支付劳动报酬的，劳动者可以解除劳动合同并要求用人单位支付经济补偿金。用人单位无故减少劳动者劳动报酬的，属于未及时足额支付劳动报酬，劳动者可提出解除劳动合同并主张经济补偿金。本案虽然是王志主动提出解除劳动合同，但原因是猛发公司拖欠了王志2009年10月1日至2009年11月9日的工资3444.83元、克扣了王志的工资200元，根据《劳动合同法》第38、46条的规定，王志可以解除其与猛发公司的劳动合同并具有获取解除劳动合同经济补偿金的权利。

王志获取经济补偿金的计算年限问题。本案查明，王志于1997年5月1日到猛发公司处工作，2005年3月13日，猛发公司与王志签订《解除劳动关系协议书》约定，双方自2005年11月26日起解除双方劳动关系；猛发公司同意在该解除劳动关系之日向王志支付经济补偿金23525元；同年11月4日，该协议书末端列有附加条款："双方同意延期到2006年3月31日解除双方劳动关系，其他条例不变。"王志在该协议书签名栏内签名。猛发公司在原审也提交了《申请书》《解除劳动关系协议书》《解除劳动合同经济补偿金签收表》、快速汇款回单予以证明。王志对前述证据的真实性予以确认，但主张23525元是加班工资，而非经济补偿金，但是王志未对其主张提交相关证据。因此，原审法院认定本案双方于2006年3月31日协商解除劳动合同，并支付王志1997年5月1日至2005年11月26日共八年半的经济补偿金23525元，是正确的。

王志于2006年8月10日开始又在猛发公司工作，并与猛发公司签订了2008年和2009年的《劳动合同》，直至2009年11月9日提出解除劳动合同，王志对此予以确认。因此，本案则计算自2006年8月10日至2009年11月9日期间王志应获取的解除劳动合同的经济补偿金。《劳动合同法》第97条第3款规定："本法施行之日存续的劳动合同在本法施行后解除或者终止，依照本法第四十六条规定应当支付经济补偿的，经济补偿年限自本法施行之日起计算；本法施行前按照当时有关规定，用人单位应当向劳动者支付经济补偿的，按照当时有关规定执行。"在离职前12个月，即2008年10月至2009年9月期间，王志的平均月工资为2927.92元。《劳动合同法》于2008年1月1日正式施行，对于王志2008年1月1日之前（即2006年8月10日至2007年12月31日）的经济补偿金，应当根据原劳动部《关于违反和解除劳动合同的经济补偿办法》的规定计算金额，但该规定未对经济补偿金的标准和年限规定上限，故王志2008年1月1日之前的经济补偿金应当按照月平均工资2927.92元计算；2008年1月1日之后的经济补偿金部分，因王志解除劳动合同之前12个月的月平均工资2927.92元未超过深圳市2009年职工月平均工资三倍即3000元，应当按照2927.92元的标准计算。据此计算，王志的经济补偿金=[2008年1月1日前的工作年限（不超过12个月）+2008年1月1日后的工作年限]×劳动者解除劳动合同之前12个月的平均工资，即[2个月（2006年8月10日~2007年12月30日）+2个月（2008年1月1日~2009年11月9日）]×2927.92元=11711.68元。二审法院判决猛发公司向王志支付解除劳动合同经济补偿金5855.84元有误，本院再审予以纠正。据此，本案猛发公司应向王志支付解除劳动合同的经济补偿金11711.68元。另外，依照上述相关法律的规定，猛发公司扣除王志2009年4月、5月的200元工资应予补偿，同时还须偿付王志被扣除200元的25%经济赔偿金即50元，合计250元。

第九十八条 【施行时间】本法自2008年1月1日起施行。

配套法规

中华人民共和国劳动合同法实施条例

1．2008年9月18日国务院令第535号公布

2．自2008年9月18日起施行

目　　录

第一章　总　　则

第一条　【立法宗旨】为了贯彻实施《中华人民共和国劳动合同法》（以下简称劳动合同法），制定本条例。

第二条　【有关方面的贯彻实施】各级人民政府和县级以上人民政府劳动行政等有关部门以及工会等组织，应当采取措施，推动劳动合同法的贯彻实施，促进劳动关系的和谐。

第三条　【新增的适用范围】依法成立的会计师事务所、律师事务所等合伙组织和基金会，属于劳动合同法规定的用人单位。

第二章　劳动合同的订立

第四条　【分支机构订立劳动合同的资格】劳动合同法规定的用人单位设立的分支机构，依法取得营业执照或者登记证书的，可以作为用人单位与劳动者订立劳动合同；未依法取得营业执照或者登记证书的，受用人单位委托可以与劳动者订立劳动合同。

第五条　【一月内劳动者拒不签订劳动合同的处理】自用工之日起一个月内，经用人单位书面通知后，劳动者不与用人单位订立书面劳动合同的，用人单位应当书面通知劳动者终止劳动关系，无需向劳动者支付经济补偿，但是应当依法向劳动者支付其实际工作时间的劳动报酬。

第六条　【超过一月不满一年劳动者拒不签订劳动合同的处理】用人单位自用工之日起超过一个月不满一年未与劳动者订立书面劳动合同的，应当依照劳动合同法第八十二条的规定向劳动者每月支付两倍的工资，并与劳动者补订书面劳动合同；劳动者不与用人单位订立书面劳

动合同的,用人单位应当书面通知劳动者终止劳动关系,并依照劳动合同法第四十七条的规定支付经济补偿。

前款规定的用人单位向劳动者每月支付两倍工资的起算时间为用工之日起满一个月的次日,截止时间为补订书面劳动合同的前一日。

第七条 【满一年用人单位未与劳动者订立劳动合同的处理】用人单位自用工之日起满一年未与劳动者订立书面劳动合同的,自用工之日起满一个月的次日至满一年的前一日应当依照劳动合同法第八十二条的规定向劳动者每月支付两倍的工资,并视为自用工之日起满一年的当日已经与劳动者订立无固定期限劳动合同,应当立即与劳动者补订书面劳动合同。

第八条 【职工名册的内容】劳动合同法第七条规定的职工名册,应当包括劳动者姓名、性别、公民身份号码、户籍地址及现住址、联系方式、用工形式、用工起始时间、劳动合同期限等内容。

第九条 【连续工作满10年的含义】劳动合同法第十四条第二款规定的连续工作满10年的起始时间,应当自用人单位用工之日起计算,包括劳动合同法实施前的工作年限。

第十条 【工作年限的计算】劳动者非因本人原因从原用人单位被安排到新用人单位工作的,劳动者在原用人单位的工作年限合并计算为新用人单位的工作年限。原用人单位已经向劳动者支付经济补偿的,新用人单位在依法解除、终止劳动合同计算支付经济补偿的工作年限时,不再计算劳动者在原用人单位的工作年限。

第十一条 【订立无固定期限劳动合同】除劳动者与用人单位协商一致的情形外,劳动者依照劳动合同法第十四条第二款的规定,提出订立无固定期限劳动合同的,用人单位应当与其订立无固定期限劳动合同。对劳动合同的内容,双方应当按照合法、公平、平等自愿、协商一致、诚实信用的原则协商确定;对协商不一致的内容,依照劳动合同法第十八条的规定执行。

第十二条 【公益性就业岗位】地方各级人民政府及县级以上地方人民政府有关部门为安置就业困难人员提供的给予岗位补贴和社会保险补贴的公益性岗位,其劳动合同不适用劳动合同法有关无固定期限劳动合同的规定以及支付经济补偿的规定。

第十三条 【不得约定劳动合同终止条件】用人单位与劳动者不得在劳动合同法第四十四条规定的劳动合同终止情形之外约定其他的劳动合同终止条件。

第十四条 【注册地与履行地】劳动合同履行地与用人单位注册地不一致的,有关劳动者的最低工资标准、劳动保护、劳动条件、职业危害防护和本地区上年度职工月平均工资标准等事项,按照劳动合同履行地的有关规定执行;用人单位注册地的有关标准高于劳动合同履行地的有关标准,且用人单位与劳动者约定按照用人单位注册地的有关规定执行的,从其约定。

第十五条 【试用期工资】劳动者在试用期的工资不得低于本单位相同岗位最低档工资的80%或者不得低于劳动合同约定工资的80%,并不得低于用人单位所在地的最低工资标准。

第十六条 【培训费用的内容】劳动合同法第二十二条第二款规定的培训费用,包括用人单位为了对劳动者进行专业技术培训而支付的有凭证的培训费用、培训期间的差旅费用以及因培训产生的用于劳动者本人的其他直接费用。

第十七条 【服务期与劳动合同期限】劳动合同期满,但是用人单位与劳动者依照劳动合同法第二十二条的规定约定的服务期尚未到期的,劳动合同应当续延至服务期满;双方另有约定的，从其约定。

第三章 劳动合同的解除和终止

第十八条 【劳动者解除劳动合同的情形】有下列情形之一的，依照劳动合同法规定的条件、程序，劳动者可以与用人单位解除固定期限劳动合同、无固定期限劳动合同或者以完成一定工作任务为期限的劳动合同：

（一）劳动者与用人单位协商一致的；

（二）劳动者提前30日以书面形式通知用人单位的；

（三）劳动者在试用期内提前3日通知用人单位的；

（四）用人单位未按照劳动合同约定提供劳动保护或者劳动条件的；

（五）用人单位未及时足额支付劳动报酬的；

（六）用人单位未依法为劳动者缴纳社会保险费的；

（七）用人单位的规章制度违反法律、法规的规定，损害劳动者权益的；

（八）用人单位以欺诈、胁迫的手段或者乘人之危，使劳动者在违背真实意思的情况下订立或者变更劳动合同的；

（九）用人单位在劳动合同中免除自己的法定责任、排除劳动者权利的；

（十）用人单位违反法律、行政法规强制性规定的；

（十一）用人单位以暴力、威胁或者非法限制人身自由的手段强迫劳动者劳动的；

（十二）用人单位违章指挥、强令冒险作业危及劳动者人身安全的；

（十三）法律、行政法规规定劳动者可以解除劳动合同的其他情形。

第十九条 【用人单位解除劳动合同的情形】有下列情形之一的，依照劳动合同法规定的条件、程序，用人单位可以与劳动者解除固定期限劳动合同、无固定期限劳动合同或者以完成一定工作任务为期限的劳动合同：

（一）用人单位与劳动者协商一致的；

（二）劳动者在试用期间被证明不符合录用条件的；

（三）劳动者严重违反用人单位的规章制度的；

（四）劳动者严重失职，营私舞弊，给用人单位造成重大损害的；

（五）劳动者同时与其他用人单位建立劳动关系，对完成本单位的工作任务造成严重影响，或者经用人单位提出，拒不改正的；

（六）劳动者以欺诈、胁迫的手段或者乘人之危，使用人单位在违背真实意思的情况下订立或者变更劳动合同的；

（七）劳动者被依法追究刑事责任的；

（八）劳动者患病或者非因工负伤，在规定的医疗期满后不能从事原工作，也不能从事由用人单位另行安排的工作的；

（九）劳动者不能胜任工作，经过培训或者调整工作岗位，仍不能胜任工作的；

（十）劳动合同订立时所依据的客观情况发生重大变化，致使劳动合同无法履行，经用人单位与劳动者协商，未能就变更劳动合同内容达成协议的；

（十一）用人单位依照企业破产法规定进行重整的；

（十二）用人单位生产经营发生严重困难的；

（十三）企业转产、重大技术革新或者经营方式调整，经变更劳动合同后，仍需裁减人员的；

（十四）其他因劳动合同订立时所依据的客观经济情况发生重大变化，致使劳动合同无法履行的。

第二十条 【额外支付一个月工资的标准】用人单位依照劳动合同法第四十条的规定，选择额外支付劳动者一个月工资解除劳动合同的，其额外支付的工资应当按照该劳动者上一个月的工资标准确定。

第二十一条 【法定退休年龄与劳动合同终止】劳动者达到法定退休年龄的，劳动合同终止。

第二十二条 【以完成一定工作任务为期限的劳动合同终止的经济补偿】以完成一定工作任务为期限的劳动合同因任务完成而终止的，用人单位应当依照劳动合同法第四十七条的规定向劳动者支付经济补偿。

第二十三条 【工伤待遇与经济补偿的关系】用人单位依法终止工伤职工的劳动合同的，除依照劳动合同法第四十七条的规定支付经济补偿外，还应当依照国家有关工伤保险的规定支付一次性工伤医疗补助金和伤残就业补助金。

第二十四条 【解除或者终止劳动合同证明的内容】用人单位出具的解除、终止劳动合同的证明应当写明劳动合同期限、解除或者终止的日期、工作岗位、在本单位的工作年限。

第二十五条 【赔偿金与经济补偿的关系】用人单位违反劳动合同法的规定解除或者终止劳动合同的，依照劳动合同法第八十七条的规定支付了赔偿金的，不再支付经济补偿。赔偿金的计算年限自用工之日起算。

第二十六条 【服务期与违约金】用人单位与劳动者约定了服务期，劳动者依照劳动合同法第三十八条的规定解除劳动合同的，不属于违反服务期的约定，用人单位不得要求劳动者支付违约金。

有下列情形之一，用人单位与劳动者解除约定服务期的劳动合同的，劳动者应当按照劳动合同的约定向用人单位支付违约金：

（一）劳动者严重违反用人单位的规章制度的；

（二）劳动者严重失职，营私舞弊，给用人单位造成重大损害的；

（三）劳动者同时与其他用人单位建立劳动关系，对完成本单位的工作任务造成严重影响，或者经用人单位提出，拒不改正的；

（四）劳动者以欺诈、胁迫的手段或者乘人之危，使用人单位在违背真实意思的情况下订立或者变更劳动合同的；

（五）劳动者被依法追究刑事责任的。

第二十七条 【经济补偿月工资的计算】劳动合同法第四十七条规定的经济补偿月工资按照劳动者应得工资计算，包括计时工资或者计件工资以及奖金、津贴和补贴等货币性收入。劳动者在劳动合同解除或者终止前 12 个月的平均工资低于当地最低工资标准的，按当地最低工资标准计算。劳动者工作不满 12 个月的，按实际工作的月数计算平均工资。

第四章　劳务派遣特别规定

第二十八条　【不得设立的劳务派遣单位】用人单位或者其所属单位出资或者合伙设立的劳务派遣单位，向本单位或者所属单位派遣劳动者的，属于劳动合同法第六十七条规定的不得设立的劳务派遣单位。

第二十九条　【用工单位义务】用工单位应当履行劳动合同法第六十二条规定的义务，维护被派遣劳动者的合法权益。

第三十条　【劳务派遣不得以非全日制招工】劳务派遣单位不得以非全日制用工形式招用被派遣劳动者。

第三十一条　【解除、终止的经济补偿】劳务派遣单位或者被派遣劳动者依法解除、终止劳动合同的经济补偿，依照劳动合同法第四十六条、第四十七条的规定执行。

第三十二条　【违法解除或者终止的赔偿】劳务派遣单位违法解除或者终止被派遣劳动者的劳动合同的，依照劳动合同法第四十八条的规定执行。

第五章　法 律 责 任

第三十三条　【用人单位违法建立职工名册的责任】用人单位违反劳动合同法有关建立职工名册规定的，由劳动行政部门责令限期改正；逾期不改正的，由劳动行政部门处 2000 元以上 2 万元以下的罚款。

第三十四条　【用人单位欠工资或者赔偿金的责任】用人单位依照劳动合同法的规定应当向劳动者每月支付两倍的工资或者应当向劳动者支付赔偿金而未支付的，劳动行政部门应当责令用人单位支付。

第三十五条　【用工单位的违法责任】用工单位违反劳动合同法和本条例有关劳务派遣规定的，由劳动行政部门和其他有关主管部门责令改正；情节严重的，以每位被派遣劳动者 1000 元以上 5000 元以下的标准处以罚款；给被派遣劳动者造成损害的，劳务派遣单位和用工单位承担连带赔偿责任。

第六章　附　　则

第三十六条　【监察】对违反劳动合同法和本条例的行为的投诉、举报，县级以上地方人民政府劳动行政部门依照《劳动保障监察条例》的规定处理。

第三十七条　【调解仲裁】劳动者与用人单位因订立、履行、变更、解除或者终止劳动合同发生争议的，依照《中华人民共和国劳动争议调解仲裁法》的规定处理。

第三十八条　【施行时间】本条例自公布之日起施行。

中华人民共和国劳动法(节录)

1. 1994年7月5日第八届全国人民代表大会常务委员会第八次会议通过
2. 根据2009年8月27日第十一届全国人民代表大会常务委员会第十次会议《关于修改部分法律的决定》第一次修正
3. 根据2018年12月29日第十三届全国人民代表大会常务委员会第七次会议《关于修改〈中华人民共和国劳动法〉等七部法律的决定》第二次修正

第三章　劳动合同和集体合同

第十六条　【劳动合同】劳动合同是劳动者与用人单位确立劳动关系、明确双方权利和义务的协议。

建立劳动关系应当订立劳动合同。

第十七条　【合同的订立和变更】订立和变更劳动合同,应当遵循平等自愿、协商一致的原则,不得违反法律、行政法规的规定。

劳动合同依法订立即具有法律约束力,当事人必须履行劳动合同规定的义务。

第十八条　【无效合同】下列劳动合同无效:

(一)违反法律、行政法规的劳动合同;

(二)采取欺诈、威胁等手段订立的劳动合同。

无效的劳动合同,从订立的时候起,就没有法律约束力。确认劳动合同部分无效的,如果不影响其余部分的效力,其余部分仍然有效。

劳动合同的无效,由劳动争议仲裁委员会或者人民法院确认。

第十九条　【合同形式和条款】劳动合同应当以书面形式订立,并具备以下条款:

(一)劳动合同期限;

(二)工作内容;

(三)劳动保护和劳动条件;

(四)劳动报酬;

(五)劳动纪律;

(六)劳动合同终止的条件;

(七)违反劳动合同的责任。

劳动合同除前款规定的必备条款外,当事人可以协商约定其他内容。

第二十条　【合同期限】劳动合同的期限分为有固定期限、无固定期限和以完成一定的工作为期限。

劳动者在同一用人单位连续工作满十年以上,当事人双方同意续延劳动合同的,如果劳动者提出订立无固定期限的劳动合同,应当订立无固定期限的劳动合同。

第二十一条 【试用期约定】劳动合同可以约定试用期。试用期最长不得超过六个月。

第二十二条 【商业秘密事项约定】劳动合同当事人可以在劳动合同中约定保守用人单位商业秘密的有关事项。

第二十三条 【合同终止】劳动合同期满或者当事人约定的劳动合同终止条件出现,劳动合同即行终止。

第二十四条 【合同解除】经劳动合同当事人协商一致,劳动合同可以解除。

第二十五条 【单位解除劳动合同事项】劳动者有下列情形之一的,用人单位可以解除劳动合同:

(一)在试用期间被证明不符合录用条件的;

(二)严重违反劳动纪律或者用人单位规章制度的;

(三)严重失职,营私舞弊,对用人单位利益造成重大损害的;

(四)被依法追究刑事责任的。

第二十六条 【解除合同提前通知】有下列情形之一的,用人单位可以解除劳动合同,但是应当提前三十日以书面形式通知劳动者本人:

(一)劳动者患病或者非因工负伤,医疗期满后,不能从事原工作也不能从事由用人单位另行安排的工作的;

(二)劳动者不能胜任工作,经过培训或者调整工作岗位,仍不能胜任工作的;

(三)劳动合同订立时所依据的客观情况发生重大变化,致使原劳动合同无法履行,经当事人协商不能就变更劳动合同达成协议的。

第二十七条 【用人单位裁员】用人单位濒临破产进行法定整顿期间或者生产经营状况发生严重困难,确需裁减人员的,应当提前三十日向工会或者全体职工说明情况,听取工会或者职工的意见,经向劳动行政部门报告后,可以裁减人员。

用人单位依据本条规定裁减人员,在六个月内录用人员的,应当优先录用被裁减的人员。

第二十八条 【经济补偿】用人单位依据本法第二十四条、第二十六条、第二十七条的规定解除劳动合同的,应当依照国家有关规定给予经济补偿。

第二十九条 【用人单位解除合同的限制情形】劳动者有下列情形之一的,用人单位不得依据本法第二十六条、第二十七条的规定解除劳动合同:

(一)患职业病或者因工负伤并被确认丧失或者部分丧失劳动能力的;

(二)患病或者负伤,在规定的医疗期内的;

(三)女职工在孕期、产期、哺乳期内的;

(四)法律、行政法规规定的其他情形。

第三十条 【工会职权】用人单位解除劳动合同,工会认为不适当的,有权提出意见。如果用人单位违反法律、法规或者劳动合同,工会有权要求重新处理;劳动者申请仲裁或者提起诉讼的,工会应当依法给予支持和帮助。

第三十一条 【劳动者解除合同的提前通知期限】劳动者解除劳动合同,应当提前三十日以书面形式通知用人单位。

第三十二条 【劳动者随时通知解除合同情形】有下列情形之一的,劳动者可以随时通知用人单位解除劳动合同:

(一)在试用期内的;

(二)用人单位以暴力、威胁或者非法限制人身自由的手段强迫劳动的;

(三)用人单位未按照劳动合同约定支付劳动报酬或者提供劳动条件的。

第三十三条 【集体合同】企业职工一方与企业可以就劳动报酬、工作时间、休息休假、劳动安全卫生、保险福利等事项,签订集体合同。集体合同草案应当提交职工代表大会或者全体职工讨论通过。

集体合同由工会代表职工与企业签订;没有建立工会的企业,由职工推举的代表与企业签订。

第三十四条 【集体合同生效】集体合同签订后应当报送劳动行政部门;劳动行政部门自收到集体合同文本之日起十五日内未提出异议的,集体合同即行生效。

第三十五条 【集体合同效力】依法签订的集体合同对企业和企业全体职工具有约束力。职工个人与企业订立的劳动合同中劳动条件和劳动报酬等标准不得低于集体合同的规定。

劳动部关于《中华人民共和国劳动法》若干条文的说明(节录)

1. 1994年9月5日发布
2. 劳办发〔1994〕289号

第十六条 劳动合同是劳动者与用人单位确立劳动关系、明确双方权利和义务的协议。

建立劳动关系应当订立劳动合同。

此条明确:建立劳动关系的所有劳动者,不论是管理人员,技术人员还是原来所称的固定工,都必须订立劳动合同。"应当"在这里是"必须"的含义。

第十七条 订立和变更劳动合同,应当遵循平等自愿、协商一致的原则,不得违反法律、行政法规的规定。

劳动合同依法订立即具有法律约束力,当事人必须履行劳动合同规定的义务。

本条第一款中的"法律、行政法规"既包括现行的法律、行政法规,也包括以后颁布实行的法律、行政法规,既包括劳动法律、法规,也包括民事、经济方面的法律、法规。

本条第二款中的"依法"是指订立劳动合同时所依据的现行法律和法规。

劳动合同依法订立即具有法律约束力,任何第三方不得非法干预劳动合同的履行。

第十八条 下列劳动合同无效:

（一）违反法律、行政法规的劳动合同；

（二）采取欺诈、威胁等手段订立的劳动合同；

无效的劳动合同，从订立的时候起，就没有法律约束力。确认劳动合同部分无效的，如果不影响其余部分的效力，其余部分仍然有效。

劳动合同的无效，由劳动争议仲裁委员会或者人民法院确认。

本条第一款第（一）项中“法律、行政法规”与本法第十七条解释相同。第（二）项中，“欺诈”是指：一方当事人故意告知对方当事人虚假的情况，或者故意隐瞒真实的情况，诱使对方当事人作出错误意思表示的行为；“威胁”是指以给公民及其亲友的生命健康、荣誉、名誉、财产等造成损害为要挟，迫使对方作出违背真实的意思表示的行为。（欺诈、威胁的解释依据《最高人民在于贯彻执行〈中华人民共和国民法通则〉若干问题的意见（试行）》）。

劳动合同的无效，经仲裁未引起诉讼的，由劳动争议仲裁委员会认定；经仲裁引起诉讼的，由人民法院认定。

第十九条　劳动合同应当以书面形式订立，并具备以下条款：

（一）劳动合同期限；

（二）工作内容；

（三）劳动保护和劳动条件；

（四）劳动报酬；

（五）劳动纪律；

（六）劳动合同终止的条件；

（七）违反劳动合同的责任。

劳动合同除前款规定的必备条款外，当事人可以协商约定其他内容。

劳动合同的必备条款中没有规定社会保险一项，原因在于：社会保险在全社会范围内依法执行，并不是订立合同的双方当事人所能协商解决的。

“协商约定其他内容”是指劳动合同中的约定条款，即劳动合同双方当事人除依据本法就劳动合同的必备条款达成一致外，如果认为某些方面与劳动合同有关的内容仍需协调，便可将协商一致的内容写进合同，这些内容是合同当事人自愿协商确定的，而不是法定的。

第二十条　劳动合同的期限分为有固定期限、无固定期限和以完成一定的工作为期限。

劳动者在同一用人单位连续工作满十年以上，当事人双方同意续延劳动合同的，如果劳动者提出订立无固定期限的劳动合同，应当订立无固定期限的劳动合同。

本条中的“当事人双方同意续延劳动合同的”，是指已有劳动合同到期，双方同意续延的。并非指原固定工同意而一律订立无固定期限的劳动合同。

第二十一条　劳动合同可以约定试用期。试用期最长不得超过六个月。

本条中规定的“试用期”适用于初次就业或再次就业时改变劳动岗位或工种的劳动者。

第二十二条　劳动合同当事人可以在劳动合同中约定保守用人单位商业秘密的有关事项。

根据《反不正当竞争法》第十条规定，商业秘密指不为公众所知悉，能为用人单位带来经济利息，具有实用性并经用人单位采取保密措施的技术信息和经营信息。

第二十五条 劳动者有下列情形之一的，用人单位可以解除劳动合同：

（一）在试用期间被证明不符合录用条件的；

（二）严重违反劳动纪律或者用人单位规章制度的；

（三）严重失职，营私舞弊，对用人单位利益造成重大损害的；

（四）被依法追究刑事责任的。

本条中“严重违反劳动纪律”的行为，可根据《企业职工奖励条例》和《国营企业辞退违纪职工暂行规定》等有关法规认定。

本条中的“重大损害”由企业内部规章来规定。因为企业类型各有不同，对重大损害的界定也千差万别，故不便对重大损害作统一解释。若由此发生劳动争议，可以通过劳动争议仲裁委员会对其规章规定的重大损害进行认定。

本条中“被依法追究刑事责任”，具体指：（1）被人民检察院免予起诉的；（2）被人民法院判处刑罚（刑罚包括：主刑：管制、拘役、有期徒刑、无期徒刑、死刑；附加刑：罚金、剥夺政治权利、没收财产）的；（3）被人民法院依据刑法第32条免予刑事处分的。

第二十六条 有下列情形之一的，用人单位可以解除劳动合同，但是应当提前三十日以书面形式通知劳动者本人：

（一）劳动者患病或者非因工负伤，医疗期满后，不能从事原工作也不能从事由用人单位另行安排的工作的；

（二）劳动者不能胜任工作，经过培训或者调整工作岗位，仍不能胜任工作的；

（三）劳动合同订立时所依据的客观情况发生重大变化，致使原劳动合同无法履行，经当事人协商不能就变更劳动合同达成协议的。

本条第（一）项指劳动者医疗期满后，不能从事原工作的，由原用人单位另行安排适当工作之后，仍不能从事另行安排的工作的，可以解除劳动合同。

本条第（二）项中的“不能胜任工作”，是指不能按要求完成劳动合同中约定的任务或者同工种，同岗位人员的工作量。用人单位不得故意提高定额标准，使劳动者无法完成。

本条中的“客观情况”指：发生不可抗力或出现致使劳动合同全部或部分条款无法履行的其他情况，如企业迁移、被兼并、企业资产转移等，并且排除本法第二十七条所列的客观情况。

第二十七条 用人单位濒临破产进行法定整顿期间或者生产经营状况发生严重困难，确需裁减人员的，应当提前三十日向工会或者全体职工说明情况，听取工会或者职工的意见，经向劳动行政部门报告后，可以裁减人员。

用人单位依据本条规定裁减人员，在六个月内录用人员的，应当优先录用被裁减的人员。

本条中的“法定整顿期间”指依据《中华人民共和国破产法》和《民事诉讼法》的破产程序进入的整顿期间。“生产经营状况发生严重困难”可以根据地方政府规定的困难企业标准来界定。“报告”仅指说明情况，无批准的含义。“优先录用”指同等条件下优先录用。

第二十八条 用人单位依据本法第二十四条、第二十六条、第二十七条的规定解除劳动合同的，应当依照国家有关规定给予经济补偿。

本条中的“依据国家有关规定”是指国家法律、法规和劳动部制定的规章及其他规范性文件。

目前除《国营企业实行劳动合同制暂行规定》对新招工人解除劳动合同给予经济补偿,《中华人民共和国中外合资经营企业劳动管理规定》第四条规定,企业应对被解雇的职工予以经济补偿外,其他劳动法律、法规、规章尚无此规定。需制定新的经济补偿办法。《履行和解除劳动合同的经济补偿办法》正在制定中,将于明年一月一日前颁布。

第二十九条 劳动者有下列情形之一的,用人单位不得依据本法第二十六条、第二十七条的规定解除劳动合同:

(一)患职业病或者因工负伤并被确认丧失或者部分丧失劳动能力的;

(二)患病或者负伤,在规定的医疗期内的;

(三)女职工在孕期、产期、哺乳期内的;

(四)法律、行政法规规定的其他情形。

本条第(一)项、第(二)项、第(三)项之所以以法律的形式规定不得解除劳动合同,是为了保证劳动者在特殊情况下的权益不受侵害。在第(二)项、第(三)项规定的情形下劳动合同到期的,应延续劳动合同到医疗期满或女职工"三期"届满为止。

本条第(四)项中的"法律、法规规定的其他情形",这类规定是立法时经常采用的技术性手段,其立法用意是:(1)在该条款列举情况时,为避免遗漏现行法律、法规规定的其他情况,采用此种办法使该法与其他法相衔接。(2)便于以后颁布的法律相衔接,即与新法相衔接。本法第四十二条第(三)项的解释与此相同。

第三十条 用人单位解除劳动合同,工会认为不适当的,有权提出意见。如果用人单位违反法律、法规或者劳动合同,工会有权要求重新处理;劳动者申请仲裁或者提起诉讼的,工会应当依法给予支持和帮助。

本条中的"法律、法规"是指与解除劳动合同有关的现行法律、法规。

第三十一条 劳动者解除劳动合同,应当提前三十日以书面形式通知用人单位。

本条规定了劳动者的辞职权,除此条规定的程序外,对劳动者行使辞职权不附加任何条件。但违反劳动合同约定者要依法承担责任。

第三十二条 有下列情形之一的,劳动者可以随时通知用人单位解除劳动合同:

(一)在试用期内的;

(二)用人单位以暴力、威胁或者非法限制人身自由的手段强迫劳动的;

(三)用人单位未按照劳动合同约定支付劳动报酬或者提供劳动条件的。

本条中的"非法限制人身自由"是指采用拘留、禁闭或其他强制方法非法剥夺或限制他人按照自己的意志支配自己的身体活动的自由的行为。

第三十三条 企业职工一方与企业可以就劳动报酬、工作时间、休息休假、劳动安全卫生、保险福利等事项,签订集体合同。集体合同草案应当提交职工代表大会或者全体职工讨论通过。

集体合同由工会代表职工与企业签订;没有建立工会的企业,由职工推举的代表与企业签订。

本条中的“企业职工一方”是指企业工会或者职工推举的代表(没有建立工会的企业)。

本条中的“保险福利”主要是指国家基本社会保险之外的企业补充保险和职工福利。国家基本社会保险依照法律法规规定执行。

第三十五条 依法签订的集体合同对企业和企业全体职工具有约束力。职工个人与企业订立的劳动合同中劳动条件和劳动报酬等标准不得低于集体合同的规定。

集体合同中劳动条件和劳动报酬的规定不得违背国家法律法规的规定;企业与职工签订的劳动合同在此方面不得低于集体合同的规定。即集体合同的法律效力高于劳动合同,劳动法律、法规的法律效力高于集体合同。

劳动部关于贯彻执行《中华人民共和国劳动法》若干问题的意见(节录)

1. 1995年8月4日发布
2. 劳部发〔1995〕309号

二、劳动合同和集体合同

(一)劳动合同的订立

6. 用人单位应与其富余人员、放长假的职工,签订劳动合同,但其劳动合同与在岗职工的劳动合同在内容上可以有所区别。用人单位与劳动者经协商一致可以在劳动合同中就不在岗期间的有关事项作出规定。

7. 用人单位应与其长期被外单位借用的人员、带薪上学人员、以及其他非在岗但仍保持劳动关系的人员签订劳动合同,但在外借和上学期间,劳动合同中的某些相关条款经双方协商可以变更。

8. 请长病假的职工,在病假期间与原单位保持着劳动关系,用人单位应与其签订劳动合同。

9. 原固定工中经批准的停薪留职人员,愿意回原单位继续工作的,原单位应与其签订劳动合同;不愿回原单位继续工作的,原单位可以与其解除劳动关系。

10. 根据劳动部《实施〈劳动法〉中有关劳动合同问题的解答》(劳部发〔1995〕202号)的规定,党委书记、工会主席等党群专职人员也是职工的一员,依照劳动法的规定,与用人单位签订劳动合同。对于有特殊规定的,可以按有关规定办理。

11. 根据劳动部《实施〈劳动法〉中有关劳动合同问题的解答》(劳部发〔1995〕202号)的规定,经理由其上级部门聘任(委任)的,应与聘任(委任)部门签订劳动合同。实行公司制的经理和有关经营管理人员,应依据《中华人民共和国公司法》的规定与董事会签订劳动合同。

12. 在校生利用业余时间勤工助学,不视为就业,未建立劳动关系,可以不签订劳动合同。

13. 用人单位发生分立或合并后,分立或合并后的用人单位可依据其实际情况与原用人单位的劳动者遵循平等自愿、协商一致的原则变更原劳动合同。

14. 派出到合资、参股单位的职工如果与原单位仍保持着劳动关系，应当与原单位签订劳动合同，原单位可就劳动合同的有关内容在与合资、参股单位订立劳务合同时，明确职工的工资、保险、福利、休假等有关待遇。

15. 租赁经营（生产）、承包经营（生产）的企业，所有权并没有发生改变，法人名称未变，在与职工订立劳动合同时，该企业仍为用人单位一方。依据租赁合同或承包合同，租赁人、承包人如果作为该企业的法定代表人或者该法定代表人的授权委托人时，可代表该企业（用人单位）与劳动者订立劳动合同。

16. 用人单位与劳动者签订劳动合同时，劳动合同可以由用人单位拟定，也可以由双方当事人共同拟定，但劳动合同必须经双方当事人协商一致后才能签订，职工被迫签订的劳动合同或未经协商一致签订的劳动合同为无效劳动合同。

17. 用人单位与劳动者之间形成了事实劳动关系，而用人单位故意拖延不订立劳动合同，劳动行政部门应予以纠正。用人单位因此给劳动者造成损害的，应按劳动部《违反〈劳动法〉有关劳动合同规定的赔偿办法》（劳部发〔1995〕223 号）的规定进行赔偿。

（二）劳动合同的内容

18. 劳动者被用人单位录用后，双方可以在劳动合同中约定试用期，试用期应包括在劳动合同期限内。

19. 试用期是用人单位和劳动者为相互了解、选择而约定的不超过六个月的考察期。一般对初次就业或再次就业的职工可以约定。在原固定工进行劳动合同制度的转制过程中，用人单位与原固定工签订劳动合同时，可以不再约定试用期。

20. 无固定期限的劳动合同是指不约定终止日期的劳动合同。按照平等自愿、协商一致的原则，用人单位和劳动者只要达成一致，无论是初次就业的，还是由固定工转制的，都可以签订无固定期限的劳动合同。

无固定期限的劳动合同不得将法定解除条件约定为终止条件，以规避解除劳动合同时用人单位应承担支付给劳动者经济补偿的义务。

21. 用人单位经批准招用农民工，其劳动合同期限可以由用人单位和劳动者协商确定。

从事矿山井下以及在其他有害身体健康的工种、岗位工作的农民工，实行定期轮换制度，合同期限最长不超过八年。

22. 劳动法第二十条中的“在同一用人单位连续工作满十年以上”是指劳动者与同一用人单位签订的劳动合同的期限不间断达到十年，劳动合同期满双方同意续订劳动合同时，只要劳动者提出签订无固定期限劳动合同的，用人单位应当与其签订无固定期限的劳动合同。在固定工转制中各地如有特殊规定的，从其规定。

23. 用人单位用于劳动者职业技能培训费用的支付和劳动者违约时培训费的赔偿可以在劳动合同中约定，但约定劳动者违约时负担的培训费和赔偿金的标准不得违反劳动部《违反〈劳动法〉有关劳动合同规定的赔偿办法》（劳部发〔1995〕223 号）等有关规定。

24. 用人单位在与劳动者订立劳动合同时，不得以任何形式向劳动者收取定金、保证金（物）

或抵押金(物)。对违反以上规定的,应按照劳动部、公安部、全国总工会《关于加强外商投资企业和私营企业劳动管理切实保障职工合法权益的通知》(劳部发〔1994〕118 号)和劳动部办公厅《对"关于国有企业和集体所有制企业能否参照执行劳部发〔1994〕118 号文件中的有关规定的请示"的复函》(劳办发〔1994〕256 号)的规定,由公安部门和劳动行政部门责令用人单位立即退还给劳动者本人。

(三)经济性裁员

25. 依据劳动法第二十七条和劳动部《企业经济性裁减人员规定》(劳部发〔1994〕447 号)第四条的规定,用人单位确需裁减人员,应按下列程序进行:

(1)提前三十日向工会或全体职工说明情况,并提供有关生产经营状况的资料;

(2)提出裁减人员方案,内容包括:被裁减人员名单、裁减时间及实施步骤,符合法律、法规规定和集体合同约定的被裁减人员的经济补偿方法;

(3)将裁减人员方案征求工会或者全体职工的意见,并对方案进行修改和完善;

(4)向当地劳动行政部门报告裁减人员方案以及工会或者全体职工的意见,并听取劳动行政部门的意见;

(5)由用人单位正式公布裁减人员方案,与被裁减人员办理解除劳动合同手续,按照有关规定向被裁减人员本人支付经济补偿金,并出具裁减人员证明书。

(四)劳动合同的解除和无效劳动合同

26. 劳动合同的解除是指劳动合同订立后,尚未全部履行以前,由于某种原因导致劳动合同一方或双方当事人提前消灭劳动关系的法律行为。劳动合同的解除分为法定解除和约定解除两种。根据劳动法的规定,劳动合同既可以由单方依法解除,也可以双方协商解除。劳动合同的解除,只对未履行的部分发生效力,不涉及已履行的部分。

27. 无效劳动合同是指所订立的劳动合同不符合法定条件,不能发生当事人预期的法律后果的劳动合同。劳动合同的无效由人民法院或劳动争议仲裁委员会确认,不能由合同双方当事人决定。

28. 劳动者涉嫌违法犯罪被有关机关收容审查、拘留或逮捕的,用人单位在劳动者被限制人身自由期间,可与其暂时停止劳动合同的履行。

暂时停止履行劳动合同期间,用人单位不承担劳动合同规定的相应义务。劳动者经证明被错误限制人身自由的,暂时停止履行劳动合同期间劳动者的损失,可由其依据《国家赔偿法》要求有关部门赔偿。

29. 劳动者被依法追究刑事责任的,用人单位可依据劳动法第二十五条解除劳动合同。

"被依法追究刑事责任"是指:被人民检察院免予起诉的、被人民法院判处刑罚的、被人民法院依据刑法第三十二条免予刑事处分的。

劳动者被人民法院判处拘役、三年以下有期徒刑缓刑的,用人单位可以解除劳动合同。

30. 劳动法第二十五条为用人单位可以解除劳动合同的条款,即使存在第二十九条规定的情况,只要劳动者同时存在第二十五条规定的四种情形之一,用人单位也可以根据第二十五条的规定解除劳动合同。

31. 劳动者被劳动教养的，用人单位可以依据被劳教的事实解除与该劳动者的劳动合同。

32. 按照劳动法第三十一条的规定，劳动者解除劳动合同，应当提前三十日以书面形式通知用人单位。超过三十日，劳动者可以向用人单位提出办理解除劳动合同手续，用人单位予以办理。如果劳动者违法解除劳动合同给原用人单位造成经济损失，应当承担赔偿责任。

33. 劳动者违反劳动法规定或劳动合同的约定解除劳动合同（如擅自离职），给用人单位造成经济损失的，应当根据劳动法第一百零二条和劳动部《违反〈劳动法〉有关劳动合同规定的赔偿办法》（劳部发〔1995〕223 号）的规定，承担赔偿责任。

34. 除劳动法第二十五条规定的情形外，劳动者在医疗期、孕期、产期和哺乳期内，劳动合同期限届满时，用人单位不得终止劳动合同。劳动合同的期限应自动延续至医疗期、孕期、产期和哺乳期期满为止。

35. 请长病假的职工在医疗期满后，能从事原工作的，可以继续履行劳动合同；医疗期满后仍不能从事原工作也不能从事由单位另行安排的工作的，由劳动鉴定委员会参照工伤与职业病致残程度鉴定标准进行劳动能力鉴定。被鉴定为一至四级的，应当退出劳动岗位，解除劳动关系，办理因病或非因工负伤退休退职手续，享受相应的退休退职待遇；被鉴定为五至十级的，用人单位可以解除劳动合同，并按规定支付经济补偿金和医疗补助费。

（五）解除劳动合同的经济补偿

36. 用人单位依据劳动法第二十四条、第二十六条、第二十七条的规定解除劳动合同，应当按照劳动法和劳动部《违反和解除劳动合同的经济补偿办法》（劳部发〔1994〕481 号）支付劳动者经济补偿金。

37. 根据《民法通则》第四十四条第二款“企业法人分立、合并，它的权利和义务由变更后的法人享有和承担”的规定，用人单位发生分立或合并后，分立或合并后的用人单位可依据其实际情况与原用人单位的劳动者遵循平等自愿、协商一致的原则变更、解除或重新签订劳动合同。在此种情况下的重新签订劳动合同视为原劳动合同的变更，用人单位变更劳动合同，劳动者不能依据劳动法第二十八条要求经济补偿。

38. 劳动合同期满或者当事人约定的劳动合同终止条件出现，劳动合同即行终止，用人单位可以不支付劳动者经济补偿金。国家另有规定的，可以从其规定。

39. 用人单位依据劳动法第二十五条解除劳动合同，可以不支付劳动者经济补偿金。

40. 劳动者依据劳动法第三十二条第（一）项解除劳动合同，用人单位可以不支付经济补偿金，但应按照劳动者的实际工作天数支付工资。

41. 在原固定工实行劳动合同制度的过程中，企业富余职工辞职，经企业同意可以不与企业签订劳动合同的，企业应根据《国有企业富余职工安置规定》（国务院令第 111 号，1993 年公布）发给劳动者一次性生活补助费。

42. 职工在接近退休年龄（按有关规定一般为五年以内）时因劳动合同到期终止劳动合同的，如果符合退休、退职条件，可以办理退休、退职手续；不符合退休、退职条件的，在终止劳动合同后按规定领取失业救济金。享受失业救济金的期限届满后仍未就业，符合社会救济条件的，可以按规定领取社会救济金，达到退休年龄时办理退休手续，领取养老保险金。

43. 劳动合同解除后，用人单位对符合规定的劳动者应支付经济补偿金。不能因劳动者领取了失业救济金而拒付或克扣经济补偿金，失业保险机构也不得以劳动者领取了经济补偿金为由，停发或减发失业救济金。

（六）体制改革过程中实行劳动合同制度的有关政策

44. 困难企业签订劳动合同，应区分不同情况，有些亏损企业属政策性亏损，生产仍在进行，还能发出工资，应该按照劳动法的规定签订劳动合同。已经停产半停产的企业，要根据具体情况签订劳动合同，保证这些企业职工的基本生活。

45. 在国有企业固定工转制过程中，劳动者无正当理由不得单方面与用人单位解除劳动关系；用人单位也不得以实行劳动合同制度为由，借机辞退部分职工。

46. 关于在企业内录干、聘干问题，劳动法规定用人单位内的全体职工统称为劳动者，在同一用人单位内，各种不同的身份界限随之打破。应该按照劳动法的规定，通过签订劳动合同来明确劳动者的工作内容、岗位等。用人单位根据工作需要，调整劳动者的工作岗位时，可以与劳动者协商一致，变更劳动合同的相关内容。

47. 由于各用人单位千差万别，对工作内容、劳动报酬的规定也就差异很大，因此，国家不宜制定统一的劳动合同标准文本。目前，各地、各行业制定并向企业推荐的劳动合同文本，对于用人单位和劳动者双方有一定的指导意义，但这些劳动合同文本只能供用人单位和劳动者参考。

48. 按照劳动部办公厅《对全面实行劳动合同制若干问题的请示的复函》（劳办发〔1995〕19号）的规定，各地企业在与原固定工签订劳动合同时，应注意保护老弱病残职工的合法权益。对工作时间较长，年龄较大的职工，各地可以根据劳动法第一百零六条制定一次性的过渡政策，具体办法由各省、自治区、直辖市确定。

49. 在企业全面建立劳动合同制度以后，原合同制工人与本企业内的原固定工应享受同等待遇。是否发给15%的工资性补贴，可以由各省、自治区、直辖市人民政府根据劳动法第一百零六条在制定劳动合同制度的实施步骤时加以规定。

50. 在目前工伤保险和残疾人康复就业制度尚未建立和完善的情况下，对因工部分丧失劳动能力的职工，劳动合同期满也不能终止劳动合同，仍由原单位按照国家有关规定提供医疗等待遇。

（七）集体合同

51. 当前签订集体合同的重点应在非国有企业和现代企业制度试点的企业进行，积累经验，逐步扩大范围。

52. 关于国有企业在承包制条件下签订的"共保合同"，凡内容符合劳动法和有关法律、法规和规章关于集体合同规定的，应按照有关规定办理集体合同送审、备案手续；凡不符合劳动法和有关法律、法规和规章规定的，应积极创造条件逐步向规范的集体合同过渡。

中华人民共和国劳动争议调解仲裁法

1．2007年12月29日第十届全国人民代表大会常务委员会第三十一次会议通过
2．2007年12月29日中华人民共和国主席令第80号公布
3．自2008年5月1日起施行

目　　录

第一章　总　　则

第一条　【立法目的】为了公正及时解决劳动争议，保护当事人合法权益，促进劳动关系和谐稳定，制定本法。

第二条　【调整范围】中华人民共和国境内的用人单位与劳动者发生的下列劳动争议，适用本法：

（一）因确认劳动关系发生的争议；

（二）因订立、履行、变更、解除和终止劳动合同发生的争议；

（三）因除名、辞退和辞职、离职发生的争议；

（四）因工作时间、休息休假、社会保险、福利、培训以及劳动保护发生的争议；

（五）因劳动报酬、工伤医疗费、经济补偿或者赔偿金等发生的争议；

（六）法律、法规规定的其他劳动争议。

第三条　【劳动争议处理的原则】解决劳动争议，应当根据事实，遵循合法、公正、及时、着重调解的原则，依法保护当事人的合法权益。

第四条　【劳动争议当事人的协商和解】发生劳动争议，劳动者可以与用人单位协商，也可以请工会或者第三方共同与用人单位协商，达成和解协议。

第五条　【劳动争议处理的基本程序】发生劳动争议，当事人不愿协商、协商不成或者达成和解协议后不履行的，可以向调解组织申请调解；不愿调解、调解不成或者达成调解协议后不履行的，可以向劳动争议仲裁委员会申请仲裁；对仲裁裁决不服的，除本法另有规定的外，可以向

人民法院提起诉讼。

第六条 【举证责任】发生劳动争议,当事人对自己提出的主张,有责任提供证据。与争议事项有关的证据属于用人单位掌握管理的,用人单位应当提供;用人单位不提供的,应当承担不利后果。

第七条 【劳动争议处理的代表人制度】发生劳动争议的劳动者一方在十人以上,并有共同请求的,可以推举代表参加调解、仲裁或者诉讼活动。

第八条 【劳动争议处理的协调劳动关系三方机制】县级以上人民政府劳动行政部门会同工会和企业方面代表建立协调劳动关系三方机制,共同研究解决劳动争议的重大问题。

第九条 【劳动监察】用人单位违反国家规定,拖欠或者未足额支付劳动报酬,或者拖欠工伤医疗费、经济补偿或者赔偿金的,劳动者可以向劳动行政部门投诉,劳动行政部门应当依法处理。

第二章 调　　解

第十条 【调解组织】发生劳动争议,当事人可以到下列调解组织申请调解:

(一)企业劳动争议调解委员会;

(二)依法设立的基层人民调解组织;

(三)在乡镇、街道设立的具有劳动争议调解职能的组织。

企业劳动争议调解委员会由职工代表和企业代表组成。职工代表由工会成员担任或者由全体职工推举产生,企业代表由企业负责人指定。企业劳动争议调解委员会主任由工会成员或者双方推举的人员担任。

第十一条 【担任调解员的条件】劳动争议调解组织的调解员应当由公道正派、联系群众、热心调解工作,并具有一定法律知识、政策水平和文化水平的成年公民担任。

第十二条 【调解申请】当事人申请劳动争议调解可以书面申请,也可以口头申请。口头申请的,调解组织应当当场记录申请人基本情况、申请调解的争议事项、理由和时间。

第十三条 【调解方式】调解劳动争议,应当充分听取双方当事人对事实和理由的陈述,耐心疏导,帮助其达成协议。

第十四条 【调解协议】经调解达成协议的,应当制作调解协议书。

调解协议书由双方当事人签名或者盖章,经调解员签名并加盖调解组织印章后生效,对双方当事人具有约束力,当事人应当履行。

自劳动争议调解组织收到调解申请之日起十五日内未达成调解协议的,当事人可以依法申请仲裁。

第十五条 【申请仲裁】达成调解协议后,一方当事人在协议约定期限内不履行调解协议的,另一方当事人可以依法申请仲裁。

第十六条 【支付令】因支付拖欠劳动报酬、工伤医疗费、经济补偿或者赔偿金事项达成调解协议,用人单位在协议约定期限内不履行的,劳动者可以持调解协议书依法向人民法院申请支付令。人民法院应当依法发出支付令。

第三章 仲　　裁

第一节 一 般 规 定

第十七条 【劳动争议仲裁委员设立】劳动争议仲裁委员会按照统筹规划、合理布局和适应实际需要的原则设立。省、自治区人民政府可以决定在市、县设立；直辖市人民政府可以决定在区、县设立。直辖市、设区的市也可以设立一个或者若干个劳动争议仲裁委员会。劳动争议仲裁委员会不按行政区划层层设立。

第十八条 【制定仲裁规则及指导劳动争议仲裁工作】国务院劳动行政部门依照本法有关规定制定仲裁规则。省、自治区、直辖市人民政府劳动行政部门对本行政区域的劳动争议仲裁工作进行指导。

第十九条 【劳动争议仲裁委员会组成及职责】劳动争议仲裁委员会由劳动行政部门代表、工会代表和企业方面代表组成。劳动争议仲裁委员会组成人员应当是单数。

劳动争议仲裁委员会依法履行下列职责：

（一）聘任、解聘专职或者兼职仲裁员；

（二）受理劳动争议案件；

（三）讨论重大或者疑难的劳动争议案件；

（四）对仲裁活动进行监督。

劳动争议仲裁委员会下设办事机构，负责办理劳动争议仲裁委员会的日常工作。

第二十条 【仲裁员资格条件】劳动争议仲裁委员会应当设仲裁员名册。

仲裁员应当公道正派并符合下列条件之一：

（一）曾任审判员的；

（二）从事法律研究、教学工作并具有中级以上职称的；

（三）具有法律知识、从事人力资源管理或者工会等专业工作满五年的；

（四）律师执业满三年的。

第二十一条 【仲裁管辖】劳动争议仲裁委员会负责管辖本区域内发生的劳动争议。

劳动争议由劳动合同履行地或者用人单位所在地的劳动争议仲裁委员会管辖。双方当事人分别向劳动合同履行地和用人单位所在地的劳动争议仲裁委员会申请仲裁的，由劳动合同履行地的劳动争议仲裁委员会管辖。

第二十二条 【仲裁案件当事人】发生劳动争议的劳动者和用人单位为劳动争议仲裁案件的双方当事人。

劳务派遣单位或者用工单位与劳动者发生劳动争议的，劳务派遣单位和用工单位为共同当事人。

第二十三条 【仲裁案件第三人】与劳动争议案件的处理结果有利害关系的第三人，可以申请参加仲裁活动或者由劳动争议仲裁委员会通知其参加仲裁活动。

第二十四条 【委托代理】当事人可以委托代理人参加仲裁活动。委托他人参加仲裁活动，应当向劳动争议仲裁委员会提交有委托人签名或者盖章的委托书,委托书应当载明委托事项和权限。

第二十五条 【法定代理和指定代理】丧失或者部分丧失民事行为能力的劳动者,由其法定代理人代为参加仲裁活动;无法定代理人的,由劳动争议仲裁委员会为其指定代理人。劳动者死亡的,由其近亲属或者代理人参加仲裁活动。

第二十六条 【仲裁公开】劳动争议仲裁公开进行,但当事人协议不公开进行或者涉及国家秘密、商业秘密和个人隐私的除外。

第二节 申请和受理

第二十七条 【仲裁时效】劳动争议申请仲裁的时效期间为一年。仲裁时效期间从当事人知道或者应当知道其权利被侵害之日起计算。

前款规定的仲裁时效,因当事人一方向对方当事人主张权利,或者向有关部门请求权利救济,或者对方当事人同意履行义务而中断。从中断时起,仲裁时效期间重新计算。

因不可抗力或者有其他正当理由,当事人不能在本条第一款规定的仲裁时效期间申请仲裁的,仲裁时效中止。从中止时效的原因消除之日起,仲裁时效期间继续计算。

劳动关系存续期间因拖欠劳动报酬发生争议的,劳动者申请仲裁不受本条第一款规定的仲裁时效期间的限制;但是,劳动关系终止的,应当自劳动关系终止之日起一年内提出。

第二十八条 【仲裁申请】申请人申请仲裁应当提交书面仲裁申请,并按照被申请人人数提交副本。

仲裁申请书应当载明下列事项:

(一)劳动者的姓名、性别、年龄、职业、工作单位和住所,用人单位的名称、住所和法定代表人或者主要负责人的姓名、职务;

(二)仲裁请求和所根据的事实、理由;

(三)证据和证据来源、证人姓名和住所。

书写仲裁申请确有困难的,可以口头申请,由劳动争议仲裁委员会记入笔录,并告知对方当事人。

第二十九条 【仲裁申请的受理和不予受理】劳动争议仲裁委员会收到仲裁申请之日起五日内,认为符合受理条件的,应当受理,并通知申请人;认为不符合受理条件的,应当书面通知申请人不予受理,并说明理由。对劳动争议仲裁委员会不予受理或者逾期未作出决定的,申请人可以就该劳动争议事项向人民法院提起诉讼。

第三十条 【仲裁申请送达与仲裁答辩书的提供】劳动争议仲裁委员会受理仲裁申请后,应当在五日内将仲裁申请书副本送达被申请人。

被申请人收到仲裁申请书副本后,应当在十日内向劳动争议仲裁委员会提交答辩书。劳动争议仲裁委员会收到答辩书后,应当在五日内将答辩书副本送达申请人。被申请人未提交答辩书的,不影响仲裁程序的进行。

第三节　开庭和裁决

第三十一条　【仲裁庭组成】劳动争议仲裁委员会裁决劳动争议案件实行仲裁庭制。仲裁庭由三名仲裁员组成,设首席仲裁员。简单劳动争议案件可以由一名仲裁员独任仲裁。

第三十二条　【书面通知仲裁庭组成情况】劳动争议仲裁委员会应当在受理仲裁申请之日起五日内将仲裁庭的组成情况书面通知当事人。

第三十三条　【仲裁员回避】仲裁员有下列情形之一,应当回避,当事人也有权以口头或者书面方式提出回避申请:

(一)是本案当事人或者当事人、代理人的近亲属的;

(二)与本案有利害关系的;

(三)与本案当事人、代理人有其他关系,可能影响公正裁决的;

(四)私自会见当事人、代理人,或者接受当事人、代理人的请客送礼的。

劳动争议仲裁委员会对回避申请应当及时作出决定,并以口头或者书面方式通知当事人。

第三十四条　【仲裁员的法律责任】仲裁员有本法第三十三条第四项规定情形,或者有索贿受贿、徇私舞弊、枉法裁决行为的,应当依法承担法律责任。劳动争议仲裁委员会应当将其解聘。

第三十五条　【开庭通知与延期开庭】仲裁庭应当在开庭五日前,将开庭日期、地点书面通知双方当事人。当事人有正当理由的,可以在开庭三日前请求延期开庭。是否延期,由劳动争议仲裁委员会决定。

第三十六条　【视为撤回仲裁申请和缺席裁决】申请人收到书面通知,无正当理由拒不到庭或者未经仲裁庭同意中途退庭的,可以视为撤回仲裁申请。

被申请人收到书面通知,无正当理由拒不到庭或者未经仲裁庭同意中途退庭的,可以缺席裁决。

第三十七条　【鉴定】仲裁庭对专门性问题认为需要鉴定的,可以交由当事人约定的鉴定机构鉴定;当事人没有约定或者无法达成约定的,由仲裁庭指定的鉴定机构鉴定。

根据当事人的请求或者仲裁庭的要求,鉴定机构应当派鉴定人参加开庭。当事人经仲裁庭许可,可以向鉴定人提问。

第三十八条　【质证、辩论、陈述最后意见】当事人在仲裁过程中有权进行质证和辩论。质证和辩论终结时,首席仲裁员或者独任仲裁员应当征询当事人的最后意见。

第三十九条　【证据及举证责任】当事人提供的证据经查证属实的,仲裁庭应当将其作为认定事实的根据。

劳动者无法提供由用人单位掌握管理的与仲裁请求有关的证据,仲裁庭可以要求用人单位在指定期限内提供。用人单位在指定期限内不提供的,应当承担不利后果。

第四十条　【仲裁庭审笔录】仲裁庭应当将开庭情况记入笔录。当事人和其他仲裁参加人认为对自己陈述的记录有遗漏或者差错的,有权申请补正。如果不予补正,应当记录该申请。

笔录由仲裁员、记录人员、当事人和其他仲裁参加人签名或者盖章。

第四十一条 【当事人自行和解】当事人申请劳动争议仲裁后，可以自行和解。达成和解协议的，可以撤回仲裁申请。

第四十二条 【仲裁庭调解】仲裁庭在作出裁决前，应当先行调解。

调解达成协议的，仲裁庭应当制作调解书。

调解书应当写明仲裁请求和当事人协议的结果。调解书由仲裁员签名，加盖劳动争议仲裁委员会印章，送达双方当事人。调解书经双方当事人签收后，发生法律效力。

调解不成或者调解书送达前，一方当事人反悔的，仲裁庭应当及时作出裁决。

第四十三条 【仲裁审理时限及先行裁决】仲裁庭裁决劳动争议案件，应当自劳动争议仲裁委员会受理仲裁申请之日起四十五日内结束。案情复杂需要延期的，经劳动争议仲裁委员会主任批准，可以延期并书面通知当事人，但是延长期限不得超过十五日。逾期未作出仲裁裁决的，当事人可以就该劳动争议事项向人民法院提起诉讼。

仲裁庭裁决劳动争议案件时，其中一部分事实已经清楚，可以就该部分先行裁决。

第四十四条 【先予执行】仲裁庭对追索劳动报酬、工伤医疗费、经济补偿或者赔偿金的案件，根据当事人的申请，可以裁决先予执行，移送人民法院执行。

仲裁庭裁决先予执行的，应当符合下列条件：

（一）当事人之间权利义务关系明确；

（二）不先予执行将严重影响申请人的生活。

劳动者申请先予执行的，可以不提供担保。

第四十五条 【作出裁决】裁决应当按照多数仲裁员的意见作出，少数仲裁员的不同意见应当记入笔录。仲裁庭不能形成多数意见时，裁决应当按照首席仲裁员的意见作出。

第四十六条 【裁决书】裁决书应当载明仲裁请求、争议事实、裁决理由、裁决结果和裁决日期。裁决书由仲裁员签名，加盖劳动争议仲裁委员会印章。对裁决持不同意见的仲裁员，可以签名，也可以不签名。

第四十七条 【终局裁决】下列劳动争议，除本法另有规定的外，仲裁裁决为终局裁决，裁决书自作出之日起发生法律效力：

（一）追索劳动报酬、工伤医疗费、经济补偿或者赔偿金，不超过当地月最低工资标准十二个月金额的争议；

（二）因执行国家的劳动标准在工作时间、休息休假、社会保险等方面发生的争议。

第四十八条 【劳动者提起诉讼】劳动者对本法第四十七条规定的仲裁裁决不服的，可以自收到仲裁裁决书之日起十五日内向人民法院提起诉讼。

第四十九条 【用人单位申请撤销终局裁决】用人单位有证据证明本法第四十七条规定的仲裁裁决有下列情形之一，可以自收到仲裁裁决书之日起三十日内向劳动争议仲裁委员会所在地的中级人民法院申请撤销裁决：

（一）适用法律、法规确有错误的；

（二）劳动争议仲裁委员会无管辖权的；

（三）违反法定程序的；

（四）裁决所根据的证据是伪造的；

（五）对方当事人隐瞒了足以影响公正裁决的证据的；

（六）仲裁员在仲裁该案时有索贿受贿、徇私舞弊、枉法裁决行为的。

人民法院经组成合议庭审查核实裁决有前款规定情形之一的，应当裁定撤销。

仲裁裁决被人民法院裁定撤销的，当事人可以自收到裁定书之日起十五日内就该劳动争议事项向人民法院提起诉讼。

第五十条　【不服仲裁裁决提起诉讼】当事人对本法第四十七条规定以外的其他劳动争议案件的仲裁裁决不服的，可以自收到仲裁裁决书之日起十五日内向人民法院提起诉讼；期满不起诉的，裁决书发生法律效力。

第五十一条　【生效调解书、裁决书的执行】当事人对发生法律效力的调解书、裁决书，应当依照规定的期限履行。一方当事人逾期不履行的，另一方当事人可以依照民事诉讼法的有关规定向人民法院申请执行。受理申请的人民法院应当依法执行。

第四章　附　　则

第五十二条　【事业单位劳动争议的处理】事业单位实行聘用制的工作人员与本单位发生劳动争议的，依照本法执行；法律、行政法规或者国务院另有规定的，依照其规定。

第五十三条　【仲裁不收费】劳动争议仲裁不收费。劳动争议仲裁委员会的经费由财政予以保障。

第五十四条　【生效时间】本法自2008年5月1日起施行。

最高人民法院关于审理劳动争议案件适用法律若干问题的解释〔1〕

1．2001年3月22日最高人民法院审判委员会第1165次会议通过

2．2001年4月16日公布

3．法释〔2001〕14号

4．自2001年4月30日起施行

为正确审理劳动争议案件，根据《中华人民共和国劳动法》（以下简称《劳动法》）和《中华人民共和国民事诉讼法》（以下简称《民事诉讼法》）等相关法律之规定，就适用法律的若干问题，作如下解释。

---

〔1〕　本书收录的文本，系根据2008年12月16日发布的最高人民法院《关于调整司法解释等文件中引用〈中华人民共和国民事诉讼法〉条文序号的决定》（法释〔2008〕18号）修改后的文本。

第一条 劳动者与用人单位之间发生的下列纠纷，属于《劳动法》第二条规定的劳动争议，当事人不服劳动争议仲裁委员会作出的裁决，依法向人民法院起诉的，人民法院应当受理：

（一）劳动者与用人单位在履行劳动合同过程中发生的纠纷；

（二）劳动者与用人单位之间没有订立书面劳动合同，但已形成劳动关系后发生的纠纷；

（三）劳动者退休后，与尚未参加社会保险统筹的原用人单位因追索养老金、医疗费、工伤保险待遇和其他社会保险费而发生的纠纷。

第二条 劳动争议仲裁委员会以当事人申请仲裁的事项不属于劳动争议为由，作出不予受理的书面裁决、决定或者通知，当事人不服，依法向人民法院起诉的，人民法院应当分别情况予以处理：

（一）属于劳动争议案件的，应当受理；

（二）虽不属于劳动争议案件，但属于人民法院主管的其他案件，应当依法受理。

第三条 劳动争议仲裁委员会根据《劳动法》第八十二条之规定，以当事人的仲裁申请超过六十日期限为由，作出不予受理的书面裁决、决定或者通知，当事人不服，依法向人民法院起诉的，人民法院应当受理；对确已超过仲裁申请期限，又无不可抗力或者其他正当理由的，依法驳回其诉讼请求。

第四条 劳动争议仲裁委员会以申请仲裁的主体不适格为由，作出不予受理的书面裁决、决定或者通知，当事人不服，依法向人民法院起诉的，经审查，确属主体不适格的，裁定不予受理或者驳回起诉。

第五条 劳动争议仲裁委员会为纠正原仲裁裁决错误重新作出裁决，当事人不服，依法向人民法院起诉的，人民法院应当受理。

第六条 人民法院受理劳动争议案件后，当事人增加诉讼请求的，如该诉讼请求与讼争的劳动争议具有不可分性，应当合并审理；如属独立的劳动争议，应当告知当事人向劳动争议仲裁委员会申请仲裁。

第七条 劳动争议仲裁委员会仲裁的事项不属于人民法院受理的案件范围，当事人不服，依法向人民法院起诉的，裁定不予受理或者驳回起诉。

第八条 劳动争议案件由用人单位所在地或者劳动合同履行地的基层人民法院管辖。

劳动合同履行地不明确的，由用人单位所在地的基层人民法院管辖。

第九条 当事人双方不服劳动争议仲裁委员会作出的同一仲裁裁决，均向同一人民法院起诉的，先起诉的一方当事人为原告，但对双方的诉讼请求，人民法院应当一并作出裁决。

当事人双方就同一仲裁裁决分别向有管辖权的人民法院起诉的，后受理的人民法院应当将案件移送给先受理的人民法院。

第十条 用人单位与其他单位合并的，合并前发生的劳动争议，由合并后的单位为当事人；用人单位分立为若干单位的，其分立前发生的劳动争议，由分立后的实际用人单位为当事人。

用人单位分立为若干单位后，对承受劳动权利义务的单位不明确的，分立后的单位均为当事人。

第十一条 用人单位招用尚未解除劳动合同的劳动者，原用人单位与劳动者发生的劳动争议，可以列新的用人单位为第三人。

原用人单位以新的用人单位侵权为由向人民法院起诉的，可以列劳动者为第三人。

原用人单位以新的用人单位和劳动者共同侵权为由向人民法院起诉的，新的用人单位和劳动者列为共同被告。

第十二条 劳动者在用人单位与其他平等主体之间的承包经营期间，与发包方和承包方双方或者一方发生劳动争议，依法向人民法院起诉的，应当将承包方和发包方作为当事人。

第十三条 因用人单位作出的开除、除名、辞退、解除劳动合同、减少劳动报酬、计算劳动者工作年限等决定而发生的劳动争议，用人单位负举证责任。

第十四条 劳动合同被确认为无效后，用人单位对劳动者付出的劳动，一般可参照本单位同期、同工种、同岗位的工资标准支付劳动报酬。

根据《劳动法》第九十七条之规定，由于用人单位的原因订立的无效合同，给劳动者造成损害的，应当比照违反和解除劳动合同经济补偿金的支付标准，赔偿劳动者因合同无效所造成的经济损失。

第十五条 用人单位有下列情形之一，迫使劳动者提出解除劳动合同的，用人单位应当支付劳动者的劳动报酬和经济补偿，并可支付赔偿金：

（一）以暴力、威胁或者非法限制人身自由的手段强迫劳动的；

（二）未按照劳动合同约定支付劳动报酬或者提供劳动条件的；

（三）克扣或者无故拖欠劳动者工资的；

（四）拒不支付劳动者延长工作时间工资报酬的；

（五）低于当地最低工资标准支付劳动者工资的。

第十六条 劳动合同期满后，劳动者仍在原用人单位工作，原用人单位未表示异议的，视为双方同意以原条件继续履行劳动合同。一方提出终止劳动关系的，人民法院应当支持。

根据《劳动法》第二十条之规定，用人单位应当与劳动者签订无固定期限劳动合同而未签订的，人民法院可以视为双方之间存在无固定期限劳动合同关系，并以原劳动合同确定双方的权利义务关系。

第十七条 劳动争议仲裁委员会作出仲裁裁决后，当事人对裁决中的部分事项不服，依法向人民法院起诉的，劳动争议仲裁裁决不发生法律效力。

第十八条 劳动争议仲裁委员会对多个劳动者的劳动争议作出仲裁裁决后，部分劳动者对仲裁裁决不服，依法向人民法院起诉的，仲裁裁决对提出起诉的劳动者不发生法律效力；对未提出起诉的部分劳动者，发生法律效力，如其申请执行的，人民法院应当受理。

第十九条 用人单位根据《劳动法》第四条之规定，通过民主程序制定的规章制度，不违反国家法律、行政法规及政策规定，并已向劳动者公示的，可以作为人民法院审理劳动争议案件的依据。

第二十条 用人单位对劳动者作出的开除、除名、辞退等处理，或者因其他原因解除劳动合同确有错误的，人民法院可以依法判决予以撤销。

对于追索劳动报酬、养老金、医疗费以及工伤保险待遇、经济补偿金、培训费及其他相关费用等案件,给付数额不当的,人民法院可以予以变更。

第二十一条 当事人申请人民法院执行劳动争议仲裁机构作出的发生法律效力的裁决书、调解书,被申请人提出证据证明劳动争议仲裁裁决书、调解书有下列情形之一,并经审查核实的,人民法院可以根据《民事诉讼法》第二百一十三条之规定,裁定不予执行:

(一)裁决的事项不属于劳动争议仲裁范围,或者劳动争议仲裁机构无权仲裁的;

(二)适用法律确有错误的;

(三)仲裁员仲裁该案时,有徇私舞弊、枉法裁决行为的;

(四)人民法院认定执行该劳动争议仲裁裁决违背社会公共利益的。

人民法院在不予执行的裁定书中,应当告知当事人在收到裁定书之次日起三十日内,可以就该劳动争议事项向人民法院起诉。

最高人民法院关于审理劳动争议案件适用法律若干问题的解释(二)

1. 2006年7月10日最高人民法院审判委员会第1393次会议通过
2. 2006年8月14日公布
3. 法释〔2006〕6号
4. 自2006年10月1日起施行

为正确审理劳动争议案件,根据《中华人民共和国劳动法》、《中华人民共和国民事诉讼法》等相关法律规定,结合民事审判实践,对人民法院审理劳动争议案件适用法律的若干问题补充解释如下:

第一条 人民法院审理劳动争议案件,对下列情形,视为劳动法第八十二条规定的"劳动争议发生之日":

(一)在劳动关系存续期间产生的支付工资争议,用人单位能够证明已经书面通知劳动者拒付工资的,书面通知送达之日为劳动争议发生之日。用人单位不能证明的,劳动者主张权利之日为劳动争议发生之日。

(二)因解除或者终止劳动关系产生的争议,用人单位不能证明劳动者收到解除或者终止劳动关系书面通知时间的,劳动者主张权利之日为劳动争议发生之日。

(三)劳动关系解除或者终止后产生的支付工资、经济补偿金、福利待遇等争议,劳动者能够证明用人单位承诺支付的时间为解除或者终止劳动关系后的具体日期的,用人单位承诺支付之日为劳动争议发生之日。劳动者不能证明的,解除或者终止劳动关系之日为劳动争议发生之日。

第二条 拖欠工资争议,劳动者申请仲裁时劳动关系仍然存续,用人单位以劳动者申请仲裁超过六十日为由主张不再支付的,人民法院不予支持。但用人单位能够证明劳动者已经收到拒付工资的书面通知的除外。

第三条 劳动者以用人单位的工资欠条为证据直接向人民法院起诉，诉讼请求不涉及劳动关系其他争议的，视为拖欠劳动报酬争议，按照普通民事纠纷受理。

第四条 用人单位和劳动者因劳动关系是否已经解除或者终止，以及应否支付解除或终止劳动关系经济补偿金产生的争议，经劳动争议仲裁委员会仲裁后，当事人依法起诉的，人民法院应予受理。

第五条 劳动者与用人单位解除或者终止劳动关系后，请求用人单位返还其收取的劳动合同定金、保证金、抵押金、抵押物产生的争议，或者办理劳动者的人事档案、社会保险关系等移转手续产生的争议，经劳动争议仲裁委员会仲裁后，当事人依法起诉的，人民法院应予受理。

第六条 劳动者因为工伤、职业病，请求用人单位依法承担给予工伤保险待遇的争议，经劳动争议仲裁委员会仲裁后，当事人依法起诉的，人民法院应予受理。

第七条 下列纠纷不属于劳动争议：

（一）劳动者请求社会保险经办机构发放社会保险金的纠纷；

（二）劳动者与用人单位因住房制度改革产生的公有住房转让纠纷；

（三）劳动者对劳动能力鉴定委员会的伤残等级鉴定结论或者对职业病诊断鉴定委员会的职业病诊断鉴定结论的异议纠纷；

（四）家庭或者个人与家政服务人员之间的纠纷；

（五）个体工匠与帮工、学徒之间的纠纷；

（六）农村承包经营户与受雇人之间的纠纷。

第八条 当事人不服劳动争议仲裁委员会作出的预先支付劳动者部分工资或者医疗费用的裁决，向人民法院起诉的，人民法院不予受理。

用人单位不履行上述裁决中的给付义务，劳动者依法向人民法院申请强制执行的，人民法院应予受理。

第九条 劳动者与起有字号的个体工商户产生的劳动争议诉讼，人民法院应当以营业执照上登记的字号为当事人，但应同时注明该字号业主的自然情况。

第十条 劳动者因履行劳动力派遣合同产生劳动争议而起诉，以派遣单位为被告；争议内容涉及接受单位的，以派遣单位和接受单位为共同被告。

第十一条 劳动者和用人单位均不服劳动争议仲裁委员会的同一裁决，向同一人民法院起诉的，人民法院应当并案审理，双方当事人互为原告和被告。在诉讼过程中，一方当事人撤诉的，人民法院应当根据另一方当事人的诉讼请求继续审理。

第十二条 当事人能够证明在申请仲裁期间内因不可抗力或者其他客观原因无法申请仲裁的，人民法院应当认定申请仲裁期间中止，从中止的原因消灭之次日起，申请仲裁期间连续计算。

第十三条 当事人能够证明在申请仲裁期间内具有下列情形之一的，人民法院应当认定申请仲裁期间中断：

（一）向对方当事人主张权利；

（二）向有关部门请求权利救济；

（三）对方当事人同意履行义务。

申请仲裁期间中断的，从对方当事人明确拒绝履行义务，或者有关部门作出处理决定或明确表示不予处理时起，申请仲裁期间重新计算。

第十四条 在诉讼过程中，劳动者向人民法院申请采取财产保全措施，人民法院经审查认为申请人经济确有困难，或有证据证明用人单位存在欠薪逃匿可能的，应当减轻或者免除劳动者提供担保的义务，及时采取保全措施。

第十五条 人民法院作出的财产保全裁定中，应当告知当事人在劳动仲裁机构的裁决书或者在人民法院的裁判文书生效后三个月内申请强制执行。逾期不申请的，人民法院应当裁定解除保全措施。

第十六条 用人单位制定的内部规章制度与集体合同或者劳动合同约定的内容不一致，劳动者请求优先适用合同约定的，人民法院应予支持。

第十七条 当事人在劳动争议调解委员会主持下达成的具有劳动权利义务内容的调解协议，具有劳动合同的约束力，可以作为人民法院裁判的根据。

当事人在劳动争议调解委员会主持下仅就劳动报酬争议达成调解协议，用人单位不履行调解协议确定的给付义务，劳动者直接向人民法院起诉的，人民法院可以按照普通民事纠纷受理。

第十八条 本解释自二〇〇六年十月一日起施行。本解释施行前本院颁布的有关司法解释与本解释规定不一致的，以本解释的规定为准。

本解释施行后，人民法院尚未审结的一审、二审案件适用本解释。本解释施行前已经审结的案件，不得适用本解释的规定进行再审。

最高人民法院关于审理劳动争议案件适用法律若干问题的解释（三）

1．2010年7月12日最高人民法院审判委员会第1489次会议通过
2．2010年9月13日公布
3．法释〔2010〕12号
4．自2010年9月14日起施行

为正确审理劳动争议案件，根据《中华人民共和国劳动法》、《中华人民共和国劳动合同法》、《中华人民共和国劳动争议调解仲裁法》、《中华人民共和国民事诉讼法》等相关法律规定，结合民事审判实践，特作如下解释。

第一条 劳动者以用人单位未为其办理社会保险手续，且社会保险经办机构不能补办导致其无法享受社会保险待遇为由，要求用人单位赔偿损失而发生争议的，人民法院应予受理。

第二条 因企业自主进行改制引发的争议，人民法院应予受理。

第三条 劳动者依据劳动合同法第八十五条规定，向人民法院提起诉讼，要求用人单位支付加付赔偿金的，人民法院应予受理。

第四条 劳动者与未办理营业执照、营业执照被吊销或者营业期限届满仍继续经营的用人单位发生争议的，应当将用人单位或者其出资人列为当事人。

第五条 未办理营业执照、营业执照被吊销或者营业期限届满仍继续经营的用人单位，以挂靠等方式借用他人营业执照经营的，应当将用人单位和营业执照出借方列为当事人。

第六条 当事人不服劳动人事争议仲裁委员会作出的仲裁裁决，依法向人民法院提起诉讼，人民法院审查认为仲裁裁决遗漏了必须共同参加仲裁的当事人的，应当依法追加遗漏的人为诉讼当事人。

被追加的当事人应当承担责任的，人民法院应当一并处理。

第七条 用人单位与其招用的已经依法享受养老保险待遇或领取退休金的人员发生用工争议，向人民法院提起诉讼的，人民法院应当按劳务关系处理。

第八条 企业停薪留职人员、未达到法定退休年龄的内退人员、下岗待岗人员以及企业经营性停产放长假人员，因与新的用人单位发生用工争议，依法向人民法院提起诉讼的，人民法院应当按劳动关系处理。

第九条 劳动者主张加班费的，应当就加班事实的存在承担举证责任。但劳动者有证据证明用人单位掌握加班事实存在的证据，用人单位不提供的，由用人单位承担不利后果。

第十条 劳动者与用人单位就解除或者终止劳动合同办理相关手续、支付工资报酬、加班费、经济补偿或者赔偿金等达成的协议，不违反法律、行政法规的强制性规定，且不存在欺诈、胁迫或者乘人之危情形的，应当认定有效。

前款协议存在重大误解或者显失公平情形，当事人请求撤销的，人民法院应予支持。

第十一条 劳动人事争议仲裁委员会作出的调解书已经发生法律效力，一方当事人反悔提起诉讼的，人民法院不予受理；已经受理的，裁定驳回起诉。

第十二条 劳动人事争议仲裁委员会逾期未作出受理决定或仲裁裁决，当事人直接提起诉讼的，人民法院应予受理，但申请仲裁的案件存在下列事由的除外：

（一）移送管辖的；

（二）正在送达或送达延误的；

（三）等待另案诉讼结果、评残结论的；

（四）正在等待劳动人事争议仲裁委员会开庭的；

（五）启动鉴定程序或者委托其他部门调查取证的；

（六）其他正当事由。

当事人以劳动人事争议仲裁委员会逾期未作出仲裁裁决为由提起诉讼的，应当提交劳动人事争议仲裁委员会出具的受理通知书或者其他已接受仲裁申请的凭证或证明。

第十三条 劳动者依据调解仲裁法第四十七条第（一）项规定，追索劳动报酬、工伤医疗费、经济补偿或者赔偿金，如果仲裁裁决涉及数项，每项确定的数额均不超过当地月最低工资标准十二个月金额的，应当按照终局裁决处理。

第十四条 劳动人事争议仲裁委员会作出的同一仲裁裁决同时包含终局裁决事项和非终局裁决事项，当事人不服该仲裁裁决向人民法院提起诉讼的，应当按照非终局裁决处理。

第十五条 劳动者依据调解仲裁法第四十八条规定向基层人民法院提起诉讼，用人单位依据调解仲裁法第四十九条规定向劳动人事争议仲裁委员会所在地的中级人民法院申请撤销仲裁裁决的，中级人民法院应不予受理；已经受理的，应当裁定驳回申请。

被人民法院驳回起诉或者劳动者撤诉的，用人单位可以自收到裁定书之日起三十日内，向劳动人事争议仲裁委员会所在地的中级人民法院申请撤销仲裁裁决。

第十六条 用人单位依照调解仲裁法第四十九条规定向中级人民法院申请撤销仲裁裁决，中级人民法院作出的驳回申请或者撤销仲裁裁决的裁定为终审裁定。

第十七条 劳动者依据劳动合同法第三十条第二款和调解仲裁法第十六条规定向人民法院申请支付令，符合民事诉讼法第十七章督促程序规定的，人民法院应予受理。

依据劳动合同法第三十条第二款规定申请支付令被人民法院裁定终结督促程序后，劳动者就劳动争议事项直接向人民法院起诉的，人民法院应当告知其先向劳动人事争议仲裁委员会申请仲裁。

依据调解仲裁法第十六条规定申请支付令被人民法院裁定终结督促程序后，劳动者依据调解协议直接向人民法院提起诉讼的，人民法院应予受理。

第十八条 劳动人事争议仲裁委员会作出终局裁决，劳动者向人民法院申请执行，用人单位向劳动人事争议仲裁委员会所在地的中级人民法院申请撤销的，人民法院应当裁定中止执行。

用人单位撤回撤销终局裁决申请或者其申请被驳回的，人民法院应当裁定恢复执行。仲裁裁决被撤销的，人民法院应当裁定终结执行。

用人单位向人民法院申请撤销仲裁裁决被驳回后，又在执行程序中以相同理由提出不予执行抗辩的，人民法院不予支持。

最高人民法院关于审理劳动争议案件适用法律若干问题的解释（四）

1．2012年12月31日最高人民法院审判委员会第1556次会议通过
2．2013年1月18日公布
3．法释〔2013〕4号
4．自2013年2月1日起施行

为正确审理劳动争议案件，根据《中华人民共和国劳动法》《中华人民共和国劳动合同法》《中华人民共和国劳动争议调解仲裁法》《中华人民共和国民事诉讼法》等相关法律规定，结合民事审判实践，就适用法律的若干问题，作如下解释：

第一条 劳动人事争议仲裁委员会以无管辖权为由对劳动争议案件不予受理，当事人提起诉讼的，人民法院按照以下情形分别处理：

（一）经审查认为该劳动人事争议仲裁委员会对案件确无管辖权的，应当告知当事人向有管辖权的劳动人事争议仲裁委员会申请仲裁；

（二）经审查认为该劳动人事争议仲裁委员会有管辖权的，应当告知当事人申请仲裁，并将审查意见书面通知该劳动人事争议仲裁委员会，劳动人事争议仲裁委员会仍不受理，当事人就该劳动争议事项提起诉讼的，应予受理。

第二条 仲裁裁决的类型以仲裁裁决书确定为准。

仲裁裁决书未载明该裁决为终局裁决或非终局裁决，用人单位不服该仲裁裁决向基层人民法院提起诉讼的，应当按照以下情形分别处理：

（一）经审查认为该仲裁裁决为非终局裁决的，基层人民法院应予受理；

（二）经审查认为该仲裁裁决为终局裁决的，基层人民法院不予受理，但应告知用人单位可以自收到不予受理裁定书之日起三十日内向劳动人事争议仲裁委员会所在地的中级人民法院申请撤销该仲裁裁决；已经受理的，裁定驳回起诉。

第三条 中级人民法院审理用人单位申请撤销终局裁决的案件，应当组成合议庭开庭审理。经过阅卷、调查和询问当事人，对没有新的事实、证据或者理由，合议庭认为不需要开庭审理的，可以不开庭审理。

中级人民法院可以组织双方当事人调解。达成调解协议的，可以制作调解书。一方当事人逾期不履行调解协议的，另一方可以申请人民法院强制执行。

第四条 当事人在人民调解委员会主持下仅就给付义务达成的调解协议，双方认为有必要的，可以共同向人民调解委员会所在地的基层人民法院申请司法确认。

第五条 劳动者非因本人原因从原用人单位被安排到新用人单位工作，原用人单位未支付经济补偿，劳动者依照劳动合同法第三十八条规定与新用人单位解除劳动合同，或者新用人单位向劳动者提出解除、终止劳动合同，在计算支付经济补偿或赔偿金的工作年限时，劳动者请求把在原用人单位的工作年限合并计算为新用人单位工作年限的，人民法院应予支持。

用人单位符合下列情形之一的，应当认定属于"劳动者非因本人原因从原用人单位被安排到新用人单位工作"：

（一）劳动者仍在原工作场所、工作岗位工作，劳动合同主体由原用人单位变更为新用人单位；

（二）用人单位以组织委派或任命形式对劳动者进行工作调动；

（三）因用人单位合并、分立等原因导致劳动者工作调动；

（四）用人单位及其关联企业与劳动者轮流订立劳动合同；

（五）其他合理情形。

第六条 当事人在劳动合同或者保密协议中约定了竞业限制，但未约定解除或者终止劳动合同后给予劳动者经济补偿，劳动者履行了竞业限制义务，要求用人单位按照劳动者在劳动合同解除或者终止前十二个月平均工资的30%按月支付经济补偿的，人民法院应予支持。

前款规定的月平均工资的 30% 低于劳动合同履行地最低工资标准的，按照劳动合同履行地最低工资标准支付。

第七条 当事人在劳动合同或者保密协议中约定了竞业限制和经济补偿，当事人解除劳动合同时，除另有约定外，用人单位要求劳动者履行竞业限制义务，或者劳动者履行了竞业限制义务后要求用人单位支付经济补偿的，人民法院应予支持。

第八条 当事人在劳动合同或者保密协议中约定了竞业限制和经济补偿，劳动合同解除或者终止后，因用人单位的原因导致三个月未支付经济补偿，劳动者请求解除竞业限制约定的，人民法院应予支持。

第九条 在竞业限制期限内，用人单位请求解除竞业限制协议时，人民法院应予支持。

在解除竞业限制协议时，劳动者请求用人单位额外支付劳动者三个月的竞业限制经济补偿的，人民法院应予支持。

第十条 劳动者违反竞业限制约定，向用人单位支付违约金后，用人单位要求劳动者按照约定继续履行竞业限制义务的，人民法院应予支持。

第十一条 变更劳动合同未采用书面形式，但已经实际履行了口头变更的劳动合同超过一个月，且变更后的劳动合同内容不违反法律、行政法规、国家政策以及公序良俗，当事人以未采用书面形式为由主张劳动合同变更无效的，人民法院不予支持。

第十二条 建立了工会组织的用人单位解除劳动合同符合劳动合同法第三十九条、第四十条规定，但未按照劳动合同法第四十三条规定事先通知工会，劳动者以用人单位违法解除劳动合同为由请求用人单位支付赔偿金的，人民法院应予支持，但起诉前用人单位已经补正有关程序的除外。

第十三条 劳动合同法施行后，因用人单位经营期限届满不再继续经营导致劳动合同不能继续履行，劳动者请求用人单位支付经济补偿的，人民法院应予支持。

第十四条 外国人、无国籍人未依法取得就业证件即与中国境内的用人单位签订劳动合同，以及香港特别行政区、澳门特别行政区和台湾地区居民未依法取得就业证件即与内地用人单位签订劳动合同，当事人请求确认与用人单位存在劳动关系的，人民法院不予支持。

持有《外国专家证》并取得《外国专家来华工作许可证》的外国人，与中国境内的用人单位建立用工关系的，可以认定为劳动关系。

第十五条 本解释施行前本院颁布的有关司法解释与本解释抵触的，自本解释施行之日起不再适用。

本解释施行后尚未终审的劳动争议纠纷案件，适用本解释；本解释施行前已经终审，当事人申请再审或者按照审判监督程序决定再审的，不适用本解释。

劳动和社会保障部
关于确立劳动关系有关事项的通知

1. 2005年5月25日发布
2. 劳社部发〔2005〕12号

各省、自治区、直辖市劳动和社会保障厅(局):

近一个时期,一些地方反映部分用人单位招用劳动者不签订劳动合同,发生劳动争议时因双方劳动关系难以确定,致使劳动者合法权益难以维护,对劳动关系的和谐稳定带来不利影响。为规范用人单位用工行为,保护劳动者合法权益,促进社会稳定,现就用人单位与劳动者确立劳动关系的有关事项通知如下:

一、用人单位招用劳动者未订立书面劳动合同,但同时具备下列情形的,劳动关系成立。

(一)用人单位和劳动者符合法律、法规规定的主体资格;

(二)用人单位依法制定的各项劳动规章制度适用于劳动者,劳动者受用人单位的劳动管理,从事用人单位安排的有报酬的劳动;

(三)劳动者提供的劳动是用人单位业务的组成部分。

二、用人单位未与劳动者签订劳动合同,认定双方存在劳动关系时可参照下列凭证:

(一)工资支付凭证或记录(职工工资发放花名册)、缴纳各项社会保险费的记录;

(二)用人单位向劳动者发放的"工作证"、"服务证"等能够证明身份的证件;

(三)劳动者填写的用人单位招工招聘"登记表"、"报名表"等招用记录;

(四)考勤记录;

(五)其他劳动者的证言等。

其中,(一)、(三)、(四)项的有关凭证由用人单位负举证责任。

三、用人单位招用劳动者符合第一条规定的情形的,用人单位应当与劳动者补签劳动合同,劳动合同期限由双方协商确定。协商不一致的,任何一方均可提出终止劳动关系,但对符合签订无固定期限劳动合同条件的劳动者,如果劳动者提出订立无固定期限劳动合同,用人单位应当订立。

用人单位提出终止劳动关系的,应当按照劳动者在本单位工作年限每满一年支付一个月工资的经济补偿金。

四、建筑施工、矿山企业等用人单位将工程(业务)或经营权发包给不具备用工主体资格的组织或自然人,对该组织或自然人招用的劳动者,由具备用工主体资格的发包方承担用工主体责任。

五、劳动者与用人单位就是否存在劳动关系引发争议的,可以向有管辖权的劳动争议仲裁委员会申请仲裁。

违反《劳动法》有关劳动合同规定的赔偿办法

1．1995 年 5 月 10 日劳动部发布

2．劳部发〔1995〕233 号

第一条 为明确违反劳动法有关劳动合同规定的赔偿责任，维护劳动合同双方当事人的合法权益，根据《中华人民共和国劳动法》的有关规定，制定本办法。

第二条 用人单位有下列情形之一，对劳动者造成损害的，应赔偿劳动者损失：

（一）用人单位故意拖延不订立劳动合同，即招用后故意不按规定订立劳动合同以及劳动合同到期后故意不及时续订劳动合同的；

（二）由于用人单位的原因订立无效劳动合同，或订立部分无效劳动合同的；

（三）用人单位违反规定或劳动合同的约定侵害女职工或未成年工合法权益的；

（四）用人单位违反规定或劳动合同的约定解除劳动合同的。

第三条 本办法第二条规定的赔偿，按下列规定执行：

（一）造成劳动者工资收入损失的，按劳动者本人应得工资收入支付给劳动者，并加付应得工资收入 25% 的赔偿费用；

（二）造成劳动者劳动保护待遇损失的，应按国家规定补足劳动者的劳动保护津贴和用品；

（三）造成劳动者工伤、医疗待遇损失的，除按国家规定为劳动者提供工伤、医疗待遇外，还应支付劳动者相当于医疗费用 25% 的赔偿费用；

（四）造成女职工和未成年工身体健康损害的，除按国家规定提供治疗期间的医疗待遇外，还应支付相当于其医疗费用 25% 的赔偿费用；

（五）劳动合同约定的其他赔偿费用。

第四条 劳动者违反规定或劳动合同的约定解除劳动合同，对用人单位造成损失的，劳动者应赔偿用人单位下列损失：

（一）用人单位招收录用其所支付的费用；

（二）用人单位为其支付的培训费用，双方另有约定的按约定办理；

（三）对生产、经营和工作造成的直接经济损失；

（四）劳动合同约定的其他赔偿费用。

第五条 劳动者违反劳动合同中约定的保密事项，对用人单位造成经济损失的，按《反不正当竞争法》第二十条的规定支付用人单位赔偿费用。

第六条 用人单位招用尚未解除劳动合同的劳动者，对原用人单位造成经济损失的，除该劳动者承担直接赔偿责任外，该用人单位应当承担连带赔偿责任。其连带赔偿的份额应不低于对原用人单位造成经济损失总额的 70% 。向原用人单位赔偿下列损失：

(一)对生产、经营和工作造成的直接经济损失;

(二)因获取商业秘密给原用人单位造成的经济损失。

赔偿本条第(二)项规定的损失,按《反不正当竞争法》第二十条的规定执行。

第七条 因赔偿引起争议的,按照国家有关劳动争议处理的规定办理。

第八条 本办法自发布之日起施行。

劳动和社会保障部办公厅关于对事实劳动关系解除是否应该支付经济补偿金问题的复函

1. 2001年11月26日发布
2. 劳社厅函〔2001〕249号

浙江省劳动和社会保障厅:

你厅《关于事实劳动关系解除是否应该支付经济补偿金问题的请示》(浙劳社仲〔2001〕259号)收悉。经商最高人民法院,现答复如下:

最高人民法院《关于审理劳动争议案件适用法律若干问题的解释》(法释〔2001〕14号)第十六条规定:“劳动合同期满后,劳动者仍在原用人单位工作,原用人单位未表示异议的,视为双方同意以原条件继续履行劳动合同。一方提出终止劳动关系的,人民法院应当支持。”该规定中的“终止”,是指劳动合同期满后,劳动者仍在原用人单位工作,用人单位未表示异议的,劳动者和原用人单位之间存在的是一种事实上的劳动关系,而不等于双方按照原劳动合同约定的期限续签了一个新的劳动合同。一方提出终止劳动关系的,应认定为终止事实上的劳动关系。

集体合同规定

1. 2004年1月20日劳动和社会保障部令第22号发布
2. 自2004年5月1日起施行

第一章 总 则

第一条 为规范集体协商和签订集体合同行为,依法维护劳动者和用人单位的合法权益,根据《中华人民共和国劳动法》和《中华人民共和国工会法》,制定本规定。

第二条 中华人民共和国境内的企业和实行企业化管理的事业单位(以下统称用人单位)与本单位职工之间进行集体协商,签订集体合同,适用本规定。

第三条 本规定所称集体合同,是指用人单位与本单位职工根据法律、法规、规章的规定,就劳动报酬、工作时间、休息休假、劳动安全卫生、职业培训、保险福利等事项,通过集体协商签订的书面协议;所称专项集体合同,是指用人单位与本单位职工根据法律、法规、规章的规定,就集体协商的某项内容签订的专项书面协议。

第四条 用人单位与本单位职工签订集体合同或专项集体合同,以及确定相关事宜,应当采取集体协商的方式。集体协商主要采取协商会议的形式。

第五条 进行集体协商,签订集体合同或专项集体合同,应当遵循下列原则:

(一)遵守法律、法规、规章及国家有关规定;

(二)相互尊重,平等协商;

(三)诚实守信,公平合作;

(四)兼顾双方合法权益;

(五)不得采取过激行为。

第六条 符合本规定的集体合同或专项集体合同,对用人单位和本单位的全体职工具有法律约束力。

用人单位与职工个人签订的劳动合同约定的劳动条件和劳动报酬等标准,不得低于集体合同或专项集体合同的规定。

第七条 县级以上劳动保障行政部门对本行政区域内用人单位与本单位职工开展集体协商、签订、履行集体合同的情况进行监督,并负责审查集体合同或专项集体合同。

第二章 集体协商内容

第八条 集体协商双方可以就下列多项或某项内容进行集体协商,签订集体合同或专项集体合同:

(一)劳动报酬;

(二)工作时间;

(三)休息休假;

(四)劳动安全与卫生;

(五)补充保险和福利;

(六)女职工和未成年工特殊保护;

(七)职业技能培训;

(八)劳动合同管理;

(九)奖惩;

(十)裁员;

(十一)集体合同期限;

(十二)变更、解除集体合同的程序;

（十三）履行集体合同发生争议时的协商处理办法；
（十四）违反集体合同的责任；
（十五）双方认为应当协商的其他内容。
第九条 劳动报酬主要包括：
（一）用人单位工资水平、工资分配制度、工资标准和工资分配形式；
（二）工资支付办法；
（三）加班、加点工资及津贴、补贴标准和奖金分配办法；
（四）工资调整办法；
（五）试用期及病、事假等期间的工资待遇；
（六）特殊情况下职工工资（生活费）支付办法；
（七）其他劳动报酬分配办法。
第十条 工作时间主要包括：
（一）工时制度；
（二）加班加点办法；
（三）特殊工种的工作时间；
（四）劳动定额标准。
第十一条 休息休假主要包括：
（一）日休息时间、周休息日安排、年休假办法；
（二）不能实行标准工时职工的休息休假；
（三）其他假期。
第十二条 劳动安全卫生主要包括：
（一）劳动安全卫生责任制；
（二）劳动条件和安全技术措施；
（三）安全操作规程；
（四）劳保用品发放标准；
（五）定期健康检查和职业健康体检。
第十三条 补充保险和福利主要包括：
（一）补充保险的种类、范围；
（二）基本福利制度和福利设施；
（三）医疗期延长及其待遇；
（四）职工亲属福利制度。
第十四条 女职工和未成年工的特殊保护主要包括：
（一）女职工和未成年工禁忌从事的劳动；
（二）女职工的经期、孕期、产期和哺乳期的劳动保护；
（三）女职工、未成年工定期健康检查；
（四）未成年工的使用和登记制度。

第十五条 职业技能培训主要包括：

（一）职业技能培训项目规划及年度计划；

（二）职业技能培训费用的提取和使用；

（三）保障和改善职业技能培训的措施。

第十六条 劳动合同管理主要包括：

（一）劳动合同签订时间；

（二）确定劳动合同期限的条件；

（三）劳动合同变更、解除、续订的一般原则及无固定期限劳动合同的终止条件；

（四）试用期的条件和期限。

第十七条 奖惩主要包括：

（一）劳动纪律；

（二）考核奖惩制度；

（三）奖惩程序。

第十八条 裁员主要包括：

（一）裁员的方案；

（二）裁员的程序；

（三）裁员的实施办法和补偿标准。

第三章　集体协商代表

第十九条 本规定所称集体协商代表（以下统称协商代表），是指按照法定程序产生并有权代表本方利益进行集体协商的人员。

集体协商双方的代表人数应当对等，每方至少 3 人，并各确定 1 名首席代表。

第二十条 职工一方的协商代表由本单位工会选派。未建立工会的，由本单位职工民主推荐，并经本单位半数以上职工同意。

职工一方的首席代表由本单位工会主席担任。工会主席可以书面委托其他协商代表代理首席代表。工会主席空缺的，首席代表由工会主要负责人担任。未建立工会的，职工一方的首席代表从协商代表中民主推举产生。

第二十一条 用人单位一方的协商代表，由用人单位法定代表人指派，首席代表由单位法定代表人担任或由其书面委托的其他管理人员担任。

第二十二条 协商代表履行职责的期限由被代表方确定。

第二十三条 集体协商双方首席代表可以书面委托本单位以外的专业人员作为本方协商代表。委托人数不得超过本方代表的三分之一。

首席代表不得由非本单位人员代理。

第二十四条 用人单位协商代表与职工协商代表不得相互兼任。

第二十五条 协商代表应履行下列职责：

（一）参加集体协商；

(二)接受本方人员质询,及时向本方人员公布协商情况并征求意见;

(三)提供与集体协商有关的情况和资料;

(四)代表本方参加集体协商争议的处理;

(五)监督集体合同或专项集体合同的履行;

(六)法律、法规和规章规定的其他职责。

第二十六条 协商代表应当维护本单位正常的生产、工作秩序,不得采取威胁、收买、欺骗等行为。

协商代表应当保守在集体协商过程中知悉的用人单位的商业秘密。

第二十七条 企业内部的协商代表参加集体协商视为提供了正常劳动。

第二十八条 职工一方协商代表在其履行协商代表职责期间劳动合同期满的,劳动合同期限自动延长至完成履行协商代表职责之时,除出现下列情形之一的,用人单位不得与其解除劳动合同:

(一)严重违反劳动纪律或用人单位依法制定的规章制度的;

(二)严重失职、营私舞弊,对用人单位利益造成重大损害的;

(三)被依法追究刑事责任的。

职工一方协商代表履行协商代表职责期间,用人单位无正当理由不得调整其工作岗位。

第二十九条 职工一方协商代表就本规定第二十七条、第二十八条的规定与用人单位发生争议的,可以向当地劳动争议仲裁委员会申请仲裁。

第三十条 工会可以更换职工一方协商代表;未建立工会的,经本单位半数以上职工同意可以更换职工一方协商代表。

用人单位法定代表人可以更换用人单位一方协商代表。

第三十一条 协商代表因更换、辞任或遇有不可抗力等情形造成空缺的,应在空缺之日起15日内按照本规定产生新的代表。

第四章 集体协商程序

第三十二条 集体协商任何一方均可就签订集体合同或专项集体合同以及相关事宜,以书面形式向对方提出进行集体协商的要求。

一方提出进行集体协商要求的,另一方应当在收到集体协商要求之日起20日内以书面形式给以回应,无正当理由不得拒绝进行集体协商。

第三十三条 协商代表在协商前应进行下列准备工作:

(一)熟悉与集体协商内容有关的法律、法规、规章和制度;

(二)了解与集体协商内容有关的情况和资料,收集用人单位和职工对协商意向所持的意见;

(三)拟定集体协商议题,集体协商议题可由提出协商一方起草,也可由双方指派代表共同起草;

(四)确定集体协商的时间、地点等事项;

（五）共同确定一名非协商代表担任集体协商记录员。记录员应保持中立、公正，并为集体协商双方保密。

第三十四条 集体协商会议由双方首席代表轮流主持，并按下列程序进行：

（一）宣布议程和会议纪律；

（二）一方首席代表提出协商的具体内容和要求，另一方首席代表就对方的要求作出回应；

（三）协商双方就商谈事项发表各自意见，开展充分讨论；

（四）双方首席代表归纳意见。达成一致的，应当形成集体合同草案或专项集体合同草案，由双方首席代表签字。

第三十五条 集体协商未达成一致意见或出现事先未预料的问题时，经双方协商，可以中止协商。中止期限及下次协商时间、地点、内容由双方商定。

第五章 集体合同的订立、变更、解除和终止

第三十六条 经双方协商代表协商一致的集体合同草案或专项集体合同草案应当提交职工代表大会或者全体职工讨论。

职工代表大会或者全体职工讨论集体合同草案或专项集体合同草案，应当有三分之二以上职工代表或者职工出席，且须经全体职工代表半数以上或者全体职工半数以上同意，集体合同草案或专项集体合同草案方获通过。

第三十七条 集体合同草案或专项集体合同草案经职工代表大会或者职工大会通过后，由集体协商双方首席代表签字。

第三十八条 集体合同或专项集体合同期限一般为 1 至 3 年，期满或双方约定的终止条件出现，即行终止。

集体合同或专项集体合同期满前 3 个月内，任何一方均可向对方提出重新签订或续订的要求。

第三十九条 双方协商代表协商一致，可以变更或解除集体合同或专项集体合同。

第四十条 有下列情形之一的，可以变更或解除集体合同或专项集体合同：

（一）用人单位因被兼并、解散、破产等原因，致使集体合同或专项集体合同无法履行的；

（二）因不可抗力等原因致使集体合同或专项集体合同无法履行或部分无法履行的；

（三）集体合同或专项集体合同约定的变更或解除条件出现的；

（四）法律、法规、规章规定的其他情形。

第四十一条 变更或解除集体合同或专项集体合同适用本规定的集体协商程序。

第六章 集体合同审查

第四十二条 集体合同或专项集体合同签订或变更后，应当自双方首席代表签字之日起 10 日内，由用人单位一方将文本一式三份报送劳动保障行政部门审查。

劳动保障行政部门对报送的集体合同或专项集体合同应当办理登记手续。

第四十三条 集体合同或专项集体合同审查实行属地管辖，具体管辖范围由省级劳动保障

行政部门规定。

中央管辖的企业以及跨省、自治区、直辖市的用人单位的集体合同应当报送劳动保障部或劳动保障部指定的省级劳动保障行政部门。

第四十四条 劳动保障行政部门应当对报送的集体合同或专项集体合同的下列事项进行合法性审查：

（一）集体协商双方的主体资格是否符合法律、法规和规章规定；

（二）集体协商程序是否违反法律、法规、规章规定；

（三）集体合同或专项集体合同内容是否与国家规定相抵触。

第四十五条 劳动保障行政部门对集体合同或专项集体合同有异议的，应当自收到文本之日起 15 日内将《审查意见书》送达双方协商代表。《审查意见书》应当载明以下内容：

（一）集体合同或专项集体合同当事人双方的名称、地址；

（二）劳动保障行政部门收到集体合同或专项集体合同的时间；

（三）审查意见；

（四）作出审查意见的时间。

《审查意见书》应当加盖劳动保障行政部门印章。

第四十六条 用人单位与本单位职工就劳动保障行政部门提出异议的事项经集体协商重新签订集体合同或专项集体合同的，用人单位一方应当根据本规定第四十二条的规定将文本报送劳动保障行政部门审查。

第四十七条 劳动保障行政部门自收到文本之日起 15 日内未提出异议的，集体合同或专项集体合同即行生效。

第四十八条 生效的集体合同或专项集体合同，应当自其生效之日起由协商代表及时以适当的形式向本方全体人员公布。

第七章 集体协商争议的协调处理

第四十九条 集体协商过程中发生争议，双方当事人不能协商解决的，当事人一方或双方可以书面向劳动保障行政部门提出协调处理申请；未提出申请的，劳动保障行政部门认为必要时也可以进行协调处理。

第五十条 劳动保障行政部门应当组织同级工会和企业组织等三方面的人员，共同协调处理集体协商争议。

第五十一条 集体协商争议处理实行属地管辖，具体管辖范围由省级劳动保障行政部门规定。

中央管辖的企业以及跨省、自治区、直辖市用人单位因集体协商发生的争议，由劳动保障部指定的省级劳动保障行政部门组织同级工会和企业组织等三方面的人员协调处理，必要时，劳动保障部也可以组织有关方面协调处理。

第五十二条 协调处理集体协商争议，应当自受理协调处理申请之日起 30 日内结束协调处理工作。期满未结束的，可以适当延长协调期限，但延长期限不得超过 15 日。

第五十三条 协调处理集体协商争议应当按照以下程序进行：

（一）受理协调处理申请；

（二）调查了解争议的情况；

（三）研究制定协调处理争议的方案；

（四）对争议进行协调处理；

（五）制作《协调处理协议书》。

第五十四条 《协调处理协议书》应当载明协调处理申请、争议的事实和协调结果，双方当事人就某些协商事项不能达成一致的，应将继续协商的有关事项予以载明。《协调处理协议书》由集体协商争议协调处理人员和争议双方首席代表签字盖章后生效。争议双方均应遵守生效后的《协调处理协议书》。

第八章 附 则

第五十五条 因履行集体合同发生的争议，当事人协商解决不成的，可以依法向劳动争议仲裁委员会申请仲裁。

第五十六条 用人单位无正当理由拒绝工会或职工代表提出的集体协商要求的，按照《工会法》及有关法律、法规的规定处理。

第五十七条 本规定于2004年5月1日起实施。原劳动部1994年12月5日颁布的《集体合同规定》同时废止。

事业单位试行人员聘用制度有关问题的解释

1. 2003年12月10日发布
2. 国人部发〔2003〕61号

国务院办公厅转发人事部《关于在事业单位试行人员聘用制度的意见》（国办发〔2002〕35号，以下简称《意见》）以后，各地在实施中遇到了一些需要解释的具体问题。为了更好地贯彻《意见》精神，规范事业单位人员聘用制度，现对实施中的有关问题解释如下：

一、聘用制度实施范围

1. 事业单位（含实行企业化管理的事业单位）除按照国家公务员制度进行人事管理的以及转制为企业的以外都要逐步试行人员聘用制度。

2. 试行人员聘用制度的事业单位中，原固定用人制度职工、合同制职工、新进事业单位的职工，包括工勤人员都要实行聘用制度。

3. 事业单位的党群组织专职工作人员，在已与单位明确了聘用关系的人员范围内，按照各自章程或法律规定产生、任用。

二、推行聘用制度首次签订聘用合同的有关问题

4. 事业单位首次实行人员聘用制度，可以按照竞争上岗，择优聘用的原则，优先从本单位现有人员中选聘符合岗位要求的人员签订聘用合同，也可以根据本单位的实际情况，在严格考核的前提下，采用单位与现有在职职工签订聘用合同的办法予以过渡。

5. 有下列情况之一的，单位应与职工签订聘用合同：

(1)现役军人的配偶；

(2)女职工在孕期、产期、哺乳期内的；

(3)残疾人员；

(4)患职业病或因工负伤，经劳动能力鉴定委员会鉴定为1—6级伤残的；

(5)国家政策有明确规定的。

6. 经指定的医疗单位确诊患有难以治愈的严重疾病、精神病的，暂缓签订聘用合同，缓签期延续至前述情况消失；或者只保留人事关系和工资关系，直至该人员办理退休(退职)手续。

经劳动能力鉴定委员会鉴定完全丧失劳动能力的，按照国家有关规定办理退休(退职)手续。

7. 在首次签订聘用合同中，职工拒绝与单位签订合同的，单位给予其不少于3个月的择业期，择业期满后未调出的，应当劝其办理辞职手续，未调出又不辞职的，予以辞退。

三、公开招聘

8. 经费来源主要由财政拨款的事业单位，以及经费来源部分由财政支持的事业单位，公开招聘工作人员应在编制内进行。

9. 事业单位公开招聘必须在本地区发布招聘公告，采用公开方式对符合报名条件的应聘人员进行考试或考核，考试或考核结果及拟聘人员应进行公示。

四、聘用合同的期限

10. 聘用合同分为四种类型：3年(含)以下的合同为短期合同，对流动性强、技术含量低的岗位一般签订短期合同；3年(不含)以上的合同为中期合同；至职工退休的合同为长期合同；以完成一定工作为期限的合同为项目合同。

11. 试用期的规定只适用于单位新进的人员，试用期只能约定一次。试用期包括在聘用合同期限内。原固定用人制度职工签订聘用合同，不再规定试用期。

12. "对在本单位工作已满25年或者在本单位连续工作已满10年且年龄距国家规定的退休年龄已不足10年的人员，提出订立聘用至退休的合同的，聘用单位应当与其订立聘用至该人员退休的合同"中，"对在本单位工作已满25年"的规定，可按在本单位及国有单位工作的工龄合计已满25年掌握。

符合上述条件，在竞争上岗中没有被聘用的人员，应当比照《意见》中规定的未聘人员安置政策，予以妥善安置，不得解除与单位的人事关系。

13. 军队转业干部、复员退伍军人等政策性安置人员可以签订中、长期合同，首次签订聘用合同不得约定试用期，聘用合同的期限不得低于3年。

五、解聘辞聘

14. 被人民法院判处拘役、有期徒刑缓刑的，单位可以解除聘用合同。

15. 受聘人员提出解除聘用合同未能与聘用单位协商一致的，受聘人员应当坚持正常工作，继续履行聘用合同；6 个月后再次提出解除聘用合同，仍未能与聘用单位协商一致，受聘人员即可单方面解除聘用合同。但对在涉及国家秘密岗位上工作，承担国家和地方重点项目的主要技术负责人和技术骨干不适用此项规定。

16.《意见》中事业单位职工医疗期的确定可暂时参照企业职工患病或非因工负伤医疗期的规定执行。

17. 在聘用合同中对培训费用没有约定的，受聘人员提出解除聘用合同后，单位不得收取培训费用；有约定的，按约定收取培训费，但不得超过培训的实际支出，并按培训结束后每服务一年递减 20% 执行。

18. 事业单位与职工解除工作关系，适用辞职辞退的有关规定；实行聘用制度以后，事业单位与职工解除聘用合同，适用解聘辞聘的有关规定。

19. 聘用合同解除后，单位和个人应当在 3 个月内办理人事档案转移手续。单位不得以任何理由扣留无聘用关系职工的人事档案；个人不得无故不办理档案转移手续。

六、经济补偿

20.《意见》中关于解除聘用合同的经济补偿是按职工在本单位工作的工龄核定补偿标准，不是对其在本单位工作的工龄补偿。

21. 在已经试行事业单位养老等社会保险的地区，受聘人员与所在单位的聘用关系解除后，聘用单位要按照国家有关规定及时为职工办理社会保险关系调转手续。

22. 单位分立、合并、撤销的，上级主管部门应当制定人员安置方案，重点做好未聘人员的安置等有关工作。

七、其他问题

23. 下列聘用合同为无效合同：

（1）违反国家法律、法规的聘用合同；

（2）采取欺诈、威胁等不正当手段订立的聘用合同；

（3）权利义务显失公正，严重损害一方当事人合法权益的聘用合同；

（4）未经本人书面委托，由他人代签的聘用合同，本人提出异议的。

无效合同由有管辖权的人事争议仲裁委员会确认。

24. 聘用工作组织是单位推行人员聘用工作的专门工作组织。《意见》对聘用工作组织的人员构成和工作职责做了专门规定。单位应按规定组建聘用工作组织，并按照规定的程序进行人员聘用工作，以保证聘用工作的客观、公正、公平。

国务院关于职工工作时间的规定

1. 1994 年 2 月 3 日国务院令第 146 号公布
2. 根据 1995 年 3 月 25 日《国务院关于修改〈国务院关于职工工作时间的规定〉的决定》修订

第一条 为了合理安排职工的工作和休息时间，维护职工的休息权利，调动职工的积极性，促进社会主义现代化建设的事业的发展，根据宪法有关规定，制定本规定。

第二条 本规定适用于在中华人民共和国境内的国家机关、社会团体、企业事业单位以及其他组织的职工。

第三条 职工每日工作 8 小时、每周工作 40 小时。

第四条 在特殊条件下从事劳动和有特殊情况，需要适当缩短工作时间的，按照国家有关规定执行。

第五条 因工作性质或者生产特点的限制，不能实行每日工作 8 小时、每周工作 40 小时标准工时制度的，按照国家有关规定，可以实行其他工作和休息办法。

第六条 任何单位和个人不得擅自延长职工工作时间。因特殊情况和紧急任务确需延长工作时间的，按照国家有关规定执行。

第七条 国家机关、事业单位实行统一的工作时间，星期六和星期日为周休息日。企业和不能实行前款规定的统一工作时间的事业单位，可以根据实际情况灵活安排周休息日。

第八条 本规定由劳动部、人事部负责解释；实施办法由劳动部、人事部制定。

第九条 本规定自 1995 年 5 月 1 日起施行，1995 年 5 月 1 日施行有困难的企业、事业单位，可以适当延期；但是，事业单位最迟应当自 1996 年 1 月 1 日起施行，企业最迟应当自 1997 年 5 月 1 日起施行。

职工带薪年休假条例

1. 2007 年 12 月 14 日国务院令第 514 号公布
2. 自 2008 年 1 月 1 日起施行

第一条 为了维护职工休息休假权利，调动职工工作积极性，根据劳动法和公务员法，制定本条例。

第二条 机关、团体、企业、事业单位、民办非企业单位、有雇工的个体工商户等单位的职工连续工作 1 年以上的，享受带薪年休假（以下简称年休假）。单位应当保证职工享受年休假。职工在年休假期间享受与正常工作期间相同的工资收入。

第三条 职工累计工作已满1年不满10年的,年休假5天;已满10年不满20年的,年休假10天;已满20年的,年休假15天。

国家法定休假日、休息日不计入年休假的假期。

第四条 职工有下列情形之一的,不享受当年的年休假:

(一)职工依法享受寒暑假,其休假天数多于年休假天数的;

(二)职工请事假累计20天以上且单位按照规定不扣工资的;

(三)累计工作满1年不满10年的职工,请病假累计2个月以上的;

(四)累计工作满10年不满20年的职工,请病假累计3个月以上的;

(五)累计工作满20年以上的职工,请病假累计4个月以上的。

第五条 单位根据生产、工作的具体情况,并考虑职工本人意愿,统筹安排职工年休假。

年休假在1个年度内可以集中安排,也可以分段安排,一般不跨年度安排。单位因生产、工作特点确有必要跨年度安排职工年休假的,可以跨1个年度安排。

单位确因工作需要不能安排职工休年休假的,经职工本人同意,可以不安排职工休年休假。对职工应休未休的年休假天数,单位应当按照该职工日工资收入的300%支付年休假工资报酬。

第六条 县级以上地方人民政府人事部门、劳动保障部门应当依据职权对单位执行本条例的情况主动进行监督检查。

工会组织依法维护职工的年休假权利。

第七条 单位不安排职工休年休假又不依照本条例规定给予年休假工资报酬的,由县级以上地方人民政府人事部门或者劳动保障部门依据职权责令限期改正;对逾期不改正的,除责令该单位支付年休假工资报酬外,单位还应当按照年休假工资报酬的数额向职工加付赔偿金;对拒不支付年休假工资报酬、赔偿金的,属于公务员和参照公务员法管理的人员所在单位的,对直接负责的主管人员以及其他直接责任人员依法给予处分;属于其他单位的,由劳动保障部门、人事部门或者职工申请人民法院强制执行。

第八条 职工与单位因年休假发生的争议,依照国家有关法律、行政法规的规定处理。

第九条 国务院人事部门、国务院劳动保障部门依据职权,分别制定本条例的实施办法。

第十条 本条例自2008年1月1日起施行。

全国年节及纪念日放假办法

1．1949年12月23日政务院发布
2．根据1999年9月18日《国务院关于修改〈全国年节及纪念日放假办法〉的决定》第一次修订
3．根据2007年12月14日《国务院关于修改〈全国年节及纪念日放假办法〉的决定》第二次修订
4．根据2013年12月11日《国务院关于修改〈全国年节及纪念日放假办法〉的决定》第三次修订

第一条 为统一全国年节及纪念日的假期，制定本办法。

第二条 全体公民放假的节日：

（一）新年，放假1天（1月1日）；

（二）春节，放假3天（农历正月初一、初二、初三）；

（三）清明节，放假1天（农历清明当日）；

（四）劳动节，放假1天（5月1日）；

（五）端午节，放假1天（农历端午当日）；

（六）中秋节，放假1天（农历中秋当日）；

（七）国庆节，放假3天（10月1日、2日、3日）。

第三条 部分公民放假的节日及纪念日：

（一）妇女节（3月8日），妇女放假半天；

（二）青年节（5月4日），14周岁以上的青年放假半天；

（三）儿童节（6月1日），不满14周岁的少年儿童放假1天；

（四）中国人民解放军建军纪念日（8月1日），现役军人放假半天。

第四条 少数民族习惯的节日，由各少数民族聚居地区的地方人民政府，按照各该民族习惯，规定放假日期。

第五条 二七纪念日、五卅纪念日、七七抗战纪念日、九三抗战胜利纪念日、九一八纪念日、教师节、护士节、记者节、植树节等其他节日、纪念日，均不放假。

第六条 全体公民放假的假日，如果适逢星期六、星期日，应当在工作日补假。部分公民放假的假日，如果适逢星期六、星期日，则不补假。

第七条 本办法自公布之日起施行。

最低工资规定

1. 2004年1月20日劳动和社会保障部令第21号发布
2. 自2004年3月1日起施行

第一条 为了维护劳动者取得劳动报酬的合法权益,保障劳动者个人及其家庭成员的基本生活,根据劳动法和国务院有关规定,制定本规定。

第二条 本规定适用于在中华人民共和国境内的企业、民办非企业单位、有雇工的个体工商户(以下统称用人单位)和与之形成劳动关系的劳动者。

国家机关、事业单位、社会团体和与之建立劳动合同关系的劳动者,依照本规定执行。

第三条 本规定所称最低工资标准,是指劳动者在法定工作时间或依法签订的劳动合同约定的工作时间内提供了正常劳动的前提下,用人单位依法应支付的最低劳动报酬。

本规定所称正常劳动,是指劳动者按依法签订的劳动合同约定,在法定工作时间或劳动合同约定的工作时间内从事的劳动。劳动者依法享受带薪年休假、探亲假、婚丧假、生育(产)假、节育手术假等国家规定的假期间,以及法定工作时间内依法参加社会活动期间,视为提供了正常劳动。

第四条 县级以上地方人民政府劳动保障行政部门负责对本行政区域内用人单位执行本规定情况进行监督检查。

各级工会组织依法对本规定执行情况进行监督,发现用人单位支付劳动者工资违反本规定的,有权要求当地劳动保障行政部门处理。

第五条 最低工资标准一般采取月最低工资标准和小时最低工资标准的形式。月最低工资标准适用于全日制就业劳动者,小时最低工资标准适用于非全日制就业劳动者。

第六条 确定和调整月最低工资标准,应参考当地就业者及其赡养人口的最低生活费用、城镇居民消费价格指数、职工个人缴纳的社会保险费和住房公积金、职工平均工资、经济发展水平、就业状况等因素。

确定和调整小时最低工资标准,应在颁布的月最低工资标准的基础上,考虑单位应缴纳的基本养老保险费和基本医疗保险费因素,同时还应适当考虑非全日制劳动者在工作稳定性、劳动条件和劳动强度、福利等方面与全日制就业人员之间的差异。

月最低工资标准和小时最低工资标准具体测算方法见附件。

第七条 省、自治区、直辖市范围内的不同行政区域可以有不同的最低工资标准。

第八条 最低工资标准的确定和调整方案,由省、自治区、直辖市人民政府劳动保障行政部门会同同级工会、企业联合会/企业家协会研究拟订,并将拟订的方案报送劳动保障部。方案内容包括最低工资确定和调整的依据、适用范围、拟订标准和说明。劳动保障部在收到拟订方案后，应征求全国总工会、中国企业联合会/企业家协会的意见。

劳动保障部对方案可以提出修订意见，若在方案收到后 14 日内未提出修订意见的，视为同意。

第九条 省、自治区、直辖市劳动保障行政部门应将本地区最低工资标准方案报省、自治区、直辖市人民政府批准，并在批准后 7 日内在当地政府公报上和至少一种全地区性报纸上发布。省、自治区、直辖市劳动保障行政部门应在发布后 10 日内将最低工资标准报劳动保障部。

第十条 最低工资标准发布实施后，如本规定第六条所规定的相关因素发生变化，应当适时调整。最低工资标准每两年至少调整一次。

第十一条 用人单位应在最低工资标准发布后 10 日内将该标准向本单位全体劳动者公示。

第十二条 在劳动者提供正常劳动的情况下，用人单位应支付给劳动者的工资在剔除下列各项以后，不得低于当地最低工资标准：

（一）延长工作时间工资；

（二）中班、夜班、高温、低温、井下、有毒有害等特殊工作环境、条件下的津贴；

（三）法律、法规和国家规定的劳动者福利待遇等。

实行计件工资或提成工资等工资形式的用人单位，在科学合理的劳动定额基础上，其支付劳动者的工资不得低于相应的最低工资标准。

劳动者由于本人原因造成在法定工作时间内或依法签订的劳动合同约定的工作时间内未提供正常劳动的，不适用于本条规定。

第十三条 用人单位违反本规定第十一条规定的，由劳动保障行政部门责令其限期改正；违反本规定第十二条规定的，由劳动保障行政部门责令其限期补发所欠劳动者工资，并可责令其按所欠工资的 1 至 5 倍支付劳动者赔偿金。

第十四条 劳动者与用人单位之间就执行最低工资标准发生争议，按劳动争议处理有关规定处理。

第十五条 本规定自 2004 年 3 月 1 日起实施。1993 年 11 月 24 日原劳动部发布的《企业最低工资规定》同时废止。

附件：

最低工资标准测算方法

一、确定最低工资标准应考虑的因素

确定最低工资标准一般考虑城镇居民生活费用支出、职工个人缴纳社会保险费、住房公积金、职工平均工资、失业率、经济发展水平等因素。可用公式表示为：

$M = f(C、S、A、U、E、a)$

M　最低工资标准；

C　城镇居民人均生活费用；

S 职工个人缴纳社会保险费、住房公积金；

A 职工平均工资；

U 失业率；

E 经济发展水平；

a 调整因素。

二、确定最低工资标准的通用方法

1. 比重法 即根据城镇居民家计调查资料，确定一定比例的最低人均收入户为贫困户，统计出贫困户的人均生活费用支出水平，乘以每一就业者的赡养系数，再加上一个调整数。

2. 恩格尔系数法 即根据国家营养学会提供的年度标准食物谱及标准食物摄取量，结合标准食物的市场价格，计算出最低食物支出标准，除以恩格尔系数，得出最低生活费用标准，再乘以每一就业者的赡养系数，再加上一个调整数。

以上方法计算出月最低工资标准后，再考虑职工个人缴纳社会保险费、住房公积金、职工平均工资水平、社会救济金和失业保险金标准、就业状况、经济发展水平等进行必要的修正。

举例：某地区最低收入组人均每月生活费支出为210元，每一就业者赡养系数为1.87，最低食物费用为127元，恩格尔系数为0.604，平均工资为900元。

1. 按比重法计算得出该地区月最低工资标准为：

月最低工资标准 $= 210 \times 1.87 + a = 393 + a$（元） (1)

2. 按恩格尔系数法计算得出该地区月最低工资标准为：

月最低工资标准 $= 127 \div 0.604 \times 1.87 + a = 393 + a$（元） (2)

公式(1)与(2)中a的调整因素主要考虑当地个人缴纳养老、失业、医疗保险费和住房公积金等费用。

另，按照国际上一般月最低工资标准相当于月平均工资的40—60%，则该地区月最低工资标准范围应在360元—540元之间。

小时最低工资标准 = [（月最低工资标准 ÷ 20.92 ÷ 8）×（1 + 单位应当缴纳的基本养老保险费、基本医疗保险费比例之和）] ×（1 + 浮动系数）

浮动系数的确定主要考虑非全日制就业劳动者工作稳定性、劳动条件和劳动强度、福利等方面与全日制就业人员之间的差异。

各地可参照以上测算办法，根据当地实际情况合理确定月、小时最低工资标准。

工资支付暂行规定

1. 1994年12月6日劳动部发布
2. 劳部发〔1994〕489号
3. 自1995年1月1日起施行

第一条 为维护劳动者通过劳动获得劳动报酬的权利,规范用人单位的工资支付行为,根据《中华人民共和国劳动法》有关规定,制定本规定。

第二条 本规定适用于在中华人民共和国境内的企业、个体经济组织(以下统称用人单位)和与之形成劳动关系的劳动者。

国家机关、事业组织、社会团体和与之建立劳动合同关系的劳动者,依照本规定执行。

第三条 本规定所称工资是指用人单位依据劳动合同的规定,以各种形式支付给劳动者的工资报酬。

第四条 工资支付主要包括:工资支付项目、工资支付水平、工资支付形式、工资支付对象、工资支付时间以及特殊情况下的工资支付。

第五条 工资应当以法定货币支付。不得以实物及有价证券替代货币支付。

第六条 用人单位应将工资支付给劳动者本人。劳动者本人因故不能领取工资时,可由其亲属或委托他人代领。

用人单位可委托银行代发工资。

用人单位必须书面记录支付劳动者工资的数额、时间、领取者的姓名以及签字,并保存两年以上备查。用人单位在支付工资时应向劳动者提供一份其个人的工资清单。

第七条 工资必须在用人单位与劳动者约定的日期支付。如遇节假日或休息日,则应提前在最近的工作日支付。工资至少每月支付一次,实行周、日、小时工资制的可按周、日、小时支付工资。

第八条 对完成一次性临时劳动或某项具体工作的劳动者,用人单位应按有关协议或合同规定在其完成劳动任务后即支付工资。

第九条 劳动关系双方依法解除或终止劳动合同时,用人单位应在解除或终止劳动合同时一次付清劳动者工资。

第十条 劳动者在法定工作时间内依法参加社会活动期间,用人单位应视同其提供了正常劳动而支付工资。社会活动包括:依法行使选举权或被选举权;当选代表出席乡(镇)、区以上政府、党派、工会、青年团、妇女联合会等组织召开的会议;出任人民法庭证明人;出席劳动模范、先进工作者大会;《工会法》规定的不脱产工会基层委员会委员因工会活动占用的生产或工作时间;其他依法参加的社会活动。

第十一条 劳动者依法享受年休假、探亲假、婚假、丧假期间,用人单位应按劳动合同规定的标准支付劳动者工资。

第十二条 非因劳动者原因造成单位停工、停产在一个工资支付周期内的,用人单位应按劳动合同规定的标准支付劳动者工资。超过一个工资支付周期的,若劳动者提供了正常劳动,则支付给劳动者的劳动报酬不得低于当地的最低工资标准;若劳动者没有提供正常劳动,应按国家有关规定办理。

第十三条 用人单位在劳动者完成劳动定额或规定的工作任务后,根据实际需要安排劳动者在法定标准工作时间以外工作的,应按以下标准支付工资:

(一)用人单位依法安排劳动者在日法定标准工作时间以外延长工作时间的,按照不低于劳动合同规定的劳动者本人小时工资标准的150%支付劳动者工资;

(二)用人单位依法安排劳动者在休息日工作,而又不能安排补休的,按照不低于劳动合同规定的劳动者本人日或小时工资标准的200%支付劳动者工资;

(三)用人单位依法安排劳动者在法定休假节日工作的,按照不低于劳动合同规定的劳动者本人日或小时工资标准的300%支付劳动者工资。

实行计件工资的劳动者,在完成计件定额任务后,由用人单位安排延长工作时间的,应根据上述规定的原则,分别按照不低于其本人法定工作时间计件单价的150%、200%、300%支付其工资。

经劳动行政部门批准实行综合计算工时工作制的,其综合计算工作时间超过法定标准工作时间的部分,应视为延长工作时间,并应按本规定支付劳动者延长工作时间的工资。

实行不定时工时制度的劳动者,不执行上述规定。

第十四条 用人单位依法破产时,劳动者有权获得其工资。在破产清偿中用人单位应按《中华人民共和国企业破产法》规定的清偿顺序,首先支付欠付本单位劳动者的工资。

第十五条 用人单位不得克扣劳动者工资。有下列情况之一的,用人单位可以代扣劳动者工资:

(一)用人单位代扣代缴的个人所得税;

(二)用人单位代扣代缴的应由劳动者个人负担的各项社会保险费用;

(三)法院判决、裁定中要求代扣的抚养费、赡养费;

(四)法律、法规规定可以从劳动者工资中扣除的其他费用。

第十六条 因劳动者本人原因给用人单位造成经济损失的,用人单位可按照劳动合同的约定要求其赔偿经济损失。经济损失的赔偿,可从劳动者本人的工资中扣除。但每月扣除的部分不得超过劳动者当月工资的20%。若扣除后的剩余工资部分低于当地月最低工资标准,则按最低工资标准支付。

第十七条 用人单位应根据本规定,通过与职工大会、职工代表大会或者其他形式协商制定内部的工资支付制度,并告知本单位全体劳动者,同时抄报当地劳动行政部门备案。

第十八条 各级劳动行政部门有权监察用人单位工资支付的情况。用人单位有下列侵害劳动者合法权益行为的,由劳动行政部门责令其支付劳动者工资和经济补偿,并可责令其支付赔偿金：

（一）克扣或者无故拖欠劳动者工资的；

（二）拒不支付劳动者延长工作时间工资的；

（三）低于当地最低工资标准支付劳动者工资的。

经济补偿和赔偿金的标准，按国家有关规定执行。

第十九条 劳动者与用人单位因工资支付发生劳动争议的，当事人可依法向劳动争议仲裁机关申请仲裁。对仲裁裁决不服的，可以向人民法院提起诉讼。

第二十条 本规定自一九九五年一月一日起执行。

劳务派遣行政许可实施办法

1. 2013年6月20日人力资源和社会保障部令第19号公布
2. 自2013年7月1日起施行

第一章 总 则

第一条 为了规范劳务派遣，根据《中华人民共和国劳动合同法》《中华人民共和国行政许可法》等法律，制定本办法。

第二条 劳务派遣行政许可的申请受理、审查批准以及相关的监督检查等，适用本办法。

第三条 人力资源社会保障部负责对全国的劳务派遣行政许可工作进行监督指导。

县级以上地方人力资源社会保障行政部门按照省、自治区、直辖市人力资源社会保障行政部门确定的许可管辖分工，负责实施本行政区域内劳务派遣行政许可工作以及相关的监督检查。

第四条 人力资源社会保障行政部门实施劳务派遣行政许可，应当遵循权责统一、公开公正、优质高效的原则。

第五条 人力资源社会保障行政部门应当在本行政机关办公场所、网站上公布劳务派遣行政许可的依据、程序、期限、条件和需要提交的全部材料目录以及监督电话，并在本行政机关网站和至少一种全地区性报纸上向社会公布获得许可的劳务派遣单位名单及其许可变更、延续、撤销、吊销、注销等情况。

第二章 劳务派遣行政许可

第六条 经营劳务派遣业务，应当向所在地有许可管辖权的人力资源社会保障行政部门（以下称许可机关）依法申请行政许可。

未经许可，任何单位和个人不得经营劳务派遣业务。

第七条 申请经营劳务派遣业务应当具备下列条件：

(一)注册资本不得少于人民币 200 万元;

(二)有与开展业务相适应的固定的经营场所和设施;

(三)有符合法律、行政法规规定的劳务派遣管理制度;

(四)法律、行政法规规定的其他条件。

第八条 申请经营劳务派遣业务的,申请人应当向许可机关提交下列材料:

(一)劳务派遣经营许可申请书;

(二)营业执照或者《企业名称预先核准通知书》;

(三)公司章程以及验资机构出具的验资报告或者财务审计报告;

(四)经营场所的使用证明以及与开展业务相适应的办公设施设备、信息管理系统等清单;

(五)法定代表人的身份证明;

(六)劳务派遣管理制度,包括劳动合同、劳动报酬、社会保险、工作时间、休息休假、劳动纪律等与劳动者切身利益相关的规章制度文本;拟与用工单位签订的劳务派遣协议样本。

第九条 许可机关收到申请材料后,应当根据下列情况分别作出处理:

(一)申请材料存在可以当场更正的错误的,应当允许申请人当场更正;

(二)申请材料不齐全或者不符合法定形式的,应当当场或者在 5 个工作日内一次告知申请人需要补正的全部内容,逾期不告知的,自收到申请材料之日起即为受理;

(三)申请材料齐全、符合法定形式,或者申请人按照要求提交了全部补正申请材料的,应当受理行政许可申请。

第十条 许可机关对申请人提出的申请决定受理的,应当出具《受理决定书》;决定不予受理的,应当出具《不予受理决定书》,说明不予受理的理由,并告知申请人享有依法申请行政复议或者提起行政诉讼的权利。

第十一条 许可机关决定受理申请的,应当对申请人提交的申请材料进行审查。根据法定条件和程序,需要对申请材料的实质内容进行核实的,许可机关应当指派 2 名以上工作人员进行核查。

第十二条 许可机关应当自受理之日起 20 个工作日内作出是否准予行政许可的决定。20 个工作日内不能作出决定的,经本行政机关负责人批准,可以延长 10 个工作日,并应当将延长期限的理由告知申请人。

第十三条 申请人的申请符合法定条件的,许可机关应当依法作出准予行政许可的书面决定,并自作出决定之日起 5 个工作日内通知申请人领取《劳务派遣经营许可证》。

申请人的申请不符合法定条件的,许可机关应当依法作出不予行政许可的书面决定,说明不予行政许可的理由,并告知申请人享有依法申请行政复议或者提起行政诉讼的权利。

第十四条 《劳务派遣经营许可证》应当载明单位名称、住所、法定代表人、注册资本、许可经营事项、有效期限、编号、发证机关以及发证日期等事项。《劳务派遣经营许可证》分为正本、副本。正本、副本具有同等法律效力。

《劳务派遣经营许可证》有效期为 3 年。

《劳务派遣经营许可证》由人力资源社会保障部统一制定样式,由各省、自治区、直辖市人力资源社会保障行政部门负责印制、免费发放和管理。

第十五条 劳务派遣单位取得《劳务派遣经营许可证》后，应当妥善保管，不得涂改、倒卖、出租、出借或者以其他形式非法转让。

第十六条 劳务派遣单位名称、住所、法定代表人或者注册资本等改变的，应当向许可机关提出变更申请。符合法定条件的，许可机关应当自收到变更申请之日起 10 个工作日内依法办理变更手续，并换发新的《劳务派遣经营许可证》或者在原《劳务派遣经营许可证》上予以注明；不符合法定条件的，许可机关应当自收到变更申请之日起 10 个工作日内作出不予变更的书面决定，并说明理由。

第十七条 劳务派遣单位分立、合并后继续存续，其名称、住所、法定代表人或者注册资本等改变的，应当按照本办法第十六条规定执行。

劳务派遣单位分立、合并后设立新公司的，应当按照本办法重新申请劳务派遣行政许可。

第十八条 劳务派遣单位需要延续行政许可有效期的，应当在有效期届满 60 日前向许可机关提出延续行政许可的书面申请，并提交 3 年以来的基本经营情况；劳务派遣单位逾期提出延续行政许可的书面申请的，按照新申请经营劳务派遣行政许可办理。

第十九条 许可机关应当根据劳务派遣单位的延续申请，在该行政许可有效期届满前作出是否准予延续的决定；逾期未作决定的，视为准予延续。

准予延续行政许可的，应当换发新的《劳务派遣经营许可证》。

第二十条 劳务派遣单位有下列情形之一的，许可机关应当自收到延续申请之日起 10 个工作日内作出不予延续书面决定，并说明理由：

（一）逾期不提交劳务派遣经营情况报告或者提交虚假劳务派遣经营情况报告，经责令改正，拒不改正的；

（二）违反劳动保障法律法规，在一个行政许可期限内受到 2 次以上行政处罚的。

第二十一条 劳务派遣单位设立子公司经营劳务派遣业务的，应当由子公司向所在地许可机关申请行政许可；劳务派遣单位设立分公司经营劳务派遣业务的，应当书面报告许可机关，并由分公司向所在地人力资源社会保障行政部门备案。

第三章 监督检查

第二十二条 劳务派遣单位应当于每年 3 月 31 日前向许可机关提交上一年度劳务派遣经营情况报告，如实报告下列事项：

（一）经营情况以及上年度财务审计报告；

（二）被派遣劳动者人数以及订立劳动合同、参加工会的情况；

（三）向被派遣劳动者支付劳动报酬的情况；

（四）被派遣劳动者参加社会保险、缴纳社会保险费的情况；

（五）被派遣劳动者派往的用工单位、派遣数量、派遣期限、用工岗位的情况；

（六）与用工单位订立的劳务派遣协议情况以及用工单位履行法定义务的情况；

（七）设立子公司、分公司等情况。

劳务派遣单位设立的子公司或者分公司，应当向办理许可或者备案手续的人力资源社会保障行政部门提交上一年度劳务派遣经营情况报告。

第二十三条 许可机关应当对劳务派遣单位提交的年度经营情况报告进行核验，依法对劳务派遣单位进行监督，并将核验结果和监督情况载入企业信用记录。

第二十四条 有下列情形之一的，许可机关或者其上级行政机关，可以撤销劳务派遣行政许可：

（一）许可机关工作人员滥用职权、玩忽职守，给不符合条件的申请人发放《劳务派遣经营许可证》的；

（二）超越法定职权发放《劳务派遣经营许可证》的；

（三）违反法定程序发放《劳务派遣经营许可证》的；

（四）依法可以撤销行政许可的其他情形。

第二十五条 申请人隐瞒真实情况或者提交虚假材料申请行政许可的，许可机关不予受理、不予行政许可。

劳务派遣单位以欺骗、贿赂等不正当手段和隐瞒真实情况或者提交虚假材料取得行政许可的，许可机关应当予以撤销。被撤销行政许可的劳务派遣单位在 1 年内不得再次申请劳务派遣行政许可。

第二十六条 有下列情形之一的，许可机关应当依法办理劳务派遣行政许可注销手续：

（一）《劳务派遣经营许可证》有效期届满，劳务派遣单位未申请延续的，或者延续申请未被批准的；

（二）劳务派遣单位依法终止的；

（三）劳务派遣行政许可依法被撤销，或者《劳务派遣经营许可证》依法被吊销的；

（四）法律、法规规定的应当注销行政许可的其他情形。

第二十七条 劳务派遣单位向许可机关申请注销劳务派遣行政许可的，应当提交已经依法处理与被派遣劳动者的劳动关系及其社会保险权益等材料，许可机关应当在核实有关情况后办理注销手续。

第二十八条 当事人对许可机关作出的有关劳务派遣行政许可的行政决定不服的，可以依法申请行政复议或者提起行政诉讼。

第二十九条 任何组织和个人有权对实施劳务派遣行政许可中的违法违规行为进行举报，人力资源社会保障行政部门应当及时核实、处理。

第四章 法律责任

第三十条 人力资源社会保障行政部门有下列情形之一的，由其上级行政机关或者监察机关责令改正，对直接负责的主管人员和其他直接责任人员依法给予处分；构成犯罪的，依法追究刑事责任：

（一）向不符合法定条件的申请人发放《劳务派遣经营许可证》，或者超越法定职权发放《劳务派遣经营许可证》的；

（二）对符合法定条件的申请人不予行政许可或者不在法定期限内作出准予行政许可决定的；

（三）在办理行政许可、实施监督检查工作中，玩忽职守、徇私舞弊，索取或者收受他人财物或者谋取其他利益的；

（四）不依法履行监督职责或者监督不力，造成严重后果的。

许可机关违法实施行政许可，给当事人的合法权益造成损害的，应当依照国家赔偿法的规定给予赔偿。

第三十一条 任何单位和个人违反《中华人民共和国劳动合同法》的规定，未经许可，擅自经营劳务派遣业务的，由人力资源社会保障行政部门责令停止违法行为，没收违法所得，并处违法所得1倍以上5倍以下的罚款；没有违法所得的，可以处5万元以下的罚款。

第三十二条 劳务派遣单位违反《中华人民共和国劳动合同法》有关劳务派遣规定的，由人力资源社会保障行政部门责令限期改正；逾期不改正的，以每人5000元以上1万元以下的标准处以罚款，并吊销其《劳务派遣经营许可证》。

第三十三条 劳务派遣单位有下列情形之一的，由人力资源社会保障行政部门处1万元以下的罚款；情节严重的，处1万元以上3万元以下的罚款：

（一）涂改、倒卖、出租、出借《劳务派遣经营许可证》，或者以其他形式非法转让《劳务派遣经营许可证》的；

（二）隐瞒真实情况或者提交虚假材料取得劳务派遣行政许可的；

（三）以欺骗、贿赂等不正当手段取得劳务派遣行政许可的。

第五章 附 则

第三十四条 劳务派遣单位在2012年12月28日至2013年6月30日之间订立的劳动合同和劳务派遣协议，2013年7月1日后应当按照《全国人大常委会关于修改〈中华人民共和国劳动合同法〉的决定》执行。

本办法施行前经营劳务派遣业务的单位，应当按照本办法取得劳务派遣行政许可后，方可经营新的劳务派遣业务；本办法施行后未取得劳务派遣行政许可的，不得经营新的劳务派遣业务。

第三十五条 本办法自2013年7月1日起施行。

劳务派遣暂行规定

1．2014 年 1 月 24 日人力资源和社会保障部令第 22 号公布
2．自 2014 年 3 月 1 日起施行

第一章　总　　则

第一条　为规范劳务派遣，维护劳动者的合法权益，促进劳动关系和谐稳定，依据《中华人民共和国劳动合同法》（以下简称劳动合同法）和《中华人民共和国劳动合同法实施条例》（以下简称劳动合同法实施条例）等法律、行政法规，制定本规定。

第二条　劳务派遣单位经营劳务派遣业务，企业（以下称用工单位）使用被派遣劳动者，适用本规定。

依法成立的会计师事务所、律师事务所等合伙组织和基金会以及民办非企业单位等组织使用被派遣劳动者，依照本规定执行。

第二章　用工范围和用工比例

第三条　用工单位只能在临时性、辅助性或者替代性的工作岗位上使用被派遣劳动者。

前款规定的临时性工作岗位是指存续时间不超过 6 个月的岗位；辅助性工作岗位是指为主营业务岗位提供服务的非主营业务岗位；替代性工作岗位是指用工单位的劳动者因脱产学习、休假等原因无法工作的一定期间内，可以由其他劳动者替代工作的岗位。

用工单位决定使用被派遣劳动者的辅助性岗位，应当经职工代表大会或者全体职工讨论，提出方案和意见，与工会或者职工代表平等协商确定，并在用工单位内公示。

第四条　用工单位应当严格控制劳务派遣用工数量，使用的被派遣劳动者数量不得超过其用工总量的 10%。

前款所称用工总量是指用工单位订立劳动合同人数与使用的被派遣劳动者人数之和。

计算劳务派遣用工比例的用工单位是指依照劳动合同法和劳动合同法实施条例可以与劳动者订立劳动合同的用人单位。

第三章　劳动合同、劳务派遣协议的订立和履行

第五条　劳务派遣单位应当依法与被派遣劳动者订立 2 年以上的固定期限书面劳动合同。

第六条　劳务派遣单位可以依法与被派遣劳动者约定试用期。劳务派遣单位与同一被派遣劳动者只能约定一次试用期。

第七条　劳务派遣协议应当载明下列内容：

（一）派遣的工作岗位名称和岗位性质；

（二）工作地点；

（三）派遣人员数量和派遣期限；

（四）按照同工同酬原则确定的劳动报酬数额和支付方式；

（五）社会保险费的数额和支付方式；

（六）工作时间和休息休假事项；

（七）被派遣劳动者工伤、生育或者患病期间的相关待遇；

（八）劳动安全卫生以及培训事项；

（九）经济补偿等费用；

（十）劳务派遣协议期限；

（十一）劳务派遣服务费的支付方式和标准；

（十二）违反劳务派遣协议的责任；

（十三）法律、法规、规章规定应当纳入劳务派遣协议的其他事项。

第八条 劳务派遣单位应当对被派遣劳动者履行下列义务：

（一）如实告知被派遣劳动者劳动合同法第八条规定的事项、应遵守的规章制度以及劳务派遣协议的内容；

（二）建立培训制度，对被派遣劳动者进行上岗知识、安全教育培训；

（三）按照国家规定和劳务派遣协议约定，依法支付被派遣劳动者的劳动报酬和相关待遇；

（四）按照国家规定和劳务派遣协议约定，依法为被派遣劳动者缴纳社会保险费，并办理社会保险相关手续；

（五）督促用工单位依法为被派遣劳动者提供劳动保护和劳动安全卫生条件；

（六）依法出具解除或者终止劳动合同的证明；

（七）协助处理被派遣劳动者与用工单位的纠纷；

（八）法律、法规和规章规定的其他事项。

第九条 用工单位应当按照劳动合同法第六十二条规定，向被派遣劳动者提供与工作岗位相关的福利待遇，不得歧视被派遣劳动者。

第十条 被派遣劳动者在用工单位因工作遭受事故伤害的，劳务派遣单位应当依法申请工伤认定，用工单位应当协助工伤认定的调查核实工作。劳务派遣单位承担工伤保险责任，但可以与用工单位约定补偿办法。

被派遣劳动者在申请进行职业病诊断、鉴定时，用工单位应当负责处理职业病诊断、鉴定事宜，并如实提供职业病诊断、鉴定所需的劳动者职业史和职业危害接触史、工作场所职业病危害因素检测结果等资料，劳务派遣单位应当提供被派遣劳动者职业病诊断、鉴定所需的其他材料。

第十一条 劳务派遣单位行政许可有效期未延续或者《劳务派遣经营许可证》被撤销、吊销的，已经与被派遣劳动者依法订立的劳动合同应当履行至期限届满。双方经协商一致，可以解除劳动合同。

第十二条 有下列情形之一的，用工单位可以将被派遣劳动者退回劳务派遣单位：

（一）用工单位有劳动合同法第四十条第三项、第四十一条规定情形的；

（二）用工单位被依法宣告破产、吊销营业执照、责令关闭、撤销、决定提前解散或者经营期限届满不再继续经营的；

（三）劳务派遣协议期满终止的。

被派遣劳动者退回后在无工作期间，劳务派遣单位应当按照不低于所在地人民政府规定的最低工资标准，向其按月支付报酬。

第十三条 被派遣劳动者有劳动合同法第四十二条规定情形的，在派遣期限届满前，用工单位不得依据本规定第十二条第一款第一项规定将被派遣劳动者退回劳务派遣单位；派遣期限届满的，应当延续至相应情形消失时方可退回。

第四章 劳动合同的解除和终止

第十四条 被派遣劳动者提前30日以书面形式通知劳务派遣单位，可以解除劳动合同。被派遣劳动者在试用期内提前3日通知劳务派遣单位，可以解除劳动合同。劳务派遣单位应当将被派遣劳动者通知解除劳动合同的情况及时告知用工单位。

第十五条 被派遣劳动者因本规定第十二条规定被用工单位退回，劳务派遣单位重新派遣时维持或者提高劳动合同约定条件，被派遣劳动者不同意的，劳务派遣单位可以解除劳动合同。

被派遣劳动者因本规定第十二条规定被用工单位退回，劳务派遣单位重新派遣时降低劳动合同约定条件，被派遣劳动者不同意的，劳务派遣单位不得解除劳动合同。但被派遣劳动者提出解除劳动合同的除外。

第十六条 劳务派遣单位被依法宣告破产、吊销营业执照、责令关闭、撤销、决定提前解散或者经营期限届满不再继续经营的，劳动合同终止。用工单位应当与劳务派遣单位协商妥善安置被派遣劳动者。

第十七条 劳务派遣单位因劳动合同法第四十六条或者本规定第十五条、第十六条规定的情形，与被派遣劳动者解除或者终止劳动合同的，应当依法向被派遣劳动者支付经济补偿。

第五章 跨地区劳务派遣的社会保险

第十八条 劳务派遣单位跨地区派遣劳动者的，应当在用工单位所在地为被派遣劳动者参加社会保险，按照用工单位所在地的规定缴纳社会保险费，被派遣劳动者按照国家规定享受社会保险待遇。

第十九条 劳务派遣单位在用工单位所在地设立分支机构的，由分支机构为被派遣劳动者办理参保手续，缴纳社会保险费。

劳务派遣单位未在用工单位所在地设立分支机构的，由用工单位代劳务派遣单位为被派遣劳动者办理参保手续，缴纳社会保险费。

第六章 法 律 责 任

第二十条 劳务派遣单位、用工单位违反劳动合同法和劳动合同法实施条例有关劳务派遣规定的，按照劳动合同法第九十二条规定执行。

第二十一条 劳务派遣单位违反本规定解除或者终止被派遣劳动者劳动合同的，按照劳动合同法第四十八条、第八十七条规定执行。

第二十二条 用工单位违反本规定第三条第三款规定的，由人力资源社会保障行政部门责令改正，给予警告；给被派遣劳动者造成损害的，依法承担赔偿责任。

第二十三条 劳务派遣单位违反本规定第六条规定的，按照劳动合同法第八十三条规定执行。

第二十四条 用工单位违反本规定退回被派遣劳动者的，按照劳动合同法第九十二条第二款规定执行。

第七章 附 则

第二十五条 外国企业常驻代表机构和外国金融机构驻华代表机构等使用被派遣劳动者的，以及船员用人单位以劳务派遣形式使用国际远洋海员的，不受临时性、辅助性、替代性岗位和劳务派遣用工比例的限制。

第二十六条 用人单位将本单位劳动者派往境外工作或者派往家庭、自然人处提供劳动的，不属于本规定所称劳务派遣。

第二十七条 用人单位以承揽、外包等名义，按劳务派遣用工形式使用劳动者的，按照本规定处理。

第二十八条 用工单位在本规定施行前使用被派遣劳动者数量超过其用工总量10%的，应当制定调整用工方案，于本规定施行之日起2年内降至规定比例。但是，《全国人民代表大会常务委员会关于修改〈中华人民共和国劳动合同法〉的决定》公布前已依法订立的劳动合同和劳务派遣协议期限届满日期在本规定施行之日起2年后的，可以依法继续履行至期限届满。

用工单位应当将制定的调整用工方案报当地人力资源社会保障行政部门备案。

用工单位未将本规定施行前使用的被派遣劳动者数量降至符合规定比例之前，不得新用被派遣劳动者。

第二十九条 本规定自2014年3月1日起施行。